RIUM STEL
REALE
QVUM.
SAGITTARIVS
SCORPIO
acus
Serpentarius
SCORPIVS
LIBRA
Æquinoctialis
Engonasi
Serpens
Corona Sept.
Arcturus
Spica Virginis
Corvus
Bootes
VIRGO
Æquinoctiorum
LIBRA
Draco
Coma Berenices
Vrsa minor
Vrsa major
LEO
Iordanis flu.
GEMINI
Cancri
CANCER
LEO
VIRGO
CANCER

Theologus.
Astronomus.

AVRORA

DAS GROSSE HANDBUCH DER
ASTROLOGIE

DAS GROSSE HANDBUCH DER ASTROLOGIE

Milan Špůrek

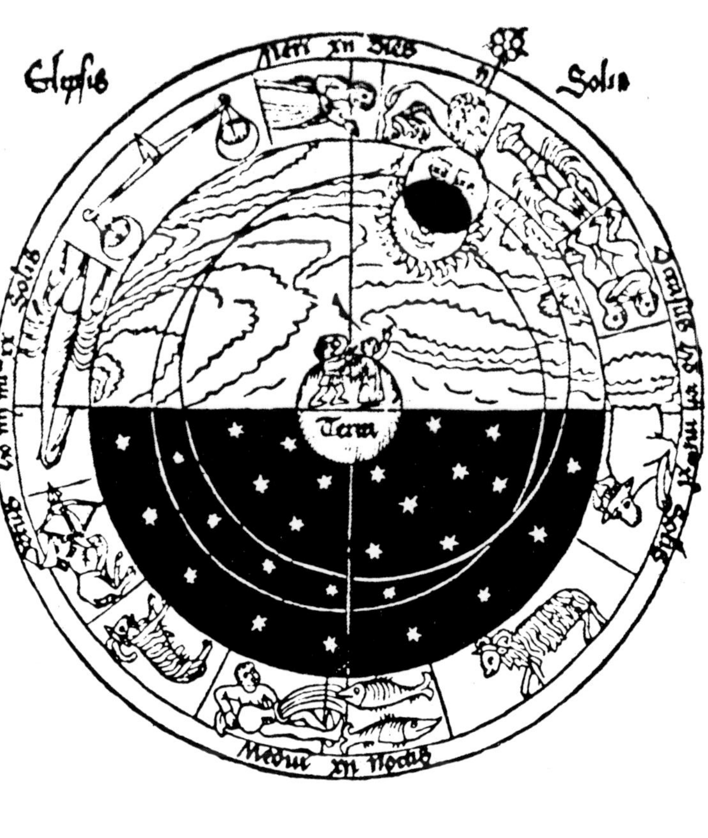

LUDWIG

Geburtsszene mit einem Astrologen und seinem Klienten (»Planetenbuch«, 1596).

Vorderer Vorsatz: Die Sternbilder des nördlichen Himmels aus dem sternkundlichen Atlas »Harmonia macrocosmica« von Andreas Cellarius (Amsterdam 1661).

Seite 1: Ein auf einem alten Holzschnitt dargestellter Disput zwischen einem Theologen und einem Astronomen über die Himmelssphären.

Seite 2: Die Altstädter Turmuhr von Prag – eine bemerkenswerte Schöpfung des Uhrmachers Mikuláš z Kadaně (Nikolaus von Kaaden) aus dem Jahre 1410, die nach astronomischen Berechnungen Professor Jan Šindels von der Karls-Universität gebaut wurde. Unten befindet sich eine Kalenderplatte mit den zwölf Tierkreiszeichen und oben ein astronomisches Zifferblatt in Form eines Astrolabiums.

Seite 3: Ein Astrologe in seinem Arbeitszimmer. Holzschnitt auf dem Titelblatt einer bekannten deutschen »Practica« aus dem Jahre 1512.

Seite 4: Hermaphrodit, der u. a. die Grundprinzipien der astrologischen Polarität offenbart. Miniatur aus einer illustrierten deutschen Handschrift vom Ende des 17. Jahrhunderts.

Seite 5: Die in einem Kalender von Václav Fabri z Budějovic dargestellte Sonnenfinsternis im Zeichen Löwe fand am 20. Juli 1487 statt.

Der Verlag dankt den nachfolgenden Institutionen, die ihr Bildmaterial zur Verfügung gestellt haben:

Biblioteca Estense ed Universitaria, Modena,
Bayerische Staatsbibliothek, München,
Uměleckoprůmyslové muzeum (Kunstgewerbemuseum), Praha,
Kunsthistorisches Museum, Wien,
Österreichische Nationalbibliothek, Wien,
Strahovská knihovna (Strahov-Bibliothek), Praha.

2. Auflage 1997

Aus dem Tschechischen übertragen von
Heinz Koblischke
Fotografien von Vojtěch Obereigner, Miloslav Šebek, Ladislav Neubert, Prokop Paul, Roman Maleček und Václav Kráčmer
Grafische Gestaltung von Aleš Krejča

Redaktion: Thomas May, Christoph Taschner, Hermine-Marie Zehl
Projektleitung: Sandra Klaucke
Redaktionsleitung: Dr. Reinhard Pietsch
Umschlag: Hempel/Langkau, München
Titelbild: Bavaria, Gauting (TCL)
DTP/Satz: Tina Kortner
Herstellung: Manfred Metzger
Printed in Slovakia
ISBN 3-7787-3537-3
2/98/09/52-02

Inhaltsverzeichnis

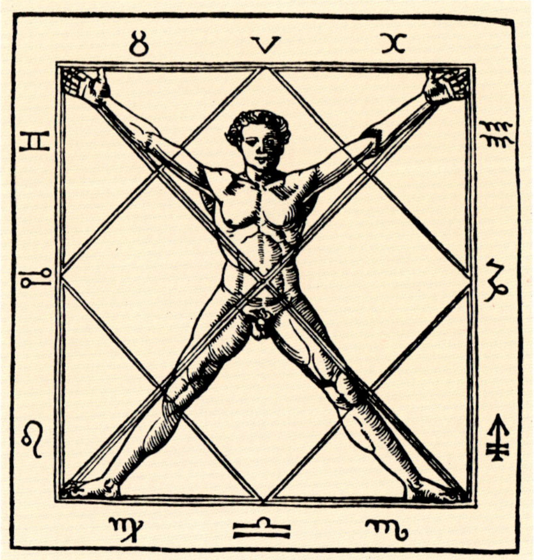

Der kosmische Mensch innerhalb des Tierkreises auf einem alten Holzschnitt.

Der Astrologe Teřiško bei der Arbeit. Aus der Münchener astrologischen Anthologie (Hofbibliothek der Manuskripte Václavs IV.).

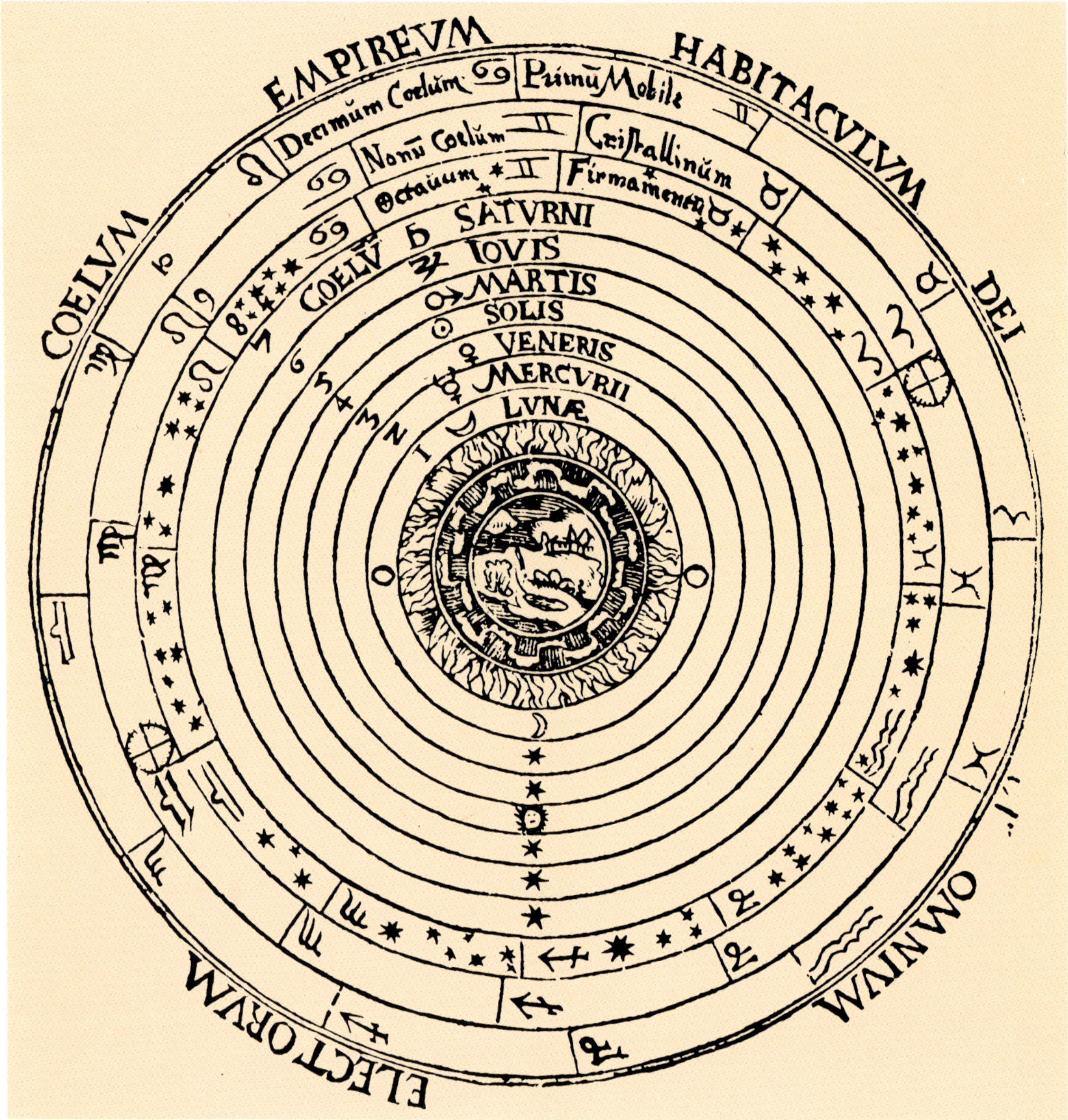

Das geozentrische System der Sphärenordnung um die Erde herum nach Apians Buch »Cosmographicus liber« (Landshut 1524). Die sublunare Welt wird in der Bildmitte durch die vier Elemente repräsentiert, dann folgen die Sphären der sieben Planeten und weitere drei supralunare Sphären: die Sphäre der Fixsterne, der Kristallhimmel und der erste Beweger. Außen erstrecken sich die göttliche Sphäre und die aller Auserwählten, Empyreumhimmel (coelum empyreum) *genannt.*

Vorwort

Dieses Buch ist nicht das Werk eines professionellen Astrologen im engeren Sinne des Wortes, sondern eher die Zusammenfassung langjähriger Erfahrungen und Erkenntnisse eines Naturwissenschaftlers, der sich neben seinem eigentlichen Fachgebiet ein Vierteljahrhundert theoretisch und praktisch mit Astrologie beschäftigt hat.

Die subjektive empirische Sicht der Problematik dieses Komplexes von innen her verbindet sich – mit thematischem und zeitlichem Abstand – parallel mit einem objektiven kritischen Blick von außen. Gerade eine solche in der modernen Literatur über die Astrologie nicht allzu häufige Perspektive eines zweifachen Blickwinkels ermöglicht hoffentlich ein besseres und tieferes Kennenlernen dieser Disziplin als ein Phänomen, das seit langem die Kulturgeschichte der Menschheit treu und brav begleitet.

Der westliche und der orientalische Hauptzweig

Der Baum der Astrologie ist zeitlich undräumlich so reich verzweigt, daß ein einzelnes Buch die Gesamtmaterie in ihrer ganzen globalen Breite nicht zu erfassen vermag. Ich habe mich daher bewußt nur auf den sogenannten westlichen Zweig konzentriert – von den babylonischen Anfängen, über die griechisch-römische Antike und das arabische Mittelalter, bis nach Europa und dann weiter ins moderne Amerika.

Absichtlich außer acht gelassen wurde der ganze zweite – der orientalische – Hauptzweig, der auch die Kulturen des alten, präkolumbianischen Amerika umfaßt, deren Kalenderastrologie z. B. die indische und vor allem die chinesische Astrologie ungewöhnlich nahe stehen; denn angesichts der erheblich unterschiedlichen und spezifischen Methodik und des Reichtums an Material, das zur Verfügung steht, könnte diesem Zweig sicher eine ähnlich umfangreiche Monographie gewidmet werden.

Wandlungen und Periodizität

Die Beziehungen der westlichen Astrologie zur Wissenschaft, Philosophie und Religion, aber auch zur Kunst waren im Laufe ihrer jahrhundertelangen Entwicklung sehr bemerkenswert. Nicht minder interessant offenbaren sich jedoch auch ihre eigenen Wandlungen bei jeder bisherigen neuen Rückkehr auf die Bühne der Geschichte. Und eines der Hauptziele dieses Buches besteht gerade darin, die bewunderungswürdige Periodizität dieser Wiederauftritte zu erfassen und Schlüsse daraus zu ziehen für das Begreifen der Astrologie in Gegenwart und nächster Zukunft. Es geht darum zu skizzieren, woher sie kommt, was sie uns heute sagen kann und wohin sie aller Wahrscheinlichkeit nach gehen wird.

Zum erstenmal hat der Leser hier die Möglichkeit, die Geschichte der Astrologie in einem deskriptiven Panoramaüberblick zu verfolgen und sich ihren deutlichen und so erstaunlichen Rhythmus, wie er vor dem kosmischen Hintergrund ihrer Entwicklung abrollt, optisch bewußt zu machen.

Ein kleines Verzeichnis bedeutender Persönlichkeiten im historischen Ablauf der Astrologie versucht, wenigstens die wichtigsten Namen aufzuführen. Die repräsentative Auswahlbibliographie umfaßt nicht nur die klassischen und modernen astrologischen Hauptwerke, sondern auch zahlreiche wissenschaftliche Arbeiten über Astrologie, vor allem über ihre Geschichte, aus der Feder verschiedener Fachleute anderer Disziplinen. Viele dieser wissenschaftlichen Publikationen kennen oft nicht einmal die Astrologen selbst, denen sie vor allem von Nutzen sein könnten.

Eine Flut astrologischer Bücher ...

An der Schwelle ins dritte Jahrtausend erleben wir gerade die Schlußphase der letzten einer Reihe großer, weltweiter Renaissancen der Astrologie, zu denen es in den vergangenen zwei Jahrtausenden wiederholt gekommen ist. Mehr als 10.000 Bücher über und gegen sie wurden in den letzten 100 Jahren in den verschiedensten Sprachen der Welt geschrieben, schätzt Heinz Brestel in dem Artikel »Die Astrologie als Wirtschaftszweig« bereits am 3. Februar 1968 in der Frankfurter Allgemeinen Zeitung. Anfang der achtziger Jahre wurde nach dem Katalog der US-Kongreßbibliothek in Washington ermittelt, daß allein im 20. Jahrhundert über 12.000 astrologische Bücher erschienen sind, wobei der jährliche Zuwachs heute etwa 200 Titel beträgt.

Zum Vergleich: Von der Erfindung des Buchdrucks bis Ende des 18. Jahrhunderts zählten die Biographen insgesamt 1 111 Bücher über Astrologie und 60 über Astromedizin. Die meisten von ihnen stammen aus dem 16. und vom Anfang des 17. Jahrhunderts. An handschriftlichen Traktaten aus der Zeit vor der Erfindung des Buchdrucks ist uns etwa die gleiche Anzahl bekannt.

... und Zeitschriften

Außerdem werden heute in der ganzen Welt rund 100 spezielle astrologische Zeitschriften in den verschiedensten Sprachen in Auflagen von 1000 bis

2000 Exemplaren herausgegeben. 1975 waren allein in Westeuropa 18 große astrologische Organisationen und in den USA drei große und 150 lokale registriert. Nach kürzlichen Umfragen des Gallup-Instituts glauben 32 Millionen erwachsene Amerikaner an die Wahrhaftigkeit der Astrologie, und rund 70 Prozent aller amerikanischen Tageszeitungen geben ihren Lesern astrologische Ratschläge.

Konjunktur für Astrologiekalender und Horoskope

Eine ähnliche Situation herrscht heute auch in den führenden Industrieländern Europas. So wurden z. B. in der Bundesrepublik Deutschland Ende 1967 an die 200.000 Astrologiekalender verkauft, und der Kreis der Leser astrologischer Wochenschriften wurde damals auf 100.000 geschätzt; etwa 47 Prozent der erwachsenen Bundesbürger, stellte man fest, glauben, daß ihr Schicksal in einem Horoskop stehe. Nach Ergebnissen der Meinungsforschung kennen 90 Prozent der befragten erwachsenen Franzosen ihr Tierkreiszeichen (d. h. das Sternbild, in dem sich die Sonne zum Zeitpunkt ihrer Geburt befand) und 12 Prozent sogar den Aszendenten (Persönlichkeitspunkt) ihres Geburtshoroskops. Von den Italienern verfolgt schätzungsweise jeder dritte in der Presse regelmäßig die astrologische Rubrik.

In der zweiten Hälfte des 20. Jahrhunderts drangen die Errungenschaften der modernen Rechentechnik auch in die Astrologie ein, und zwar nicht nur im Westen, sondern auch in den Ländern des Fernen Ostens, wo schon die Methodik der Vorhersageastrologie der Technik der Computerverarbeitung viel näher ist. Das Pariser astrologische Rechenzentrum Astroflash, das 1967 als eines der ersten entstand, hat heute sogar Filialen in New York, wo neben ihm amerikanische Unternehmen wie Zodiacronics Service oder TBC Computer Centers u. a. tätig sind. Und schon schießen gegenwärtig auch öffentliche Horoskopautomaten wie Pilze aus dem Boden.

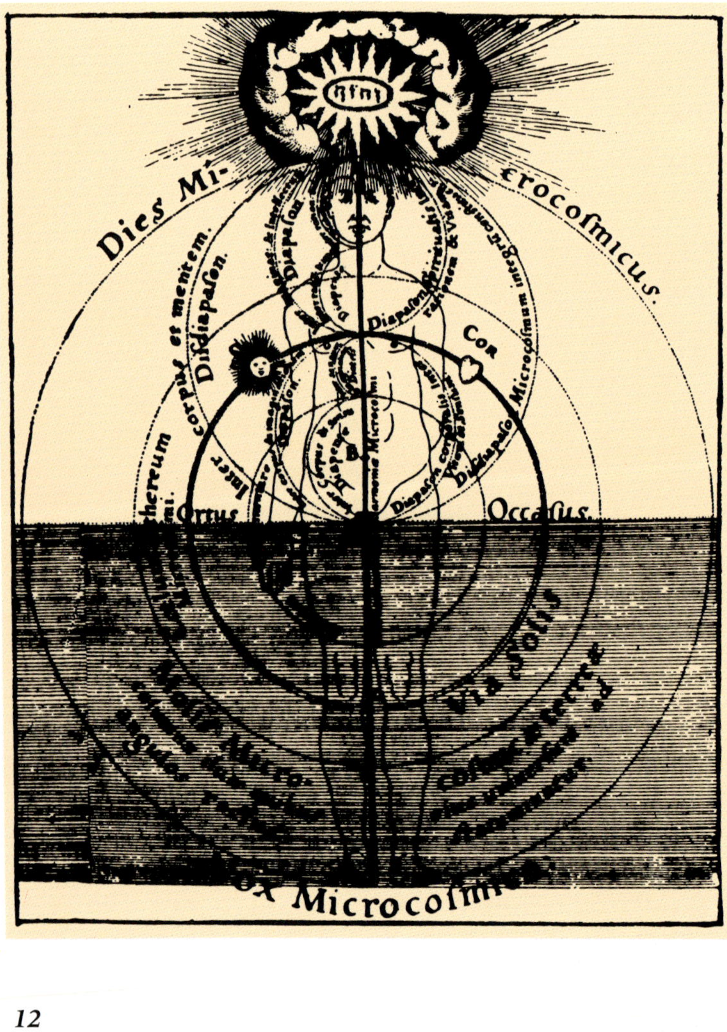

Astrologische Industrie und »wirkliche« Astrologie

Hat denn eine derartige astrologische Industrie, eine solche Flut kommerzieller »Horoskope« und allgemeinster Prognosen, die die »wirkliche« Astrologie bis zur Unkenntlichkeit karikiert, überhaupt noch etwas mit der Arbeitsweise einer seriösen individuellen Astrologie gemein? Was wissen wir eigentlich von der Astrologie früherer Jahrhunderte? Wo lassen sich ihre Anfänge vermuten, und wie weit hat sie sich in ihrer Methodik von ihnen entfernt? Sind ältere astrologische Schriften bekannt, aus denen man das wahre Wesen dieser Disziplin erfahren könnte? Gibt es überprüfbare eingetroffene horoskopische Vorhersagen?

Auf diese und noch viele andere Fragen sucht mein Buch Antworten zu geben. Ich gehöre weder zu den Horoskop-Businessmen noch zu jenen trockenen Wissenschaftlern, die Horoskope schon a priori ablehnen. Und gerade das hat mich in die Lage versetzt, einen unvoreingenommenen Blick auf das Wesen und den Sinn der Astrologie zu richten, einige ihrer strittigen Punkte zu enthüllen und ihr System verständlich zu machen.

Ich hoffe, daß das, was ich hier präsentiere, das Verständnis der Leser findet, und wünsche diesem Buch einen guten Start.

Milan Špůrek

Die Polarität von Tag und Nacht in den Sphären des Mikrokosmos, des Menschen (Robert Fludd: »Utriusque cosmi historia«, 1619).

Die Herkunft und das Wesen der Astrologie

Schule der Sternkunde (»Lucidarius«, Augsburg 1479).

Die uralte menschliche Sehnsucht, die Zukunft zu erkennen

Wahrsagerische Praktiken • Das Besondere der Astrologie

Der Begriff »Astrologie«

Von der Präastrologie zur Horoskopie • Die Astrologie ohne Horoskop • Die heutige Astrologie im globalen Überblick • Definition und Unterteilung der Astrologie

Die uralte menschliche Sehnsucht, die Zukunft zu erkennen

»Der Mensch neigt dazu, in die Zukunft zu blicken, und auch wenn die Wahrsagerei und ihre Methoden zu Recht kritisiert werden, läßt sich diese Neigung selbst durch höchste Bildung nicht unterdrücken«, schrieb der Historiker Martin P. Nilsson. »Natürlich, denn Gottes Würfel fallen immer richtig«, hätte der alte Sophokles bestimmt hinzugefügt. Und wir – stolz tönende Menschen und 2400 Jahre nach jenem berühmten griechischen Dramatiker? Glauben auch wir, daß Gottes Würfel immer richtig fallen? Der Dichter Mallarmé jedenfalls war der Meinung, »zu würfeln schließt den Zufall niemals aus …«

Wahrsagerische Praktiken

Magischer Spiegel. Miniatur der Handschrift »La Très Sainte Trinosophie« aus dem 18. Jahrhundert, die dem Comte de Saint-Germain zugeschrieben wird.

Im 16. Jahrhundert waren noch rund 100 wahrsagerische Methoden der verschiedensten Art bekannt. Heute ist von einigen nur der Name geblieben, die Nachfrage aber nach Prophezeiungen der Zukunft besteht, wie es scheint, weiter.

Vielfalt der Motive

Die Ungewißheit dessen, was kommt, hat viele Bewohner unseres blauen Planeten schon immer beunruhigt und wird dies wohl auch immer tun. Daraus ergab sich die Wahrsagekunst. An ihrer Wiege standen nicht nur Neugier, Angst und Sorge um die Zukunft, sondern vielleicht auch Wünsche und ein wenig Leichtgläubigkeit – am meisten aber wohl der Drang, sein Schicksal kennenzulernen, jenes unerbittliche und unveränderliche oberste Gesetz, das nicht nur die Menschen beherrschte, sondern auch die Götter. Daß dieses Verlangen nur durch Abergläubigkeit aufrechterhalten wurde, denke ich nicht.

Übrigens wurde nicht nur einmal auch die prinzipielle Frage aufgeworfen, ob es überhaupt gut sei, die Zukunft zu kennen, oder ob man vielleicht doch besser daran täte, lieber gar nichts über sie in Erfahrung zu bringen – eine auch heute sicher nicht unerhebliche Frage, besonders im Hinblick auf die Astrologie.

Allgemeine Trends und individuelle Prognose

Futurologen und Prognostiker befassen sich zwar mit den allgemeinen Trends, doch nützt dies jenem wenig, der konkret wissen will, ob ihm gelingen wird, was er gerade vorhat und woran ihm unendlich viel liegt – oder ob ihm vorher vielleicht ein Dachziegel auf den Kopf fällt oder ihn ein Auto überfährt. Und da die moderne Wissenschaft solche Fragen nicht beantwortet, geht der Betreffende damit

Rechts: Die sieben Arten der Divination (Weissagekunst) nach Robert Fludd (»Utriusque cosmi historia«, 1619).

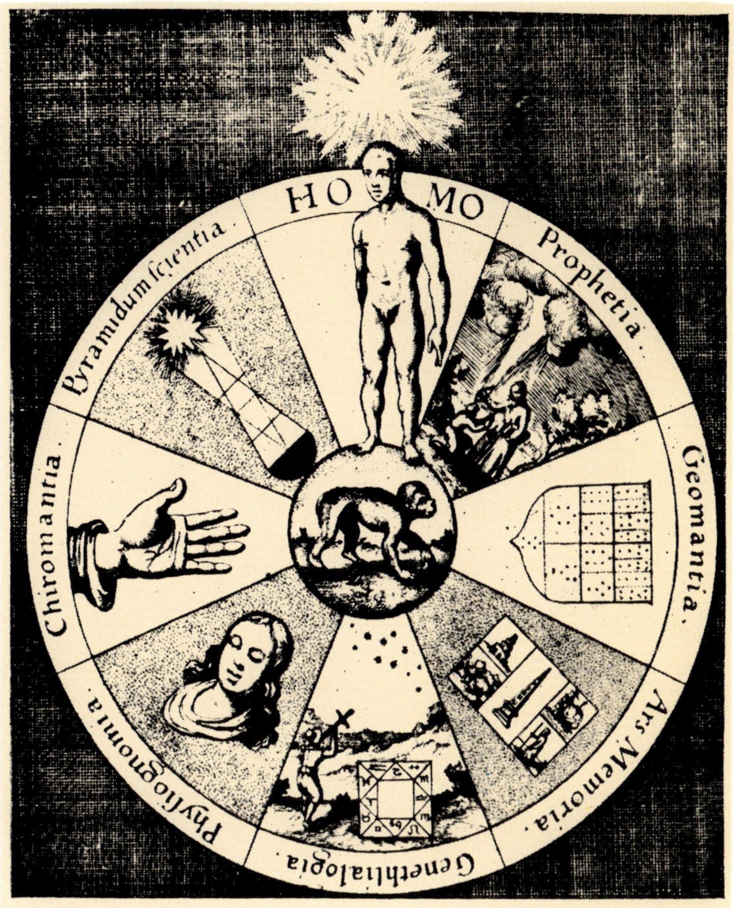

»Der Hängende« – die zwölfte Karte aus einem Tarotkartenspiel, das um 1392 für den französischen König Karl VI. gemalt wurde.

Rechts: Titelblatt einer Schrift von Nikolaus Pruckner über einen Kometen, der im »Monat der Weinlese« – im Oktober 1532 – auftauchte.

eben zu einer Kartenleserin, Chiromantin oder einem Astrologen, um das wenigstens so ungefähr zu erfahren.

Lachen wir nicht darüber: Es gibt im Leben Augenblicke, wo man wirklich nicht mehr weiterweiß. Und nicht jeder ist imstande, den optimalen Weg instinktiv zu wählen. Lieber überprüft er dessen Richtigkeit bei einer unvoreingenommenen Person, von der obendrein vermutet wird, sie könne weiter blicken als er selbst.

Die Wahrsagerei hat mit ihrer recht bunten Palette verschiedener Methoden den Menschen seit alters solche Antworten gegeben. Wie befriedigend sie waren, sei dahingestellt. Zwischen Frage und Antwort traten meist nicht alltägliche, außerordentliche Phänomene und unterschiedlichste Ungewöhnlichkeiten. Scheinbar Zufälliges war in Wirklichkeit gar nicht zufällig, da man meinte, eben darin äußere sich göttlicher Wille, und man schlußfolgerte, solche besonderen Erscheinungen seien durchaus beachtenswert – wenn z. B. der Blitz in ein bedeutsames Monument oder Gebäude einschlug, wenn ein Tier oder Mensch als Mißgeburt zur Welt kam oder, wie Cicero berichtet, Pferde im Gespann sich gleichzeitig entleerten …

Volksbräuche

Aus manchen wahrsagerischen Praktiken wurden später Volksbräuche, etwa das Bleigießen am Silvester- oder Dreikönigsabend oder das Querteilen von Äpfeln zu Weihnachten. Einige sind ganz verschwunden, z. B. die Eingeweideschau (Haruspicina) oder die Vogelflugschau (Ornithomantie), andere tauchten

Guillaume Postel (1510–1581), französischer Philologe, Orientalist und Visionär. Stich aus seiner Schrift »De Universitate« (Leyden 1635).

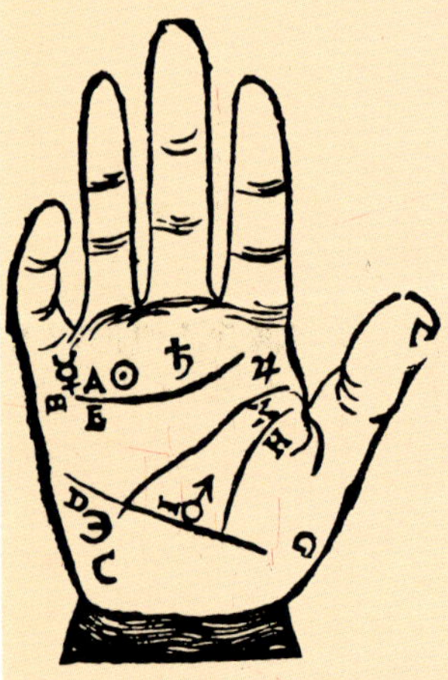

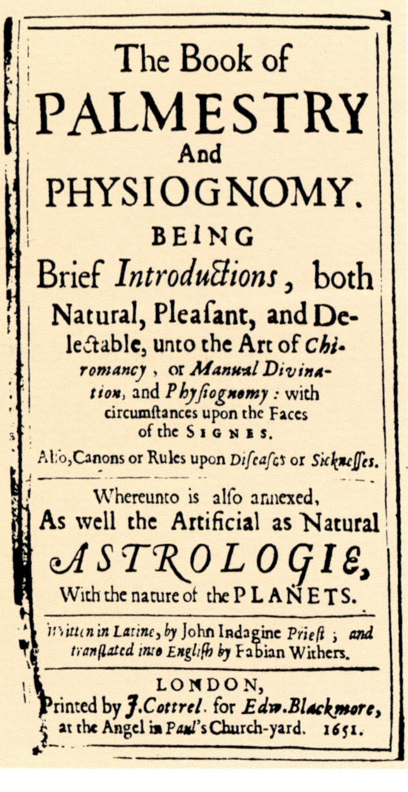

The Book of
PALMESTRY
And
PHYSIOGNOMY.
BEING
Brief *Introductions*, both
Natural, Pleasant, and Delectable, unto the Art of *Chiromancy*, or *Manual Divination*, and *Physiognomy*: with circumstances upon the Faces of the SIGNES.
Also, Canons or Rules upon *Diseases* or *Sicknesses*.
Whereunto is also annexed,
As well the Artificial as Natural
ASTROLOGIE,
With the nature of the PLANETS.
Written in Latine, by John Indagine *Priest*; *and translated into English by* Fabian Withers.
LONDON,
Printed by *J. Cottrel.* for *Edw. Blackmore*, at the Angel in *Paul's* Church-yard. 1651.

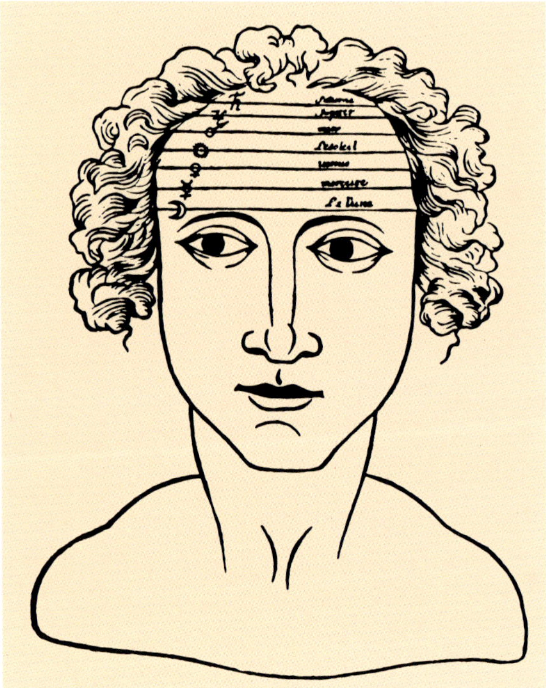

Die Anordnung der zodiakalen Punkte auf dem Gesicht des Menschen (Hieronymus Cardanus: »Metoposcopia«, Paris 1658).

Links: Titelblatt zu Ingadines »Einführung in die Physiognomie, Chiromantie und Astrologie« aus dem Jahre 1582.

noch vor kurzem als typische Kirmesattraktionen auf, deren altertümlichen Ursprung man aber längst vergessen hatte: etwa die Kleromantie, die zu Unrecht manchmal auch als »Kirmesastrologie« bezeichnet wurde – vielleicht, weil ein Papagei dabei aus einer Urne ein Los zog, das »Planet« hieß.

Die »wirkliche« Astrologie hat mit solchen Methoden freilich überhaupt nichts gemein. Zwar hielt man auch sie seit alters für eine der wahrsagerischen Praktiken, doch gehörte sie dank ihrer exakten Grundlage, die sie mit der Astronomie gemeinsam hat, zu den seriösesten: Immer stützte sie sich auf genaue astronomische Berechnungen, und ihre Bindung an die Astronomie war in der Tat sehr eng.

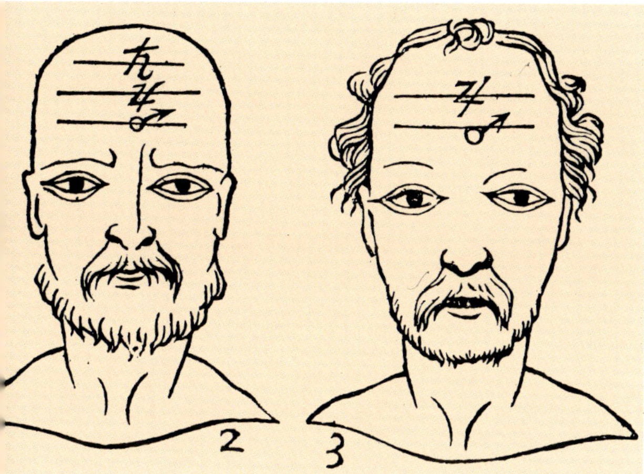

Die Mars-, Jupiter- und Saturnlinie auf der Stirn des Menschen (Hieronymus Cardanus: »Metoposcopia«, Paris 1658).

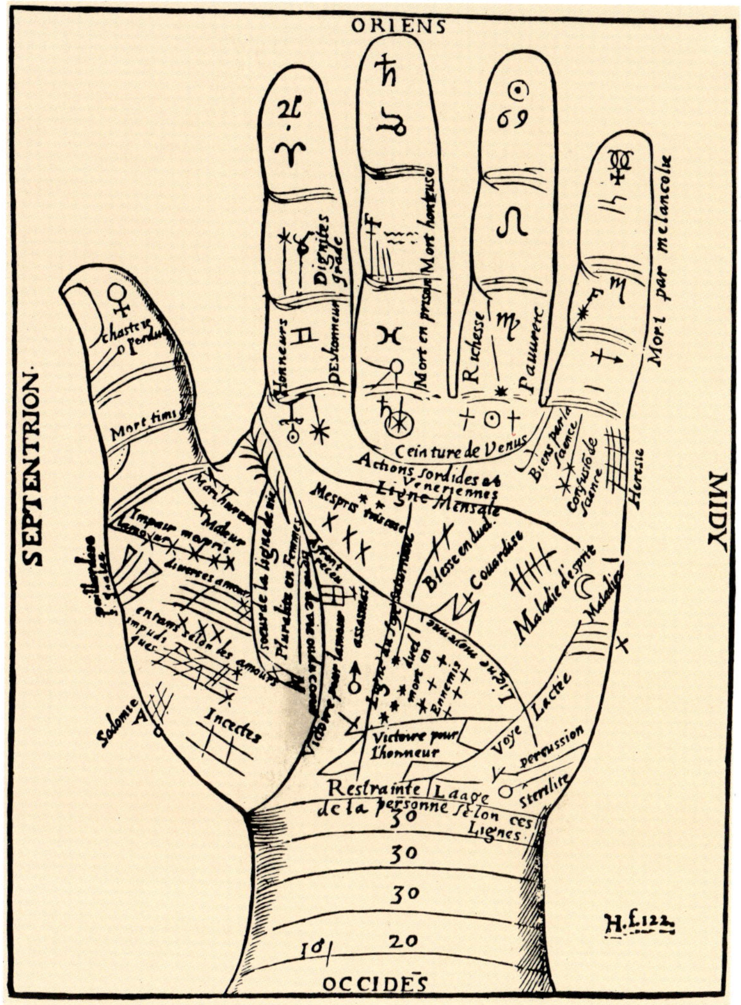

Chiromantische Hand nach Jean-Baptiste Belot (»Oeuvres«, 1640). Die Finger stehen in Beziehung zu fünf Planeten, den zwei restlichen traditionellen astrologischen Planeten Mars und Mond sind Partien auf der Handfläche vorbehalten.

Hände und Gesicht

Während die meisten Arten von Prophezeiungen ein dem Fragesteller selbst nicht eigenes Wahrsagemittel voraussetzten, gab es zwei Methoden, die sich auf Körperteile stützten: Hände und Gesicht. Chiromantie und Metoposkopie stellen relativ durchgearbeitete diagnostische Systeme dar, die von der Annahme ausgehen, daß nicht nur die Charaktereigenschaften, sondern auch die Zukunft des Menschen in den Linien seiner Handfläche bzw. in seinen Gesichtzügen verborgen seien.

Eine Annäherung beider Methoden ergibt sich aus ihrem detaillierten System und deskriptiven Herangehen sowie aus der Verwendung u. a. der astronomisch-astrologischen Symbolik – bestimmter Sinnbilder für die Planeten und die Tierkreiszeichen – in ihrer Terminologie. Beide

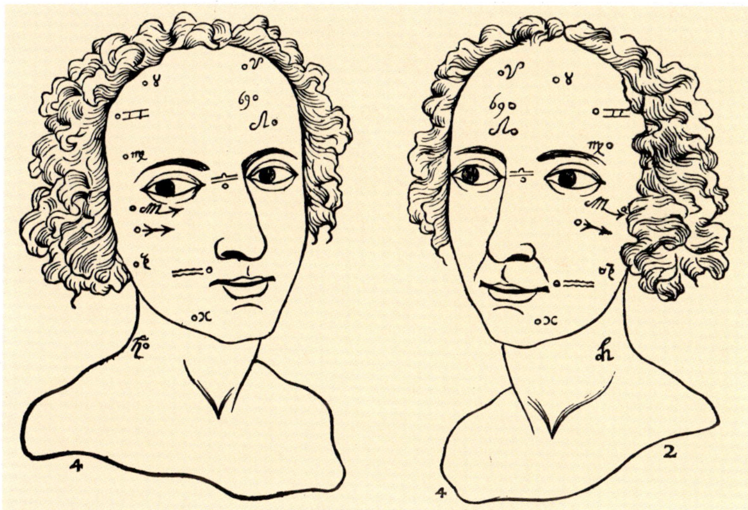

Die Anordnung der Planetenzonen auf der Stirn des Menschen (Hieronymus Cardanus: »Metoposcopia«, Paris 1658).

basieren auf der Annahme, daß der Makrokosmos sich im Mikrokosmos widerspiegelt und es zwischen diesen Sphären einen inneren Zusammenhang gibt.

Davon ging freilich auch die Astromantie aus, aus der sich später die exakteste und am meisten durchgearbeitete Methode einer Zukunftsvorhersage unter allen Prophezeiungsarten entwickelte – die Astrologie.

Das Besondere der Astrologie

Zur Zeit ihrer Entstehung gehörte auch die Astrologie zweifellos zur großen Familie der wahrsagerischen Praktiken, zumindest in ihrer älteren Gestalt als Astromantie – heute würden wir sagen: Präastrologie. Wir werden nach ihren Wurzeln suchen und sehen, was heute von ihr übriggeblieben ist. Eine Reihe allgemeinerer Elemente hat sie mit der Wahrsagerei gemein; ihre Besonderheit aber, die sehr enge Bindung an die Astronomie, fing bald an, sie von den übrigen Arten der Zukunftsprophezeiung zu entfernen.

Illustration zum Kapitel über die Beobachtung des Himmels aus dem »Narrenschiff« des deutschen Dichters Sebastian Brant (1494).

Mathematische Berechnungen als Grundlage

Im Unterschied zu ihnen hatte sie von Anfang an in sich einen exakten Kern in Form mathematischer Berechnungen der Positionen der Himmelskörper und deren Projektionen auf ein ebenes Schema – das Horoskop. Das erforderte zumindest einen bestimmten Bildungsgrad, und die Horoskopberechnungen wurden immer komplizierter und anspruchsvoller. Ein Simpel, der dank seiner Sensibilität und Aufmerksamkeit andere Prophezeiungspraktiken beherrschen und sich in ihnen als insgesamt guter Wahrsager bewähren konnte, war gar nicht imstande, sich mit ihnen zu befassen: Die Wahrsagung aus den Sternen, die »Sterndeuterei« (Astromantie), war also, besonders in ihrer entwickelteren Form, der Astrologie, nur etwas für einen tüchtigen Rechner.

Wiederholte Ablesung künftiger und vergangener Ereignisse

Die Astrologie unterschied sich grundsätzlich von ihren mantischen Schwestern gerade durch diese exakte mathematisch-astronomische Basis, die eine Bewegung auf der realen Zeitachse ermöglichte, d. h. die Fähigkeit einer wiederholten Ablesung nicht nur vorwärts in die Zukunft, sondern auch zurück in die Vergangenheit. Weiterhin unterschied sie sich durch die zeitlich-räumliche Erfassung der Ereignisse und nicht zuletzt auch dadurch, daß die Divination, das Lesen des Horoskops, sich beliebig wiederholen läßt.

Im Unterschied zu den anderen Weissagungsformen nimmt die Astrologie ständig und regelmäßig wirkende Einflüsse von außen an, also die Existenz einer Art »permanenten Kraft« mit periodischen, sich wiederholenden Ursachen und Folgen, einfacher gesagt: die Abhängigkeit des irdischen Geschehens von der Zeit.

Der Begriff »Astrologie«

Warum sollte nicht gleich zu Beginn eines Buches über die Astrologie dieser Begriff so genau wie möglich definiert werden? Was verstand man früher unter Astrologie, und was versteht man heute darunter – zu Recht oder zu Unrecht? Die Klärung des Begriffs ist sicher nicht einfach, denn sein Umfang wird offenbar auf der einen Seite in gewissem Maße durch die historische Entwicklung und auf der anderen durch die geographische Verbreitung der Astrologie beeinflußt. Durch eine innere Aufgliederung des Begriffes dürften wir seinen Umfang und Inhalt bestimmt noch am besten erfassen.

Beilage zur zeitgenössischen, italienischen astrologischen Zeitschrift »Astra«, die eine schon recht volkstümliche Zusammenfassung der traditionellen Astrologie gibt.

Die Bedeutung der Astronomie

Die Astrologie ging stets von der immer wieder überprüften Annahme aus, das Geschehen auf der Erde habe sein Vorbild in Erscheinungen am Himmel. Die Hauptkomponente ihrer Entwicklung war die Art und Weise, wie sie es verstand, die zunächst zufälligen Beobachtungen nach und nach in ein System von Regeln zur Erläuterung dieser Phänomene zu bringen. Selbstverständlich ging die Festigung des Begriffes »Astrologie« nicht vonstatten, ohne daß auf der einen Seite manche Dinge nach und nach von ihr wegfielen und andere wieder absorbiert wurden.

So unterschieden sich die Dienste, die die Astrologie im Altertum bieten konnte, zum Teil von den mittelalterlichen oder denen, die sie heute zu bieten vermag.

Ein Hauptfaktor, der die Möglichkeiten der Astrologie stets bestimmt hat, war die Entwicklung der astronomischen Kenntnisse. Die historische Beziehung zwischen Astronomie und Astrologie glich daher der Beziehung zwischen Grundlagen- und angewandter Forschung in der heutigen Wissenschaft. Die Astrologie war die praktische Nutzung der Astronomie.

Abgrenzung der Astrologie gegenüber der modernen Wissenschaft

Es ist an der Zeit, die Grenzen der Astrologie gegenüber der heutigen Wissenschaft abzustecken, denn einige Tätigkeiten, die man früher für einen selbstverständlichen Bestandteil von ihr hielt und die wir mit dem französischen Astronomen P. Couderc als physikalische Astrologie bezeichnen könnten, gehören heute nicht mehr zu ihr.

- Die Erforschung der durchgehenden kosmoterrestrischen und kosmobiologischen Einflüsse haben einige interdisziplinäre Richtungen der modernen Wissenschaft übernommen.
- Die Beobachtung des Verlaufs der klimatischen und meteorologischen Veränderungen in Verbindung mit einigen kosmischen Zyklen ist heute Gegenstand wissenschaftlicher Grenzforschungen, genau wie etwa die Biorhythmen oder Periodizitäten in der Geologie.

Die Wege, auf denen die Grenzgebiete der modernen Wissenschaft verlaufen, haben freilich mit den astrologischen Prinzipien und Verfahren nur sehr wenig gemein, auch wenn sie von der gleichen Grundannahme einer Parallelität des Geschehens auf der Erde und im nahen Kosmos ausgehen und aus Unkenntnis deshalb vielleicht bisweilen verwechselt werden.

Typologie und die Frage der Vorherbestimmung

Die heutige Astrologie ähnelt mit ihrem Streben nach Typologie wohl am ehesten der modernen Psychologie, die von allen wissenschaftlichen Disziplinen für sie vielleicht auch das größte Verständnis aufbringt. Doch die Astrologie bleibt in der Klassifikation nicht bei den Typen stehen, sondern geht weiter und verfolgt die schicksalschaffende Komponente dieser Typologie und deren Veränderungen in der Zeit. Sie versucht so, Fragen zu beantworten, die die heutige Wissenschaft in der Regel absichtlich umgeht.

Das Thema der Vorherbestimmung (Prädestination) ist in der gegenwärtigen Wissenschaft noch immer eine Art Tabu, während es in der Astrologie stets dominant war. Vorherbestimmung bedeutet jedoch nicht Fatalismus, wie er der Astrologie oft vorgeworfen wird. Dieser ist nur Ausdruck einer extremen Auffassung von Prädestination. Die Astrologie läßt aber einen gewissen Anteil des menschlichen Willens an der Gestaltung des Lebens des einzelnen zu.

Statt einfältig anzunehmen, jeder menschliche Schritt sei vorherbestimmt, bemüht sich der Astrologe vielmehr, die Grenzen abzustecken, über die im konkreten Falle wohl nicht hinausgegangen werden kann. Die Gegensätze von Gut und Böse, Glück und Unglück werden in der modernen Astrologie als relativ aufgefaßt.

Von der Präastrologie zur Horoskopie

Einer der Wege zur Definition des Begriffes »Astrologie« führt notwendigerweise in die Vergangenheit. Die Entwicklung, die sie durchlaufen hat, entspricht der Entwicklung anderer Erkenntnismethoden: von zufälligen Erkenntnissen zu einem ganzheitlichen System mit konkreten Auslegungsregeln.

Im Rückblick auf die letzten zweieinhalb Jahrtausende treten die Entwicklungsstadien der Astrologie als einer selbständigen Richtung recht deutlich zutage und weisen dabei eine auffällige Periodizität auf, die an einen konkreten astronomischen Zyklus gebunden ist. Die Disziplin, die die Beeinflussung der individuellen Schicksale durch kosmisches Geschehen verkündet, bestätigt so durch ihre Geschichte diese Wechselbeziehungen ungewollt objektiv selber. Ist das nicht verblüffend?

Armillarsphäre, getragen vom Atlas der Mythologie. Nach Petrus Apian (»Cosmographicus liber«, Landshut 1524).

Die Wiege: Astromantie, Ornithomantie, Haruspicina

Die Astrologie als in sich geschlossenes System, deren Grundlagen bis heute stabil geblieben sind, ist ungefähr 2500 Jahre alt. Die vorangegangene Entwicklungsphase sollte besser Präastrologie oder Protoastrologie genannt werden. Nach bruchstückhaft erhaltenen Texten und anderen Artefakten kann geschlußfolgert werden, daß die Verwendung wahrsagerischer Praktiken vorherrschte.

Die Astrologie gehörte als Astromantie (»Sterndeuterei«) in diesen älteren Zeiten gemeinsam mit dem Weissagen aus dem Vogelflug (Ornithomantie), dem Prophezeien aus den Eingeweiden rituell getöteter Tiere (Haruspicina) und zahlreichen anderen Praktiken zu den bekanntesten Arten der Vorhersage, die von antiken Autoren erwähnt werden.

Ein Entwicklungssprung: der Ekliptikkalender

Zu einem Entwicklungssprung kam es, als die Astronomie des Altertums die Horizontmethode der Zeitverfolgung zu verlassen begann und sich immer mehr dem Problem der Sphäre zuwandte. Der alte Horizontkalender wurde nach und nach durch einen Ekliptikkalender ersetzt, und damals, irgendwann im 5. bis 4. Jahrhundert vor unserer Zeitrechnung, entstand die Grundvoraussetzung für die Entstehung der »wirklichen« Astrologie – der Tierkreis (Zodiakus) und seine Einteilung in zwölf Zeichen. Der örtliche Horizont – die Basis des früheren Kalenders – erhielt mit der aufkommenden Astrologie eine neue Funktion, wurde die Grundlage für die Schaffung des Systems der zwölf Horoskophäuser, die mitunter auch horizontale Häuser genannt werden.

SCENO
SYSTEMATIS
PTOLE:
CIRCVLVS
POLVS
AXIS ZO
SIVE COLVRI
TROPICVS ÆSTIVVS
SATVRNVS
ÆQVATOR
OCCIDENS
MARS
LVNA
VENVS
ÆQVINO
TROPICVS HYBERNVS
MERIDIANVS
CIRCVLVS
POLVS

Darstellung des ptolemäischen geozentrischen Systems aus dem Sternkatalog »Harmonia macrocosmica« von Andreas Cellarius (Amsterdam 1661).

SCENO
SYSTE
COPER
ZODIACVS, ET SPHÆRA STELLARV
CAN
CER
SEMITA SATVRNI QVI FRIGI
VIA IOVIS SPATI
IUPITER
CIRCVLVS MARTIS DVORVM ANNORVM
ÆQVINOCTIVM
VERNVM
SOLSTI
SCOR
PIVS

Schematische Darstellung und Erläuterung des kopernikanischen heliozentrischen Systems aus dem Sternkatalog »Harmonia macrocosmica« von Andreas Cellarius (Amsterdam 1661).

PLANISPHÆRIVM
SIVE
MVNDI TOTIVS
TYCHONIS
PLANO
CAPRI CORNVS
AQVA RIVS
PIS CES
ARI ES
TAV RVS
GE MINI
MARS
IVPITER
SATVRNVS

Planisphäre zur Verdeutlichung der Weltordnung nach Tycho Brahes Vorstellung aus dem Sternkatalog »Harmonia macrocosmica« von Andreas Cellarius (Amsterdam 1661).

ORBIUM PLA
TERRAM COM
TIUM SCENO
SPHÆRA ZODIACI
SPHÆRA SATVRNI
SPHÆRA IOVIS
SPHÆRA MARTIS
SPHÆRA SOLIS
SPHÆRA VENER
SCOR PIVS
CIRCVLVS
CAPRI CORNVS
AQVA RIVS
HYPOTHESIS PTOLEMAICA

Das aristotelisch-ptolemäische geozentrische Modell des Sonnensystems aus dem Sternkatalog »Harmonia macrocosmica« von Andreas Cellarius (Amsterdam 1661).

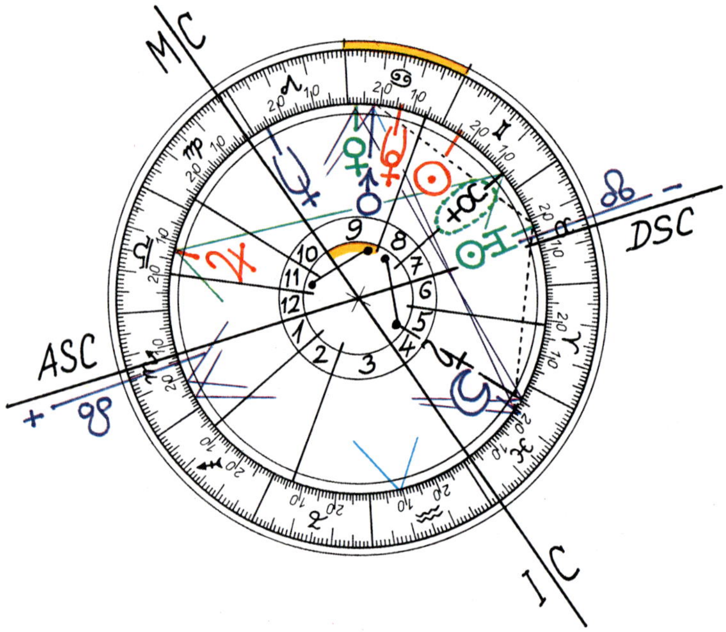

Das Geburtshoroskop des Mathematikers, Astronomen und Astrologen Regiomontanus, gestellt nach den erhaltenen Eingangsdaten: 6. Juni 1436 um 16 Uhr 40 Minuten in Königsberg; die Häuser sind nach dem Koch-System konstruiert.

Die Entstehung der Horoskopie

So entstand irgendwann in den letzten Jahrhunderten vor Beginn unserer Zeitrechnung das erste wirkliche Horoskop und mit ihm nach und nach auch eine neue Interpretationsdisziplin – die Horoskopie (eine mit Horoskopen arbeitende Astrologie). Der Hauptanteil an der geometrischen Konzeption des Horoskops ist dem griechischen Gedankengut zuzuschreiben.

Davor wäre es passender, von einer Astrologie ohne Horoskop zu sprechen, von Astromantie (Wahrsagung aus den Sternen) oder höchstens von einer primitiven zodiakalen Astrologie. Diese älteren Entwicklungsphasen waren weitaus enger mit astraler Mythologie und astralem Kult verbunden, mit einer Verehrung und Anrufung der Sterne (Astrolatrie). Da die Horoskopie ihre Schlußfolgerungen auf einer astronomischen und daher mathematischen Grundlage vornimmt, wurden die Astrologen früher oftmals Mathematiker (griechisch: *mathematikoi*) genannt oder nach der babylonischen Herkunft bisweilen auch Chaldäer (*chaldaei*). Das Synonym für Horoskopie war Apotelesmatik und für Nativitätshoroskopie, die sich mit dem Geburtshoroskop beschäftigt, auch Genethlealogie. Andere, spätere Termini wie z. B. Asteroskopie oder Astrosophie hielten sich nicht allzu lange und verschwanden wieder.

Der Begriff »Horoskop«

An dieser Stelle sollte der Begriff »Horoskop« kurz erläutert werden. Das Horoskop ist die sehr sinnreiche grafische und symbolische Darstellung der Himmelssphäre mit Sonne, Mond und Planeten in den zwölf Tierkreiszeichen und Sektoren (oder auch Häuser genannt) zu einem bestimmten Zeitpunkt und an einem ganz konkreten Ort der Erdoberfläche.

Außer dem Tierkreis, den Häusern und Planeten, zu denen die Horoskopie traditionellerweise auch die Sonne und den Mond zählt, werden in das Horoskopschema in der Regel noch einige andere Horoskopelemente eingezeichnet, ebenfalls mit konventionellen Zeichen. Das sind vor allem:

- Zwei Knoten der Mondbahn
- Einige Gestirne
- Die sogenannten Fixsterne
- Die Winkelbeziehungen zwischen den Horoskopelementen (die Aspekte)
- Spezielle Punkte und Achsen, vor allem die Hauptachsen des Horoskops (Aszendent – Deszendent Medium coeli – Imum coeli – oder, sehr vereinfacht gesagt: der örtliche Horizont und Meridian).

Das Horoskop ist also ein kodiertes Schema – Träger einer verborgenen Information. Nichts mehr, aber auch nichts weniger. Alles andere, vor allem gern in Illustrierten angebotene, kann bisweilen einfach falsch, im besten Fall eine Auslegung oder Kommentierung sein, ist aber nicht das eigentliche Horoskop.

Lernen wir, die Dinge beim richtigen Namen zu nennen. Das genügt. Auch die astrologische Terminologie hat eine relativ lange Entwicklung durchlaufen; so verwendete man in der Antike beispielsweise den griechischen Terminus horoskopos nur für den Aszendenten (den Grad der aufsteigenden Ekliptik am jeweiligen Horizont), während das ganze Horoskopschema (das heutige Horoskop) thema, genitura bzw. figura coeli genannt wurde.

Die Astrologie ohne Horoskop

Selbst wenn – wie jedem verständlich sein wird, der sich einmal mit Astrologie befaßt hat – im wesentlichen gilt, daß es keine echte Astrologie ohne Horoskop gibt, findet auch heute – wenn wir von der Präastrologie des Altertums absehen – etwas relativ große Verbreitung, was an Astrologie erinnert und gewöhnlich sogar für sie ausgegeben wird, in Wirklichkeit aber keine vollblütige Astrologie ist.

Grobe Vereinfachungen: die Zeitungsastrologie

Die passendste Bezeichnung für dieses Etwas könnte sein: primitive zodiakale Typologie, die vorwiegend oder ausschließlich auf der Stellung der Sonne im Tierkreis beruht. Durch dieses einfache Klassifizierungskriterium gelangen riesige Menschenmengen auf der ganzen Welt gleichzeitig in die zwölf Gruppen der Tierkreiszeichen, und ihnen werden dann in Zeitungen, Zeitschriften oder im Fernsehen für einen bestimmten Zeitraum regelmäßig mehr oder minder übereinstimmende Ereignisse prophezeit.

Eine derart oberflächliche »Astrologie« berücksichtigt überhaupt nicht die anderen neun Planeten, geschweige denn ihre Wechselbeziehungen und Positionen in den Häusern des Horoskops, die bei jedem einzelnen verschieden sind.

Wenn wir in Betracht ziehen, daß jeder Mensch ein anderes, unwiederholbares und eigentlich originales Horoskop besitzt, werden die groben Vereinfach'ungen einer solchen Zeitungs- oder Boulevardastrologie offenkundig. Obwohl die Sonne in jedem Horoskop zweifellos stets die führende Rolle spielt, darf sie doch nicht aus dem Kontext der übrigen Elemente und der ganzen Struktur des Horoskops herausgerissen werden, die in ihrer Gesamtheit jedesmal einzigartig ist, auch wenn sich einige ihrer Teilelemente periodisch wiederholen können. Das Horoskop ist genauso unwiederholbar wie ein Fingerabdruck.

Die heutige Astrologie im globalen Überblick

Neben dem historischen Prozeß der Herausbildung des Begriffs »Astrologie« ist auch der geographische Faktor zu berücksichtigen, und es muß versucht werden, ihre Zentren vom Altertum bis heute wenigstens in groben Zügen zu erfassen und eventuelle Varianten zu unterscheiden.

Eine bisher nicht ganz eindeutig beantwortete Frage bleibt die nach der Herkunft der Astrologie. Als ihre Wiege wird bisweilen Babylon angenommen, manchmal Ägypten, Indien oder China und mitunter sogar das präkolumbianische Amerika.

Zeitgleiche Entstehung in verschiedenen Zivilisationen?

Die Migrationshypothese, nach der sich diese Lehre von einem ursprünglichen Zentrum aus nach und nach in andere Weltteile ausgedehnt habe, wird allerdings stark angezweifelt. Weitaus plausibler erscheint die Ansicht, daß die Grundlagen der Astrologie unabhängig voneinander und folglich auch etwas unterschiedlich in verschiedenen Zivilisationen des Altertums entstanden seien, und zwar ungefähr zur gleichen Zeit.

Während es an einer Stelle schließlich zu einem Synkretismus kam, zu einer Vermischung der ursprünglichen Varianten des primären Stadiums der Astrologie, stellen wir woanders wesentliche Unterschiede in der Auffassung und noch heute absolut eigenständige Lösungen fest.

In der gegenwärtigen Astrologie zeichnen sich global gesehen zwei Grundströmungen deutlich ab: eine westliche (okzidentalische) und eine östliche (orientalische). Beide entstanden auf der nördlichen Erdhalbkugel, wobei sich die westliche in eine Richtung, die östliche jedoch in zwei Richtungen entwickelte.

Die westliche Astrologie

Die Wurzeln der westlichen Astrologie sind im antiken Mittelmeerraum und Nahen Osten zu suchen, wo in hellenistischer Zeit die aus Babylon, dem späten Ägypten, Griechenland, Persien und weiteren Ländern des mediterranen Bereichs stammenden Methodiken sich zu einer zusammenhängenden Strömung vereinigten. Arabische Gebildete brachten die Grundlagen der griechisch-römischen Astrologie, die aus diesem Verschmelzungsprozeß hervorging, im Mittelalter über Spanien nach Europa, von wo sie sich in der Neuzeit dann weiter verbreiteten, vor allem nach Amerika. Trotz der Unterschiedlichkeit der verschiedenen Schulen, die sich in der modernen Epoche innerhalb dieser Strömung herausbildeten und noch immer herausbilden, können wir zusammenfassend von einer Astrologie westlichen Typs sprechen.

Die östliche Astrologie

Ihr gegenüber steht die zweite Grundkategorie, die östliche Astrologie. Diese orientalische Strömung hat zwei Hauptzweige: die indische Astrologie und die chinesische, die freilich noch weitere Länder des Fernen Ostens umfaßt, vor allem Japan, Korea, Tibet und die Mongolei. Beide Varianten unterscheiden sich ziemlich stark voneinander. Während die indische einige bedeutsame Beziehungen zur westlichen Astrologie aufweist und daher eine Art Brücke zu ihr bildet, ist die chinesische Astrologie absolut eigen. Eher als zur indischen bzw. westlichen Astrologie steht sie, wie es scheint, jenem astrologischen System näher, dessen Trümmer sich in Kulturen des alten Amerikas erhalten haben.

Definition und Unterteilung der Astrologie

Trotz einer erheblichen Schwankungsbreite der bisherigen Definitionen läßt sich etwa die folgende als allgemeinste Definition der Astrologie akzeptieren:

Die Astrologie ist die Suche nach Beziehungen bzw. Kausalbeziehungen zwischen der Stellung der Himmelskörper, den Positionen von Sonne, Mond, der Planeten und Gestirne und den gerade vor sich gehenden oder auch künftigen oder vergangenen Ereignissen an einem bestimmten Ort der Erdoberfläche.

Die weitere Ausführung des Begriffes bewegt sich zwischen der Bezeichnung der Astrologie als Wissenschaft oder Kunst.

Den Ausdruck »Pseudowissenschaft« wollen wir weglassen: Er birgt in sich fast immer das absolute Unverständnis der Prinzipien der Astrologie seitens jener, die ihn so oft und gern verwenden.

Die Astrologie ist am ehesten eine auf exakter wissenschaftlicher Grundlage betriebene Kunst. Gerade darin liegt ihre Besonderheit und freilich auch scheinbare Unbegreiflichkeit – für den einen vielleicht unannehmbar, für den anderen dagegen reizvoll.

Einteilung der Astrologie

Die Astrologie läßt sich unter verschiedenen Gesichtspunkten gliedern. Die einfachste Klassifikation verfährt danach, womit sich die Astrologie beschäftigt und auf welche Weise sie dies tut. Dementsprechend wird sie eingeteilt in:

- Individuelle Astrologie, die sich mit den Problemen des einzelnen befaßt
- Mundane Astrologie, die auf Probleme bestimmter Länder oder Teile der Erde eingeht.

Daneben unterscheidet man:

- Natale oder Nativitätsastrologie, die sich mit der Charakteristik des Gegenstands ihres Interesses zum Zeitpunkt der Geburt oder Entstehung befaßt
- Prognostische Astrologie, die künftige Ereignisse vorhersagt
- Komparative Astrologie, die verschiedene Horoskope miteinander vergleicht und gegebenenfalls gemeinsame summarische, sogenannte Vergleichshoroskope, Combin- und Kompositihoroskope erstellt.

Die wichtigsten Horoskopmethoden

<table>
<tr><th></th><th>Methoden der Individualastrologie</th><th>Methoden der Mundanastrologie</th></tr>
<tr><td rowspan="2">Nativitätsastrologie</td><td>Geburtshoroskop (Radixhoroskop)
Empfängnishoroskop
Horoskop des pränatalen Neumonds (Vollmonds)</td><td rowspan="2">Horoskop: der Entstehung einer Sache
der Gründung eines Staates, einer Institution oder Organisation
der Gründung einer Stadt
der Grundsteinlegung eines Bauwerks
der Beendigung einer Sache
des Anfangs eines Ereignisses</td></tr>
<tr><td>Hilfsmethoden: Korrektion und Rektifikation</td></tr>
<tr><td rowspan="3">Prognostische oder Prädiktionsastrologie</td><td>Solarhoroskope
Lunarhoroskope
Direktionen und Progressionen, Profektionen</td><td>Vierteljahres- oder Ingressionshoroskop
Jahreshoroskop (sogenanntes Welthoroskop)
Horoskop einer Sonnen-, Mondfinsternis
Neumond-, Vollmondhoroskop
Horoskop einer bedeutsamen Planetenkonjunktion, -opposition
Horoskop einer Planetenverdeckung</td></tr>
<tr><td colspan="2">Transite</td></tr>
<tr><td colspan="2">Methoden der Horar- oder Stunden- und Frageastrologie:
Stundenhoroskop
Fragehoroskop
Elektion
Decumbiturhoroskop</td></tr>
<tr><td>Komparative Astrologie</td><td colspan="2">einfache Synastrie (Vergleich von zwei oder mehr Horoskopen)
Vektor oder Kontakthoroskop</td></tr>
</table>

Die Grundlagen der Horoskopie

Die Positionen der Planeten Saturn, Jupiter und Merkur in bezug auf die Ekliptik am Morgen des 25. Dezembers 1603. Holzschnitt aus Keplers Schrift »Über das neue Gestirn am Fuße des Schlangenträgers (Ophiuchus)«, erschienen 1606 in Prag.

Die technischen Voraussetzungen

Die astronomischen Grundlagen der Astrologie • Das Problem der Eingangsdaten • Die Hauptutensilien für die astrologische Arbeit • Übersicht über die wichtigsten astrologischen Ephemeriden und Tabellen der Horoskophäuser • Die Methoden zur Erstellung eines Horoskops • Die Entwicklung der Darstellungstechnik in der Horoskopie

Das Horoskop-ABC

Der Tierkreis und seine innere Gliederung • Die Planeten im Horoskop • Die Häuser des Horoskops • Die Aspekte im Horoskop • Die Gruppierung der Planeten im Horoskop • Weitere Elemente des Horoskops • Der Begriff des astrologischen Wirkens (Einflusses)

Die Methodik der Astrologie

Die Horoskoparten und die astrologischen Methoden im Überblick • Die Methoden der Nativitätsastrologie • Die Methoden der prognostischen oder Prädiktionsastrologie • Die Methoden der komparativen Astrologie • Korrekturen und Rektifikationen des Horoskops (Relokationen)

Spezialitäten der astrologischen Küche

Monomörien • Die Chronokratoren und die Zyklen des menschlichen Lebens • Die kabbalistische Astrologie (Onomantik) • Die nodale Astrologie • Versuche einer heliozentrischen Astrologie • Astrologische Kombinatorik

Die technischen Voraussetzungen

Alle Tätigkeiten, die von der Sammlung und Überprüfung der Eingangsdaten bis zur Horoskopzeichnung durchzuführen sind, fallen in die Vorbereitungsphase, in der jeder Schritt kontrollierbar, wiederholbar und exakt ist. Die mathematischen Verfahren, die zum Endeffekt der Vorbereitungsphase – dem Erstellen des Horoskops – führen, sind aus wissenschaftlicher Sicht absolut korrekt. Nicht eindeutig bleibt vielleicht nur die Wahl des Systems, in dem die Häuser des Horoskops konstruiert werden sollen.

Die astronomischen Grundlagen der Astrologie

Das technische Hauptproblem der Astrologie bestand immer darin, sphärische Relationen aus dem Blickwinkel eines konkreten Ortes der Erdoberfläche und eines bestimmten Zeitpunktes in einem ebenen Horoskopschema möglichst gut auszudrücken. Ein Beweis dafür ist auch die interessante Entwicklung der Darstellungstechnik in der Horoskopie.

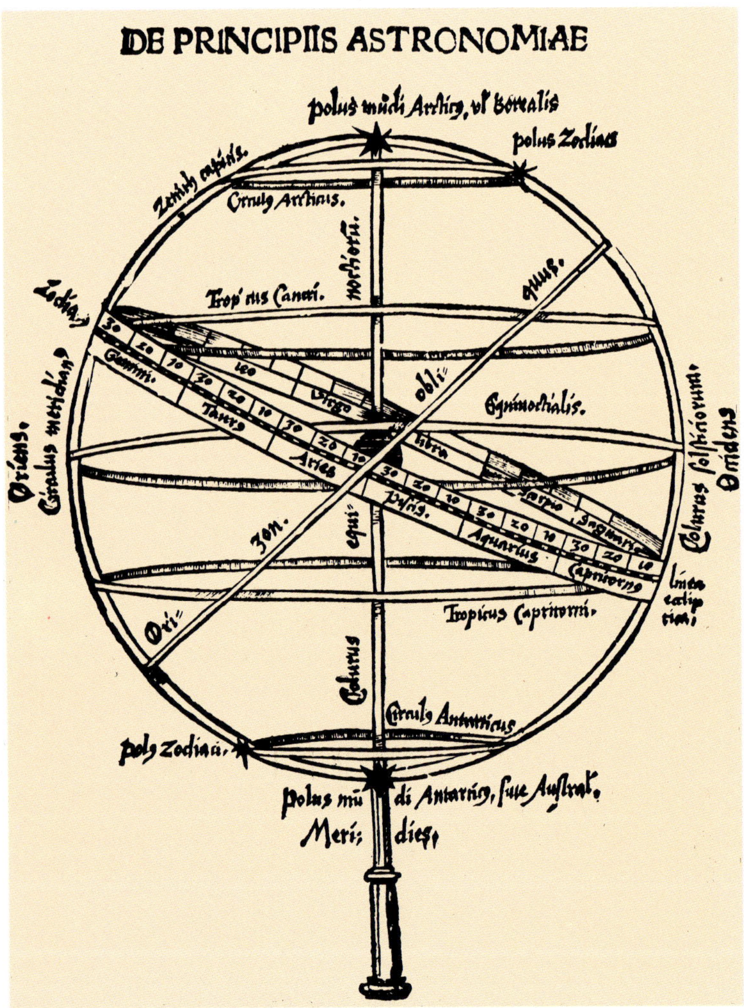

Schema der Armillarsphäre, der technischen Grundlage der alten Sternkunde. Holzschnitt aus »Margarita Philosophica« von Gregor Reisch aus dem Jahre 1503.

Das Horoskop ist ein Schema, das in bezug auf einen bestimmten Ort auf der Erde gestellt wird, und daher ist es dem Wesen nach natürlich geozentrisch, denn es handelt sich hier nicht um die Entwicklung des historischen Streits zwischen Geo- und Heliozentrik, sondern um die Arbeitsmethode, die den Erfordernissen der Horoskoppraxis angemessen ist. Lebten wir auf der Sonne, wäre das heliozentrische Wesen des Horoskops ganz selbstverständlich, und niemandem würde es einfallen, das Problem geozentrisch lösen zu wollen.

Von den sphärischen Koordinatensystemen verwendet die Astrologie vor allem das Ekliptikalsystem (Länge und Breite) und das Äquatorialsystem (Rektaszension und Deklination), in einigen Fällen auch das Horizontalsystem (Azimut und Höhe über dem Horizont). Auf spezifische Weise werden zwei Grundbewegungen des Planeten Erde in die Horoskopie projiziert: der Umlauf um die Sonne und die Rotation um die Erdachse. Außerdem kommt auch der Präzessionszyklus mit ins Spiel, durch den sich die ekliptikalen Längen der Gestirne unaufhörlich fließend vergrößern.

Die Tierkreiszeichen

Der Anfang der Ekliptik- und Äquatorkoordinaten liegt im Frühlingspunkt – einem der beiden Schnittpunkte der Ekliptik mit dem Himmelsäquator. Die Ekliptik ist die Schnittlinie, in der die Ebene der scheinbaren Bahn der Sonne um die Erde die Himmelssphäre kreuzt. Der etwa 16° breite Streifen entlang der Ekliptik heißt Tierkreis (Zodiakus). Man teilt ihn in zwölf gleiche Teile zu je 30° ein, in sogenannte Zeichen.

Diese Tierkreiszeichen, der erste Grundstein des astrologischen Systems, sind prinzipiell von den

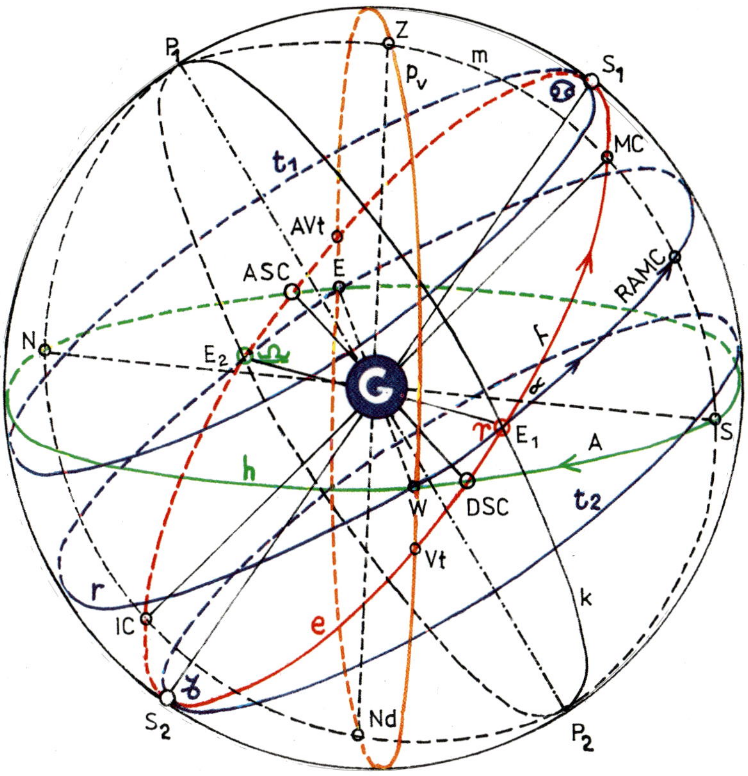

Schema der Himmelssphäre mit den Hauptebenen, Kreislinien und Punkten, die in der Astrologie wichtig sind:
G = Erde, Z = Zenit, Nd = Nadir, N = Nordpunkt, S = Südpunkt, E = Ostpunkt, W = Westpunkt, E_1 = Frühlingspunkt, E_2 = Herbstpunkt, S_1 = Punkt der Sommersonnenwende, S_2 = Punkt der Wintersonnenwende, ASC = Aszendent, DSC = Deszendent, MC = Medium coeli, IC = Imum coeli, P_1 = nördlicher Himmelspol, P_2 = südlicher Himmelspol, Vt = Vertex, AVt = Antivertex, m = Ortsmeridian, e = Ekliptik, r = Himmelsäquator, t_1 = Wendekreis des Krebses (tropicus cancri), t_2 = Wendekreis des Steinbocks (tropicus capricorni), h = Horizont, pv = erster Vertikalkreis, k = Kolur der Tagundnachtgleiche, α = Rektaszension (von E_1 aus gemessen), λ = ekliptikale Länge (ebenfalls von E_1 aus gemessen), A = astronomischer Azimut (von S aus gemessen), RAMC = Rektaszension des Medium coeli.

Sternbildern der Ekliptik zu unterscheiden, d. h. von den zwölf ungleich großen Sterngruppierungen entlang der Ekliptik, die genauso bezeichnet werden wie die Tierkreiszeichen.

Damit es nicht zu einer irreführenden Verwechslung kommt, verwenden die Astrologen manchmal Arbeitstermini:

- Tropischer Tierkreis für die zwölf Zeichen
- Siderischer Tierkreis für die zwölf Sternbilder.

Infolge der Präzession des Frühlingspunktes, die durch die konische Bewegung der Erdachse bewirkt wird, verschieben sich die Tierkreiszeichen gegenüber den gleichnamigen Sternbildern der Ekliptik langsam, aber unaufhörlich. Man kann sich das auch so vorstellen, daß die Sternbilder den festen tropischen Tierkreis ähnlich umlaufen wie die Sonne, der Mond und die Planeten. Die ekliptikalen Längen der Gestirne wachsen dabei in 72 Jahren um rund 1° und durchlaufen den ganzen Tierkreis in der durchschnittlichen Länge des Präzessionszyklus oder eines platonischen Jahres (= 25.729 Jahre).

Was wird ins Horoskop eingezeichnet?

Die Astrologie arbeitet also grundsätzlich mit Zeichen, nicht Sternbildern. Ins Horoskop werden nur einige bedeutsame Gestirne eingezeichnet, für die die astrologische Terminologie traditionellerweise noch immer die ältere Bezeichnung »Fixsterne« verwendet, die in der Astronomie bereits aufgegeben worden ist.

Die Planeten

Der zweite Grundstein des astrologischen Systems sind die Planeten. Darunter versteht man in der Astrologie traditionsgemäß auch Sonne und Mond (Lichter, *lumina*). Zur Feststellung der momentanen zodiakalen Positionen der Planeten dienen vorausberechnete Tabellen – die Ephemeriden.

Die zwölf Häuser

Mit Hilfe von Berechnungen der sphärischen Trigonometrie erhält die Astrologie den dritten Grundstein ihres Systems – die zwölf Häuser des Horoskops. Dabei handelt es sich entweder um eine Transformation in die Fläche von zwölf sphärischen Dreiecken, die durch einen Schnitt wie beim Schälen einer Apfelsine entstehen , oder um eine direkte Teilung der Ekliptik, ggf. um zeitliche Methoden der Teilung des Bogens eines sich bewegenden Punktes.

Da es mehrere Lösungsvarianten dieses Problems gibt, entstanden nach und nach auch mehrere Methoden, um die Horoskophäuser in der Praxis zu konstruieren. Wir reden daher von verschiedenen Häusersystemen, die in der Regel mit den Namen ihrer Schöpfer bezeichnet werden. Von den über 20 Lösungsarten gehören heute zu den am meisten verwendeten und damit auch bekanntesten die Systeme von Placidus, Koch, Regiomontanus und Campanus.

Das Problem der Eingangsdaten

Die Haupteingangsdaten zur Berechnung des Horoskops sind Zeitpunkt und Ort des Ereignisses, wobei es sich nicht nur um die Geburt eines Menschen handeln muß. Es geht um Werte, die bis zu einem gewissen Grade miteinander verknüpft sind, da die geographische Länge auf den Zeitpunkt überführbar ist und umgekehrt.

Weltzeit, Zonenzeit und Ortszeit

Für Horoskopberechnungen muß man die Welt- und Ortszeit kennen. Das ist aber kein Problem, da beide mit Hilfe der geographischen Länge leicht ineinander überführbar sind. Die Schwierigkeit liegt vielmehr darin, daß die Zeit auf modernen Uhren nicht die Orts-, sondern die Zonenzeit ist. Seit Ende des 19. Jahrhunderts verwendet man nämlich ein künstliches System von Zonenzeiten, bei denen die Zentren der einzelnen Zonen um 15° geographischer Länge oder um eine Stunde voneinander entfernt sind. Basis der Zonenzeiten ist der Nullmeridian von Greenwich, der gleichzeitig die Weltzeit darstellt. Von ihm aus erstreckt sich je 7° 30' nach beiden Seiten die Zone der einheitlichen westeuropäischen Zeit (WEZ). Im Osten grenzt an sie die Zone der mitteleuropäischen Zeit (MEZ), dann die der osteuropäischen Zeit (OEZ) usw.

Außerdem muß berücksichtigt werden, daß seit dem Ersten Weltkrieg in verschiedenen Ländern der Erde fließend und mit Unterbrechungen, insgesamt jedoch ziemlich uneinheitlich noch eine Saisonzeit eingeführt worden ist, die gegenüber der Zonenzeit um eine Stunde nach vorn verschobene Sommerzeit.

Das Problem der Zeitbestimmung

Vor der Einführung der Zonenzeiten war die Situation in bezug auf die Zeitbestimmung komplizierter, und bei historischen astrologischen Studien muß man die konkreten Verhältnisse im betreffenden Land kennen. So begann der Tag nicht überall einheitlich um Mitternacht, und auch das Zählen der Stunden war unterschiedlich: von 1 bis 24 oder zweimal von eins bis zwölf. Selbst die Gregorianische Kalenderkorrektur von 1582 verlief bei weitem nicht einheitlich, und einige Länder übernahmen sie viel später.

Der Charakter des Ereignisses

Außer den Zeit- und Ortsangaben bestehen die Eingangsdaten auch aus Informationen darüber, worum es sich im betreffenden Falle handelt, denn aus dem fertigen Horoskop ist nicht ersichtlich, ob es einem Geborenen männlichen oder weiblichen Geschlechts gehört bzw. ob es sich um das Horoskop eines anderen individuellen oder mundanen Ereignisses handelt. Theoretisch läßt sich ein Horoskop für jeden beliebigen Zeitpunkt und Ort stellen. Erst der Charakter des Ereignisses bestimmt die Art und Weise seiner Interpretation.

Die Hauptutensilien für die astrologische Arbeit

Bei der Vorbereitung eines Horoskops kommt man nicht ohne einige Hauptutensilien aus, auch wenn die meisten von ihnen sich heute durch Computerprogramme ersetzen lassen, die eine Reihe mathematischer Funktionen automatisch durchführen. Leider kann diese Tatsache mit sich bringen, daß die rein rechnerische Ausarbeitung eines Horoskops bald nicht mehr beherrscht wird. Abgesehen von einer Abhängigkeit vom Computer kann auch das Gefühl für das Raum-Zeit-Gefüge im Horoskop und den Planetenlauf auf der Strecke bleiben. Man sollte sich zumindest in der Theorie die Kenntnisse aneignen, wie ein Horoskop berechnet wird.

Die Ephemeriden

Die wichtigsten sind hochwertige Ephemeriden – Tabellen mit den geozentrischen ekliptikalen Positionen der Planeten für jeden Tag, und zwar für Mitternacht oder Mittag Weltzeit. Spezielle astrologische Ephemeriden enthalten gegenüber den astronomischen einige Besonderheiten, die die Arbeit mit dem Horoskop sehr erleichtern.

Die Tabellen der Horoskophäuser

Tabellen der Horoskophäuser sind ein vorbereitetes Hilfsmittel zur schnellen Bestimmung der Längen ihrer Begrenzungen ohne langwierige trigonometrische Berechnungen. Sie werden für unterschiedliche geographische Breiten aufgestellt. Man muß allerdings wissen, nach welchem System die Tabellen berechnet sind.

Der geographische Atlas

Weiterhin benötigt der Astrologe einen detaillierten geographischen Atlas zum Ablesen der geographischen Koordinaten des Ortes des betreffenden Ereignisses. Hier und da werden zu diesem Zweck umfangreiche Lexika mit den Koordinaten wichtiger Orte erarbeitet und herausgegeben.

Weitere Hilfsmittel

Von weiteren Hilfsmitteln sind vor allem Übersichten über die Einführung der Zonen- und Sommerzeiten sowie über Veränderungen des Kalenders in den verschiedenen Ländern der Erde wichtig, ferner Tabellen mit proportionalen Logarithmen, Tabellen mit der Umrechnung von Zeit- auf Winkelmaße oder umgekehrt und auch vorgedruckte Formulare für die Ausfertigung des Horoskops.

Auch Tabellen über die Positionen verschiedener errechneter Punkte im Horoskop wie z. B. Mondknoten, Lilith usw. sind sehr hilfreich.

Übersicht über die wichtigsten astrologischen Ephemeriden und Tabellen der Horoskophäuser

Es gibt eine Vielzahl astrologischer Ephemeriden mit unterschiedlichem Niveau, Detailliertheitsgrad und Inhalt, und sie gelten für verschieden lange Zeitabschnitte und unterschiedliche Schritte – von täglichen Angaben bis zu Einjahresintervallen. Bei der Wahl des geeigneten Typs hängt es vom jeweiligen Zweck ab, für den sie vor allem verwendet werden sollen.

Ephemeriden mit Einjahresschritt

Für einen sehr groben Überblick über die Bewegung insbesondere der kleinen Planeten genügt eine Ephemeride mit einem Einjahresschritt, z. B. »The 200 Year Ephemeris (1800 to 2000 Inclusive)« von Mac Craig, herausgegeben 1949 von Macoy Publ. Company in Richmond, Virginia. Sie enthält die geo- und heliozentrischen Positionen der Planeten für jeden ersten Januar und daneben eine ziemlich ausführliche Liste der geographischen Koordinaten signifikanter Weltstädte.

Für eine exakte Arbeit sind jedoch Tagesephemeriden notwendig.

Die Raphaelhefte

Am vollständigsten und detailliertesten sind die heute schon klassischen englischen Raphaelhefte (»Raphael's Astronomical Ephemeris of the Planets' Places for the Year …«), herausgegeben seit 1860, für jedes Jahr extra, vom Verlag Foulsham in London, Liverpool und New York. Sie enthalten alle für eine professionelle Horoskoparbeit unerläßlichen Angaben, einschließlich der Placidus-Tabellen der Horoskophäuser für die erwähnten drei Städte.

Deutsche Ephemeriden

Eine lange Tradition haben »Die deutschen Ephemeriden«, solide erarbeitet und seit 1850 in Bänden von je zehn, 20 und 50 Jahren beim Otto Barth Verlag in München erscheinend – mit den Längen, Breiten und Deklinationen der Planeten.

Amerikanische Ephemeriden

Immer größerer Beliebtheit erfreuen sich in letzter Zeit amerikanische Ephemeriden. Zu den besten gehören die von Rosenkreuzer, »Simplified Scientific Ephemeris 1880–1999« in elf Bänden, die außer den Längen, Breiten und Deklinationen der Planeten noch eine Aspekttafel und einige andere Informationen enthalten. Sowie die Ephemeriden Neil F. Michelsens, herausgegeben von ACS Publications, Inc., in San Diego, California: »American Ephemeris for the 20th Century 1900 to 2000« und »The American Ephemeris for the 21th Century 2001 to 2050«; beide Tabellen enthalten jedoch keine Breiten und Deklinationen der Planeten. Außer ihnen erarbeitete Michelsen auch eine heliozentrische Ephemeride für das 20. Jahrhundert mit fünftägigem Intervall (»The American Heliocentric Ephemeris 1901–2000«).

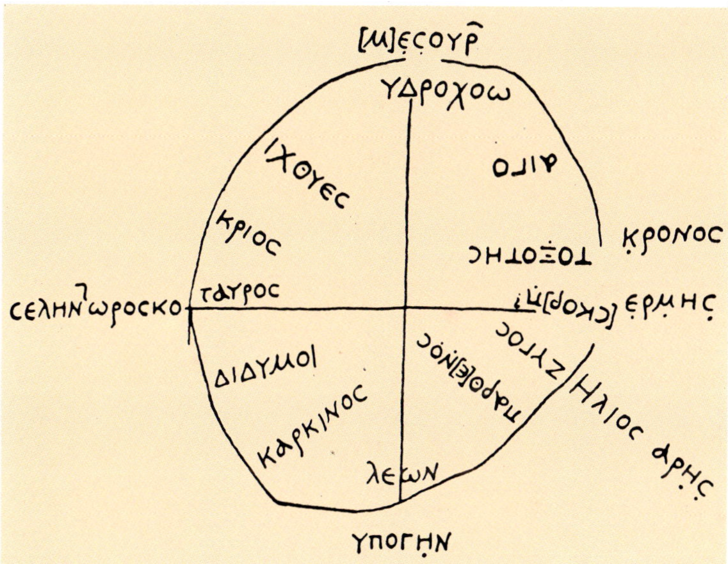

Griechisches kreisförmiges Horoskop aus der Spätantike.

Tadellose mehrbändige amerikanische Ephemeriden mit den Längen, Breiten, Rektaszensionen und Deklinationen der Planeten und einer Genauigkeit von einer Winkelminute sowie einigen anderen Angaben sind »The Complete Planetary Ephemeris 1900–2000« in einer zweibändigen Ausgabe der Hieratic Society und die mehrbändige »American Ephemeris 1900–2000« der Astro Computing Services in San Diego.

Tabellen der Horoskophäuser

Zu den am häufigsten gedruckten Tabellen der Horoskophäuser gehören die nach dem älteren Placidus-System. Sie liegen in den verschiedensten Ausgaben vor und waren früher oft Bestandteil einiger Lehrbücher der Astrologie (von Karl Brandler-Pracht u. a.).

Gegenwärtig gibt es z. B. die guten amerikanischen Rosenkreuzer-Tabellen der Placidus-Häuser für 0° bis 66° geographischer Breite oder Michelsens universelle Tabellen für astrologischen Bedarf, die außer verschiedenen weiteren Tabellen in zwei Bänden das System der Placidus-Häuser (»The American Book of Tables«) und das der neueren Koch-Häuser (»The Koch Book Tables«) enthalten.

Die ursprünglichen Koch-Tabellen der Horoskophäuser für 23° bis 56° geographischer Breite erscheinen seit 1962 in Deutschland und seit 1973 in England im Druck. Die Koch-Tabellen gehören ebenfalls zu den bei uns am meisten verwendeten Systemen.

Die Methoden zur Erstellung eines Horoskops

Wie wird ein Horoskop erstellt?

Sehr vereinfacht läßt sich die Erstellung eines Horoskops folgendermaßen beschreiben: Zunächst werden die geozentrischen Positionen von Sonne, Mond, allen Planeten und den Mondknoten mit den konventionellen Zeichen in die Tierkreiszeichen auf dem vorgedruckten Horoskopschema eingetragen. Ihre genauen ekliptikalen Längen erhält man durch Interpolation aus den in den Ephemeriden angegebenen Mitternachts- oder Mittagswerten. Die Interpolation erfolgt in bezug auf das betreffende in Weltzeit ausgewiesene Ereignis, da die Ephemeriden für die Weltzeit aufgestellt sind. D. h., daß die Positionen um so genauer bestimmt werden können, je genauer der Zeitpunkt des Ereignisses (z. B. der Geburt) bekannt ist.

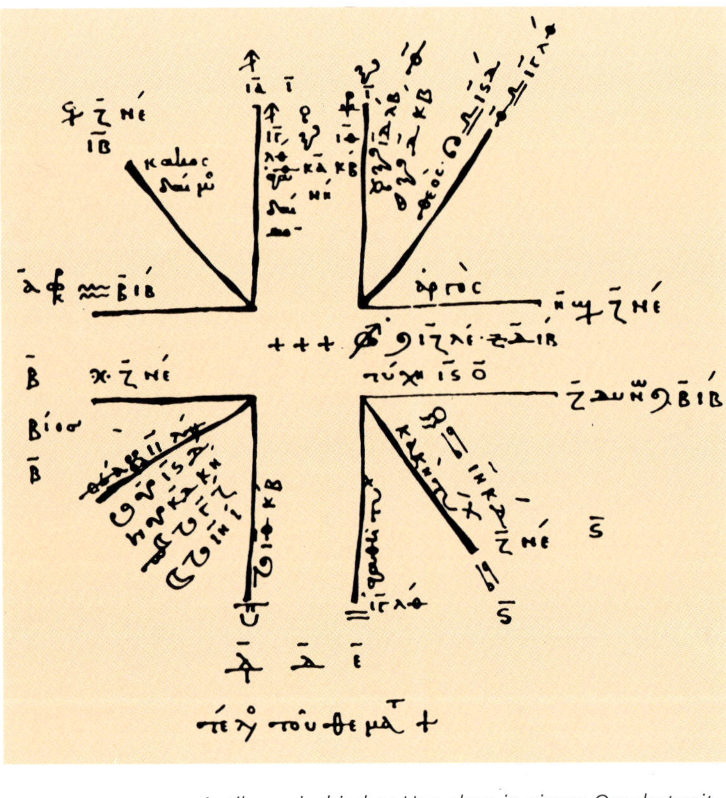

Antikes griechisches Horoskop in einem Quadrat mit Kreuz.

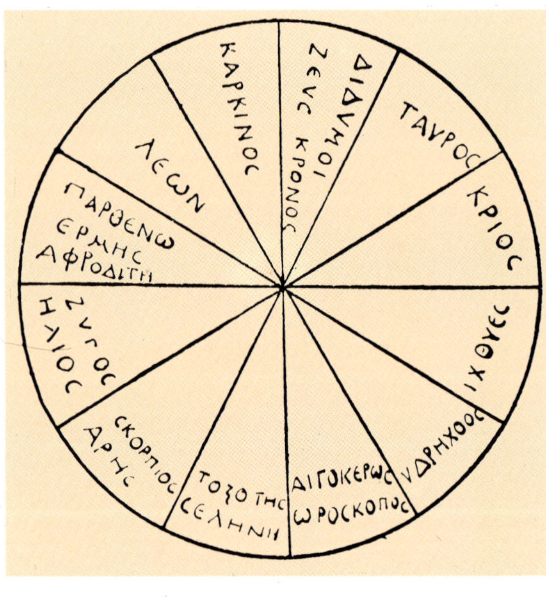

Kreisförmiges Horoskop aus Abydos mit verbaler Kennzeichnung der Position der sieben traditionellen astrologischen Planeten in den Tierkreiszeichen.

Die Einzeichnung der Häuser

Der Einzeichnung der Häuser ins Horoskop geht eine Berechnung voraus, die es ermöglicht, die ekliptikalen Längen der Begrenzungen (d. h. der Spitzen oder Eckpunkte) in den jeweiligen Häusertabellen herauszusuchen. Die Ephemeriden enthalten für die Mitternacht oder den Mittag eines jeden Tages den Wert der Sternzeit oder des Stundenwinkels des Frühlingspunktes. (Im Augenblick des oberen Durchgangs des Frühlingspunktes durch den Meridian ist die Sternzeit null.)

Zum Tabellenwert der Sternzeit (für null oder zwölf Uhr), die dem Zeitpunkt des Ereignisses am nächsten vorangeht, wird die Ortszeit des Ereignisses zugezählt (genauer gesagt, die vergangene Zeit von null oder zwölf Uhr bis zum Augenblick des Ereignisses, ausgedrückt in Ortszeit), und nach zwei Berichtigungen der Sternzeit – einer Berichtigung der mittleren Sonnenzeit (die vier Minuten in 24 Stunden beträgt) und einer der geographischen Länge des Ortes des Ereignisses (maximal 4′ für 360°) – erhält man den RAMC-Wert (Rektaszension der Spitze des 10. Hauses oder MC), von dem aus die sechs Häuserspitzen aus der Tabelle berechnet bzw. abgelesen werden.

Die gegenüberliegenden Positionen der Häuser erhält man durch Addition von 180°. Die zwölf Häuser werden nach eventuellen Berichtigungen in das Horoskop eingezeichnet, wobei durch Verbindung der Spitzen der Häuser 1 bis 7 und 10 bis 4 die Hauptachsen des Horoskops, nämlich Aszendent – Deszendent und Medium coeli – Imum coeli, entstehen, die in der Regel mit ASC – DSC (ASZ – DSZ), MC – IC bezeichnet werden. Diese Hauptachsen teilen das Horoskop in vier Teile (Quadranten), an deren Spitze die kardinalen Zeichen stehen.

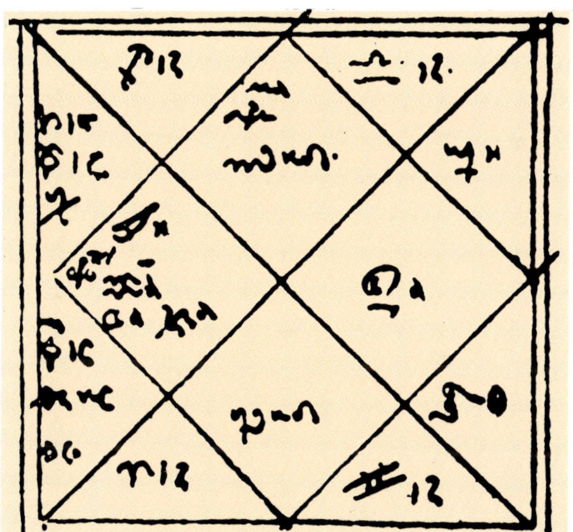

Erhaltenes Horoskop Kaiser Hadrians vom griechischen Astrologen Antigonos von Nizäa.

Weitere Einzeichnungen

Damit ist die Grundlage des Horoskops fertig. Nach Bedarf kann es weiter ergänzt werden, z. B. durch Einzeichnung der wichtigsten Aspekte, einiger Fixsterne oder Horoskoppunkte u. a. – das hängt von der Arbeitsweise des Astrologen ab. Es kommt darauf an, daß die Darstellung alles Wichtige enthält und dabei doch nicht vor Angaben überquillt, was ihre Lesbarkeit verringern würde.

Mitunter ist es üblich, eine formale Gesamtauswertung der Horoskopelemente und ihrer Wechselbeziehungen neben dem Grundschema vorzunehmen, in der Regel in vorgedruckten Rubriken. Solche zusätzlichen Ausstattungen des Horoskops sind freilich schon eine ausgesprochen individuelle Angelegenheit. Allerdings sind die Aspekte insofern von hoher Wichtigkeit, als sie zu völlig anderen Interpretationen der Planetenpositionen führen bzw. die Aussage über die eingezeichneten Planeten mitunter sogar revidieren können. In diesem Zusammenhang ist zu untersuchen, ob sich miteinander in Beziehung stehende Planeten gegenseitig unterstützen oder »bekämpfen«.

Gut bewährt sich in der Praxis z. B. auch eine bun-te Ausführung, da sich durch die symbolische Bedeutung der einzelnen Farben dem Horoskop eine weitere Dimension hinzufügen läßt, die dessen Lesbarkeit erleichtert.

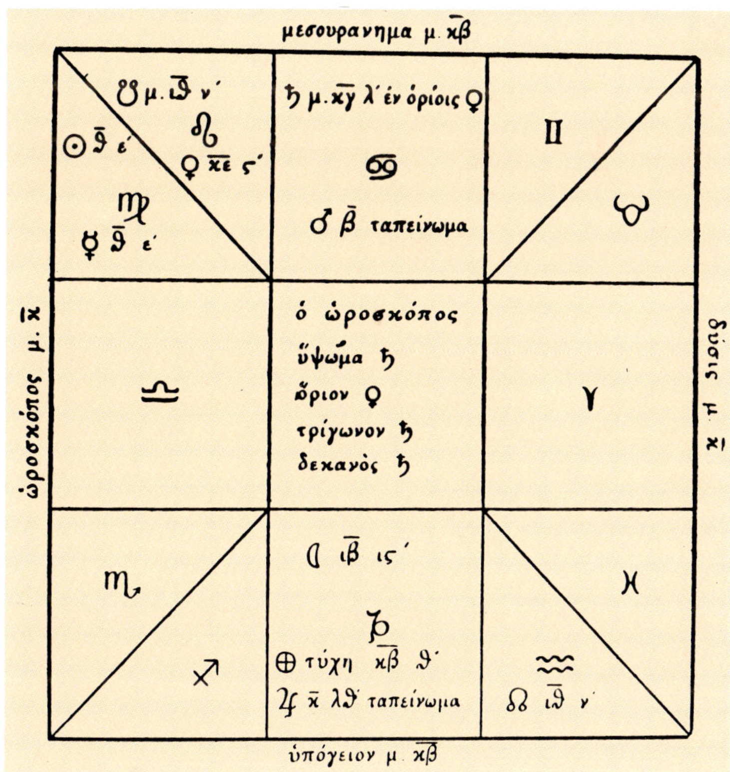

Die Abbildung oben zeigt ein spätgriechisches quadratisches Horoskop.

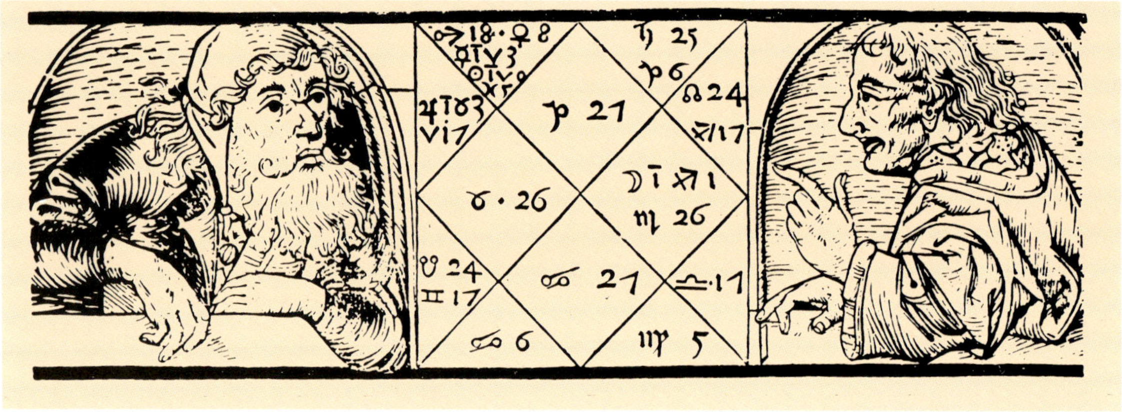

Stilisiertes Horoskop aus der Zeit der Renaissance.

Die Entwicklung der Darstellungstechnik in der Horoskopie

Die schrittweisen Veränderungen im Aussehen des Horoskopschemas während der letzten 2000 Jahre, in denen wir von einer Horoskopie im wahren Sinne des Wortes sprechen können, zu verfolgen, das bedeutet gleichzeitig zu erkennen, wie die jeweilige Entwicklungsetappe das Horoskop betrachtete und wie etwa die Art und Weise und die Möglichkeiten seines Lesens in dieser Zeit waren.

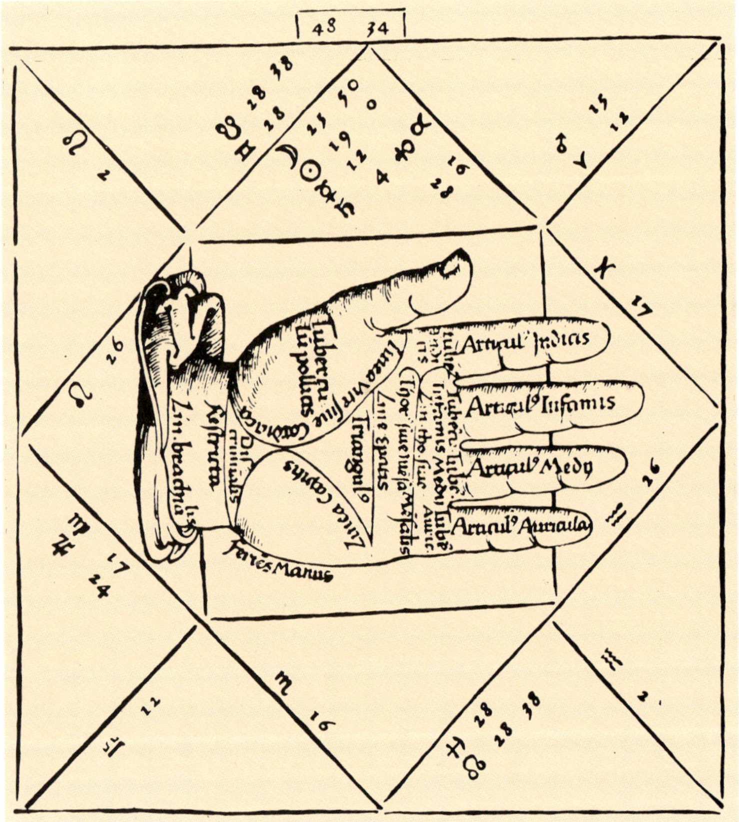

Die Beziehungen der Astrologie zur Chiromantie, ausgedrückt auf einem alten Holzschnitt durch eine chiromantische Hand in einem Horoskop.

Das quadratische und das kreisförmige Schema

Im wesentlichen gibt es zwei Grundtypen von Horoskopen, die auf einem kreisförmigen bzw. quadratischen Schema beruhen. Daneben kennen wir noch andere Varianten und Übergangstypen, z. B. ein

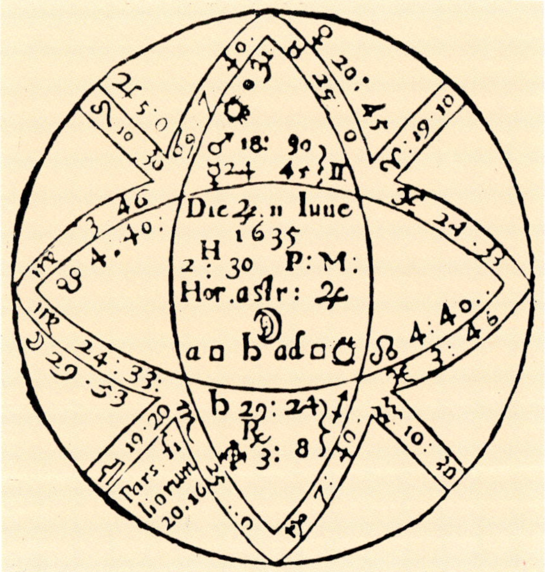

Die Abbildung zeigt ein Horoskop in einer Übergangsform von einem quadratischen zu einem kreisförmigen Schema.

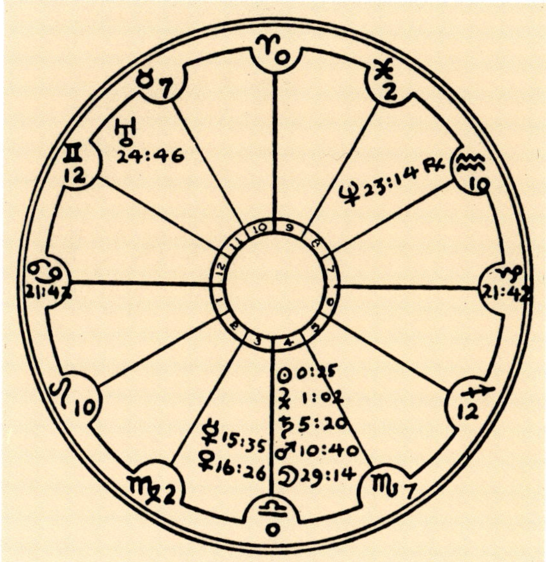

Das nach der vermutlichen Nativität Dschingis-Khans gestellte Horoskop nach Sepharial.

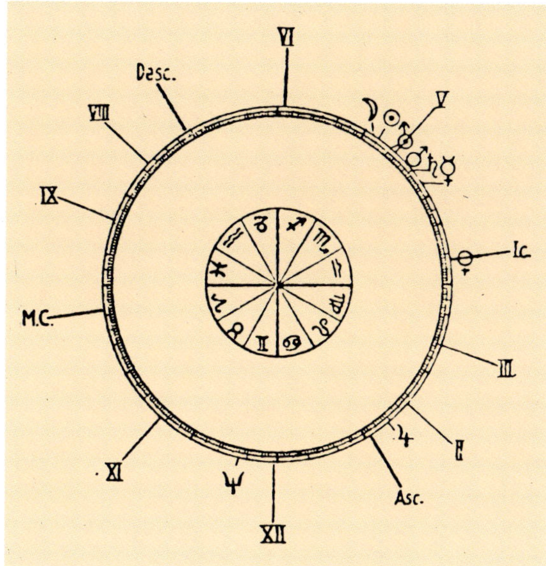

Die Abbildung zeigt ein Horoskop moderner französischer Provenienz.

Rechteck oder Oval, mit unterschiedlicher innerer Aufgliederung in die zwölf Häuser. Die quadratischen und kreisförmigen Horoskope entsprechen den zwei Hauptarten des Herangehens an die Interpretation (Divination).

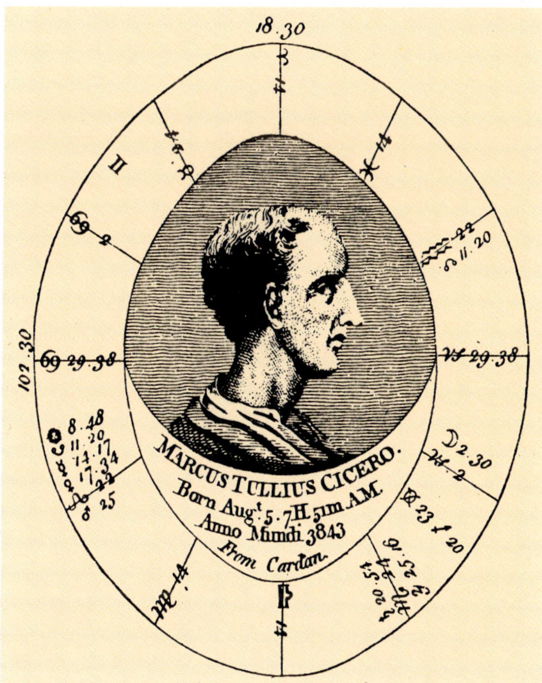

Die Abbildung zeigt das Horoskopbild Ciceros nach Siblys »Astrologie« (London 1790). Die Nativität, die der englische Astrologe von Cardanus übernahm, widerspricht jedoch der antiken Angabe Plutarchs (der römische Philosoph, Schriftsteller und Politiker Cicero wurde am 3. Januar 106 v. Chr. geboren).

• Das quadratische Schema, das noch heute in verschiedenen Modifikationen z. B. von indischen Astrologen gewöhnlich verwendet wird, war in der westlichen Astrologie noch im 16. und 17. Jahrhundert üblich. Es stellt eigentlich eine Art Divinationsgitter dar, dessen Rubriken eine eher analytische Art des Lesens ermöglichen.

• Das kreisförmige Schema ist gegenüber dieser »Schachtelmethode« eigentlich eine deskriptive Pro-

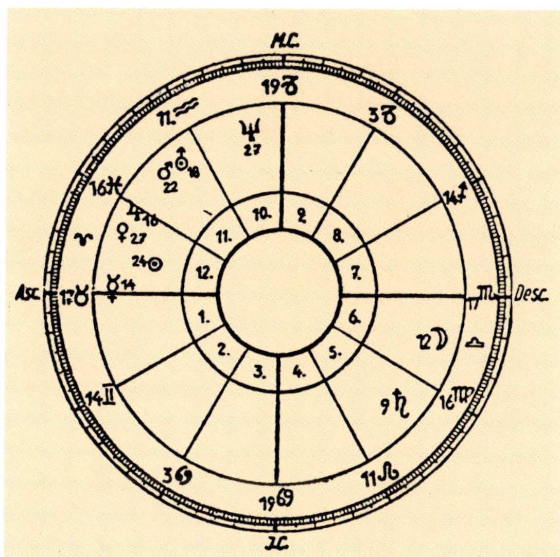

Die moderne Form eines Horoskops englischer Provenienz. Der Widerspruch zwischen den winkelmäßig gleich großen Häusern, die – wie sich aus den Beschreibungen ergibt – in Wirklichkeit nicht gleich sind, ist durch methodische Inkonsequenz bedingt und kompliziert das Lesen des Horoskops (die Divination).

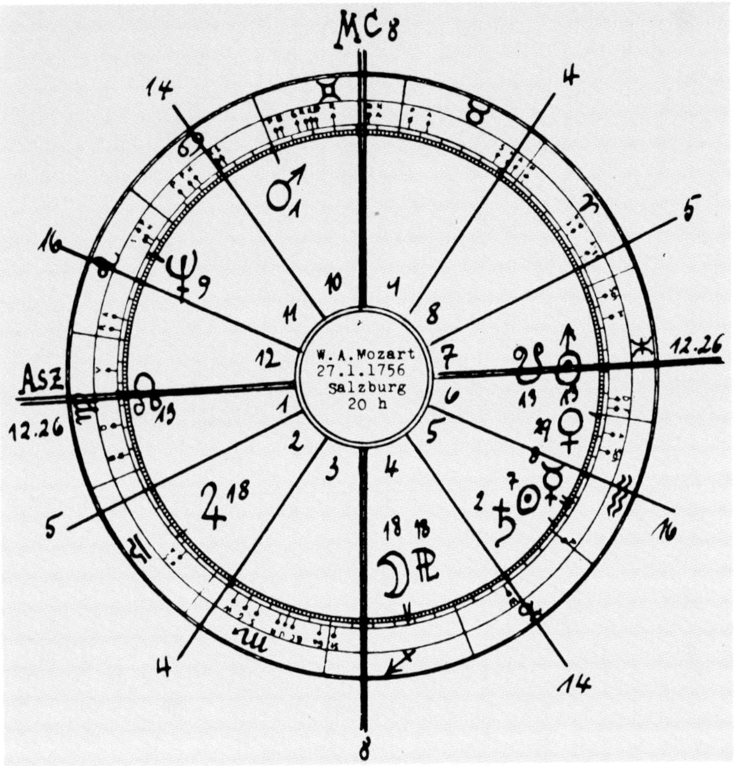

Horoskop aus der Werkstatt des deutschen Astrologen Herbert von Klöckler. Es handelt sich um das Radixhoroskop von Wolfgang Amadeus Mozart aus dem Buch »Kursus der Astrologie« (Band III, 1929–1932).

Das authentische Radixhoroskop Adolf Hitlers, gestellt von Wilhelm Wulff für Himmler und später präzisiert, zeugt von der Verwendung einiger Elemente der indischen Astrologie, die im Europa des 20. Jahrhunderts aus dem Zusammenhang gerissen wurden.

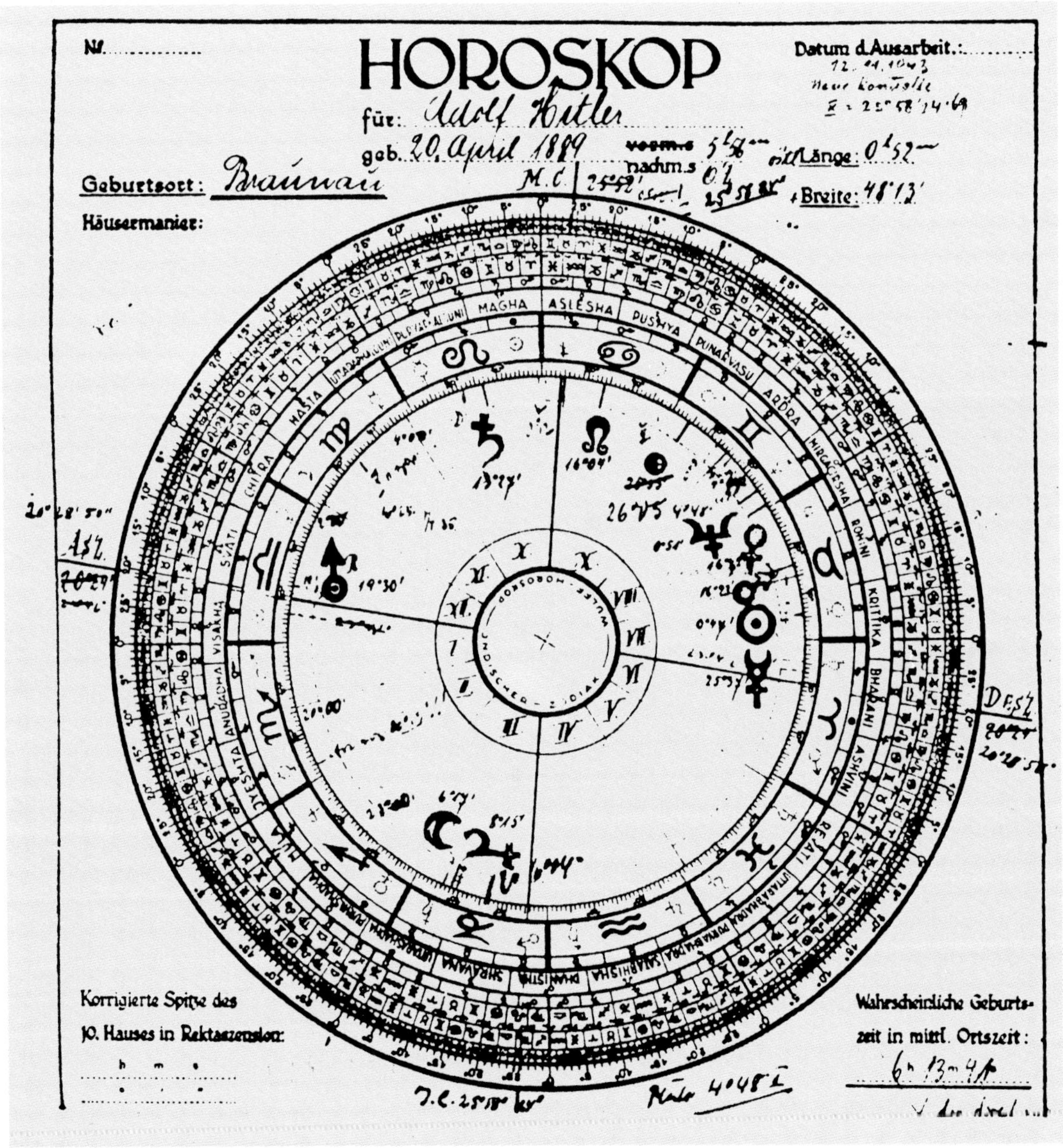

Das Geburtshoroskop des Hieronymus Cardanus, gestellt vom französischen Astrologen Morin und abgedruck in seinem Werk »Astrologia gallica«, Den Haag 1661.

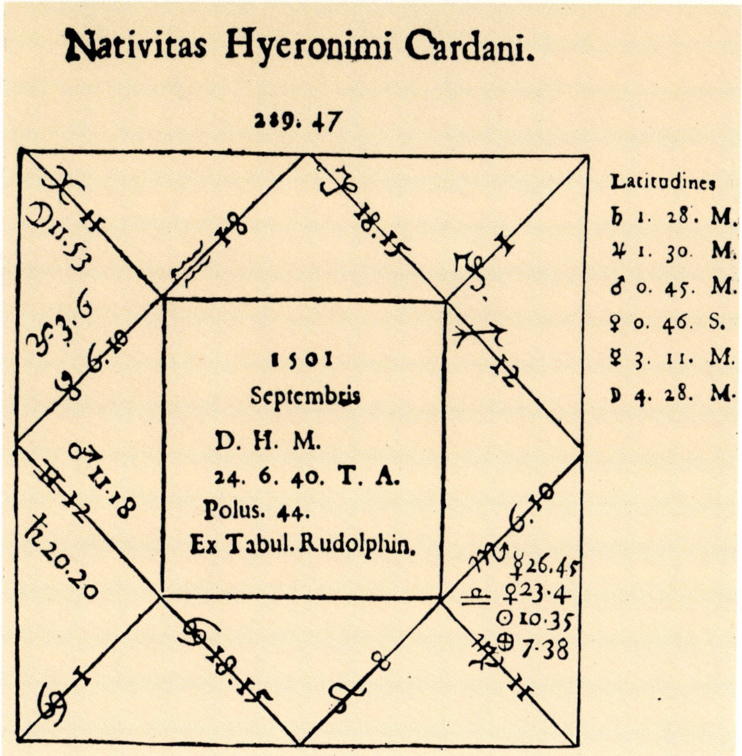

jektion der Sphäre und außer den rein astrologischen Bedeutungen seiner einzelnen Elemente gleichzeitig ein sinnreiches Abbild der astronomischen Situation am betreffenden Ort zu einem bestimmten Zeitpunkt. Es gestattet eine synthetische Art des Lesens und birgt auch reichhaltigere Möglichkeiten für praktische Lösungen in sich.

Das geometrische Herangehen, das in der gegenwärtigen westlichen Astrologie Virtuosität erreicht hat, ist gleichzeitig ein charakteristisches Beispiel dafür, wie sehr sich die moderne europäische Astrologie von der mittelalterlichen entfernt hat und wie fern sie auch der heutigen orientalischen Astrologie ist, die sich viel stärker an die Tradition hält.

Eine weitere Entfernung von mittelalterlichen Methoden stellt in der modernen europäischen Astrologie die Einbindung der Psychologie dar. Heute wird beachtet, wie sehr ein Mensch gewillt ist, sein Schicksal selbst zu gestalten, ob er eine bestimmte Betonung oder Kostellation als Zwang des Schicksals erlebt oder als eigenen kreativen Akt auslebt.

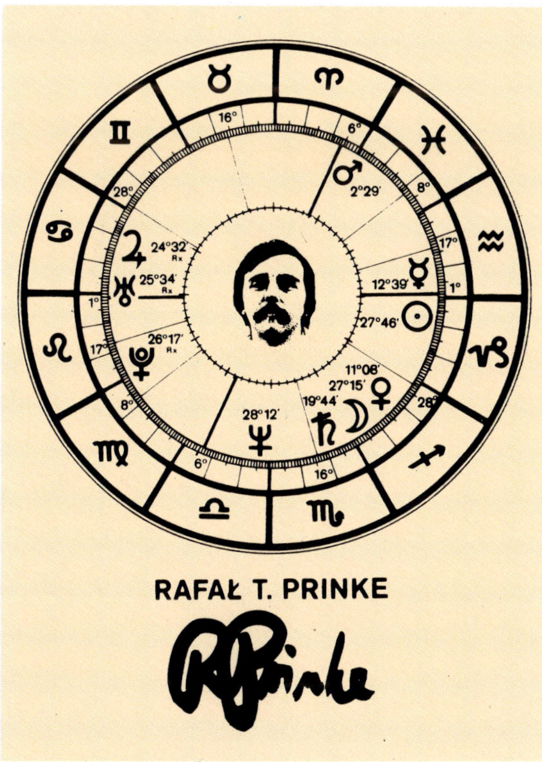

Das Horoskopbild des zeitgenössischen polnischen Astrologen R. T. Prinke, Mitautor des Werks »Mandala życia« (1983).

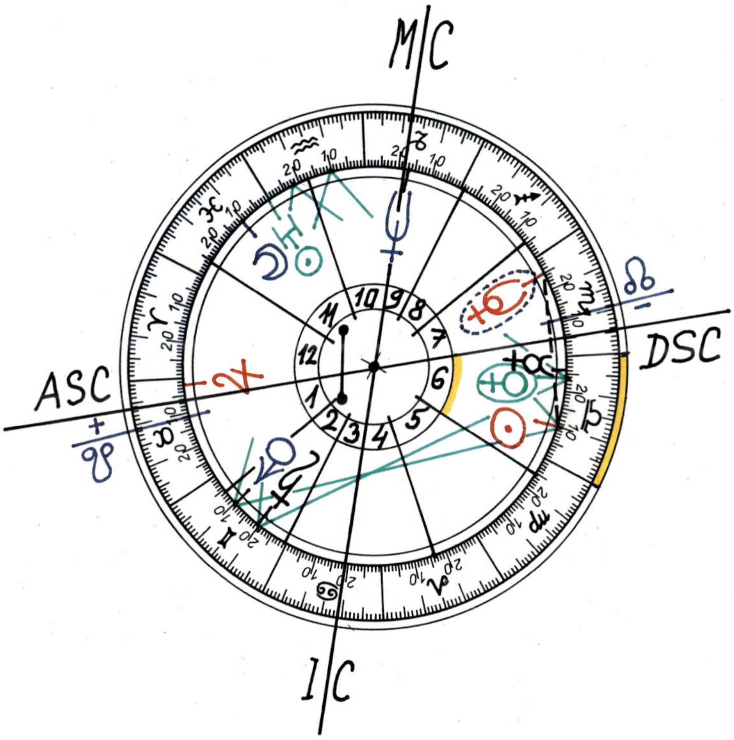

***Das Geburtshoroskop von Hieronymus Cardanus**, dem italienischen Physiker, Arzt und Astrologen, gestellt nach den Eingangsdaten von Morin: 24. September 1501 um 18 Uhr 40 Minuten wahre Sonnenzeit in Pavia; die Häuser nach dem Koch-System. Cardanus verband die Lösung theoretischer Probleme mit der Suche nach Gleichgewicht und Harmonie, was in seinem Horoskop durch ein Lufttrigon mit Waage-Betonung im 6. Haus angezeigt wird. Daß er die Kardan-Aufhängung erfunden hat, paßt genau zu dieser Konstellation, und auch seine metoposkopischen Forschungen gehören in diese Kategorie.*

Das Horoskop-ABC

Die astrologische Terminologie entstand nicht auf einmal, sondern wurde gleichsam unterwegs geschaffen und weist daher aus heutiger Sicht einen gewissen Grad an Uneinheitlichkeit auf. Nur langsam setzten sich einzelne Termini allgemein durch. Mitunter tauchten neue auf, ohne daß die alten konsequent aufgegeben worden wären.

Ein Beispiel dafür, wie auch die frühere quadratische Form eine Spur in der späteren Terminologie hinterließ, ist der Ausdruck »Eckhäuser«, der noch verwendet wurde, als die Horoskope schon längst kreisförmig waren. Heute ist dieser Terminus durch die Bezeichnung »kardinale Häuser« ersetzt.

Die Art und Weise, wie sich im Mittelalter die Grundlagen der antiken Astrologie über Europa ausbreiteten, hinterließ ihre Spuren auch in Form übernommener Wörter aus dem Griechischen, Lateinischen und Arabischen, die in einigen Fällen bis heute Verwendung finden. Eine bestimmte Entwicklung erfuhren auch die konventionellen Horoskopzeichen.

Der Tierkreis und seine innere Gliederung

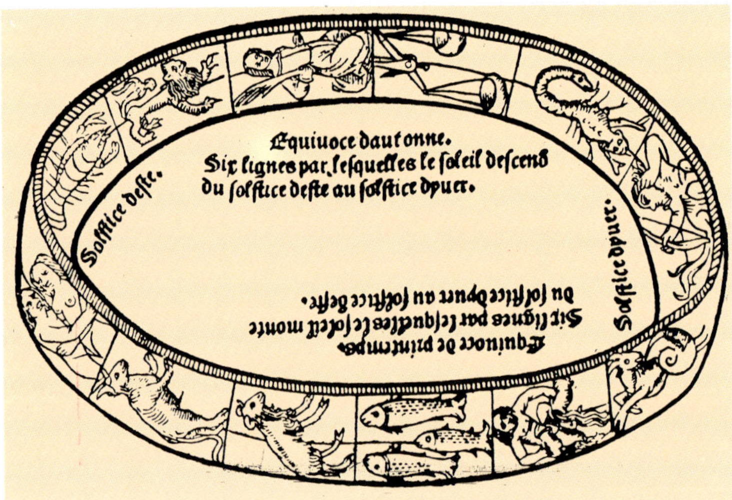

Der Tierkreisgürtel mit den zwölf Zeichen auf einem alten Holzschnitt.

Der Tierkreis (Zodiakus) besteht aus zwölf Zeichen in der Reihenfolge: Widder, Stier, Zwillinge, Krebs, Löwe, Jungfrau, Waage, Skorpion, Schütze, Steinbock, Wassermann, Fische.

Die Trennungslinien zwischen ihnen nannte man in der älteren Literatur Grenzen (*termini*). Jedes Tierkreiszeichen läßt sich noch unterteilen in verschieden lange Abschnitte: in drei Dekane zu je 10°, zwölf Zoll zu je 2,5° oder dreißig 1°-Abschnitte – Monomörien.

Der ganze Tierkreis läßt sich in vier Quadranten einteilen, die durch die Tagundnachtgleichen (Äquinoktien) und Sonnenwenden, d. h. die Anfänge der Zeichen Widder, Waage, Krebs und Steinbock, voneinander getrennt sind. Jeder Quadrant hat drei zodiakale Zeichen unterschiedlicher astrologischer Qualität. Der zwölfgliedrige Tierkreis ist eine Synthese von Dreier- und Vierergruppen, die in der astrologischen Terminologie ihren Ausdruck in den drei Kreuzen und vier Elementen des Zodiakus gefunden haben.

In jedem ekliptikalen Quadranten folgen kardinale Zeichen (d. h. tropische oder Sonnenwend- und

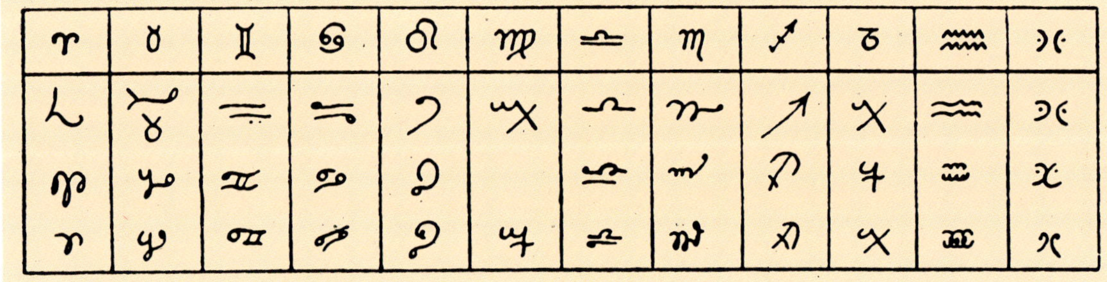

Die Entwicklung der Tierkreiszeichensymbole im Altertum (nach O. Neugebauer / H. B. van Hoesen, 1959).

Äquinoktialzeichen), feste (fixe) und bewegliche (Doppel-)Zeichen aufeinander. Darüber hinaus sind die Tierkreiszeichen in vier Elemente aufgeteilt und haben die Reihenfolge: feurig, irdisch, luftig und wäßrig (oder Feuer-, Erd-, Luft- und Wasserzeichen). D. h., daß jedes Element als kardinales, als fixes und als bewegliches Zeichen vertreten ist. Demzufolge sind in jedem Kreuz alle vier Elemente zu finden, die für Intuition (Feuer), Empfinden (Erde), Denken (Luft) und Fühlen (Wasser) stehen.

Die Tierkreiszeichen haben zweierlei Polarität:

- Die feurigen und luftigen sind positive Zeichen (männliche, aktive, elektrische, Tageszeichen).
- Die irdischen und wäßrigen sind negative Zeichen (weibliche, passive, magnetische, Nachtzeichen).

Gegenüberliegende Zeichen sind immer gleicher, benachbarte gegenteiliger Polarität.

Eine detailliertere Terminologie unterscheidet noch Zeichen geraden (langen) und schrägen (kurzen) Aufstiegs nach der Schnelligkeit ihrer Bewegung durch den Aszendenten sowie menschliche Zeichen (Zwillinge, Jungfrau, Waage, Schütze zur Hälfte und Wassermann) und Tiere (alle anderen).

Die zwölf Tierkreiszeichen nach ihrer Zugehörigkeit zu den vier Elementen. In den Reihen von oben nach unten zu je drei: Feuer, Erde, Luft und Wasser. Holzschnitt aus dem Jahre 1489.

Die Planeten im Horoskop

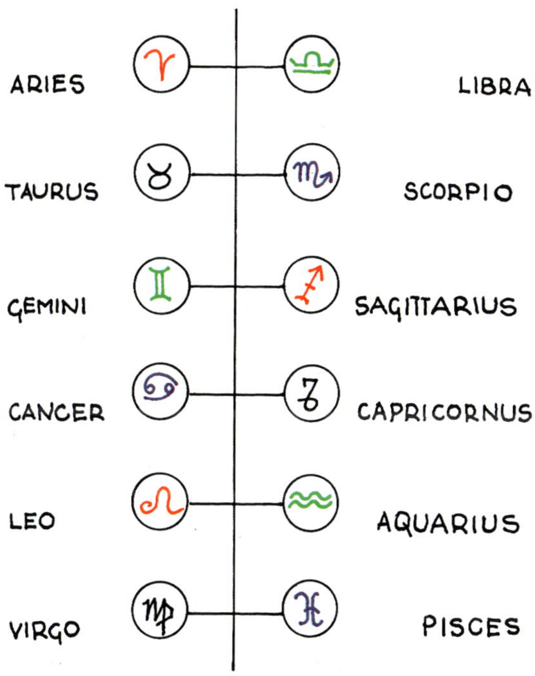

Alte und neue Gestirne

Der astrologische Begriff »Planet« umfaßt nicht nur die acht bekannten Planeten (mit Ausnahme der Erde, weil das Horoskop ja ein geozentrisches Schema ist), sondern – wie schon erwähnt – traditionellerweise auch die zwei Lichter (*lumina*), d. h. die Sonne (Großes Licht) und den Mond (Kleines Licht), gegenüber den anderen Gestirnen auch Hauptlichter genannt. Uranus, dann Neptun und schließlich auch Pluto gliederte die Astronomie nach ihrer Entdekkung relativ schnell in ihr System ein.

In den zwanziger Jahren dieses Jahrhunderts, also noch vor der Entdeckung Plutos, begann in Deutschland die Hamburger Schule sogar mit hypothetischen transneptunischen Planeten zu arbeiten. Zu ihnen gehörten Cupido, Hades, Zeus, Kronos, Apollon, Admetos, Vulkanus und Poseidon.

Die konventionellen Tierkreiszeichen.

Christus steht als Anthropos auf der Erde zwischen den Sphären der vier Elemente Feuer, Luft, Wasser und Erde.

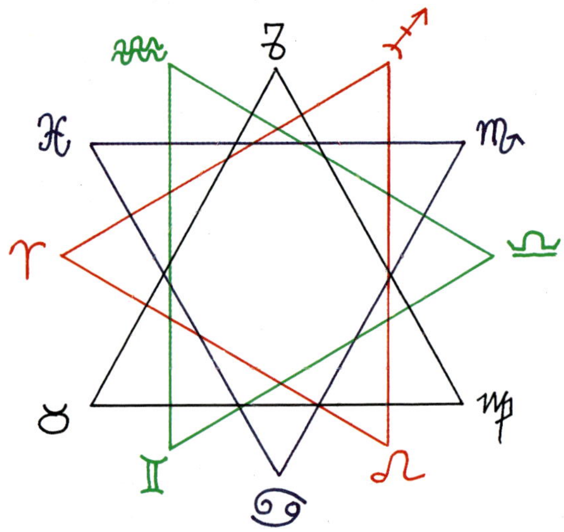

Die vier Elementtrigonen des Tierkreises: das Feurige (rot), Irdische (schwarz), Luftige (grün) und Wäßrige (blau).

Weniger extravagant scheint der Versuch zu sein, dem astrologischen System einige Planetoiden (Asteroiden) einzuordnen, meist Ceres, Pallas, Juno und Vesta.

Beide Extreme, die nach der Zerschlagung des alten, orthodoxen hermetischen Systems der Siebnergruppe der Planeten durch die Entdeckung und Akzeptierung von Uranus auftauchten, sind ein erneuter Ausdruck der Aufgeschlossenheit des Systems der modernen westlichen Astrologie, während die orientalischen Systeme auch weiterhin bewußt hermetisch abgeschlossen blieben.

Die Mondknoten

Ähnlich konträr ist die Einstellung der heutigen Astrologie zur Auffassung der Mondknoten – zum aufsteigenden (Drachenkopf) und zum absteigenden (Drachenschwanz). Die indische Astrologie arbeitet mit ihnen, als handle es sich um Planeten, und nennt sie *ráha* und *kéta*, die westliche hingegen hält sie für Horoskopelemente, die ihrem Charakter nach eher den sensitiven Punkten nahestehen. Aber auch hier haben sich bisweilen Tendenzen gezeigt, sie im Horoskop als eine Art von »Schattenplaneten« anzusehen, die sich rückwärts bewegen.

Die Planetenherrscher und die Namen der sieben Wochentage in verschiedenen Sprachen

	Sonne	Mond	Mars	Merkur	Jupiter	Venus	Saturn
Lateinisch	dies Solis	dies Lunae	dies Martis	dies Mercurii	dies Jovis	dies Veneris	dies Saturni
Französisch	dimanche	lundi	mardi	mercredi	jeudi	vendredi	samedi
Italienisch	domenica	lunedi	martedi	mercoledi	giovedi	venerdi	sabato
Spanisch	domingo	lunes	martes	miércoles	jueves	viernes	sábado
Englisch	Sunday	Monday	Tuesday	Wednesday	Thursday	Friday	Saturday
Deutsch	Sonntag	Montag	Dienstag	Mittwoch	Donnerstag	Freitag	Samstag/ Sonnabend
Tschechisch	neděle	pondělí	úterý	středa	čtvrtek	pátek	sobota
Sanskrit	ravivára	sómavára	mangalavára	budhavára	guruvára	sukravára	sanivára

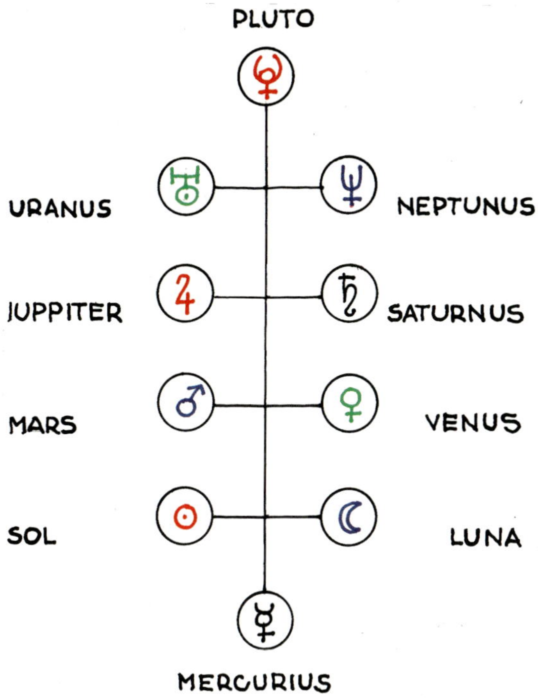

Die konventionellen Zeichen der astrologischen Planeten.

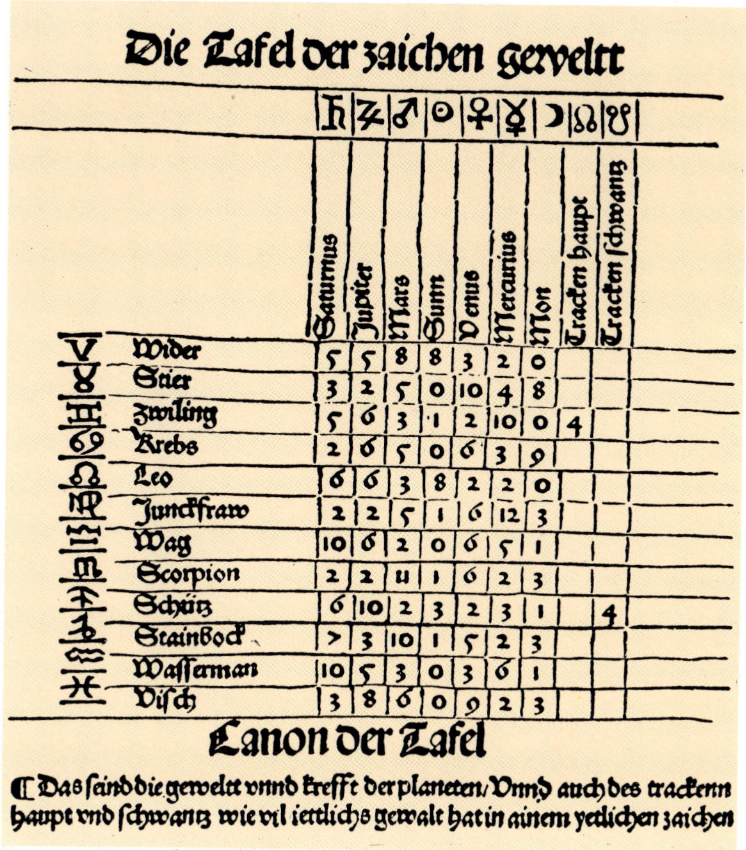

Die Tafel der zaichen gewelt

		Saturnus ♄	Jupiter ♃	Mars ♂	Sunn ☉	Venus ♀	Mercurius ☿	Mon ☽	Tracken haupt ☊	Tracken schwantz ☋
♈	Wider	5	5	8	8	3	2	0		
♉	Stier	3	2	5	0	10	4	8		
♊	Zwiling	5	6	3	1	2	10	0	4	
♋	Krebs	2	6	5	0	6	3	9		
♌	Leo	6	6	3	8	2	2	0		
♍	Junckfraw	2	2	5	1	6	12	3		
♎	Wag	10	6	2	0	6	5	1		
♏	Scorpion	2	2	11	1	6	2	3		
♐	Schütz	6	10	2	3	2	3	1		4
♑	Stainbock	7	3	10	1	5	2	3		
♒	Wasserman	10	5	3	0	3	6	1		
♓	Visch	3	8	6	0	9	2	3		

Canon der Tafel

Das seind die gewelt vnnd krefft der planeten/ Vnnd auch des trackenn haupt vnd schwantz wie vil iettlichs gewalt hat in ainem yetlichen zaichen

Tafel der astrologischen Stärke oder Dignität der Planeten in den verschiedenen Tierkreiszeichen (»Kalendarius teutsch Magister Joannis Küngsperges«, 1512).

Wahr ist, daß der aufsteigende Knoten bis heute in den Ephemeriden neben den Planeten steht. Die Positionen dieser Knoten erforscht vor allem die sogenannte karmische Astrologie.

Sehen wir von allen erwähnten Besonderheiten ab, dann arbeitet die sogenannte mittlere Strömung der gegenwärtigen westlichen Astrologie mit zehn Planeten. Ihre natürliche geozentrische Reihenfolge ist: Mond, Merkur, Venus, Sonne, Mars, Jupiter, Saturn, Uranus, Neptun, Pluto.

Andere Planetenreihen

Daneben kannte die Astrologie vor der Entdeckung des Uranus noch andere Planetenreihen. Die umgekehrte Planetenfolge zur geozentrischen – von Saturn zum Mond – wird die chaldäische Reihe genannt. Die ägyptische wiederum beginnt mit den Lichtern: Mond, Sonne, Merkur, Venus, Mars, Jupiter und Saturn.

Aus der Planetenfolge der chaldäischen Reihe wurde die Ordnung der Herrscher der Planetenstunden abgeleitet, und zwar durch einfache Wiederholung der Reihenfolge, sowie der Planetenherrscher der Wochentage (der Tagesregenten) in den Spitzen des aus der chaldäischen Reihe gebildeten siebenzakkigen Sterns – des Heptagramms. Ab Sonntag ist die Reihenfolge: Sonne, Mond, Mars, Merkur, Jupiter, Venus, Saturn. Das entspricht den Wochentagen von Sonntag bis Samstag.

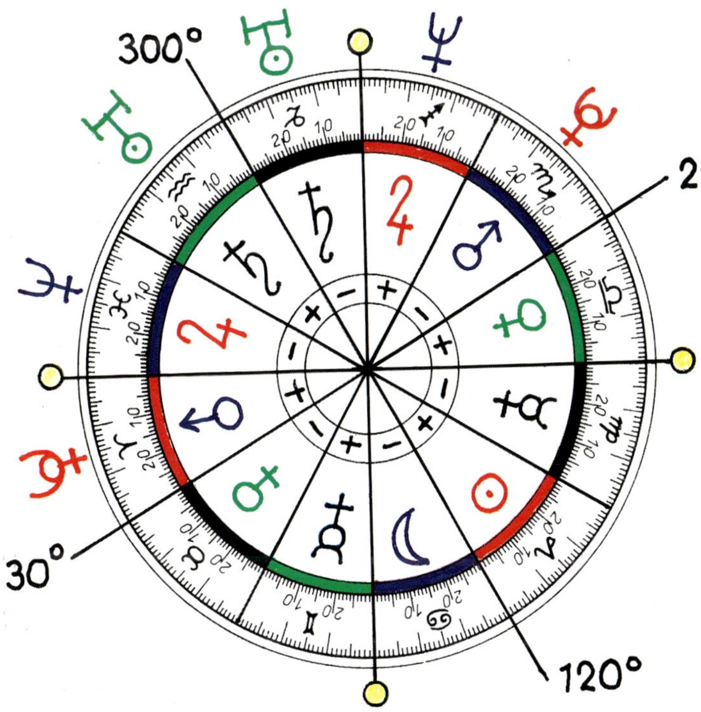

Die Planetenherrscher der Tierkreiszeichen einschließlich der drei erst in der Neuzeit entdeckten Planeten (außen).

Der Begriff »Herrscher«

Der astrologische Begriff des Herrschers (Gebieters, Regenten) ist nicht nur in bezug auf die Zeitabschnitte wichtig, wo er die Rolle des Chronokrators (des Gebieters der Stunde, des Wochentages, des Monats, ggf. auch des Jahres oder sogar einer bestimmten Alterskategorie – des sogenannten Gubernators, *Al-Caid*) übernimmt, sondern auch in bezug auf den Tierkreis. Der Schlüsselbegriff ist hier »Herrscher des Tierkreiszeichens«. In dieser dominanten Rolle ist der Planet gleichzeitig auch Dispositor des Horoskophauses, das in dem betreffenden Zeichen beginnt, oder eines anderen Planeten, der sich darin befindet. Die Beziehungen zwischen den Dispositoren (Herrschern) und den Signifikatoren oder den Planeten, die durch ihre Anwesenheit im Zeichen oder Haus seine Bedeutung bekräftigen, bilden die Grundlage für das syntaktische Lesen des Horoskops.

Auf diese Weise übernimmt jeder Planet im Horoskop außer seiner universellen Bedeutung noch weitere Rollen – als Signifikator einerseits und andererseits Dispositor eines Planeten mit einer ganz anderen Bedeutung.

Das Problem neu entdeckter Planeten

Während das antike System der Chronokratoren nach der Entdeckung des Uranus in der Astrologie des Westens zu einem immer größeren Anachronismus wurde, war die Situation im Osten genau umgekehrt: Die orientalische Astrologie, die in bezeichnender Weise auf Chronokratoren basiert, sah sich gezwungen, die in der Neuzeit entdeckten Planeten gerade deshalb nicht in ihr Horoskopsystem aufzunehmen, weil dies ihr System durcheinandergebracht hätte, und so hält sie auch weiterhin an den traditionellen sieben Planeten fest.

Demgegenüber vermochte die moderne westliche Astrologie, was die Regenten der zodiakalen Zeichen und deren Teile betrifft, ihr traditionelles System geschickt zu ergänzen und es eventuellen weiteren Planetenentdeckungen (hinter Pluto und zwischen Sonne und Merkur) zu öffnen.

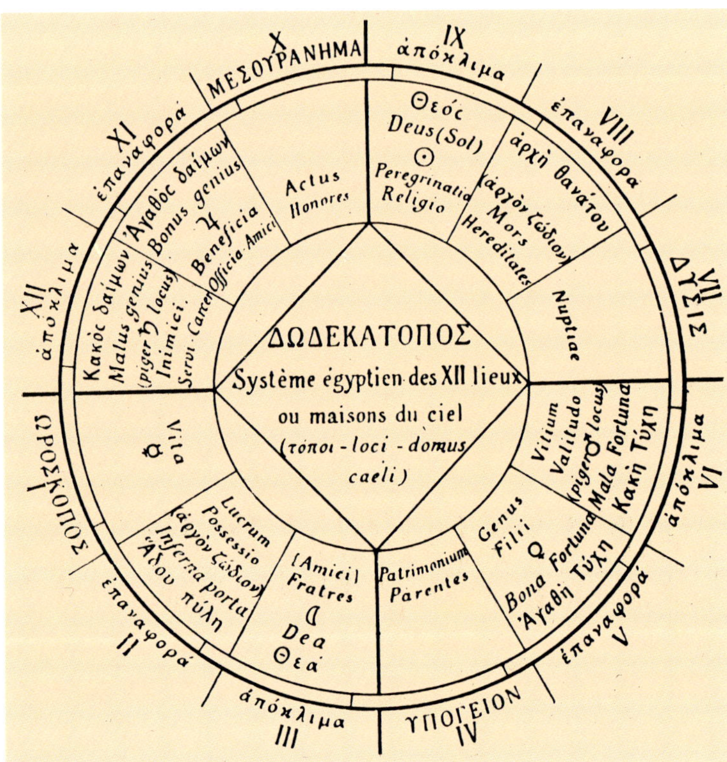

Dodekatopos – ein System von zwölf Horoskophäu sern in der Antike (nach A. Bouché-Leclercq, 1899).

Geozentrische Bewegung und Schnelligkeit der Planeten

Bei der Horoskopinterpretation werden auch die Art der geozentrischen Bewegung der Planeten und ihre Schnelligkeit in den verschiedenen Phasen des Zyklus in Betracht gezogen. So unterscheidet man:

- Direkte Planeten (in rechtläufiger Bewegung)
- Retrograde Planeten (in rückläufiger Bewegung)
- Stationäre Planeten (in stationärer Phase)
- Schnelle Planeten (Planeten schnellen Laufes gegenüber der durchschnittlichen Schnelligkeit der geozentrischen Bewegung)
- Langsame Planeten (Planeten langsamen Laufes gegenüber der durchschnittlichen Schnelligkeit der geozentrischen Bewegung).

In bezug auf die Horoskophäuser ist wichtig, ob der Planet an einer Trennungslinie oder an der Spitze eines Hauses steht. Für die Divination ist auch wichtig, in welchem Drittel des Hauses sich ein Planet befindet, denn das alles modifiziert seine Bedeutung. Als unterzeptiert bezeichnet man einen Planeten in einem »eingeschlossenen« Zeichen, d. h. wenn dieses von keinem Häuseranfag angeschnitten ist.

Die vier wichtigsten Positionen der Planeten

Die vier wichtigsten Positionen jedes Planeten im Tierkreis sind:

- Im Domizil (in seinem zodiakalen Haus oder in dem Zeichen, das er regiert)
- In Vernichtung (Detrimentum) oder im Exil, d. h. in dem seinem Haus gegenüberliegenden Zeichen
- In Erhöhung (Exaltation, *hyposoma*)
- In Erniedrigung (Fall, *casus*, *dejectio*, *tapeinoma*, *debilitas*).

Ein Planet in Erhöhung ist auf dem Wege zu seinem Haus, in Erniedrigung entfernt er sich von ihm.

Zusammen bilden diese vier Schlüsselpositionen ein Kreuz. Ist ein Planet außerhalb davon, in einer allgemeinen Position, dann ist er peregrin. Wenn zwei Regenten ihre Tierkreiszeichen so tauschen, daß sich jeder Planet im Haus des anderen befindet, heißt diese Beziehung Rezeption. Analog dazu sprechen wir von einer Rezeption der Erhöhung, wenn sie die Orte ihrer Exaltation tauschen.

Diese Planeten sind aus astrologischer Sicht in einer bedeutsamen gegenseitigen Beziehung, die als eng angesehen wird.

Bewertung der Planeten in der alten und neuen Astrologie

Die alte Astrologie beurteilte die horoskopische Stärke (Dignität) der Planeten nicht nur nach ihren Positionen im Tierkreis, sondern auch nach einer Reihe weiterer Gesichtspunkte, die heute nicht mehr verwendet werden. Auch bei der traditionellen Zuordnung der Planeten in männlich und weiblich sowie Benefiz- oder Glücksplaneten und Malefiz- oder Unglücksplaneten, die früher eine Selbstverständlichkeit war, geht die neue Astrologie nicht mehr so rigoros vor.

Die Häuser des Horoskops

Die zwölf Häuser (oder Felder) des Horoskops bilden neben den zwölf Tierkreiszeichen und den zehn Planeten den dritten Grundstein der Horoskopie. Die Hauptbedeutung dieser Häuser liegt darin, daß erst sie das Horoskop betont individualisieren. Während die Plazierung der Planeten in den Tierkreiszeichen eine eher kollektive Auswirkung hat, ist ihre Position in den Häusern vor allem von individueller Bedeutung und macht aus jedem Horoskop praktisch eine unwiederholbare Angelegenheit.

Hauptklassifikation der Häuser

Bedeutungsmäßig bilden die Häuser durch ihre Reihenfolge Parallelen zu den zodiakalen Zeichen: Das 1. Haus entspricht in gewisser Weise dem Widder, das 2. Haus dem Stier usw. Die Befragung des Horoskops erlangt dadurch eine weitere Dimension. Die Hauptklassifikation teilt die Häuser ein in:

- Kardinale (Eckhäuser oder -felder)
- Nachfolgende (Mittelhäuser oder -felder)
- Fallende oder kadente (Endhäuser oder -felder).

Weiterhin unterscheidet man Häuser:

- Unter dem Horizont (1 bis 6)
- Über dem Horizont (7 bis 12)
- Häuser der östlichen Hälfte des Horoskops (1 bis 3 und 10 bis 12)
- Häuser der westlichen Hälfte des Horoskops (4 bis 9).

Die Trennungslinie zweier benachbarter Häuser heißt Spitze des Hauses. Gegenüberliegende Häuser sind immer gleich groß und knüpfen – genau wie die gegenüberliegenden Zeichen des Tierkreises – bedeutungsmäßig unmittelbar aneinander an. Sie bilden eine bedeutungsmäßige Kategorie, als wären sie die zwei Enden eines Stocks.

Die Quadranten des Horoskops

Die Hauptachsen des Horoskops teilen die zwölf Horoskophäuser zu je drei in die vier Quadranten des Horoskops ein, von denen die zwei gegenüberliegenden immer gleich groß sind, im äußersten Falle alle vier mit senkrechten Achsen zueinander; im anderen Extremfall sind zwei gegenüberliegende Quadranten größer oder kleiner als drei Häuser.

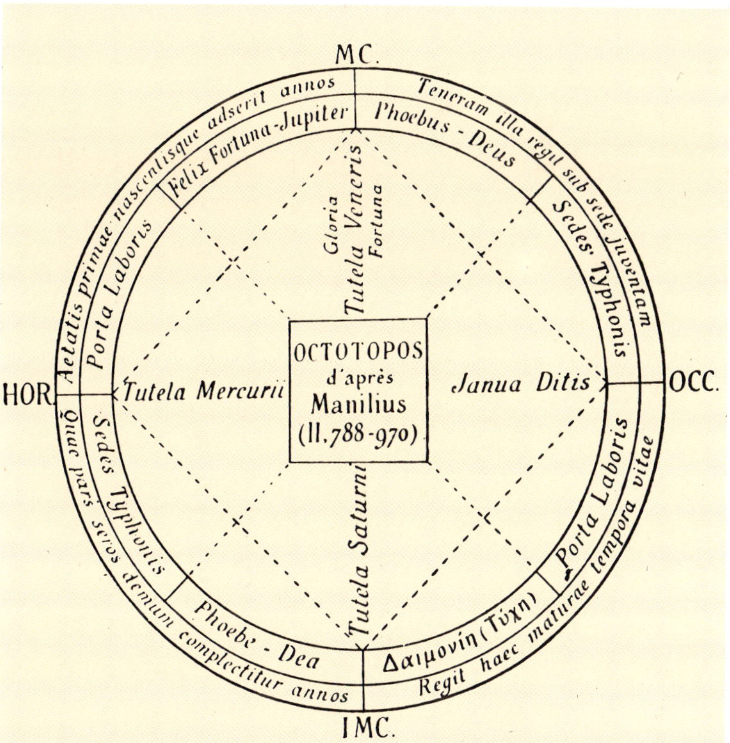

Oktotopos – ein System der antiken Astrologie, z. B. von Manilius erwähnt (nach A. Bouché-Leclercq, 1899).

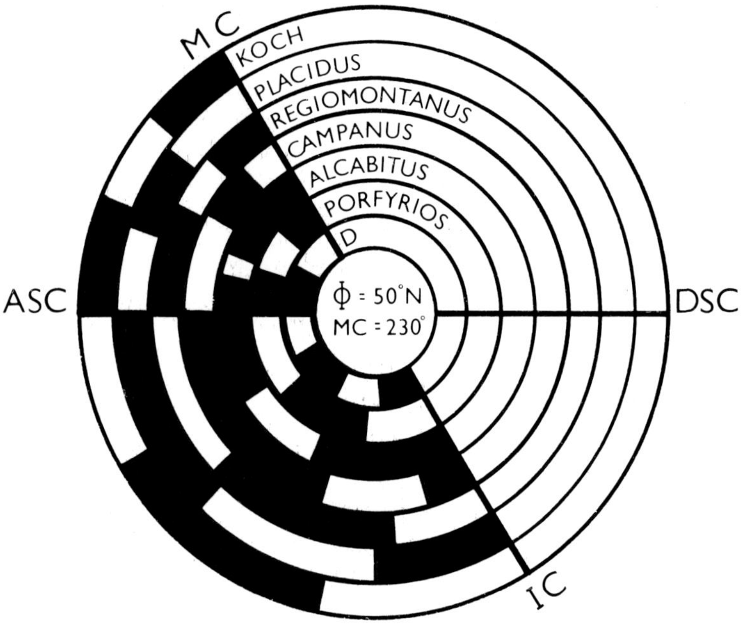

Vergleich der Unterschiede in der Größe der Horoskophäuser, die nach verschiedenen Systemen konstruiert sind, am Beispiel eines Ortes mit 50° nördlicher geographischer Breite und MC = 230° (nach R. T. Prinke / L. Weres, 1983).

Die Häuser in der Antike

Die antike Astrologie bezeichnete die Häuser mit dem griechischen Ausdruck *topoi* oder dem lateinischen *loci* (Orte).

Außer der Einteilung der Sphäre in zwölf Häuser (*dodekatopos*) kannte sie noch die Gliederung in nur acht Häuser (*oktotopos*), die später ganz fallengelassen wurde.

Äquale ekliptikale Horoskophaussysteme

<table>
<tr><td colspan="2">1. Das von Ptolemäus (2. Jahrhundert n. Chr.) beschriebene, »natürliche« antike Dodekatopos-System</td><td>30°-Segmente ab ASC ergeben die Häuserspitzen; das MC kann ins 8. bis 11. Haus fallen.</td></tr>
<tr><td colspan="2">2. Alte, klassische indische Methode – 1. Art (J. T. Braha, 1986)</td><td>30°-Segmente ab Anfang des Tierkreiszeichens, in dem sich der ASC befindet; das nächste Zeichen ist das 2. Haus usw. (das ganze Zeichen, in dem der ASC ist, ist das 1. Haus, das ganze nächste Zeichen das 2. Haus usw.).</td></tr>
<tr><td colspan="2">3. Neuere indische Methode, identisch mit dem neuzeitlichen äqualen System nach J. Vehlow (1890–1958) – 2. Art (J. T. Braha, 1986)</td><td>30°-Segmente ab ASC ergeben die Häusermitte, wobei das MC in das 8. bis 11. Haus fallen kann; der ASC ist die Mitte des 1. Hauses, das 2. Haus hat die Breite ASC + 15° bis ASC + 45° usw.</td></tr>
<tr><td colspan="2">4. M-Häuser – modernes äquales Meridiansystem (Theosophische Gesellschaft in London, 1951/52, R. C. Firebrace, J. Mayo u. a., 1951)</td><td>30°-Segmente ab MC ergeben die Häuserspitzen; der ASC deckt sich in der Regel nicht mit der Spitze des 1. Hauses; das MC ist die Spitze des 10. Hauses.</td></tr>
<tr><td colspan="2">5. Allgemeine Solarhäuser</td><td>30°-Segmente ab Position der Sonne.</td></tr>
<tr><td colspan="2">6. Aries-System (zodiakale Häuser)</td><td>30°-Segmente ab Frühlingspunkt; die Häuser gleichen den zodiakalen Zeichen ab Widder; MC = 0° Steinbock, ASC = 0° Widder.</td></tr>
<tr><td colspan="2">7. Das System der »User houses«</td><td>30°-Segmente ab ASC, wobei der ASC die Spitze des 11. Hauses ist.</td></tr>
<tr><td colspan="2">8. »Erdhäuser«</td><td>30°-Segmente ab Herbstpunkt; 0° Waage = Spitze des 1. Hauses.</td></tr>
<tr><td>9. »Mondhäuser«</td><td rowspan="4">Hamburger Schule (Uranusastrologie)</td><td>30°-Segmente ab Position des Mondes; die Länge des Mondes = Spitze des 1. Hauses.</td></tr>
<tr><td>10. »Sonnenhäuser«</td><td>30°-Segmente ab Position der Sonne; die Länge der Sonne = Spitze des 4. Hauses.</td></tr>
<tr><td>11. »Nodale Häuser«</td><td>30°-Segmente ab aufsteigendem Mondbahnknoten; die Länge des Knotens = Spitze des 1. Hauses.</td></tr>
<tr><td>12. »Aszendentenhäuser«</td><td>30°-Segmente ab ASC, der die Spitze des 1. Hauses ist; das System ist mit dem »natürlichen« antiken Dodekatopos-System (siehe 1.) identisch.</td></tr>
</table>

Nichtäquale ekliptikale Quadrantensysteme der Horoskophäuser, die durch direkte Teilung der Ekliptik entstehen

13. Das Porphyrios-System (um 223 bis etwa 304 n. Chr.)	Die Häuser sind Drittel der Quadranten zwischen den Hauptachsen; der ASC ist die Spitze des 1. Hauses, das MC die Spitze des 10. Hauses.
14. Das System der natürlichen (proportionalen) Gradation – Colin Evans nach 1950	Die Häuser entstehen durch Teilung der Horoskopquadranten zwischen den Achsen ASC – DSC und MC – IC auf proportional größer werdenden Segmenten, von den kleinsten, in den Quadranten kleiner als 90°, bis zu den größten, in den Quadranten größer als 90°; der ASC ist die Spitze des 1. Hauses, das MC die Spitze des 10. Hauses.

Räumliche Systeme von Häusern durch Projektion

15. Das Campanus-System (Giovanni Campani, gestorben etwa 1296, oder die Brüder Joseph und Matthaeus Campanus, gestorben etwa 1495) – in moderner Zeit von den Verfechtern der Richtung der sideralen Astrologie (Dane Rudhyar, Ch. Jayne) verwendet	Quadrantensystem (der ASC ist die Spitze des 1. Hauses, das MC die Spitze des 10. Hauses); der erste Vertikalkreis wird in 30°-Segmente ab Ostpunkt geteilt; die Häuser entstehen durch Projektion der (durch den Nord- und Südpunkt verlaufenden) Hauptkreise auf die Ekliptik; die Häuser sind nicht einmal am Äquator gleich groß; in den Polargebieten versagt das System.
16. Das System von Regiomontanus (Johannes Müller, 1436–1476) oder vielleicht noch früher von Avenarius (Esra, 11./12. Jahrhundert)	Quadrantensystem (der ASC ist die Spitze des 1. Hauses, das MC die Spitze des 10. Hauses); der Himmelsäquator wird in 30°-Segmente ab Ostpunkt geteilt; die Häuser entstehen durch Projektion der (durch den Nord- und Südpunkt) verlaufenden Hauptkreise auf die Ekliptik; am Äquator ist das System mit dem Campanus-System (siehe 15.) identisch.
17. Das Morin-System (Jean-Baptiste Morin, 1583–1656) – sogenannte »rational-universelle Methode«, die Morin selbst später aufgab	Kein Quadrantensystem (die Spitze des 1. Hauses = MC $\pm$ 90°); die Hauptachsen des Horoskops decken sich in der Regel nicht mit den Spitzen der kardinalen Häuser; der Himmelsäquator wird in 30°-Segmente ab Ostpunkt geteilt; die Häuser entstehen durch Projektion der Hauptkreise gleicher ekliptikaler Länge; in den Polargebieten versagt das System nicht, da es nicht von der geographischen Breite abhängig ist.
18. Meridian- oder Ach – Zweistundenmeridiansystem (Hamburger Schule) – David Cope (»Zariel«) entdeckte zu Beginn des 20. Jahrhunderts diese Methode wieder, deren Ursprung älter ist	Kein Quadrantensystem (das MC ist die Spitze des 10. Hauses, der ASC deckt sich in der Regel nicht mit der Spitze des 1. Hauses); der Himmelsäquator wird in 30°-Segmete ab Schnittpunkt mit dem Ortsmeridian geteilt; die Häuser entstehen durch Projektion der Stundenkreise auf die Ekliptik; das System versagt in den Polargebieten nicht, da es nicht von der geographischen Breite abhängig ist; die Spitzen der einzelnen Häuser sind eigentlich die ekliptikalen Längen der Spitze des 10. Hauses, die es in den Intervallen des Rektaszensionswachstums um 30° oder zwei Stunden hat (daher der Name).
19. Das Horizontalsystem (Anfang des 20. Jahrhunderts)	Kein Quadrantensystem (das MC ist die Spitze des 10. Hauses, der ASC ist nicht identisch mit der Spitze des 1. Hauses); der Horizont wird in 30°-Segmente ab Ostpunkt geteilt; die Häuser entstehen durch Projektion der jeweiligen Vertikalkreise auf die Ekliptik.
20. Das Arcturus-System (Michael Muncasey, 20. Jahrhundert)	Kein Quadrantensystem (das MC ist die Spitze des 10. Hauses, der ASC ist nicht identisch mit der Spitze des 1. Hauses); der Horizont wird in 30°-Segmente ab Ostpunkt geteilt; die Häuser entstehen durch Projektion der Längenkreise auf die Ekliptik.

Zeitquadrantensysteme der Häuser, die durch Teilung des Bogens eines bewegten Punktes entstehen

21. Das Alcabitius-System (10./11. Jahrhundert) – wahrscheinlich schon im 1. Jahrhundert bekannt	Teilung der Rotationszeit des ASC auf dem Parallelkreis; die Häuser entstehen durch Projektion der Stundenkreise; die jeweiligen Zeiten sind Drittel der Zeit, in der der ASC zum MC gelangt; die Ekliptikgrade in den jeweiligen Sternstunden werden die Spitzen des 12. und 11. Hauses; analog wird mit der Zeit verfahren, in der das IC zum ASC gelangt, wodurch nacheinander die Spitzen des 3. und 2. Hauses entstehen.
22. Das Placidus-System (Placidus de Titis, 1603–1668)	Teilung der Rotationszeiten der verschiedenen Parallelkreise des Himmelsäquators; die jeweiligen Zeiten sind die Augenblicke, wenn der ASC nacheinander Spitze des 12. und 11. Hauses wird; die Häuser entstehen durch Schnitt; die Methode versagt in den Polargebieten; das System ist nicht konsistent mit den ekliptikalen Positionen der Planeten.
23. Das System GOHS (Geburt-Ort-Haus-System) von Walter Koch (1936)	Geteilt wird die Rotationszeit des ASC auf dem Parallelkreis; die jeweiligen Zeiten begrenzen die Punkte des Parallelkreises durch den ASC, die auf den kleinen Parallelkreisen der Horizontebene liegen und deren Schnittpunkte mit der Ekliptik nacheinander die Spitzen des 12. und 11. Hauses werden; die Häuser entstehen durch Schnitt; es ist das erste moderne System, das sich auf den genauen Geburtsort stützt (daher der Name GOHS).

Spezielle Quadrantensysteme der Horoskophäuser

24. Topozentrisches System (die argentinischen Astrologen Wendel Polich und Anthony Nelson Page, 1961); direkter Voräufer: A. Boudineau, 1937	Gegenüber den vorigen Systemen ist dieses empirisch entstanden; es stellt eine verbesserte Placidus-Methode (siehe 22.) dar; die Häuserspitzen sind nicht in bezug auf die Erdmitte, sondern den Ort des Ereignisses auf der Erdoberfläche berechnet; am Äquator stimmen die Ergebnisse voll mit dem Placidus-System überein, bis 56° geographischer Breite ist die Differenz maximal 1°, obwohl die mathematischen Methoden beider Systeme ganz unterschiedlich sind; das System sollte drei Prinzipien miteinander verbinden: die dynamische Drittelung der halbierten Bogen bei Placidus, Regiomontanus' statische Drittelung der Quadranten und Campanus' statische Drittelung des Raums und des ersten Vertikalkreises; das System ist auch in den Polargebieten eingeschränkt anwendbar.
25. Das System der Aalener Schule (Reinhold Ebertin, ca. 1948)	Das System arbeitet mit den Horoskophauptachsen ASC – DSC und MC – IC; ASC und MC betrachtet es als »persönliche sensitive Punkte«; eine Teilung der Horoskopquadranten in Drittelhäuser wird überhaupt nicht erwogen.
26. Das antike *Oktotopos*-System, das später ganz aufgegeben wurde (Manilius, 1. Jahrhundert, Firmicus Maternus, 4. Jahrhundert)	Das System basiert auf einer Teilung der Horoskop-quadranten in Hälften (analog der Quadrantenteilung in Drittel bei Porphyrios, siehe 13.); das entstehende Horoskop hat nur acht Häuser (daher der griechische Name).

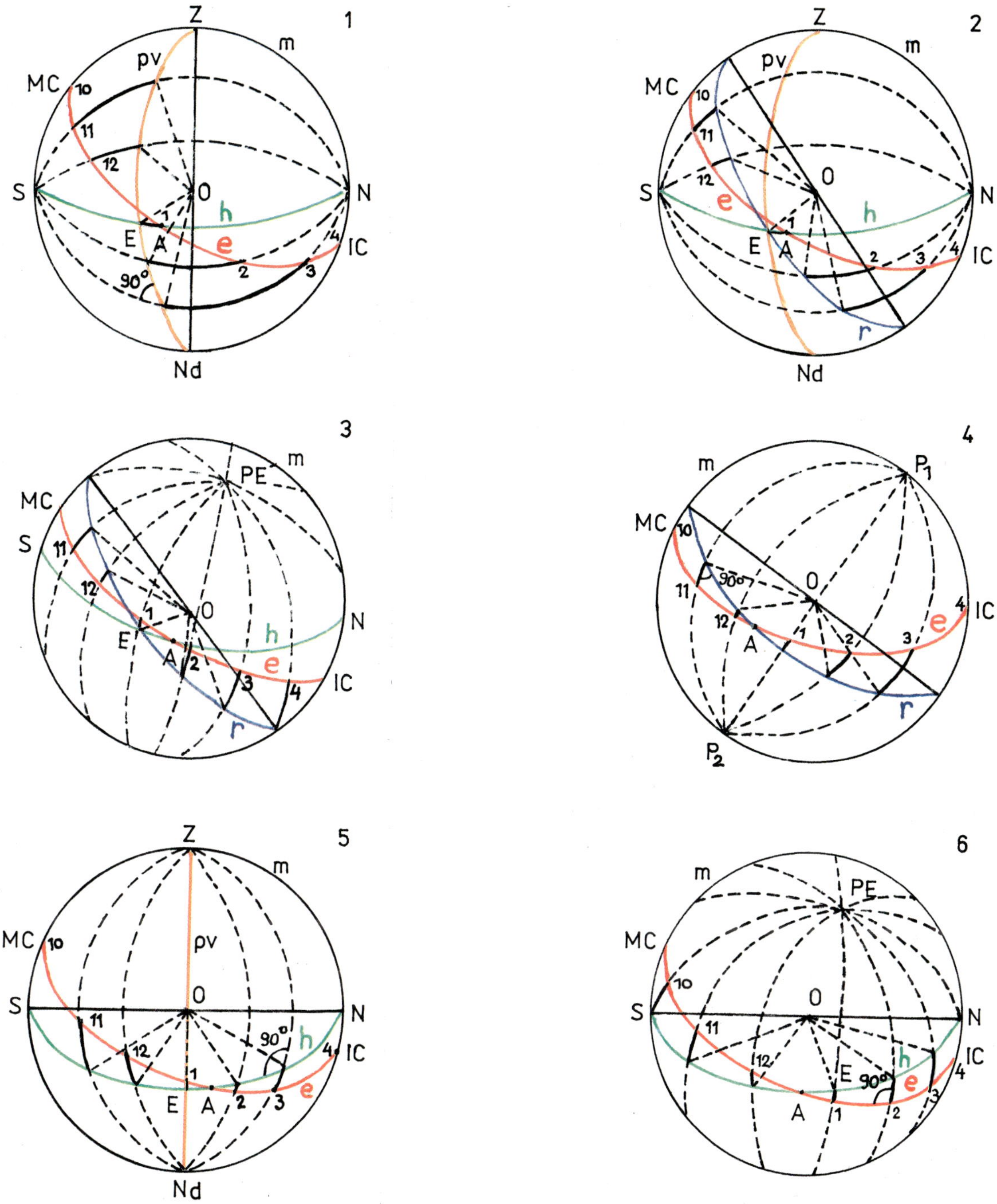

Unterschiedliche Konstruktionsmethoden

Die eigentliche geometrische Konstruktion der Horoskophäuser ist und war immer ein langwieriges und recht kompliziertes Problem, das die Astrologie eigentlich von Anfang an bis in unsere Gegenwart hinein begleitet hat. Man benutzte nach und nach 26 verschiedene Arten der Gestaltung, welche je nach Methode schwerwiegende Größenunterschiede der Häuser aufwiesen. Auch heute läßt sich bisher nicht eindeutig sagen, daß irgendeine Methode die vorbehaltlose Unterstützung aller Astrologen, die sich mit diesem Problem eingehender befaßten, erhalten hätte.

Konstruktion der sechs Raumsysteme der Horoskophäuser auf der Grundlage einer Projektion:
1 = Campanus-System, 2 = Regiomontanus-System, 3 = Meridiansystem, 4 = Arcturus-System. Erläuterungen: 0 = Ort des Ereignisses, Z = Zenit, Nd = Nadir, S = Südpunkt, N = Nordpunkt, E = Ostpunkt, W = Westpunkt, A = Aszendent, MC = Medium coeli, IC = Imum coeli, P_1 = nördlicher Himmelspol, P_2 = südlicher Himmelspol, P_E = Nordpol der Ekliptik, h = Horizont (grün), e = Ekliptik (rot), r = Himmelsäquator (blau), m = Meridian (schwarz), pv = erster Vertikalkreis (gelb); die Ziffern 1 bis 3 und 10 bis 12 auf der Ekliptik bezeichnen die Spitzen der Horoskophäuser, die als Schnittpunkte mit den jeweiligen Projektionskreisen entstehen (bearbeitet nach: J.-L. Brau / H. Weaver / A. Edmans: »Larousse Encyclopedia of Astrology«, New York 1980).

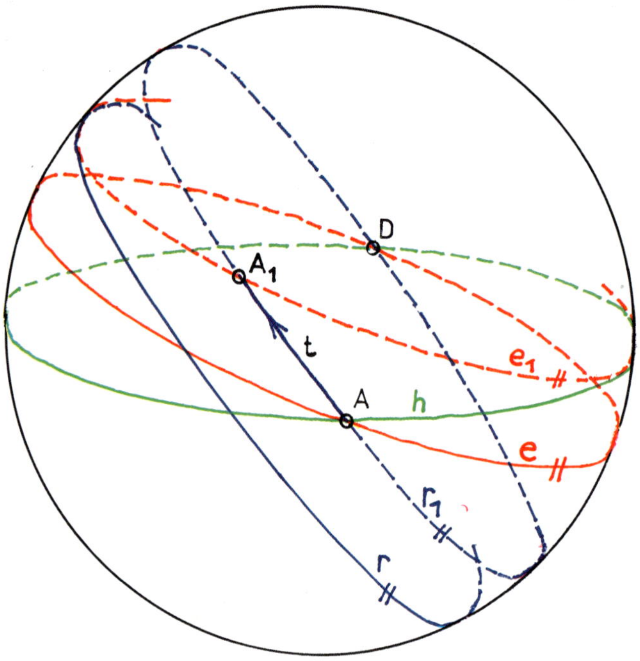

Oben: ***Das Grundprinzip der drei Zeitsysteme der Horoskophäuser (von Alcabitius, Placidus und Koch).*** *Rotation des Aszendenten auf dem Parallelkreis des Himmelsäquators; die Häuser entstehen nacheinander, wenn der Aszendent* $^1/_3$ *und* $^2/_3$ *des Vierteltagbogens erreicht; m = Meridian, e = Ekliptik, h = Horizont, r = Himmelsäquator,* r_1 *= Parallelkreis des Himmelsäquators,* e_1 *= Position der Ekliptik nach Ablauf der Zeit t, A = Aszendent, D = Deszendent,* A_1 *= Position des rotierenden Aszendenden nach Ablauf der Zeit t.*
Unten: ***Schema des topozentrischen Systems der Horoskophäuser.*** *O = Ort des Ereignisses,* h_G *= geozentrischer Horizont,* h_T *= topozentrischer Horizont auf 30° nördlicher geographischer Breite,* r_T *= topozentrischer Äquator,* r_G *= geozentrischer Äquator, r = Radius des Rotationskegels,* P_1 *= geozentrischer Nordpol,* P_T *= topozentrischer Nordpol, G = Erde,* T_R *= Mittelpunkt der topozentrischen Rotation (Kegelspitze), A–G = topozentrische Ekliptik, die den Kegelradius drittelt. Die entstandenen Schnittpunkte werden auf die geozentrische Ekliptik* (e_G) *projiziert, wo sie die Spitzen der Horoskophäuser 1 bis 7 bilden (bearbeitet nach J.-L. Brau / H. Weaver / A. Edmans: »Larousse Encyclopedia of Astrology«, New York 1980).*

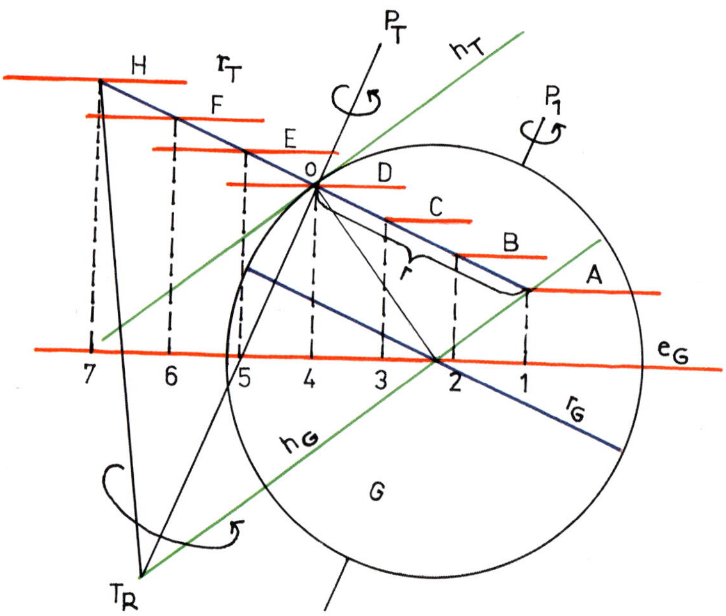

Von den einfachsten Arten einer direkten Teilung der Ekliptik führte die Entwicklung über Methoden der räumlichen Projektion mit Hilfe der sphärischen Trigonometrie bis hin zu zeitlichen Methoden, bei denen nicht mehr die Kreislinien der Ekliptik, des Himmelsäquators, des Horizonts oder des ersten Vertikals unterteilt werden, sondern direkt die Rotationszeiten, die dann durch Projektion oder Schnitt die Horoskophäuser ergeben.

Die 26 Konstruktionsmethoden im Überblick

In den beigefügten Tabellen (Seite 50 ff.) ist das Wesen aller 26 bisherigen Methoden zur Konstruktion der Horoskophäuser kurz zusamengefaßt. Zu bevorzugen sind dabei jene Methoden, die folgende Erfordernisse erfüllen:

- Quadrantisch zu sein
- Sich global verwenden zu lassen (ohne Beschränkung in den höheren geographischen Breiten)
- Die geographische Lage des Ortes des Ereignisses konsequent zu respektieren
- Relativ die besten Resultate beim praktischen Lesen des Horoskops zu ergeben.

Offensichtlich werden diesen Erfordernissen nur das Koch-System (23) und das topozentrische System (24) umfassend gerecht.

Die Aspekte im Horoskop

Das Lesen des Horoskops stützt sich u. a. auf die Beziehungen der Horoskopelemente, insbesondere der Planeten, zueinander. Diese Beziehungen werden vor allem durch die Winkel bestimmt, die ihre zodiakalen Positionen bilden. Sie heißen Aspekte. Ihre drei Hauptreihen entstanden durch die Einzeichnung regelmäßiger Polygone (Vielecke) in einen Kreis.

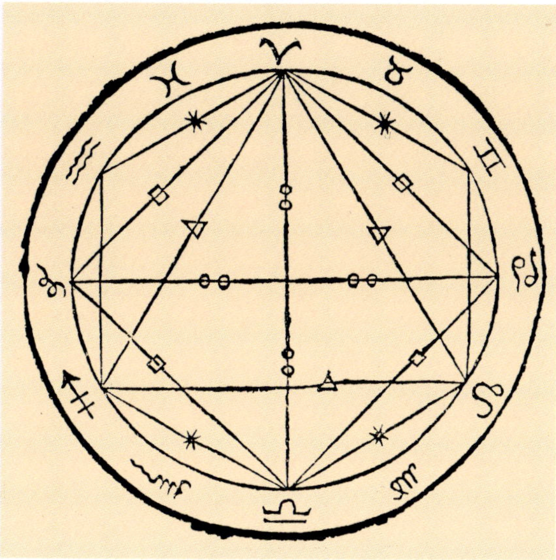

Die zodiakalen Hauptaspekte Konjunktion, Sextil, Quadratur, Trigonal und Opposition (»Andreae Ephemerides«, Lügde 1677).

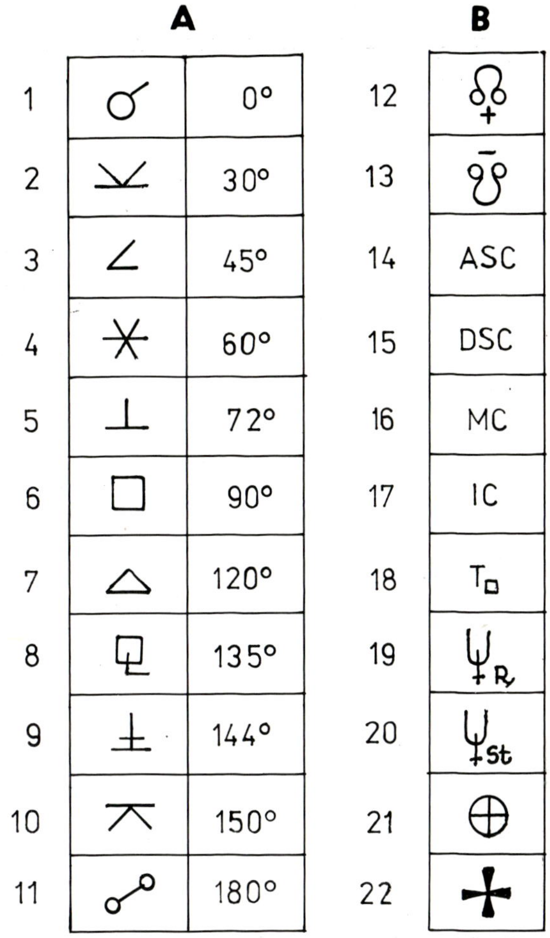

Die konventionellen Zeichen der astrologischen Planeten. *Die konventionellen Zeichen der Hauptaspekte (A) u. a. wichtige Horoskopzeichen (B): 1 = Konjunktion, 2 = Semisextil, 3 = Semiquadratur, 4 = Sextil, 5 = Quintil, 6 = Quadratur, 7 = Trigonal, 8 = Sesquiquadratur, 9 = Biquintil, 10 = Quinkunx, 11 = Opposition, 12 = aufsteigender Mondknoten, 13 = absteigender Mondknoten, 14 = Aszendent, 15 = Deszendent, 16 = Medium coeli, 17 = Imum coeli, 18 = T-Quadrat, 19 = retrograder Planet, 20 = stationärer Planet, 21 = Glückspunkt, 22 = Todespunkt.*

Die dodekagonale Reihe

Die dodekagonale Reihe ist aus einem Zwölfeck abgeleitet, und ihr Modul ist ein Winkel von 30°. Sie bilden folgende Aspekte:

- 0° – Konjunktion
- 30° – Semisextil
- 60° – Sextil
- 90° – Quadratur
- 120° – Trigonal
- 150° – Quinkunx
- 180° – Opposition.

Die oktagonale Reihe

Die oktagonale Reihe mit einem Modul von 45° ist aus einem Achteck abgeleitet und liefert zur vorigen Reihe noch die Aspekte:

- 45° – Semiquadratur (Oktil)
- 135° – Sesquiquadratur.

Die dekagonale Reihe

Die dekagonale Reihe, aus einem Zehneck abgeleitet, hat den Modul 36°, und es gehören folgende Aspekte zu ihr:

- 36° – Semiquintil (Dezil)
- 72° – Quintil
- 108° – Sesquiquintil
- 144° – Biquintil.

Weitere Reihen

Außer den erwähnten drei Reihen kann man vereinzelt auch einen Aspekt antreffen, der aus einem Neuneck abgeleitet ist (40° – Novil oder Nonagon), und einige weitere, selten verwendete Aspekte. Zu ihnen gehören einmal jene, die durch weitere Division und Multiplikation aus den drei vorigen Reihen abgeleitet sind (18° – Vigintil, 22° 30′ – Semioktil, 24° – Quindezil).

Die heptagonale Reihe z. B. ist aus einem Siebeneck abgeleitet und liefert folgende Aspekte:

- 51 $^3/_7$° – Septil
- 102 $^6/_7$° – Biseptil
- 154 $^2/_7$° – Triseptil.

Astrologen der Hamburger Schule (Witte, Sieggrün) führten den Begriff der sogenannten harten Aspekte in die Horoskopie ein, die folgende Reihe bilden:

- Opposition – $^1/_2$ Kreis
- Quadratur – $^1/_4$ Kreis

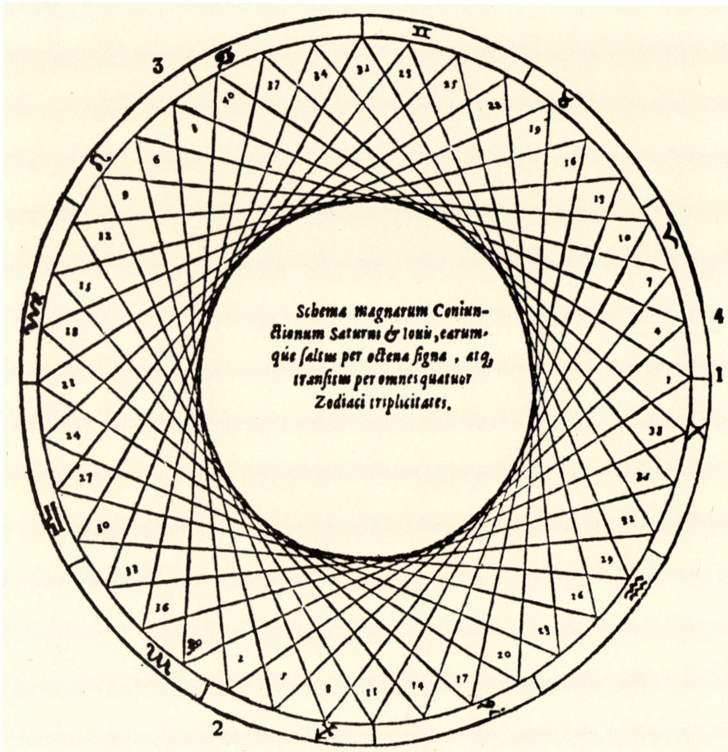

Schema der Verlagerung der Positionen der Saturn- und Jupiterkonjunktionen im Tierkreis nach Kepler (»Mysterium cosmographicum«, Tübingen 1596).

- Semiquadratur – $^1/_8$ Kreis
- Sesquiquadratur – $^3/_8$ Kreis.

Ferner führten sie ein:

- 22 $^1/_2$° – $^1/_{16}$ Kreis (Semioktil)
- 67 $^1/_2$° – $^3/_{16}$ Kreis
- 112 $^1/_2$° – $^5/_{16}$ Kreis
- 157 $^1/_2$° – $^7/_{16}$ Kreis.

Genauigkeit und Ungenauigkeit der Winkel

Die praktische Horoskopie achtet auch sorgfältig auf die Genauigkeit der Winkel, die die Aspekte bilden. Genaue nennt sie exakte Aspekte und nicht genaue plaktische. Die maximal zulässige Grenze für die Ungenauigkeit heißt Orbis, d. h. tolerierter Wirkkreis des Aspekts. Die Orbisgröße hängt von der jeweiligen Art des Aspekts sowie vom Charakter der Horoskopelemente ab, die er verbindet.

Die verschiedenen Astrologenschulen legen die Orbisse mit nur geringfügigen Abweichungen in ganzen Graden fest. Ihre Werte sinken grundsätzlich von den bedeutsamen Aspekten zu den weniger bedeutsamen und von den Planeten mit kürzerer Umlaufzeit zu denen mit einer längeren.

Für Konjunktion und Opposition wird in der Regel ein Orbis von 7 bis 10° erwogen, für Quadratur und Trigonal von 5 bis 8°, für Sextil von 3 bis 5°, für Semiquadratur und Sesquiquadratur von 2 bis 4° sowie für Semisextil und Quinkunx von 1 bis 2°.

Ein genauso kleiner Orbis gilt in der Regel auch für die anderen kleinen Aspekte sowie für die sogenannten Fixsterne, die Spitzen der Horoskophäuser und die Horoskoppunkte. Während die Planeten durch die Aspekte beiderseitig verknüpft sind, können die übrigen Elemente, z. B. die Mondbahnknoten, Häuserspitzen, Fixsterne oder Horoskoppunkte, den Aspekt nur passiv annehmen, nicht aussenden.

Die Wirksamkeit der Planeten

Die Wirksamkeit der Planeten wird im Horoskop allgemein als größer angesehen, wenn der schnellere von beiden in einen exakten Aspekt läuft, d. h. applikativ (in Applikation) ist, als wenn er sich von ihm schon entfernt und damit separativ (in Separation) ist.

Von der traditionellen Unterteilung der Aspekte in böse, durch die der eine Planet einem anderen schadet, und gute, die umgekehrt wirken und durch die der eine Planet einen anderen unterstützt und stärkt, rückt man in der modernen Horoskoppraxis langsam ab, ebenso von der Unterscheidung in Malefiz- und Benefizplaneten.

Die Gruppierung der Planeten im Horoskop

Außer den einfachen zweiseitigen Aspekten kommen oftmals im Horoskop auch verbundene Aspekte oder andere charakteristische Strukturmuster vor, denen spezielle Divinationsbedeutungen zugeschrieben werden.

Die wichtigsten geometrischen Muster

Zu den wichtigsten geometrischen Mustern, die im Horoskop von Planeten gebildet werden, gehören: Kreuz, T-Quadrat, Trigon, Hexagramm, Pentagramm, Stellium (als verbundene plaktische Konjunktion mehrerer Planeten auch *clusterum, collectio luminis* oder einfach Anhäufung genannt).

Weitere Gruppierungstypen werden nach Dingen bezeichnet, denen sie im Aussehen etwas ähneln. So spricht man von Schüssel, Eimer, Sanduhr, Keil, Fächer und dergleichen Besonders großer Wert wird auf das Studium dieser Muster beim Vergleich von Horoskopen (Synastrie) gelegt.

Weitere Elemente des Horoskops

Zu den weiteren Elementen, die den Inhalt des Horoskopmusters mitprägen, gehören die Mondbahnknoten, die Fixsterne, die Horoskopachsen und -punkte. Früher wurden z. B. auch noch die Kometen herangezogen.

Die Mondbahnknoten

Die zwei einander gegenüberliegenden Knoten der Mondbahn – der aufsteigende (Drachenkopf, *caput draconis*) und der absteigende (Drachenschwanz, *cauda draconis*) – bewegen sich retrograd, d. h. im Gegensinne der Planetenbewegung.

Die Fixsterne

Gestirne, die in der Astrologie traditionellerweise Fixsterne genannt werden, nimmt man ins Horoskop nur einige auf. Ihr astrologischer Charakter ähnelt dem der Planeten. Ihre Längen zu einem bestimmten Zeitpunkt (Äquinoktium) sind in astrologischen Handbüchern oder Tabellen angegeben.

Abgesehen von ihrer horoskopischen Bedeutung, dienen Fixsterne nahe der Ekliptik, wie z. B. Regulus, Spica, Antares oder Aldebaran, auch als Maß für die Präzessionsbewegung des Frühlingspunktes, was sich einer der jüngsten Zweige der angewandten Mundanastrologie – die perspektivische zodiakale Chronologie – zunutze macht.

Die Horoskopachsen

Neben den zwei Hauptachsen des Horoskops, die es in Hälften und Quadranten teilen, verwendete man vor allem in der älteren Astrologie noch die Antiszienachse, die durch die Solstitialpunkte verläuft, d. h. durch die Trennungslinie von Zwillingen und Krebs auf der einen Seite und von Schütze und Steinbock auf der gegenüberliegenden. Ähnlich geht die Gegenantiszienachse durch die Äquinoktialpunkte, d. h. 0° Widder und 0° Waage.

Wichtiger als die Antiszienachse ist aber die Symmetrieachse der Regenten der zodiakalen Zeichen, die zwischen den Zeichen Krebs und Löwe auf der einen Seite und Steinbock und Wassermann auf der anderen verläuft: Mit Ausnahme von Sonne und Mond wird nach ihr die Herrschaft der Planeten im Horoskopsystem den einzelnen Tierkreiszeichen zugeordnet.

Die Horoskoppunkte

Sehr verbreitet in der modernen Astrologie ist die Verwendung der Achsen im Sinne der Halbdistanzpunkte der Winkel der Horoskopelemente (der »midpoints«, d. h. Mittelpunkte). Sie bilden die Grundlage des Interpretationssystems der deutschen Astrologenschule in Aalen, das unter dem Kürzel KdG bekannt ist, d. h. »Kombination der Gestirneinflüsse«.

Die traditionellen sensitiven Punkte, die bisweilen auch arabische Punkte genannt werden, sind sehr alten Ursprungs. Sie entstehen künstlich, mit Hilfe der Muster, die die Längen zweier Planeten und des Aszendenten bilden. Zu den am meisten verwendeten gehören: Glückspunkt (Fortuna), Todespunkt, Liebespunkt, Mutterpunkt, Vaterpunkt, Berufspunkt usw.

Ein besonderes System von Horoskoppunkten sind die antiken Dodekatemorien: Zu jeder ekliptikalen Länge läßt sich auf der Grundlage eines Zwölferzyklus ein bestimmter Punkt – Dodekatemorion (griechisch: *dodeka* = zwölf) genannt – ermitteln, der mit der Ausgangslänge in einer astrologisch bedeutsamen Beziehung steht.

Die Hauptbedeutung aller Arten von Horoskoppunkten besteht darin, daß sie die Anzahl der Stellen im Horoskop, die sich für die Divination verwenden lassen, wesentlich verdichten.

Der Begriff des astrologischen Wirkens (Einflusses)

Vom Wirken oder Einfluß der einzelnen Elemente des Horoskops aufeinander und dann auch auf seinen Eigner wird in der Astrologie ganz normal und selbstverständlich gesprochen, doch ist die Verwendung dieser Ausdrücke oft die Quelle von Mißverständnissen außerhalb der Astrologie. Gerade solche Termini sind vielleicht die häufigste Ursache für Polemiken und Angriffe seitens der Wissenschaft auf die Astrologie. Die Gegner der Astrologie verlangen einen physikalischen Beweis für dieses Wirken, da ihnen entgeht, daß sich diese begrifflichen Bezeichnungen der Wechselbeziehungen zwischen Kosmos und irdischen Erscheinungen in der Astrologie nicht so geradlinig physikalisch auffassen lassen.

Ungeachtet der provokatorischen Terminologie, die in diesem Falle aus der älteren Tradition übernommen wurde, weiß heute jeder vernünftige Astrologe, daß es z. B. nicht das geradlinige Wirken eines

Marsstrahls war, das den Horoskopeigner zu einem bestimmten Zeitpunkt am Fuß verletzte. Vielmehr stellen alle Horoskopelemente bei der Divination vor allem symbolische Kodes dar.

Wechselbeziehungen zwischen Makrokosmos und Mikrokosmos

In allgemeiner Hinsicht beruht die Astrologie jedoch zweifellos auf der grundsätzlichen Annahme von Wechselbeziehungen zwischen Makrokosmos (dem Himmel) und Mikrokosmos (dem Menschen und seiner irdischen Welt). Einer bestimmten Anordnung des Horoskops entspricht also ein bestimmter Menschentyp, der nicht nur spezifische Fähigkeiten hat, sondern beispielsweise auch die Neigung zu einer bestimmten Art von Verletzungen an bestimmten Stellen seines Körpers zu einer bestimmten Zeit oder zu einer anderen Art von Reaktion auf oftmals unmerkliche Veränderungen äußerer Bedingungen. Der Einfluß der Planeten ist also im Horoskop als indirekt aufzufassen, im Sinne der Theorie der akausalen Synchronizität (d. h. einer ursachenlosen Wechselbeziehung) von Jung und Pauli etwa, auf die sich die heutigen Astrologen auch meist berufen.

In diesem Geiste verlassen einige moderne Schulen, wie etwa die sogenannte humanistische Astrologie, programmatisch das allzu starre Schwarzweißschema, das die Planeten und ihre Aspekte in der traditionellen Horoskopie in gute und böse, wohltätige und abträgliche, hilfreiche und schädliche einteilte. Die Anhänger dieser Schulen haben sich nur erneut das alte astrologische Prinzip bewußt gemacht, das der bekannte Satz zusammenfaßt: »*Astra inclinant, non necessitant*«. Das bedeutet: Die Gestirne haben eine Tendenz, zielen ab, zeigen die Richtung an, orientieren, deuten an, aber sie zwingen nicht. Damit ist auch der Vorwurf des Fatalismus, den man aus absolutem Unverständnis schon unzählige Male gegen die Astrologie erhoben hat, entkräftet.

Die Wahlfreiheit bleibt erhalten

Die Kategorie von Gut und Böse ist in der Astrologie nicht von vornherein festgeschrieben, sondern Sache des freien Willens des Betreffenden, wie er die angedeuteten Dinge auffaßt. Wenn er mit dem momentanen Gang der riesigen Himmelsuhr nicht zufrieden ist, bleibt ihm nichts anderes übrig, als sich damit abzufinden oder sich selbst und seine Beziehung dazu sowie zur Welt aktiv zu verändern – denn, wie der Schriftsteller Bohumil Hrabal einst treffend bemerkte: »Der Himmel ist nicht human.«

Wir leben nicht ein jeder eingeschnürt in das Korsett seines ureigensten Horoskops und unfähig, irgendwas zu verändern, sondern wir wählen gerade im Dialaog mit diesem Schema unserer Wesensart und Veranlagung, unserer Begabungen und Fähigkeiten, Mängel und Schranken eigentlich immer eine von zwei Alternativen. Unangemessene Vorteile nicht zu nutzen liegt genauso in der Macht des menschlichen Willens wie der Verzicht darauf, aktiv Böses zu tun, selbst wenn solche Neigungen noch so sehr im Horoskop signalisiert werden.

Der Halleysche Komet vom Jahre 1301 als »Stern von Bethlehem« auf dem Fresko »Anbetung der Könige« von Giotto di Bondone in der Serovegni-Kapelle in Padua (Ausschnitt).

Mit Kometen beschäftigte sich die Astrologie vor allem im 16. Jahrhundert intensiv. Auf einem handkolorierten Holzschnitt mit Begleittext von Magister Petr Kodicill von Tulechov (Codicillus) sind der Brahe-Komet von 1577 sowie der Mond, Saturn und fünf Tierkreiszeichen (Schütze, Steinbock, Wassermann, Fische und Widder) dargestellt.

Die Methodik der Astrologie

Die Horoskoparten und die astrologischen Methoden im Überblick

Die Methodik der Astrologie ist relativ weit verzweigt. Jede Methode verfolgt ein bestimmtes Ziel und birgt andere Deutungsmöglichkeiten in sich: Es hängt davon ab, ob es sich um ein Problem der individuellen oder der mundanen Astrologie handelt. Einige Methoden sind für beide Kategorien gemeinsam, andere wieder haben einen speziellen Zweck.

Die Nativitätsastrologie

Das Schlüsselhoroskop der Nativitätsastrologie ist das Radixhoroskop (lateinisch: *radix* = Wurzel). In der individuellen Astrologie ist es das Geburtshoroskop eines einzelnen und in der mundanen das Horoskop der Entstehung einer Sache, eines Staates, einer Institution oder Organisation bzw. des Beginns einer bestimmten Aktion oder der Existenz von etwas.

Eine Parallele zum Geburtshoroskop eines Menschen ist das Empfängnishoroskop, das mit ihm durch die Regel der sogenannten Trutina Hermetis verknüpft ist, ggf. eine andere Art von pränatalem Horoskop.

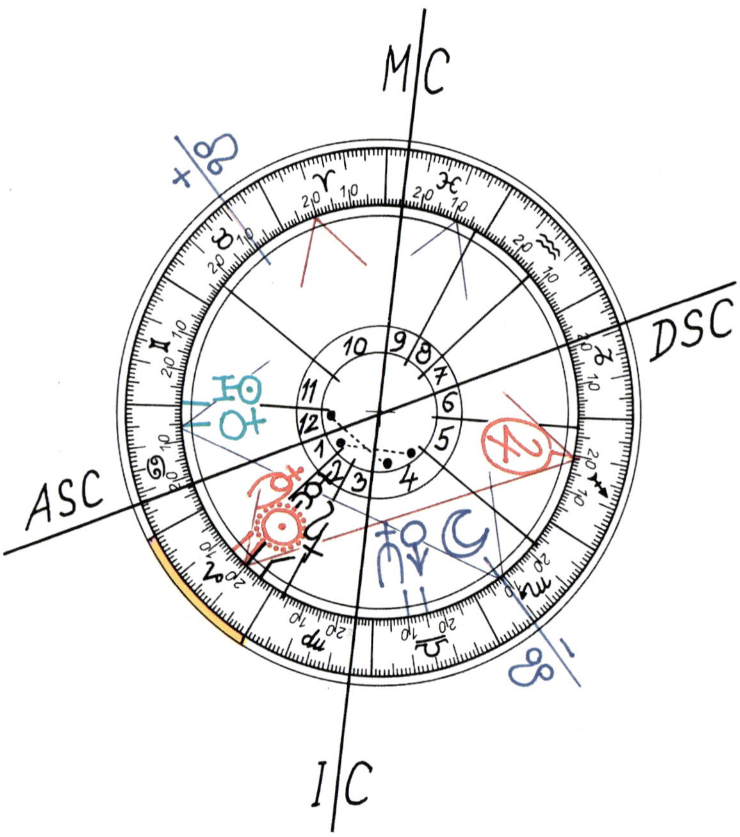

***Das Geburtshoroskop des tschechischen Studenten Jan Palach**, geboren am 11. August 1948 um 3 Uhr 27 Minuten MESZ in Prag; verwendet wurde das System der Koch-Häuser. Uranus als Dispositor des 8. Hauses (des Todes) in Konjunktion mit Venus im Krebs im 12. Haus deutet auf einen Tod in Krankenhausisolation und in der Nähe junger Frauen – von Krankenschwestern – hin. Genauso starb er am dritten Tag nach seiner Selbstverbrennung auf dem Wenzelsplatz in Prag.*

Die prognostische Astrologie

Zu den Hauptmethoden der prognostischen oder Prädiktionsastrologie – der individuellen wie auch der kollektiven, mundanen – gehören:
- Die Methode der solaren Revolution (Solarhoroskop, Solar)
- Die Methode der lunaren Revolution (Lunarhoroskop, Lunar)
- Die Methode der Transite oder Übergänge (Transithoroskop)
- Die Direktionsmethoden (der Primärdirektion oder Progression, Sekundärdirektion, Tertiärdirektion, der symbolischen Direktion, der Profektion).

Für rein mundane Zwecke werden angefertigt:
- Ingressionen oder Quartalshoroskope
- Neu- und Vollmondhoroskope
- Horoskope einer Sonnen- und Mondfinsternis
- Horoskope bedeutsamer planetarischer Konjunktionen oder Oppositionen.

Besondere Horoskoparten sind:
- Stundenhoroskop (Horarhoroskop, Horar)
- Fragehoroskop
- Decumbiturhoroskop (Decumbiturium).

Die komparative Astrologie

Die Methodik der komparativen Astrologie besteht zum einen im Vergleichen von Geburtshoroskopen oder solchen der Entstehung einer Sache (Synastrie) und zum anderen in der Schaffung gemeinsamer synthetischer Vektor- oder Kontakthoroskope.

Die verschiedenen Vergleichsmethoden können sich auf die natürlichen Häuser beziehen oder den Aszendenten als Bezugspunkt haben.

***Das Horoskop der Selbstverbrennung von Jan Palach** am 16. Januar 1969 um 14 Uhr 30 Minuten MEZ in Prag auf dem Wenzelsplatz vor dem Gebäude des Nationalmuseums; die Häuser nach dem Koch-System. Die Sonne am Anfang des 8. Hauses (des Todes) als Dispositor des 3. Hauses deutet auf das Tatmotiv hin: Streben nach klarem Ausdruck, Aufschrei, beredte Mitteilung.*

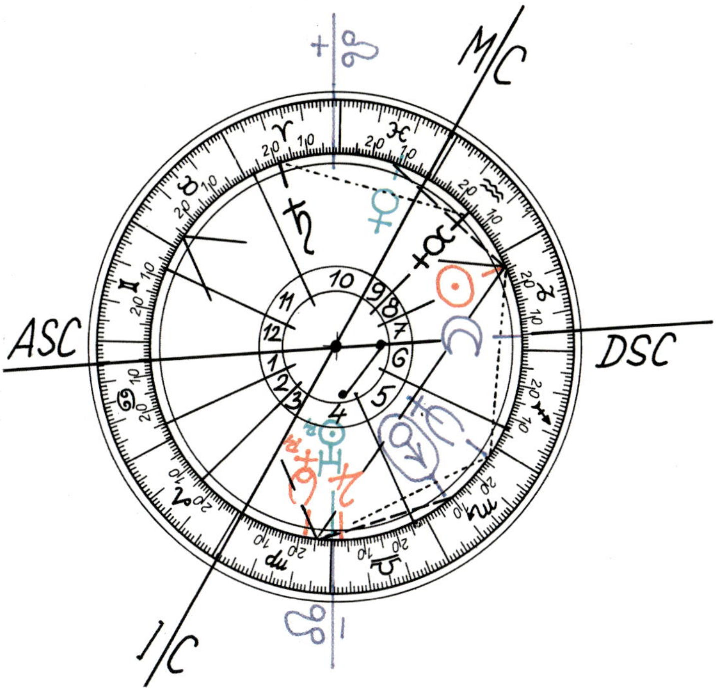

Spezielle astrologische Tätigkeiten

- Korrekturen des Geburtshoroskops
- Rektifikationen der Radix bei einer Übersiedlung ihres Eigners (Relokationen)
- Anfertigung einiger spezieller Horoskoparten.

Die Methoden der Nativitätsastrologie

Der Schlüssel: das Radixhoroskop

Das Radixhoroskop wird für den Zeitpunkt der Geburt und in der mundanen Astrologie für den Augenblick gestellt, in dem über eine Sache entschieden wurde. Es stellt eine Art Matrix dar, die den Typ und die Haupttendenzen der Orientierung des Betreffenden, seine Vorzüge und Mängel einschließlich der Möglichkeiten und Hemmnisse definiert. Das Geburtshoroskop ist eine Art Landkarte mit eingezeichneten Wegen zum Begreifen des Wesens seines Eigners und dessen wahrscheinlichsten Reaktionen.

Prognosen ermöglicht das Radixhoroskop eher allgemeine, zeitlich undefinierte. Das Ziel des Weges ist darin viel deutlicher sichtbar als seine einzelnen Abschnitte und Krümmungen. In den meisten Fällen dient das Radixhoroskop auch als Basis für den Überbau von prognostischen Horoskopen.

Eine Parallele: das Empfängnishoroskop

Ein authentisches Empfängnishoroskop ist in der Astrologie ein großes Problem. Auch wenn wir das Gefühl haben, daß gerade dieses Horoskop wohl der wirkliche Anfang ist, müssen wir uns leider mit der Tatsache abfinden, daß es sich aus Mangel an glaubwürdigen Eingangsdaten eigentlich nie direkt stellen läßt; denn der Zeitpunkt der Empfängnis, der über-

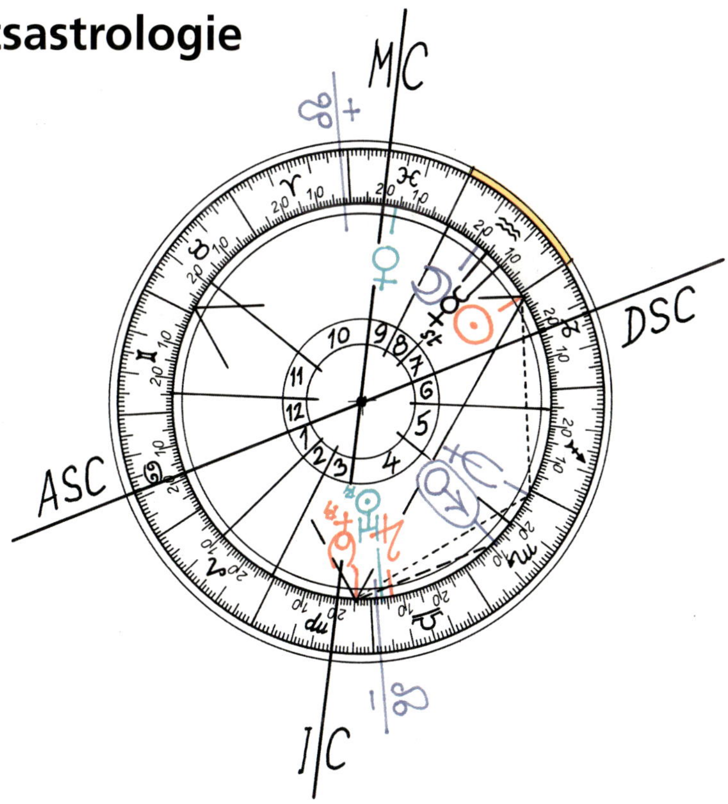

***Das Horoskop des Todes von Jan Palach** am 19. Januar 1969 um 15 Uhr 30 Minuten MEZ in der Abteilung für Verbrennungen des Krankenhauses in der Legerova ulice in Prag. Wie im Horoskop seiner Selbstverbrennung befindet sich auch hier der Dispositor des 3. Hauses, diesmal Merkur, im 8. Haus.*

haupt nicht identisch sein muß mit dem Augenblick des Samenergusses, bleibt uns verborgen. Er ist eines der großen Geheimnisse der Geburt.

Der Astrologie bleibt daher nichts anderes übrig, als zu einer indirekten Methode ihrer Ableitung mit Hilfe einer empirischen Regel Zuflucht zu nehmen, die schon die antike Astrologie kannte und anwandte und für die sich die Bezeichnung »Trutina Hermetis« (Hermes-Waage) eingebürgert hat. Diese Methode, die vor allem als Korrektiv zum Ausgleich der ungenauen Geburtszeit dient, ergibt als Zwischenprodukt ihrer Berechnungen den hypothetischen Zeitpunkt der Empfängnis, da sie auf der empirischen Feststellung beruht, daß es zwischen Empfängnis- und Geburtshoroskop eine wichtige Beziehung gibt, konkret zwischen dem Mond in dem einen Horoskop und der Achse Aszendent – Deszendent in dem anderen und umgekehrt.

Umstritten: Die Trutina-Hermetis-Regel

Die Theorie der Trutina-Hermetis-Regel gehörte und gehört allerdings noch immer zu den heftig diskutierten Fragen der Spezialisten unter den Astrologen, und trotz aller Bemühungen ist es bisher nicht gelungen, die allgemeine und ausnahmslose Gültigkeit dieser Regel zu beweisen. Der Augenblick des ersten Atemzuges des Neugeborenen bleibt also auch weiterhin der einzige sicher feststellbare Beginn eines Lebens.

Dieser Tatsache bewußt, bemühen sich die Astrologen dennoch, durch andere Methoden der pränatalen Horoskopie vor die Geburt vorzudringen. Dabei handelt es sich aber noch um ziemlich vereinzelte Forschungen, so daß an der Möglichkeit einer generellen Verwendbarkeit ihrer Ergebnisse vorläufig wohl zu Recht gezweifelt werden muß.

Die Methoden der prognostischen oder Prädiktionsastrologie

Prognose für ein Jahr: das Solarhoroskop

Das Solarhoroskop ist ein Jahreshoroskop, das eine Vorhersage der wichtigsten Ereignisse im Laufe eines Jahres von einem Geburtstag zum anderen ermöglicht. Das Eingangsdatum ist der Augenblick, in dem die Sonne genau die ekliptikale Länge erreicht, die sie zur Geburtszeit hatte. Die Grundvoraussetzung hierfür ist der genaue Zeitpunkt der Geburt.

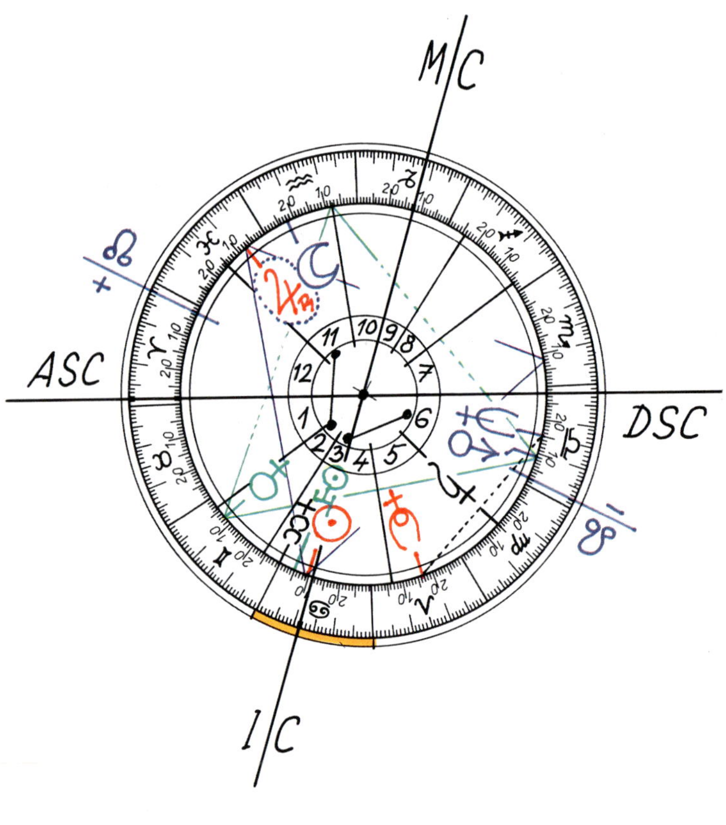

Prognose für einen Monat: das Lunarhoroskop

Zur Präzisierung der Ereignisse in Teilabschnitten des Jahres lassen sich noch Lunarhoroskope mit der Gültigkeit von einem Monat schaffen. Sie werden für die Augenblicke gestellt, in denen während des Jahres der Mond die gleiche ekliptikale Länge hat wie in der Radix.

Solar- und Lunarhoroskope finden auch in der Mundanastrologie Verwendung.

Reale Planetenbewegung zu einem bestimmten Zeitpunkt: die Transite

Die geläufigste, bequemste, schnellste und daher wohl auch am weitesten verbreitete prognostische

Das Geburtshoroskop des tschechischen Studenten Jan Zajíc, *geboren am 3. Juli 1950 um 0 Uhr MEZ (= 0 Uhr 11 Minuten Ortszeit) in Vítkov bei Opava. Die Position des Dispositors des 8. Hauses (des Todes) – Jupiters – in den Fischen und im 11. Haus deutet darauf hin, daß der Tod auf einem öffentlichen und doch etwas versteckten Platz erfolgt. Genauso starb er durch Selbstverbrennung ungefähr fünf Wochen nach Jan Palach.*

Methode in der Horoskopie sind die Transite. Es handelt sich um die Beobachtung der aktuellen Planetenbewegungen und um die Aspekte, die sie nach und nach zu den Radixplaneten bilden.

Im Unterschied zu den Solar- und Lunarhoroskopen, die wie das Radixhoroskop die Gültigkeit der Konstellationen eines bestimmten Augenblicks auf einen längeren Zeitabschnitt erweitern, arbeitet das Transithoroskop mit den realen Bewegungen in der ganzen berücksichtigten Zeit, und der Astrologe definiert so eigentlich die Augenblickswirkungen der Planetengruppierungen.

Die Methode der Transite ist in der individuellen und mundanen Astrologie geläufig.

Fortbewegung durch einzelne Horoskopelemente: die Direktionsmethoden

Am kompliziertesten und mathematisch anspruchsvollsten ist die Direktionsastrologie. Sie geht weder den Weg einer Art nochmaligen Teilaktualisierung der Radix wie die Solar- und Lunarhoroskope, noch verfolgt sie die wirkliche Planetenbewegung wie die Methode der Transite.

Das Wesen der Direktionsastrologie besteht vielmehr darin, daß die immer neuen Positionen der Planeten, die diese durch das Vorrücken von Geburt an einnehmen, und deren dadurch wechselnde Beziehung zueinander unter Verwendung verschiedener Zeitschlüssel interpretiert werden. Beispielsweise: Ein Tag ist ein Jahr. Das Thema, das fünf Tage nach der Geburt auftrat, tritt wieder zum fünften Lebensjahr auf.

Nach dem Charakter und der Art der Verschiebung (Führung) der Horoskopelemente unterscheiden wir zweierlei Direktionsmethoden:

- Astronomische oder progressive Direktionen (Progressionen)
- Symbolische Direktionen.

Die erste Gruppe geht von den realen astronomischen Zyklen aus, die zweite Gruppe ist rein spekulativ.

Die progressiven Direktionen teilt man weiter ein in:

- Primäre, die die Erdrotation als Grundlage haben
- Sekundäre, die auf der Analogie der Rotation der Erde und ihres Umlaufs um die Sonne beruhen
- Tertiäre, die von der Mondbewegung ausgehen.

Ein spezieller Fall der symbolischen Direktionen, bei denen es zu einer fiktiven Verschiebung der Horoskopelemente in der Ekliptik nach einer ganzen Reihe von Zeitschlüsseln kommt, sind die sogenannten Profektionen mit einer konstanten Verschiebung der Elemente um 30° pro Jahr. Dadurch werden Zwölfjahreszyklen geschaffen.

Die Quartalshoroskope

Quartalshoroskope oder Ingressionen werden in der Mundanastrologie für die Zeitpunkte des exakten Eintritts der Sonne in die kardinalen Zeichen angefertigt. Sie werden für die Hauptstadt eines Staates gestellt und signalisieren die wichtigsten Ereignisse während eines astrologischen Quartals.

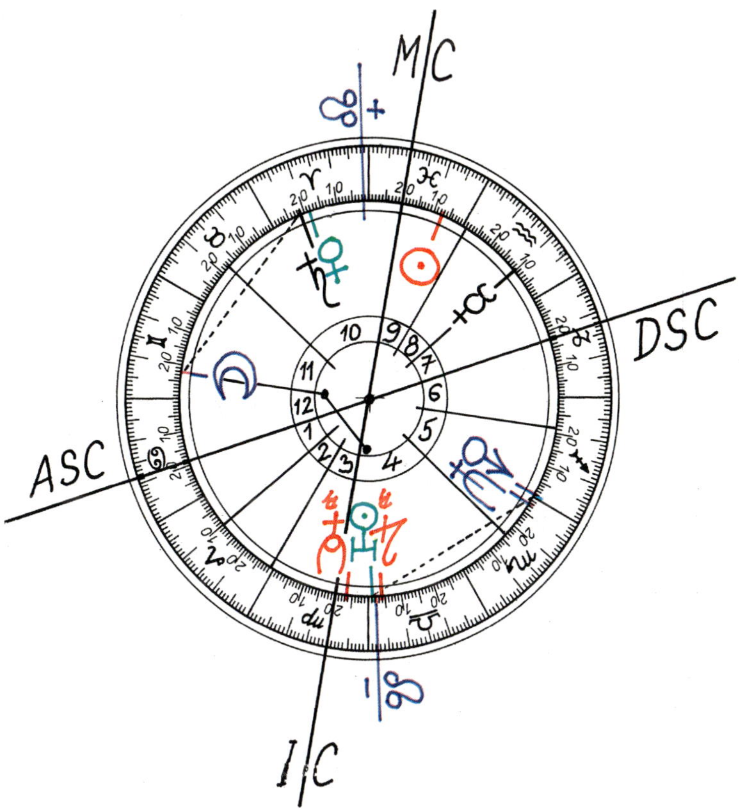

***Das Horoskop des Todes von Jan Zajíc durch Selbstverbrennung**, zu der es am 25. Februar 1969 um 13 Uhr MEZ im hinteren Trakt der Einfahrt des Hauses Nr. 39 am Wenzelsplatz in Prag kam.*
Ähnlich wie im Horoskop des Todes von Jan Palach befindet sich auch hier Merkur als Dispositor des dritten Hauses am Anfang des achten Hauses des Todes, was auf das Motiv der Tat und des Todes hinweist.
In den Horoskopen der Geburt, der Selbstverbrennung und des Todes von Jan Palach und im Horoskop des Todes von Jan Zajíc durch Selbstverbrennung liegt der Aszendent übereinstimmend im Zeichen Krebs, zur Todeszeit beider sogar bei 18° und zur Geburtszeit Jan Palachs nur um 4° mehr. In allen fünf Horoskopen ist das Zeichen Krebs stark akzentuiert, genau wie in einer ganzen Reihe anderer bedeutsamer Ereignisse der tschechischen Geschichte. In allen fünf Horoskopen zeigt sich übereinstimmend auch die Verbindung von Mars und Neptun. Auf höherer Interpretationsebene weist das auf eine geistig motivierte Tat hin und auf der konkreten materiellen Ebene auf Chemikalien (feuergefährliche, ätzende Substanzen). Alle fünf Horoskope sind nicht nur durch die erwähnten Schlüsselbeziehungen bedeutungsmäßig miteinander verknüpft, sondern auch durch viele weitere astrologische Bindungen, was ihre Zusammengehörigkeit durch einen gemeinsamen Nenner des Schicksals beweist.

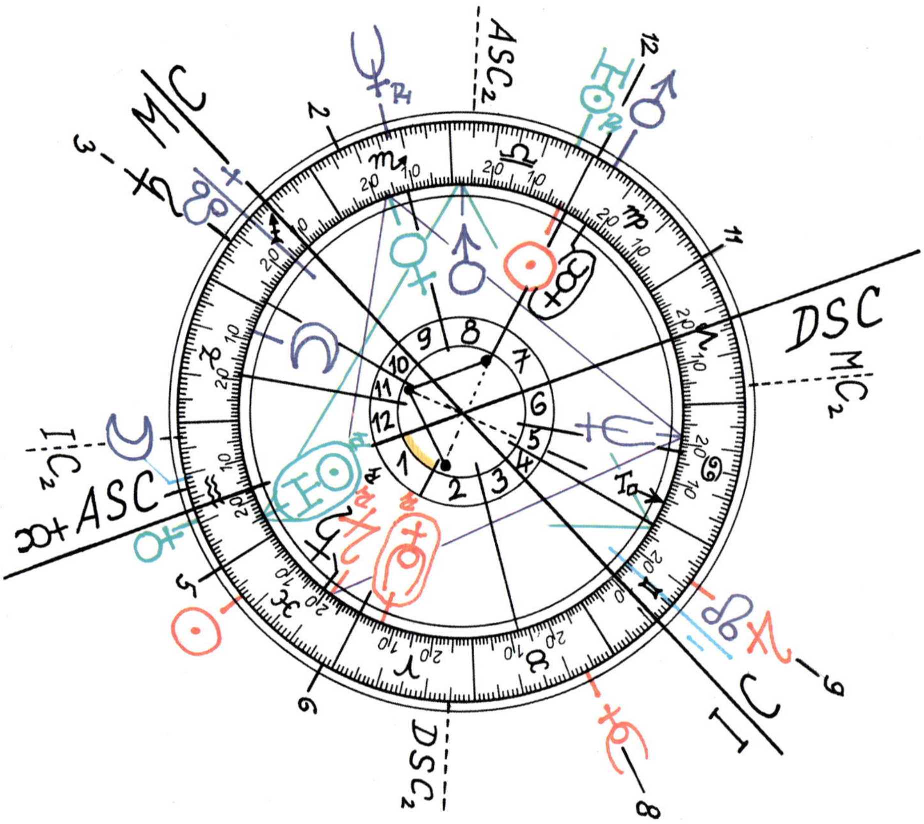

Das Radixhoroskop Wallensteins, *gestellt nach den von Kepler nachträglich korrigierten Angaben und ergänzt durch die drei erst in der Neuzeit entdeckten Planeten. Nativität: 14. September 1583 (Julian. Kalender) um 16 Uhr 36 Minuten 30 Sekunden (rektifizierte Zeitangabe) auf 50° nördlicher geographischer Breite. Auf dem Außenrand sind die Positionen der Planeten zur Todeszeit am 25. Februar 1634 zwischen 21 und 22 Uhr in Eger angegeben. Die Häuser sind nach dem Koch-System konstruiert. Das Geburtshoroskop enthält einige auffällige Elemente, die weder der Herzog selbst noch seine damaligen Astrologen wissen konnten. Von den vier Domizilplaneten wurden Uranus und Pluto erst später entdeckt, wobei gerade sie eine Schlüsselbedeutung für das Begreifen von Wallensteins Schicksal haben. Uranus verrät durch seine Position im Horoskop eine Persönlichkeit mit hochfliegenden Plänen und nicht alltäglichen Konzeptionen, eine oftmals sehr überraschende und außerordentlich stark an der Astrologie orientierte Persönlichkeit, von der der Horoskopeigner ja bekanntlich geradezu existentiell abhängig war. Pluto im 2. Haus signalisiert enorme Initiative in der materiellen Sphäre, die zu gewaltigem Besitz führt. Die Möglichkeit eines gewaltsamen Todes ist im Geburtshoroskop einmal durch Mars im 8. Haus in Rezeption mit Venus im Skorpion angedeutet, die sein Dispositor und Regentin des Todeshauses ist, und zum anderen durch die Position der Sonne in der Spitze des 8. Hauses (des Todes). Als Herrscherin des Deszendenten repräsentiert die Sonne die Gegner, vor allem den Kaiser und König (Ferdinand II.).Die auf dem Außenrand des Horoskops dargestellten tödlichen Transite der Planeten sind vor allem wegen ihrer gegenseitigen Verknüpfung bemerkenswert: Zum Zeitpunkt der Ermordung in Eger transitierte der Geburtsregent – Uranus – die Konjunktion durch die Sonne in der Spitze des 8. Hauses (des Todes). Andererseits trat die Herrscherin dieses Hauses und Dispositor der Sonne – die Venus – mit Uranus im 1. Haus (dem Haus der Persönlichkeit) des Geburtshoroskops gerade in Konjunktion. Gleichzeitig ging der Signifikator des Todeshauses – die Sonne – durch. Sein zweiter Signifikator – Mars – überschritt gerade die Konjunktion durch den dritten Domizilplaneten der Radix – Merkur – als Regent und gleichzeitig Signifikator des 7. Hauses der Gegner. Zum Zeitpunkt der Ermordung näherte sich der transitierende Merkur gemeinsam mit dem Mond dem Ende des 12. Hauses – des Feldes der Beschränkungen, Hemmnisse, Anschläge und geheimen Verschwörungen. Seine zwei Herrscher – Saturn und Uranus – ließen im Transit mit den anderen Planeten (vor allem Mars) die Möglichkeit der Durchführung der Mordaktion zu. Saturn und Jupiter transitierten in gegenseitiger Opposition die Quadratur durch ihre Positionen in der Radix und gleichzeitig durch Merkur, wodurch in den Haupthäusern des Horoskops ein Kreuz entstand. Auch Pluto war in Quadratur mit der Position des Uranus in der Radix, und weitere Quadraturen ergaben sich zwischen den transitierenden Neptun, Merkur und Mond sowie zwischen Mars und Saturn. Bildlich gesproche, »konspirierten« zum Zeitpunkt der Tragödie von Eger die Planeten in bezug auf Wallensteins Horoskop tatsächlich in unerhörter Weise, jeder spielte in diesem Totentanz seine genau umrissene astrologische Rolle, keiner blieb in einer Position außerhalb des Spiels.*

Horoskope für rein mundane Zwecke

Außer Ingressionen verwendet die mundane prognostische Astrologie noch einige andere Horoskope. Zu ihnen gehören vor allem:

- Neumondhoroskope (einen Monat gültig)
- Vollmondhoroskope (einen Monat gültig)
- Horoskope einer Sonnen- und Mondfinsternis
- Horoskope der Zeitpunkte bedeutsamer planetarischer Konjunktionen oder Oppositionen, ggf. auch seltener Bedeckungen.

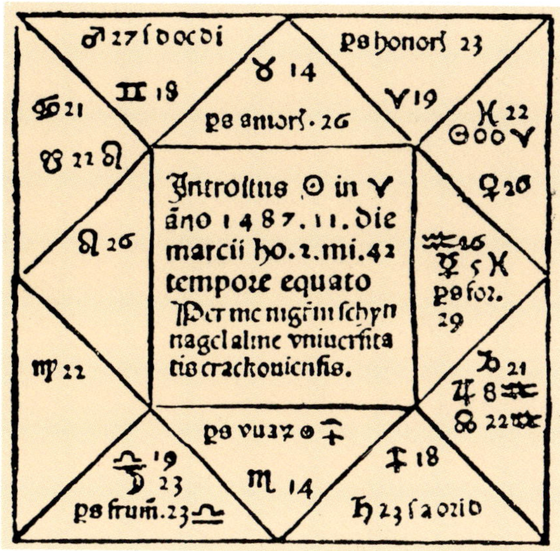

Die Frühlingsingression des Jahres 1487, gestellt nach dem Eintritt der Sonne in das Widderzeichen. Aus dem lateinischen »Almanach des Markus Schynnagel«, Magister der Universität in Krakau. Gedruckt von Erhart Ratdolt 1487 in Augsburg.

Es handelt sich hier um ein heute schon klassisches Beispiel für die Gültigkeit der Astrologie in einem bedeutsamen konkreten Fall.

Die Gültigkeitsdauer solcher speziellen Horoskope ist nicht einheitlich, und aus älteren Zeiten haben sich für ihre Festlegung nur empirische Regeln erhalten.

Besondere Horoskoparten

Ein besonderer Zweig der prognostischen Astrologie ist die Stunden- und Frageastrologie.

Das Stundenhoroskop betrifft ein Ereignis, das an einem bestimmten Ort bereits stattgefunden hat, und sagt über seine möglichen Folgen aus.

Das Fragehoroskop wird für den Ort angefertigt, an dem sich der Astrologe befindet, und für den

PROGNOSTICON ASTROLOGICVM
Auff die vier fürnemsten Reuolutiones vnd andere Zuneigung der Planeten des Jars nach der Geburt vnd Gnadenreichen Menschwerdung vnsers einigen Fürbitters vnd Seligmachers Jhesu Christi / 1563.
Quid vetat è cœlo secreta referre futura,
Si modò sint causis consona quæq; suis.

NEC VIS HERCVLEA FATVM EVITABIT ACERBVM.
Durch M. Victorinum Schönfelt Budissinum / jtziger zeit verordneten Physicum vnd Mathematicum der Fürstlichen vnd löblichen Hohenschul zu Marpurg / im land zu Hessen / gestellet.

Astrologische Prognose der möglichen Folgen von zwei Sonnenfinsternissen und einer Mondfinsternis im Jahre 1563. In Verbindung mit der erwarteten Konjunktion Jupiters mit Saturn im Zeichen Krebs wurden damals Krieg, Naturkatastrophen und zahlreiche Todesfälle vorausgesagt.

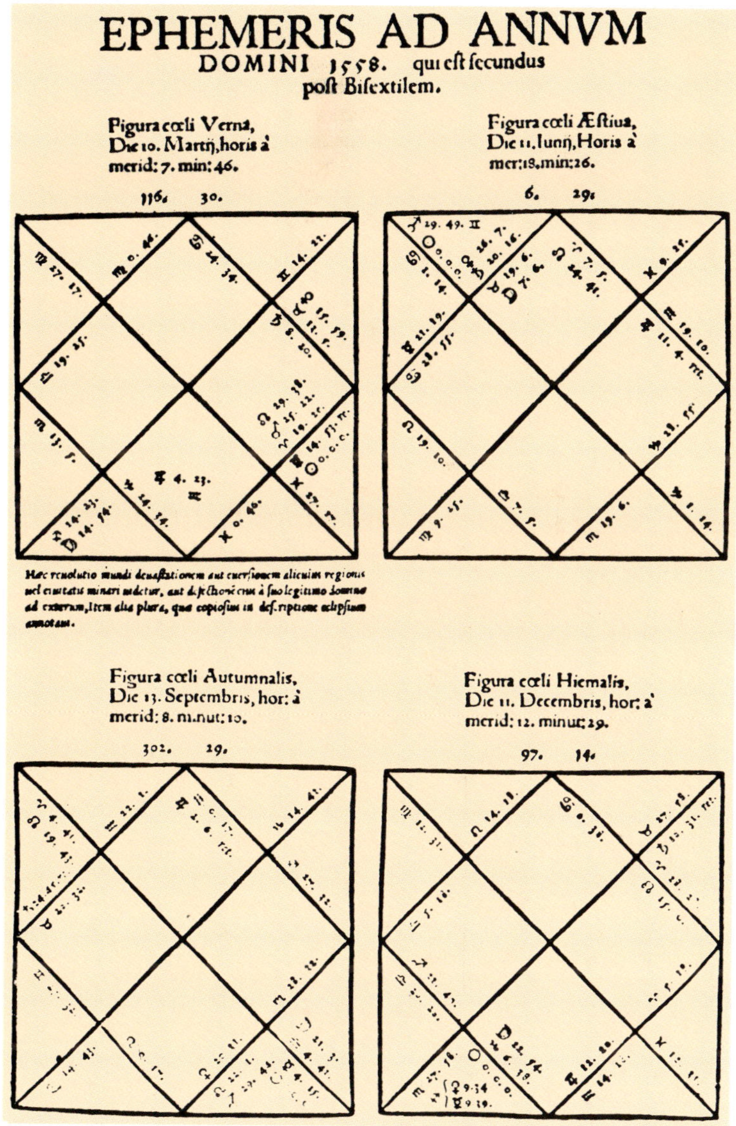

Vier mundane Vierteljahresingressionen für 1558 aus den Ephemeriden von Cyprián Lvovický ze Lvovic, die 1557 erschienen.

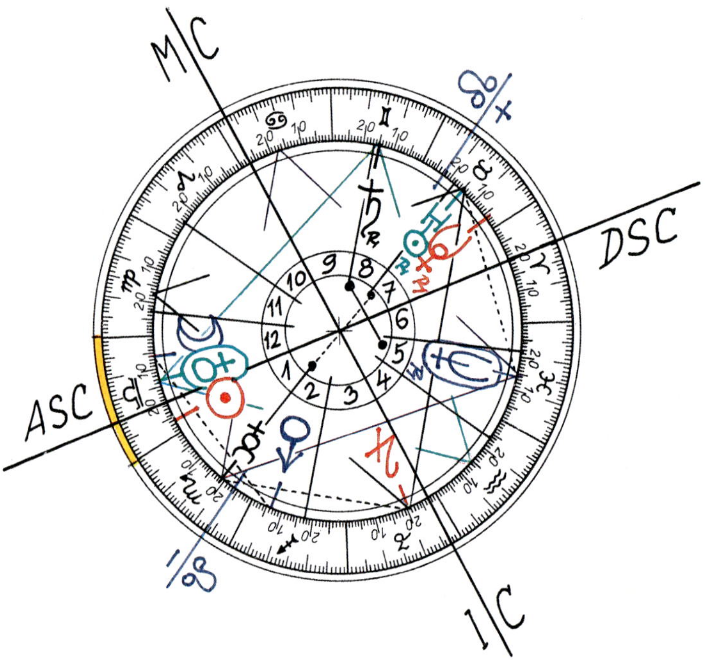

Zeitpunkt, an dem die Frage gestellt wurde, die ein erst zu erwartendes Ereignis betrifft, oder für den Zeitpunkt, an dem der Astrologe sie erfahren hat – wenn er selbst der Fragesteller ist, dann für den Zeitpunkt, zu dem sie erstmals aufgetaucht ist.

Ein spezieller Fall der Stundenastrologie ist das Decumbiturhoroskop (Decumbiturium), das für den Beginn der Bettlägrigkeit des Patienten gestellt wird und den weiteren wahrscheinlichen Verlauf seiner Krankheit offenbart.

Die Wahl des geeigneten Zeitpunkts für die Verwirklichung eines geplanten Vorhabens und gleichzeitig die Aussonderung der ungeeigneten Termine aufgrund der Horoskopanalyse heißt Elektion.

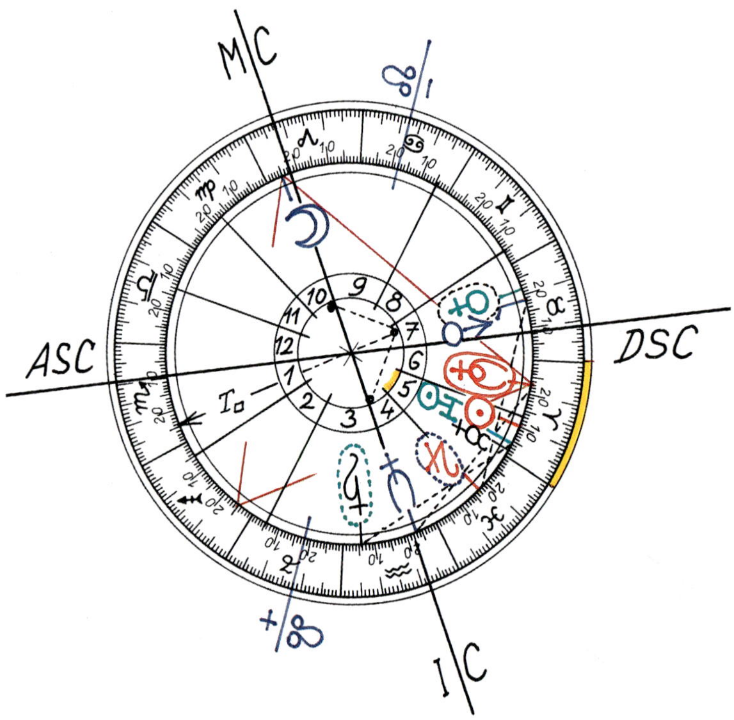

Die zwei bekannten französischen, »verfemten Dichter« Arthur Rimbaud, geboren am 20. Oktober 1854 um 6 Uhr in Charleville, und Paul Verlaine, geboren am 30. März 1844 um 21 Uhr in Metz. Beide Horoskope enthalten Häuser nach dem Koch-System. In charakteristischer Weise wird die akzentuierte Waage bei Rimbaud im Osten durch ein akzentuiertes Widderzeichen bei Verlaine im Westen ergänzt. Während bei Rimbaud die Venus im Luftzeichen Waage im Domizil ist (literarische Inspiration), ist sie es bei Verlaine im Erdzeichen Stier (Realität, Sinnlichkeit). Und während der jüngere Rimbaud die Poesie bald aufgab und sich Unternehmungen mit Aufenthalten im Ausland widmete, an deren Folgen er schließlich starb (T-Quadrat mit Einmündung in die Jungfrau im 11. Haus und Mars im Schützen im 2. Haus), blieb der ältere Verlaine seinem literarischen Suchen in Paris treu.

Die Methoden der komparativen Astrologie

Wenn die Frage auf ein Problem abzielt, an dem mehrere physische oder juristische Personen beteiligt sein sollen, kommt die komparative Astrologie ins Spiel:

• Entweder werden die Radixhoroskope durch Synastrie einfach miteinander verglichen oder Zusammengehörigkeiten gesucht.

• Oder es wird ein neues, synthetisches Vektorhoroskop (Kontakthoroskop durch Verknüpfung der Horoskope der beteiligten Partner erarbeitet.

Die neuen Positionen seiner Elemente werden als das arithmetische Mittel aus den Positionen der ursprünglichen Horoskope errechnet. Dieses Horoskop

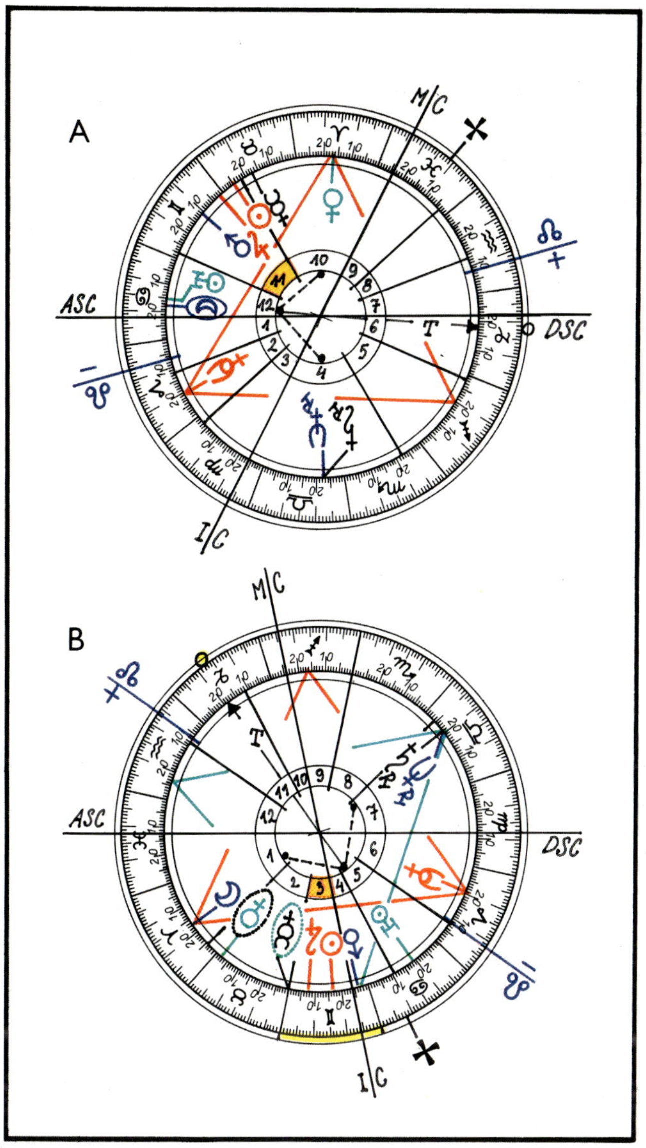

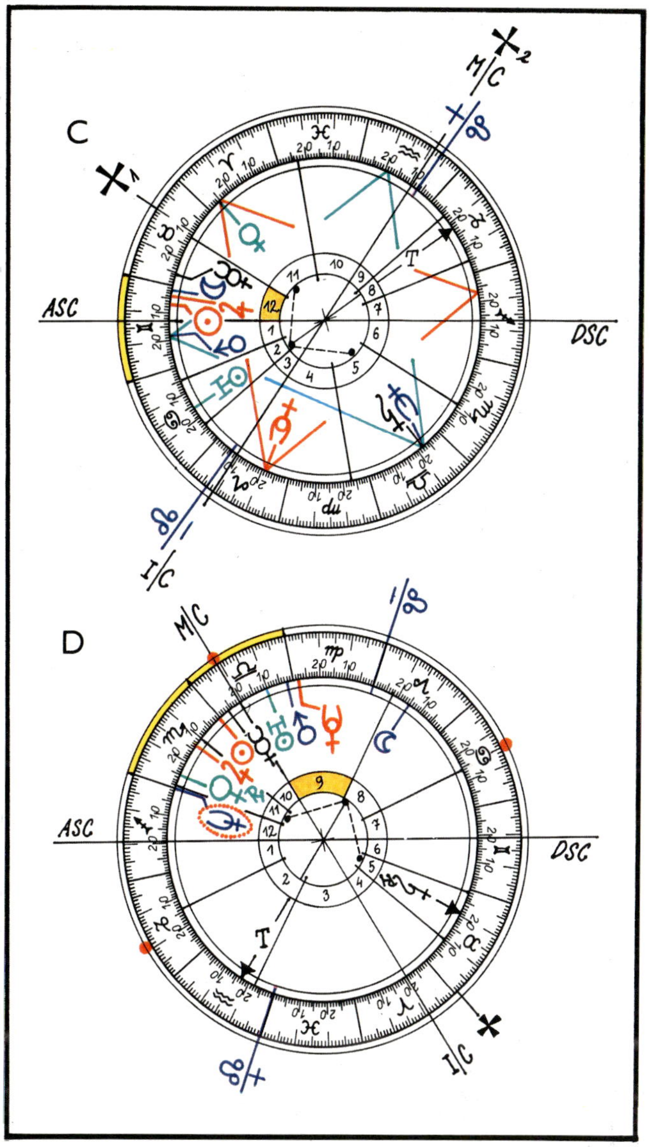

Eine traurige Aufgabe der praktischen komparativen Horoskopie *war die nachträgliche astrologische Erläuterung des Falles von zwei 17jährigen Jugendlichen, die 1970 auf dem Bürgersteig einer kleineren Stadt in Nordböhmen gleichzeitig von einem Auto getötet wurden. Alle vier Horoskope wurden anhand genauer Angaben der Verwandten nach dem Koch-System der Häuser ausgearbeitet. A = Radix des ersten und B = Radix des zweiten Jugendlichen, C = synthetisches Horoskop der beiden (Kompositum), D = Horoskop des gewaltsamen Todes beider beim Zusammenstoß mit dem Lastwagen. Das fast unglaubliche und auf den ersten Blick scheinbar zufällige Ereignis erwies sich nach der Horoskopanalyse als für beide Beteiligten zutiefst schicksalhaft. Dem Radixhoroskop beider Jungen, die nur drei Wochen nacheinander geboren sind, ist ein ausgeprägtes T-Quadrat gemeinsam, gebildet von Saturn, Neptun, Uranus, Mond und Venus im ersten Fall (A) sowie von Saturn, Neptun, Uranus und Mond im zweiten (B). Die gleiche Konstellation taucht im gemeinsamen Horoskop (C) auf, wo sie im 8. Haus (des Todes) bei 18° Steinbock mündet. Interessant ist übrigens, daß gerade dieser Grad durch die Sonne in dem Augenblick aspektiert wurde, als der Astrologe, in dessen eigener Radix die Spitze des 12. Hauses ein Geheimnis bedeutet sich mit dem Fall zu beschäftigen begann. Der Mond in Konjunktion mit Uranus in der Radix A, in Quadratur mit Uranus in der Radix B, in Semiquadratur mit Uranus im Horoskop C und in Sextil mit Uranus im Horoskop D zeigt, daß der Schlüssel zur Erklärung dieser wirklichen Tragödie in astrologischen Zusammenhängen verborgen sein könnte: Der Todespunkt im Geburtshoroskop des ersten Jungen (A) ist in exakter Konjunktion mit dem Aszendenten des zweiten (B). Der Todespunkt des Transithoroskops des Augenblicks des Überfahrenwerdens (D) befindet sich in Konjunktion mit Venus, die in der zweiten Radix (B) Regentin des Todeshauses ist. Im gemeinsamen kompositen Horoskop (C) sind außer dem erwähnten T-Quadrat mit Einmündung ins 8. Haus auch die Positionen der beiden alternativen sensitiven Todespunkte bezeichnend: Der erste (mit einem Kreuz und 1 bezeichnet), in halber Winkelentfernung der Todespunkte in beiden Geburtshoroskopen, liegt in der Spitze eines extrem besetzten 12. Hauses, was das erste Signal für die Möglichkeit eines heimtückischen Todes der beiden ist. Der zweite Punkt (mit einem Kreuz und 2 bezeichnet), gefunden durch normale traditionelle Berechnung aus den Längen von Mars, Saturn und Aszendent direkt im Horoskop C, liegt im Medium coeli (MC) im Zeichen Wassermann, was für die beiden auf einen Tod auf öffentlichem Gelände hindeutet. In der Radix A befindet sich der Planet der unerwarteten Überraschungen – Uranus – der Regent des Todeshauses ist, in Konjunktion mit dem Domizilmond im Krebs, dem Herrscher des*

12. Hauses der Anschläge und des 1. Hauses. Diese Konfiguration ist durch ein T-Quadrat auf der einen Seite mit der Konjunktion von Saturn mit Neptun verbunden (wobei der erste Planet Regent des Todeshauses ist) und auf der anderen mit Venus, ihrem gemeinsamen Dispositor. Diese Konstellation der fünf Plane- ten weist auf etwas recht schwer zu Begreifendes in Verbindung mit dem Tod hin. Die Quadratur von Mars gegenüber dem Todespunkt im Horoskop A spricht außerdem von der Wahrscheinlichkeit eines gewaltsamen Todes. In der Radix B ist die Domizilvenus direkt die erste Regentin des Todeshauses. In Semiquadratur mit der Sonne in einem übermäßig besetzten Zeichen Zwillinge im 3. Haus deutet sie auf einen Zusammenhang des Todes mit einem kurzen Weg hin, einem Gang, ja einem Gehsteig. Der zweite Herrscher des Todeshauses – Mars – im Imum coeli zeigt ein gewaltsames Lebensende auf einem Weg in der Nähe der Wohnung an. Sein Dispositor – Domizil Merkur in der Spitze des 3. Hauses in den Zwillingen – präzisiert den Tod als den eines Fußgängers im Verkehrsbereich, auf einem kurzen Weg, auf der Straße bzw. direkt auf dem Bürgersteig. Die Semiquadratur von Merkur mit Uranus kündet außerdem von einem absolut unerwarteten Tod, von einer Überraschung, Überrumpelung. Im Transithoroskop der Tragödie (D) ist die Spitze des To-deshauses in Konjunktion mit der Position von Uranus im gemeinsamen Horoskop (C), wo dieser immer überraschende und deviante Planet gleichzeitig die Rolle des Regenten des Wegziels oder des Hauses der Verwirklichung (10) spielt, sowie die des Dispositors des Todespunktes 2 und gleichzeitig des Regenten des Todeshauses, zu dem er außerdem in Opposition steht. Das Medium coeli des Transithoroskops (D) ist in exakter Konjunktion mit der Konjunktion Saturn – Neptun in beiden Geburtshoroskopen (A und B) und im gemeinsamen Horoskop (C). Der Mond – Herrscher des 8. Hauses des tödlichen Transits (D) – befindet sich in diesem Hause im T-Quadrat zu beiden Regenten sowohl des 1. Hauses, das das Wesen der Situation repräsentiert, als auch des 3. Hauses der kurzen Wege. Die erläuterten astrologischen Grundbeziehungen zwischen den vier untersuchten Horoskopen könnte man noch durch eine Reihe weniger auffallender, jedoch keineswegs unerheblicher Konfigurationen ergänzen, die mithelfen könnten, die Struktur der Ursachen für dieses Ereignis noch besser zu erkennen.

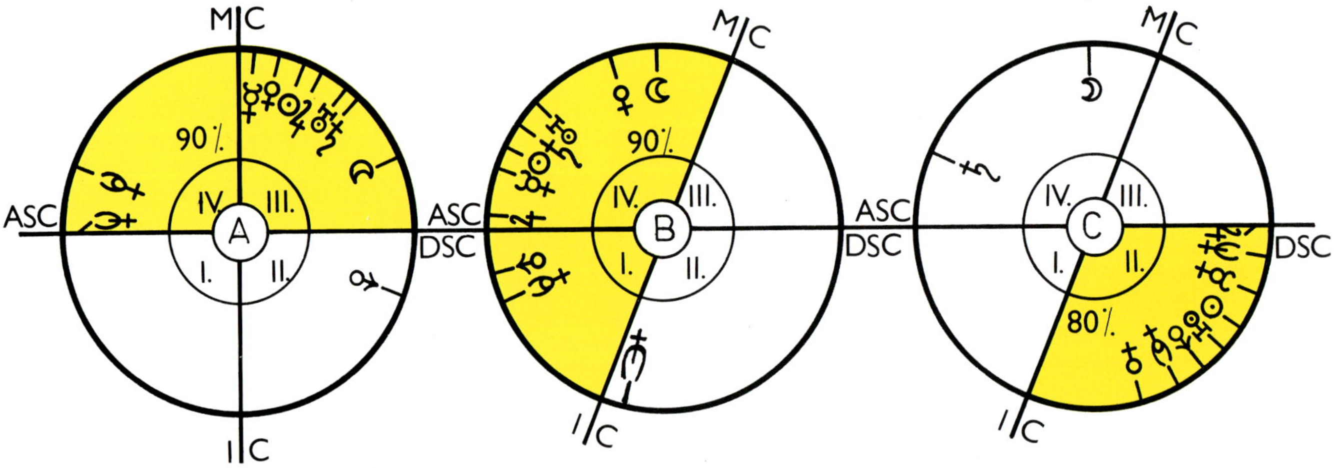

Dieses Beispiel aus der komparativen Horoskopie schildert gleichzeitig eine kleine menschliche Geschichte:
Den gemeinsamen ehelichen Beziehungen (A = Radix des Mannes, B = Radix der Frau) fehlte immer etwas Wesentliches, was auch aus dem Vergleich beider Horoskope ersichtlich ist. Die Ehe festigte sich, doch die Eskapaden des Mannes hörten erst nach der lange erwarteten Geburt der ersten Tochter auf. Wie man sieht, schuf erst ihre Radix (C) das entsprechende Gegengewicht zu den Horoskopen A und B, wo sie den fast unbesetzten zweiten Quadranten wesentlich ergänzte. Interessant ist weiterhin, daß die zweite Tochter die Planeten im Geburtshoroskop schon gleichmäßig verteilt hatte, was die gewonnene Stabilität der bisherigen dreigliedrigen Familie noch mehr stärkte.

repräsentiert dann das Partnerpaar oder die Personengruppe als Ganzes, wobei bei seiner Interpretation stets daran gedacht werden muß, daß es sich um ein künstliches Horoskop handelt. Daher kann es darin ausnahmsweise auch zu paradoxen Konstellationen kommen, z. B. zu einer Opposition der Sonne zu Merkur oder zu Venus und dergleichen.

Korrekturen und Rektifikationen des Horoskops (Relokationen)

Zu den unangenehmen Seiten der Nativitätsastrologie gehörte schon immer die Notwendigkeit, sich mit mehr oder minder ungenauen Zeitangaben der Geburt herumzuschlagen. Deshalb suchte man nach Methoden, um diese Eingangsdaten nachträglich zu präzisieren.

Empirisch wurden nach und nach Korrektionsmethoden entwickelt, von denen heute mindestens zwölf bekannt sind. Sie lassen sich grob in vier Gruppen einteilen.

- Die älteste und am meisten anerkannte Methode ist die schon erwähnte Trutina Hermetis, deren Wesen auf angenommenen astrologischen Beziehungen zwischen Geburts- und Empfängniszeit beruht.
- Eine zweite Methode nutzt die Kenntnis des Zeitpunkts bedeutsamer Lebensereignisse, die schon stattgefunden haben. Mit ihrer Hilfe sucht der Astrologe unter Verwendung einiger prognostischer Methoden – meist Direktionen oder Transite – die Geburtszeit nachträglich zu präzisieren.
- Die dritte Methode bedient sich zur genaueren Bestimmung dieser Angaben typologischer Merkmale.
- Die vierte und bisher letzte Methode deutet einige experimentelle Korrektionsmethoden an, bei denen sich öfter wiederholende innere Beziehungen zwischen den Horoskopelementen genutzt werden und bei denen man erwartet, daß eine der Musterkonstellationen dieses Typs auch im präzisierten Horoskop vorhanden sein könnte.

Eine Relokation genannte Rektifikation des Horoskops erfolgt bei einer Übersiedlung des Horoskopeigners vom Geburtsort, wobei die geographischen Koordinaten seiner neuen Wirkungsstätte in die Berechnung einbezogen werden. Das Radixhoroskop verliert dadurch jedoch nicht seine Gültigkeit und ist neben dem rektifizierten Horoskop auch weiterhin in Betracht zu ziehen.

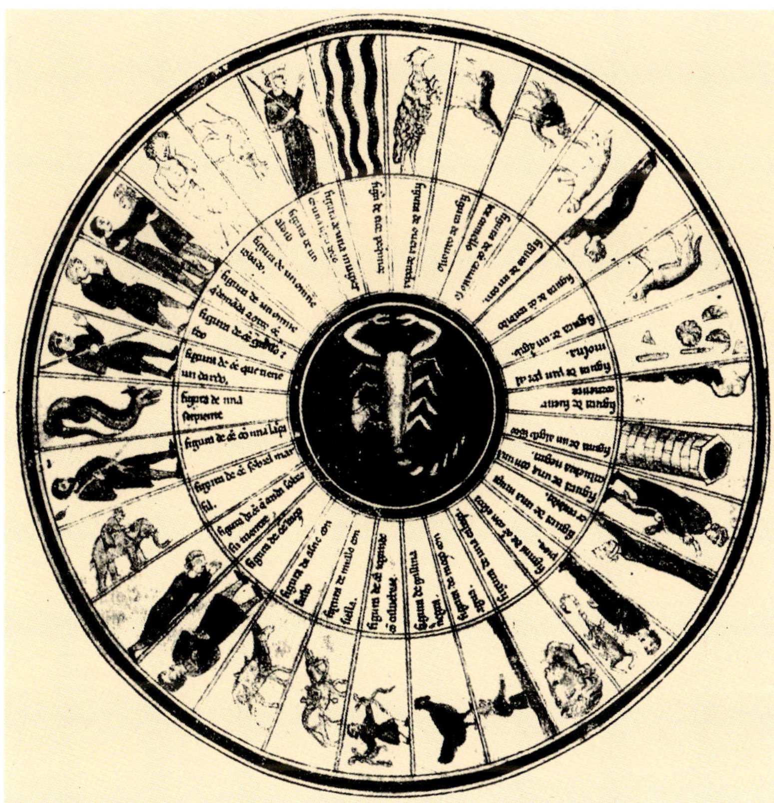

Monomörien des Zeichens Skorpion. 30 1°-Abschnitte mit selbständigen astrologischen Inhalten (»Codex Vat. Reg.«, 1283).

Astrologische Spezialitäten

Monomörien

Die logische Folge der Einteilung des Tierkreises in Zeichen und Dekane war schließlich auch die Auffassung jedes einzelnen Grades als einer abgeschlossenen Einheit mit ausgeprägter Divinationsbedeutung.

Schicksalhafte Tierkreisgrade

Jeder Grad des Tierkreises offenbart also eine Teilformel des Schicksals. Diese astrologische Ansicht läßt sich schon im Altertum belegen, z. B. im achten Buch »Matheseos« von Firmicus Maternus oder in dem Teukros zugeschriebenen Traktat »Sphaera barbarica«, das die nichtgriechische Astrologie zusammenfaßt. Die »Sphaera barbarica« enthält 360 Prophezeiungssprüche für jeden Tierkreisgrad. In speziellen Verfahren einer detaillierteren Unterteilung des Tierkreises und seiner Zeichen schwelgt bis heute vor allem die indische Astrologie. In Europa beschäftigten sich mit Monomörien im 17. Jahrhundert in England insbesondere John Gadbury und Robert Fludd.

Die Thematik der Monomörien – symbolischer Bilder der einzelnen Tierkreisgrade – ist in der neuesten Welle der Astrologie Ende des 19. und im 20. Jahrhundert wieder ausgesprochen lebendig geworden, diesmal bei den Astrologen in Verbindung mit Hellsehern und Theosophen. Eine Zusammenstellung von 360 Bildern, die der englische Hellseher Charubel (mit bürgerlichem Namen John Thomas) für die einzelnen Grade des Tierkreises offenbarte, veröffentlichte 1898 der englische Astrologe Allan Leo (eigentlich William Frederic Allan).

Die Entstehung des Systems der Sabiansymbole

Damals, 1898, war der Schöpfer einer neuen Monomörienliste, der Amerikaner Marc Edmund Jones, erst zehn Jahre alt. Sehr populär wurde sein System der »Sabiansymbole« im heutigen Amerika vor allem durch Dane Rudhyars Buch »Astrologische Mandala« (ein Zyklus von Transformationen und seiner 360 symbolischen Phasen), in dem der Autor das ganze System philosophisch begründete. Wie er vermerkt, kam es 1925 im weitläufigen Zentralpark von San Diego in Kalifornien zur Entstehung der Sabiansymbole in Zusammenarbeit zwischen Marc Edmund Jones und der hervorragenden Hellseherin Elsie Wheeler, die Rudhyar 1936 dann selber in San Diego aufsuchte, um sich davon zu überzeugen, daß sie ein ausgezeichnetes Medium und imstande war, Symbole zu »sehen«.

Dane Rudhyar beschreibt die Umstände der Entstehung der Sabiansymbole folgendermaßen: 1925 fuhr Marc Edmund Jones eines Tages Miss Wheeler mit seinem Auto in den Park von San Diego und hielt an einem stillen Plätzchen an. Er hatte ein Päckchen mit 360 Karten bei sich, die alle leer waren bis auf ein kleines, kaum wahrnehmbares Zeichen oben rechts – die Kennzeichnung des Zodiakalzeichengrades.

Jones begann nun, die Karten gründlich zu mischen, und mischte sie auch während des ganzen Experiments immer wieder. Dann nahm er wahllos eine Karte, ohne auf die Kennzeichnung zu schauen, so daß weder er noch Miss Wheeler wußten, um welchen Grad es sich handelte, und forderte sie auf zu sagen, was sie sah. Rasch beschrieb sie das, und Jones schrieb es auf.

Diese Notizen sind in seinem Buch genau wiedergegeben. Rudhyar selbst sah das Originalpäckchen dieser Karten noch 1936, als er am Kapitel über die Sabiansymbole des Tierkreises für sein Buch »Astrologie der Persönlichkeit« schrieb.

Neuere Monomörienlisten

Die Sabiansymbole waren durchaus nicht der einzige Versuch, Bilder für die einzelnen Tierkreisgrade zur Zukunftsdeutung in der Astrologie zu verwenden. Schon 1920 veröffentlichte in Deutschland der Astrologe Rudolf von Sebottendorf das Buch »Die Symbole des Tierkreises« mit dem Untertitel »Die Symbolik jedes einzelnen Grades auf der Grundlage alter Quellen«. Der Autor geht dabei von der anonymen Schrift »Lapis philosophorum« aus dem Jahre 1752 und anderen Quellen aus. Für wichtig hält er die Grade besonders dann, wenn ein Aszendent auf sie fällt.

Eine andere Monomörienliste stellte der Präsident der Astrological Society, Nicholas de Vore, in seiner 1947 in New York erschienenen astrologischen Enzyklopädie vor. Eine weitere erschien unter der Bezeichnung »La Volasfera« und enthält gewisse Schlüsselwörter für die einzelnen Tierkreisgrade.

Die Chronokratoren und Zyklen des menschlichen Lebens

Wenn wir auf der einen Seite die Tierkreiszeichen, die Dekane und Monomörien kennen, sind die andere Seite dieser Medaille die Chronokratoren – die Gestirnregenten der Zeitabschnitte, und zwar deshalb, weil die Zeitabschnitte in der Regel mit Ekliptik, Äquator und Horizont verbunden sind, jenen drei Hauptebenen, die die Himmelssphäre kreuzen. Die Chronokratoren verraten die qualitative Auffassung der Zeit.

Wenn beispielsweise die Sonne Herrscherin (Regentin) des Löwezeichens, d. h. auf dem Ekliptiksektor zwischen 120° und 150° ist, fällt diese Herrschaft im Sonnenkalender auf den Zeitabschnitt zwischen dem 22. Juli und 23. August (im Gregorianischen Kalender): Die Sonne ist dann auf der nördlichen Erdhalbkugel Königin des Sommers.

Planeten als Herrscher über die Lebenszeit

Auf die gleiche Weise ordnete man die Planeten den Kalendertagen der Siebentagewoche als Tagesregenten oder -herrscher und den einzelnen Jahren als Jahresregenten zu, und nach diesem Prinzip wurden auch sogenannte Planetenstunden und Tattvas geschaffen. Immer ging es um das eine Prinzip, die konstanten und sich immer wiederholenden Zeitabschnitte mit den gleichen Symbolen zu kennzeichnen.

Dieses Bestreben zeigte sich im antiken Mittelmeerraum ebenso wie im Orient und bei den Indianern Amerikas in präkolumbianischer Zeit. Das Symbol für den Zeitabschnitt charakterisierte diesen und hatte folglich prophetische Bedeutung. Nicht jede Zeit – ganz gleich, ob Stunde, Tag, Woche, Monat, Jahr oder viele Jahre – eignet sich freilich für eine beliebige Tätigkeit, und diesen Schlüsselgedanken hat wohl niemand suggestiver ausgedrückt als das alttestamentarische Buch Kohelet in allgemeiner und der griechische Dichter Hesiod in konkreter Hinsicht.

Von den Kalenderregenten war es dann nur noch ein Schritt zu der Vorstellung, auch das menschliche Leben sei in Abschnitte unterteilt, die der Herrschaft einzelner Planeten unterliegen. Dieser Gedanke ist keineswegs neu, wir kennen ihn schon aus der Antike, und seitdem ist er oft aktualisiert worden. Die Darstellung des menschlichen Lebens hing bis zu einem gewissen Grade von der Vorstellung seiner durchschnittlichen Länge ab, und darin trat sicherlich auch eine Zahlensymbolik zutage, ohne die in älteren Zeiten fast nichts lief. So entstanden zwei Hauptzyklen – ein Sieben- und ein Zehnjahreszyklus – und außer ihnen noch einige andere.

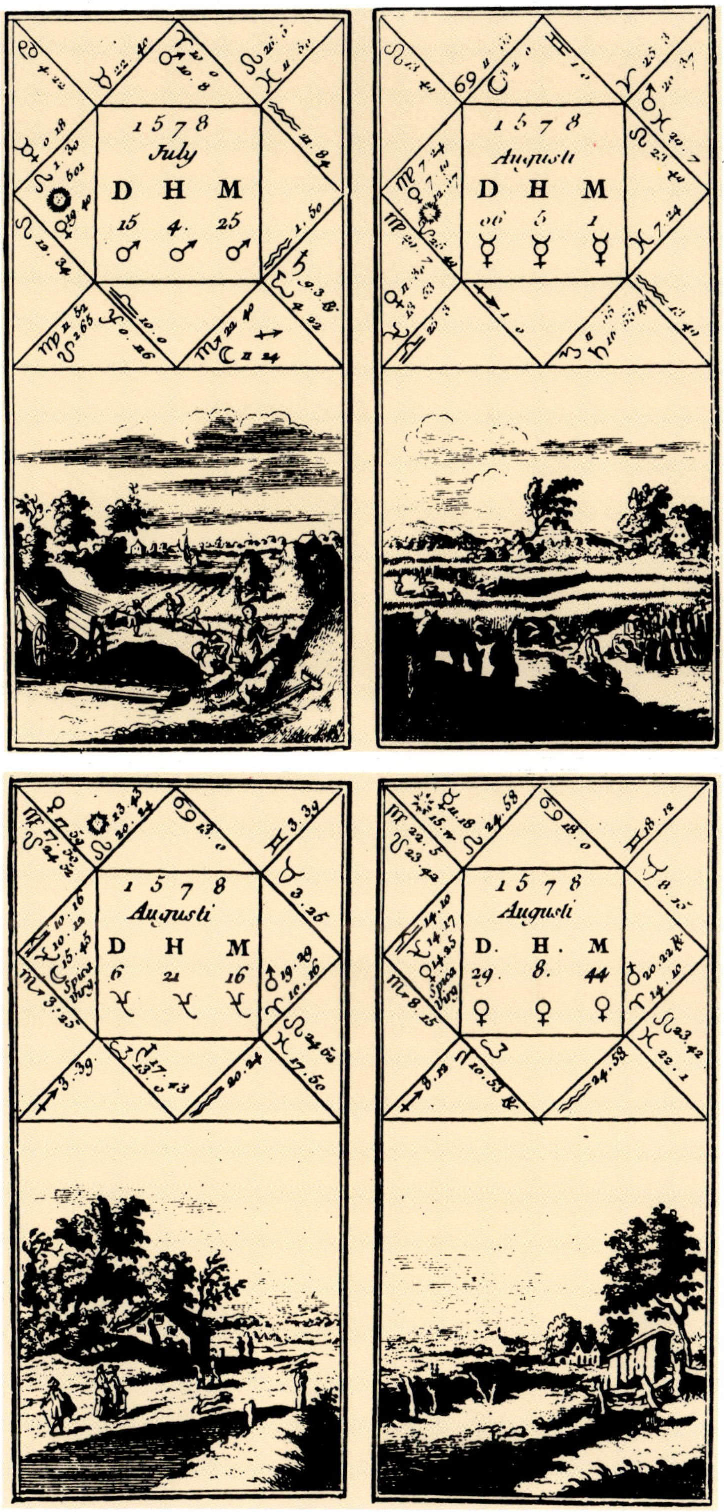

An der Serie dieser vier stilisierten Horoskope von Juli und August 1578 ist das theoretische Bemühen des Astrologen zu bemerken, die Außerordentlichkeit jener Augenblicke hervorzuheben, in denen Wochentag, Planetenstunde und -minute vom gleichen Planeten als Chronokrator beherrscht werden.

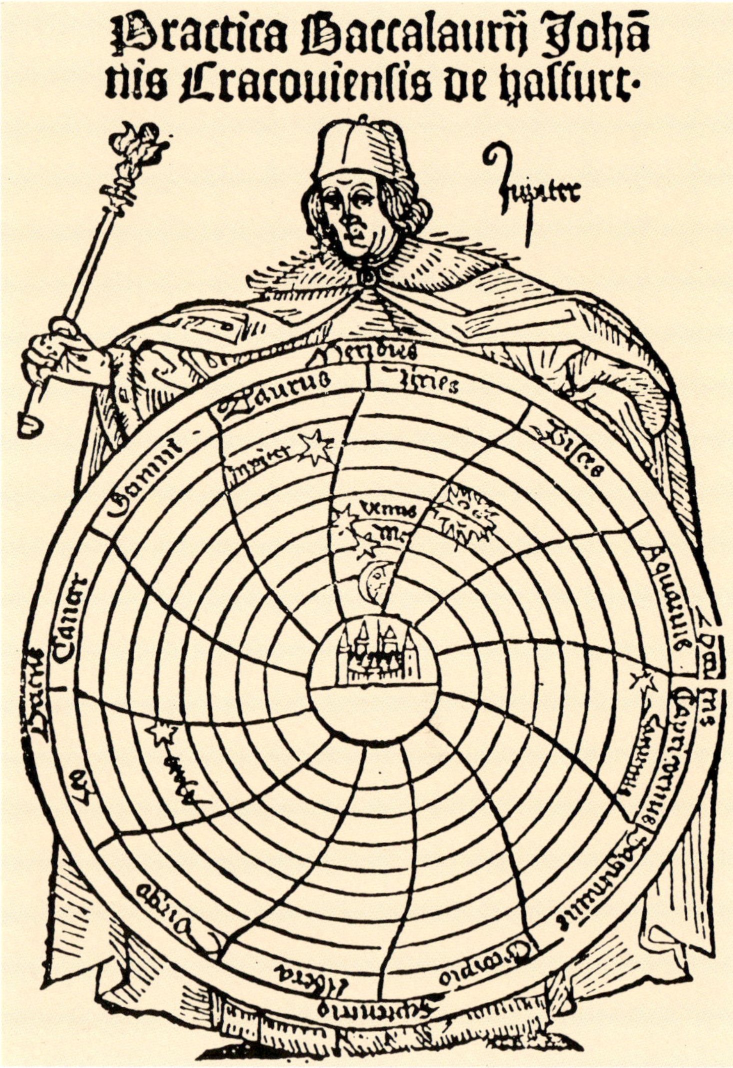

Jupiter als Jahresregent auf dem Holzstich der Titelseite der »Deutschen Practica« von Johannes Virdung von Hassfurt für das Jahr 1491.

Der Siebenjahreszyklus

Die Siebenjahreszyklen hingen mit der »magischen« Sieben , dem jüdischen Kalender, der Anzahl der Wochentage und der Zahl der damals bekannten Planeten zusammen.

Die Berechnungen Rankows

Das »Regiment der Gesundheit« (Regimen sanitatis salernitatum) – das Werk »des wackeren Ritters, Statthalters des dänischen Königs und von Kaiser und König Rudolf II. sehr geschätzten« Henrych Rankow, lateinisch Rantzovius genannt – befaßt sich ebenfalls mit dieser Problematik. In der tschechischen Edition Veleslavín erschien dieses Gesundheitsbuch im Jahre 1786 in der Übersetzung von Adam Huber aus Riesenbach.

Im Kapitel XXXV (»Über die fortschreitenden oder schicksalhaften Jahre«) definiert es die zyklischen Schicksalsjahre des menschlichen Lebens als Vielfaches von sieben (des Schicksals Jahre siebenerlei – *climacterici*) und von neun (des Schicksals Jahre neunerlei – *enneatici*). Die erste Reihe beendet es mit dem 98. und die zweite mit dem 99. Jahr.

Zu den Siebenjahreszyklen gibt es eine astronomische Erläuterung: »Dessen Ursache ist, daß immer in sieben Jahren die Ordnung aller Planeten zum Saturn zurückkehret, welcher uns gewöhnlich zuwider ist, und der Hungerjahr-Saturnus selbst, der Verderber und Meuchler der Menschen, gelangt *ad quadratum* seiner Positio, was widrig ist der Natur dieses Zeichens, aus welchem er zuerst getreten ist.«

Die interessante digitale Übereinstimmung von synodischem Mondzyklus (29,5 Tage) und Umlaufzeit des Saturns (29,5 Jahre) stand sicherlich hinter den damaligen astronomisch-astrologischen Überlegungen, und das ist auch absolut verständlich, denn das Prinzip der Analogie war einer der dominierenden Grundsätze jeglicher Betrachtungen der Naturphilosophie, Astromedizin usw.

Und so fährt Rankow in seiner Interpretation in gleichem Geiste fort: »Von daher kommt, daß im siebten Jahre den Kindern die Zähne ausfallen und andere wiederum nachwachsen. Im 14. Jahre sprießt ihnen ein Milchbart. Und wenn sich derselbe Tag von sieben Jahren erfüllt, das heißt siebenmal sieben Jahre, nämlich das 49. Jahr, tritt beim Menschen zur Reife schon der Verstand, so daß er bedächtig ist und reifen und vollendeten Alters. Wenn er dann zu zehnmal sieben gelangt, das ist zum 70. Jahre, hat er sein Lebensziel schon erreicht, und der Tod ist nicht weit.«

Der Zehnjahreszyklus

Hier sind wir nun bei der Entstehung des zweiten, des Zehnjahreszyklus des menschlichen Lebens; denn das 70. Leben setzt sich aus sieben Zyklen zu je zehn Jahren zusammen, und jeder Zyklus wird von einem der sieben Planeten der alten Astrologie regiert.

Das »Zeitrad« von Gracián y Morales'

Der berühmte spanische Schriftsteller des 17. Jahrhunderts, Baltasar Gracián y Morales, spricht in seinem philosophisch-allegorischen Roman »El criticón« auch von einem »Zeitrad« und führt diese Zehnjahreszyklen des Menschen und ihre Planetencharakteristika an. Wie bei den Siebenjahreszyklen herrschen auch hier Planetenchronokratoren über die einzelnen Zyklen in der Aufeinanderfolge ihrer Reihung in den Sphären des geozentrischen Systems: Mond – Merkur – Venus – Sonne – Mars – Jupiter – Saturn.

Jeder ist Patron eines Jahrzehnts des menschlichen Lebens und setzt darin seine astrologischen Merkmale durch: »Wenn das Saturndezennium endet, übernimmt erneut der Mond die Herrschaft, und der niedergeschlagene und erschlaffte Mensch ist wieder wie ein Kind und wie ein kleiner Affe. Und so endet die Zeit des Menschen im Kreise und beißt wie die Schlange in ihr Ende; so ist das Rad eine sinnreiche Hieroglyphe des menschlichen Lebens.«

Die Planetenkorrekturen Schopenhauers

Etwa zwei Jahrhunderte später belebte die Theorie der zehnjährigen Lebensperioden der deutsche Philosoph Arthur Schopenhauer (1788–1860) in den Anmerkungen zu seiner »Lebensweisheit« wieder: »In den Planeten ist wohl nicht der Lebenslauf der Individuen vorherbestimmt, wie die Astrologie angenommen hat. Trotzdem hängt das Leben des Menschen in gewisser Weise mit den Planeten zusammen, und einem bestimmten Alter entspricht auch ein bestimmter Himmelskörper oder Planet, und zwar in genauer Aufeinanderfolge.«

Die in der Astrologie übliche Aufeinanderfolge korrigiert Schopenhauer jedoch etwas. Nun, er lebte schon in einer anderen Epoche als beispielweise Gracián – in einer Zeit, als die Astrologie in ihre neue Phase, die moderne, eintrat. Und so ließ er in seiner Betrachtung nicht nur Mond und Sonne aus (offenbar in dem Bestreben, die Planetenreihe von den »Lichtern« und damit auch von der geozentrischen Auffassung zu »reinigen«) und setzte an die leere Stelle nach der Sonne vier Asteroiden (Planetoiden), sondern verlängerte auch die Reihe hinter Saturn um Uranus und Neptun – zwei weitere Planeten, die zu seinen Lebzeiten entdeckt wurden; Pluto war damals noch nicht bekannt.

Schopenhauers Überlegungen sind inspirativ; seien wir also noch konsequenter als er, und führen wir die Restitution in vollem Umfange durch. Geben wir der Planetenreihe die Würde der geozentrischen Auffassung zurück, die für die Astrologie unerläßlich ist, und mit ihr auch Sonne und Mond. Die Asteroiden lassen wir weg, da mit ihnen nur einige Extremisten der modernen Horoskopie gearbeitet haben, und fügen am Ende Pluto ein, den Schopenhauer ja noch nicht kennen konnte.

So erhalten wir eine neue astrologische Planetenreihe mit zehn Gliedern: Mond – Merkur – Venus – Sonne – Mars – Jupiter – Saturn – Uranus – Neptun – Pluto. Nicht mehr und nicht weniger. Wenn jeder ein Jahrzehnt des Lebens beherrscht, reichen ohne Wiederholung Zyklen bis zu 100 Jahren aus. In jedem Zehnjahresteilabschnitt sind dann die Planeten in der gleichen Reihenfolge auch die Regenten jedes einzelnen Jahres. Wir erhalten so ein »hundertjähriges zyklisches Planetensystem«. Wenn wir es in einer »solaren« Art und Weise verwenden, d. h. für die Jahre von einem Geburtstag zum anderen, wird es uns bei einer Retrospektive des Lebens und auf perspektivischer Ebene viele interessante Erlebnisse bieten.

Rückkehr zum Siebenjahreszyklus in der Moderne

Die moderne Literatur kommt auf die siebenjährigen Lebensperioden zurück. Der tschechische Schriftsteller Jirí Mahen führt dieses Thema im 18. Kapitel seines »surrealistischen« Romans »Das allerbeste Abenteuer« aus: »Etwas sehr Wichtiges an der Theorie der sieben Jahre ist gewiß. Die Wissenschaftler behaupten, der Mensch lebe in dem Zeitraum, den ihm vielleicht seine Eltern und Vorfahren festgelegt haben. Der Mensch passe sich angeblich seelisch und körperlich vor allem an jene Vorfahren an, die in regelmäßigen Abständen von sieben Jahren zu ihm stehen. Der Mensch könne nicht nur seinem Vater oder seiner Mutter ähnlich sein, sondern übernehme sehr oft den ‚Rhythmus' des Lebens seines Großvaters mütterlicherseits und werde im Leben von seinem Urbild abhängig, ohne es zu wissen.« (Das weiß ich sehr

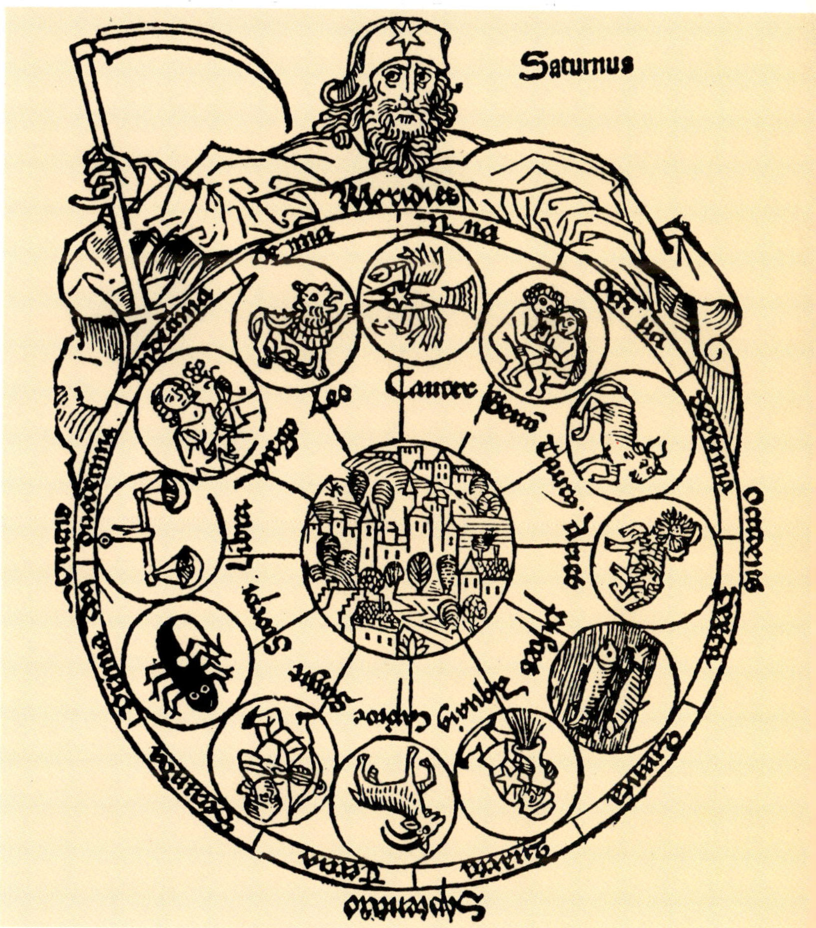

Auf dem Titelblatt dieser »Deutschen Practica« des Johannes Virdung von Hassfurt umarmt der Jahresregent Saturn den Tierkreis.

Der Zug der sieben babylonischen Planetengötter auf einem Relief aus Maltaj (nach A. E. Thierens, 1935).

gut, weil es absolut mit den Prinzipien der horoskopischen Determination übereinstimmt: Der Großvater mütterlicherseits ist nämlich im 1. Haus jedes individuellen Horoskops versteckt.) Mahen fährt in seinen Betrachtungen fort. Er spricht von der Bionomie, die sich mit der Berechnung der Perioden im menschlichen Leben befaßt, von den kritischen Jahren, die ein Vielfaches von sieben sind, vom Wechsel günstiger und ungünstiger Perioden, schwarzer und weißer Tage mit periodischen Anfällen und Affekten, bis es schließlich zu 23- bis 28tägigen Biorhythmen kommt. »Neben den Tagesperioden gibt es freilich auch Jahresperioden. Die Menschen werden nahe an ihrem Geburtstag oder an dem von Leuten, die ihnen am teuersten, nächsten sind, von tödlichen Krankheiten befallen. Und schließlich, weil Tag und Jahr Funktionen der Erde sind, hängt der Mensch und jede lebende Substanz von der Erdbewegung ab...«

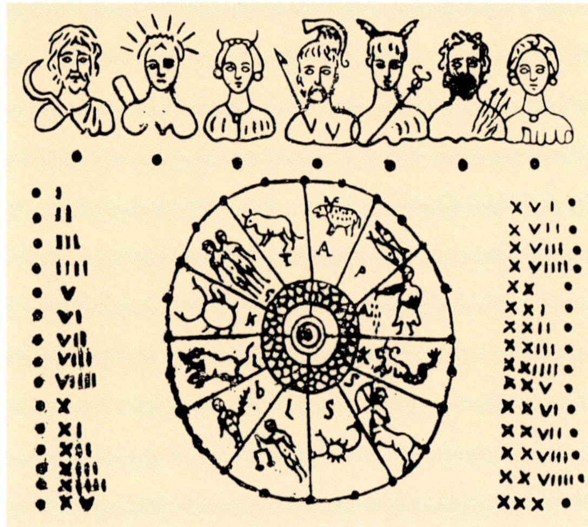

Römischer, auf einer Steinplatte eingeritzter Stiftkalender. In der Mitte der Tierkreis, an den Seiten 30 Tage in römischen Ziffern, oben die sieben Planeten – Regenten der einzelnen Wochentage, von links: Saturn, Sonne, Mond, Mars, Merkur, Jupiter, Venus. Das Datum wurde mit drei Stiften gekennzeichnet für denMonat, den Tag im Monat und den Wochentag (Museum Würzburg).

Die sieben Planeten der alten Astrologie als Regenten der sieben Wochentage (»Calender of Shepherdes«, London 1503).

Heptagramm mit den Planetenherrschern der Siebentagewoche.

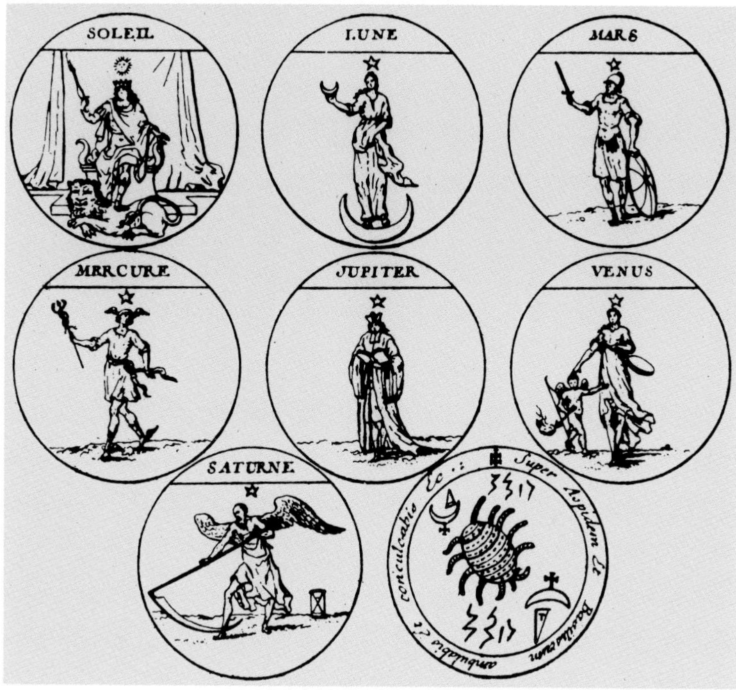

Astrologische Talismane für die sieben Tage der Woche mit Darstellungen ihrer Planetenherrscher (»Secrets merveilleux de la magie naturelle et cabalistique du Petit Albert«, Köln 1722).

Ein Planetenrad als beliebtes Thema der mittelalterlichen Volksastrologie. Holzschnitt aus der 1490 in Leipzig herausgegebenen Schrift »Ludicium lipense« von Václav Fabri z Budějovic. Die Planeten erscheinen in der Reihenfolge der Planetenherrscher oder der Planetenstunden. Auf dem Bild regiert Mars gerade die Stunde.

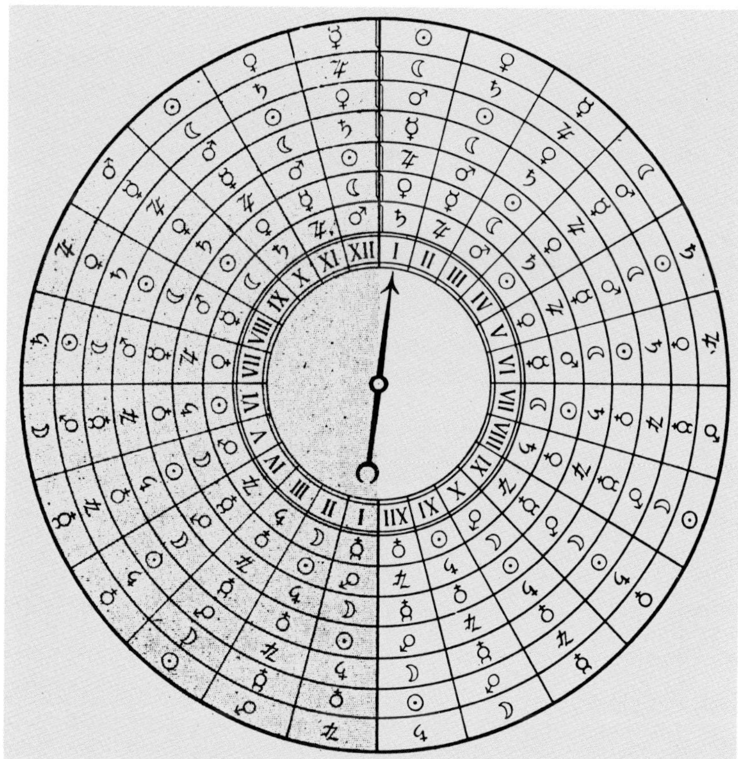

Scheibe der Planetenstunden im Laufe einer Woche am Tage (rechts) und in der Nacht (links). Die Tage gehen vom äußeren Ring (Sonntag) zur Mitte zu (siebter Ring – Samstag). Die Planetenherrscher der einzelnen Stunden des hellen Tages und der Nacht folgen einander in den Ringen in Uhrzeigerrichtung (nach A. Bouché-Leclercq, 1899).

Die Tagesregenten

Die Reihenfolge der Tagesregenten entstand in der Antike aus der sogenannten chaldäischen Reihe der Planeten, d.h. aus ihrer Aufeinanderfolge in den geozentrischen Sphären von dem am weitesten entfernten Saturn bis zum Mond. Wenn sie sich in regelmäßigen Intervallen kreisförmig dislozieren, ergibt sich die Reihenfolge der Tagesregenten nacheinander an den Eckpunkten eines Heptagramms (eines in einem Zug gezeichneten siebenzackigen Sterns), angefangen mit der Sonne (Sonntag).

Die Jahresregenten

Auch der Regent (Planetenherrscher) des Jahres wiederholt sich in der Astrologie in einem Siebenjahreszyklus in der Aufeinanderfolge der chaldäischen Planetenreihe. Regent eines konkreten Kalenderjahres ist der Planet, dessen Ordnungszahl in der chaldäischen Reihe dem Rest nach Teilung der Jahreszahl durch sieben entspricht. So ergibt beispielsweise 1492, das Jahr der Entdeckung Amerikas, geteilt durch sieben, den Rest eins, was dem Saturn entspricht, wie auch ein zeitgenössischer Holzschnitt zeigt.

Die Planetenstunden

Nicht nur Jahre und Tage hatten ihre Chronokratoren (Planetenherrscher oder Regenten), sondern auch jede Tages- und Nachtstunde. Der Sonnentag war vom Aufgang bis zum Untergang der Sonne – und ebenso die Nacht – in zwölf sogenannte Planetenstunden aufgeteilt, die im Rahmen der ganzen Woche nacheinander der Herrschaft der sieben Planetenchronokratoren untergeordnet waren (daher der Name).

Ihre Reihenfolge respektiert wiederum die Ordnung der chaldäischen Reihe, und zwar angefangen mit Samstag, dessen erste Stunde nach Sonnenaufgang von Saturn, dessen zweite von Jupiter usw. regiert wird, bis schließlich die letzte Nachtstunde am Freitag unter der Herrschaft des Mondes steht. Dann wiederholt sich der ganze Zyklus.

Einer Stunde, die mit dem Tagesregenten identisch ist, kam dabei seit der Verwendung der chaldäischen Reihe immer schon besondere Bedeutung zu.

Die kabbalistische Astrologie (Onomantik)

Der kabbalistische Baum des Lebens bringt die Beziehungen zwischen Astrologie und Kabbala zum Ausdruck. Die Abbildung steht dem Planetenbaum der Alchimisten nahe (Ricius: »Portae Lucis«, 1516).

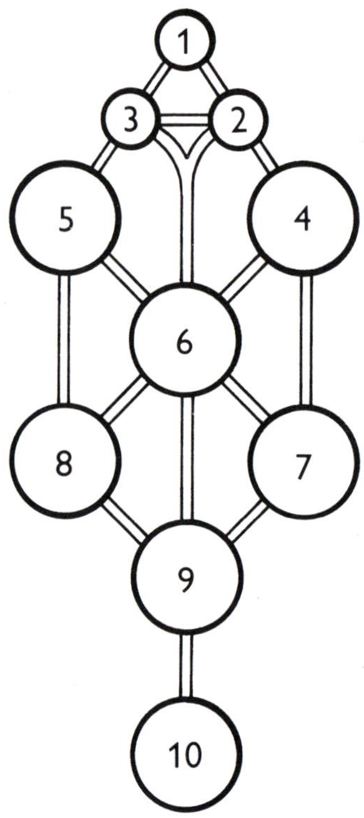

Der Baum des Lebens = kabbalistisches Zahlenschema: 1 = Primum mobile, 2 = Tierkreis, 3 = Saturn, 4 = Jupiter, 5 = Mars, 6 = Sonne, 7 = Venus, 8 = Merkur, 9 = Mond, 10 = Erde.

Die kabbalistische Astrologie ist ein Zweig, der mit der echten Horoskopie eigentlich nichts gemein hat; sie ist selbständig, verwendet statt der üblichen Horoskopberechnungen numerologische Operationen, und die Schemata, die sie zeichnet und zur Divination verwendet, ähneln Horoskopen nur scheinbar.

Es kommen zwar auch hier Planeten, Tierkreis und Dekane vor, jedoch nicht im astronomischen, sondern nur symbolischen Sinne. Alles entsteht auf der Grundlage von Zahlenkodes des Namens und Geburtsdatums.

Es handelt sich um eine Disziplin, die ein englischer Orientalist, Okkultist und Astrologe, der unter dem Pseudonym »Sepharial« schrieb (eigentlich Walter R. Gornold), auf der Grundlage alter hebräischer kabbalistischer Methoden in der modernen Zeit wiederbelebt und deren Prinzipien er zusammengefaßt hat. Sein Buch trägt den bezeichnenden Titel »Ihr Glück in Ihrem Namen« oder »Die kabbalistische Astrologie«.

Ich glaube nicht, daß es hier notwendig ist, die Problematik der kabbalistischen Astrologie darzustellen, denn sie liegt außerhalb der Horoskopie, um die es uns in diesem Buch vor allem geht.

Die nodale Astrologie

Die nodalen Längen

Neben den üblichen vernalen Horoskopen, die sich auf den Frühlingspunkt stützen, stellen die nodalen Horoskope, die auf der Grundlage des aufsteigenden Mondknotens (Nodus) gestellt werden, eine spezifische Extravaganz der modernen westlichen und orientalischen Astrologie dar. Die Längen aller Elemente des nodalen Horoskops werden vom Mondknoten aus berechnet, so daß es zwischen den normalen ekliptikalen Längen und den Längen im nodalen Horoskop die mathematische Beziehung gibt: nodale Länge des Elements = seine ekliptikale Länge + 360° – ekliptikale Länge des aufsteigenden Mondknotens.

Die Auswirkungen auf die Transite

Mit dem Mondknoten beginnt nicht nur das System der nodalen Längen, sondern auch der nodale Tierkreis. Die nodalen Längen werden im 360°-Maß angegeben, und als Basis wird der (in Ephemeriden aufgeführte) »mittlere« Knoten genommen, nicht der »tatsächliche«, auf die veränderliche Mondgeschwindigkeit bezogene.

Nach Maurice H. Froger, der sich in einer Studie von 1960 mit der nodalen Astrologie beschäftigte, äußert sich das nodale Horoskop vor allem bei den Transiten bedeutungsvoll: Dadurch, daß die Knoten der Mondbahn ständig in relativ schneller rückläufiger Bewegung sind, erhält die nodale Radix mit der Zeit absolut ungewöhnliche Transite, die allgemein viel ausgeprägter und unabhängig von den parallelen Transiten im vernalen astrologischen System sind.

Andere Einflußbereiche

Die nodale Astrologie ist nur eine weitere Abkehr von der Vorstellung des Wirkens der Fixsterne durch den Tierkreis. Sie unterstützt eher die Ansicht, daß es Einflußbereiche geben kann, die nicht auf dem Wirken der Fixsterne beruhen, sondern vom natürlichen Charakter der Ebenen abgeleitet sind, auf denen sie sich befinden.

Sie ist z. B. der siderischen (sideralen) Astrologie entgegengesetzt, die keine astrologische Spezialität darstellt, sondern ein prinzipielles Problem in Verbindung mit der Präzession des Frühlingspunktes und ihrer Auswirkungen auf die Astrologie. Das ist ein Schlüsselthema und so gewichtig, daß ihm in diesem Buch ein eigenes Kapitel eingeräumt wird.

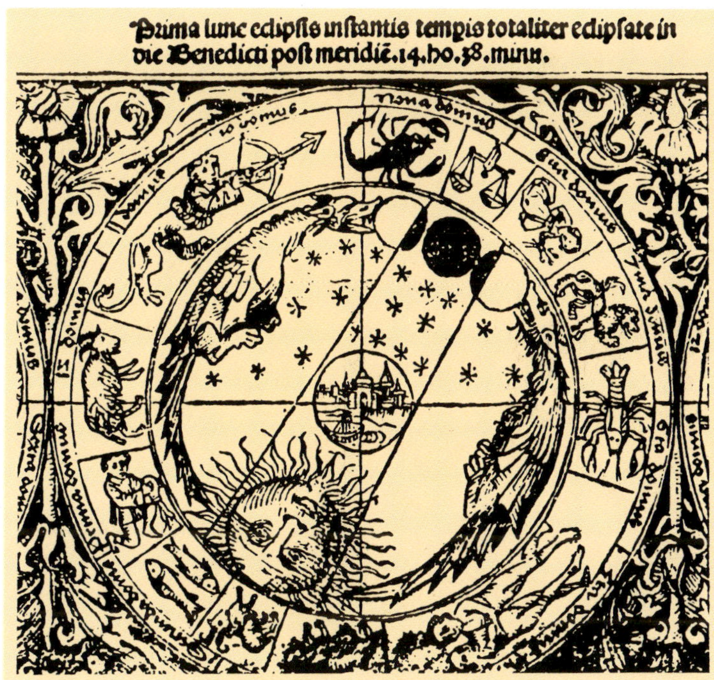

Die Mondfinsternis im Zeichen Waage, zu der es am 22. März 1494 kam, dargestellt in einem Kalender von Václav Fabri z Budějovic.

Versuche einer heliozentrischen Astrologie

Allegorische Darstellung einer Sonnenfinsternis, zu der es nur dann kommen kann, wenn der Neumond in der Nähe eines Knotens der Mondbahn ist (der Drache, der in den verfinsterten Mond beißt). Abbildung aus dem »Missale Pragense«, 1498.

Kein Abschied vom geozentrischen Prinzip

Eins ist unstrittig: Auch nach Kopernikus beharrte die Astrologie konsequent auf dem geozentrischen Prinzip. Nicht etwa, daß sie die geozentrische Anschauung weiterhin verteidigt hätte, wie einige ihrer Kritiker oft vermuten, sondern einfach, weil die geozentrische Auffassung, deren Koordinatensystem und astronomisches Modell ihr mehr entsprechen: Da sie sich mit dem Wirken des Kosmos auf den Menschen und die Vorgänge auf der Erde befaßt, ist es begreiflich, daß sie den Menschen und folglich auch die Erde arbeitsmäßig in den Mittelpunkt des Geschehens rückt. Die Verwendung geozentrischer Koordinaten ist nur eine logische Folge dieser Priorität.

Etwas anderes ist wenn ein Mensch die Erde verläßt und eine Zeitlang de facto nicht auf ihr weilt. Gilt in diesem Falle noch sein Radixhoroskop? Das ist eine Frage, auf die ich gern die Antwort eines Astrologen wüßte. Einst mochte das eine rein akademische Frage sein – heute ist sie es nicht mehr.

Bausteine eines heliozentrischen Modells

Die Erwägungen über Möglichkeiten einer heliozentrischen Astrologie sind jedoch älteren Datums. Auch wenn ein heliozentrisches Horoskop schon a priori ein absurder Unsinn wäre, haben einige Astrologen der Neuzeit zumindest über die Bedeutung heliozentrischer Positionen der Planeten im Tierkreis, die sich von den geozentrischen erheblich unterscheiden, nachgedacht. Es handelt sich vor allem um die inneren Planeten – Merkur und Venus.

Im heliozentrischen System rechnet man auch nicht mit der Sonne, sondern mit der Erde, deren heliozentrische ekliptikale Längen gegenüber den geozentrischen Sonnenlängen um 180° verschoben sind, und der Mond ist ein praktisch unerheblicher Himmelskörper.

Im heliozentrischen Modell können sich außerdem einige Aspekte der inneren Planeten ergeben, die im geozentrischen ausgeschlossen sind – beispielsweise kann die Venus im Trigonal oder in Opposition zu Merkur sein.

Die Urbedeutung der Helioposition – Mac Craigs Betrachtungen

Wenn wir hier von einer heliozentrischen Astrologie (nicht Horoskopie!) sprechen, denken wir an die Richtung jener Betrachtungen, die z. B. Hugh Mac Craig, der Schöpfer einer 200-Jahre-Ephemeride (1800–2000), anstellte, als er 1947 dazu einen kurzen Passus schrieb, den er »Heliozentrische Astrologie« nannte.

Er begründet darin, warum er in seine Tabellen auch die heliozentrischen Längen der Planeten aufnahm: Aufgrund seiner Praxis vermutet er nämlich, daß gerade die heliozentrische Position eines Planeten im Tierkreis die Realität darstellt, die sich hinter der äußeren, offensichtlichen Bedeutung verbirgt. Bildlich gesproche, sei seine Helioposition also eine Art Urbedeutung, die sekundär in die Bedeutung der Geoposition umgewandelt wird – sie sei das wirkliche, nichtdeformierte Abbild des Ego, das von der Sonne angestrahlt wird.

Mac Craig empfiehlt daher, die heliozentrischen Positionen der Planeten als Ergänzung ihrer geozentrischen vor allem in der Mundanastrologie, in der Massenpsychologie und beim Studium psychologischer und psychoanalytischer Fragen (der zodiakalen Typologie) zu verwenden. Er behauptet, die Kenntnis der heliozentrischen Planetenpositionen könne in einigen Fällen auch helfen, die Ungenauigkeit der Eintritte und Wirkungen der geozentrischen Transite der entfernteren Planeten zu erklären.

Mac Craigs heliozentrische Astrologie reiht sich in die psychologisierende Strömung ein, die in der gegenwärtigen amerikanischen Astrologie generell typisch ist. Diese läßt in mancherlei Hinsicht auch einige Prinzipien der traditionellen Astrologie fallen, wobei sie in weit größerem Maße als die moderne europäische Astrologie gedankliche Richtungen der orientalischen Philosophie akzeptiert.

»Zodiac« – der ursprüngliche Kalender der französischen Firma Champenois mit dem Tierkreis, nach einem Entwurf des tschechischen Malers Alfons Mucha (Paris 1896) in einer späteren Adaption für 1981, als er anläßlich einer Mucha-Ausstellung in Prag als Plakat herausgegeben wurde.

Astrologische Kombinatorik

Neben der Hauptströmung der modernen europäischen Astrologie, deren synthetische Auffassung der Divination an die Morinsche Tradition anknüpft, entstand im 20. Jahrhundert in Deutschland ein neuer Zweig der deskriptiven Konzeption der Astrologie, der zunächst von der Hamburger Schule repräsentiert wurde und schließlich vom kosmobiologischen Zentrum in Aalen.

Zu den Pionieren dieser Richtung gehörten vor allem Frank Glahn (1865–?), Albert Kniepf (1853–1924), der Begründer der Hamburger Schule Alfred Witte (1878–1941) sowie Reinhold Ebertin (1901–1988), der Begründer des kosmobiologischen Zentrums in Aalen. Die Wurzeln dieser modernen Richtungen reichen bis ins 13. Jahrhundert auf Guido Bonatti zurück, der bereits Halbdistanzen zwischen den Planeten erwog.

Kombination der Gestirneinflüsse

Ihr Wesen ist eine Kombination der Gestirneinflüsse, bei den modernen Astrologen bekannt unter der Abkürzung »KdG«. Man arbeitet mit den Halbdistanzen und Achsen von Horoskopelementen – der Planeten und Mondbahnknoten, des Aszendenten und Medium coeli.

Der radikalste Beitrag der deutschen Schulen zur Weiterentwicklung der Astrologie ist nämlich das Verlassen der Horoskophäuser und die Anerkennung nur des Aszendenten und des Medium coeli als persönliche Punkte sowie die Einschränkung der Bedeutung der klassischen Dodekagonalreihe der Aspekte und andererseits die Betonung der Oktagonalreihe der Aspekte als Vielfache von 45°.

Der Eingriff der deutschen Schulen, vor allem der Aalener, in die Horoskopie hat strukturellen Charakter. Ziel ist die Annäherung der Sprache der Astrologie an die Sprache der modernen Wissenschaft, was sich auch schon darin äußert, daß diese Disziplin in ihrer neuen Konzeption Kosmobiologie genannt wird. Zum Ausdruck kommt dadurch u. a. die Abkehr von alten, in vielerlei Hinsicht überwundenen Horoskoppraktiken vergangener Zeiten. Auch die grafische Darstellung ist bei der Aalener Richtung anders als bei der klassischen Konzeption.

Symmetrische Gruppierungen und indirekte Schemata

Konkret und kurz ausgedrückt, besteht das Prinzip der KdG in folgendem: Wenn ein Horoskopelement in der halben Entfernung (Achse) zweier anderer auftritt, hat diese ganze Gruppierung eine divinatorische Bedeutung.

Von einfachen Dreiergruppen gelangt man so bis zu relativ komplizierten Horoskopstrukturen (Schemata). Diese gliedern sich in drei Gruppen:

1. Eine symmetrische Gruppierung, bei der zwei oder auch mehr Elemente symmetrisch um ein anderes gruppiert sind, das auf der Achse dieser Symmetrie liegt; geschrieben wird diese einfache Konstellation z. B. folgendermaßen:
Saturn/Uranus = Mars; d. h., der Mars befindet sich in halber Entfernung zwischen Saturn und Uranus.
2. Eine symmetrische Gruppierung von vier oder mehr Elementen um eine gemeinsame Achse.
3. Indirekte Schemata, die entstehen, wenn zwei oder mehr Halbdistanzen (Achsen) untereinander einen Winkel von 45°, 90° oder 135° bilden; die sensiblen Punkte einer solchen Gruppierung liegen dann in den Aspekten zu den Örtern der Planeten, nicht an den Örtern ihrer Positionen.

Interpretationsliteratur

Zum Fundus der Interpretationsliteratur der Schule der astrologischen Kombinatorik gehören außer dem bekannten Werk »Kombination der Gestirneinflüsse« von Ebertin auch ein Buch über die Bedeutung der Halbdistanzen von Hans Baumgarten und Wittes »Regelwerk für Planetenbilder« von 1923. In England beschäftigte sich Alan Leo mit dem Problem der Halbdistanzen. In den dreißiger Jahren sprach in Deutschland Ch. Meier-Parm von der Methode der Spannungsherrscher.

Ein Sonderfall der KdG-Methode ist die Horoskopdeutung auf der Grundlage der Planeten um die Sonne herum, zu der in den fünfziger Jahren in Frankreich Alexandre Volguine anhand des Studiums von mehr als 600 konkreten Horoskopen gelangte.

Die Horoskopinterpretation oder Divination

Sternkundige (Titelblatt der deutschen »Practica« aus dem Jahre 1596).

Der menschliche Faktor in der Astrologie
Die Prädisposition des Astrologen • Der Astrologe und sein Klient • Die astrologische Ethik • Die Aufgabe der Astrologie

Einführung in die Interpretation des Horoskops
Das horoskopische System und die Typologie • Die traditionelle und die moderne Interpretation des Horoskops

Die astrologische Symbolik des Tierkreises
Der zodiakale Hintergrund des Horoskops • Der Tierkreis als Synthese von Polarität, Dreier- und Vierergruppe • Die astrologische Bedeutung der zwölf Tierkreiszeichen

Die astrologische Interpretation der Horoskophäuser
Die horizontalen Häuser als individuelle Ebene • Die Hauptachsen, Hälften und Quadranten des Horoskops • Die sechs kategorischen Achsen des Horoskops • Die dreierlei Arten von Horoskophäusern • Der astrologische Inhalt der zwölf Horoskophäuser

Die astrologische Bedeutung der Planeten
Planeten – die Akteure des Horoskops • Der Planet als Herrscher, Signifikator und Dispositor im Horoskop • Die Grundbedeutungen der zehn astrologischen Planeten im Horoskop

Die Bedeutung der Aspekte im Horoskop
Die Aspekte als Potentiale und Auslösemechanismen • Die astrologische Bedeutung der Hauptaspekte • Verbundene Aspekte, Horoskopmuster und Gesamtstruktur des Horoskops • Die Planetenstruktur des Eimertyps in der Geschichte

Weitere Horoskopelemente und ihre Symbolik

Der menschliche Faktor in der Astrologie

Einige Leute sind davon überzeugt, daß man die Arbeit des Astrologen schon heute oder doch in naher Zukunft ganz der Rechentechnik anvertrauen kann. Was die Vorbereitungsphase angeht, d. h. für die Berechnungen und beim Stellen des Horoskops, mag dies wohl auch zutreffen. Betrachten wir aber – eingedenk der Tatsache, daß die Astrologie sich am Ende des Altertums von der großen Familie der Orakelmethoden getrennt hat – die Horoskopinterpretation (Divination) als eine spezifische Art von Kunst, dann scheint diese Ansicht unbegründet.

Horoskop per Computer?

Vor einer Überschätzung der Rolle der Computer in der Astrologie muß gewarnt werden: Man kann sich schwer vorstellen, daß eine Maschine alles das ersetzt, was ein Astrologe beim Lesen eines Horoskops einbringt. Die Rechentechnik hat weder ein Unterbewußtsein noch Imaginationsfähigkeit, geschweige denn Intuition, ohne die eine Divination ja unmöglich ist.

Aus der Unersetzbarkeit des Astrologen als aussagendea Subjekt ergeben sich drei wichtige Fragen:

• Gibt es eine Prädisposition für die astrologische Tätigkeit?
• Worin besteht die Verantwortung des Astrologen?
• Was ist dieAufgabe der Astrologie in der modernen Welt?

Die Prädisposition des Astrologen

Da die astrologische Arbeit aus zwei aneinander anknüpfenden Komponenten besteht, muß auch die Fähigkeit, sie durchzuführen, von zwei Gesichtspunkten aus beurteilt werden. Jedes Horoskop hat eine exakte (mathematische, astronomische) und eine symbolische (divinatorische, astrologische) Ebene.

Technische Fertigkeiten

Das Berechnen und das Stellen des Horoskops bilden die mathematisch-astronomische Grundlage der Astrologie und erfordern daher gewisse minimale technische Fertigkeiten. Früher waren sie sozusagen unverzichtbar, heute kann dem Astrologen dank der Rechentechnik die mühsame Arbeit bei der Vorbereitung des Horoskops, die nichts weiter als Routine verlangt, vielfach erspart bleiben. Dennoch ist es immer besser, wenn er sich in der Sache selbst auskennt, als daß er vorgefertigte Hilfsmittel bzw. fertige Programme mechanisch verwendet, ohne recht zu wissen, worauf die Berechnungen beruhen und wie die Grenzen ihrer Genauigkeit sind.

Ein Astrologe, der heute die unerläßlichen astronomischen Grundlagen seiner Disziplin nicht einwandfrei beherrscht, ist in einem erheblichen Nachteil gegenüber jenem, der sich in der Astronomie gut auskennt und die verwendeten Methoden auch zu begründen weiß. Trotzdem kann er die Divination vornehmen, denn das ist etwas anderes.

Wallenstein: Stich von Peter de Jode nach einem Gemälde von Anthonis van Dyck.
Kaum ein Horoskop wurde so oft zu Demonstrationszwecken herangezogen wie Wallensteins.

Unzählige Varianten der Bedeutung

Die Divination oder das Lesen des Horoskops beruht auf der Interpretation der Bedeutung der verschiedenen Gruppierungen seiner Komponenten, die ähnlich wie die Glaspartikel in einem sich drehenden Kaleidoskop infolge der unaufhörlichen Rotation der Himmelssphäre und der unterschiedlich langen Umlaufzyklen der Planeten immer wieder neue Varian-

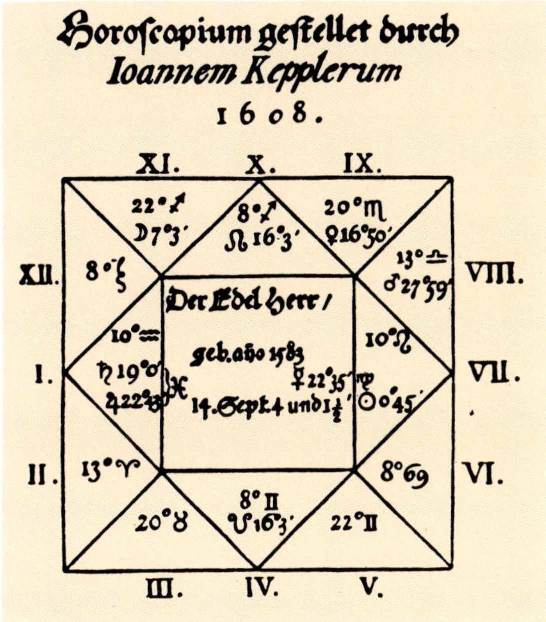

Keplers Radixhoroskop von Wallenstein aus dem Jahre 1608 (nach Wilhelm Foerster).

Das astrologische Amulett Wallensteins, irrtümlich oft als Horoskop bezeichnet (zeitgenössischer Stich).

Detail aus dem Frontispiz der Rudolfinischen Tafeln (1627) – eigentlich das letzte inoffizielle Porträt Keplers.

ten des Horoskopschemas bilden, obwohl die Anzahl seiner Grundbestandteile praktisch unverändert bleibt. Wie sich mit der begrenzten Buchstabenzahl des Alphabets unbegrenzt Wörter, Sätze und eine ganze Literatur schaffen lassen, ergibt die begrenzte und endliche Anzahl der Horoskopelemente eine unzählige Menge an Varianten, von denen selbst zwei nicht absolut deckungsgleich sind.

Es kommen nur Teilähnlichkeiten und Variationen vor, und diese schaffen bei einer größeren Anzahl dann nach und nach die Grundlage für astrologische Erfahrungen. An jedes neue Horoskop tritt der Astrologe freilich immer wieder wie das erste Mal heran, und zwar nicht nur der unerfahrene, sondern auch der wohlerfahrene.

Begabung und Intuition

Wichtig ist vor allem die Fähigkeit zu sehen. Begabung für horoskopische Divination ist eine wesentlichere Voraussetzung für die astrologische Tätigkeit als technische Fertigkeiten. Während die Technik der Horoskopberechnung und -erstellung sich mit etwas Fleiß und einiger Ausdauer im wesentlichen erlernen läßt, hat man für die Divination die notwendigen Anlagen – oder man hat sie nicht. Das ist so wie bei jeder anderen Art von Kunst: Noten lernen beispielsweise kann jeder – und auf einer Geige herumkratzen wohl auch; ein guter oder sogar virtuoser Musiker zu werden, das ist jedoch nur einigen wenigen vorbehalten. Damit ist auch gleich die Frage beantwortet, ob Astrologie theoretisch jeder beliebige betreiben kann.

Eine weitere Frage ist, ob ein Astrologe, der für seine Arbeit generell begabt ist, die Divination unter beliebigen Bedingungen durchführen kann. Die Erfahrungen einiger Astrologen zeigen, daß dies wohl nicht immer mit dem gleichen Erfolg möglich ist. Treffer ins Schwarze und Schüsse daneben kennt wahrscheinlich jeder, ohne sich dabei zu vergegenwärtigen, daß eine momentane Unpäßlichkeit oder störende äußere Elemente zu Fehlinterpretationen führen können.

Tatsächlich schwankt die Leistung eines Astrologen, denn auch er ist ja nur ein Mensch, und so kommt es auch in seinem eigenen Horoskop durch immer neue Konfigurationen unaufhörlich zu Veränderungen, die günstigere oder beschränktere Voraussetzungen für ein exaktes astrologisches Sehen schaffen können.

Ein erfahrener und verantwortungsbewußter Astrologe weiß das in der Regel und läßt sich deshalb in Zeiten einer verringerten Divinationsfähigkeit nicht auf die Lösung wichtiger Aufgaben ein, macht vor allem keine wichtigen Vorhersagen. Im Falle ihrer Erfolglosigkeit würde nämlich nicht nur sein Klient leiden, sondern auch der Ruf des Astrologen selbst und dadurch gleichzeitig die Glaubwürdigkeit der ganzen Fachrichtung.

Methoden des Eindringens ins Horoskop

In den Horoskopen guter Astrologen gibt es tatsächlich etwas, was eindeutig auf angeborene Voraussetzungen hinweist, im Horoskopgebilde etwas mehr zu sehen als nur eine technische Zeichnung, die eine bestimmte kosmische Situation schematisch veranschaulicht. Das belegen sowohl die Feststellungen von Astrologen früherer Zeiten als auch die Ergebnisse moderner statistischer Erhebungen.

Es handelt sich aber durchaus nicht nur um eine einzige Konstellation, die ihrem Eigner Erfolg in der astrologischen Kunst verbürgt. Wahrscheinlich gibt es verschiedene Methoden, um in die Geheimnisse des Horoskops einzudringen.

Überwiegt bei dem einen das Prinzip des Einfühlens, ist es bei einem anderen Hellsichtigkeit und bei einem dritten eine Art Zahlen- oder grafisches Gedächtnis, die Orientierung am Detail. Bei einem vierten können ausgezeichnet entwickelte Kombinationsfähigkeiten vorherrschen, rezeptiver Scharfblick oder bisweilen auch die Fähigkeit, bei der Übertragung der Horoskopkodes in Klartext zu fabulieren. Allen Fähigkeiten gemeinsam ist die Interessiertheit am Horoskop; auf welche Weise sie geweckt wird, ist nicht entscheidend.

Der Astrologe und sein Klient

Das schriftliche und das mündliche Horoskop

Auf die Frage, ob die Anwesenheit des Klienten bei der astrologischen Divination unbedingt notwendig ist oder nicht, geben die bekannten historischen Fälle eher eine negative Antwort. Ein unabhängiger Astrologe wußte in früheren Zeiten oft nicht einmal, für wen er arbeitete, obgleich natürlich stimmt, daß er wohl so manches nebenbei herausbekommen konnte. Die Deutung des Horoskops erfolgte in schriftlicher Form, und der Mittelsmann war häufig eine unbeteiligte Person.

So war das beispielsweise beim jungen Johannes Kepler der Fall, dessen Horoskop für Albrecht von Wallenstein aus dem Jahre 1608 anonym bestellt, erarbeitet und dann durch den Grafen von Taxis übermittelt wurde. Auf der anderen Seite schrieb derselbe Kepler später jedoch, »daß ein Astrologe, der Dinge ausschließlich von sich aus vorhersage und sich nicht auch auf den Charakter, die Seele, den Verstand, die Geistesstärke oder persönliche Anmut des Menschen stütze, um den es sich handle, nicht auf richtigem Grunde stehe, auf Abwege gerate und seinem eigenen Glück schade«.

Die modernen astrologischen Erfahrungen zeigen, daß es einen wesentlichen Unterschied gibt zwischen dem »Divinationsmonolog«, der später unter Umständen zu einer schriftlichen Horoskopdeutung zusammengefaßt wird, und dem Lesen des Horoskops »a la prima«, direkt ins Ohr des Klienten.

Erhalten gebliebene Abbildungen eines Astrologen mit seinem Klienten, die sich beide über ein Horoskop beugen, deuten darauf hin, daß auch in früheren Zeiten das unmittelbare Lesen des Horoskops unter vier Augen ohne anschließende schriftliche Belege wohl die übliche Praxis war.

Das könnte einer der Gründe dafür sein, daß heute so wenige nachprüfbare astrologische Prophezeiungen zur Verfügung stehen. In dieser Hinsicht ist die Geschichte dieser Disziplin recht kryptisch. Es wurde dabei weitaus mehr gesagt als aufgezeichnet.

Hofastrologe – ein gefährlicher Beruf

Außer den unabhängigen Astrologen gab es noch die Funktion des Hofastrologen oder auch kaiserlichen Mathematikers, eines Angestellten des Herrschers also, natürlich wußte der, für wen er arbeitete und zu welchem Preis. Dieser konnte manchmal sogar das eigene Leben sein, denn einem Mächtigen zu mißfallen ist nicht schwer, besonders wenn man ihm die Wahrheit ins Gesicht sagt. In dieser Beziehung waren die höfischen Sterndeuter nicht so günstig dran wie die Hofnarren.

Der Astrologe (links) und sein Klient (rechts) beim Stellen eines Horoskops.

Stenografische Mitschrift und Tonbandaufzeichnung, Videoaufnahme

Die moderne Astrologie hat aber noch andere technische Möglichkeiten als die bloße schriftliche Darlegung der Horoskoplesung, die in der Regel nachträglich erfolgt: Heute kann eine stenografische Mitschrift oder Tobandaufzeichnung gemacht werden, eventuell auch eine Videoaufnahme. Die sich sofort stellende und gar nicht leicht zu beantwortende Frage bleibt aber, in welchem Maße z. B. schon ein zwischen den Astrologen und das Horoskop gestelltes Mikrophon den ganzen Prozeß der authentischen Divination stört. Das hängt mit störenden Elementen ganz allgemein zusammen und ist offenbar auch erheblich vom psychologischen Typ des Astrologen sowie davon abhängig, wie dieser im gegebenen Augenblick imstande ist, ablenkende Einflüsse der Umgebung auszuschalten und sich voll auf das Horoskop zu konzentrieren.

Auch wenn eine direkte Teilnahme des Klienten an der Interpretation des Horoskops im Grunde nicht notwendig ist, lassen sich durch sie in einigen Fällen doch ungeahnte Wirkungen erzielen. Allerdings stimmt auch, daß in anderen Fällen die Anwesenheit des Klienten oder einer anderen Person den Verlauf der Divination stören kann. Zwischen dem Monolog des Astrologen – selbst wenn er das Horoskop konzentriert in eine Tobandaufzeichnung liest – und einem Dialog mit seinem Gegenüber ist eben doch ein nicht unerheblicher Unterschied. Es kommt also sehr auf die Mentalität des Astrologen und die Art und Weise seiner Arbeit an.

Die astrologische Ethik

Die Bedeutung moralischer Grundsätze bei einer Tätigkeit auf dem Gebiet der Astrologie ist schon dadurch gegeben, daß die horoskopischen Schlußfolgerungen und Vorhersagen immer irgendwie in das Leben eines anderen Menschen eingreifen, und oftmals blickt der Astrologe mit Hilfe des Horoskops auch in dessen Intimsphäre.

Regeln für die Horoskopiepraxis

1. Ehe du ans Lesen des Horoskops eines anderen herangehst, prüfe die Lauterkeit deiner Beweggründe für diese Tätigkeit. Laß dich nicht durch eigene Neugier hinreißen, und respektiere die Diskretion. Vergiß dich selber in diesem Moment, denn um dich handelt es sich ja nicht. Werde Altruist.
2. Nötige deine horoskopischen Dienste nie jemandem auf. Wer wirklich Hilfe braucht, wird allein den Weg zu dir finden. Zögere aber in diesem Falle nicht, ein solcher Mensch ist in der Regel von reiner Neugier weit entfernt. In gewissem Maße legt er dabei sein Schicksal in deine Hand. Das vergiß keinen Augenblick.
3. Denke auch daran, daß die Astrologie wie ein zweischneidiges Schwert ist: Wenn du dem anderen nicht weh tun, ja schaden willst, kannst du dir selbst Leid zufügen. Vermeide also Übertreibungen, und bemühe dich, nach jeder kulminierenden Divination rasch deine innere Ruhe wiederzuerlangen.

Wann kann Astrologie schädlich sein?

Sobald der Astrologe jemandem die Hoffnung nimmt, begeht er ein Übel, sei es ungewollt oder im Namen brutaler Offenheit. Ein guter Astrologe sollte also nicht nur Ratgeber sein, sondern auch ein guter Psychologe und – fürchten wir den Ausdruck nicht – Seelenarzt. Die ethischen Grundsätze sind mit denen der Medizin vergleichbar. Eine unangenehme Wahrheit sollte rücksichtsvoll und mit Takt mitgeteilt werden. Ein rücksichtsloser Astrologe kann für den Klienten genau so gefährlich sein wie für den Patienten ein grober Arzt. Jemandem einen Floh ins Ohr zu setzen ist gar nicht so schwer, noch dazu, wenn der Betreffende dermaßen ratlos ist, daß er beim Astrologen Orientierung sucht. Und wenn er dann nicht absolutes Vertrauen zum Astrologen haben kann, ist das schlimm. Vielleicht noch schlimmer aber, wenn er es verliert.

Entscheidend ist nicht, ob der Astrologe für seine Dienste viel, wenig oder gar kein Geld nimmt – wesentlich ist, daß er eine ehrliche Leistung bietet. Sobald er aber nur unseriös mit menschlicher Leichtgläubigkeit handelt und auf die Unkenntnis des Klienten baut, verhält er sich unmoralisch und verdient größere Verachtung als ein schlechter Handwerker, der durch unsolide Arbeit dem Ansehen seiner Innung schadet.

Die Aufgabe der Astrologie

Wenn ein Kind eine geschenkte Armbanduhr trägt, sie aber noch nicht lesen kann und jemanden trifft, der dies vermag, erfährt es die genaue Zeit.

Ein Horoskop ist wie ein komplizierter persönlicher Kompaß, und nicht jeder, der einen bei sich hat, kann damit auch umgehen. Begegnet er aber jemandem, der sich mit Kompaßorientierung auskennt, ist er mit dessen Hilfe imstande, schließlich die richtige Richtung zu finden.

Das Horoskop als persönlicher Kompaß gibt Antwort auf drei prinzipielle Fragen:

- Wer sind wir?
- Woher kommen wir?
- Wohin gehen wir?

Einem desorientierten Menschen in einer komplizierten Lebenslage zu helfen, anhand des Horoskops sein momentanes Problem zu benennen und eine Lösung anzudeuten oder ihn gleich von Anfang an, in der Jugend, optimal auszurichten, das ist die wahre Aufgabe der individuellen Astrologie.

Rechtzeitig eine dem Staat oder einer anderen kollektiven Einheit drohende Gefahr zu erkennen und zu einem Zeitpunkt vor ihr zu warnen, wenn sich noch wirksam etwas dagegen unternehmen läßt, sowie langfristige Schwankungen und ihre Projektion auf das Leben der Gesellschaft zu beobachten, das stellt die Hauptaufgabe der mundanen Astrologie dar.

Dabei ist es unwichtig, ob der Astrologe diese Tätigkeit als unabhängiger Mensch ausübt oder direkt im Staatsdienst steht wie schon in den uralten Zeiten der chinesischen Kaiser – seine Haut trägt er in jedem Falle zu Markte.

Sogenannte Trautmannsdorfer Uhr, Detail mit der Allegorie »Die Astronomie« (Augsburg, Anfang des 17. Jahrhunderts; Goldmessing, 60 Zentimeter hoch; Prag, Nationalbibliothek).

Kleiner Bildtest für den Leser: *Stellen Sie, ohne lange zu überlegen, fest, welche der bizarren, gleichzeitig aber durchdachten Automobilkreationen, die der Montrealer Künstler François Dallegret vorgeschlagen hat, Ihnen am sympathischsten ist. Sie dürfte dem Typ Ihres Tierkreiszeichens entsprechen, allerdings nicht nur nach der Sonne, sondern verstärkt z. B. auch durch die Position des Aszendenten oder durch die Anhäufung mehrerer Planeten (Stellium). Haben Sie sich entschieden? Nun, die Automobile vertreten die Tierkreiszeichen in vertikaler Reihenfolge, ab Steinbock links oben bis Schütze rechts unten. Die beiden einander gegenüberliegenden Tierkreiszeichen finden Sie immer nebeneinander.* ▶

Einführung in die Interpretation des Horoskops

Das horoskopische System und die Typologie

Mit der Berechnung und Zeichnung des Horoskops endet die Vorbereitungsphase und beginnt die zweite, die Hauptphase – seine Interpretation oder Divination. Diese stützt sich auf ein System von Regeln, das auf der Grundlage individueller und kollektiver astrologischer Erfahrungen geschaffen worden ist.

Die systematische Interpretation des individuellen Horoskops basiert auf einer astrologischen Typologie, die von Kombinationen der relativ konstanten Bedeutungen der Tierkreiszeichen, Horoskophäuser, Planeten und ihrer Aspekte, verbundener Aspekte bzw. ganzer Strukturen ausgeht. Die Astrologie nimmt an, daß ein bestimmter Typ sich auf eine mehr oder minder vorhersehbare Weise verhält und dadurch sein Schicksal gestaltet. Sein Geburtshoroskop stellt den Grundplan dar, dessen wahrscheinliche schrittweise Erfüllung sich dann aus den prognostischen Horoskopen herauslesen läßt.

Zweipolige Typen

Die Frage von Gut und Böse ist im Horoskop nicht präsent, ebenso wie die Wirtschaft nicht sauberes und schmutziges Geld kennt. Aus ethischer Sicht sind die astrologisch definierten menschlichen Typen stets zweipolig. Jedes Tierkreiszeichen, jeder Planet und Aspekt oder jede horoskopische Struktur birgt immer die Möglichkeit einer positiven oder negativen Auffassung und Wertung in sich. Das Messer als Marsinstrument kann nützliches Gerät und Mordwerkzeug sein. Die älteren Generationen von Astrologen sprachen in bezug auf den Horoskopeigner in der Regel von einem ethisch höheren und niederen Typ.

Leonardo da Vincis »Abendmahl«: ziemlich beschädigtes Fresko im Refektorium des Mailänder Klosters Santa Maria delle Grazie aus den neunziger Jahren des 15. Jahrhunderts. Die Reihenfolge der Apostel von rechts nach links (Leonardo war bekanntlich Linkshänder) entspricht ihrer Aufzählung im Matthäusevangelium (Mt. 10, 2–4) und gleichzeitig der Aufeinanderfolge der Tierkreiszeichen vom Widder zu den Fischen. Die Gestalt Christi in der Mitte mit dem Haupt vor dem fernen Horizont vertritt hier astrologisch die Sonne. So gelang es dem Maler, auf der zweiten Ebene dieser biblischen Szene in bemerkenswerter Weise auch die Zugehörigkeit der zwölf Apostel zu den zwölf Tierkreiszeichen auszudrücken, denen die zwölf Grundtypen der Menschen entsprechen.

Ein Beispiel: Ein Mensch mit gleich- und regelmäßig verteilten Planeten in seinem Horoskop kann ein unausgeprägter, zu allgemein orientierter, oberflächlicher und uninteressant-seichter Typ sein, aber auch ein Genie an Gleichgewicht oder ein geborener Polyglotte.

Ein anderes Beispiel: Mars hat mit Antrieb und Tatkraft zu tun, und ein Marstyp kann sich innerhalb dieser Möglichkeiten von zupackender (Pionier-) Arbeit, die den üblichen Rahmen sprengen kann, bis hin zu Arroganz, Frechheit und Gewalttätigkeit bewegen, vom Chirurgen (dem Mars ist symbolisch das Messer zugeordnet) bis zum Raufbold und Totschläger. Welches der beiden Extreme der einzelne dann – bewußt oder unbewußt – wählt und welches schließlich überwiegt, hängt vom freien Willen ab. Das Horoskop entschuldigt keine Verbrechen.

Die Möglichkeit des Guten und Bösen

Die Dialektik der astrologischen Typologie besteht darin, daß das Gute potentiell immer die Möglichkeit des Bösen in sich birgt und umgekehrt. Und es ist gerade der menschliche Wille zum Guten oder Bösen, der schließlich mehr zu einer der beiden Alternativen tendiert und die zweite verwirft. Die Astrologie ist in dieser Hinsicht aber eine allzu deskriptive Disziplin, und so sind bei jedem Lesen des Horoskops potentiell beide Möglichkeiten gegeben. Für die eine von ihnen entscheidet sich schließlich nicht der Astrologe, sondern der Eigner des Horoskops selbst. Die Aufgabe des Astrologen besteht darin, auf beide aufmerksam zu machen.

Zuordnung zu den einzelnen Tierkreiszeichen

In Verbindung mit der Typologie ergibt sich dann die Frage, wer Anspruch darauf hat, typischen Widdern, Stieren, Zwillingen usw. zugeordnet zu werden oder aber ausgeprägten Merkur-, Marstypen usw.

Die Volksastrologie stützt sich nur auf die Position der Sonne, ohne die anderen Horoskopelemente zu beachten. Das ist natürlich eine inakzeptable Vereinfachung, auch wenn es in einigen seltenen Fällen sogar scheinen mag, als sei die Charakteristik ziemlich zutreffend. Das ist in der Regel dann so, wenn im Zeichen neben der Sonne noch mehr Planeten vorhanden sind, eventuell auch der Aszendent. Das so betonte Tierkreiszeichen wird nun bereits relativ bedeutsam: Drei Planeten (und es muß unter ihnen gar nicht die Sonne sein) akzentuieren das betreffende Tierkreiszeichen schon genug.

Zur vollständigen Charakteristik muß jedoch immer das ganze Radixhoroskop bewertet werden, da erst die Totalität aller seiner Elemente einschließlich der Horoskopverbindungen zwischen ihnen, die in ihrem Wesen immer unwiederholbar ist, ein eindeutiges Bild des unverwechselbaren Individuums ergeben kann.

Wenn lediglich einige Teilelemente isoliert betrachtet werden, können wir immer nur von einem höheren oder geringeren Grad typologischer Annäherung sprechen. Für eine Vorhersage der Zukunft oder in der komparativen Astrologie reicht aber so eine Annäherung bei weitem nicht aus, sondern es muß das komplette Horoskop in Betracht gezogen werden.

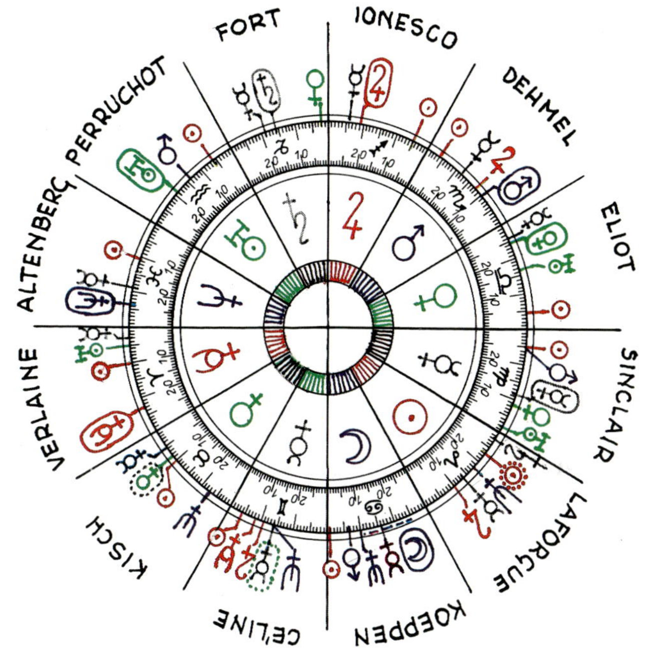

Die Tierkreiszeichen, die durch die Positionen von drei und mehr Planeten charakteristisch akzentuiert sind und unter denen (mit Ausnahme des Zeichens Krebs) der Regent des betreffenden Zeichens und auch Merkur nicht fehlten, der im Horoskop Schrift, Rede und Mitteilung (allgemein: die Kommunikation) repräsentiert, bei ausgewählten weltbekannten Schriftstellern und Dichtern. In der Darstellung ist die rechtsdrehende Folge der Planetenherrscher der Tierkreiszeichen angegeben.

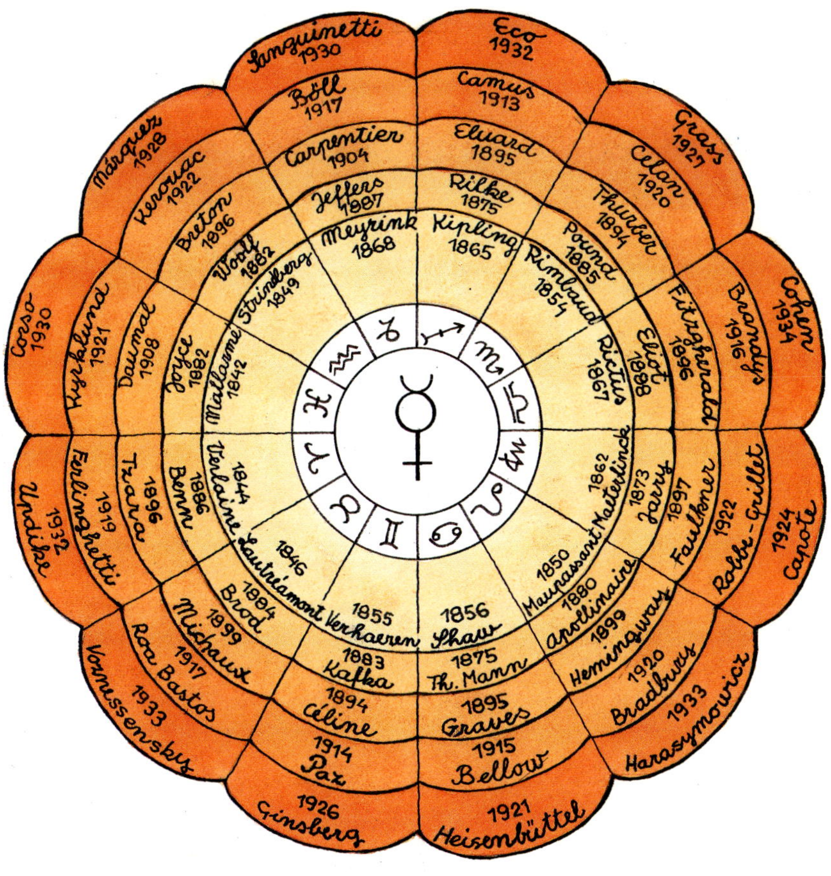

Die zodiakale Blüte der modernen Literatur in ausgewählten Beispielen aus fünf literarischen Generationen. Bestimmend ist die Tierkreisposition Merkurs – des astrologischen Herrschers der Rede, Schrift und Kommunikation – in den Tierkreiszeichen zur Geburtszeit.

Die traditionelle und die moderne Interpretation des Horoskops

Die Art und Weise, wie das Horoskop gelesen und gedeutet wird – der Hauptinhalt der individuellen wie auch der mundanen Astrologie –, ist nicht absolut unveränderlich. Vielmehr hat die Divinationspraxis im Laufe der etwa 2000jährigen Entwicklung der Horoskopie wesentliche Veränderungen erfahren, von denen bei weitem nicht alle nur durch Fortschritte in der Astronomie bewirkt wurden, die z. B. zur Entdeckung neuer Planeten führten. Nichttraditionelle Wege sind vor allem für die Astrologie der Neuzeit charakteristisch, deren Vertreter und Schulen mitunter versuchen, sich dem Kern des Problems der Interpretation des Horoskopinhalts durch Einbeziehung von Ergebnissen der modernen Wissenschaft anzunähern, insbesondere ihrer humanitären Disziplinen.

Die Sonne im Kreise der zwölf Monate eines astrologischen Kalenders aus dem 15. Jahrhundert.

Aphorismen und dekodiertes Schema

Für die ältere Astrologie war die Verwendung sogenannter Aphorismen charakteristisch, von Hilfsformeln der Deutung, die in der Regel auf der Grundlage von Teilerfahrungen entstanden, die für uns heute nur noch schwer verifizierbar sind. In Horoskopen erforschte man früher nämlich eher Details als die Gesamtstruktur; die Konstellationen las man gesondert.

Der Tierkreis von Lucidarius, erschienen 1479 in Augsburg.

Erst nach Morin, einem der letzten großen Astrologen des 17. Jahrhunderts, läßt sich eine Abkehr von den klassischen Aphorismensammlungen und von analytischen Interpretationen der Horoskope hin zu einer synthetischen Konzeption und ihrer Lesung auf syntaktischer Grundlage beobachten. Der Komplex dieser zum Teil vorfabrizierten, partiellen aphoristischen Aussprüche wird in der modernen Astrologie nach und nach durch die Auffassung der Horoskopelemente als Alphabet ersetzt, mit dessen Hilfe sich ein beliebiges Horoskop durchbuchstabieren und schließlich auch durchlesen läßt, das man als ein kodiertes Schema betrachtet.

Die Divination besteht also eigentlich in der Dekodierung des Horoskops mit Hilfe einer geringen Zahl von Elementen: Tierkreiszeichen, Häusern, Planeten und ihren Aspekten – des astrologischen Alphabets.

Die heutige Astrologie begnügt sich nicht mehr mit der schematischen Dekodierung, sie geht auf die verschiedenen astrologischen Entsprechungen eines Aspekts ein, d. h., auf welche Art jemand sein Horoskop lebt. Denn dies bedeutet oft ein vorhandenes, aber ungenutztes Potential, das es zu nutzen gilt.

Die astrologische Symbolik des Tierkreises

Der zodiakale Hintergrund des Horoskops

Die Hauptprojektionsebene der Beziehungen zwischen allen Horoskopelementen ist der Tierkreis mit der Gradskala der ekliptikalen Längen. Vor diesem globalen Hintergrund spielen sich eigentlich alle im Horoskop beobachtbaren Ereignisse ab. Daher ist der Tierkreis mit seiner inneren Struktur, die sich auf die zwölf Zeichen stützt, die Grundlage für das Lesen jedes Horoskops.

Bei Unkenntnis des genauen Zeitpunkts einer Begebenheit bleibt der zodiakale Hintergrund der Planetenpositionen die einzige astrologische Charakteristik, die (mit geringfügigen Veränderungen) für die Gesamtdauer eines bestimmten Kalendertages gültig ist. Ein solches »Horoskop ohne Häuser« ist dann das gemeinsame Schema für alle Menschen und Ereignisse, die an diesem Tage irgendwo in der Welt geboren werden bzw. zustande kommen, ein Schema, dem erst der genaue Zeitpunkt und Ort eine unverwechselbare individuelle Gültigkeit verleihen kann.

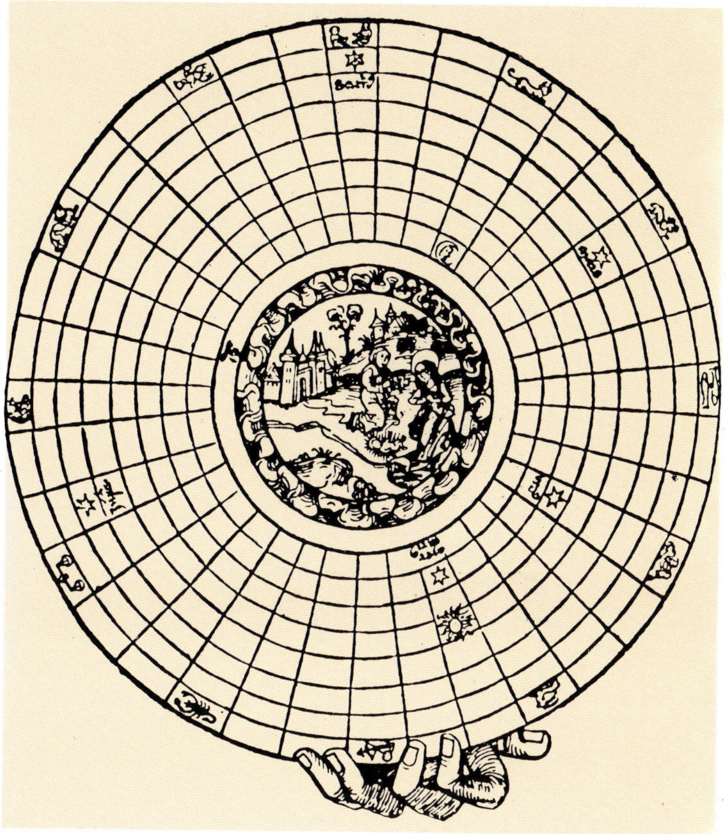

Einer der zahlreichen Versuche, ein fiktives Horoskop der Geburt Christi (ohne Häuser) zu stellen (deutscher Holzschnitt aus dem Jahre 1500). Um die Szene aus Bethlehem sind die Planeten in sieben Sphären in den Tierkreiszeichen verteilt.

Das »Azoth der Philosophen« mit den astralen Symbolen der sieben Planeten, des Drachens (der Mondbahnknoten) und des Prinzips der Dreier- und Vierergruppen, auf dem der Zodiakus und das System der Hauptaspekte aufgebaut sind.

Eine Verarmung der Möglichkeiten

In der Volksastrologie werden die Tierkreiszeichen noch immer fast ausschließlich nur mit der Sonne verknüpft und nehmen dadurch eigentlich die Bedeutung der Zeichen der Kalendermonate an. Auch wenn die geozentrische Sonnenbahn – die Ekliptik – die Achse des Tierkreisgürtels ist und die Sonne astrologisch zweifellos zu den Hauptelementen des Horoskops gehört, dürfen die Tierkreiszeichen in der wirklichen Horoskopie bedeutungsmäßig nicht auf das Sonnenzeichen allein reduziert werden. Eine solche inakzeptable Verarmung der Möglichkeiten der Astrologie macht aus ihr eigentlich nur ein unterhaltsames Spiel.

Der Tierkreis als Synthese von Polarität, Dreier- und Vierergruppe

Der Tierkreis ist nicht nur ein ekliptikaler Gürtel, der für kalendarische Zwecke in zwölf gleich große Teile – Zeichen – unterteilt wird. Aus astrologischer Sicht handelt es sich um das System einer sinnreich gestalteten Vierergruppe von Elementtrigonen mit einer Dreiergruppe zodiakaler Kreuze, in der außerdem die Dialektik von Zweiergruppen gegenüberliegender Tierkreiszeichen enthalten ist.

Jede von ihnen repräsentiert eine der drei Entwicklungsphasen des Zyklus eines jeden Elements: den kardinalen, beweglichen oder festen Charakter der Zeichen, die zu seinem Trigon verbunden sind.

Bildlich gesprochen: Wenn das kardinale Zeichen des Widders ein Funke ist, dann ist der bewegliche Schütze eine Kerzen- oder Fackelflamme und der feste Löwe ein Herd- oder Kaminfeuer. Und genauso: Ist die Waage ein Einfall, dann sind die Zwillinge ein Dialog, und der Wassermann ist ein ganzes Gesetz. Oder: Wenn der Steinbock ein Saatkorn ist, dann ist die Jungfrau eine Ähre und der Stier der Schüttboden (Speicher). Und schließlich: Wenn der Krebs eine Quelle ist, dann sind die Fische ein Fluß und der Skorpion ist das Meer.

So entsteht ein Zyklus, ein Kreislauf der Elemente in der Natur und im Menschen. Die angedeuteten Bilder lassen sich auch über den Rahmen der materiellen Ebene hinaus schaffen.

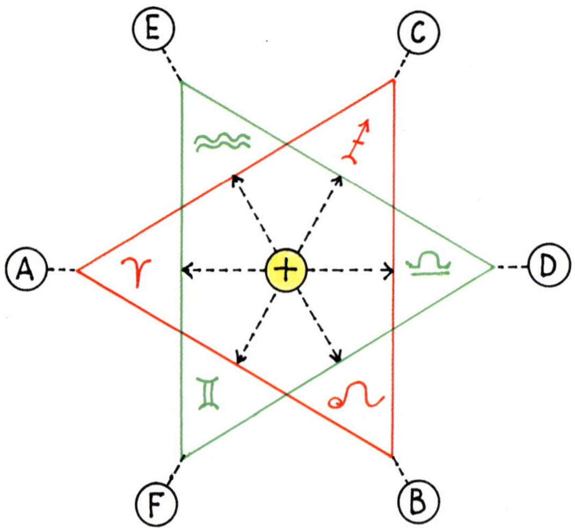

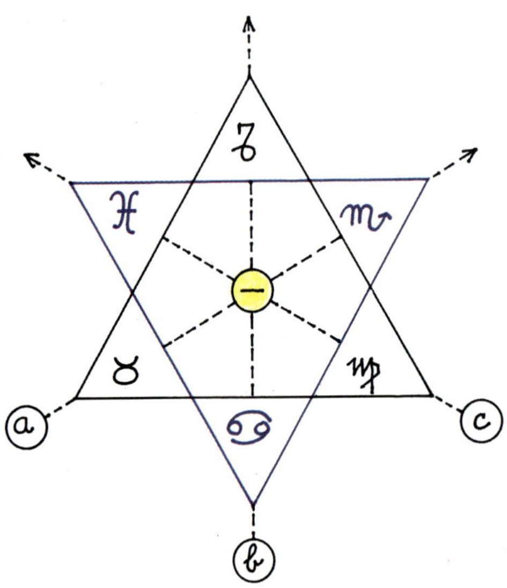

Die Elementtrigone des Tierkreises und ihre verborgenen übertragenen Bedeutungen: A = Hoffnung, B = Liebe, C = Glaube, D = Gleichheit, E = Freiheit, F = Brüderlichkeit; a = Achse der Vergeblichkeit, b = Achse der Vergänglichkeit, c = Achse der Schicksalhaftigkeit.

Die antipodalen Beziehungen der Tierkreiszeichen im Trigon

Die antipodalen Beziehungen der Tierkreiszeichen im Trigon lassen sich z. B. durch die folgenden Schlüsselworte ausdrücken.

Widder:	Ich existiere.	Waage:	Ich erwäge.
Schütze:	Ich glaube.	Zwillinge:	Ich weiß.
Löwe:	Ich schaffe.	Wassermann:	Ich organisiere.
Krebs:	Ich steige In die Tiefe.	Steinbock:	Ich steige auf den Gipfel.
Fische:	Ich schließe zu.	Jungfrau:	Ich mache auf.
Skorpion:	Ich begehre.	Stier:	Ich besitze.

Die verschiedenen Achsen im Licht historischer Persönlichkeiten

Die charakteristischen Bedeutungsbeziehungen der gegenüberliegenden Zeichen zeigen sich in bezeichnender Weise in einigen Nativitäten und auch in Paaren bekannter Persönlichkeiten, die markante Gegenpole bilden:

1. Die Zweiergruppe Widder – Waage (Paritätsachse) ist typisch für das bekannte Paar der französischen »verfemten Dichter« Paul Verlaine (4 Planeten im Widder) – Arthur Rimbaud (3 Planeten und ASC in der Waage).

2. Die Zweiergruppe Stier – Skorpion (Quantitätsachse) wird ausgeprägt bipolar in den Horoskopen einiger Persönlichkeiten akzentuiert, die zu Beginn der achtziger Jahre des 19. Jahrhunderts geboren sind: Pablo Picasso (4 Planeten im Stier, 3 im Skorpion), Stefan Zweig (4 Planeten im Stier, 2 im Skorpion).

Die sechs antagonistischen Zweiergruppen gegenüberliegender Tierkreiszeichen (»Kurzer Bericht vom Gebrauch dess Cylinders«, 1624).

Der Tierkreis als Synthese von Dreier- und Vierergruppen

Kreuz / *Element*	*Kardinales* Initiative, Impuls, Ursprung, Entstehung	*Bewegliches* Adaptation, Transformation, Prozeß, Veränderung	*Festes* Stabilisierung, Ergebnis
Feuer Vitalität (Lebensfähigkeit)	Widder *Funke*	Schütze *Fackel*	Löwe *Feuerstelle*
Erde Realität (Praxis)	Steinbock *Samen (Korn)*	Jungfrau *Anstrengungen (Prozesse)*	Stier *Frucht (Gestein)*
Luft Rationalität (Theorie)	Waage *Einfall*	Zwillinge *Dialog*	Wassermann *Gesetz*
Wasser Sensibilität (Emotionen)	Krebs *Quelle*	Fische *Fluss (Strom)*	Skorpion *Meer*

3. Die Zweiergruppe Zwillinge – Schütze (Relationsachse) wird ausgeprägt bipolar akzentuiert in den Horoskopen einiger moderner Künstler, die zu Beginn des 20. Jahrhunderts geboren sind; zu ihnen gehören z. B. der Schriftsteller Antoine de Saint-Exupéry (3 Planeten in den Zwillingen und 3 im Schützen) oder der surrealistische Maler René Magritte (2 Planeten in den Zwillingen und 5 im Schützen).

4. Die Zweiergruppe Krebs – Steinbock (Zeitachse) zeigt sich ausgeprägt bipolar im Horoskop des berühmten Wahrsagers und Astrologen Michael Nostradamus (3 Planeten im Krebs und 3 im Steinbock).

5. Die Zweiergruppe Löwe – Wassermann (Raumachse) ist charakteristisch für die zwei avantgardistischen russischen Dichter Wladimir Majakowski (3 Planeten im Löwen) und Boris Pasternak (3 Planeten im Wassermann), ferner bipolar akzentuiert z. B. im Horoskop des hingerichteten rumänischen Präsidenten Nicolaie Ceauşescu (je 3 Planeten in beiden Zeichen) und ähnlich auch im Horoskop der Entstehung der Dada-Bewegung im Jahre 1916 (2 Planeten und ASC im Löwen, 3 Planeten und DSC im Wassermann und Mondknoten in beiden Zeichen).

6. Die Zweiergruppe Jungfrau – Fische (Modusachse) hat in ihrem Horoskop akzentuiert z. B. die bekannte italienische Schauspielerin Giulietta Masina (je 3 Planeten in beiden Zeichen).

Die astrologische Bedeutung der zwölf Tierkreiszeichen

WIDDER (lateinisch: *aries*; griechisch: *kríos*)

Er ist das erste Zeichen des Tierkreises und im Zyklus des Sonnenjahres das Zeichen der Tagundnachtgleiche, das vom 21. März bis 21. April auf der nördlichen Erdhalbkugel den Frühlingsanfang repräsentiert. Der Widder ist das Osterzeichen (Lamm und Symbolik der Auferstehung).

Illustration zu Dantes »Göttlicher Komödie« in einer Ausgabe von 1491. Die Sonne befindet sich im Zeichen Widder.

Konventionelles Zeichen: Symbol der Widderhörner.

Charakteristik: kardinales Feuerzeichen mit positiver Polarität (männlich).

Planetenherrscher sind Pluto und Mars.

Bedeutung: Existenz, Sein; Schlüsselworte: Ich bin. Symbolisches Bild: Lebensfunke, der zyklisch immer wieder aus den Wassern des Chaos (Fische) schlägt. Der Widder ist Initiator, Veranlasser. Der Widder ist der Anfang.

Eigenschaften: von Unabhängigkeit und Dynamik bis hin zu Arroganz, Überstürztheit und Jähzorn.

Beispiele: Ein betontes Widderzeichen durch Häufung von drei und mehr Planeten haben in ihrem Geburtshoroskop z. B. der Philosoph René Descartes (4), die Wissenschaftler Charles Darwin (3), Wilhelm Conrad Roentgen (5), Iwan Petrowitsch Pawlow (3) und Albert Einstein (3) – durchwegs Initiatoren bedeutsamer neuer Richtungen der modernen Wissenschaft.

Drei Planeten im Zeichen Widder hatte in seinem Horoskop auch Karl der Große, der Erneuerer des westlichen Abendlandes im 8. Jahrhundert. Unter den Schriftstellern sind typische Widdervertreter die Begründer der modernen Weltliteratur Charles Baudelaire (6), Émile Zola (5), Paul Verlaine (4) und Comte de Lautréamont (3). In Böhmen ist ein typischer Widderrepräsentant z. B. Bohumil Hrabal (3).

Von den bildenden Künstlern gehören zu den Widdern beispielsweise Francisco Goya (4), Odilon Redon (3), Alfred Kubin (3), Fernand Léger (4) und Juan Gris (4). Ein Widder war auch der Komponist Josef Haydn (3).

STIER (lateinisch: *taurus*; griechisch: *tauros*)

Er ist das zweite Zeichen des Tierkreises. Es definiert im Zyklus des Sonnenjahres vom 21. April bis 21. Mai auf der nördlichen Erdhalbkugel den aufblühenden Frühling.

Konventionelles Zeichen: Hieroglyphe eines Stierkopfes. Der Stier ist hier das Vertretungssymbol von Fruchtbarkeit und materiellem Reichtum (sowie der Herde).

Das Sternbild Widder aus einem handschriftlichen Sternkatalog (Autor: Petrus de Gaioldis) aus der Regierungszeit Karls IV. (Mitte des 14. Jahrhunderts; Prag, Strahov-Bibliothek).

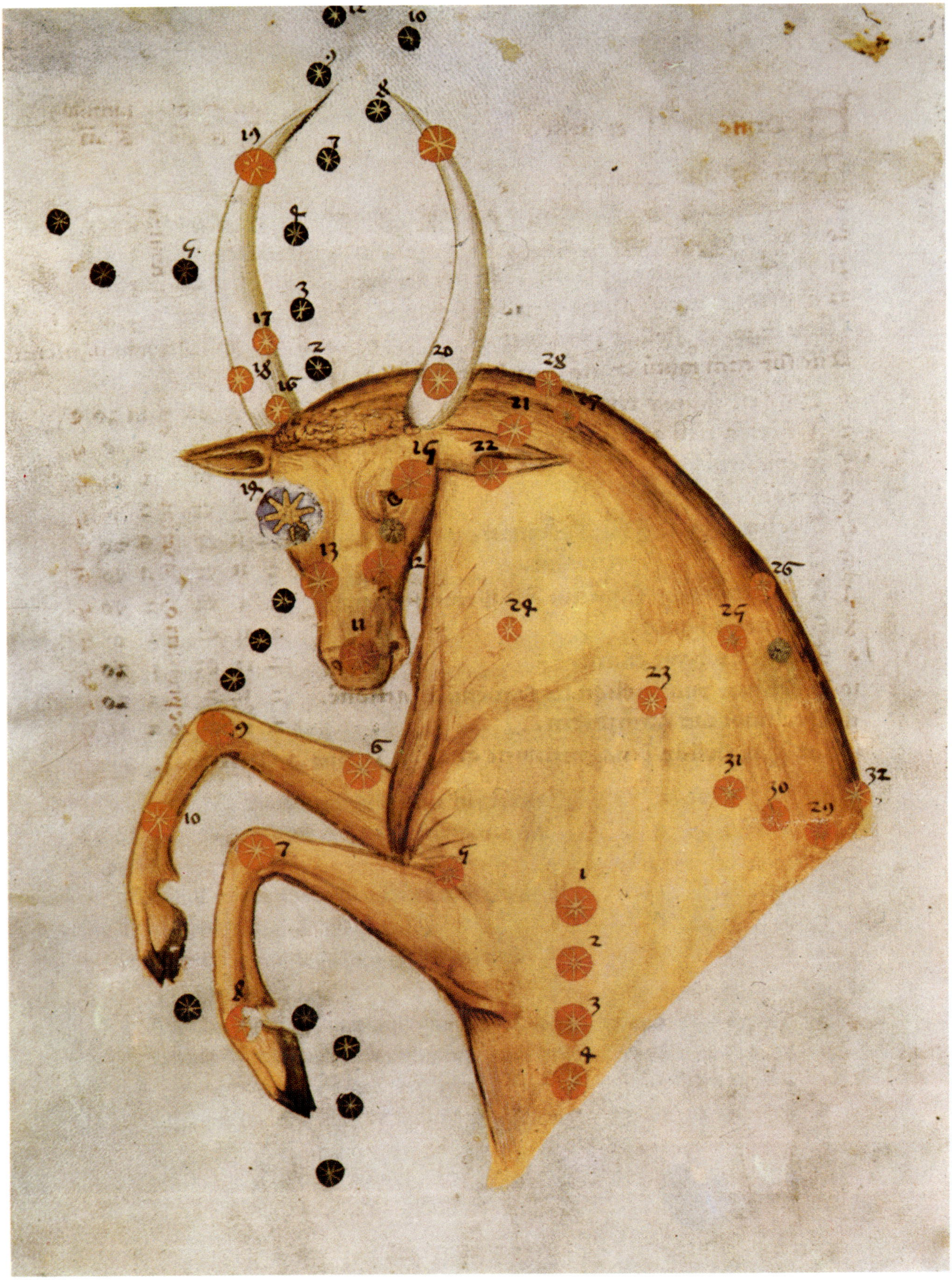

Das Sternbild Stier aus einem handschriftlichen Sternkatalog (Autor: Petrus de Guioldis) aus der Regierungszeit Karls IV. (Mitte des 14. Jahrhunderts; Prag, Strahov-Bibliothek).

Charakteristik: festes Erdzeichen mit negativer Polarität (weiblich).

Planetenherrscher ist die Venus.

Bedeutung: Besitz, Reichtum; Schlüsselworter: ich habe, ich häufe an. Symbolisches Bild: Alles, was ich habe, trage ich bei mir. Der Stier ist Sammler, Archivar und Lagerverwalter, der materielle Güter des Lebens zu erlangen vermag, der sie bietet und beschert, aber auch anhäuft, sichtet und sortiert sowie dann auch aufbewahrt und pflegt.

Eigenschaften: von Loyalität, Beharrlichkeit und Stabilität bis hin zu Egoismus, Raffgier, Eigensinn und Unnachgiebigkeit bzw. Verstocktheit.

Beispiele: Ein betontes Stierzeichen durch Häufung von drei und mehr Planeten haben in ihrem Horoskop z. B. Karl Marx (3), dessen Hauptwerk den bezeichnenden Titel »Das Kapital« trägt, sowie Sigmund Freud (4), Max Planck (6), Bertrand Russel (5), Guglielmo Marchese Marconi, der Erfinder der drahtlosen Telegrafie (4), und der weltbekannte Theologe und Paläontologe Teilhard de Chardin (6). Ein akzentuiertes Stierzeichen finden wir auch in den Horoskopen der Maler Gustave Courbet (3), Pablo Picasso (4), Emil Filla (4) und Salvador Dalí (4).

Auch bedeutende Schriftsteller der Moderne sind Stiere: Gérard de Nerval (3), Christian Morgenstern (3), Martin Buber (3), Stefan Zweig (4), Virginia Woolf (4), James Joyce (4), Karel Hašek (5) und der Journalist Egon Erwin Kisch (4).

Von den Schauspielern gehören zu den typischen Stieren Jean Gabin (4) und Barbra Streisand (4), von den Komponisten Béla Bartók (4) und John Lennon (3), von den Jazzmusikern vor allem der legendäre »King« Oliver (4).

Unter den Herrschern hatten ein akzentuiertes Stierzeichen z. B. der römische Kaiser Mark Aurel (3) sowie Katharina von Medici (3) und Maria Theresia (4). In der modernen Zeit gehört zu den Stieren ein charakteristisches Vierergespann: Wladimir Iljitsch Lenin (4), Josef Wissarionowitsch Stalin (3), Adolf Hitler (3) und Saddam Hussein (3). Während diese sich vergeblich bemühten, die Welt mit Gewalt zu erobern, gewann die tschechische Gymnastin Věra Čáslavská (4) die Welt durch Fair play, was ihr verdienten Ruhm einbrachte.

Einen typischen Stier können wir auch den bekannten und erfolgreichen Astrologen des 17. Jahrhunderts William Lilly (4) nennen, der wohl die allermeisten Horoskope gestellt und gedeutet hat.

ZWILLINGE (lateinisch: *gemini*; griechisch: *didymoi*)

Sie sind das dritte Zeichen des Tierkreises. Sie stellen im Zyklus des Sonnenjahres vom 21. Mai bis 21. Juni auf der nördlichen Erdhalbkugel den Abschluß des Frühlings, den Frühsommer, dar.

Konventionelles Zeichen: Hieroglyphe der Verknüpfung von zwei Einsen durch einen Bogen.

Charakteristik: bewegliches doppeltes Luftzeichen mit positiver Polarität (männlich).

Planetenherrscher ist Merkur.

Bedeutung: Verstand, Wissenschaft als Grundkomponente der Erkenntnis; Schlüsselworte: ich denke, ich weiß, ich teile mit. Symbolische Losung: Dialog, Brüderlichkeit. Zwillinge sind Vermittler von Informationen, Berichterstatter, Publizisten, Denker und Schriftsteller, Redner. Sie sind Menschen des Wortes, der Gesten und Zeichen.

Eigenschaften: von breiter Informiertheit und Kommunikationsfreudigkeit bis hin zur Veranlagung zu Quertreibereien, Intrigen, üblen Nachreden und Verleumdungen; von unruhiger Sprunghaftigkeit und Wißbegier bis zu Zerstreutheit und Neugier.

Beispiele: Ein betontes Zwillingezeichen durch Anhäufung von drei und mehr Planeten haben in ihrem Horoskop z. B. die böhmischen Könige Karl IV. (3), Wenzel IV. (3) und Georg von Poděbrady (3), weiterhin der amerikanische Präsident John F. Kennedy (3), der Physiker William Kelvin (4), die Schauspieler Douglas Fairbanks (4) und Fernandel (3), die Tänzerin Josephine Baker (5), der Komponist Josef Mysliveček (4) und der Jazzmusiker Sydney Bechet (3).

Von den Malern gehören zu den Zwillingen Albrecht Dürer (4), der naive Maler Rousseau (der Zöllner; 3), Raoul Dufy (3) und Juan Miró (4); von den Bildhauern beispielsweise Josef Mařatka (3), ein Schüler Auguste Rodins und Vermittler dessen berühmten Prager Ausstellung. Von den Fotografen haben eine typische Zwillingsmanifestation der Schöpfer der Fotomontage, John Heartfield (5), ebenso André Kertész (4) und Renger-Patzsch (3), von den tschechischen Enthüllungsfotografen Jiří Jeníček (4) und Vilém Reichmann (3).

Eine große Anzahl typischer Zwillinge gibt es unter den Schriftstellern – kein Wunder, denn sie haben in diesem von Merkur regierten Zeichen,

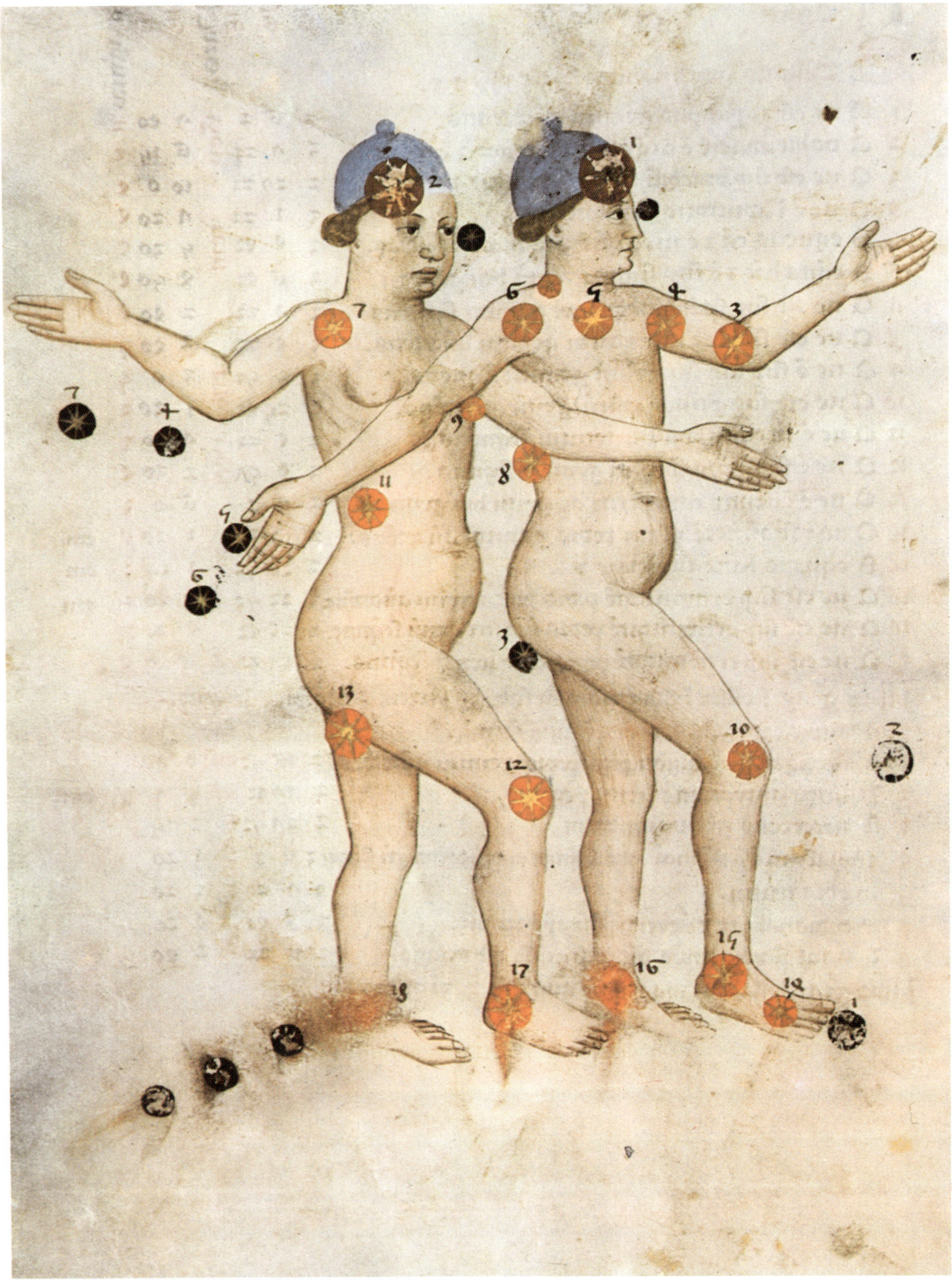

Das Sternbild Zwillinge aus einem handschriftlichen Sternkatalog (Autor: Petrus de Guioldis) aus der Regierungszeit Karls IV. (Mitte des 14. Jahrhunderts; Prag, Strahov-Bibliothek).

dem Symbol von Wort und Schrift, ja Hausrecht. Zu ihnen gehören vor allem William Shakespeare (3), Jean-Jacques Rousseau (3), Gilbert Keith Chesterton (3), Franz Kafka (5), Max Brod (3), Georges Ribemont-Dessaignes (4), Saint-John Perse (4), Anna Achmatowa (3), Céline (5), Henri Michaux (3), Vítězslav Nezval (3), Marguerite Yourcenar (3).

Von den Astrologen finden wir unter den Zwillingen hauptsächlich Namen, die Versuche einer modernen, sogenannten wissenschaftlichen Astrologie repräsentieren:

Friedrich Schwickert (4), Maurice Privat (4), Dane Rudhyar (4) und Cyril Fagan (4).

KREBS (lateinisch: *cancer*; griechisch: *karkinos*)

Er ist das vierte Zeichen des Tierkreises. Im Zyklus des Sonnenjahres repräsentiert dieses Sonnenwendzeichen in der Zeit vom 21. Juni bis 23. Juli auf der nördlichen Erdhalbkugel den Beginn des Sommers.

Konventionelles Zeichen: Hieroglyphe der Rückkehr, Umkehr, astronomisch: des Wendekreises des Krebses.

Charakteristik: kardinales Wasserzeichen mit negativer Polarität (weiblich).

Planetenherrscher ist der Mond.

Bedeutung: Mütterliche Gefühle; Schlüsselworte: ich fühle, ich werde geboren, ich gehe aus. Symbolische Bilder: heimatliches Nest, verborgene Quellen, Brunnen. Die Krebse sind Menschen ewiger Rückkehr, für die der Weg nach vorn eigentlich immer ein Stück weit ein Weg zurück ist ins heimatliche Nest, ins Vaterland, zur Familie, zum Geschlecht, zum Stammbaum. Krebs bedeutet Herkunft, Vergangenheit, Geschichte, Menschengeschlecht, Volk.

Eigenschaften: von Sensitivität, Mitgefühl und Anteilnahme bis hin zu Empfindlichkeit und Überempfindlichkeit, Zimperlichkeit, Manipulierbarkeit.

Beispiele: Ein betontes Krebszeichen durch die Anhäufung von drei oder mehr Planeten haben in ihrem Geburtshoroskop z. B. Gaius Julius Caesar (3), die Kaiser Rudolf II. (3) und Josef II. (3), der bedeutende moderne Naturwissenschaftler und theoretische Physiker Carl Friedrich von Weizsäcker (4) sowie der Komponist Benjamin Britten (3), aber auch die italienische Schauspielerin Gina Lollobrigida und der slowakische Filmregisseur Juraj Jakubisko (4).

Von den bildenden Künstlern waren typische Krebse Diego Velázquez (3), Václav Hollar (3), Amedeo Modigliani (3) und der imaginative metaphysische Maler Giorgio De Chirico (3).

Bei den Schriftstellern äußert sich ein akzentuiertes Krebszeichen in der Regel in einem Blick zurück, in Reminiszenzen und Rückkehr nach Hause, in die Heimat, auf den Weg zu den Ursprüngen. Hierher gehören der spanische Dichter Luis Góngora y Argote (4), der Fabeldichter Jean de La Fontaine (4 Planeten im Krebs, 3 davon in Konjunktion), die französische Dichterin Marceline Desbordes-Valmore (4), Honoré de Balzac (3), Marcel Proust (3) mit seinem Romanwerk »Auf der Suche nach der verlorenen Zeit«, Max Jacob (3), Lion Feuchtwanger (3), der tschechische Dichter Josef Hora (3) mit seinem »Heimatbuch«, der französische Surrealist René Char (4), der Existentialist Albert Camus (3) und der moderne deutsche Dichter Helmut Heissenbüttel (3), der in seinem Werk bis zu den Wurzeln der Sprache hinabsteigt.

Durch eine Gruppe von drei und mehr Planeten wurde das Krebszeichen recht oft auch in bedeutungsvollen Augenblicken der böhmischen Geschichte akzentuiert; erwähnenswert sind: die Ermordung Wenzels des Heiligen (sofern sie am 28. September 929 erfolgte), die Grundsteinlegung der Karlsbrücke am 9. Juli 1357 in Prag, die Verbrennung des Reformators Jan Hus am 6. Juli 1415 in Konstanz (als sechs Planeten im Zeichen des Krebses standen, samt domizilem Mond), der Tod Wenzels IV. im Jahre 1619, die siegreiche Hussitenschlacht 1420 am Vítkov-Berg; Wigstadtl) und die anschließende Besetzung des Altstädter Rathauses in Prag (1421) durch die Hussiten (wiederum sechs Planeten im Krebs, einschließlich des Mondes), der Tod Jan Žižkas von Trocnov im Jahre 1424, die Schlacht bei Lipany 1434, die Enthauptung der böhmischen Adligen am 21. Juni 1621 in Prag (nach der Schlacht auf dem Weißen Berge), die Schweden vor und in Prag im Jahre 1639.

Aber nicht nur das – im Aszendenten erscheint das Zeichen des Krebses auch an einigen besonders sensiblen Knotenpunkten der neueren tschechischen Geschichte. Hierher gehören u. a. die Selbstverbrennung des Studenten Jan Palach am 16. Januar 1969 und Jan Zajíc' am 25. Februar des gleichen Jahres in Prag, der Beginn der »sanften« Revolution am 17. November 1989 in Prag auf der Národní třída (=Nationalstraße – wie bezeichnend!) und die darauffolgenden Ereignisse, wie der Rücktritt der tschechischen KP-Spitze (am 24. November) und die Aufhebung der führenden Rolle der Partei durch Abstimmung in der Föderalen Versammlung am 29. November 1989.

Das Sternbild Krebs aus einem handschriftlichen Sternkatalog (Autor: Petrus de Guioldis) aus der Regierungszeit Karls IV. (Mitte des 14. Jahrhunderts; Prag, Strahov-Bibliothek).

Das Sternbild Löwe aus einem handschriftlichen Sternkatalog (Autor: Petrus de Guioldis) aus der Regierungszeit Karls IV. (Mitte des 14. Jahrhunderts; Prag, Strahov-Bibliothek).

LÖWE (lateinisch: *leo*; griechisch: *leon*)

Er ist das fünfte Zeichen des Tierkreises und stellt im Zyklus des Sonnenjahres vom 23. Juli bis 23. August auf der nördlichen Erdhalbkugel die heißeste Zeit, den Gipfel des Sommers, dar.

Konventionelles Zeichen: Hieroglyphe eines Löwenschweifs.

Charakteristik: Festes Feuerzeichen mit positiver Polarität (männlich).

Planetenherrscher ist die Sonne, die Königin des Sommers.

Bedeutung: Spiel, Wollen, Schaffen (Kreativität), Geben, Nachkommenschaft; Schlüsselworte: ich will, ich gebe, ich spiele. Symbolisches Bild: Das Leben als Spiel im Ernst. Die Löwen sind große Kinder, die das Leben als ein Spiel betrachten, majestätische Granden voller Stolz auf ihre Rolle darin.

Eigenschaften: von Selbstsicherheit, Großzügigkeit, Edelmut und Freigebigkeit bis hin zu Eigendünkel, Gepränge und Pomphaftigkeit; von Herzlichkeit, Spontaneität und Verspieltheit bis hin zu bohemienhafter Lebensart.

Beispiele: Ein betontes Löwezeichen durch die Anhäufung von drei und mehr Planeten haben in ihrem Geburtshoroskop beispielsweise die Schriftsteller Pedro Calderón de la Barca (3), Jules Laforgue (5), John Galsworthy (3), André Maurois (3), Wladimir Majakowski (3), Julien Gracq (3), Ludvík Vaculík (3) und Josef Hiršal (5).

Die ostentative Geste eines Majakowski oder die menschliche eines Vaculík ähnelt irgendwie doch der gestalterischen eines Marcel Duchamp in der modernen Kunst. Zu den typischen Löwen gehören auch die Maler Peter Paul Rubens (3), Alfons Mucha (4) und Ota Janeček (5) sowie die Fotografen Jaromír Funke (4) und Henri Cartier-Bresson, der Meister des Augenblicks mit der Konjunktion von vier Planeten im Löwen.

Der Löwe ist auch das Wappenzeichen des Komponisten Gustav Mahler (4), des Jazzmusikers Claude Luther (4) und des Monarchen Franz Josef I. (3). Ein durch vier Planeten akzentuiertes stolzes Löwezeichen in ihrem Horoskop hatten auch die Spionin »Mata Hari«, der Student Jan Palach und jener Astrologe, der in England unter dem bezeichnenden Pseudonym »Allan Leo« auftrat.

JUNGFRAU (lateinisch: *virgo*; griechisch: *parthenos*)

Sie ist das sechste Zeichen des Tierkreises und repräsentiert im Zyklus des Sonnenjahres vom 23. August bis 23. September auf der nördlichen Erdhalbkugel den Spätsommer, die Erntezeit, worauf schon ihr entsprechendes Symbol in der Antike hindeutete: eine Ähre.

Konventionelles Zeichen: Die wahrscheinlich spätere Hieroglyphe aus den Buchstaben M und P (Marie, *parthenos*), was eine christliche Astrologie verrät; am Ende der Antike sah das Zeichen noch etwas anders aus.

Charakteristik: bewegliches doppeltes Erdzeichen mit negativer Polarität (weiblich).

Planetenherrscher ist Merkur.

Bedeutung: Anstrengung, Arbeit, Schicksal, Plackerei; Schlüsselworte: ich bemühe mich. Symbolisches Bild: Arbeit im Schweiße des Angesichts. Die Jungfrauen sind strebsame Wesen, perfekt, exakt, ordnungsliebend, analytisch, besorgt bis abgehärmt.

Eigenschaften: von anspruchsvollem Charakter durch große Unterscheidungsfähigkeit und die Neigung zu Sorgfalt bis hin zu Kleinlichkeit, Engstirnigkeit und Detailbesessenheit; von menschenfreundlicher Gesinnung bis zu Vereinsamung.

Beispiele: Ein betontes Jungfrauzeichen durch die Anhäufung von drei und mehr Planeten haben in ihrem Geburtshoroskop beispielsweise der Chemiker John Dalton (4), der Naturwissenschaftler Georges Cuvier (3) und der Paläontologe Joachim Barrande (3), die Schauspielerinnen Ingrid Bergman (3), Sophia Loren (3) und Romy Schneider (5), der Jazzmusiker »Jelly Roll« Morton (3), der Sänger Ray Charles (4) sowie die Komponisten Christoph Willibald Gluck (3) und Claude Debussy (3).

Ein akzentuiertes Jungfrauzeichen hatten in ihrem Horoskop die Maler Bohumil Kubišta (3) und Václav Špála (3), der Fotograf Brassaï (3) sowie unter den Herrschern der römische Kaiser Caligula (3), der Zar Iwan Grosny (vier Planeten in der Jungfrau und drei in der Waage), Friedrich V. von der Pfalz (3) und Ludwig XVI. (3 und ASC).

Die Jungfrau, neben den Zwillingen das zweite vom Planeten Merkur beherrschte Zeichen, ist sehr oft auch bei Schriftstellern akzentuiert. Hierher gehören beispielsweise Lawrence Sterne (3) und Denis Diderot (3), beide im gleichen Jahr geboren,

Das Sternbild Jungfrau aus einem handschriftlichen Sternkatalog (Autor: Petrus de Guioldis) aus der Regierungszeit Karls IV. (Mitte des 14. Jahrhunderts; Prag, Strahov-Bibliothek).

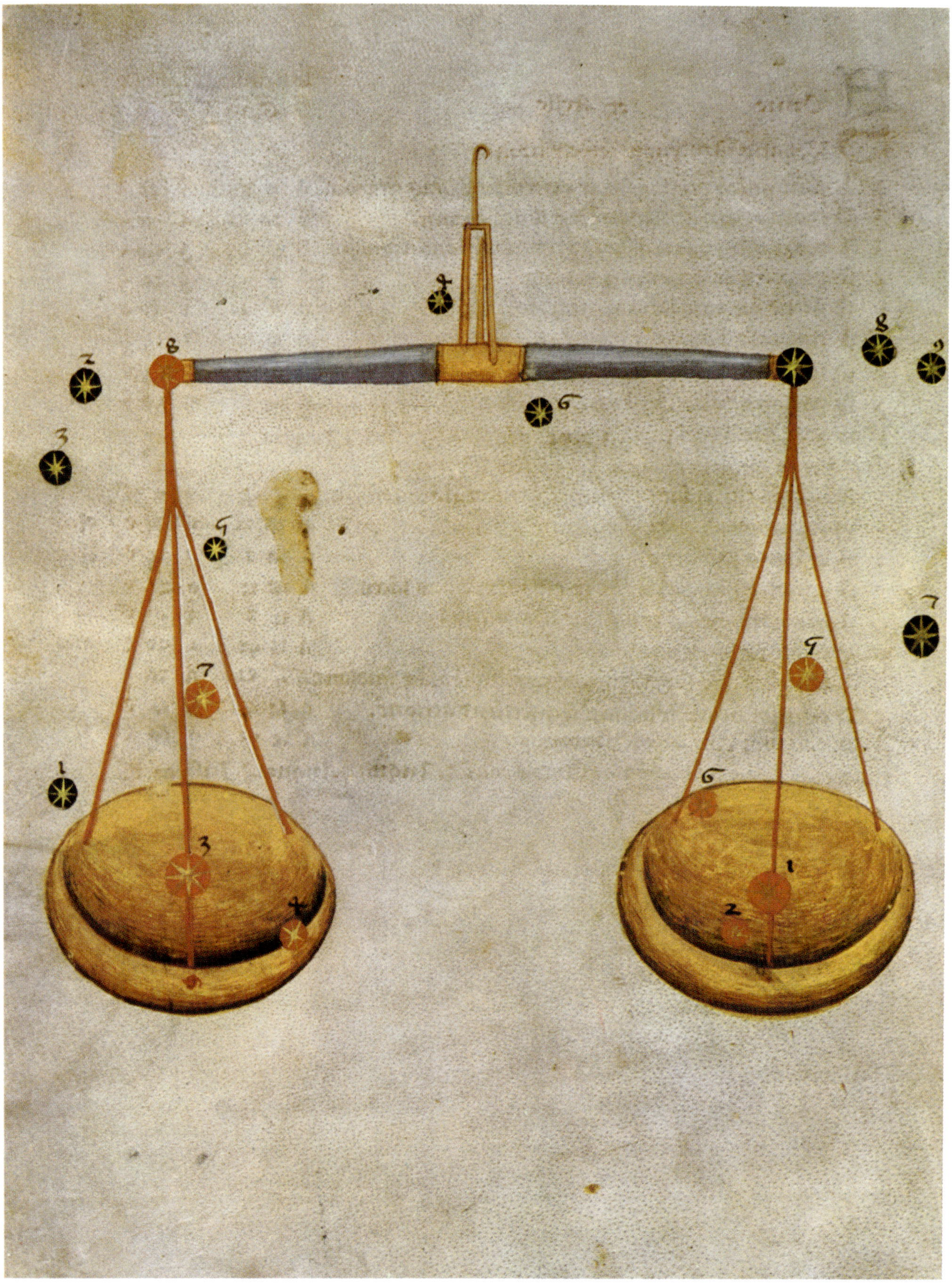

Das Sternbild Waage aus einem handschriftlichen Sternkatalog (Autor: Petrus de Guioldis) aus der Regierungszeit Karls IV. (Mitte des 14. Jahrhunderts; Prag, Strahov-Bibliothek).

Lew Nikolajewitsch Tolstoi (3), Guy de Maupassant (3), Maurice Maeterlinck (3), Jehan Rictus (3), Alfred Jarry (3), Upton Sinclair (5), Agatha Christie (fünf Planeten in der Jungfrau, davon vier in Konjunktion, samt domizilem Merkur), D. Lawrence (3), William Faulkner (3), Louis Aragon (3) und William Saroyan (3).

WAAGE (lateinisch: *libra;* griechisch: *stathmos)*

Sie ist das siebente Zeichen des Tierkreises und dem Widderzeichen gegenüberliegend. Im Zyklus des Sonnenjahres ist sie das Zeichen der Tagundnachtgleiche und repräsentiert vom 23. September bis 21. Oktober auf der nördlichen Erdhalbkugel den Herbstanfang.

Konventionelles Zeichen: hieroglyphe der Waage, des Gleichgewichts, der Symmetrie.

Charakteristik: kardinales Luftzeichen mit positiver Polarität (männlich).

Planetenherrscher ist die Venus.

Bedeutung: Koexistenz, Zusammenarbeit, Schwanken, Abwägen; Schlüsselworter: ich wäge ab, ich kooperiere. Symbolisches Bild: Ein Einfall, aus der Inspiration geboren wie Aphrodite aus Meeresschaum.

Eigenschaften: von Ausgewogenheit, Bedächtigkeit und Besonnenheit bis hin zu Gleichgültigkeit, Apathie, Wankelmut und Unschlüssigkeit. Die Waagemenschen sind oft inspirativ und friedfertig, ästhetisch veranlagt mit einem Sinn für Harmonie, elegant, fein und von gediegenem Geschmack, mitunter zu unentschlossen.

Beispiele: Ein betontes Waagezeichen durch die Anhäufung von drei und mehr Planeten haben in ihrem Geburtshoroskop z. B. der Erfinder des Kinoautomaten Auguste Lumière (4), die Fotografen Man Ray (3), Paul Strand (3) und Karel Plicka (3) sowie der bildende Künstler und Dichter Hans Arp (3).

Ein akzentuiertes Waagezeichen ist typisch für die Nativität geborener Dichter wie Vergilius Maro (3), Arthur Rimbaud (3), Thomas Stearns Eliot (4), Jaroslav Seifert (3) oder Jiří Kolář (3). Von den Kreativen gehören zu den ausgeprägten Waagemenschen Miguel de Cervantes (4), der utopische Schriftsteller und Astrologe Tommaso Campanella (4), der Verfasser geistreicher Aphorismen, François de La Rochefoucauld (5), oder der Vertreter des neuen französischen Romans Alain Robbe-Grillet (3); die Filmschauspielerin Brigitte Bardot (3), der Filmregisseur Michelangelo Antonioni (4) sowie die Komponisten Camille Saint-Saëns (3) und Georges Bizet (3).

Auch aus der Wissenschaft und Technik kennen wir einige typische Waagenativitäten: Hieronymus Cardanus (3), u. a. der Erfinder der Gleichgewichtsaufhängung, die seinen Namen trägt; Michael Faraday (4), der Schöpfer der tschechischen Fachterminologie; Jan Svatopluk Presl (4) und der Physiker Niels Bohr (4).

SKORPION (lateinisch: *scorpio;* griechisch: *skorgios)*

Er ist das achte Zeichen des Tierkreises und dem Stierzeichen gegenüberliegend. Im Zyklus des Sonnenjahres repräsentiert er vom 21. Oktober bis 21. November auf der nördlichen Erdhalbkugel den Höhepunkt des Herbstes.

Konventionelles Zeichen: Hieroglyphe eines Skorpionstachels.

Charakteristik: festes Wasserzeichen mit negativer Polarität (weiblich).

Planetenherrscher sind Mars und Pluto.

Bedeutung: Wünsche, Sehnsüchte, Verfall und Tod; Schlüsselworte: ich entdecke, ich erlange, ich investiere. Symbolisches Bild: das Meer als Mutter alles Lebendigen – der Tod ist wie das Meer.

Eigenschaften: von ergreifender Tiefe, die imstande ist, einer Sache auf den Grund zu gehen, bis hin zu Mißtrauen, Argwohn und Eifersucht; von Erregtheit und Leidenschaftlichkeit bis hin zu Passioniertheit. Die Skorpione sind unerschrockene Sucher, Späher, Eroberer, Prospektoren und Entdecker, in der Regel hartgesottene Einzelgänger, bisweilen gröberen Korns, finster, manchmal ungewöhnlich mutig, oft frech und vorlaut.

Beispiele: Ein betontes Skorpionzeichen durch die Anhäufung von drei und mehr Planeten haben in ihrem Geburtshoroskop beispielsweise die römischen Kaiser Tiberius (3), Vespasian (3) und Domitian (5) sowie der indische Freiheitskämpfer Mohandas Karamchand (genannt Mahatma) Gandhi (3). Es erscheint auch im Horoskop der Entdeckung Amerikas, das für den Zeitpunkt der Landung der

Das Sternbild Skorpion aus einem handschriftlichen Sternkatalog (Autor: Petrus de Guioldis) aus der Regierungszeit Karls IV. (Mitte des 14. Jahrhunderts; Prag, Strahov-Bibliothek).

Das Sternbild Schütze aus einem handschriftlichen Sternkatalog (Autor: Petrus de Guioldis) aus der Regierungszeit Karls IV. (Mitte des 14. Jahrhunderts; Prag, Strahov-Bibliothek).

Kolumbus-Expedition auf der Insel Guanahani (Bahamas) am 12. Oktober 1492 gestellt wurde.

Der Skorpion ist das typische Zeichen der Sucher und Entdecker. Zu den charakteristischsten Beispielen gehören Michail Wassiljewitsch Lomonossow (3), der Geologe Charles Lyell (3), der Mineraloge und Prospektor Alexander Jewgenjewitsch Fersman (3), die Entdeckerin des Radiums, Marie Curie-Sklodowska (4), der Begründer der Kybernetik, Norbert Wiener (4) und der norwegische Forschungsreisende Thor Heyerdahl (3).

Die moderne bildende Kunst hat mehrere sehr ausgeprägte Skorpione aufzuweisen: die Maler Alfred Sisley (3), Edvard Munch (3), Mikuláš Medek (3) und den Bildhauer Alberto Giacometti (3). Wir fühlen in ihrem Schaffen etwas Ergreifendes, genau wie im Werk des tschechischen Dichters Karel Hynek Mácha (3).

Von den nichttschechischen Schriftstellern und Dichtern gehören zu den ausgeprägten Skorpionen Richard Dehmel (4), Stefan Zeromski (3), Michail Petrowitsch Arzybaschew (3), Andrej Bely (3), Hermann Broch (3) und Hans Magnus Enzensberger (3).

Ähnlich skorpionhaft gekennzeichnet ist die Persönlichkeit der Schauspielerin Annie Girardot (4) und der Sängerin Marta Kubišová (3). Ein Großskorpion unter den Komponisten ist Paul Hindemith (6).

Von den Filmregisseuren gehören zu den Skorpionen der extrem avantgardistische Dziga Vertov (3) und der Schöpfer nicht alltäglicher Trickfilme, Karel Zeman (4).

SCHÜTZE (lateinisch: *sagittarius*; griechisch: *toxotes*)

Er ist das neunte Zeichen des Tierkreises und dem Zeichen der Zwillinge gegenüberliegend. Im Zyklus des Sonnenjahres repräsentiert er vom 21. November bis 21. Dezember auf der nördlichen Erdhalbkugel das Ende des Herbstes, den Beginn der Adventszeit.

Konventionelles Zeichen: Hieroglyphe eines abgeschossenen Pfeils.

Charakteristik: bewegliches doppeltes Feuerzeichen mit positiver Polarität (männlich).

Planetenherrscher sind Jupiter und Neptun.

Bedeutung: Fernverbindungen, alles, was sich mit den Vorsilben »Tele-«, »Apo-« oder »Trans-« verbinden läßt; der Glaube – neben der Wissenschaft der zweite Pfad der Erkenntnis (ein langer Weg); Schlüsselworte: ich schaue, ich glaube. Symbolisches Bild: eine Fackel in der Hand dessen, der den Göttern das Feuer entwendete; Losung: ideal.

Eigenschaften: von Begeisterungsfähigkeit, Aufmerksamkeit, Verständnisbereitschaft und totaler Kopflastigkeit bis hin zu Besessenheit und befähigung, Visionen zu entwickeln, aber auch zu übertreiben. Die Schützen sind Menschen langer Wege, begeisterte Fackelträger, ausdauernde Marathonläufer des Lebens, aber auch Schwärmer unserer Gefilde, göttliche Narren, Utopisten und Idealisten.

Beispiele: Ein betontes Schützezeichen durch die Anhäufung von drei und mehr Planeten haben in ihrem Geburtshoroskop z. B. der spanische König Alfons X. von Kastilien (4), der Herzog von Berry (3) und der Reformator Ulrich Zwingli (4), ähnlich die Filmregisseure René Clair (4) und Luis Buñuel (3) sowie der Schöpfer der Laterna magica, Alfréd Radok (4).

Zu den ausgeprägten Schützen gehören auch Friedrich Engels (4), der Physiker Max Born (5) und der Erfinder des Esperanto, Ludwik Zamenhof (Konjunktion von Merkur mit der Sonne im Schützen).

Vier ausgesprochene Schützenativitäten auf dem Gebiet der Musik sind Carl Maria von Weber (3), Hector Berlioz (3), Antonín Dvořák (3) und Bohuslav Martinů (3), die beiden letzteren mit einer ausgeprägten Beziehung zur Fremde. Die größte Anzahl Planeten im Schützezeichen wurde bei dem Top-Jazzmusiker Milton »Mez« Mezrow (6) festgestellt. Ludwig van Beethoven hatte drei Planeten im Schützen und drei im Steinbock, ebenso der Forschungsreisende und Schriftsteller Richard Halliburton.

In der Literatur verbindet man das Zeichen des Schützen vor allem mit Autoren, die – sei es faktisch oder symbolisch – in weite Fernen blickten, mit Visionären, Romantikern, Exotikern und Idealisten. Außer dem schon erwähnten Halliburton gehören hierher z. B. Torquato Tasso (3), William Blake (3), Alfred de Musset (5), Rudyard Kipling (3) und Georges Limbour (3), der Theoretiker der tschechischen Avantgarde, Karel Teige (4), und der Dramatiker Eugène Ionesco (3).

Schütze waren auch Voltaire (3) und von den Malern z. B. der Impressionist Claude Monet (3), Henri Toulouse-Lautrec (3), der abstrakte Maler Wassily Kandinsky (3), die Surrealisten René Magritte (5), Yves Tanguy (4) und Wilfredo Lam (4).

Das Sternbild Steinbock aus einem handschriftlichen Sternkatalog (Autor: Petrus de Guioldis) aus der Regierungszeit Karls IV. (Mitte des 14. Jahrhunderts; Prag, Strahov-Bibliothek).

Das Sternbild Wassermann aus einem handschriftlichen Sternkatalog (Autor: Petrus de Guioldis) aus der Regierungszeit Karls IV. (Mitte des 14. Jahrhunderts; Prag, Strahov-Bibliothek).

STEINBOCK (lateinisch: *capricornus;* griechisch: *aigokeros*)

Er ist das zehnte Zeichen des Tierkreises und dem des Krebses gegenüberliegend. Im Zyklus des Sonnenjahres repräsentiert dieses Sonnenwendzeichen vom 21. Dezember bis 21. Januar auf der nördlichen Erdhalbkugel den Winteranfang, die Weihnachts- und Neujahrszeit.

Konventionelles Zeichen: Hieroglyphe eines Steinbocks mit Fischschwanz.

Charakteristik: kardinales Erdzeichen mit negativer Polarität (weiblich).

Planetenherrscher sind Saturn und Uranus.

Bedeutung: Ziel des Strebens, Gipfel der Karriere, Maximum der Möglichkeiten; Schlüsselworte: ich erreiche, ich ziele ab. Symbolisches Bild: Gebirge, Landschaftsgerippe.

Eigenschaften: von Strenge, Verantwortungsbewußtsein, Sparsamkeit und Wirtschaftlichkeit bis hin zu peinlicher Genauigkeit, Knauserei und Geiz; von natürlicher Autorität bis despotischer Art. Die Steinböcke sind natürliche Autoritäten in ihrer Umgebung oder Disziplin. Oft sind sie patriarchalisch. Ihr häufiger Puritanismus wird für sie selbst oftmals zu einer schwer überwindbaren Grenze.

Beispiele: Ein betontes Steinbockzeichen durch die Anhäufung von drei oder mehr Planeten haben in ihrem Geburtshoroskop beispielsweise der bekannte römische Rhetor, Politiker und Schriftsteller Marcus Tullius Cicero (5) sowie Kaiser Titus Flavius Vespasian (5), aber z. B. auch der verstorbene amerikanische Expräsident Richard Nixon (4) und drei frühere tschechoslowakische Präsidenten: Antonín Zápotocký (3), Antonín Novotný (3) und Gustáv Husák (4).

Das Regieren mit harter Hand in der Politik ersetzen auf anderen Gebieten in der Regel hohe Ansprüche und Autorität: Paracelsus (3) in der Medizin, Johannes Kepler (4) in der Astronomie, Karl Brandler-Pracht (3) und Reinhold Ebertin (3) in der modernen Astrologie, Louis Pasteur (6) in der Biologie, Jean-François Champollion (4) in der Ägyptologie.

Von den Malern gehören zu den Steinböcken z. B. Joseph Bernard (5) und Maurice Utrillo (3). Gustave Doré hat drei Planeten im Steinbock und drei im Wassermann.

Auf dem Gebiet der Künste kommt das Emblem des Steinbocks u. a. vier Personen zu: Marlene Dietrich (5), Federico Fellini (3), Elvis Presley (3) und dem Jazzposaunisten »Kid« Ory (4).

Eine ähnliche Autorität läßt sich auch bei den Schriftstellern und Dichtern mit Steinbockprägung konstatieren: Fedor Michajlowitsch Dostojewski (drei Planeten in Konjunktion im Steinbock), Romain Rolland (3), beim gefürchteten tschechischen Literaturkritiker F. X. Šalda (3) sowie bei Gustav Meyrink (3), Carl Sandburg (3), Robinson Jeffers (3), Karel Čapek (3), Alejo Carpentier (3), Simone de Beauvoir (3) und Umberto Eco (3).

WASSERMANN (lateinisch: *aquarius;* griechisch: *amphora, hydrechoos*)

Er ist das elfte Zeichen des Tierkreises und dem Löwezeichen gegenüberliegend. Im Zyklus des Sonnenjahres bedeutet der Wassermann vom 21. Januar bis 21. Februar auf der nördlichen Erdhalbkugel den Höhepunkt des Winters.

Konventionelles Zeichen: Hieroglyphe von Wasser, das aus einem Gefäß *(amphora)* ausgegossen wird.

Charakteristik: festes Luftzeichen mit positiver Polarität (männlich).

Planetenherrscher sind Uranus und Saturn.

Bedeutung: Gesetz, Doktrin, Lehre, akzeptiertes Regelsystem; Schlüsselworte: ich akzeptiere, lege fest. Symbolisches Bild: » ... nur der Sternenhimmel über mir und das moralische Gesetz in mir« (Pascal).

Eigenschaften: von der Neigung zu Formensynthese, übersichtliche Anordnung der Dinge und Gedanken, Systematik, von Gerechtigkeit und Altruismus bis hin zu Formalismus, Dogmatismus, Pedanterie und geistiger Erstarrung in Form von Phrasen, Klischees, Thesen und Losungen.

Beispiele: Ein betontes Wassermannzeichen durch die Anhäufung von drei oder mehr Planeten haben in ihrem Geburtshoroskop beispielsweise Tycho Brahe (3), der französische Physiker und Astronom Dominique François Jean Arago (4), Thomas Alva Edison (3), der Verfasser der »Tierleben« Alfred Edmund Brehm (3), sowie der Entdecker des periodischen Systems der chemischen Elemente, Dmitri Iwanowitsch Mendelejew (6), die zwei Astrologensystematiker Ebenezer Sibly (4) und Ch. E. O. Carter (4), der Erfinder des Luftballons, Étienne Jacque de Montgolfier (3), der Komponist Wolfgang

Das Sternbild Fische aus einem handschriftlichen Sternkatalog (Autor: Petrus de Guioldis) aus der Regierungszeit Karls IV. (Mitte des 14. Jahrhunderts; Prag, Strahov-Bibliothek).

Amadeus Mozart (4) und der Schöpfer des bekannten Films über ihn, Miloš Forman (3), der Fotograf Drahomír Josef Růžička (3), die bildenden Künstler Édouard Manet (3), Paul Cézanne (3) und Jiří Trnka (3) sowie die Schauspielerin Jeanne Moreau (3).

Von den Schriftstellern gehört zu den Wassermännern Lewis Carroll, Mathematiker, Fotograf und Autor von »Alice im Wunderland«, mit fünf Planeten im Wassermann samt seinem Herrscher Uranus. Einen Akzent auf diesem Zeichen haben in ihrem Horoskop auch George Byron (4), Gertrude Stein (4), Jack London (3), Georg Trakl (3), Boris Pasternak (3), Jacques Prévert (3), Henri Perruchot (3), Gabriel García Márquez (3) und der Forschungsreisende Miroslav Zikmund (3).

FISCHE (lateinisch: *pisces*; griechisch: *ichthyes*)

Sie sind das letzte, zwölfte Zeichen des Tierkreises und dem Jungfrauzeichen gegenüberliegend. Im Zyklus des Sonnenjahres repräsentieren sie vom 21. Februar bis 21. März auf der nördlichen Erdhalbkugel das Ende des Winters, den Vorfrühling.

Konventionelles Zeichen: Hieroglyphe zweier mit einem Band verknüpfter Fische.

Charakteristik: bewegliches doppeltes Wasserzeichen mit negativer Polarität (weiblich).

Planetenherrscher sind Neptun und Jupiter.

Bedeutung: Beschränkungen, Nachstellungen und Anschläge, Benachteiligungen, Hindernisse und Abgeschiedenheit; Schlüsselworte: ich opfere (mich).Symbolisches Bild: eine tükkische Flußströmung.

Eigenschaften: von Opferbereitschaft, intuitiver und still-geheimnisvoller Verhaltensweise bis hin zu Beklommenheit, Niedergeschlagenheit, Unsicherheit, Unzuverlässigkeit, Undurchsichtigkeit, Verschlagenheit und Heimtücke. Die Fischemenschen sind insgeheim oft sensitive Mystiker mit einem sanften, gewaltlosen, schwer lesbaren Charakter, bisweilen sonderlich oder unergründlich, mysteriös und in sich gekehrt. Sie können eine Schwäche für Drogen haben, lassen sich aber auch von etwas anderem fesseln.

Beispiele: Ein betontes Fischezeichen durch die Anhäufung von drei und mehr Planeten haben in ihrem Geburtshoroskop beispielsweise der römische Kaiser Trajan (3), unter dem das Römische Reich im zweiten nachchristlichen Jahrhundert seine größte Ausdehnung erreichte, Heinrich der Seefahrer (4), der amerikanische Präsident Abraham Lincoln (3) sowie die Kosmonauten Juri Gagarin (3) und Valentina Tereschkowa (3).

Zu den ausgeprägten Fischen gehören auch die berühmten Astronomen und Astrologen des 16. und 17. Jahrhunderts, Franciscus Junctinus (5), Petr Kodicil (4), Galileo Galilei (4) und Jean-Baptiste Morin (5), der protestantische Theologe Jan Blahoslav (4) und der Theosoph Rudolf Steiner (3), die Komponisten Johann Sebastian Bach (3) und Franz Schubert (3), die Schauspielerin Elizabeth Taylor (3), die Jazzsängerin Billie Holiday (4), die an Drogen starb, der Bildhauer Matthias Braun (3) und die Maler Honoré Daumier (5) und Kasimir Malewitsch (der mit drei Planeten in den Fischen und drei im Stier die Malerei »gegenstandslos« machen wollte), sowie Josef Šíma (3) und der Grafiker Vladimír Boudník (3).

Von den Wissenschaftlern seien der Autor des berühmten Herbariums, Pietro Andrea Mattioli (3), genannt – sowie Georg Simon Ohm (5), Charles Darwin (3), Simon Newcomb (3) und der französische Astronom Camille Flammarion (4), der sich stark von okkulter Problematik angezogen fühlte.

Zu den Schriftstellern mit Fischeemblem gehören vor allem Giacomo Casanova (4), Victor Hugo (4), die englische Dichterin Elizabeth Browning mit fünf Planeten in den Fischen und drei in der Waage, Edgar Allan Poe (4), Stéphane Mallarmé (4), Peter Altenberg (3), Raymond Queneau (3) mit seinen »Annalen der Pataphysik« sowie Allen Ginsberg (3).

Die astrologische Interpretation der Horoskophäuser

Die horizontalen Häuser als individuelle Ebene

Erst die horizontalen Häuser ermöglichen es, einen Menschen oder ein Ereignis als einzigartige und unwiederholbare Erscheinung in einer Situation zu sehen, die durch den genauen Zeitpunkt und die Koordination des Ortes auf der Erdoberfläche definiert ist. In der antiken Astrologie wurden die Horoskophäuser mit dem griechischen Terminus *topoi* bezeichnet, dem im Lateinischen der Ausdruck *loci,* was Prter bedeutet, entsprach.

Was sind Häuser?

Die astrologischen Häuser sind die Stellen (Örter), wo etwas vor sich geht. Was das ist, sagen einmal die Planeten in den Häusern aus und zum anderen die zodiakalen Zeichen und ihre Planetenherrscher in der Beziehung zum Haus.

Bedeutungsbeziehungen zwischen Tierkreiszeichen und Horoskophäusern

Zwischen den zwölf Tierkreiszeichen und den zwölf Horoskophäusern bestehen unbestreitbare Bedeutungsbeziehungen. Bis zu einem gewissen Grade entspricht so das 1. Haus dem Widder, das 2. dem Stier usw. – das 12. schließlich den Fischen. Beweis für die Echtheit dieser Vorstellung ist z. B. die Tatsache, daß das 2. Horoskophaus früher die lateinische Bezeichnung *locus pecuniae* trug, d. h.: Ort des Besitzes, des Geldes. Ursprüngliche bedeutete *pecunia* jedoch Vieh, was offenbar mit der Bedeutung des Stiers im Tierkreis zusammenhängt, denn die Größe der Herde war damals das Maß für den Besitz.

Die Analogie der Häuser und Zeichen ist ungefähr so zu verstehen wie die Beziehung zwischen Ontogenese (der Entstehung und Entwicklung des Individuums) und Phylogenese (der Entstehung und Entwicklung der Gattung oder Art) in der Biologie. Da sich die Astrologie vor allem mit der Problematik des Menschen beschäftigt, ist nach unserem Dafürhalten so ein Vergleich durchaus am Platze.

Wenn der genaue Zeitpunkt der Geburt eines Menschen oder der Entstehung eines anderen Ereignisses nicht bekannt ist, sondern nur das Tagesdatum, kann kein Horoskop mit Häusern gestellt werden. Die Positionen der Planeten im Tierkreis, die während eines Kalendertages nur geringfügige Veränderungen erfahren, sagen dann über alle geborenen Menschen oder entstandenen bedeutsamen Ereignisse dieses Tages nur global etwas aus. Notwendigerweise kommt es dadurch zu einer beträchtlichen Verallgemeinerung der Ablesung ihrer Bedeutung. Eher läßt sich dabei auf die vorherrschenden Tendenzen allgemein schließen als auf individuelle Schicksale.

Planeten als Dispositoren und Signifikatoren

Während also die Positionen der Planeten in den Tierkreiszeichen einen eher allgemeinen Charakter haben, nehmen sie in den Häusern rein individuelle Bedeutungen an. Aber erst durch die Verknüpfung der Bedeutungen der Planetenpositionen in den Häusern und gleichzeitig in den Tierkreiszeichen eröffnet sich die Möglichkeit einer syntaktischen Lesung eines konkreten Horoskops, in dem ein oder mehr Zeichen in jedes der zwölf Häuser eingreifen, wobei nicht jedes Haus mit Planeten besetzt ist.

Dadurch ergibt sich für das Lesen eines Horoskops die Möglichkeit, sich auf das Herrschersystem zu stützen. D. h., daß jenes Zeichen Herrscher eines Hauses ist, das das Haus anschneidet. Somit ist das Zeichen der Dispositor (Herrscher) jener Fragen, auf die das betreffende Haus eine Antwort geben kann. Gleichzeitig ist das Zeichen als Signifikator (Planet) Begriffsinhalt des Hauses, in dem er steht.

Gegenüber der älteren Methode einer mechanischen astrologischen Interpretation der Bedeutungen der Planeten, gesondert nach ihren Positionen in den Tierkreiszeichen und den Häusern, wird durch eine syntaktische Lesung der Planeten als Signifikatoren und Dispositoren der befragten Angelegenheit auch die Struktur ihrer Ursachen enthüllt. Diese moderne Art der Divination ermöglicht es daher, viel tiefer zum Kern des Problems vorzudringen.

Zur Verdeutlichung noch einmal das vorher aufgeführte Beispiel des 2. Hauses, das Besitz bedeutet. Nun wird das Haus beispielsweise von den Fischen angeschnitten, und dies würde bedeuten, daß Neptun (den Fischen zugeordnet) der Herrscher des 2. Hauses ist. Der Planet Neptun steht angenommen in Haus 7 in der Waage. Das Problem könnte z. B. hier sein, daß der Horoskopeigner ständig Geld verleiht oder an den Partner verliert und selbst nie zu Besitz kommt.

Die Hauptachsen, Hälften und Quadranten des Horoskops

Die zwei Hauptachsen halbieren das Horoskop einmal in den Teil über und unter dem Horizont und zum anderen in eine östliche und eine westliche Hälfte. Gleichzeitig entstehen dadurch vier Quadranten des Horoskops, die durch vier Hauptpunkte definiert sind: Aszendent (ASC) im Osten, Deszendent (DSC) im Westen, Medium coeli oder Himmelsmitte (MC) im Süden, Imum coeli oder Himmelstiefe (IC) im Norden.

Im Geburtshoroskop lassen sie sich als die vier persönlichen Hauptpunkte interpretieren, auf die bis zu einem gewissen Grade die psychoanalytische Terminologie angewandt werden kann.

Aszendent

Der Aszendent drückt das Prinzip des Ego oder ich aus, meine Person als bewußte Komponente des Seelenlebens, die interaktive, adaptive und kommunikative Aktivitäten in bezug auf die umgebende Realität vermittelt. Der Aszendent zeigt, wie der Horoskopeigner sich durch Introspektion selber sieht.

Deszendent

Demgegenüber bedeutet der Deszendent das alter ego oder das andere ich als Faktor im inneren Dialog oder als vertrauten Partner, der mit dem ICH im Sinne seines dialektischen Gegenteils charakterlich verwandt ist. Der Deszendent zeigt also, wie der Horoskopeigner seine Umgebung, seinen Partner wahrnimmt.

Medium coeli

Das Medium coeli vertritt das super ego, eine Art Über-ICH, d. h. jene seelische Instanz, die als innerlich wertender (billigender, belohnender oder aber verbietender, strafender) Aspekt auftritt. Es stellt die Autoritätskomponente dar, die durch Selbstreflexion das Handeln der Persönlichkeit reguliert. Das Medium coeli ist der höchste Zielpunkt, das Kredo des Eigners und weist an, wie er aus der Sicht des höchsten Prinzips erscheint.

Imum coeli

Das Imum coeli steht dem psychoanalytischen Begriff des id nahe, der die entwicklungsmäßig älteste und tiefste Schicht der Persönlichkeit bezeichnet; sie enthält die triebhafte Energie (Libido), und ihr entspringen die instinktiven Beweggründe des Verhaltens. Das Imum coeli zeigt den Archetyp der Persönlichkeit, ihre Wurzeln und vererbten Eigenschaften.

Die Planeten über dem Horizont

Die vertikale Hauptachse MC – IC bedeutet die Macht, die Kraft und die Fähigkeiten eines Menschen sowie die Erhabenheit von Herkunft und Ziel, während die horizontale Achse ASC – DSC sein Selbstbewußtsein ausdrückt.

Wenn die Planeten über dem Horizont, in den Häusern 7 bis 12 (also in der Tageshälfte des Horoskops), vorherrschen, bedeutet das Objektivität – man kann auf den rezeptiv denkenden Typ eines extrovertierten und ehrgeizigen Menschen mit Ausrichtung auf ein äußeres, öffentliches Leben schließen.

Beispiele: Masaryk, Chaplin, Einstein, Dalí, Bardot, Kubišová.

Die Planeten unter dem Horizont

Wenn die Planeten unter dem Horizont dominieren, in den Häusern 1 bis 6 (also in der Nachthälfte des Horoskops), drücken sie dagegen Subjektivität aus, und wir können auf einen intuitiv emotionalen und introvertierten Charakter schließen, der die Trennung von Privatleben und Öffentlichkeit liebt, einen einsamen, scheuen Menschen, jedoch mit einem ungewöhnlichen, durch Abstand gewonnenen Überblick über alles, bisweilen auch mit einer ausgeprägten künstlerischen Begabung.

Beispiele: Cézanne, Zola, Rousseau (der Zöllner), Meyrink, Joyce.

Die Planeten in der östlichen Hälfte

Das Vorherrschen von Planeten in der östlichen Hälfte (also zwischen MC und IC), des Horoskops ist Ausdruck von Aktivität und zeigt einen intuitiv denkenden Typ von Mensch an, einen Individualisten und oft auch Egoisten, der seine Unabhängigkeit aus freiem Willen tatkräftig durchsetzt. Ein solches Horoskop verkörpert einen »Aktivisten«, denn es ist Ausdruck von Aktion.

Beispiele: Nietzsche, Apollinaire, Shaw, Nezval, Majakowski.

Die Planeten in der westlichen Hälfte

Die Dominanz von Planeten in der westlichen Horoskophälfte (also zwischen IC und MC) wiederum drückt die Passivität eines emotional rezeptiven Typs aus, eines zu Unterwürfigkeit neigenden, abhängigen Menschen altruistischer und eher gesellschaftlicher Orientierung. Ein solches Horoskop verkörpert einen nachgiebigen Menschen, denn es ist Ausdruck von Reaktion.

Beispiele: Rudolf II., Verlaine, Strindberg, Daumier, Šalda, Kubín.

Die Planeten in den Quadranten

Ein stark mit Planeten besetzter erster Quadrant des Horoskops, der die Häuser 1 bis 3 enthält, ergibt einen überwiegend intuitiven Typ, der sich durch subjektives Selbstbewußtsein und den Hang zu Alleinsein, Intuition und Kompromißlosigkeit auszeichnet.

Ein stark mit Planeten besetzter zweiter Horoskopquadrant mit den Häusern 4 bis 6 entspricht einem vorwiegend emotionalen Typ, den subjektives Bewußtsein der ihn umgebenden Welt, starke Gefühle, Phantasie und außerdem Zurückhaltung charakterisieren.

Ein übermäßig mit Planeten besetzter dritter Quadrant des Horoskops, der aus den Häusern 7 bis 9 besteht, ergibt einen überwiegend rezeptiven Typ, der sich durch ein objektives Bewußtsein für die umgebende Welt auszeichnet, kombiniert mit Ehrgeiz und einem etwas unschlüssigen Charakter.

Ein stark mit Planeten besetzter vierter Horoskopquadrant mit den Häusern 10 bis 12 entspricht einem vorwiegend denkenden Typ, für den objektives Selbstbewußtsein und aufrührerische Unabhängigkeit charakteristisch sind.

Kombinationen

Bei einer Dominanz von Planeten im ersten und dritten Quadranten (zwischen ASC und IC sowie zwischen DSC und MC) haben wir es mit einem intuitiv-rezeptiven Typ zu tun, während es sich bei vorherrschenden Planeten im zweiten und vierten Quadranten um einen emotional gesteuerten Typ handelt.

Die sechs kategorischen Achsen des Horoskops

Die astrologischen Inhalte der Zweiergruppen (Paare) der gegenüberliegenden Horoskophäuser knüpfen auf der Grundlage des Prinzips des dialektischen Gegenteils – ähnlich wie bei den Hälften und Quadranten oder bei den gegenüberliegenden Zeichen des Tierkreises – unmittelbar aneinander an. Deshalb lassen sich die Bedeutungskreise der Paare der gegenüberliegenden Häuser als Kategorie charakterisieren.

Was sagen die einzelnen Häuser aus?

• Das 1. und das 7. Haus drücken das Wesen der Persönlichkeit und ihre Beziehungen zur Umgebung aus und entsprechen der Kategorie der Qualität; sie bezeichnen das Sein.
• Das 2. und das 8. Haus bringen das physische Wesen des Lebens zum Ausdruck; sie bezeichnen das Vermögen und entsprechen der Kategorie der Quantität.
• Das 3. und das 9. Haus sagen etwas über die geistigen Interessen aus und entsprechen der Kategorie der Relation; sie bezeichnen die Erkenntnis und die Kommunikation.
• Das 4. und das 10. Haus kennzeichnen die Aufeinanderfolge, Kontinuität und repräsentieren die Kategorie der Zeit.
• Das 5. und das 11. Haus sind Ausdruck des schöpferischen Potentials und entsprechen der Kategorie des Raumes; sie bezeichnen das Schaffen, die Kreativität, die Verbreitung.
• Das 6. und das 12. Haus verweisen auf die Lebensbedingungen und entsprechen der Kategorie der Art und Weise (des Modus); sie bezeichnen die Veränderungen.

Die dreierlei Arten von Horoskophäusern

So wie im Tierkreis die kardinalen, festen und beweglichen oder doppelten Zeichen aufeinanderfolgen, folgen in jedem Quadranten des Horoskops aufeinander:

• Das Eckhaus (Eckfeld), das analog dem kardinalen Zeichen des Tierkreises entspricht
• Das nachfolgende Haus oder Feld (Mittelfeld), das dem festen Zeichen des Tierkreises entspricht
• Das fallende (kadente) Haus oder Endfeld, das dembeweglichen Zeichen des Tierkreises entspricht.

Die Bedeutung der Vierergruppen

Der Inhalt der Vierergruppe (des Kreuzes) der Eckhäuser (1, 4, 7, 10) sind das Sein, die Existenz und die damit verbundenen qualitativ zeitlichen Fragen. Diese Vierergruppe hat die Bedeutung des Impulses und bezeichnet die Kreuzungen im biologischen Sinne in der Phase von den Vorfahren zu uns.

Der Inhalt der Vierergruppe der nachfolgenden Häuser (2, 5, 8, 11) sind der Gebrauch, die Verwendung und die damit verbundenen quantitativ räumlichen Fragen. Diese Vierergruppe hat die Bedeutung der Verbreiterung, Expansion, des Wachsens und bezeichnet die Kreuzungen im biologischen Sinne in der Phase von uns zu den Nachkommen.

Der Inhalt der Vierergruppe der fallenden Häuser (3, 6, 9, 12) sind das Verständnis, der Wandel und die damit verbundenen relativ methodischen Fragen. Diese Vierergruppe hat die Bedeutung der Vermittlung, Übertragung, Konsumption und bezeichnet die Kreuzungen im transformierenden Sinne.

Der astrologische Inhalt der zwölf Horoskophäuser

Ungenauigkeit der Begriffe

Der astrologische Inhalt der einzelnen Horoskophäuser wurde von Astrologen seit eh und je durch Schlüsselwörter ausgedrückt, später wurden diese inhaltlichen Angaben irrtümlich als Bezeichnung des Hauses aufgefaßt.

Unter den Ausdrücken, die nur vom Sachinhalt der Häuser ausgehen (z. B. Vater, Hochzeit, Tod), tauchten jedoch auch Bezeichnungen astronomischer,technischer Art auf, die die Gültigkeit der Termini, die ursprünglich nur die Anfänge (Spitzen) bezeichneten, wie beispielsweise Aszendent, *horoskopos, dysis* u. a., nicht allzu glücklich auf die ganzen Häuser ausdehnten.

Die astrologischen Bezeichnungen und Inhalte der zwölf Horoskophäuser

1	Aszendent *(Horoskopos, Anatole) locus geniturae*	*vita* – Leben	Persönlichkeit (ego): Individualität, geistiges Sein
2	Porta inferna *locus pecuniae*	*lucrum* – Reichtum	Hab und Gut: Eigentum, Reichtum, physisches Sein
3	Bona dea, thea	*fratres* – Geschwister	Kommunikation: Beziehungen, nahe Wege, Korrespondenz, Annäherung, Wissenschaft
4	Imum coeli *(hypogeion)*	*genitor* – Erzeuger	Herkunft (id): Heim, Familie, Vorfahren, Landsleute, Vaterland
5	Bona fortuna *(agathe tyche)*	*natio* – Nachkommenschaft	Liebe: Vergnügen, Versuchung, Freude, Spiele, Nachkommen
6	Mala fortuna *(kake tyche)*	*valetudo* – Gesundheit	Schicksal: Gesundheit, Beschäftigung, Streben
7	Deszendent *(occasus, dysis)*	*uxor* – Gattin	Partnerschaft (alter ego): Ehe, Vertragsbeziehungen
8	Porta superna *(argon) locus piger*	*mors* – Tod	Tod: Wandel, Erbschaft, fremder Reichtum
9	Peregrinationes *(deus, helion, gloria) locus dei*	*pietas* – Frömmigkeit	Glaube: weite Wege, Fremde, Ferne, Trennung
10	Medium coeli *(mesuranema, hypergeion, honores)*	*regnum* – Regierung	Stellung (Super ego): Ehre, Ehrgeiz, Ehrungen
11	Bonus daemon, genius *(agathosdaimon) locus diei*	*beneficio* – Wohltätigkeit	Freundschaft: Gesellschaft, Zufälle
12	Malus daemon, genius	*carcer* – Gefängnis	Beschränkung: Barrieren, Nachstellungen, Schwierigkeiten, Verluste, Isolation

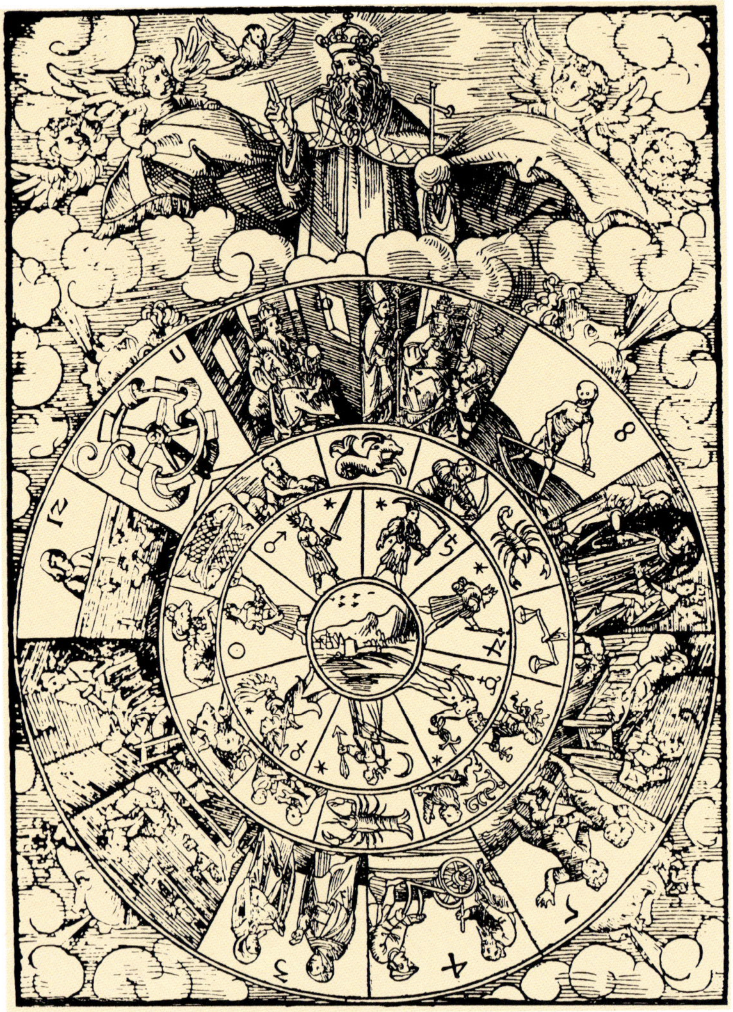

Das astrologische System der sieben traditionellen Planeten, der zwölf Tierkreiszeichen und der zwölf Horoskophäuser mit den entsprechenden Bedeutungen: Titelholzschnitt von Erhard Schön aus dem »Nativitätskalender« Leonhard Keymanns aus dem Jahre 1515.

Im Interesse der Exaktheit wurde in der modernen astrologischen Terminologie den traditionellen astronomischen Bezeichnungen der Hauptachsen und -punkte ihr ursprünglicher Sinn wiedergegeben. In der folgenden Übersicht sind die übertragenen technischen Bedeutungen nur der Vollständigkeit halber angegeben, eher als Beleg der historischen Entwicklung der horoskopischen Terminologie.

Einen etwas unterschiedlichen Inhalt haben die Häuser im individuellen und im mundanen Horoskop – konkret z. B. im Geburtshoroskop eines Menschen und im Horoskop eines Staates. Beim Stunden- und Fragehoroskop führe ich nur jene speziellen Inhalte an, die die Häuser neben den normalen Bedeutungen zusätzlich haben.

Abgeleitete Bedeutungen

Außer den Hauptinhalten gibt es bei allen Häusern noch ihre abgeleiteten Bedeutungen, die die Verhältnisse und Umstände weiterer Personen neben dem Eigner des Horoskops entwickeln. Da z. B. das 10. Haus das der Mutter ist, läßt sich aus dem 11. Haus (d. h. aus ihrem 2. Haus) darüber hinaus noch etwas über ihre materiellen Verhältnisse erfahren, aus dem 12. Haus (ihrem 3.) etwas über die Entwicklung ihrer Geschwister, aus dem 1. Haus (ihrem 4.) etwas über die Bestimmung ihres Vaters usw. Die Fragen werden also in der gleichen Reihenfolge gestellt wie im ursprünglichen Radixhoroskop, wobei das 1. Haus immer das ist, das die betreffende Person bezeichnet.

Ähnlich lassen sich in den Hauptinhalt der zwölf Häuser eines Geburtshoroskops außer den nächsten Verwandten, die dort ihre traditionellen Plätze haben, noch weitere, entfernter verwandte Personen aufnehmen: wie Urgroßeltern, Enkel und Enkelinnen, Onkel und Tanten, Cousins und Cousinen, Neffen und Nichten u.a. Das geschieht immer nach dem gleichen Schlüssel.

Solche übertragenen Bedeutungen lassen sich leicht ableiten, und es ist daher nicht notwendig, mit ihnen die nachfolgenden Interpretationen zu belasten, in denen nur die astrologischen Hauptinhalte der zwölf Horoskophäuser angegeben sind.

Die astrologische Bedeutung der einzelnen Häuser

1. HAUS DES HOROSKOPS: Parallele zum Zeichen Widder.

Bedeutung allgemein: Identität und Rahmenaussichten für die Zukunft.

Im individuellen Horoskop: Persönlichkeit, Individualität, ihr Horizont, ihre Weltanschauung, ihr geistiges Sein (Seele); allgemein das, was ich bin (ich).

Im mundanen Horoskop: die staatliche Ordnung, die allgemeinen Bedingungen des Staates, das Staatsgebilde und die Kompetenzen; allgemein: das Staatsgebilde.

Im Stunden- und Fragehoroskop außerdem: das Denken des Fragestellers, sein gesundheitlicher Gesamtzustand und die Voraussetzungen für die Länge seines Lebens.

Traditionelle Bezeichnungen: *vita* = Leben (auch Atem, Seele); *locus geniturae* = Ort der Geburt; übertragene technische Bezeichnungen: Aszendent, *horoskopos, anatole* = Aufstieg, Osten.

Auf alten Darstellungen: Gebärende, Geburtsszenen.

2. HAUS DES HOROSKOPS: Parallele zum Zeichen Stier.

Bedeutung allgemein: Werte, materielle Sicherstellung.

Im individuellen Horoskop: Vermögen, Besitz, Reichtum, materielle Sicherstellung, Geld, physisches Sein (Körper); allgemein das, was ich habe (Mein).

Im mundanen Horoskop: staatliche Finanzen, Banken, Geldwesen, Haushalt, Gewinne und Verluste; allgemein: staatliches Eigentum, Kassenbestand, Reichtum und Wohlstand des Staates, Gewinn.

Im Stunden- und Fragehoroskop außerdem: das Eigentum des Fragestellers.

Traditionelle Bezeichnungen: *lucrum* = Reichtum; *porta inferna* = Tor zur Unterwelt, unteres Tor; *locus pecuniae* = Ort des Eigentums, des Geldes.

Auf alten Darstellungen: Mann am Tisch, der Geld zählt.

3. HAUS DES HOROSKOPS: Parallele zum Zeichen Zwillinge.

Bedeutung allgemein: Bewußtheit der Zusammenhänge, laterale Kontakte; hier ist nahe.

Im individuellen Horoskop: Kommunikation, Annäherung, Berührung; alles, was umgibt; nahe Umgebung, Beziehungen und Wege, Nachbarn, Korrespondenz, Schriftstücke, Wissenschaft; alles, was sich befühlen läßt; allgemein das, was ich weiß.

Im mundanen Horoskop: Verkehr, Verbindungen, Literatur, Presse und Information, Beamtenschaft, öffentliche Meinung, die Krankheit des Staatsoberhauptes; allgemein: innerstaatliche Kommunikation und Verbindungen, Wissenschaft, Informatik.

Im Stunden- und Fragehoroskop außerdem: Gerücht, Nachricht, Botschaft, Besuch, Brief, Traum.

Traditionelle Bezeichnungen: *fratres* = Brüder, Geschwister; *thea, dea* = Göttin; *bona dea* = gute Göttin.

Auf alten Darstellungen: Zwei Gestalten im Gespräch.

4. HAUS DES HOROSKOPS: Parallele zum Zeichen Krebs.

Bedeutung allgemein: Sicherheit, Herkunft, Nest, Anfang.

Im individuellen Horoskop: Herkunft, Heim, Familie, Geburtsort, Hinterland der Familie, Geschlecht, Vater, Landsleute, Heimat, Land, Wurzeln, Quellen, Privatleben; allgemein das, woher ich stamme, woher ich komme, mein Start.

Im mundanen Horoskop: Landwirtschaft, Felder, Gärten, Parkanlagen, Weinberge, Hopfenfelder, Bergwerke, natürliche Ressourcen und Rohstoffe, Quellen, natürliche Umgebung, Naturkatastrophen, aber auch Regierungsopposition und Wahlen; allgemein: Land und Leute (Völker und Völkerschaften).

Im Stunden- und Fragehoroskop außerdem: der Vater des Fragestellers.

Traditionelle Bezeichnungen: *genitor* = Erzeuger, Vater; *parentes* = Eltern; übertragene technische Bezeichnungen: imum coeli, *hypogeion* (auch: »obere Kulmination«) Himmelstiefe, untere Kulmination.

Auf alten Darstellungen: Pflüger mit Sohn auf einem Feld.

5. HAUS DES HOROSKOPS: Parallele zum Zeichen Löwe.

Bedeutung allgemein: Schaffen, Gestalten.

Im individuellen Horoskop: Liebe, Versuchung, Vergnügen, Freude, Schaffen, kreative Energie, Spiele, Nachkommen, eigene Kinder; allgemein das, was ich schaffe, hervorbringe, gebe, was ich ins Leben setze und liebe.

Im mundanen Horoskop: Jugend, Kindererziehung, Schulwesen, Geburtenziffern, Theater, Musik, Unterhaltung, Feiern, Spiele, Tod eines Mitglieds der Regierung oder des Staatsoberhauptes; allgemein: Bevölkerung, Schaffen, Kunst.

Im Stunden- und Fragehoroskop außerdem: Wetten, Lotterie, Rennen, Erfolg der Boten.

Traditionelle Bezeichnungen: *natio* = Nachkommenschaft, wörtlich: Geburt, Gattung; *bona fortuna* = *agathe tyche* = gutes Geschick, Glück.

Auf alten Darstellungen: Kinder.

6. HAUS DES HOROSKOPS: Parallele zum Zeichen Jungfrau.

Bedeutung allgemein: Werk, Arbeit, Bemühungen, Tätigkeit, Schicksal, Krankheiten.

Im individuellen Horoskop: Schicksal, physische Gesundheit, Beschäftigung, Lebensunterhalt, Dienst; allgemein das, wonach ich strebe, was ich bewältige, worum ich mich bemühe, wem ich diene, was ich tue, verrichte, worunter ich leide.

Im mundanen Horoskop: Gesundheitswesen, Arbeit und Beschäftigungsgrad, Sozialwissenschaften, Dienstleistungen, Armee; allgemein: Wirtschaft.

Im Stunden- und Fragehoroskop außerdem: die Gesundheit und Krankheit des Fragestellers, seine soziale Stellung.

Traditionelle Bezeichnungen: *valetudo* = Gesundheit; *mala fortuna* = *kake tyche* = Mißgeschick, Unglück.

Auf alten Darstellungen: Kranker im Bett.

7. HAUS DES HOROSKOPS: Parallele zum Zeichen Waage.

Bedeutung allgemein: Bindungen, Verträge, Zusammenarbeit, Mitbeteiligung, Zusammengehörigkeit.

Im individuellen Horoskop: Partnerschaft, Geschäftsverbindungen, Vertragsbeziehungen, Ehe und ihr gleichgestellte Bindungen; allgemein: mein Gegenstück (Du).

Im mundanen Horoskop: internationale Verträge, Kriege, Beziehungen zum Ausland, Bündnisse; allgemein: Auslandsbeziehungen und -verpflichtungen.

Im Stunden- und Fragehoroskop außerdem: die Ehe und die öffentlichen Angelegenheiten des Fragestellers. die Personen, mit denen in Vertrags-, Geschäfts- oder Partnerschaftsbeziehungen verhandelt werden muß; weiterhin Diebe, Emigranten, Geldstrafen und Finanzspekulationen.

Traditionelle Bezeichnungen: *uxor* = Gattin; *nuptiae* =

Hochzeit; übertragene technische Bezeichnungen: Deszendent = Niedergang; *occasus* = Westen; *dysis* = Westen, Untergang.

Auf alten Darstellungen: Bräutigam und Braut vor dem Priester, Hochzeit.

8. HAUS DES HOROSKOPS: Parallele zum Zeichen Skorpion.

Bedeutung allgemein: fremdes Eigentum, Investitionen, Untergang, Wandel.

Im individuellen Horoskop: Tod, Erbschaft, Nachlaß, fremder Reichtum, Valuta; allgemein alles, wonach ich mich sehne (Dein).

Im mundanen Horoskop: Sterblichkeit, Auslandskapital, Erbschaftssteuer, Geheimpolizei; allgemein: Investitionen.

Im Stunden- und Fragehoroskop außerdem: der Tod des Fragestellers, der letzte Wille, das Vermächtnis, der Nachlaß, die Freunde der Vorgesetzten.

Traditionelle Bezeichnungen: *mors* = Tod; *porta superna* = oberes Tor, Himmelspforte, auch *argon; locus piger* = Ort der Unbeweglichkeit, Bewegungslosigkeit, Erstarrung.

Auf alten Darstellungen: Der Tod mit einer Sense.

9. HAUS DES HOROSKOPS: Parallele zum Zeichen Schütze.

Bedeutung allgemein: Aspiration, spirituelle Energie, Idealismus und Optimismus; Dort ist weit.

Im individuellen Horoskop: Ferne, Trennung, Ideal, Glaube, Pilgerfahrt des Lebens, weit entfernte Fremde, weite Wege, Sehnsucht; allgemein alles, was unzugänglich, unerschwinglich, unerreichbar ist, woran ich glaube.

Im mundanen Horoskop: Beziehungen zum fernen Ausland, nach Übersee, Religion und Kirche, Klerus; allgemein: Ideologie, Glaube, Ferne.

Im Stunden- und Fragehoroskop außerdem: die langen Wege des Fragestellers, Versicherungen, die Beziehung zum Klerus, Gerichte.

Traditionelle Bezeichnungen: *pietas* = Frömmigkeit; *peregrini* = Fremdlinge, *peregrinationes* = Auslandsaufenthalte, Pilgerfahrten!; *deus* = Gott; *locus dei* = göttlicher Ort; *gloria* = Ruhm.

Auf alten Darstellungen: Kirchliche Hierarchie – Papst, Bischof, Priester und Pilger.

10. HAUS DES HOROSKOPS: Parallele zum Zeichen Steinbock.

Bedeutung allgemein: Anerkennung, Prestige, Stellung, Rolle, Beruf, Ziel.

Im individuellen Horoskop: Stellung, Ehre, Ambitionen, Ehrungen, maximale Möglichkeiten, Karriere, Erreichen des Gipfels, Mission, Beruf, öffentliches Leben; allgemein das, worauf ich hinsteure, abziele, wozu ich berufen bin, was mein Ziel ist.

Im mundanen Horoskop: Regierung, Exekutive, Staatsoberhaupt, Obrigkeit, nationale Ehre und Bedeutung, Lebensstandard der Bevölkerung; allgemein: Souveränität, Oberhoheit, Exekutive.

Im Stunden- und Fragehoroskop außerdem: Der Beruf des Fragestellers, Kredite, Umgang mit Behörden, Gerichten, gestohlenes Eigentum.

Traditionelle Bezeichnungen: *regnum* = Regierung, Herrschaft; *honores* = Ehrungen; übertragene technische Bezeichnungen: Medium coeli = Himmelsmitte, *summum coelum* = Gipfel des Himmels; *mesuranema, hypogeion* (auch: untere Kulmination) = höchster Punkt, obere Kulmination.

Auf alten Darstellungen: König auf dem Thron mit Zepter und Reichsapfel.

11. HAUS DES HOROSKOPS: Parallele zum Zeichen Wassermann.

Bedeutung allgemein: Gesetz, Ideen, Gemeinsamkeit.

Im individuellen Horoskop: Freundschaft, Gesellschaft, Zufälle, Stiefkinder; allgemein das, was ich annehme.

Im mundanen Horoskop: Parlament, Abgeordnete, Legislative, Aktiengesellschaften, Öffentlichkeit, Vereinstätigkeit; allgemein: Legislative.

Im Stunden- und Fragehoroskop außerdem: Die Erfüllung der Wünsche des Fragestellers.

Traditionelle Bezeichnungen: *beneficio* = Wohltätigkeit; *amici* = Freunde; *bonus genius, bonus daemon, agathodaimon* = guter Geist.

Auf alten Darstellungen: Glücksrad mit fünf Strahlen und Bändern.

12. HAUS DES HOROSKOPS: Parallele zum Zeichen Fische.

Bedeutung allgemein: Lösung, Freigabe verborgener Befürchtungen und Geheimnisse.

Im individuellen Horoskop: Beschränkungen, Barrieren, Nachstellungen, Schwierigkeiten, Verluste, Isolation, Aufenthalt im Gefängnis, in Anstalten und Krankenhäusern, mentale Gesundheit; allgemein alles, was mich in der Tätigkeit behindert, Hemmnisse.

Im mundanen Horoskop: Kriminalität, Konspirationen, Entwicklungsbremsen, Besserungsanstalten, Haftanstalten, Asyle, humanitäre Einrichtungen; allgemein: Isolation, Isoliertheit, Abgeschlossenheit.

Im Stunden- und Fragehoroskop außerdem: Leiden des Fragestellers, ungünstige Einflüsse auf sein Schicksal, Hemmnisse bei der Arbeit, in der Tätigkeit.

Traditionelle Bezeichnungen: *carcer* = Gefängnis; *inimici* = Feinde; *malus genius, malus daemon* = böser Geist.

Auf alten Darstellungen: Mann im Bock.

Die astrologische Bedeutung der Planeten

Planeten – die Akteure des Horoskops

Wenn wir den Tierkreis bildlich als allgemeinen szenischen Hintergrund auffassen und die Horoskophäuser als individuellen Raum darin, spielen die Planeten die Rolle der handelnden Personen – der Akteure des Lebensdramas – und ihre Aspekte haben die Funktion von Anspielungen, von Auslösern der Handlung. Durch diesen etwas vereinfachten Vergleich erscheint der Hauptunterschied in der Funktion dieser Bausteine der Horoskopie vielleicht in einem klareren Licht.

Alte und neuentdeckte Planeten

Die den klassischen sieben Planeten zugeteilten Rollen sind seit dem Altertum praktisch unverändert geblieben. Die drei neuzeitlichen erhielten relativ rasch

Die sieben traditionellen astrologischen Planeten, ihre zwölf Tierkreiszeichendomizile, ihre Kinder und die entsprechenden Wochentage. Innerhalb des Kreises sind die in der Astrologie verwendeten Hauptaspekte Konjunktion, Sextil, Quadratur, Trigonal und Oppositon (Holzschnitt aus dem Jahre 1490).

nach ihrer Entdeckung neue Rollen – wie es scheint, sind die Astrologen auch in diesen für die Astrologie verhältnismäßig ungünstigen Augenblicken nicht ins Wanken geraten. Die Funktionen der drei letzten Planeten im Horoskop haben bisher keine grundsätzlichen Veränderungen erfahren, und ihre astrologischen Bedeutungen sind genauso stabil wie die der sieben antiken.

Jeder Planet hat in der Astrologie vor allem eine allgemeine symbolische Bedeutung, die praktisch konstant ist. Daneben übernimmt er aber außerdem die variable Rolle des Signifikators oder Dispositors der Personen, der Sachen oder Ereignisse, die mit dem Tierkreiszeichen und dem Haus des konkreten Horoskops, in dem sie sich gerade befinden, gekennzeichnet sind.

Der Planet als Herrscher, Signifikator und Dispositor im Horoskop

Herrscher des Zeichens und des Hauses

Die speziellen Funktionen von Signifikatoren und Dispositoren, die alle Planeten neben ihren allgemeinen Standardrollen ausüben, sind von den Herrschern der zodiakalen Zeichen abgeleitet. Nach der fest etablierten Ordnung regieren beispielsweise die Sonne im Löwen, Merkur in der Jungfrau und in den Zwillingen, Jupiter und Neptun im Schützen und in den Fischen usw.

Außer dem Herrscher eines Zeichens gibt es aber noch die Rolle des Herrschers eines Hauses. Das ist der Planet, der in dem Zeichen regiert, wo seine Spitze liegt. Beispielsweise schneidet der Löwe das 7. Haus an, dann ist die Sonne Herrscher von Haus 7. Sie selbst steht aber meistens nicht dort. Der Herrscher des nächsten Zeichens im Haus ist dann der Mitherrscher des Hauses der gekennzeichneten Sache oder Person.

Die Abhängigkeit des Dispositors vom Signifikator

Außerdem ist jeder Planet noch Signifikator jener Sache oder Person, die durch die Bedeutung des Hauses gekennzeichnet wird, in dem er sich gerade befindet. Der Planet, der das Zeichen regiert, das der Signifikator gerade passiert, ist sein Dispositor. In einigen Fällen (in den Zeichen Skorpion bis Widder) handelt es sich immer um zwei Dispositoren. Nur die domizilen Planeten haben keine Dispositoren, denn sie sind selber Regenten der zodiakalen Zeichen, in denen sie sich momentan befinden.

Alle einbezogenen Funktionen spielen in den wechselseitigen Beziehungen die symbolischen Hauptrollen der Planeten im Horoskop auf die Art und Weise, die eigentlich das Wesen der modernen astrologischen Divination ist und in den konkreten Fällen ihre Bedeutung ermöglicht.

Der Planetenbaum mit zwei Adepten in einer alchimistischen Schrift.

Die Grundbedeutungen der zehn astrologischen Planeten im Horoskop

SONNE

Bezeichnung, Zeichen und mythologischer Hintergrund des Planeten

Die Sonne als erster der sieben bekannten astrologischen Planeten des Altertums ist bereits in den ältesten Schichten astraler Mythen vorhanden. Dem griechischen *Helios* entsprach römisch *sol*, ägyptisch *Re (Ra)* oder auch *Aton* (= Sonnenscheibe), sumerisch *Utu* oder *Babbar* (= blendend leuchtend), akkadisch *Schamasch* und indisch *Ravi* oder *Súrja*. Das konventionelle Zeichen für die Sonne – ein Kreis mit einem Punkt in der Mitte – taucht aber erst in Texten des byzantinischen Mittelalters auf; früher verwendete man andere Symbole.

Zyklus

Aus geozentrischer Sicht umkreist die Sonne innerhalb eines tropischen Jahres den Zodiakus. Sie verweilt in jedem Zeichen einen Monat.

Astrologische Bedeutung, Domizil und Wirkung

- Als zentrales Element jedes Horoskops repräsentiert die Sonne astrologisch das rein männliche Prinzip, das die Persönlichkeit formt, die schöpferische Lebenskraft, Vitalität, Objektivität, Führungseigenschaften, Zielstrebigkeit und Entschlossenheit – also durchwegs männliche Äußerungen. (Das grammatikalische Geschlecht bei Substantiven ist in verschiedenen Sprachen unterschiedlich.) Die Sonne deutet nach ihrer Position im Horoskop an, wo die erwähnten Eigenschaften des einzelnen herstammen.
- Das Sonnenzeichen des Tierkreises gehört zu den Grundlagen der zodiakalen Typologie. Zwei ihrer Begleiter – Merkur und Venus – können sich bei ihrer geozentrischen Bewegung nicht mehr als ein bzw. anderthalb Zeichen von der lebenspendenden Sonne entfernen. Oft sind sie daher im gleichen Tierkreiszeichen wie die Sonne, wo sie die Bedeutung des betreffenden Abschnitts durch ihre Anwesenheit automatisch verstärken. Auch wenn sich die zodiakale Typologie durch die Herausnahme der Sonne aus dem Komplex der übrigen neun astrologischen Planeten, wie dies häufig in der Volksastrologie geschieht, nicht vereinfachen läßt, ist ihre Bedeutung in jedem Horoskop doch primär.
- Gerade die Sonne zeigt, ob der Eigner des Horoskops die Möglichkeiten, die die anderen Planeten versprechen, überhaupt realisieren kann – ob er genug fruchtbar, schöpferisch, kreativ und imstande ist, seine Anlagen zu entfalten und alle Möglichkeiten zu nutzen. Die Sonne ist das Lebensprinzip selbst, Spenderin von Gesundheit und Quell des Lebens. Ihre Position im Horoskop deutet darauf hin, wovon sein Eigner lebt und sich ernährt, wo seine Stärke liegt, worin er seine Energie maximal zu investieren vermag, aber auch, wo er als reifer Mensch ein Kind

Die Sonne – mit Domizil im Zeichen Löwe – und ihre Kinder (Stich aus dem mittelalterlichen deutschen »Hausbuch«).

Die Sonne – astrologische Herrscherin des Zeichens Löwe – und ihre Kinder: Miniatur aus der illustrierten Handschrift »De Sphaera« aus dem 15. Jahrhundert (Biblioteca Estense, Modena, Lat. 209).

Die Sonne – Herrscherin des Zeichens Löwe (»Das große Planetenbuch«, 1553).

bleibt und in welcher Beziehung er das Leben als Spiel auffassen kann, mit anderen Worten, was für ihn nur Spielzeug ist und wo seine wirkliche Domäne liegt.

- Starke Aspekte der anderen Planeten gegenüber der Sonne im Horoskop verringern den Grad des Lebenselans, entziehen dem Eigner die Fähigkeit, das Leben um sich herum zu organisieren, so daß er zu Unentschlossenheit, Passivität übergeht und wenig Zielstrebigkeit zeigt. Das gilt vor allem, wenn die Sonne in bestimmten Tierkreiszeichen oder Häusern ist.
- Die Sonne ist astrologischer Herrscher des Zeichens Löwe, das gleichzeitig ihr einziges zodiakales Haus ist.
- Die Szenerie der alten allegorischen Darstellungen der Sonne bilden in der Regel städtische Paläste mit Plätzen für Spiele, Unterhaltung und Wettkämpfe. Zum Gefolge der Sonnenkinder gehören darin Monarchen und Adlige, Musiker, Spieler und Wettkämpfer. Die allegorische Gestalt der Sonne fährt meistens auf einem von einem Pferdegespann gezogenen Wagen mit dem Löwezeichen im Rad. Mit ihm fährt Helios jeden Tag von Osten nach Westen über den Himmel und kommt nachts auf einem großen Kahn über den Ozean wieder zurück. Seine Hauptattribute sind ein Zepter und ein Strahlenkranz über dem Kopf.

MOND

Bezeichnung, Zeichen und mythologischer Hintergrund des Planeten

Der griechischen *Selene* (*Semele*) oder römischen *Luna* entsprach im Sumerischen *Nannar*, im Babylonischen *Sín*, im Ägyptischen *Ah* (Sonne der Nacht) und im Indischen *Tschandar* (Mond). Die alte europäische Astrologie nannte den Mond »Kleines Licht«, Spiegel des Lebens. Sein konventionelles Zeichen stellt eine Mondsichel dar.

Die Sonne – Herrscherin des Zeichens Löwe – und ihre Kinder: aus dem Holzschnittzyklus »Die sieben Planeten« von Hans Sebald Beham aus den Jahren 1530 bis 1540.

Zyklus

Der Mond durchläuft den ganzen Tierkreis im Zyklus eines tropischen Monats von 27,322 Tagen. Er verbleibt in jedem Zeichen durchschnittlich zweieinviertel Tage.

Astrologische Bedeutung, Domizil und Wirkung

• Der Mond drückt in der Astrologie das rein weibliche Prinzip aus, Emotionen, Stimmungen, Träume, Gewohnheiten, Periodizität, Anpassungsfähigkeit, Variabilität und Gedächtnis. Der Mond ist der weibliche Partner der Sonne, Ausdruck der Seele des Individuums. Im Horoskop repräsentiert er auch die Mutter, allgemein eine ältere Frau, das fürsorgende, beschützende und empfangende Prinzip.

Der Mond – mit Domizil im Zeichen Krebs – und seine Kinder (Stich aus dem mittelalterlichen deutschen »Hausbuch«).

Der Mond – Herrscherin des Zeichens Krebs: Holzschnitt aus einer 1528 in Straßburg erschienenen Schrift von Magister Johannes Kündisperg.

• Im Tierkreis regiert der Mond das Zeichen Krebs, das auch sein einziges zodiakales Haus ist. Auf erstaunliche Weise verbindet sich der Mond so mit dem Prinzip Erde, und zwar nicht mit dem Planeten oder dem Element Erde, sondern mit der Erde als Mutter allen Lebens. Seit eh und je wurde der Mond ja mit Fruchtbarkeit verknüpft, wozu auch sein astronomischer Zyklus beitrug, der dem Menstruationszyklus ähnelt.

• Erst der weibliche astrologische Planet Mond kann unter gewissen Umständen und in einer entsprechenden Konstellation im Horoskop eine allzu einseitige Vitalität und Zielstrebigkeit des einzelnen, die durch das männliche Sonnenprinzip gegeben ist, abschwächen und ihr Beseeltheit verleihen. Der Aspekt der Sonne zum Mond gehört deshalb zu den Grundbeziehungen, die in jedem Horoskop untersucht werden müssen. Wenn die Sonne darin die Fanfare des Lebens ist, stellt der Mond eher ein leises Flüstern dar, ein subjektives Träumen und Mitgefühl. Seine Position im Horoskop deutet den konkreten Ausgang dieser Tendenzen an.

Der Mond – astrologischer Herrscher des Zeichens Krebs – und seine Kinder: Miniatur aus der illustrierten Handschrift »De Sphaera« aus dem 15. Jahrhundert (Biblioteca Estense, Modena, Lat. 209).

• Die Szenerie der alten allegorischen Darstellungen des Mondes bilden oft Landschaften mit Wasserreservoirs zum Fischfang, für die Jagd von Wasservögeln und zum Baden, stille Winkel für häusliche Tätigkeiten, oft mit einer Mühle und mit Menschen aus dem Familienkreis. Zum Gefolge der Mondkinder gehören dort Fischer, Flößer, Wäscherinnen und Müller. Die allegorische Gestalt des Mondes fährt in der Regel auf einem Wagen mit Krebszeichen im Rad zwei weißgekleidete weibliche Gestalten davorgespannt, in einer anderen Alternative zwei Hirsche (Luna als Diana). Das Hauptattribut des Mondes ist eine Mondsichel.

Der Mond – Herrscher des Zeichens Krebs – und seine Kinder: aus dem Holzschnittzyklus »Die Sieben Planeten« von Hans Sebald Beham aus den Jahren 1530 bis 1540.

MERKUR

Bezeichnung, Zeichen und mythologischer Hintergrund des Planeten

Der griechische *Hermes* (*hermes* = Grenzsstein, Säule) als Götterbote, der römische *Mercurius*, der ägyptische *Tovt* als göttlicher Schreiber und Begleiter der Toten, der babylonische *Nebo* oder *Nabu*, der indische *Buddha* – sie alle entsprachen dem Merkur, dem ersten inneren, astrologisch inferioren Planeten unseres Sonnensystems. Sein konventionelles Zeichen, der Herolds- oder eben Hermesstab, ist auf den Darstellungen dieses antiken Gottes – ebenso wie Flügelhelm und Flügelschuhe – sein charakteristisches Begleitsymbol. Später wurde dieser Stab das Symbol der Medizin, was sich davon herleitet, daß Merkur in der Astrologie im Zeichen der Jungfrau regiert – u. a. dem Zeichen für Krankheiten.

Zyklus

Auf seiner Wanderung durch den Tierkreis ist Merkur der ständige Begleiter der Sonne, ein Page, der sich von seinem Herrn aus geozentrischer Sicht keine größere Winkelentfernung – die sogenannte maximale Elongation – trennen kann als 27° 56′. Daher durchläuft dieser inferiore (innere) Planet den Tierkreis geozentrisch an der Seite der Sonne durchschnittlich einmal im Jahr.

Astrologische Bedeutung, Domizil und Wirkung

• In der Astrologie drückt Merkur Mitteilsamkeit, Schnelligkeit, Allseitigkeit, Wißbegierde und die Fähigkeit nachzudenken aus, wobei das Maß dieser Eigenschaften von seiner Position im Horoskop abhängt. In einigen Fällen kann er andererseits Sprunghaftigkeit, Unruhe, Nervosität und Zerstreutheit oder übertriebene Neugierde anzeigen.

• Allgemein ist Merkur der Planet von Vernunft und Verständnis, von Denken, Mitteilen, Vermitteln und Weitergeben, von Klugheit, Geschicklichkeit und Intelligenz. Nach der traditionellen Astrologie war er weder männlicher noch weiblicher Planet, sondern ein neutraler, hermaphroditischer Vermittler zwischen beiden Polen, Planet der Beziehungen. Merkur ist Sprecher, Übersetzer, Dolmetscher und Unterhändler. In einer guten Position zeigt er einen kritischen Charakter an, logisches Erwägen und geistige Regsamkeit, auf materiellem Gebiet wiederum Gewandtheit, Geschicklichkeit, Routine und Schlagfertigkeit.

• Im Tierkreis hat Merkur zwei Häuser – Zeichen, in denen er regiert und die auch seine zwei grundlegenden funktionellen Seiten widerspiegeln: die

Merkur – astrologischer Herrscher der Zeichen Zwillinge und Jungfrau – und seine Kinder: Miniatur aus der illustrierten Handschrift »De Sphaera« aus dem 15. Jahrhundert (Biblioteca Estense, Modena, Lat. 209).

theoretische und die praktische. Das eine ist das Luftzeichen der Zwillinge, und Merkur symbolisiert darin die Theorie, die Logik und die reine Vernunft. Als Herrscher des zweiten, irdischen Zeichens der Jungfrau symbolisiert er den praktischen Verstand, Handel, Handwerk und Medizin, also mehr praktische Geschicklichkeit und Fertigkeiten als nur Worte.

• Die Szenerie der alten allegorischen Darstellungen Merkurs besteht aus Straßen mit Fußgängern, Geschäften, Werkstätten, wissenschaftlichen Arbeitsplätzen und Observatorien. Zum Gefolge der Merkurkinder gehören dort Schreiber, Schriftsteller, Dichter, Gelehrte, Astronomen, Vermesser, Geographen, Uhrmacher und Baumeister (Orgelbauer), aber auch bildende Künstler (Maler, Bildhauer, Graveure und

Merkur – der Herrscher der Zeichen Zwillinge und Jungfrau (»Das große Planetenbuch«, 1553).

Merkur – der Herrscher der Zeichen Zwillinge und Jungfrau – und seine Kinder: aus dem Holzschnittzyklus »Die sieben Planeten« von Hans Sebald Beham aus den Jahren 1530 bis 1540.

Holzschnitzer) sowie Handwerker und Kaufleute. Die allegorische Gestalt des Merkur fährt in der Regel auf einem von zwei Hähnen gezogenen Wagen mit dem Zeichen der Zwillinge und der Jungfrau an den Rädern. Das Hauptattribut Merkurs ist der Stab mit zwei Schlangen.

VENUS

Bezeichnung, Zeichen und mythologischer Hintergrund des Planeten

Die griechische *Aphrodite* (= die Schaumgeborene), Göttin der Schönheit und der Liebe, die römische *Venus*, die sumerische *Inanna* (= Herrin des Himmels), die akkadische *Ischtar*, die assyrische *Mylita*, die syrische *Astarte*, die phönizische *Astarot*, die ägyptische *Aschtoret* und die indische *Schukra* – sie alle entsprachen dem zweiten inneren, astrologisch inferioren Planeten, der Venus. Schon die antiken Astronomen erkannten, daß es ein Planet mit zwei Gesichtern ist, der am Himmel als Morgenstern (Fosforos, Tiunutiri) oder als Abendstern (Hesperos, Uaiti) erscheint. Das konventionelle astronomische Zeichen erklären einige Forscher als Hieroglyphe eines Spiegels – des ständigen Begleiters der Anmut junger Frauen. In moderner Zeit wurde es zum allgemeinen Symbol für das weibliche Geschlecht.

Zyklus

Aus geozentrischer Sicht kann Venus auf ihrer Wanderung durch den Tierkreis von der Sonne, die sie begleitet, um maximal 47° 47′ – ihre maximale Elongation – abweichen. Daher dauert ähnlich wie bei Merkur ihre geozentrische Reise durch den Tierkreis im Durchschnitt ungefähr ein Jahr, sie befindet sich aber ebenso wie Merkur oft im Nachbarzeichen zur Sonne. Fünf synodische Umläufe der Venus, bei denen sie wiederholt in Konjunktion mit der Sonne gerät, dauern fast genau acht Jahre (minus 2,4 Tage). Während dieser Zeit bewegt sie sich fünfmal rückläufig.

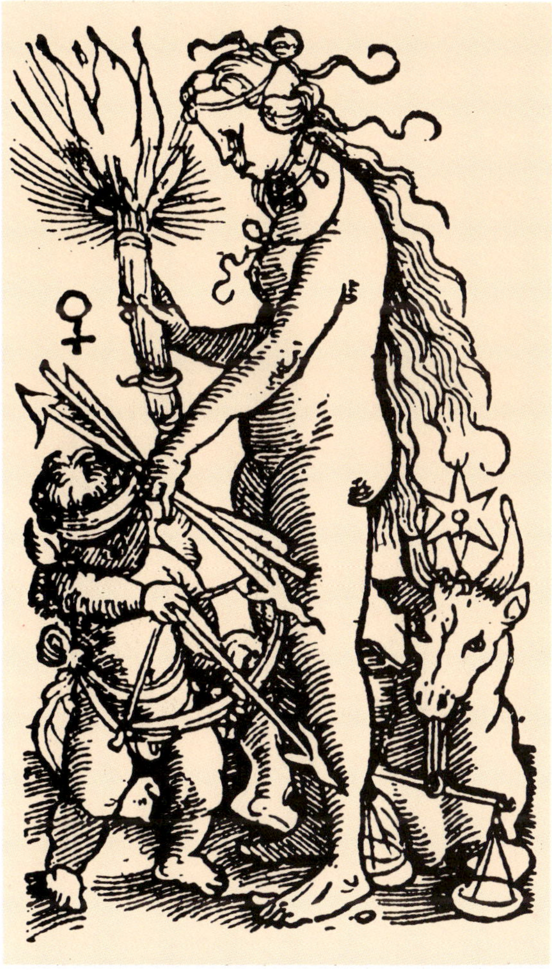

Venus – die Herrscherin der Zeichen Waage und Stier: Holzschnitt aus einer 1528 in Straßburg erschienenen Schrift von Magister Johannes Kündisperg.

Merkur – mit Domizil in den Zeichen Zwillinge und Jungfrau – und seine Kinder (Stich aus dem mittelalterlichen deutschen »Hausbuch«).

Astrologische Bedeutung, Domizil und Wirkung

• Im Tierkreis erfolgen die Aufenthalte der Venus nacheinander an verschiedenen Örtern, aber nach einem bestimmten interessanten Schema – einem fünfzackigen, in einem Zuge gezeichneten Stern (Pentagramm). Die alten Hermetiker sahen in der Ausrichtung dieses Pentagramms, das mitunter auch »Drudenfuß« genannt wurde, zwei diametral entgegengesetzte Grundbedeutungen: Mit einer Spitze nach oben gestellt, symbolisierte es für sie einen Menschen, und mit einer Spitze nach unten repräsentierte es einen Tierschädel (Stierkopf). Eine analoge Doppelbedeutung sahen die Astrologen auch in der Venus

Venus – astrologische Herrscherin der Zeichen Waage und Stier – und ihre Kinder: Miniatur aus der illustrierten Handschrift »De Sphaera« aus dem 15. Jahrhundert (Biblioteca Estense, Modena, Lat. 209).

Das Diagramm der Stationaritäten der Venus im geozentrischen Modell bildet ein Pentagramm, das in Achtjahreszyklen langsam im Gegensinne der Tierkreiszeichen rotiert.

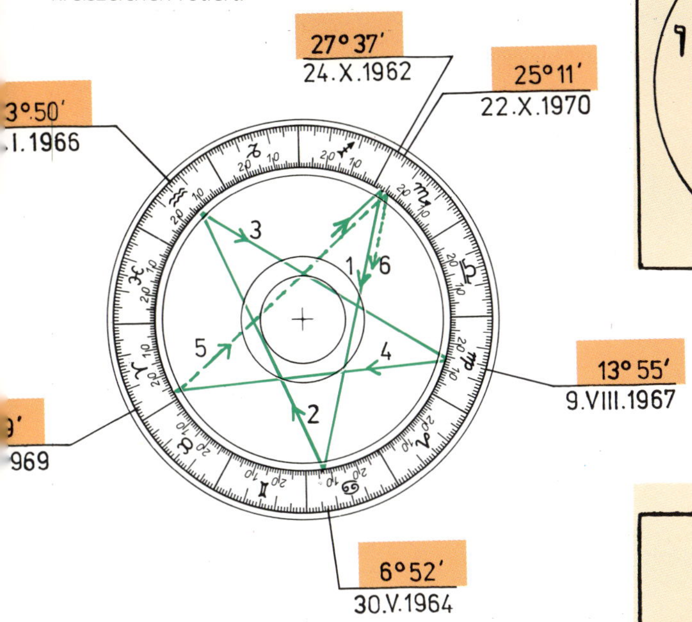

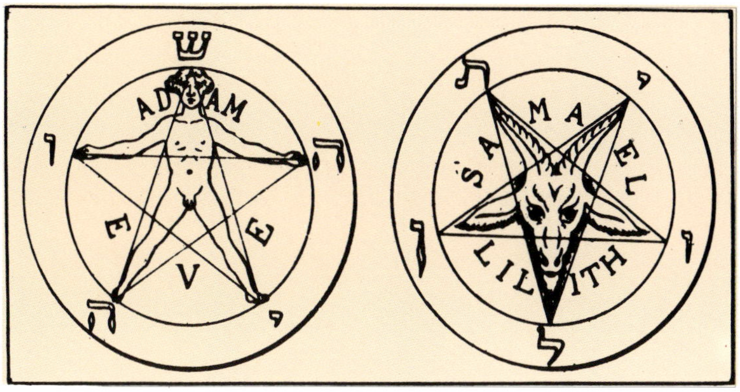

Die zwei Varianten des Pentagramms im Hermetismus: Mensch und Baphomet oder göttliches und teuflisches Wesen.

als astrologischer Regentin des Luftzeichens Waage (+) und des Erdzeichens Stier (-): auf der einen Seite geistige und künstlerische Inspiration und auf der anderen materielle Werte, Wonnen und ein Füllhorn materieller Güter. Gemeinsam herrscht Venus in der Astrologie so über geistige wie materielle Werte.

• In der Astrologie gilt Venus, die früher auch kleines Glück genannt wurde, als Symbol der Schönheit, Feinheit, Rast und Inspiration, des Wohlgefallens und der Kunst, aber auch des verführerischen Reizes, der Sinnlichkeit und Liebe, der Freude und des Vergnügens. Sie bedeutet Zuneigung, Zutraulichkeit und Anpassung. Das Schlüsselwort der Venuswirkung ist Liebenswürdigkeit. In der Horoskopie repräsentiert Venus allgemein das Prinzip der Lust. Im Tierkreis regiert sie die Zeichen Waage und Stier.

• Die Szenerie der alten allegorischen Darstellungen der Venus bilden Orte der Ruhe, Unterhaltung, Lustbarkeiten und Promenaden mit Bädern und Gartenpavillons samt Musik, Tanz und intimen Winkeln im Park – Stätten der Liebe. Zum Gefolge der Venuskinder gehören dort Liebespaare, Kammermusiker, Tänzer, fesche Burschen und schöne Frauen. Die allegorische Gestalt der Venus fährt in der Regel auf einem von zwei Eulen, in einer anderen Variante von zwei Schwänen, gezogenen Wagen mit Stier- und Waagezeichen an den Rädern. Die Hauptattribute der Venus sind ein Füllhorn und eine Amorette mit Bogen und Pfeilen, manchmal auch ein von einem Pfeil durchbohrtes Herz.

Venus – mit Domizil in den Zeichen Waage und Stier – und ihre Kinder (Stich aus dem mittelalterlichen deutschen »Hausbuch«).

MARS

Mars – der Herrscher der Zeichen Skorpion und Widder (»Das große Planetenbuch«, 1553).

Bezeichnung, Zeichen und mythologischer Hintergrund des Planeten

Der griechische *Ares* (= mannhafter Krieger) und der römische *Mars*, Gott des unbarmherzigen Schlachtgetümmels, selbst ein großer Kämpfer, hatten Entsprechungen im sumerischen und akkadischen *Nergal* und im ägyptischen *Harmachis* (= schwarzer Hór); die Inder nennen den Planeten *Kuja* oder *Mangala*. Sein konventionelles Zeichen, in moderner Zeit als allgemeines Symbol des männlichen Geschlechts aufgefaßt, wird in bezug auf Mars als ein Schild mit Lanze interpretiert, die Hauptausrüstung des Kriegs- gottes. Die alten Sterndeuter nannten den Planeten Verderbenbringer, die Tschechen im vorigen Jahrhundert Todesbote.

Venus – die Herrscherin der Zeichen Waage und Stier – und ihre Kinder: aus dem Holzschnittzyklus »Die sieben Planeten« von Hans Sebald Beham aus den Jahren 1530 bis 1540.

Zyklus

Mars, der erste äußere, astrologisch superiore Planet des Sonnensystems, umrundet den Tierkreis in einem etwa zweijährigen Zyklus. Die heliozentrische Umlaufzeit beträgt 1,881 Jahre.

Astrologische Bedeutung, Domizil und Wirkung

• Mars repräsentiert in der Astrologie markant das Prinzip der durchdringenden Aktionsfähigkeit und wird so zum Gegenpol des Planeten Venus. Er bedeutet physische Bewegung, Energie, Impuls, entschlossene und energische Tat, Durchsetzung des eigenen Willens, Konkurrenzfähigkeit, Kampf, Aggressivität und Mut. Der Marsmensch führt aus. Mars ist der Planet des gewaltsamen Eingriffs. Weshalb zögern – gehandelt werden muß jetzt gleich, Schlag auf Schlag. Wenn die Wut wächst, der Zorn hochschäumt, sind die Auswirkungen des Mars im Horoskop »klar wie Wasser«. Er ist der anspruchsvolle Planet des Kampfes, der im Horoskop andeutet, wo im Leben vor allem Gewalt angesiedelt ist, wo und in welcher Aktion am meisten Energie gebraucht wird.

Mars – astrologischer Herrscher der Zeichen Skorpion und Widder – und seine Kinder: Miniatur aus der illustrierten Handschrift »De Sphaera« aus dem 15. Jahrhundert (Biblioteca Estense, Modena, Lat. 209).

• Die Schlüsselwörter sind Mut und Kühnheit, Energie und Tatkraft. Gemeinsam mit Pluto regiert Mars im Widder und Skorpion. Er beherrscht das Eisen, und seine Domäne sind Waffen.

• Die Szenerie der alten allegorischen Darstellungen des Mars bildet in der Regel eine Landschaft hinter der Stadt, ein Schlachtfeld. Zum Gefolge der Marskinder gehören dort Soldaten, Krieger, Kämpfer, Gewalttäter, Mörder, Brandstifter und Raufbolde. Die allegorische Gestalt des Mars fährt in der Regel auf einem von zwei Wölfen, in einer anderen Variante von einem Pferdezweigespann, gezogenen Wagen in voller Rüstung und mit den Widder- und Skorpionzeichen an den Wagenrädern. Seine Hauptattribute sind Schwert und Schild.

Mars – der Herrscher der Zeichen Skorpion und Widder und seine Kinder: aus dem Holzschnittzyklus »Die sieben Planeten« von Hans Sebald Beham aus den Jahren 1530 bis 1540.

Mars – mit Domizil in den Zeichen Skorpion und Widder – und seine Kinder (Stich aus dem mittelalterlichen deutschen »Hausbuch«).

JUPITER

Bezeichnung, Zeichen und mythologischer Hintergrund des Planeten

Dem griechischen *Zeus* (= klarer Himmel) und dem römischen *Jupiter* entsprechen im Sumerischen *Ischkur*, im Akkadischen *Adad (Rammán)*, im Babylonischen *Marduk* und im Indischen *Brhaspatim*, auch *Guru* genannt. Die Herkunft des konventionellen Planetenzeichens ist nicht eindeutig geklärt.

Zyklus

Dieser größte Planet unseres Sonnensystems umrundet den Tierkreis in einem etwa zwölfjährigen Zyklus. Die heliozentrische Umlaufzeit beträgt 11,86 Jahre. In jedem Tierkreiszeichen hält er sich durchschnittlich ein Jahr auf. An seine ursprüngliche Stelle im Horoskop eines Menschen kehrt er bei Transiten höchstens neun- bis zehnmal im Leben zurück.

Astrologische Bedeutung, Domizil und Wirkung

• Jupiter, in der Astrologie früher auch großes Glück genannt, übernahm als Planet die Charaktermerkmale des höchsten Gottes, des Herrschers auf dem Olymp: großzügige Güte, Freigebigkeit, Hochherzigkeit, Edelmut, Wohlwollen und Toleranz. Im Horoskop ist er der mächtige Beschützer des Bereiches, den er durch seine Stellung repräsentiert. Er spielt dem Menschen große Chancen und Gelegenheiten zu. Selbst expansiv, erweitert er auch dessen

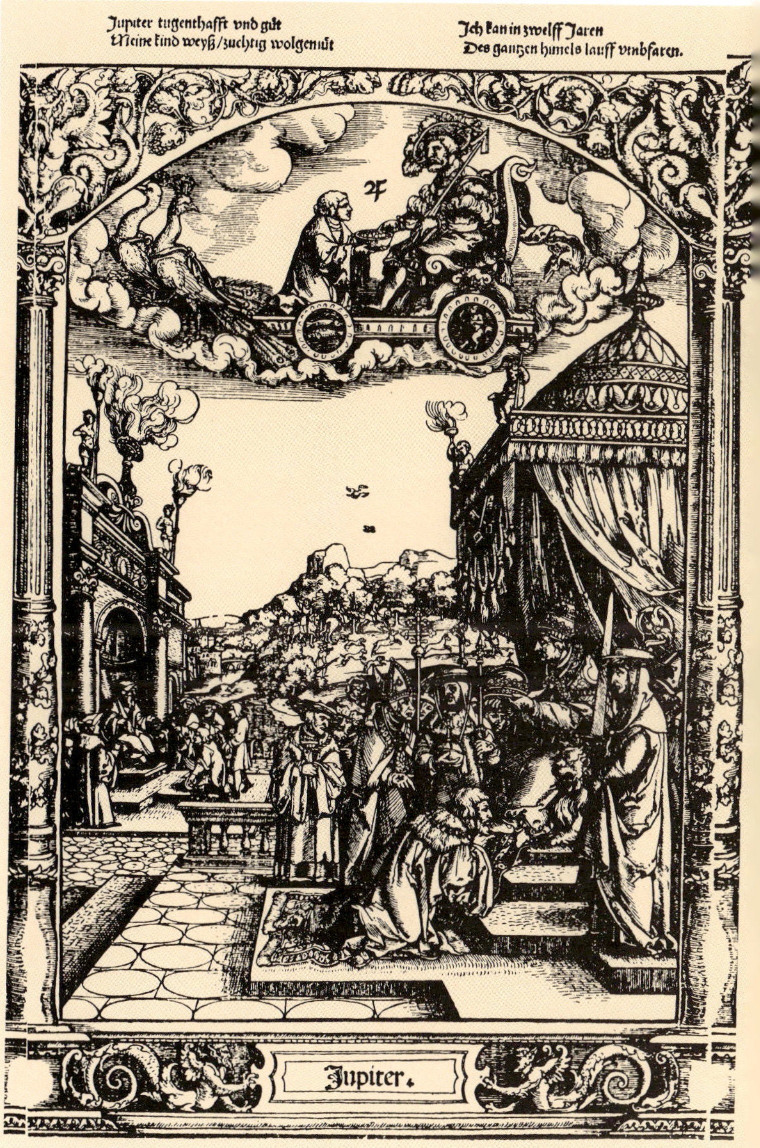

Jupiter – der Herrscher der Zeichen Schütze und Fische – und seine Kinder: aus dem Holzschnittzyklus »Die sieben Planeten« von Hans Sebald Beham aus den Jahren 1530 bis 1540.

Jupiter – der Herrscher der Zeichen Schütze und Fische (»Das große Planetenbuch«, 1553).

Diese Abbildung zeigt Jupiter – astrologischer Herrscher der Zeichen Schütze und Fische – und seine Kinder: Miniatur aus der illustrierten Handschrift »De Sphaera« aus dem 15. Jahrhundert (Biblioteca Estense, Modena, Lat. 209).

Saturn – der Herrscher der Zeichen Steinbock und Wassermann (»Das große Planetenbuch«, 1553).

geistigen Horizont; hilft langsam, aber sicher, Hindernisse zu überwinden; verleiht Glauben und Optimismus, die Fähigkeit zu wachsen und Großzügigkeit; bietet die Möglichkeit, Anerkennung zu erzielen, Ruhm und Ehre zu erlangen, ermöglicht Wohlstand und Freiheit, verleiht auch prophetische Gaben. Eher übertreibt er stets und ist darin der Gegenspieler des Saturn, der mehr reduziert. Wenn Jupiter den einzelnen allzu stark beeinflußt, bewirkt das seine Eitelkeit, seine olympische Verhaltensweise, Jovialität und Stolz, doch daran stirbt man nicht. Die Position dieses Planeten im Horoskop weist gleichzeitig auf die Gelegenheiten für eine Besserung hin.

- Die Szenerie der alten allegorischen Darstellungen des Jupiter bilden Dome, Tabernakel, Wallfahrtsorte, Stätten für kirchliche Zeremonien, Krönungen und Jagden. Zum Gefolge der Jupiterkinder gehören dort kirchliche Würdenträger, Theologen, Pilger, Jäger und Reiter auf langen Wegen. Die allegorische Gestalt Jupiters fährt in der Regel auf einem von zwei Pfauen oder einem Adlerpaar gezogenen Wagen mit den Zeichen des Schützen und der Fische an den Rädern. Das Hauptattribut ist ein Bündel Blitze, die er sehr wohl auf denjenigen schleudert, der ihn ärgert oder seine Würde in irgendeiner Form in Frage stellt (Zeus, der Donnergott).

SATURN

Bezeichnung, Zeichen und mythologischer Hintergrund des Planeten

Der griechische *Kronos* (= Rabe), der römische *Saturnus*, der sumerische *Ninurta*, der akkadische *Ninib*, der indische *Schani (Manda)* – sie alle waren mythologische Entsprechungen des Saturn, des letzten bekannten Planeten des Altertums und Mittelalters. Die Herkunft des konventionellen Planetenzeichens ist nicht eindeutig geklärt.

Saturn – mit Domizil in den Zeichen Steinbock und Wassermann – und seine Kinder (Stich aus dem mittelalterlichen deutschen »Hausbuch«).

Zyklus

Saturn umrundet den Tierkreis in einem etwa 30jährigen Zyklus. Seine heliozentrische tropische Umlaufzeit beträgt 29,42 Jahre. In jedem zodiakalen Zeichen hält er sich durchschnittlich zweieinhalb Jahre auf. D. h., daß er ungefähr alle sieben Jahre einen wichtigen Winkel zum Geburtsstandort bildet. An seine ursprüngliche Stelle im Horoskop des Menschen kehrt er bei Transiten höchstens dreimal im Leben zurück.

Saturn – der Herrscher der Zeichen Steinbock und Wassermann – und seine Kinder: aus dem Holzschnittzyklus »Die sieben Planeten« von Hans Sebald Beham aus den Jahren 1530 bis 1540.

Astrologische Bedeutung, Domizil und Wirkung

• Als Symbol der Zeit war Saturn für die alten Sterndeuter der letzte, äußerste Planet, der auch großes Unglück genannt wurde, und man sagte: Während der mutige Mars sofort zuschlägt, wartet der zurückhaltende Saturn auf seine Gelegenheit, da er genug Zeit hat, denn er ist ja ihr Herrscher. Lange prüft er manchmal einen Menschen, ehe er ihn zu Erkenntnis, Klugheit und zur Möglichkeit einer Besserung führt. Während Jupiter gibt, nimmt Saturn. Weshalb? Weil weniger bisweilen mehr ist. Die Klugheit Saturns beruht auf der Fähigkeit anzuhalten, sich zu konzentrieren und den bisherigen Weg zu überschauen. Er hat also eher die Funktion eines Bremsers als eines Antreibers.

• Die Position Saturns im Horoskop zeigt äußere restriktive Eingriffe ins Leben an, die oft als fatal empfunden werden. Das Saturnprinzip der allmählichen Reduzierung deutet im Horoskop daher an, in welcher Richtung man gegen Ungewißheit und Enttäuschung, gegen Melancholie vorzugehen hat, als deren Personifizierung Saturn von den alten Astrologen angesehen wurde. Dieser letzte der sieben antiken Planeten wird in der Astrologie auf das Alter bezogen und auf alles, was damit zusammenhängt: Erfahrung, Verantwortung, Gelehrsamkeit, Ernst, Würde und Beharrlichkeit, aber auch ein gewisses Maß Trauer oder eher Betrübnis. Gemeinsam mit Uranus regiert Saturn die Zeichen Steinbock und Wassermann.

• Die Szenerie der alten allegorischen Darstellungen des Saturn bilden in der Regel das Land und Äcker, Gartenanlagen, Dorfplätze mit Markt und Schweineschlachten, eine Landschaft mit Tälern, Beerdigungen, Richtplätzen und Gefängnissen. Zum Gefolge der Saturnkinder gehören dort alte Männer und Frauen, Krüppel, Verurteilte und Häftlinge sowie Wirte, Obstzüchter, Bauern, Gerber und Fleischer. Die allegorische Gestalt des Saturn fährt meist auf einem von zwei Greifen gezogenen Wagen, in einer Variante mit einem Gespann aus einem Löwen und einem sich in den Schwanz beißenden Drachen, sowie mit den Zeichen von Steinbock und Wassermann an den Rädern. Das Hauptattribut Saturns ist die Sichel, die manchmal auch als Sense dargestellt ist.

URANUS

Entdeckung, Bezeichnung und Zeichen des Planeten

Dieser erste der Planeten, die man erst in der Neuzeit gesichtet hat, wurde am 13. März 1781 zwischen 22 und 23 Uhr in der Sternwarte von Greenwich entdeckt. Das eine der für Uranus verwendeten zwei Zei-

Diese Abbildung zeigt Saturn – astrologischer Herrscher der Zeichen Steinbock und Wassermann – und seine Kinder: Miniatur aus der illustrierten Handschrift »De Sphaera« aus dem 15. Jahrhundert (Biblioteca Estense, Modena, Lat. 209).

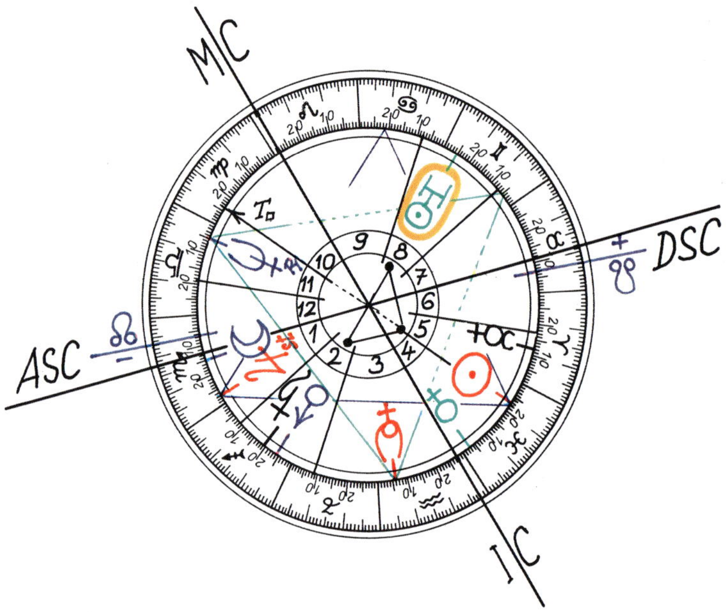

***Ungefähres Horoskop der Entdeckung des Planeten Uranus** durch William Herschel am 13. März 1781 zwischen 22 und 23 Uhr in Greenwich (nach der Angabe in seinem Arbeitstagebuch). Das Horoskop wurde für 22 Uhr 30 Minuten gestellt und nach dem System der Koch-Häuser ausgearbeitet. Außer Uranus befand sich am nächtlichen Himmel über dem Observatorium noch ein anderer, damals noch nicht bekannter Planet: Neptun, der im Trigonal mit einem dritten, damals ebenfalls unbekannten – Pluto – verbunden war. Die Sonne im T-Quadrat und in Halbdistanz zwischen Mars und Uranus deutet auf ein plötzliches umwälzendes Ereignis hin, einen Bruch und Eingriff in ein bestehendes System. In diesem Falle ging die traditionelle astrologische Siebnergruppe der Planeten zugrunde, was eine große Zäsur in der Geschichte der Astrologie bedeutete. Mond mit Jupiter im Skorpion im 1. Haus und Jupiter im Trigonal zur Sonne weisen auf den entdeckenden Charakter des betreffenden Ereignisses und gleichzeitig auf seine Bedeutsamkeit hin.*

chen enthält den Buchstaben H, das Initial des Namens seines Entdeckers, Sir John Frederick William Herschel, nach dem der neue Planet ursprünglich benannt werden sollte. Schließlich wählte man aber die vom griechischen Gott des Himmels – *Uranos* – abgeleitete Bezeichnung. Das Alternative für Uranus ist eigentlich die Verbindung des konventionellen Marszeichens mit dem Sonnenzeichen.

Zyklus

Den ganzen Tierkreis umrundet Uranus in ungefähr 84 Jahren. Die heliozentrische tropische Umlaufzeit beträgt 83,75 Jahre. In jedem Zodiakuszeichen bleibt er etwa sieben Jahre. In der gleichen Zeit durchquert Saturn etwa einen ganzen Quadranten der Ekliptik, d. h. einen Abschnitt von drei Zeichen. An seine ursprüngliche Stelle im Horoskop des Menschen kann Uranus höchstens einmal im Leben zurückkehren.

Astrologische Bedeutung

Uranus wird in der Astrologie mit allem Exzentrischen, Abwegigen, Revolutionären und scheinbar Zufälligen verknüpft, mit allem, was außerhalb der gewöhnlichen Norm oder der anerkannten Tradition liegt. Die Position im Tierkreiszeichen und im Haus zeigt an, in welcher Hinsicht der Eigner des Horoskops originell, nicht einzuordnen und anders als der Durchschnitt ist, in welcher Richtung er sich am meisten in acht nehmen muß vor unerwarteten Ereignissen und Überraschungen. Uranus bedeutet außergewöhnliche Phänomene und ist auch mit dem plötzlichen Verstehen ihres verborgenen Inhalts verbunden. Er ist der Planet der Hellsichtigen, Weitblikkenden, der prophetische Planet des plötzlichen Erratens, der Planet der Magier. In diesem Sinne gilt er auch als Patron der Astrologen. Allgemein hängt er mit der ganzen modernen Wissenschaft zusammen, mit der Elektrizität und mit umwälzenden Entdekkungen oder Ereignissen überhaupt.

Domizil, astrologische Wirkung und Eigenschaften

• Zusammen mit Saturn regiert Uranus die Zeichen Steinbock und Wassermann. Ihre gemeinsame Konjunktion mit Neptun im Steinbock, begleitet vom Sextil Plutos aus dem Skorpion, kann beispielsweise als die Hauptbegleiterscheinung der umwälzenden Veränderungen in der Welt an der Wende der achtziger zu den neunziger Jahren des 20. Jahrhunderts angesehen werden. Am stärksten wirkt Uranus in seinem kardinalen Domizilzeichen Wassermann, vor allem in seinem dritten Dekan. Von den Beispielen der individuellen Horoskopie ist am bekanntesten das ergänzte Radixhoroskop Wallensteins, in dem eine solche Konfiguration im 1. Haus auftrat, und von denen der mundanen Astrologie etwa das Horoskop der Entstehung der Tschechoslowakei, in dem sie in das 2. Haus fiel.

• Uranus ist der Planet, der durch Schock wirkt; er zerstört Traditionen und ist mit revolutionären Sprüngen verbunden. Seine astrologischen Eigenschaften wurden teilweise schon aus der einfachen Tatsache der Umstände seiner Entdeckung abgeleitet, denn diese kam völlig unerwartet und zerschlug die bis dahin festgefügte Siebnergruppe der astrologischen Planeten, die unverändert aus dem Altertum übernommen war. Die Entdeckung des Uranus verursachte daher auch in der Astrologie und ihren bisherigen Methoden eine wahre Revolution. Und acht Jahre später brach gar die Französische Revolution aus. Kein Wunder also, daß Astrologen diesem Planeten relativ schnell alle drastischen Veränderungen, Umstürze und unerwarteten Wendungen in der bisherigen Entwicklung zur Last legten.

• Im individuellen Horoskop ist Uranus Ausdruck von Eigenart, Originalität, Intuition und Aufnahmefähigkeit, des Sinnes für Periodizität und Rhythmus, von Freiheitsliebe und Begeisterung für alles Neue und Umwälzende. Er deutet die Möglichkeit der Prophetie an. Uranus, der Erwecker, führt zu plötzlichen Veränderungen und zur Freiheit. Bei starken Aspekten zu anderen Planeten tritt die Abweichung des Uranus noch ausgeprägter zutage. So kann sich Eigenart in Starrköpfigkeit verwandeln, Originalität in die Unfähigkeit, sich anzupassen, Freiheitsliebe in Widerspenstigkeit, Aufnahmefähigkeit in Affekt, Intuition in eine starke seelische Spannung usw. An die Stelle eines originellen und erfinderischen Geistes tritt dann der Typ eines Revoluzzers.

NEPTUN

Entdeckung, Bezeichnung und Zeichen des Planeten

Die astronomische Entdeckung dieses zweiten erst in der Neuzeit gesichteten Planeten verblüffte nicht mehr so sehr wie die des Uranus davor – man hatte sie im Grunde erwartet. Auch die Astrologie wurde durch Neptuns Entdeckung am Himmel keineswegs überrumpelt. Am 23. September 1846 entdeckten J. G. Galle und H. L. d'Arrest in Berlin ihn an einem Ort, der von seiner durch Le Verrier im voraus errechneten hypothetischen Position nur um nicht ganz einen Winkelgrad abwich. Er trägt den Namen des römischen Meeresgottes *Neptunus*, dem im Griechischen *Poseidon* entspricht. Sein konventionelles Zeichen ist der berühmte Dreizack.

Zyklus

Neptun umrundet den ganzen Tierkreis in etwa 164 Jahren. Seine heliozentrische Umlaufzeit beträgt 163,74 Jahre. Während des menschlichen Lebens kehrt er daher nie an die gleiche Stelle im Horoskop zurück. Jedes Tierkreiszeichen passiert er in durchschnittlich 13 bis 14 Jahren.

Astrologische Bedeutung

In der Astrologie ist Neptun ein geheimnisvoller Planet, der immer mit Transitionen verbunden ist. Er hängt mit Mystik, Imagination und Intuition zusammen, mit dem Eintauchen ins Unterbewußtsein, mit allem Latenten, Geheimnisvollen, Schemenhaften und Flüchtigen, mit Träumen und Täuschungen, mit Trance und Kontemplation. Er regiert jene Sphären, die der breiten Masse verschlossen sind. Typische

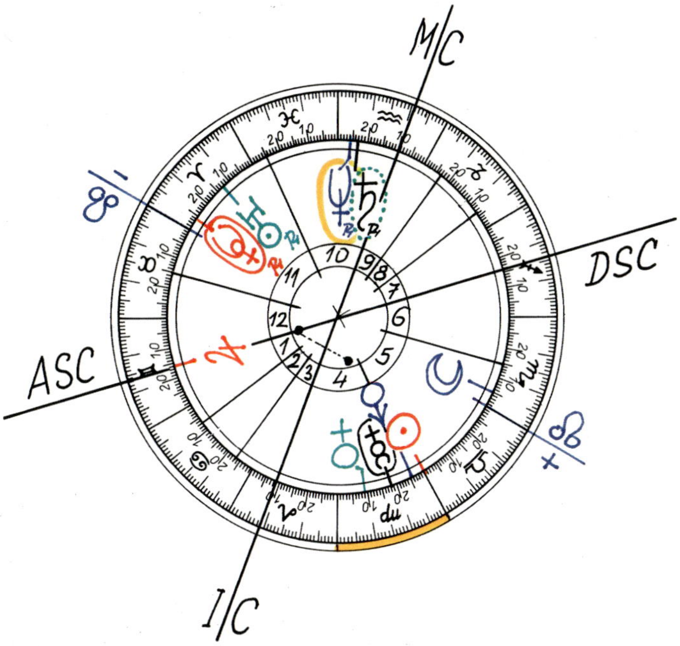

Das ungefähre Horoskop der Entdeckung des Planeten Neptun *durch J. G. Galle und H. L. d'Arrest am 23. September 1846 abends in Berlin (Koch-Häuser). Der neuentdeckte Planet befand sich in Konjunktion mit Saturn nicht ganz einen Winkelgrad von der durch Le Verrier im voraus berechneten Position. Über dem Horizont waren außer dem Domizilsaturn auch die zwei anderen erst in der Neuzeit entdeckten Planeten: Uranus und der damals noch unbekannte Pluto, in diesem Augenblick Domizil im Widder und im Sextil zur Konjunktion von Neptun mit Saturn.*

Neptunmenschen sind die Okkultisten und Mystiker und auf praktischem Gebiet vor allem Leute, die mit Chemikalien und Drogen umgehen, aber auch solche, die sich mit der psychischen Seite des Menschen beschäftigen, wie z. B. Psychoanalytiker. Zu seiner Herrschaft gehört auch die Sphäre der Emotionen, der Idealisierung und des Illusionismus.

Domizil, astrologische Wirkung und Eigenschaften

• Gemeinsam mit Jupiter regiert Neptun die Zeichen Fische und Schütze. Im Unterschied zur sichtbaren astrologischen Wirkung Jupiters ist das Wirken Neptuns weniger augenfällig, ist verborgen, geheim – er fesselt den Menschen durch unsichtbare Fäden und Ströme, und wenn wir das astrologische Wirken des Uranus als hart bezeichnen, ist der Einfluß Neptuns dagegen sehr weich, zerfließend. Statt Revolution erfolgt eher eine Evolution, statt eines revolutionären Sprungs eine Durchdringung, statt eines elektrischen Schocks eine langsame Verwischung der Konturen. Beide Effekte weisen die Spuren jener Unterschiede auf, die das Auffinden dieser Planeten begleiteten. Denn während die Entdeckung des Uranus wie ein Blitz aus heiterem Himmel einschlug, führte zur nachfolgenden Entdeckung Neptuns ein Ent-

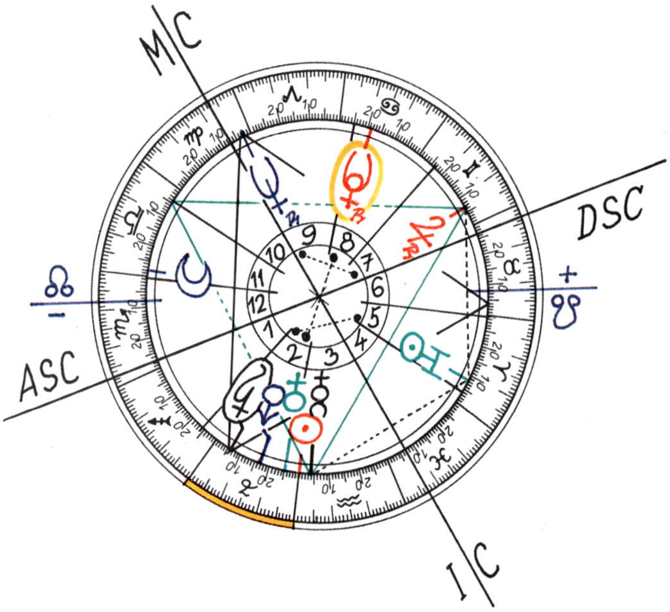

Das Horoskop der Entdeckung des letzten bekannten Planeten Pluto *durch C. W. Tombaugh in Flagstaff, Arizona, am 21. Januar 1930 um 2 Uhr 36 Minuten Ortszeit; die Häuser sind nach dem Koch-System konstruiert. Der glückliche Augenblick der Entdeckung war u. a. astrologisch vordisponiert durch Uranus in der Spitze des 5. Hauses in Halbsextildistanz zwischen Merkur in der Spitze des 3. Hauses (der Wissenschaft und Erkenntnis) und Jupiter. Pluto selbst befand sich im 8. Haus (des Forschens) in Opposition zu Mars und in der Achse der Trigonalbeziehungen zwischen Merkur und Jupiter (die theoretische Voraussetzung für die Entdeckung) einerseits und dem Domizilsaturn und Neptun (das reale Suchen auf älteren Fotoplatten) andererseits.*

wicklungsweg, der von Vermutungen begleitet und durch viele Berechnungen gekennzeichnet war. Die zweite Entdeckung als Konsequenz der ersten bedeutete keinen revolutionären Sprung mehr, weder in der Astronomie noch in der Astrologie.

• Aus der Position Neptuns im Horoskop läßt sich schließen, in welcher Richtung sein Eigner die Welt idealisiert, worüber er sich die größten Illusionen macht, aber auch, mit wem er die engste geistige Verwandtschaft fühlt und woher er eine große geistige Stärkung erwarten kann – oder in welcher Richtung er einerseits Täuschung, Schein, Illusion, Blendwerk und Betrug befürchten muß, andererseits, was ihn am meisten fesselt, worin er geheimnisvoll, undurchdringlich ist. Kurz: Im Horoskop deutet Neptun die geistigen Neigungen oder die Fluchtabsichten an, Träume, mystische Tendenzen, Idealismus, Illusionen und Selbstbetrug.

• In der mundanen Astrologie bedeutet Neptun die geistigen Strömungen und Massenemotionen, aber auch trügerische Ideologien, fruchtlose Illusionen, Irrlehren und Drogen. Hinter allem Irrationalen lassen sich die Einflüsse Neptuns aufspüren, der gleichsam die Redensart »Der Scheint trügt« verkörpert. Auf dem Hintergrund des Zodiakus ist Neptun der Gegenspieler Merkurs, des Planeten des Verstandes.

PLUTO

Entdeckung, Bezeichnung und Zeichen des Planeten

Der griechische *Hades* bzw. der römische *Pluto* war der Gott der Unterwelt, des Schattenreiches. Sein Helm machte unsichtbar – wie kennzeichnend, denn zur Entdeckung dieses kleinen und bisher letzten Planeten unseres Sonnensystems kam es erst am 21. Januar 1930. Sein konventionelles Zeichen hat noch keine ganz abgeschlossene Entwicklung erfahren; eine der Alternativen war auch eine Kombination der Buchstaben P und L.

Zyklus

Pluto umrundet den ganzen Tierkreis in ungefähr 246 Jahren. Die heliozentrische tropische Umlaufzeit beträgt 245,33 Jahre. Während eines menschlichen Lebens kann er daher nie an seine ursprüngliche Stelle im Horoskop zurückkehren. Im günstigsten Falle könnte er zu ihr einmal eine Opposition bilden. Wegen seines erheblich ungleichmäßigen Umlaufs verweilt Pluto in den einzelnen zodiakalen Zeichen 13 bis 30 Jahre. Im Widder hält er sich mehr als doppelt so lange auf wie im gegenüberliegenden Waagezeichen. Im Abschnitt seines letzten Umlaufs von Widder zu Skorpion – seinen zwei zodiakalen Häusern – ist er so unser Begleiter seit der Zeit der Romantik und der Entstehung der marxistischen Gesellschaftsideologie bis zum Zerfall der auf ihren Prinzipien nach und nach entstandenen Diktaturen in gegenwärtiger Zeit.

Astrologische Bedeutung und Domizil

• Als Herrscher der Zeichen Widder und Skorpion, in denen er gemeinsam mit Mars regiert, ist Pluto der astrologische Garant von Geburt und Tod bzw. Tod und Wiedergeburt. Er beherrscht alle verborgenen Prozesse, die schließlich zu sichtbaren Umwandlungen des Alten in etwas Neues führen. Die Zeit der Entdeckung Plutos war die Epoche einer erstarkenden faschistischen Bewegung im Westen (in Deutschland, Italien und Spanien) und einer bolschewistischen Bewegung im Osten (in der UdSSR und in China). Daher hängt Pluto in der Astrologie auch mit allen Arten von Fanatismus, Rücksichtslosigkeit, Massenverbrechen und organisierter Gewalt zusammen.

• Er ist freilich auch der Planet der prinzipiellen Umwandlung der Gesellschaft und der einzelnen Menschen. Charakteristische Beispiele dafür sind die Perioden, in denen Pluto im Horoskop beim Transit z. B. in die Quadratur seiner Ausgangsposition gerät. Da jedoch sein Umlauf im Tierkreis ziemlich ungleichmäßig ist, kommt es in verschiedenen Generationen in einem unterschiedlichen Alter dazu, beispielsweise in den Horoskopen von 1950 Geborenen um die 40, während etwa bei Tomáš Garrigue Masaryk, der ein Jahrhundert früher – 1850 – geboren wurde, Pluto eine Quadratur zu seiner Position in Masaryks Geburtshoroskop erst in dessen Todesjahr 1937, als der 87 Jahre alt war, bildete.

Astrologische Wirkung und Eigenschaften

• In der mundanen Astrologie hängt Pluto mit globalen gesellschaftlichen Veränderungen grundsätzlicher Art zusammen, die von Transformationen großen Kalibers begleitet sind. Der Charakter seiner astrologischen Wirkung steht dem nahe, was man Underground nennen könnte. Der griechische Hades (bzw. der römische Pluto) suggeriert aber nicht nur eine unterirdische Bewegung, sondern alles, was mit den verborgenen Bereichen des Lebens zusammenhängt, vom menschlichen Unterbewußtsein bis hin zur Geheimpolizei. Das Schlüsselwort für das plutonische Wirken ist Umwandlung.

• Während man in der mundanen Astrologie im Planeten Pluto meist eine unsichtbare Macht und eine Art höhere Steuerung der Geschicke der Massen erblickt, deutet seine Position im individuellen Horoskop vor allem den Willen zu höheren Zielen, zur Enthüllung bisher unbekannter innerer Kräfte an; und mitunter auch die Sehnsucht, den Gang des Geschehens zu beeinflussen und auf die Massen einzuwirken. Bei starken Aspekten zu anderen Planeten reicht er von brutaler Offenheit über fanatischen Eifer und Demagogie bis hin zur Sehnsucht nach absoluter Macht.

• Biologisch ist Pluto in der Astrologie der Planet der Regeneration, und in ähnlicher Weise läßt er sich auch in dem aus einer Vogelperspektive betrachteten gesellschaftlichen Geschehen auffassen. Im Grunde zeigt er, daß im Schoße des Alten schon das Neue entsteht, und zwar zunächst nur unmerklich, nicht wahrnehmbar, während erst die Phase der eigentlichen Umwandlung sich dem Auge des Betrachters erschließt.

• Als der unbeschränkte finstere Herrscher der Unterwelt zeigt Pluto im individuellen Horoskop die Probleme und Komplikationen auf, die der Mensch selbständig lösen muß, aus eigenem Willen und durch eigene Anstrengungen, durch die Fähigkeit der eigenen Wandlung und den Versuch, über seinen eigenen Schatten zu springen. Pluto ist in jedem Horoskop allgemein der große Transformator des Lebensgeschehens.

Allerdings ist es auch wichtig, die Aufforderung zur Wandlung nicht zu übersehen. Denn das Plutonische ist oft von so unverrückbaren Vorstellungen und Idealen geprägt, daß der betreffende Mensch die Aufforderung erst merkt, wenn er daran fast zugrunde gegangen ist – und vielleicht andere mit ihm. Denn durch seine bereits besprochene mögliche Demagogie drückt er dann nicht nur sich selbst bestimmte Vorstellungen auf, sondern auch allen Mitmenschen, die dafür empfänglich sind. Die plutonische Ausstrahlung kann stark und mitreißend sein.

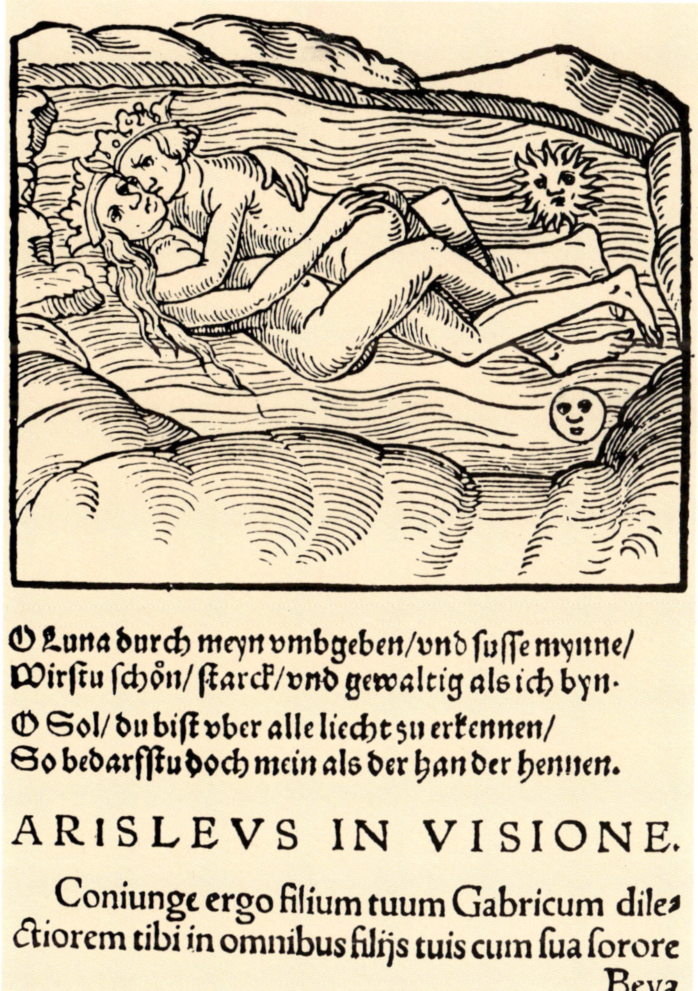

Allegorische Darstellung der Konjunktion von Sonne und Mond (Neomenie) als Koitus oder Verbindung der »Lichter« (»Rosarium Philosophorum«, Frankfurt 1550).

Die Bedeutung der Aspekte im Horoskop

Die Aspekte als Potentiale und Auslösemechanismen

Jeder Planet repräsentiert in der Astrologie ein Prinzip, das sich durch ein oder mehrere Schlüsselwörter ausdrücken läßt. Wie vollkommen er seine Rolle im Horoskop spielt, hängt von seiner Position im Tierkreis und im Haus und außerdem auch von den geometrischen Beziehungen zu den anderen Planeten, den Aspekten, ab. Die klassische Astrologie sprach von einer guten oder schlechten Strahlung, von einer Unterstützung oder Schädigung des einen Planeten durch einen anderen. Gemeint waren damit die harmonischen oder disharmonischen Aspekte.

Zu den harmonischen Hauptaspekten gehören vor allem der Sextil und der Trigonal, die disharmonischen Hauptaspekte sind die Quadratur und die Opposition. Der Charakter der Konjunktion wird nach der Art der Planeten beurteilt, aus denen sie besteht.

Konstruktive und destruktive Ergänzung

In den Aspekten ergänzen sich die astrologischen Bedeutungen der Planeten gegenseitig, und zwar konstruktiv, wenn der eine den anderen unterstützt, oder destruktiv, wenn der eine dem anderen schadet und damit dessen Einfluß verringert oder ganz ausschaltet.

So kommt es beispielsweise bei einer Konjunktion zu einer einfachen Summierung des Einflusses beider Planeten, durch einen Sextil wird ihr Einfluß multipliziert, und im Trigonal erfolgt seine Potenzierung, denn die beteiligten Planeten befinden sich in den Zeichen desselben Elementtrigons.

Andererseits ziehen sich die Planeten in Opposition, bildlich gesprochen, an, wodurch es zu einer Kompensation ihrer Wirkung kommt; dabei liegt der Akzent wie bei der Konjunktion auf dem Planeten, der durch seine Position im Tierkreis der stärkere ist. Die größte astrologische Kraft haben die domizilen Planeten und die in Erhöhung befindlichen.

Der stärkste Aspekt ist die Quadratur. Während Konjunktion und Opposition im Sinusoid der Aspekte Kotenpunkte darstellen, sind die Quadraturen ihre Gipfelpunkte – Schwingungsbäuche, an denen es zu einer Änderung des Trends der Kurve kommt. Jede Quadratur im Horoskop deutet also eine Wende an. Langsame, zu einer Quadratur verbundene Planeten weisen auf eine langfristige Grenzscheide prinzipieller Art hin. Gemeinsam mit den Tierkreiszeichen und den Häusern, in denen sie sich befinden, zeigen die Planeten, in welchem Sinne die Wende verläuft und was sie betrifft.

Die Rolle der Aspekte in der Nativitäts- und prognostischen Astrologie

Während die Aspekte in der Nativitätsastrologie eher ein Netz von Beziehungen schaffen und die gegenseitige Verknüpfung der einzelnen Probleme des Individuums zeigen (mit anderen Worten: bestimmte Potentiale bedeuten), hält die prognostische Astrologie die Aspekte direkt für die Auslösemechanismen. Bei Transiten beispielsweise werden vor allem die Planeten der Radix aktiviert, die sich genau unterhalb der Aspekte der transitierenden Planeten befinden.

Die astrologische Bedeutung der Hauptaspekte

Außer dem unterschiedlichen Grad an Dynamik, die dem Horoskop durch die Anzahl und Art der Aspekte zuteil wird, spielt jede dieser Winkelbeziehungen noch eine ablesbare Rolle, die sich wiederum durch Schlüsselwörter ausdrücken läßt. Diese ist vor allem bei den Aspekten der dodekagonalen Reihe sichtbar:

- Die **Konjunktion** symbolisiert eine Verbindung, Vereinigung, Konzentration, einen Neubeginn.
- Der **Semisextil** symbolisiert eine Andeutung, Ankündigung, Eingliederung.
- Der **Sextil** symbolisiert eine Gelegenheit, Verwendung.
- Die **Quadratur** symbolisiert einen Höhepunkt und eine Herausforderung, eine große Krise, Prüfung.
- Der **Trigonal** symbolisiert eine Befriedigung, Expansion; eine Verschmelzung.

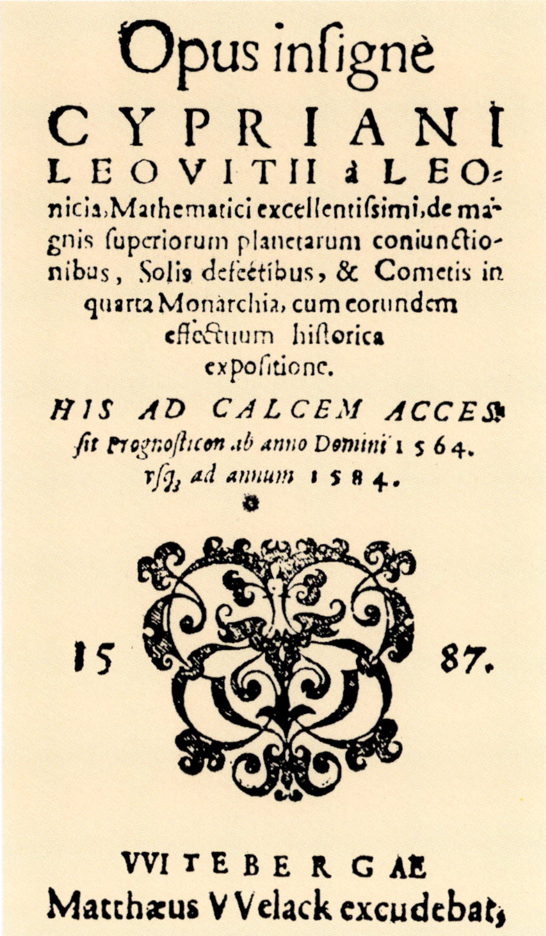
Opus insignè
CYPRIANI
LEOVITII à LEO-
nicia, Mathematici excellentissimi, de ma-
gnis superiorum planetarum coniunctio-
nibus, Solis defectibus, & Cometis in
quarta Monarchia, cum eorundem
effectuum historica
expositione.
HIS AD CALCEM ACCES-
sit Prognosticon ab anno Domini 1564.
usq; ad annum 1584.
15 87.
VVITEBERGAE
Matthæus VVelack excudebat.

Titelblatt einer astronomisch-astrologischen Schrift von Cyprián Lvovický ze Lvovic (Leovitius) über die großen Planetenkonjunktionen sowie über Finsternisse und Kometen (Wittenberg 1587).

- Die **Quinkunx** symbolisiert eine Reorganisation und einen Umgestaltungsprozeß, Bedenken und Revision.
- Die **Opposition** symbolisiert eine Kompensation und Perspektive, einen Zusammenstoß und eine Umpolarisierung.

In jedem Aspekt dominiert die Bedeutung des Planeten, dessen zodiakale Position die stärkere ist. Ein domiziler Planet ist stärker als ein vernichteter Planet (in Verbannung), ein Planet in Erhöhung wieder stärker als einer in Erniedrigung usw.

Abschied von Dualismus zwischen Gut und Böse

In älteren Zeiten unterschied die Astrologie recht kategorisch die bösen Aspekte, durch die der eine Planet einem anderen Schaden zufügt, was zu Disharmonie führt, von den guten, harmonisierenden, in denen die Planeten sich gegenseitig in der Wirkung unterstützen.

Die moderne Astrologie rückt von diesem mechanischen Dualismus bei der Bewertung der Aspekte ab, ebenso wie bei der Beurteilung des Planeteneinflusses. Die ursprünglich unheilvolle Quadratur wird jetzt eher als eine Herausforderung gelesen, eine Opposition bedeutet eine Perspektive usw. Dafür berücksichtigt die heutige Astrologie weitaus stärker die geometrische Gesamtanordnung des Horoskops, seinen ausgeprägten Habitus, die Gesamtkonstellation, die Gruppierung seiner Elemente.

Bestimmte Strukturen, die sich öfter wiederholen, nennt man aus praktischen Gründen Fächer, Lokomotive, Keil, Schale, Eimer, Sanduhr … Diese Bezeichnungen wählten die Astrologen danach aus, woran die Gruppierung im Schema erinnert. Auf jede bezieht sich eine entsprechende Interpretation.

Als markante Typen werden auch die halbierten Horoskope angesehen, in denen die Planeten nur die Tages- oder Nacht- bzw. die östliche oder westliche Hälfte einnehmen. Ebenso gelten die verbundenen Aspekte als bedeutsame geometrische Muster im Horoskop, z. B.:

- Großes Trigon (dreimal Trigonal)
- Kreuz (2 Oppositionen und 4 Quadraturen)
- T-Quadrat (1 Opposition und 2 Quadraturen)
- Stellium (die Konjunktion mehrerer Planeten).

Verbundene Aspekte, Horoskopmuster und Gesamtstruktur des Horoskops

Nur selten kommen die Aspekte in Horoskopen einzeln vor, viel öfter sind sie miteinander verbunden und bilden gemeinsam ein geometrisches Netz, das bedeutungsmäßig mehrere Planeten miteinander verknüpft. Die Aufmerksamkeit der Astrologen wird vor allem von solchen gegenseitigen Bindungen gefesselt, die im Horoskop schon auf den ersten Blick auffallende multiplanetare Strukturmuster bilden.

Die charakteristischsten von ihnen haben kennzeichnende Namen erhalten, und beim Lesen des Horoskops wird jedes als unteilbares Ganzes interpretiert. Eine spezielle Gruppe stellen jene Horoskopmuster dar, die auf der Grundlage von Halbdistanzen (»mid-points«) der Planeten entstehen. Sie bestätigen meist ein bereits in auffälligerer Form vorliegendes Problem und stellen den Wirkungsort der Kräfte dar.

T-Quadrat

Die Verbindung einer Opposition mit zwei Quadraturen ist die gespannteste aller Horoskopstrukturen. Sie drängt hartnäckig auf die Suche nach dem Prinzip, das durch den vierten, unbesetzten Eckpunkt des rechtwinkligen Kreuzes bezeichnet wird.

• Im Horoskop von Charles Baudelaire beispielsweise gelangten praktisch alle Planeten in diese Kombination.

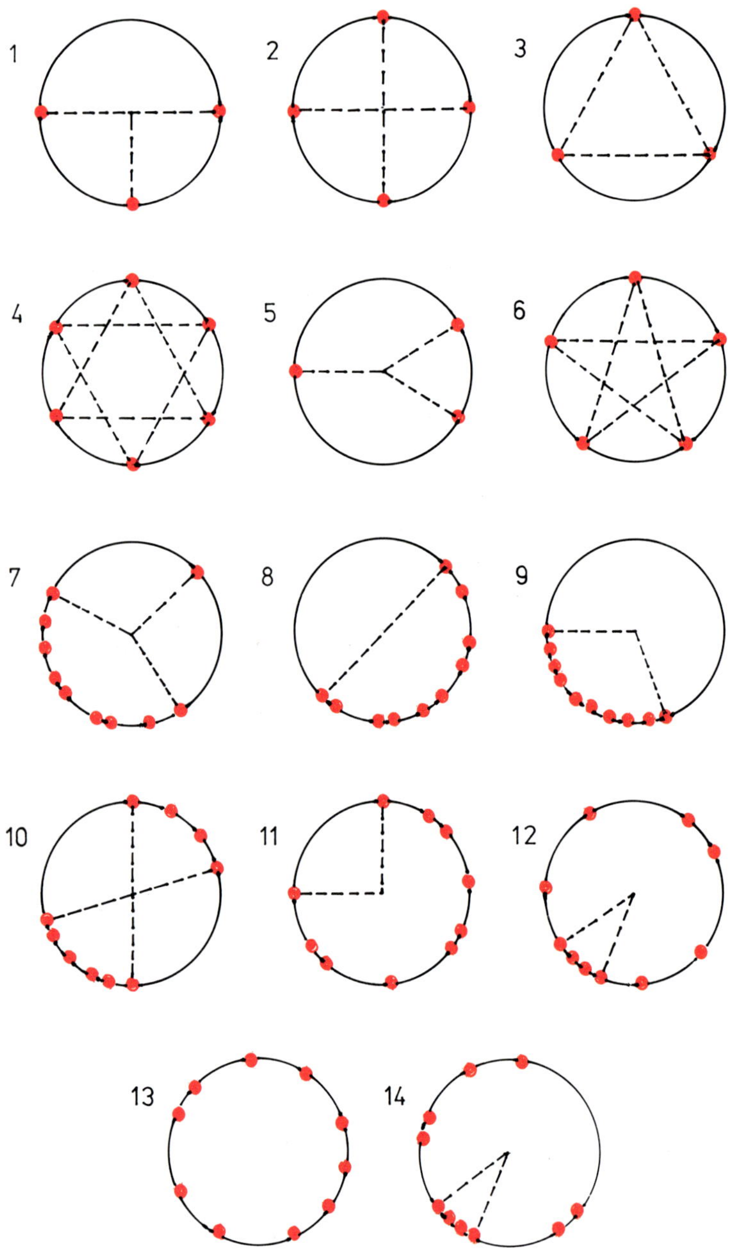

Verbundene Aspekte (Aspektmuster) und Planetenstrukturen: 1 = T-Quadrat, 2 = Kreuz (großes Quadrat, Mühle), 3 = Trigon, 4 = Hexagramm, 5 = Yod, 6 = Pentagramm, 7 = Eimer (Trichter), 8 = Schüssel, 9 = Keil, 10 = Sanduhr, 11 = Lokomotive, 12 = Spritzer, 13 = Fächer, 14 = Stellium.

Kreuz (großes Quadrat, Mühle)

Planeten an den Eckpunkten des Vierecks (Kreuzes) sind im Horoskop das Abbild einer festen Verankerung, die durch das Gleichgewicht von zwei Oppositionen und vier Quadraturen bewirkt wird. Das Ergebnis ist ein geduldiges Ertragen komplizierter Lebenslagen und eine stoische Meisterung von Schwierigkeiten, denen man nicht ausweichen kann. Immer hat es aber auch mit Übers-Knie-Brechen zu tun. Und es hängt davon ab, welches zodiakale Kreuz so betont wird.

• Das kardinale Kreuz in ihrem Horoskop haben z. B. der Maler Henri de Toulouse-Lautrec und der Mystiker Květoslav Minařík akzentuiert, das feste Kreuz der Schriftsteller Jack London und die Dichter Jan Kollár sowie Rainer Maria Rilke und das bewegliche Kreuz Karl IV. und Václav Havel.

Trigon

An den Eckpunkten eines gleichseitigen Dreiecks plazierte Planeten bilden die Dominante eines der vier Elemente, die mit dem menschlichen Temperament verbunden sind. Wenn an der Besetzung des Elementtrigons mehr als drei Planeten beteiligt sind, tritt das betreffende Temperament ausgeprägter zutage. Der Anteil der cholerischen (Feuer), melancholischen (Erde), sanguinischen (Luft) und phlegmatischen Komponente (Wasser) läßt sich in jedem Horoskop aus der Besetzung der einzelnen Elemente mit Planeten ableiten und in Prozenten ausdrücken (zehn Planeten sind 100 Prozent). Charakteristisch sind aber auch die Fälle, in denen im Horoskop ein Element überhaupt nicht vertreten ist. Neben gesundheitlichen Folgen hat das auch Einfluß auf das menschliche Temperament bzw. auf den Charakter der betreffenden Ereignisse, wenn es sich nicht um ein Radixhoroskop handelt.

• Im Horoskop von Guillaume Apollinaire z. B. sind nur die Zeichen der Feuer- und Erdtrigone besetzt. Das Ergebnis ist, bildlich gesprochen, eine ausgeprägt vulkanische Qualität seiner Persönlichkeit.

• Das Fehlen des Feuers (der cholerischen Komponente) finden wir beispielsweise in den Horoskopen der Astronomen Kepler und Regiomontanus, der Sängerin Ema Destinová, des Schriftstellers James Joyce und des Malers Josef Šíma.

• Das Fehlen der Erde (der melancholischen Komponente) oder ein geringer Sinn für die Realität und schwach ausgeprägter Materialismus kennzeichnen das Horoskop von Martin Luther, Marilyn Monroe, Gérard Philipe, Marta Kubišová und Jan Palach. Von mundanen Ereignissen hatte einen solchen Charakter etwa die Entstehung des Dadaismus im Jahre 1916 oder die Gründung der Tschechoslowakei 1918.

• Durch die Abwesenheit der Luft (der sanguinischen Komponente) oder einen gewissen Grad an Irrationalität zeichnen sich z. B. die Horoskope des Malers und Schriftstellers Alfred Kubin aus, des Literaturkritikers F. X. Šalda und des irakischen Präsidenten Saddam Hussein.

• Das Wasser (die phlegmatische Komponente, Feinfühligkeit, Gefühlsvermögen) fehlt in den Horoskopen des Dichters Christian Morgenstern, des Malers Fernand Léger und des Komponisten Jan Václav Voříšek. Während sich das bei diesen schöpferischen Menschen nur als ein geringerer Grad an Sensitivität äußerte, läßt sich beim Diktator Adolf Hitler geradezu von Gefühllosigkeit sprechen.

Hexagramm

Die wenigstens ungefähr an den Eckpunkten eines sechszackigen Sterns plazierten und durch Trigonale und Sextile miteinander verbundenen Planeten bilden ein relativ seltenes, ausgewogenes Muster, in dem sich zwei Elemente der gleichen Polarität gegenseitig unterstützen – entweder Feuer mit Luft oder Erde mit Wasser. Ein solcher Typ ist in der Regel mit sich selbst vollkommen zufrieden, neigt nicht zu Veränderungen und läßt sich nur schwer überrumpeln oder ganz aus der Fassung bringen. Immer wird er sich gelassen geben.

• Diese Merkmale finden wir im Horoskop Saddam Husseins (Erde und Feuer in einem ungenauen Hexagramm) und des jordanischen Königs Husain (Erde und Wasser).

Yod

Die Planeten an drei Stellen des Horoskops sind hier durch einen Sextil und zwei Quinkunxe miteinander verbunden, so daß sich der eine von ihnen in halber Winkelentfernung der beiden anderen auf der entgegengesetzten Seite des Horoskops befindet. Diese Gruppierung wird mitunter auch als Y-Konfiguration, Finger Gottes, Finger oder Hand des Schicksals bezeichnet. Im Nativitätshoroskop ist sie das Kennzeichen für die Sehnsucht nach Sicherheiten, die durch dauernde Unruhe blockiert wird.

• Diese Merkmale finden wir im Horoskop Carl Gustav Jungs, Václav Havels, Elvis Presleys, Marilyn Monroes.

Pentagramm

Die regelmäßig an den Eckpunkten eines fünfzackigen Sterns plazierten und durch Quintile und Biquintile miteinander verbundenen Planeten sind eine relativ seltene Konfiguration, die eine unglaubliche, durchdringende Kraft erbringt, mit der der Horoskopeigner imstande ist, in das Geschehen um sich herum einzugreifen und auch die schwierigsten Aufgaben mit der Eleganz und Bravour eines Magiers zu bewältigen.

• Ein Beispiel aus der mundanen Astrologie ist das Horoskop der Beendigung des Krieges am Persischen Golf und des Sieges der Alliierten über den irakischen Diktator im Jahre 1991.

Stellium

Die Anhäufung von drei oder mehr Planeten in einem mehrgradigen Sektor des Tierkreises hat gegenüber der einfachen Konjunktion zweier Planeten eine vervielfachte Wirkung. Im Stellium sind eigentlich alle beteiligten Planeten durch gegenseitige Konjunktionen miteinander verbunden, so daß das Ganze den Charakter einer plaktischen Multikonjunktion aufweist.

Deshalb ist das Stellium das Abbild einer tiefen Konzentration auf ein engbegrenztes Problem oder einer extremen Sicht in nur eine Richtung mit der Fähigkeit, Begonnenes zu beenden. Es ist das charakteristische Begleitmuster von Monothematik, bisweilen sogar von Exklusivität und Exzentrizität. Im besseren Falle kann es sich um einen Vorkämpfer und Bahnbrecher handeln, im schlechteren um einen Egoisten.

Es kommt wesentlich darauf an, wo sich das Stellium im Horoskop befindet und welche und wie viele Planeten sich in ihm verbinden. Die Vorstellung, ein Horoskop entdecken zu können, in dem an so einer Gruppierung alle Planeten beteiligt sind, ist allerdings illusorisch. In historischer Zeit ist ein solcher Fall nachweislich nicht eingetreten. Und so ist die relativ häufige örtliche Ansammlung mehrerer Planeten zu einem Stellium eigentlich nur eine typische Teilstruktur einiger Horoskope.

• Der Astrologe Jean-Baptiste Morin (sieben Planeten in einem Sektor von 21° zwischen Wassermann und Fische), der Schauspieler Eduard Vojan (acht Planeten in einem Sektor von 31° zwischen Widder und Stier), der Theologe und Paläontologe Teilhard de Chardin (sechs Planeten in einem Sektor von 24° im Stier), der Schriftsteller Émile Zola (fünf Planeten in einem Sektor von 9° im Widder), der verstorbene tschechoslowakische Präsident Klement Gottwald (vier Planeten und ein Aszendent in einem Sektor von 10° im Skorpion und Schützen), der Fotograf und Meister des Augenblicks Henri Cartier-Bresson (vier Planeten in Konjunktion im Löwen) und der Student Jan Palach (vier Planeten in einem Sektor von 12° im Widder) haben dieses Strukturmuster in ihrem Horoskop.

Keil

Dieses Muster, bei dem alle Planeten in höchstens vier bis fünf Tierkreiszeichen konzentriert sind, ist eine relativ seltene Erscheinung. Es kann nur bei einer Anhäufung langsamer Planeten zustande kommen, die nicht oft stattfindet. Im Horoskop ist es ein untrügliches Kennzeichen für eine verhältnismäßig starke Spezialisierung seines Eigners, und dieser selbst ist ein recht markanter Typ.

• Das Muster des Keils finden wir im Horoskop des Religions- und Gesellschaftsreformators Ulrich Zwingli und der Maler Honoré Daumier sowie Henri Rousseau (der Zöllner). Auch Ereignisse haben in Verbindung mit dieser Struktur einen ausgeprägt konzentrischen Charakter und lassen sich als Knotenpunkte der Geschichte werten. Im Weltgeschehen war so ein Ereignis die Explosion der Atombombe in Hiroshima.

Eimer oder Trichter

Im Unterschied zur einseitig extremen Konfiguration des Keils handelt es sich beim Eimer um eine Gruppierung, bei der ein einzelner Planet allen anderen gegenübersteht, die im gegenüberliegenden Halbkreis des Horoskops gruppiert sind. Die Eimergruppierung bewirkt beim Eigner eine starke Tendenz, eine große Tat mit objektiver Wirkung auszuführen, wobei der einzelne Planet in der Regel den Charaker dieses Vorhabens andeutet.

Die treibende Kraft in einer Situation, in der der Betreffende oft allein gegen alle übrigen vorgeht, kann bisweilen auch der Selbsterhaltungstrieb sein. Ein solcher Mensch mit Eimermuster in der Radix hat gewöhnlich großen Einfluß auf die anderen; im besseren Falle ist er ein Lehrertyp, im schlechteren der Typ eines Agitators oder unzufriedenen Querulanten.

• Eine Eimerstruktur haben im Geburtshoroskop beispielsweise Tomáš Garrigue Masaryk, Paul Verlaine, Bedřich Smetana, Ema Destinová, Albert Einstein, Marilyn Monroe, der bekannte tschechische Heiler Jindřich Paseka und die berühmte Spionin »Mata Hari«, die außerdem noch ein Stellium von vier Planeten im Löwen hat. Ein charakteristisches Beispiel für ein mundanes Ereignis dieses Typs ist der Augenblick der Entdeckung des Uranus, als sich dieser Planet gerade einzeln auf der gegenüberliegenden Seite der Gruppierung der übrigen befand.

Schüssel

Planeten nur in einer Hälfte des Horoskops (Tierkreises) charakterisieren einen humanitär veranlagten Menschen, im besseren Falle einen idealistischen, im schlechteren einen unzugänglichen. In der Regel handelt es sich um einen »halbierten« Menschen, der eifrig seine »zweite Hälfte« sucht. Diese kann sich entweder in Gestalt eines Gefährten mit gegenteilig besetzter Hälfte des Horoskops, unter Umständen auch des Tierkreises (bei größerem Altersunterschied), oder einer Situation einstellen, die sein Horoskop im Transit passiert und die seine Einseitigkeit kompensiert. Je nachdem, welcher Teil des Horoskops mit der Planetenschüssel besetzt ist, unterscheiden wir vier Haupttypen, die sich mit konkreten Beispielen anhand bedeutender Persönlichkeiten bele- gen lassen.

• Eine östliche Schüssel haben in ihrem Horoskop z. B. Guillaume Apollinaire, Wladimir Majakowski, Auguste Renoir und Stéphane Mallarmé; eine westliche Schüssel Honoré Daumier (es ist eher ein Eimer); eine Tagesschüssel Gustave Courbet, Salvador Dalí, Marta Kubišová, der Astrologe Alan Leo und der Dadaismus; eine Nachtschüssel Émile Zola, Barbra Streisand und der Astrologe Franciscus Junctinus.

Sanduhr

Das Abbild zweier gegenüberliegender, im Extremfalle rechtwinkliger Segmente des Tierkreises mit Planeten und oftmals mehreren Planetenoppositionen ist charakteristisch für einen ausgeglichenen Menschen, der eindeutig und unerschütterlich von irgendwoher irgendwohin steuert, ohne Möglichkeit oder Bedürfnis, von der markierten Richtung abzuweichen, und der gleichzeitig imstande ist, den Gang des Lebens in seiner Dialektik und in seinen ständigen Veränderungen selbst zu bemerken. Er ist der Typ eines Vermittlers, der leicht die Balance zwischen Bedürfnissen und Möglichkeiten findet und oftmals selbst sein einziger Widersacher ist.

• Das Muster der Sanduhr finden wir im Horoskop der Astrologen Michel Nostradamus und Reinhold Ebertin, des Hellsehers Gérard Croiset, Pablo Picassos, Wassili Kandinskys, Antoine de Saint-Exupérys, Vítězslav Nezvals, Edith Piafs, Jean Marais' und Michail Gorbatschows. Ein charakteristisches Horoskop eines mundanen Ereignisses ist die Entdeckung des Planeten Neptun als Ergebnis des direkten Weges von der Entdeckung des Uranus.

Lokomotive

Die Planeten besetzen drei Viertel des Tierkreises, während die restlichen drei Zeichen leer bleiben. Dieses Planetensegment, das der exzentrischen Welle eines Lokomotivrades ähnelt, charakterisiert einen Menschen mit der primären Kraft, etwas in Gang zu setzen. Solche Menschen mit der »Punze« von Initiatoren, »ersten Bewegern«, gehören in der Geschichte und vor allem in der Entwicklung der Kultur oft zu jenen, von denen dann eine bestimmte Bewegung, Richtung oder Tendenz ausgeht.

• Leonardo da Vinci, Ludwig XIV., Wolfgang Amadeus Mozart, Arthur Rimbaud, Friedrich Nietzsche, Adolf Hitler, Rudolf Steiner, Charlie Chaplin, James Joyce, André Breton und Erich von Däniken haben das Muster der Lokomotive in ihrem Horoskop.

Spritzer

Diese Struktur, in der bei einer mehr oder minder gleichmäßigen Verteilung der Planeten über die ganze Länge des Tierkreises sich mindestens an einer Stelle eine enge Planetenhäufung (ein Stellium) befindet, ist kennzeichnend für starken Individualismus, Unabhängigkeit und unzählige, aber verschiedenartige und oft sehr ausgeprägte Interessen.

• Die modernen amerikanischen Dichter John Robinson Jeffers und Allen Ginsberg, der italienische Kunsttheoretiker und Schriftsteller Umberto Eco und der Dramatiker Molière haben das Spritzermuster in ihrem Geburtshoroskop.

Fächer

Diese Struktur ist das genaue Gegenteil eines Keils. Mit frei plazierten Planeten und ihren ziemlich regelmäßigen Abständen auf der ganzen Länge des Tierkreises ist der Fächer mit einer ausgeprägten Allseitigkeit der Interessen verbunden, gleichzeitig aber auch mit Zerstreutheit, Zersplitterung, ja bisweilen Uferlosigkeit der Unternehmungen. Der enzyklopädische Gesichtskreis, die Ausgewogenheit und Universalität eines solchen Typs können aber auch in oberflächlichen Kenntnissen münden. Bei schöpferischen Menschen zeigt sich die Fächerung der Planeten in der Regel als Kennzeichen der möglichen Erlangung einer Meisterschaft klassischen Gleichgewichts.
Charakteristisch in diesem Sinne ist der Ausspruch des Bildhauers Aristide Maillol, des Eigners eines solchen Horoskoptyps: Eine Skulptur müsse so beschaffen sein, daß sie keinen Schaden leide, wenn sie einen Hügel hinunterrollt.

• Eigner eines Horoskops mit Fächerstruktur sind der Bildhauer Charles Despieux, die Maler Georges Seurat und Max Ernst, der Grafiker František Bílek, die Dichter Vladimír Holan und Paul Valéry, die Schriftsteller Honoré de Balzac und Julius Zeyer, die Komponisten Friedrich Händel, Jan Jakub Ryba und Leoš Janáček, der Filmschauspieler Charlie Chaplin sowie Augustinus, Lorenzo de Medici, Peter der Große, Jan Amos Komenský, Bohuslav Balbín, Winston Churchill, Kaiser Hirohito und der tschechische Präsident Václav Havel.

Die Planetenstruktur des Eimertyps in der Geschichte

Als Beispiel für mundanes Wirken solcher Planetenkombinationen soll an dieser Stelle die Eimerstruktur in einem Zeitabschnitt von 240 Jahren dargestellt werden. Dabei handelt es sich um solche Gruppierungen von Planeten, bei denen sich immer einer ausgesprochen isoliert von den anderen auf der gegenüberliegenden Seite des Tierkreises befindet. Wir sprechen dann von einem Mond- oder Marseimer, Jupitereimer usw. Nur die Sonne, Merkur und Venus können niemals so eine Position einnehmen, weil sie sich (geozentrisch) immer gemeinsam durch den Tierkreis bewegen.

Die Strukturmuster Marc Edmond Jones'

Die Lehre von der Bedeutung dieser ausgeprägten Gruppierungen (Strukturmuster) im Horoskop, von denen einer der Eimertyp ist, entwickelte in der modernen Astrologie der amerikanische Astrologe Marc Edmond Jones, und zwar vor allem in dem Buch »A Guide to Horoscope Interpretation«, das 1941 erstmals in Washington erschien und dessen bisher letzte, fünfte Ausgabe 1990 in Wheaton im Bundesstaat Illinois herauskam.

Jones ordnete den einzelnen Gruppierungen in der individuellen Horoskopie außer symbolischen Bezeichnungen auch entsprechende Psychotypen zu. Kommt beispielsweise die Eimerstruktur in einem Geburtshoroskop vor, dann ist dies nach Jones so zu interpretieren, daß der Betreffende einen mächtigen Drang in sich verspüren wird, sich irgendwie hervorzutun; über die Art und Weise dieses Hervortretens sagt dann die astrologische Symbolik des isolierten Planeten in der Gruppierung etwas aus.

Anwendung in der mundanen Astrologie

Da nur bei einer Planetenstruktur des Eimertyps der Einfluß des von den anderen isolierten Planeten voll und rein zutage treten kann und sich die Jonessche Interpretation dieser Strukturen auch außerhalb des Horoskops – im Tierkreis allein – vornehmen läßt, halte ich die Methode für wie geschaffen für eine experimentelle Anwendung in der mundanen Astrologie. Damit jedoch ein übersichtliches Panoramadiagramm der 240 Jahre mit all diesen Planetengruppierungen geschaffen werden konnte, mußte zunächst für jedes Jahr gesondert eine grafische Ephemeride gezeichnet werden. Die Hauptarbeit des Experiments ist also getan.

Jetzt liegt es an Ihnen, lieber Leser, zu den einzelnen sich wiederholenden Situationen die entsprechenden historischen Parallelen herauszusuchen. Die Schlüsselwörter zur Interpretation der einzelnen Gruppierungen sind:

• Mondeimer – Volksempfinden, Patriotismus, Nationalismus, Emotionen, Sensibilität
• Marseimer – Taten, Aktionen, Kampf, Gewalt, Aggression, Krieg
• Jupitereimer – Lockerungen, Enthusiasmus (Begeisterung), Euphorie, Idealismus, Expansion
• Saturneimer – Stagnation, Konservierung, Verfestigung der Verhältnisse, Totalität, Wirtschaftskrise
• Uranuseimer – revolutionärer Aufschwung, radikale Abweichung (Deviation), wachsende Inspiration, Entdeckungen, Reformen, soziale Bestrebungen
• Neptuneimer – geistige Strömungen, Irrationalität, verschleierte Realität, Wirren
• Plutoeimer – Personalismus, Autokratie, Personenkult.

Isoliert von den anderen können freilich auch zwei Planeten in gegenseitiger Konjunktion vorkommen. Hier haben wir von diesen Fällen aber nur die Konjunktion der zwei langsamen Planeten – Neptun und Pluto – eingereiht, zu der es nur einmal in knapp 500 Jahren kommt. Ein Neptun-Pluto-Eimer bedeutet dann beispielsweise einen geistigen Wandel der Zeit, den Kult einer geistigen Persönlichkeit u. a.

Vermischte Einflüsse

Wie aus der Abbildung zu ersehen ist, zeigt sich neben dem aufeinanderfolgenden Wechsel der akzentuierten Planeten im Laufe der Zeit mitunter auch eine Vermischung ihres Einflusses. In einem Jahr können nämlich nacheinander zwei verschiedene Kombinationen des Eimertyps entstehen. Diese zeitliche Vermischung muß bei der Interpretation ganzer Zeitabschnitte in Betracht gezogen werden.

Ein Beispiel: Von einem abnormen Totalitarismus (Saturn in Kombination mit Uranus) können wir zu Beginn der dreißiger Jahre unseres Jahrhunderts (Vormarsch des Faschismus in Deutschland und stalinistischer Terror in der UdSSR) oder am Ende der Französischen Revolution (sogenannte Schreckensherrschaft der Jahre 1793/94) sprechen.

Ganzheitliche Wertung und Teilstrukturen

Strukturen des Eimertyps dauern nur eine relativ kurze Zeit (einen bis drei Monate und weniger), wiederholen sich dafür aber in der Regel mehrere Jahre hintereinander. Es entstehen so Perioden, die als ein Ganzes aufgefaßt und gewertet werden müssen, obwohl sich auch Teilstrukturen unmittelbar auf konkrete Ereignisse beziehen. So wird durch die Struktur eines Marseimers beispielsweise der ganze Zweite Weltkrieg integral definiert, auch wenn einzelne dieser Strukturen unmittelbar mit seinem Beginn (im Jahre 1939) zusammenhängen, 1941 mit den Ereignissen im Osten (Überfall auf die Sowjetunion), 1944 mit der Landung der Alliierten in der Normandie und 1945 mit dem Ende des Krieges. Ähnlich ist dies auch beim Ersten Weltkrieg usw.

Flugblatt des Arztes Ulsenius (gedruckt 1496), das die astrologische Ursache der Syphilisgroßepidemie von 1484 erläutert: Planetenhäufung im Zeichen Skorpion mit dem Marsdomizil auf der gegenüberliegenden Seite des Tierkreises im Widder. Die moderne Horoskopie nennt diese Konstellation »Marseimer«. Der Stich wird Albrecht Dürer zugeschrieben.

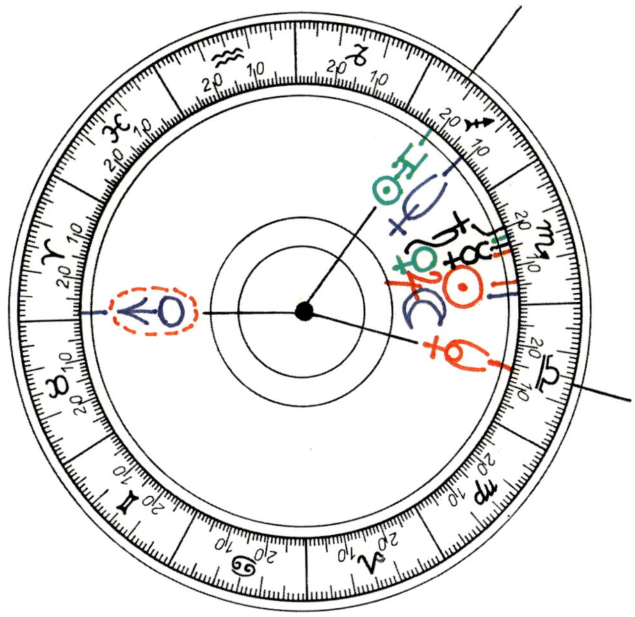

Moderne Rekonstruktion der auf dem Ulsenius-Flugblatt dargestellten Planetengruppierung des Typs Marseimer aus dem Jahre 1484, als Mars in seinem Domizilzeichen Widder ausgesprochen isoliert von den anderen damals bekannten astrologischen Planeten war, die sich in einem anderen Domizilzeichen des Mars – im Skorpion – drängten. Erkannt wurde die astrologische Bedeutung dieser Gruppierung in der Mundanastrologie, und zwar offenbar schon viel früher, als Marc Edmund Jones sie Eimertyp nannte. Die damaligen Astrologen ahnten freilich nicht, daß hierzu noch die drei in jener Zeit unbekannten Planeten Uranus, Neptun und Pluto gehörten.

Eimerstrukturen selbst verfolgen

Stellen Sie fest, wann sich die angedeuteten Möglichkeiten erfüllten, welche Planetenprädispositionen ungenutzt blieben und welche Experimente zu einem astrologisch ungünstigen Zeitpunkt notwendigerweise scheitern mußten (z. B. Niederschlagung des Prager Frühlings 1968).

Zur Anregung das Beispiel des Ablaufs der Marsstrukturen in der ersten Approximation:

- Griechisch-türkische Gemetzel und Massaker in den Jahren 1821 bis 1823
- Krimkrieg und das Deutschland Bismarcks (um 1853)

Unten: die bunte Folge der verschiedenen Planetengruppierungen des Eimertyps im historischen Panoramakontext der Jahre 1780 bis 2019 und mit dem Akzent auf dem jeweiligen Planeten, der den Charakter des Geschehens in der betreffenden Zeit recht treffend kennzeichnet: 1 = Mondeimer, 2 = Marseimer, 3 = Jupitereimer, 4 = Saturneimer, 5 = Uranuseimer, 6 = Neptuneimer, 7 = Plutoeimer, 8 = Neptun-Pluto-Eimer. Die Wiederholung der einzelnen Strukturtypen war regelmäßig von analogen historischen Ereignissen begleitet.

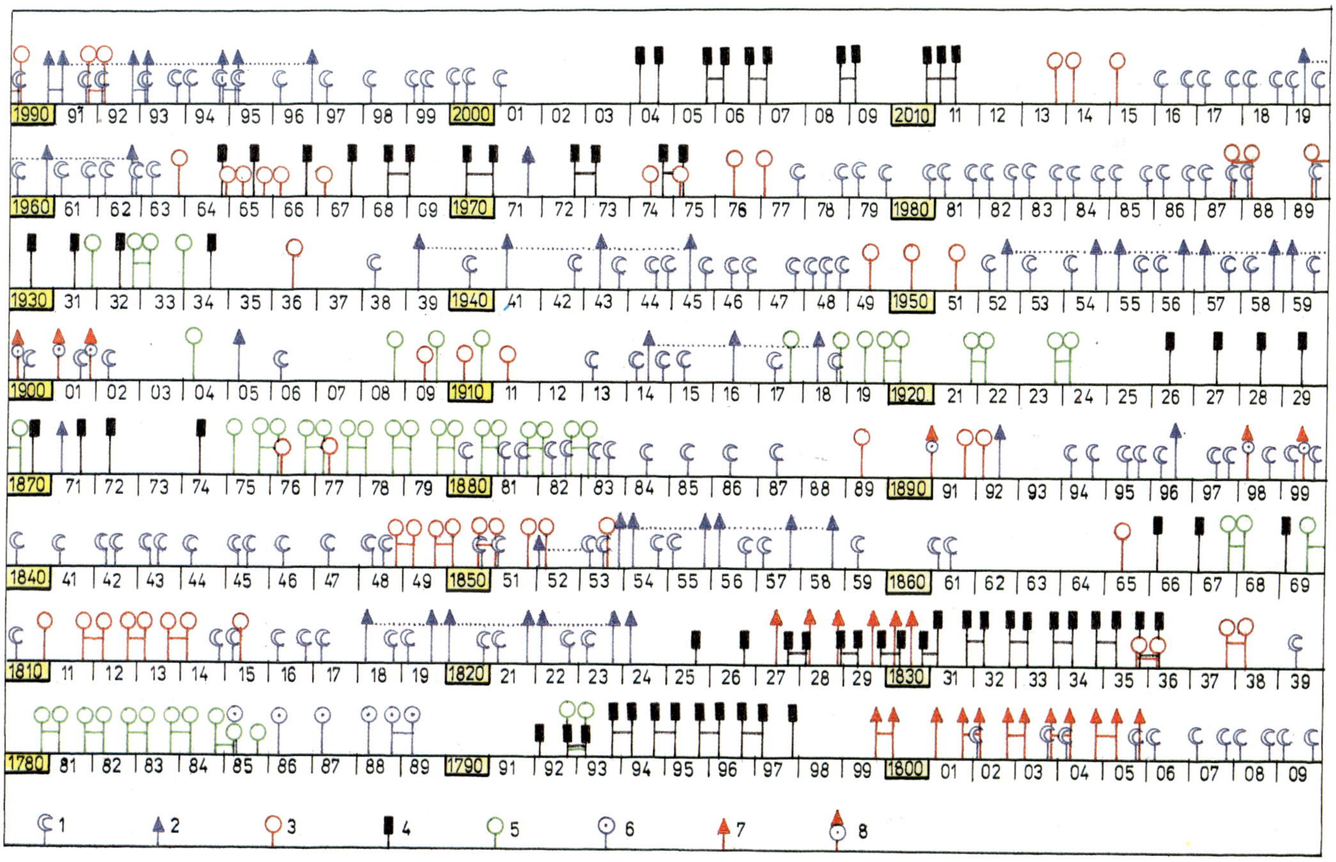

Peter Paul Rubens: »Versammlung der olympischen Götter« (Ausschnitt). Auf diesem erst zu Beginn der sechziger Jahre dieses Jahrhunderts entdeckten kostbaren Bild hat der Maler die Gruppierung der Planeten im Tierkreis um die Zeit der Wintersonnenwende des Jahres 1602 allegorisch festgehalten (Galerie der Prager Burg).

- Russisch-Japanischer Krieg von 1905
- Erster Weltkrieg (1914 bis 1918)
- Zweiter Weltkrieg (1939 bis 1945)
- Kriegerische Teilkonflikte in der Zeit des sogenannten Kalten Krieges der Jahre 1952 bis 1962 (Korea, Algerien, Suez, Kuba, Libanon, Afrika)
- Kriege in Kuwait, Jugoslawien, Transkaukasien seit 1990 und was uns noch bis Ende 1996 erwartet.

Analog können Sie auch bei den anderen Planetenkombinationen vorgehen. Vielleicht werden Sie überrascht feststellen, wie häufig sich die Voraussetzungen erfüllt haben.

Weitere Horoskopelemente und ihre Symbolik

Außer mit den Grundbausteinen der Horoskopie – Tierkreis, Häusern, Planeten und ihren Aspekten – arbeitet der Astrologe bisweilen noch mit anderen Horoskopelementen. Zu ihnen gehören vor allem:

- Mondknoten
- Fixsterne
- Horoskoppunkte.

Diese Elemente wirken im Horoskop nur passiv, d. h., sie verstärken z. B. nicht selbst die Aspekte, sondern übernehmen sie nur.

Die Mondknoten

Der auf- und der absteigende Knoten der Mondbahn (*cauda draconis* = Drachenschwanz; *caput draconis* = Drachenkopf) sind die Schnittpunkte der Mondbahn mit der Ekliptik. Sie drehen sich im Tierkreis entgegengesetzt zur Bewegung der Planeten in einem etwa 18jährigen Zyklus. Die Knoten deuten durch ihre Position in den gegenüberliegenden Zeichen und Häusern des Tierkreises jene Verbindung an, die erhöhend oder fallend sein kann.

Die Fixsterne

Für die sogenannten Fixsterne hatten im Horoskop hauptsächlich die mittelalterlichen Astrologen, vor allem die Araber, eine Vorliebe. Die heutige Astronomie hat diesen Ausdruck als ungeeignet aufgegeben, denn – absolut gesehen – gibt es keine Fix- und Wandelsterne. Die Astrologie behält den Terminus »Fixsterne« bisher noch bei. Für die Deutung des Horoskops galten sie den alten Astrologen als die wichtigsten charakteristischen Gestirne, vor allem in den ekliptikalen und äquatorialen Sternbildern. Stark vereinfacht könnte man sagen, daß die Fixsterne im Horoskop als sehr langsame Planeten erscheinen, die alle die gleiche Umlaufzeit haben – etwa 26.000 Jahre.

Die traditionelle Astrologie bewertete ihre Wirkungen gemäß denen der Planeten. In moderner Zeit kommen einige experimentelle Astrologen auf das Problem des Sternenhintergrunds des Horoskops zurück und prägen unkonventionelle Begriffe wie z. B. »galaktische Strukturen der Fixsterne«. Einer von ihnen ist Theodor Landscheidt in Deutschland.

Die Horoskoppunkte

Zum Begriff »Horoskoppunkte« gehören einige Systeme von Punkten in der Ekliptik, deren Positionen sich abgeleitet berechnen lassen oder die bestimmte Grenzen darstellen, z. B. die Spitzen der Häuser oder die Trennungslinien der zodiakalen Zeichen.

Zu den bekanntesten und auch am meisten verwendeten abgeleiteten Horoskoppunkten gehören die klassischen sensitiven Punkte, die Antiszien und Gegenantiszien, die Dodekatemorien sowie die Winkelhalbdistanzpunkte (»mid-points«). Diese Horoskoppunkte verdichten sozusagen die bezeichnenden Positionen der Planeten im Tierkreis. Sie stellen die Örter des Zusammenpralls ihrer Wirkungen dar.

Die sensitiven Punkte (Gefühlspunkte)

Die klassischen sensitiven Punkte, bisweilen auch arabische Punkte genannt, sind sehr alt. Ihre bekanntesten sind:

- Glückspunkt (*Fortuna*)
- Todespunkt
- Liebespunkt
- Berufspunkt usw.

Allgemein werden ihre Positionen mit Hilfe einfacher Gleichungen errechnet, in denen die Längen zweier Planeten und des Aszendenten figurieren. Dabei wird unterschieden, ob es sich um ein Tages- oder Nachtzeichen handelt, d. h., ob die Sonne in den Häusern 7 bis 12 oder 1 bis 6 ist. Während die alte Astrologie in der Regel mit einigen wenigen Punkten auskam, haben die modernen Astrologen das Problem der Gefühlspunkte systematisch erweitert und die drei Planeten, die erst in der Neuzeit entdeckt wurden, hinzugefügt; sie kommen bei der Aufzählung der möglichen Punkte nun auf insgesamt 180.

Auch der klassische Glückspunkt (⊕ *Fortuna, pars Fortunae*) wurde in der Neuzeit erneut einer Kritik unterzogen. Die Astrologen Koch und Schwickert veröffentlichten 1935 eine Studie, in der sie das Wesen dieses bekanntesten und ältesten sensitiven Punktes aus mathematischer wie auch historischer Sicht erläuterten. Statt des einen bis dahin in der Regel in Betracht gezogenen Punktes, errechnet aus den Längen des Aszendenten, der Sonne und des Mondes nach den bekannten Gleichungen

- PUNKT $\oplus_1$ = Aszendent + Mond – Sonne (für die Taggeburten) und
- PUNKT $\oplus_2$ = Aszendent + Sonne – Mond (für die Nachtgeburten), gelangten sie nach Nechepsó-Petosiris schließlich zu der Möglichkeit der Verwendung beider Punkte *(daimon* und *tyche)* gleichzeitig und darüber hinaus noch zu einer dritten Variante, die sie bei Rhetorios als *basis* entdeckten. Die Gleichung zur Berechnung des Punktes *(basis)* lautet:
- PUNKT $\oplus_3$ = Sonne + Mond – Aszendent.

Die Antiszien und Gegenantiszien

Ein weiteres Paar Horoskoppunkte, deren Wurzeln sich schon in der Antike finden lassen, sind die Antiszien und Gegenantiszien: Zu einem bestimmten Punkt des Tierkreises, z. B. zur Position eines Planeten, läßt sich jener Punkt bestimmen, der symmetrisch gegenüber dem Sonnenwendpunkt (0° Krebs oder 0° Steinbock) liegt, und zwar entgegengesetzt zur Sonnenwendachse.

Für die Gegenantiszien ist die entsprechende Achse die Symmetrieachse der Tagundnachtgleichen, die die Äquinoktialpunkte (0° Widder und 0° Waage) verbindet. Ist beispielsweise der Mars bei 20° Zwillinge, dann liegt seine Antiszie bei 10° Krebs und seine Gegenantiszie bei 10° Steinbock.

Antiszie und Gegenantiszie stehen zueinander immer in Opposition. Beim Lesen des Horoskops sind diese Punkte von Bedeutung, wenn sie von einem Planeten besetzt sind – und zwar im Radixhoroskop wie auch in einem prognostischen Horoskop.

Die Dodekatemorien

Die Astrologen des Altertums kannten noch ein weiteres System von Horoskoppunkten – die sogenannten Dodekatemorien. Zu diesem aus der spätgriechischen Horoskopie bekannten System wurden durch moderne Forschungen auch in babylonischen Keilschrifttexten Parallelen entdeckt, was davon zeugt, daß es sich wahrscheinlich um ein in der Antike allgemein verbreitetes System handelte.

Sein Wesen besteht darin, daß sich für jeden Punkt des Tierkreises auf der Grundlage eines Zwölferzyklus (daher der Name!) ein anderer ableiten läßt. Dieser neue Punkt – das Dodekatemorion des ersten – ist von ihm das Zwölffache der Winkeldistanz des ersten vom Anfang des zodiakalen Zeichens, in dem er sich befindet, entfernt. Liegt z. B. der ursprüngliche Punkt an der Trennungslinie des 1° Zwillinge, dann ist sein Dodekatemorion bei 13° Zwillinge; liegt er bei 21° Stier, dann ist sein Dodekatemorion bei 3° Wassermann.

Die Dodekatemorien verdichteten offenbar die Anzahl der Möglichkeiten für eine horoskopische Vorhersage.

Die Winkelhalbdistanzpunkte (»mid-points«)

Andererseits entwickelte sich in der modernen Astrologie – vor allem dank der Aalener Schule in Deutschland – in starkem Maße die Verwendung der Winkelhalbdistanzpunkte (mid-points). Das sogenannte KdG-System (Kombination der Gestirneinflüsse) arbeitet konsequent mit den Achsen in den Halbdistanzen zwischen den Positionen der Planeten, der Mondknoten, des Aszendenten und des Medium coeli. Dieses scharfsinnig ausgearbeitete und in der Horoskoppraxis bewährte Divinationssystem stellt einen der wertvollsten Beiträge der modernen westlichen Astrologie dar.

Im jüngsten Zweig der modernen westlichen Astrologie finden wir Belege darüber, daß mitunter noch weitere spezielle Horoskopelemente herangezogen werden, wie etwa Apex, Vertex, galaktisches Zentrum, einige Planetoiden (Asteroiden), aber z. B. auch Lilith, der sogenannte schwarze Mond und einige andere hypothetische Himmelskörper, die selbst die Hamburger Schule in Deutschland vor dem Zweiten Weltkrieg noch nicht in Erwägung gezogen hatte, als sie mit einer fiktiven Gruppe von Planeten hinter Neptun (transneptunischen Planeten) arbeitete.

Aus der Sicht der Horoskopinterpretation handelt es sich aber um einen bisher sehr wenig erforschten nichttraditionellen Bereich, von dem sich noch nicht zuverlässig sagen läßt, was er an Positivem alles erbringen kann.

Veranschaulichung der okkulten Lehre von den Korrespondenzen in der Natur. Die akausalen Formenparallelen in der Welt der Pflanzen, der Tiere und des Menschen beruhen auf dem Prinzip der Analogie.

Wallenstein-Palais auf der Prager Kleinseite: der astrologische Korridor von der Südseite her. Die Fresken sind von Baccio del Bianco (zweite Hälfte der zwanziger Jahre des 17. Jahrhunderts).

Blick auf das Tonnengewölbe der Decke im astronomisch-astrologischen Korridor des Wallenstein-Palais in Prag.

Symbolik des Planetengefolges an der Decke des astronomisch-astrologischen Korridors des Wallenstein-Palais in Prag

Astrologischer Planet	*Mond*	*Merkur*	*Venus*	*Sonne*	*Mars*	*Jupiter*	*Saturn*
Mythologie	Artemis Diana	Hermes Mercurius	Aphrodite Venus	Helios Sol	Ares Mars	Zeus Jupiter	Kronos Saturnus
Attribute	Bogen und Pfeile	Herolds-stab und Flügelhelm	Muschel und Amorette mit Bogen und Pfeilen	–	Lanze, Harnisch und Helm mit Federbusch	Bündel Blitze	Sichel und Kind im Arm
Symbolische Kennzeich-nung über dem Kopf	Halb-mond	Weißer sechs-zackiger Stern	Weißer acht-zackiger Stern mit Halbmond	Strah-lenkranz über dem Kopf	Roter acht-zackiger Stern	Weißer zwölf-zackiger Stern mit vier Satel-liten über-einander	Weißer acht-zackiger Stern mit zwei Satelliten an den Seiten
Wagenvor-spann	Zwei Hirsche	Zwei Tauben	Zwei Schwäne	Vier-gespann Pferde	Zweige-spann Pferde	Zwei Adler	Löwe und Drache, der sich in den Schwanz beißt
Einfassung	Oval	Achteck	Oval	Achteck	Oval	Achteck	Oval
Planetenhäu-ser im Tier-kreis	Krebs –	Zwillinge Jungfrau	Stier Waage	Löwe –	Widder Skorpion	Fische Schütze	Wassermann Steinbock
Norden ←			*Fahrtrichtung des Wagens*				*Süden*

Saturn – Herrscher der Zeichen Steinbock und Wassermann, an der Decke des astronomisch-astrologischen Korridors im Wallenstein-Palais in Prag.

Jupiter – der Herrscher der Zeichen Schütze und Fische – im astronomisch-astrologischen Korridor des Wallenstein-Palais in Prag.

Mars – der Herrscher der Zeichen Skorpion und Widder – im astronomisch-astrologischen Korridor des Wallenstein-Palais in Prag.

Die Sonne – Herrscherin des Zeichens Löwe – im astronomisch-astrologischen Korridor des Wallenstein-Palais in Prag.

Venus – die Herrscherin der Zeichen Waage und Stier – im astronomisch-astrologischen Korridor des Wallenstein-Palais in Prag.

Merkur – der Herrscher der Zeichen Zwillinge und Jungfrau – im astronomisch astrologischen Korridor des Wallenstein-Palais in Prag.

Der Mond – Herrscher des Zeichens Krebs – im astronomisch-astrologischen Korridor des Wallenstein-Palais in Prag.

An der Nordfront des astronomisch-astrologischen Korridors werden symbolisch die Inhalte von sechs Horoskophäusern zum Ausdruck gebracht.

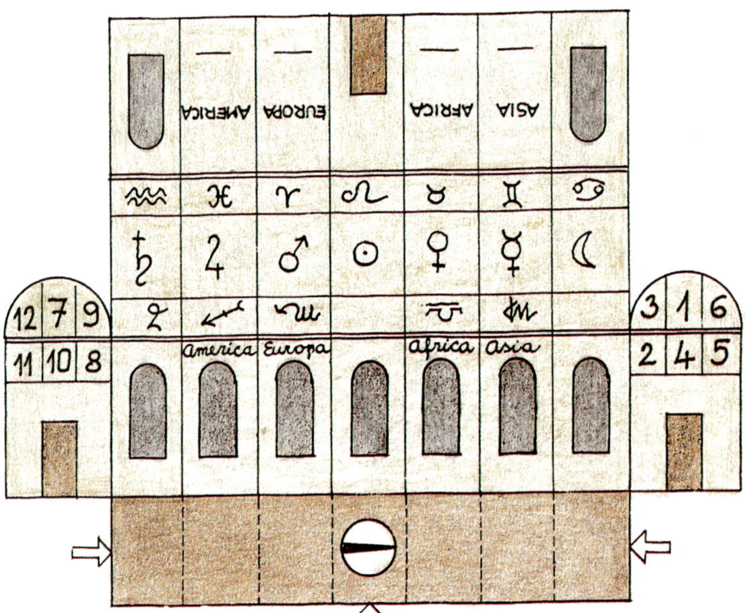

Entrollte Mantelfläche des astronomisch-astrologischen Korridors im Prager Wallenstein-Palais (links) und zwei perspektivische Blicke hinein: von Norden (links) und von Süden (rechts). Die Gestaltung der Fresken veranschaulicht schematisch die konventionellen Zeichen der Planeten (in der Mitte des Tonnengewölbes der Decke) und der dazugehörenden zodiakalen Zeichen (an den Seiten). Ziffern in den Feldern der Stirnwände des Korridors kennzeichnen die zwölf Horoskophäuser, und symbolische Darstel-

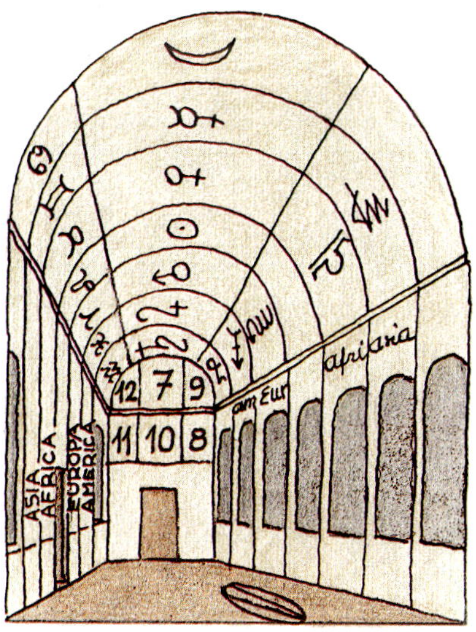

Die Südfront des astronomisch-astrologischen Korridors des Wallenstein-Palais in Prag, deren Ausschmükkung symbolisch die Inhalte der anderen sechs Horoskophäuser ausdrückt .
Nordfront, oben: 3., 1. und 6. Haus.
Nordfront, unten: 2., 4. und 5. Haus.
Südfront, oben: 12., 7. und 9. Haus.
Südfrond, unten: 11., 10. und 8. Haus.

lungen in den einzelnen Feldern drücken ihre astrologische Bedeutung aus. Der Sims, der das Tonnengewölbe der Korridordecke (die das Firmament mit Planeten und Tierkreis symbolisiert) von den senkrechten Wänden (mit der Darstellung der irdischen Welt durch allegorische Fresken der vier Erdteile) trennt, verläuft auch entlang der Stirnwände des Korridors.
An der Nordfront des Korridors werden symbolisch die astrologischen Inhalte der sechs ersten Horoskophäuser ausgedrückt (1. bis 6. – unter der Achse Ascendent - Descendent), an der Südfront dann die Inhalte der sechs gegenüberliegenden Häuser (7. bis 12. – über der Achse Ascendent - Descendent) – siehe Tabelle auf Seite 168.
Seitlich des Seiteneingangs sind die schon erwähnten allegorischen Fresken der vier damals bekannten Erdteile (Asien, Afrika, Europa und Amerika), denen auch ein Freskoschmuck in den Lünetten oberhalb der gegenüberliegenden Fenster entspricht.

Symbolik der zwölf Horoskophäuser an den Stirnwänden des astronomisch-astrologischen Korridors im Wallenstein-Palais

	Haus	*Astrologische Klassifikation*	*Symbolische Darstellung*	Interpretation *Astrologische Bedeutung der Horoskophäuser* *traditionell*	 *übertragen*
Nordfront des Korridors – Häuser unter der Achse Ascendent - Descendent	*1*	Eckhaus	Gestalt in Kriegerrüstung mit Federbuschhelm auf dem Kopf und Lanze in der rechten Hand	Leben (*vita*)	Persönlichkeit Individuum „ego" (Ich)
	2	nachfolgendes	Zwei gekreuzte Olivenzweige in einem Lorbeerkranz	Reichtum (*lucrum*)	Eigentum (Mein)
	3	fallendes (kadent)	Heroldsstab (caduceum)	Brüder (*fratres*)	Nähe (Hier), Wissen, Mitteilen
	4	Eckhaus	Frau mit Krone, die ein Füllhorn ausschüttet	Heimat Stamm (*genitor*)	Herkunft (Start), Mutter, „Id"
	5	nachfolgendes	Zwei gekreuzte Streitkolben in Blätterkanz	Nachkommenschaft (*natio*)	Schaffen, Spiele, Geben, Turnier
	6	fallendes (kadent)	Militärmütze	Gesundheit (*valetudo*)	Dienst, Bemühung physische Gesundheit
Südfront des Korridors – Häuser über der Achse Ascendent - Descendent	*7*	Eckhaus	Frau mit Krone, und einem Pfau auf dem linken Unterarm	Gattin (*uxor*)	Partner (Du), „Alter ego"
	8	nachfolgendes	Zwei gekreuzte Palmwedel in einer gezackten Krone	Tod (*mors*)	Erbschaft (Dein), Tod, Pietät
	9	fallendes (kadent)	Pfau	Frömmigkeit (*pietas*)	Weite (Dort), Glaube, Idee
	10	Eckhaus	Gestalt in Männerkleidung mit Blütenkranz auf dem Kopf, Lanze in der linken Hand und Grün (Büschel) in der rechten	Regierung Ehrungen (*regnum, honores*)	Stellung (Ziel), Vater, Triumph „Super ego"
	11	nachfolgendes	Zwei gekreuzte Zepter in Blätterkrone	Wohltätigkeit (*beneficio*)	Anerkennung, Ehrungen, Empfang
	12	fallendes (kadent)	Zepter (sceptrum)	Gefängnis (*carcer*)	Beschränkung, Hemmung, mentale Gesundheit

Die angewandte Astrologie

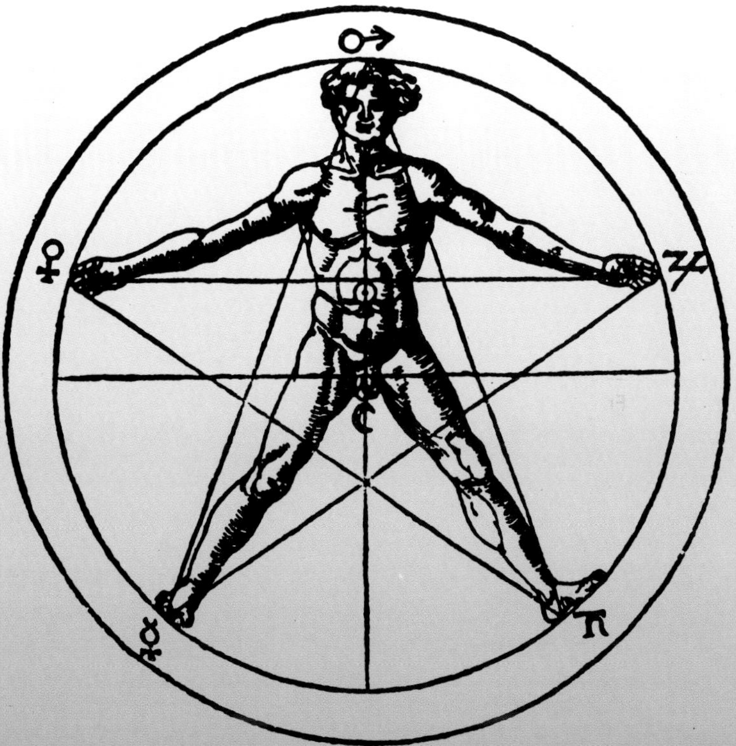

Der menschliche Körper im Pentagramm und die sieben herkömmlichen Planeten, die den Mikrokosmos beherrschen (Agrippa von Nettesheim: »Occulta Philosophia«, 1533).

Die Melothesie – astrologische Signaturen, Wechselbeziehungen und Korrespondenzen • Die Astrometeorologie • Die alte astrale Medizin • Der Mensch im Tierkreis • Die neue Astromedizin und die zodiakale Anthropometrie • Die alte zodiakale Geographie • Die Astrokartographie heute • Die Grenzen des analogen Denkens

Die Melothesie – astrologische Signaturen, Wechselbeziehungen und Korrespondenzen

Einfache Illustration der Melothesie: Die Sonne in der rechten Hand und der Mond in der linken drücken die menschliche Polarität aus.

Der Begriff der Melothesie

Unter dem Begriff »Melothesie« wird diese Suche nach konkreten Beziehungen zwischen den einzelnen Teilen und Organen des menschlichen Körpers, der den Mikrokosmos darstellt, und Teilen des kosmischen Organismus, des Makrokosmos (den Planeten und Tierkreiszeichen), beschrieben. Ähnlich wurden nach und nach die Beziehungen zwischen dem Kosmos und anderen irdischen Objekten oder anderen Realitäten typisiert, die den Stempel einer vermeintlichen Beziehung trugen: eine astrologische Signatur.

Lange Zeit hindurch blieb die zodiakale Aufgliederung des menschlichen Körpers unverändert, erst die moderne Astromedizin stellte neue Beziehungen her, die sich auf neue Erkenntnisse und empirische Werte stützt. Auch berücksichtigt die Melothesie heute die Entwicklung des Menschen vom Kleinkind bis zum Erwachsenen.

Um die Art und Weise der astrologischen Betrachtungen des antiken und mittelalterlichen Menschen kennenzulernen, muß man sich mit der alten Lehre der Analogien, Korrespondenzen und Signaturen bekannt machen, denn vom Siegel dieser Beziehungen waren die einzelnen Teildisziplinen von der Astromedizin über die Astrokartographie und Astrometeorologie bis hin zur herbaren Astrologie und den verschiedenen Formen der operativen Astrologie geprägt.

Gemeinsame Bande aufgrund von Korrespondenzen verknüpften die Astrologie auch mit der Chiromantie, Metoposkopie, Alchimie und Magie.

Analogie zwischen Makrokosmos und Mikrokosmos

Der Teil der mittelalterlichen Wissenschaft, der den Menschen im Geiste der Naturphilosophie als einen untrennbaren Bestandteil der Natur ansah, flüchtete sich oft in die Analogie als sichtbaren Ausdruck der Zusammengehörigkeit allgemeiner und besonderer, kosmischer und irdischer Dinge. Nach der allgemeinen naturphilosophischen Vorstellung sollte nämlich alles, was sich auf der Erde abspielt, sein Vorbild am Firmament haben und umgekehrt, bzw. nach den am Firmament beobachteten Erscheinungen sollte sich vorhersehen lassen, was sich wahrscheinlich auf der Erde, in der Sphäre des Menschen abspielen wird. Das war die Basis der astrologischen Betrachtungsweise – die Analogie zwischen Makro- und Mikrokosmos.

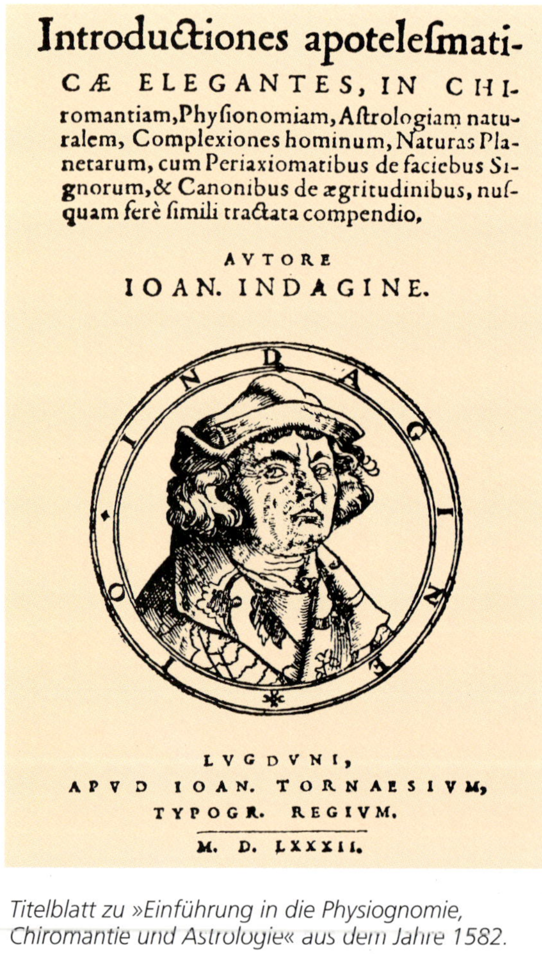

Introductiones apotelesmati-
CÆ ELEGANTES, IN CHI-
romantiam,Physionomiam,Astrologiam natu-
ralem, Complexiones hominum, Naturas Pla-
netarum, cum Periaxiomatibus de faciebus Si-
gnorum,& Canonibus de ægritudinibus, nus-
quam ferè simili tractata compendio,

AVTORE
IOAN. INDAGINE.

LVGDVNI,
APVD IOAN. TORNAESIVM,
TYPOGR. REGIVM,
M. D. LXXXII.

Titelblatt zu »Einführung in die Physiognomie, Chiromantie und Astrologie« aus dem Jahre 1582.

Zuordnung von Ländern und Städten

Der Grundgedanke, daß der Zodiakus nicht nur Hintergrund für die planetarischen Zeitzyklen sei, sondern auch eine räumliche Angelegenheit, brachte die führenden Geister der antiken und mittelalterlichen Astrologie auf bestimmte analoge Vorstellungen. Auf ihrer Basis ordneten sie den einzelnen Tierkreiszeichen entsprechende Länder und Städte der damals bekannten Welt zu. Damit schufen sie eine Art zodiakale Geographie, aus der sich später die Astrokartographie entwickelte, denn in der prognostischen Astrologie verlangte man eine Antwort auf die Fragen, wann und wo etwas geschehen wird.

Zuordnung von Körperteilen

Nicht nur die damals bekannte Welt, sondern auch der menschliche Körper wurde in Zonen unterteilt, die man auf die zwölf Tierkreiszeichen bezog. Es haben sich eine große Menge Zeichnungen und Stiche erhalten, die das Wesen dieses Tierkreismannes (auch zodiakaler oder kosmischer Mensch – *homo signorum* – genannt) in verschiedenen Varianten darstellen. Man kennzeichnete seine einzelnen Organe und Kör-

Metoposkopischer Kopf mit markanten Punkten, von denen einige mit den Zeichen der sieben traditionellen astrologischen Planeten versehen sind.

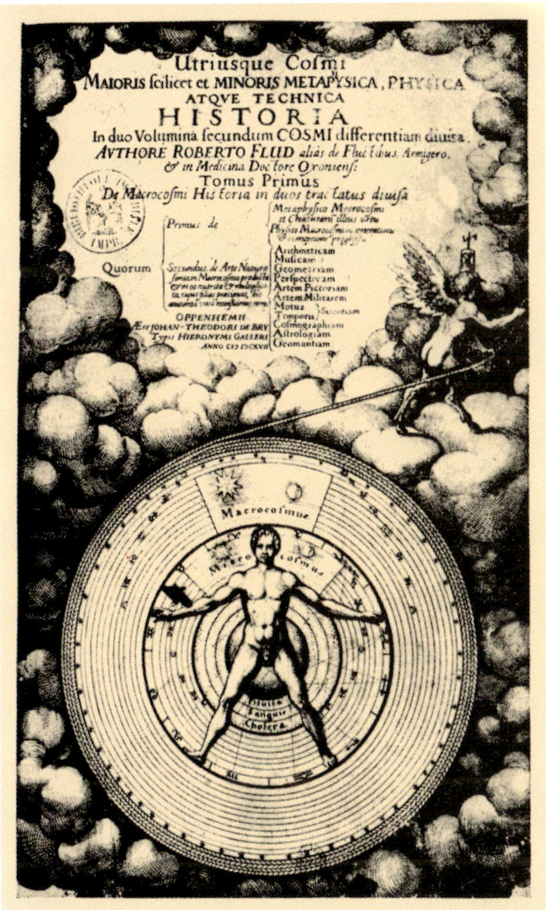

Titelblatt Teil I der Schrift »Utriusque cosmi historia« (1619) von Robert Fludd mit symbolischer Darstellung der Beziehungen von Makro- und Mikrokosmos.

Titelblatt Teil II der Schrift »Utriusque cosmi historia« (1619) von Robert Fludd mit den Beziehungen von Makro- und Mikrokosmos, von Weltall und Mensch.

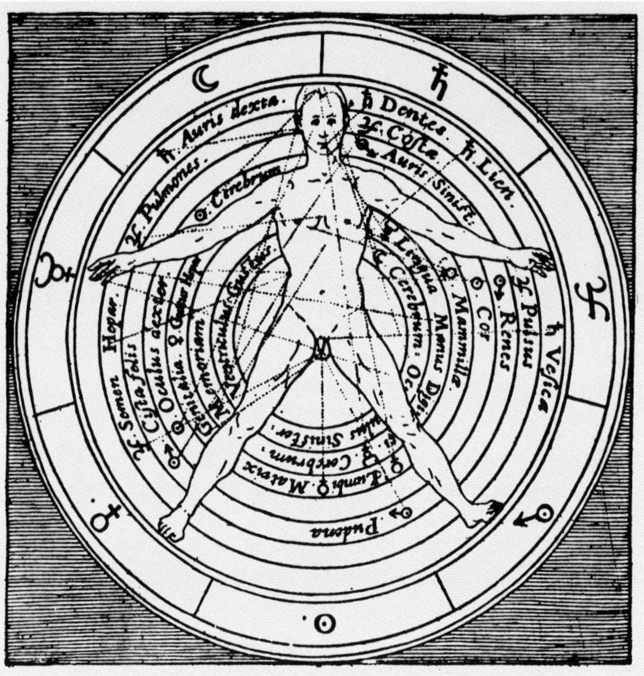

Die sieben Planeten, die den menschlichen Körper beherrschen (Robert Fludd: »Utriusque cosmi historia«, 1619).

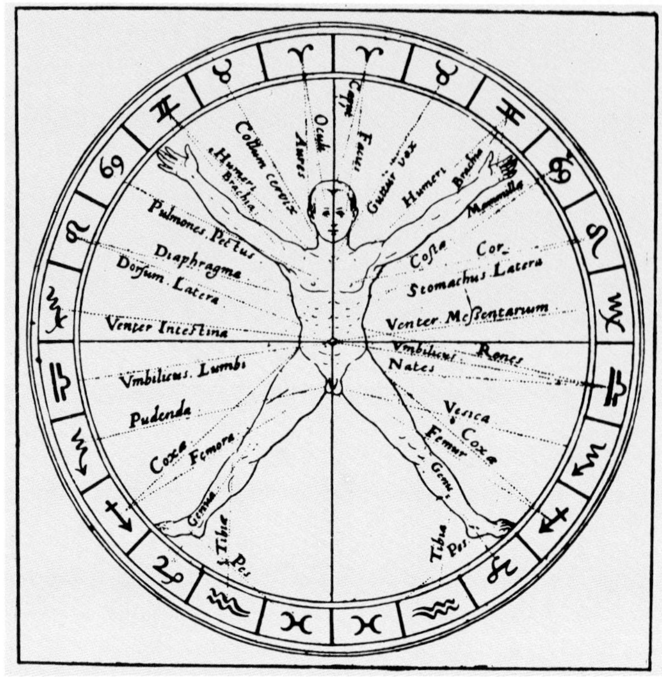

Die zwölf Tierkreiszeichen in ihren Beziehungen zum menschlichen Organismus (ebenfalls nach Fludd).

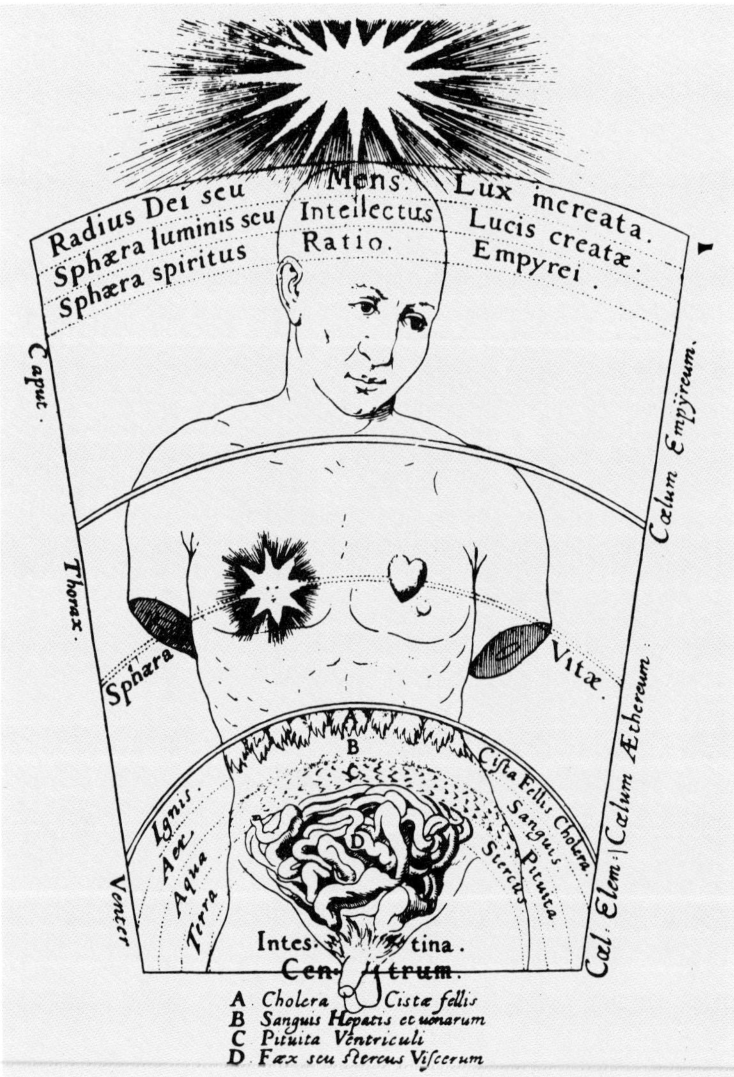

Die analogen Beziehungen in der oberen Hälfte des menschlichen Organismus (nach Robert Fludds »Utriusque cosmi historia«, 1619).

perteile mit den konventionellen Symbolen der zwölf Tierkreiszeichen in einer Art und Weise, die bis in die zweite Hälfte des 20. Jahrhunderts keine wesentlichen Veränderungen erfuhr.

Weitere Zuordnungen

Das Bestreben, den Gedanken der Beziehungen zwischen Makro- und Mikroskosmos konsequent zur Geltung zu bringen, führte logischerweise dazu, daß der Herrschaft der einzelnen Tierkreiszeichen und Planeten weitere Dinge untergeordnet wurden: verschiedene Naturprodukte, Metalle, Farben, Töne, Gerüche, Tiere, Vögel, Pflanzen, Bäume, Edelsteine, aber auch Länder, Städte, verschiedene Landschaftstypen u. a.

Eine Wissenschaft der Signaturen und Wechselbeziehungen

Nach und nach entstand eine ganze Wissenschaft der Signaturen und Korrespondenzen, die die Elemente der irdischen Natur Kategorien unterwarf, die das Siegel der zwölf zodiakalen Zeichen und der sieben damals bekannten Planeten trugen. Diese vermeintlichen Wechselbeziehungen wurden häufig in der Alchimie, Magie und Heilpraxis genutzt. Der bedeutsamste Bereich der angewandten Astrologie war zweifellos die astrale Medizin (Astromedizin), die sich auf der einen Seite auf den Tierkreismann stützte und auf der anderen die Signaturen verschiedener Naturheilmittel benutzte.

Illustration aus dem Ordinale von Thomas Norton, einem Alchimisten des 15. Jahrhunderts, das vier Horoskope alchimistischer Operationen enthält (Elias Ashmole: »Theatrum chemicum Britannicum«, London 1652).

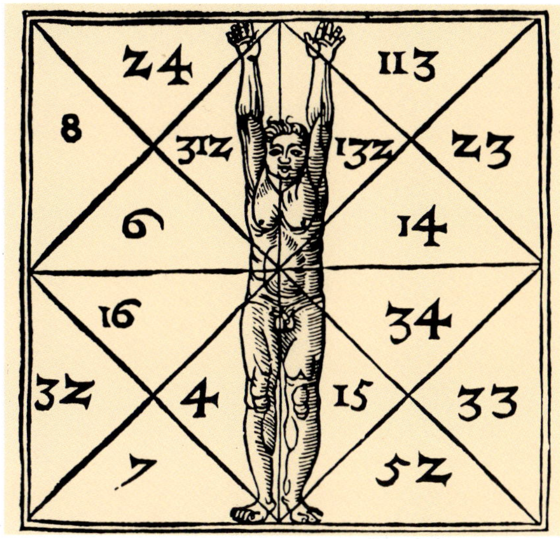

Die Proportionen des menschlichen Körpers und ihre Beziehungen zu ihren okkulten Ziffern (nach Agrippa von Nettesheim, 1651).

Die Astrometeorologie

Wettervorhersagen in der Antike

Zu den ältesten Arten einer Verwendung astronomischer Erkenntnisse in der Alltagspraxis zählt wohl die Astrometeorologie. Die antiken Dichterkalender von Hesiod und Aratos bis zu Vergil und Ovid, die hauptsächlich für Bauern und Seefahrer bestimmt waren, gehörten genauso zum Kulturerbe des Altertums wie die zahlreichen protoastrologischen Weissagungen, die ebenfalls auf einer parallelen Beobachtung von Himmels- und irdischen Erscheinungen beruhten.

Wettervorhersagen auf der Grundlage der Betrachtung des Himmels und der verschiedenen astronomischen Zyklen, vor allem des Mondes, erfolgten in Mesopotamien genauso wie in Ägypten, Griechenland, Rom oder China. Sie alle hatten den Charakter einer Observationsdiagnostik. Wann aber kam die Astrologie ins Spiel?

Titelblatt der »Deutschen Practica« von Václav Fabri z Budějovic für das Jahr 1492, das von Saturn als Chronokrator beherrscht wurde.

Links: Titelblatt einer »Practica« aus dem Jahre 1524 mit der Darstellung einer Naturkatastrophe, die man durch eine Planetenhäufung (Stellium) im Zeichen Fische, eine sogenannte große Konjunktion, zu der es in diesem Jahre kam, erwartete.

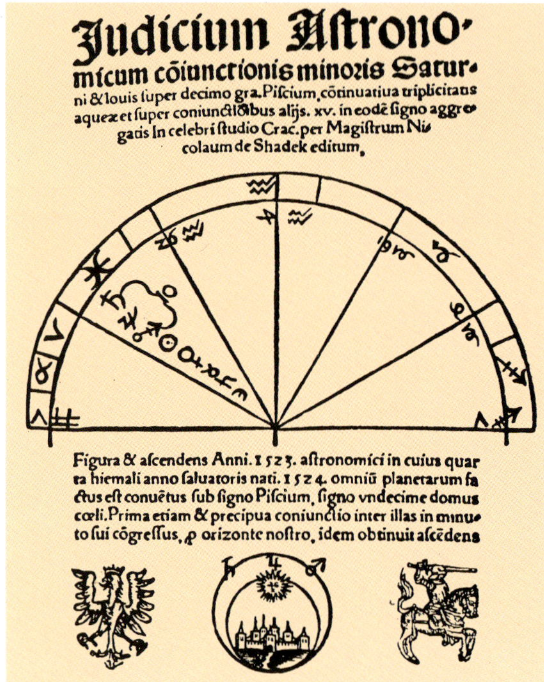

Schematische Darstellung einer Planetenhäufung – einer sogenannten großen Konjunktion – 1524 im Zeichen Fische (»Ludicium Astronomicum coniunctionis minoris Saturni et Iovis«, R. de Shadet, 1524).

Unten: Titelblatt einer »Deutschen Practica« von Johannes Virdung von Hassfurt mit der astrologischen Konstellation vom 1. März 1523: Mondfinsternis in der Jungfrau, Konjunktion von Mond und Mars, die Sonne in Konjunktion mit Saturn in den Fischen sowie Jupiter im Wassermann. Kopf und Schwanz des Drachen repräsentieren die Mondknoten, während der Widder als erstes Tierkreiszeichen die Kurbel betätigt.

Die Rolle der Universitäten im Mittelalter

Wie es scheint, begann sich die Astrologie – bis auf wenige Ausnahmen – in der Astrometeorologie erst im Mittelalter durchzusetzen. Als im 13. Jahrhundert die ersten europäischen Universitäten entstanden, gehörte zu ihren Grundobliegenheiten u. a. die Veröffentlichung von Kalendern und astrologischen Vorhersagen für das betreffende Jahr, und gerade die astrometeorologischen Prognosen nahmen unter ihnen den Hauptrang ein. Für diese Kalender, die nach der Erfindung des Buchdrucks von der Presse herausgegeben und verbreitet wurden, bürgerten sich die Bezeichnungen »Practica«, »Prognostica« oder auch »Minutien« ein.

Jan Šindel

In Böhmen wurden nach Gründung der Prager Karls-Universität im Jahre 1348 unter den vielen Verfassern dieser Minutien einige Namen berühmt, die erwähnenswert sind. Zu ihnen gehören vor allem die Magister Havel (Gallus), Křišťan z Prachatic (der sich auch mit der Anwendung der Astrologie in der Medizin beschäftigte) sowie Jan Šindel und Václav Pacovský, deren Reputation weit über die Grenzen des Königreichs hinausreichte. Der italienische Humanist Enea Silvio Piccolomini, bekannt als der spätere rö-

Titelblatt der Schrift »Libellus consolatorius« (Wien 1523) von Georg Lannstetter mit der Darstellung der möglichen Folgen einer bevorstehenden Begegnung aller sieben traditionellen astrologischen Planeten im Zeichen Fische.

Die Aufeinanderfolge von drei Sonnen- und zwei Mondfinsternissen im Jahre 1617, die Krieg, Tod und Überschwemmungen bringen sollten, in einer allegorischen Darstellung auf einem zeitgenössischen Holzschnitt. (1618 begann der Dreißigjährige Krieg.) Zur Verdeutlichung: Das erste ist eine Sonnenfinsternis am 6. Februar im Wassermann, das zweite eine Mondfinsternis am 20. Februar in der Jungfrau, das dritte eine Sonnenfinsternis am 7. März in den Fischen, das vierte eine Sonnenfinsternis am 1. August im Löwen und das fünfte eine Mondfinsternis am 16. August im Wassermann. Rechts ist noch die Mondfinsternis in den Fischen vom 27. August des vorangegangenen Jahres 1616 dargestellt, sozusagen als Vorbote. Solche Ereignisse wurden oft erst nach einer Sonnen- oder Mondfinsternis erwartet.

mische Papst Pius II., brachte in einem Brief an Jan Šindel seine Bewunderung zum Ausdruck und bezeichnete ihn als eine Zierde des Jahrhunderts, da er seiner Meinung nach als einziger verstünde, anhand der Bewegungen der Gestirne das künftige Wetter, Seuchen und Mißernten richtig vorherzusagen.

Šimon Proxen

Von der Bedeutung, die damals der Sternkunde und vor allem der Astrologie beigemessen wurde, zeugen die Worte von Magister Simon Proxen aus den Sudeten in einer Minutie für das Jahr 1560, der dazu auffordert, der mathematischen Kunst und insbesondere der sternkundlichen noch mehr Aufmerksamkeit zu schenken, damit nicht nur sie, sondern auch »die sie betreffende Astrologia über alle anderen Künste erstrahle und den Vorrang behalte«.

Mikuláš Šud ze Semanína

Zu den legendären Gestalten der Prager astrometeorologischen Universitätsschule gehörte Mikuláš Šud ze Semanína, geboren in Litomyšl, ein Astronom und bekannter Verfasser von volkstümlichen Vorhersagen, die er bis zu seinem Tode im Jahre 1557 herausgab. Von der Qualität seiner Minutien, die noch

Titelblatt einer »Practica« mit der Darstellung einer zu erwartenden Naturkatastrophe infolge einer Planetenhäufung im Zeichen Fische im Jahre 1524 (»Practica deutsch, Maister Hansen Birdung [= Virdung] von Hassfurt«, 1524).

Astrologisches Flugblatt des deutschen Dichters Sebastian Brandt aus dem Jahre 1504 mit einem gereimten Begleittext: In der allegorischen Darstellung einer Planetenkonstellation stehen die Konjunktion von Merkur und Venus im Zeichen Steinbock und die sogenannte große Konjunktion von Jupiter mit Saturn und Mars im Zeichen Krebs in gegenseitiger Opposition. Die Sonne ist im Wassermann und der Mond in den Fischen. Das Bild ist datiert mit 1504 »zu den vierten Januarkalenden«, d. h. dem vierten Tag nach dem Januarneumond, der am 17. Januar 1504 eintrat. Die Datierung bezieht sich also auf den 20. Januar 1504.

Titelblatt der »Practica« Georg Leimbachs von 1499 mit der Prophezeiung eines feuchten Jahres, das astrologisch Saturn (im Stier) regierte, mit Jupiter (im Wassermann) als Mitregent.

mit interessanten Vorworten ausgestattet waren, die den damaligen sternkundlichen Wissensstand widerspiegeln, zeugt auch, daß er für seine Almanache sogar ein königliches Privileg besaß. Dennoch erfahren wir nach seinen eigenen Worten in einer Bemerkung zur Vorhersage für 1553, daß einige unseriöse Drukker, besonders aus Mähren, das Interesse der Öffentlichkeit an Šuds Prognosen ausnutzten und sie als Nachdrucke veröffentlichten. Im gleichen Jahr erläutert er auch den Zweck dieser Schriften sowie seine Meinung zu astrologischen Prophezeiungen überhaupt:

»Darum und zu diesem Behufe habe ich meine Vorhersagen herausgegeben, damit die Menschen, die auf göttliche Werke sowie auf wundersame Kräfte und ihre Art und Weise achten, bei ihrer Nutzanwendung Seinen Namen preisen. Und nicht deshalb habe ich sie herausgegeben, damit die Menschen Saturnus und

Mars fürchten und von Jupiter oder Venus Gutes erwarten, als seien Saturnus oder Mars ein lebendiger und böser Mensch und Jupiter und Venus ein guter, während sie doch nichts sind als tote Dinge und nicht Verstand haben noch freien Willen – aber es gibt einen anderen Verwalter und Leiter, welcher sie nach seinem Willen, wie und wozu er will, lenket und wendet; und eben diesen sollen die Menschen fürchten ...«

Festlegung von Herrschern und Mitregenten

Ein bedeutsamer weiterer Schritt in den jährlichen Vorhersagen war die Festlegung eines sogenannten Herrschers (Regenten, Gebieters) des Jahres, mitunter noch seines Mitregenten. Dieser war einer der sieben Planeten, und zwar der, dessen Zahl in der chaldäischen Reihe nach Teilung der Jahreszahl durch sieben übrigbleibt.

Die Überprüfung dieses Prinzips an den erhaltenen Holzschnitten und Minutien zeigte allerdings, daß es dabei auf die Bezifferung der Planeten in der Reihe ankam, denn im Grunde gibt es zwei Möglichkeiten, und beide wandte man im Laufe der Geschichte an: Die chaldäische Planetenreihe Saturn – Jupiter – Mars – Sonne – Venus – Merkur – Mond wurde entweder aufsteigend von eins bis sechs beziffert, wobei der Mond die Null bekam, oder absteigend von sechs bis eins mit dem Mond wieder als Null. Die zweite Methode war wohl die häufigere. Sie ist z. B. für die Jahre 1455, 1495 und 1524 belegt, die erste u. a. für das Jahr 1492. Diese Uneinheitlichkeit ist doch recht verblüffend.

Das Ganze wurde aber offenbar noch dadurch komplizierter, daß weitere wichtige Planeten für das betreffende Jahr aus den vierteljährlichen Ingressionshoroskopen dazukamen, wie Mikuláš Šud ze

Titelblatt der »Practica« des Magister Václav Fabri z Budějovic für das Jahr, in dem Venus als Kronokrator herrschte und Mars ihr Mitregent war. Venus im Zeichen Wassermann und Mars im Zeichen Stier bilden eine zodiakale Quadratur.

Titelblatt der »Deutschen Practica Brotbeyhels« von 1529 für ein Jahr, das Venus astrologisch beherrschte, mit Mars und Merkur als Mitregenten.

Titelblatt der »Practica« von Paracelsus für das Jahr 1535 mit Mars in der Rolle des Herrschers der Zeichen Widder und Skorpion und Venus als Regentin des Zeichens Stier.

Semanína in einer Vorhersage für 1544 darlegte; ihm schien, daß in jenem Jahre die Planeten geradezu in dem Bemühen wetteiferten, die Herrschaft darüber zu erlangen:

»Welche Planeten das Prä und die Verwaltung dieses Jahres haben, kann nicht vollends ersehen und erfahren werden: so wollen sich fast alle Planeten gemeinsam, einer über den anderen, in die Verwaltung hineindrängen.«

In diesem reizvollen Personifikationsstil fährt der Verfasser fort, wenn er sich jeden Planeten des genannten Jahres gesondert vornimmt, bewertet und zu einer Schlußfolgerung für die einzelnen Quartale gelangt.

Die alte astrale Medizin

Der Tierkreismann

In der mittelalterlichen Astrologie haben sich eine Reihe von Schemata einer Menschengestalt erhalten, die von Kopf bis Fuß mit Tierkreiszeichen bedeckt ist – ein Tierkreismann, wie die Eingeweihten zu sagen pflegten, in modernerer Zeit bisweilen auch »makroskopischer Mensch« genannt.

Bemerkenswert ist, daß zur Darstellung eines Tierkreismannes ganz unabhängig auch die Indianer im präkolumbianischen Amerika gelangten. Auf Seite 75 der Handschrift des »Vatikanischen Kodex« der Azteken ist eine stehende Menschengestalt abgebildet, deren einzelne Teile und Organe in der Vorstellung der Azteken von den 20 Zeichen ihres Tierkreises des zyklischen Tonalpohualli-Kalenders »regiert« werden.

Die medizinische Astrologie der alten Völker Europas und Amerikas ging, wie es scheint, von den gleichen Voraussetzungen über eine Beziehung der Dinge oben, d. h. am Himmel, zu den Dingen unten, d. h. auf der Erde, aus.

Ähnlich war es auch im Fernen Osten. Beispielsweise hat sich eine Serie von zwölf verzierten Porzellanflaschen für Arzneien aus der Zeit der

Der Tierkreismann und die astromedizinische Praxis in der Darstellung eines alten deutschen Kalenders.

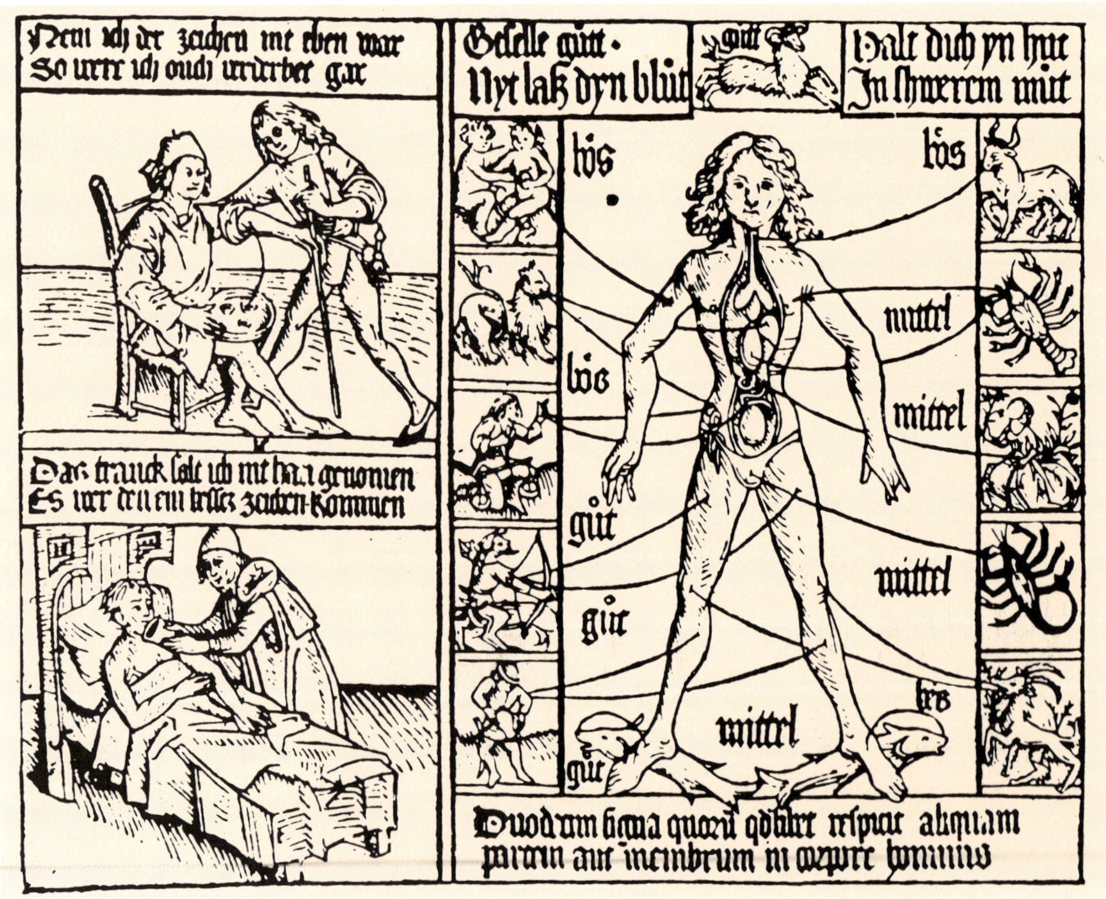

Mandschudynastie Ch'ing (1644–1911) erhalten. Die ausdrucksvollen, ursprünglich blauen Zeichnungen der zwölf Tiere des chinesischen Tierkreises waren ein Orientierungsmittel zum raschen Auffinden der gesuchten Arznei.

Die Verknüpfung des Tierkreises mit den vier Elementen

Die antike und später auch die mittelalterliche Naturphilosophie, die der Berührungspunkt der damaligen Astrologie und Medizin war, verknüpfte den Begriff des Tierkreises mit den bekannten vier Elementen Feuer, Erde, Luft und Wasser. Auch diese vier Elemente wurden – wie die fünf im alten China (Holz, Feuer, Erde, Metall, Wasser) – zur Grundlage der damaligen Heilkunde. Der antike Tierkreis war sinnreich von ihnen durchflochten.

Die griechischen Elemente entstanden spekulativ durch die Kombination der vier Urqualitäten (so im achten Kapitel »Elemente«) Wärme, Trockenheit, Kälte und Feuchtigkeit. Das Feuer wurde als Verkörperung von Wärme und Trockenheit angesehen, die Erde als Verkörperung von Kälte und Trockenheit, die Luft als Verkörperung von Wärme und Feuchtigkeit und das Wasser als Verkörperung von Kälte und Feuchtigkeit.

Jedes der vier Elemente trat im Tierkreis in dreierlei Gestalt auf, die in der astrologischen Terminologie als kardinal, fest und beweglich bezeichnet wurde. Diese Dreiergruppe (Triangel) bildete im Tierkreis vier Dreiecke, die sogenannten Elementtrigone, von denen jedes symbolisch eines der vier bekannten Temperamente repräsentierte: das Feuer das cholerische, die Erde das melancholische, die Luft das sanguinische und das Wasser das phlegmatische (lymphatische). Die Lehre von den vier Temperamenten entwickelte der römisch-griechische Arzt Galenus auf der Grundlage der Lehren von Hippokrates und Aristoteles.

Je nachdem, wie die zu den einzelnen Elementtrigonen gehörenden Tierkreiszeichen durch Planeten besetzt waren, beurteilten die Astrologen die Temperamentbasis des unter der betreffenden Konstellation Geborenen.

Durch die Aufteilung in vier Elemente und vier astrologische Elementtrigone war eine flexiblere und individuellere Beurteilung möglich geworden.

	♄ saturn9	♃ iupiter	♂ Mars	☉ Sol	♀ Venus	☿ Mercuri9	☾ Luna.
Aries ♈	pectus	ventrē	caput	femora	pedes	crura	genua.
taurus ♉	ventrē	dorsuȝ.	collum	genua	caput	pedes	crura
gemini ♊	ventrē.	verēda	pectus	crura talos	collum	caput	femora
cancer ♋	virilia	femora	pectus	pedes	brachia hūeros	oculos	caput
Leo ♌	verēda	femora genua.	ventrē	caput	cor.	guttur.	collum
virgo ♍	pedes	gēnua	ventreȝ	collum	ventreȝ	cor	hūeros
libra ♎	genua.	oculos	verēda	hūeros	caput	ventrē	cor
scorpio ♏	talos	pedes	caput brachia	cor	verēda	dorsuȝ.	ventreȝ
sagit. ♐	pedes.	crura	manus	ventreȝ	femora	verēda	dorsuȝ.
capricō. ♑	caput oculos	crura	dorsuȝ.	cor	verēda	femora	femora
aquarius ♒	collum	pectus	cor	verēda	genua.	femora	verēda
pisces ♓	hūeros	cor.	ventrē	femora	dorsuȝ.	crura	femora

Matrixtafel der astromedizinischen Zugehörigkeit der Organe des menschlichen Körpers zu den sieben traditionellen astrologischen Planeten und den zwölf Tierkreiszeichen (Gregor Reisch: »Margarita Philosophica«, 1503).

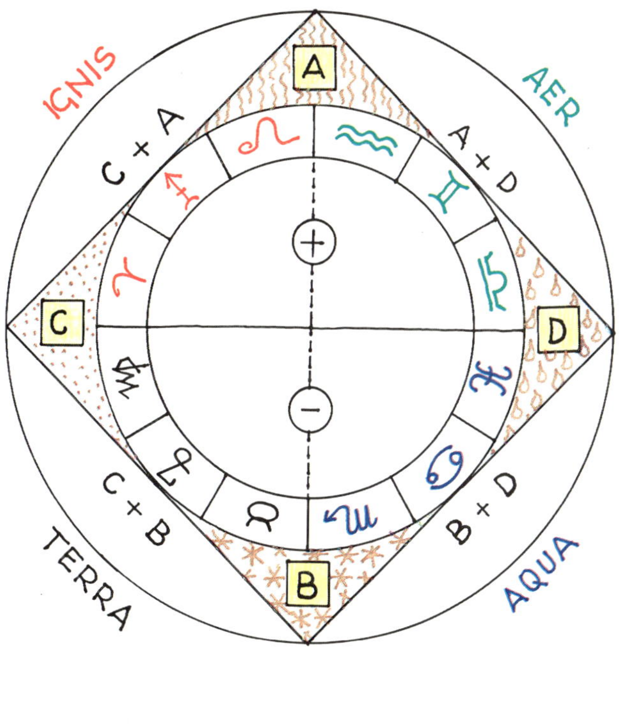

Die vier Urqualitäten der antiken Naturphilosophie und ihre Beziehung zu den vier Elementen: A = Wärme, B = Kälte, C = Trockenheit, D = Feuchtigkeit. Die Elemente Feuer (ignis), Wasser (aqua), Luft (aer) und Erde (terra) entstehen durch Kombination der vier Urqualitäten miteinander.

Giuseppe Arcimboldo: »Allegorie des Feuers« aus dem Zyklus »Die Elemente«, 1566 (Wien, Kunsthistorisches Museum).

Die Lehre von den Signaturen

Im mittelalterlichen Denken, das sich mit den astronomisch-astrologischen Problemen in enger Beziehung zu Mensch und Natur – also auch zu Heilkunde, Alchimie und Magie – beschäftigte, entstand nach und nach die Lehre von den Signaturen. Nach Auffassung dieses hermetisch in sich geschlossenen Systems trug jedes Ding gleichsam den Stempel eines bestimmten Tierkreiszeichens, Planeten oder Elements. Das betraf die Metalle und Minerale genauso wie die Pflanzen, Tiere, Farben usw.

Metalle

Man glaubte beispielsweise, daß Amulette, die aus einem bestimmten Metall gefertigt sind, den Menschen vor bösen Wirkungen schützen und andererseits eine zu schwache Komponente verstärken. So wurden von den Metallen der Sonne Gold, dem Mond Silber, dem Mars Eisen, der Venus Kupfer, dem Merkur Quecksilber, dem Jupiter Zinn und dem Saturn Blei zugeordnet.

Pflanzen

Das berühmte »Herbarium« von Pietro Andrea Mattioli charakterisierte jede Pflanze u. a. dadurch, wieviel sie von welcher Elementeurqualität enthält. Außerdem heißt es hier z. B. von Kraut, es »ist Naturheit des Warmen und Trockenen im ersten Grade«, eine Gurke dagegen »Naturheit des Kalten und Feuchten im zweiten Grade«. Beide Gemüsearten ergänzen einander also in ihren Wirkungen. Kraut sollten wir daher essen, wenn wir etwas durchgefroren und feucht sind, eine Gurke hingegen bei einer leichten Überhitzung und Austrocknung des Organismus. So werde das Gleichgewicht im Körper wiederhergestellt, denn eine Krankheit entsteht nach den Vorstellungen der alten Heilkundler gerade durch ein Ungleichgewicht der Elemente im Leib. So können je nach Temperamentsbasis vorbeugende Maßnahmen ergriffen werden.

In analoger Weise verfuhr die Medizin auch im alten China: Ihr ging es um die Herstellung der Balance zwischen den zwei Grundkomponenten Yang und Yin, dem männlichen und weiblichen Prinzip.

Die fünf regelmäßigen Polyeder und ihre Beziehung zu den vier Elementen nach platonischer Vorstellung: Tetraeder – Feuer, Kubus – Erde, Oktaeder – Luft und Ikosaeder – Wasser. Den fünften Körper – Pentagondodekaeder – verwendete nach Platon Gott zur Ordnung des Weltalls (Holzschnitt aus Keplers Schrift »Harmonices mundi«, Linz 1619).

Alte Heilmethoden unter Verwendung der Astrologie

Zur Herbeiführung des körperlichen und seelischen Gleichgewichts wurden viele ganz unterschiedliche Methoden angewandt, nicht nur rein medizinische, sondern auch spirituelle. Neben Astrodiagnostik der Krankheiten und Mitbestimmung der Art der notwendigen Arznei hatte die Astrologie in der alten Medizin auch teil an der Bestimmung des geeigneten Zeitpunkts für die Anwendung der gewählten Heilmethode. Zu den gebräuchlichsten gehörten Aderlaß, Schröpfen und Blutegel.

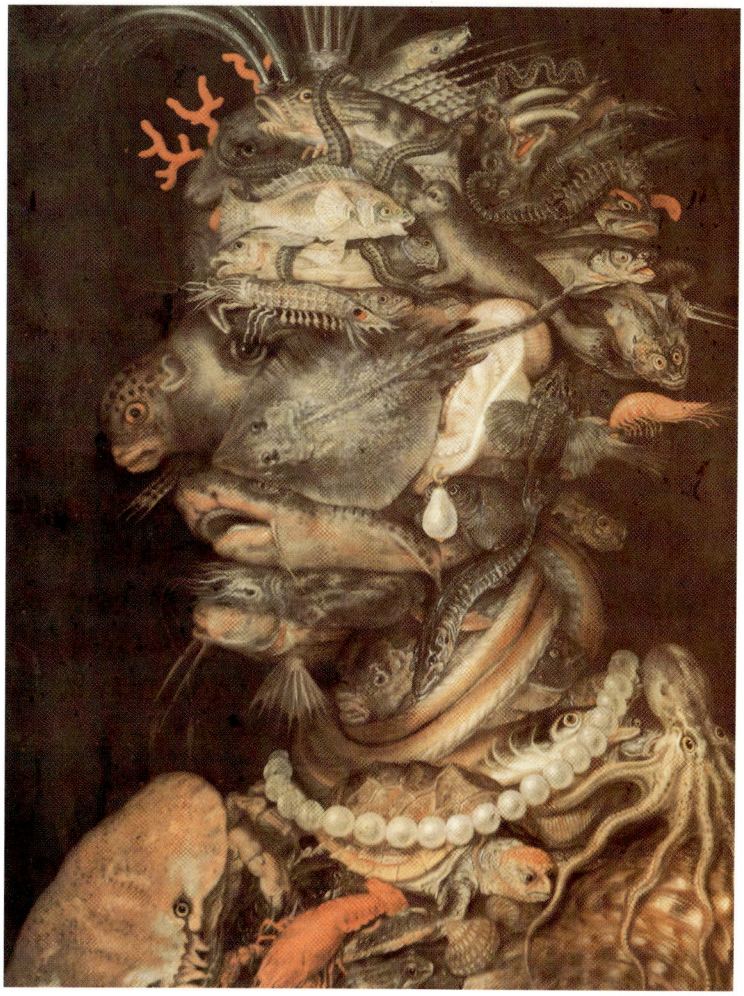

Rechts: Giuseppe Arcimboldo: »Allegorie des Wassers« aus dem Zyklus »Die Elemente« (Wien, Kunsthistorisches Museum).

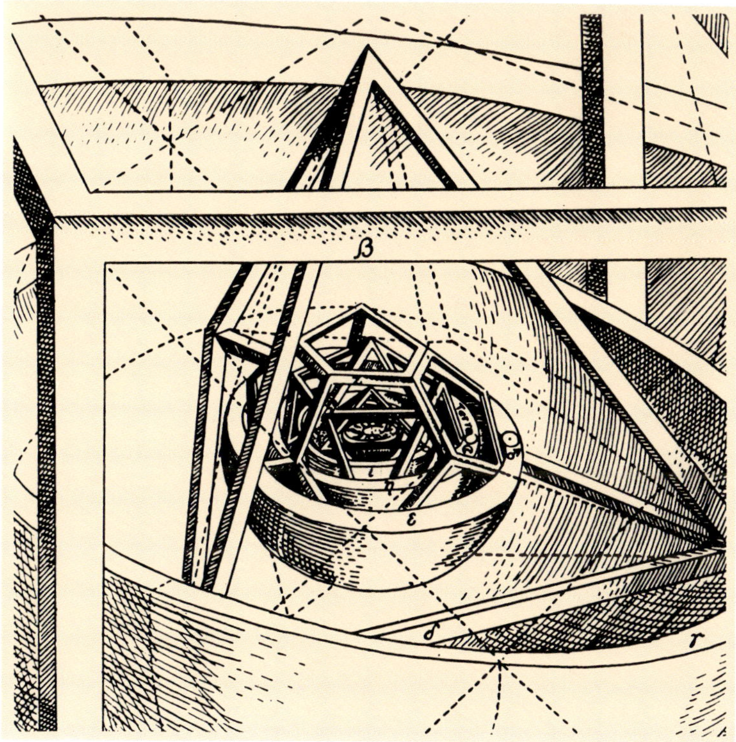

Unten rechts: Detail der Darstellung der durch regelmäßige Polyeder verlängerten Planetensphären, die nach platonischer Vorstellung den Elementen entsprachen (Stich aus Keplers »Mysterium cosmographicum«, Tübingen 1596).

Der Tierkreis und die Farben. Auch die Beliebtheit einer bestimmten Spektralfarbe kann Indiz für ein akzentuiertes zodiakales Zeichen im Horoskop sein.

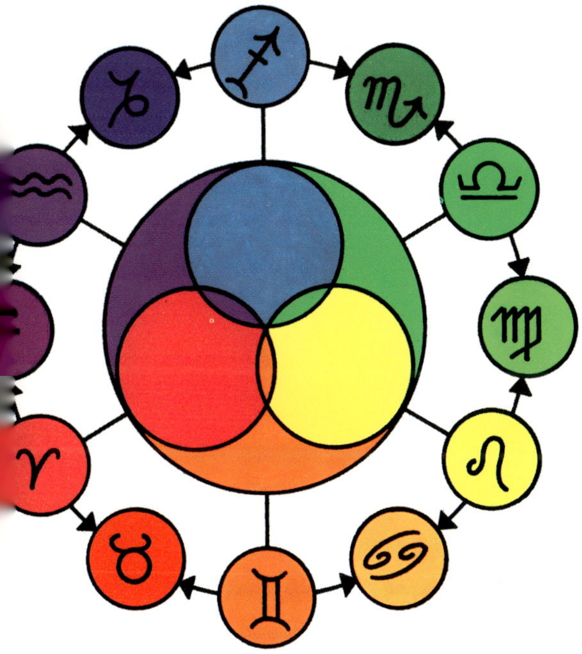

Der Mensch im Tierkreis

Tierkreiszeichen und Körperteile/Organe

Grundlage der astralen Medizin war seit dem Mittelalter der Tierkreismann – eine Menschengestalt mit Untergliederung in Bereiche, die von den zwölf Tierkreiszeichen und den sieben Planeten – den astrologischen Gebietern der zodiakalen Zeichen – regiert wurden. Die alten Quellen, die unzählige Varianten der Darstellung des Grundmodells dieses Tierkreismannes enthalten, zeigen in der Art und Weise seiner Einteilung eine seltene Einheitlichkeit: Nach ihnen gehören zum Widder der Kopf, zum Stier der Hals, zu den Zwillingen die Schultern, Arme, Hände und Lunge, zum Krebs der Magen und die Brust, zum Löwen das Herz, zur Jungfrau der Bauch und die Gedärme, zur Waage die Nieren, Lenden und die Gebärmutter, zum Skorpion die Geschlechtsorgane, die Harnblase, der Mastdarm und das Becken, zum Schützen die Hüften und Oberschenkel, zum Steinbock die Knie, zum Wassermann die Schienbeine und Waden, zu den Fischen die Fußsohlen. Diese grundsätzliche Zuordnung wurde von verschiedenen Autoren noch um spezielle Details ergänzt. Hat sie aber auch Gültigkeit?

Erstarrte Anatomie

Der Gedanke des Tierkreismannes entstand in einer Zeit, als die Anatomie des menschlichen Körpers noch zahlreiche Lücken aufwies, denn sezieren durfte man nicht, und in der Medizin herrschten die Grundsätze des alten Galenus. Auch die Bemühungen der Renaissance, den menschlichen Körper mit Hilfe der Geometrie kennenzulernen, die sich z. B. bei Leonardo da Vinci oder Albrecht Dürer zeigen, griffen nicht in die Konzeption der zodiakalen Menschengestalt ein. Das ist erstaunlich und läßt sich wohl nur durch die Stärke des Konservativismus und Traditionalismus erklären, die aus der mittelalterlichen Denkweise in die Astrologie hineinreichten: Der Tierkreismann wurde weiterhin in unveränderter Form präsentiert.

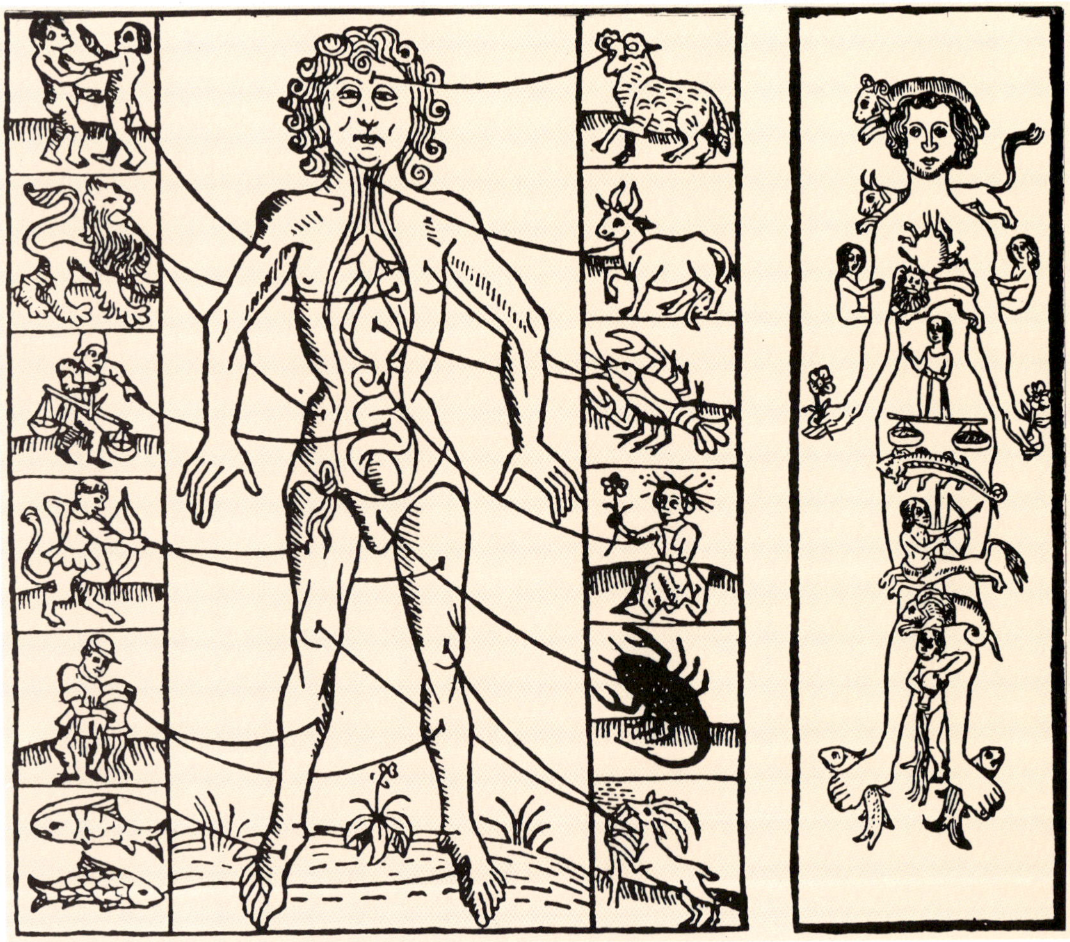

Der Tierkreismann. Die Beziehungen der Tierkreiszeichen zu den einzelnen Teilen und Organen des menschlichen Körpers auf zwei alten Stichen: links ein Holzstich aus dem Buch »Martyrologium der Heiligen nach Kalender«, Straßburg 1484 (deutsche Inkunabel); rechts ein Kupferstich aus dem Buch »Cy est Compost et Calendrier des Bergers«, Paris 1499 (französische Inkunabel).

Eine der zahlreichen Alternativen der Darstellung eines Tierkreismannes auf einem alten Holzschnitt.

Rechts: Der Tierkreismann nach der Schrift »Margarita Philosophica« von Gregor Reisch aus dem Jahre 1503.

Der Tierkreismann: die Beziehungen der verschiedenen Teile des menschlichen Körpers zu den Tierkreiszeichen in der traditionellen Astrologie (»Flores Albumasaris«, 1488).

Der Tierkreismann: der Mensch innerhalb des Tierkreises (aus dem »Temporale« von Regiomontanus, 1534).

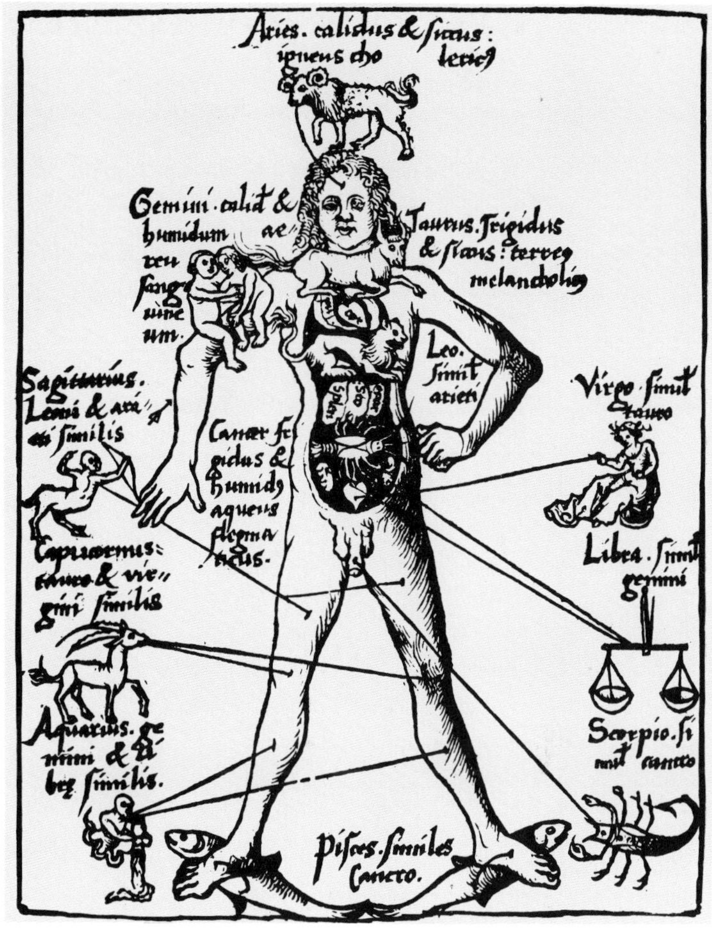

Die Einflüsse der einzelnen Tierkreiszeichen auf die Organe und Teile des menschlichen Körpers, beschrieben in einem Werk über das Aderlassen von J. Berka Choceňský aus dem Jahre 1597.

Die neue Astromedizin und die zodiakale Anthropometrie

Die erstarrte mittelalterliche Gestalt des Tierkreismannes wurde auch später erstaunlich unverändert von Kopf bis Fuß unter den zwölf zodiakalen Zeichen in einer Art und Weise aufgeteilt, die nicht allzusehr auf die wirklichen Proportionen des menschlichen Körpers achtete, die sich von der Kindheit bis zur Reife ja deutlich verändern. Die Tierkreiszeichen und Planeten bestimmten die Unterteilung des Körpers in einzelne Bereiche, die aus Zeiten stammte, als z. B. eine Obduktion noch keine geläufige Erscheinung war.

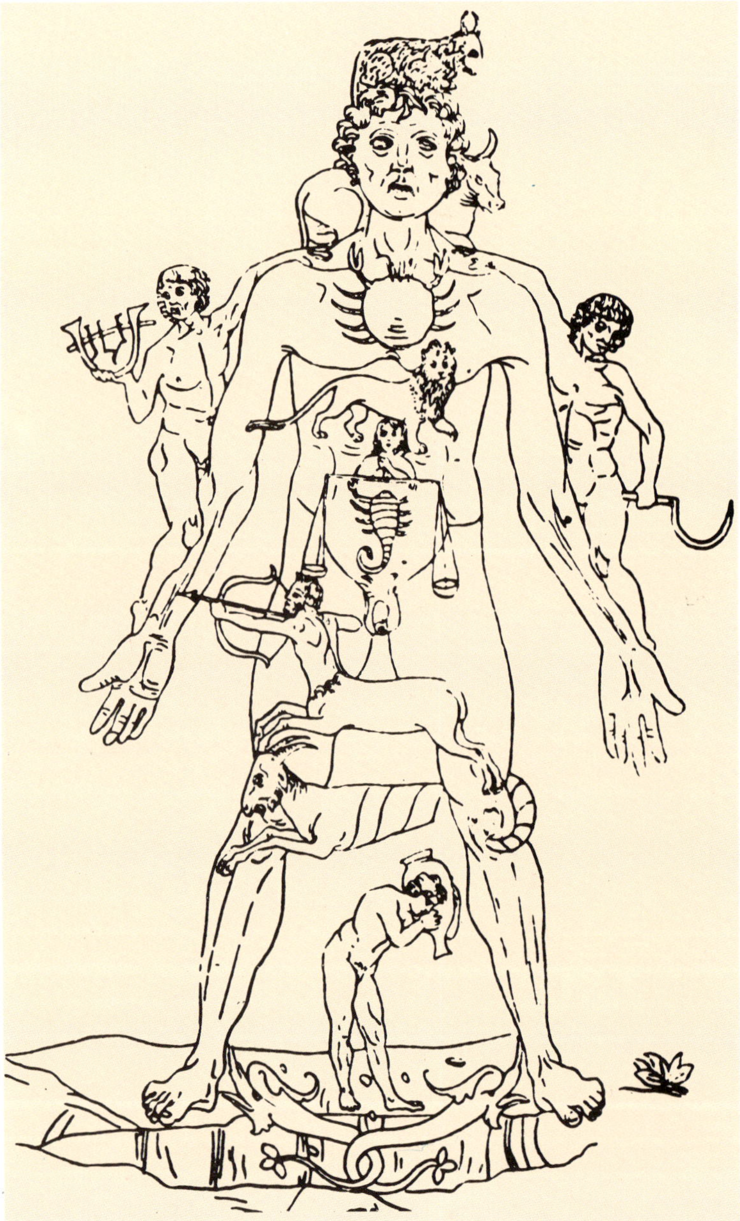

Tierkreismann nach Ketham (»Tractatus de anatomia«, 1495).

Umwertung der Gestalt des Tierkreismannes

Deshalb erstaunt es nicht, daß in moderner Zeit auch eine Umwertung der Gestalt des Tierkreismannes erfolgt. Ebenfalls ins Spiel kommen eine häufigere astrologische Überprüfung konkreter klinischer Fälle und eine Statistik größerer Komplexe der verschiedenen Erkrankungen. Es tauchten neue Wechselbeziehungen auf, und so mußten die bisherigen Signaturen und Korrespondenzen durch neue Auffassungen ersetzt werden.

Einer Revision unterzogen wurde das Schema des Tierkreismannes nicht nur unter dem Gesichtspunkt der Funktionalität seiner einzelnen Teile und Organe, sondern auch unter Berücksichtigung der anthropometrischen Relationen und Gesetzmäßigkeiten, die vor allem die Renaissancekünstler so sehr beschäftigten.

Anknüpfend an die Antike bemühten diese sich, wieder eine Ordnung zu finden, die in ihren Augen u. a. gerade durch den mathematischen Kanon der Proportionen der Menschengestalt verkörpert wurde. Auf diese bedeutsamen Anregungen vermochte aber, wie es scheint, die Astrologie des 16. und 17. Jahrhunderts nicht mehr entsprechend zu reagieren. Erst die moderne Zeit, die grundsätzlich das ganze bisherige astrologische System revidierte, gelangte auch auf diesem Gebiet zu einer signifikanten Rektifikation.

Die neue zodiakale Aufgliederung der Menschengestalt

Die neue, anthropometrische zodiakale Aufgliederung der Menschengestalt in zwölf gleiche Abschnitte beginnt am Scheitel und endet bei den Zehenspitzen. Sie definiert die Hauptkörperpartien und ordnet sie den zwölf Tierkreiszeichen folgendermaßen zu:

- In den 1. Quadranten gehören Kopf und Oberkörper.

Widder: Kopf, Augen, Ohren, Nase, Haare.
Stier: Mund, Speiseröhre, Hals, Nacken, Bart.
Zwillinge: Schlüsselbeinregion, der obere Teil des Brustkorbs mit Brustbein, Schulterblätter, Schultern, Arme, Hände, Lunge, Herz, Bronchien.

- In den 2. Quadranten gehören der untere Teil des Rumpfs mit der Bauchhöhle.

Krebs: unterer Teil des Brustkorbs, Brust, Magen, Zwerchfell, Galle, Leber, Nieren mit Nebennieren.
Löwe: Bauch mit Nabel (»Leben«), Zwölffingerdarm, Bauchspeicheldrüse, Milz, Därme (teilweise), Gebärmutter während der Schwangerschaft.
Jungfrau: Becken, Kreuzbein, Hüften, Gesäß, Schamgegend, Blinddarm, Dickdarm, Harnblase, Ausscheidungsorgane, Geschlechtsorgane.

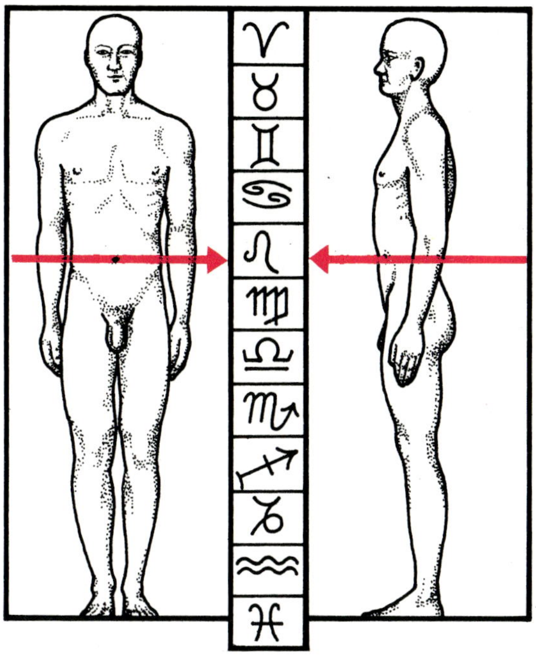

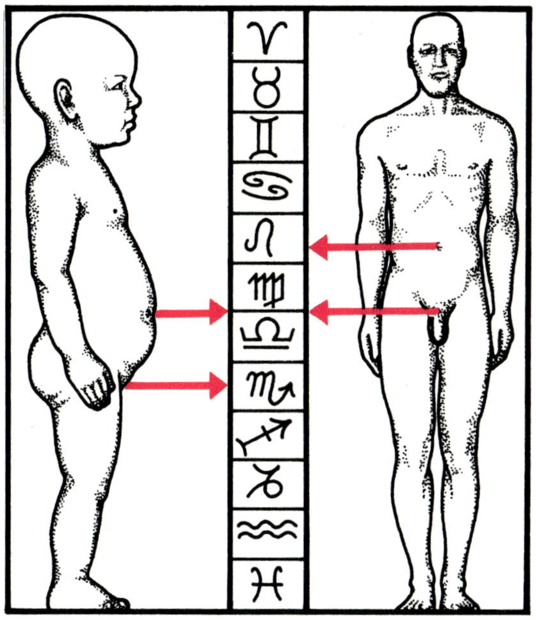

Zodiakale Anthropometrie. Vorder- und Seitenansicht einer menschlichen Gestalt mit angedeutetem Goldenen Schnitt (vom Scheitel bis zu den Fußspitzen) in bezug auf den Tierkreis.

Oben rechts: Die zodiakalen Proportionen des Körpers eines Kindes und eines Erwachsenen.

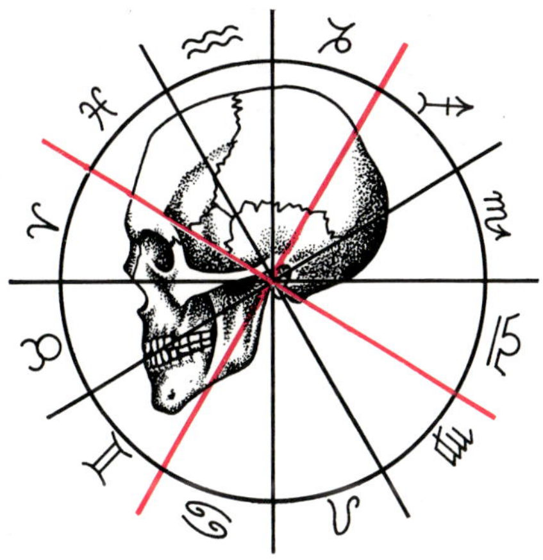

Mitte: Die zodiakale Aufteilung des menschlichen Schädels im Profil.

Die Entwicklung der anthropometrischen zodiakalen Relationen beim Wachstum des Menschen von der Kindheit bis zur Reife.

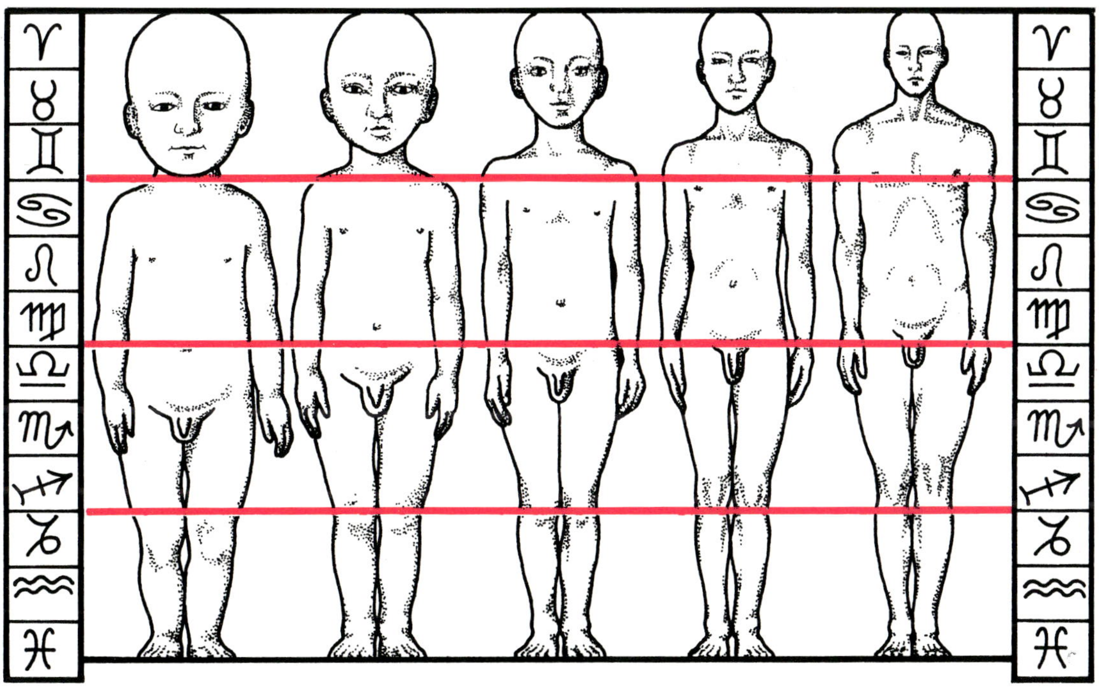

• In den 3. Quadranten gehören die Beine bis zu den Knien.
Waage: oberer Teil der Oberschenkel.
Skorpion: Oberschenkel über den Knien.
Schütze: Knie.
• In den 4. Quadranten gehören die Beine unter den Knien, die Füße und die Fußsohlen.
Steinbock: oberer Teil des Schienbeins und der Waden.
Wassermann: unterer Teil des Schienbeins und der Waden.
Fische: Knöchel, Fußsohlen, Zehen, Achillesferse.

Paarige Hauptgelenke

Die innere Logik dieser Art der Aufgliederung stützt sich auf einige wichtige Wechselbeziehungen.

Den beweglichen (oder Doppel-) Zeichen des Tierkreises entsprechen konsequent alle paarigen Hauptgelenke des Körpers: den Zwillingen die Arme, Ellenbogen und Hände; der Jungfrau die Hüften, dem Schützen die Knie, den Fischen die Knöchel. Während wir mit den Händen Gegenstände durch Ergreifen näher an uns heranbringen und sie auch manchmal begreifen (Zwillinge), dienen die Knie zum Gehen, Laufen und Niederknien (Glaube, Verehrung) und hängen daher bedeutungsmäßig mit dem Schützezeichen zusammen.

Der Bauch bedeutet neues Leben (Schwangerschaft), wobei der Nabel genau im Goldenen Schnitt der zodiakalen Gestalt liegt. Die Brust als erster Nahrungsspender für die Neugeborenen gehört zum Krebs (Quelle).

Der Kopf

Was den Kopf als selbständiges Ganzes betrifft, so entspricht anscheinend ungefähr die Gesichtspartie vier Tierkreiszeichen (den Fischen die Stirn, dem Widder die Augen, dem Stier die Nase und den Zwillingen der Mund), weitere vier hängen mit der Schädelbasis zusammen, und die letzten vier entsprechen dem Hinter- und Oberteil des Kopfes vom Genick bis über den Scheitel hinweg.

Dazu nur ein paar erläuternde Bemerkungen. Man sagt z. B. Das Auge ist das Fenster zur Seele. Und daher ist der Widder das Zeichen der Persönlichkeit. Der Mund als Sprechorgan hängt mit den Zwilligen zusammen. Den Steinbock ziert auf dem Kopf eine Krone oder andere Kopfbedeckung als Symbol der Stellung. Die Stirnfalten sind die Geheimschrift der Schwierigkeiten, die der Mensch im Leben durchmacht – es offenbaren sich Schicksalskämpfe, Siege und Enttäuschungen darin; sie sind ein Bereich, den einige berühmte Gelehrte wie Cardanus oder Tadeáš Hájek z Hájku, die sich u. a. auch mit Metoposkopie beschäftigten, sehr aufmerksam studierten. Sie versuchten, hier den Schlüssel zur Persönlichkeit und zu deren wahrscheinlichen Schicksal zu finden.

Veränderte Beziehungen

Die ältere astrologische Tradition stützte sich bei der Aufgliederung des Tierkreismannes mehr auf einen hermetischen Symbolismus. Darüber hinaus leitete sie, wie sich jetzt zeigt, einige zodiakale Kompetenzen nicht aus der Gestalt eines erwachsenen Menschen ab, sondern aus dem Körper eines Kindes. Nach dieser Konzeption hingen die Geschlechtsteile dann mit dem Skorpion, die Knie mit dem Steinbock, das Herz mit dem Löwen zusammen usw. Der Kopf des Kindes stünde in diesem Falle nicht nur mit dem Zeichen des Widders in Beziehung, was anerkannt wurde, sondern entspräche proportional dem ganzen ersten Quadranten des Zodiakus, also drei Zeichen.

Während beim Erwachsenen die Trennungslinie, die den Tierkreis zwischen Jungfrau und Waage teilt, in die Schamregion fällt, verläuft sie beim Kind genau durch den Nabel. Diese Verschiebung hängt logisch mit der Empfängnis und Geburt zusammen und mit der Entwicklung vom Kind zum erwachsenen Menschen, der imstande ist, Nachkommen zu zeugen bzw. zu empfangen. Wie es scheint, ist das Studium dieser Beziehungen sehr lehrreich und fruchtbar.

Die alte zodiakale Geographie

Nicht nur der menschliche Körper und folglich auch die Gesundheit des Menschen wurden nach antiker und mittelalterlicher Auffassung der Naturbeziehungen dem Kosmos untergeordnet, sondern auch die ganze damals bekannte Welt. Mit Hilfe der Astrokartographie suchte die alte Astrologie neben der Frage »Wann?« auch die Frage »Wo?« zu beantworten.

Beziehungen zwischen Tierkreiszeichen und Ländern

Beim alexandrinischen Astronomen, Chronologen und Geographen Claudius Ptolemäus finden wir im dritten und vierten Kapitel des zweiten Buches seines »Tetrabiblos« eine Zuordnung der Länder zu den einzelnen Tierkreiszeichen, die die bekannteren Länder des Altertums nach dieser ursprünglich wahrscheinlich babylonischen Vorstellung »regierten«. Aus dieser Einteilung leitete Ptolemäus dann Charakteristika der betreffenden Völker und ethnischen Gruppen ab, wobei auch die Planeten mitwirkten, die die jeweiligen zodiakalen Zeichen beherrschten.

Die späteren Astrologen entwickelten diese Lehre von den Beziehungen zwischen den Tierkreiszeichen und den Ländern auf der ganzen Erde weiter und schufen eine Art zodiakale Weltkarte. Sie versuchten so, die Vorhersagen allgemeiner Art zu lokalisieren.

Die Methoden, nach denen weitere Gebiete der Erde dem ursprünglichen antiken Schema zugeordnet wurden, waren allerdings mit diesem nicht mehr vereinbar. Denn während Ptolemäus die breite Region rund um das Mittelmeer konsequent in Zonen eingeteilt hatte, die nach einem bestimmten System zu den zwölf Tierkreiszeichen gehörten, tauchten später in den zodiakalen Kategorien verschiedene, oft auch neuzeitliche Staaten (USA, UdSSR u. a.) auf, die man ihnen aufgrund ganz unterschiedlicher und abweichender Kriterien – nach dem Horoskop der Entstehung des betreffenden Staates, der Landescharakteristik oder einem bestimmten »Volkscharakter« – zuordnete. Es liegt auf der Hand, daß ein so geschaffenes Gebilde mit der ursprünglichen alexandrinischen Vorstellung nicht mehr viel gemein hat.

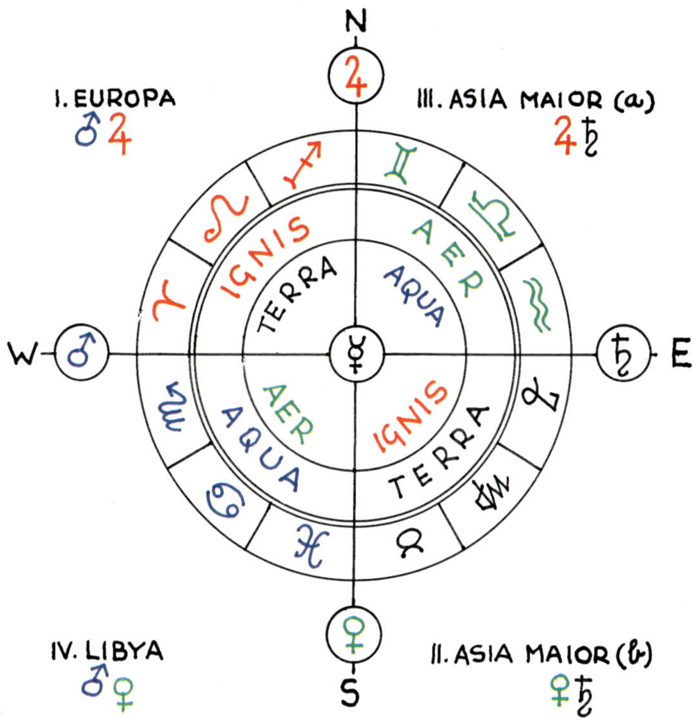

Rekonstruktion des Systems der zodiakalen Geographie von Ptolemäus *nach dem Text seines »Tetrabiblos«. Das Zentrum befindet sich im östlichen Teil des Mittelmeers. Die vier durch Längen- und Breitenkreis definierten Quadranten besetzt Ptolemäus mit den vier Elementen: Feuer (ignis), Erde (terra), Luft (aer) und Wasser (aqua). Die geographischen Quadranten sowie die vier Weltrichtungen und das Zentrum regieren fünf Planeten. Die Tierkreiszeichen werden den einzelnen Ländern nach folgender Regel zugeordnet: Bei den vom Zentrum entfernteren Ländern gelten die auf dem Außenrand angegebenen Zeichen und für die dem Zentrum näher gelegenen die Zeichen des aus dem gegenüberliegenden Quadranten übertragenen Elements. Auf diese Weise wurden alle Länder der damals bekannten Welt der »Herrschaft« eines der zwölf Tierkreiszeichen unterstellt. Es ist klar, daß Versuche, dieses System auf die ganze Welt zu erweitern, schon im voraus zum Scheitern verurteilt wären.*

Die ptolemäische Aufteilung der Welt

Worauf gründete Claudius Ptolemäus eigentlich sein astrokartographisches System? Im dritten Kapitel des zweiten Buches seines »Tetrabiblos« legt er das recht ausführlich dar.

Ptolemäus teilte die damals bekannte Welt durch ein Kreuz auf, das sich an den vier Weltrichtungen orientierte. Den Norden unterstellte er dem Jupiter, den Süden der Venus, den Westen dem Mars und den Osten dem Saturn. Den Merkur plazierte er in die Mitte.

»Bei dieser Anordnung teilt sich unsere bekannte Welt (*oikumene*) in vier Quadranten, die der Anzahl der Trigone entsprechen. Die Breitenkreisgrenze verläuft von den Säulen des Herakles über das Mittelmeer bis zur Isebucht und weiter über den östlichen Gebirgsrücken. Durch sie wird der nördliche und der südliche Teil getrennt.

Die Längenkreisgrenze führt vom Arabischen Golf über das Ägäische Meer zum Hellespont und Maiotischen Meer. Sie trennt den östlichen und westlichen Teil. Durch diese Grenzen werden vier Quadranten abgesteckt, die der Lage der Trigone entsprechen. Den Quadranten, der im Nordwesten unserer Welt, im Lande der Kelten, liegt, nennen wir allgemein Europa.

Den ihm gegenüberliegenden südöstlichen Quadranten, der beim östlichen Aithiopien liegt, nennen wir den südlichen Teil Großasiens. Der nordöstliche Quadrant der *oikumene*, das Territorium der Skythen, ist dann der nördliche Teil Großasiens. Der ihm gegenüberliegende südwestliche Quadrant, das westliche Aithiopien, heißt allgemein Libyen.

Die in der Mitte dieser Quadranten liegenden Territorien haben unterschiedliche Eigenschaften der betreffenden Quadranten, die sie gegenüber der ganzen bekannten Welt zur Geltung bringen.«

Im letzten Satz liegt der Schlüssel zum Verständnis der Art und Weise, wie im weiteren Text die Patronate der einzelnen zodiakalen Zeichen und ihrer Planetenherrscher über die jeweiligen Länder der antiken Welt im Detail zugeteilt werden.

In jedem Quadrant hat der Teil näher zur Mitte zu das Elementwesen des gegenüberliegenden Quadranten, im Unterschied zum äußeren Teil, der im vorhergehenden Text definiert wurde.

Dem ptolemäischen System kann eine innere Logik nicht abgesprochen werden, obwohl es in einigen Details geographische Ungereimtheiten enthält. Es basiert zwar auf einer Art »Mittelpunkt der Welt« – sagen wir lieber: der damaligen *oikumene* –, der irgendwo in der Gegend der Insel Zypern lag, ist aber nicht global, und sein Geltungsbereich ist daher für die moderne Astrologie nur wenig verwendbar.

Zu ihrer Zeit haben die Dinge eine Gültigkeit, dann verlassen sie ihren Entwicklungsstandort und erleben eine weitere Differenzierung. Neue Entdeckungen, Erkenntnisse werden gemacht, neue Lösungen gefunden.

Die zodiakale Geographie nach drei antiken Quellen

ZODIAKUS	DEKAN	QUELLE 1	QUELLE 2		QUELLE 3
		Corpus Hermeticum (1. Jahrhundert v. Chr. bis 1. Jahrhundert n. Chr.)	Ptolemäus: Tetrabiblos II, 3 – 4 (2. Jahrhundert)		Paulus von Alexandria (4. Jahrhundert)
			außen	in der Mitte	
Aries (Widder)	1 2 3	Oceana Vactriani Lydia	Britannia Gallia Germania und Bastarnia	Syria Palaestina Idumaea und Judaea	Persia
Taurus (Stier)	1 2 3	Media Land der Amazonen Semiradis	Parthia Media Persia	Cyclades Cypros Küste Kleinasiens	Babylonia
Gemini (Zwillinge)	1 2 3	Teukria Persia Parthia	Hyrcania Armenia Matiana	Cyrenaica Marmarica Unterägypten	Cappadocia
Cancer (Krebs)	1 2 3	Syria Assyria Aithiopia	Numidia Carthago Africa	Bithynia Phrygia Colchida	Armenia
Leo (Löwe)	1 2 3	India Unbekanntes Land Unbekanntes Land	Italia Gallia Cisalpina Sicilia und Apulia	Phoinicia Chaldaea Orchaenia	Kleinasien
Virgo (Jungfrau)	1 2 3	Arabia Armenia Elephantina	Mesopotamia Babylonia Assyria	Hellas Achaia Creta	Hellas und Ionia
Libra (Waage)	1 2 3	Aegyptia Trachonitrum Libya	Bactria Caspica Serica	Thebais Oasis Land der Troglodyten	Libya und Cyrenaica
Scorpio (Skorpion)	1 2 3	Palaestina und Phoinicia Cilicia Cappadocia, Galatia und Phrygia	Matagonia Mauretania Gaetulia	Syria Commagaenae Cappadocia	Italia
Sagittarius (Schütze)	1 2 3	Achaia und Pamphylia Schwarzes Meer Africa	Tyrrhenia Land der Kelten Hispania	Arabia Felix (das »Glückliche«) -	Cilicia und Creta
Capricornus (Steinbock)	1 2 3	Mauretania Pannonia Galatia	India Ariania Gedrusia	Thracia Macedonia Illyria	Syria
Aquarius (Wassermann)	1 2 3	Syria Germania Sarmatia	Sauromatia Oxiana Sogdiana	Arabia Azania Mittelaithiopia	Aegyptia
Pisces (Fische)	1 2 3	Britannia Dacia Chaucilicanonia, Etruria, Italia, Campania	Phasania Nasamonitia Garamantia	Lydia Cilicia Pamphylia	Rotes Meer

Die Astrokartographie heute

Neuentdeckte Planeten und Kontinente

Durch die Entdeckung von Uranus, Neptun und Pluto wurde die traditionelle magische Sieben der Planeten definitiv zerschlagen, und die Astrologie sah sich mit der Notwendigkeit konfrontiert, all das zu überprüfen, was seit eh und je ganz selbstverständlich mit ihr verknüpft wurde. Dadurch gerieten auch die alten zodiakalen Korrespondenzen wieder in ihr Blickfeld.

Mit der Entdeckung Amerikas, Australiens und der Antarktis sowie der Erforschung weiterer Gebiete der Erde in der Neuzeit verschoben sich die Grenzen der bis dahin bekannten Welt erheblich, und dadurch wurde es erforderlich, auch die alte Aufgliederung der zodiakalen Geographie zu revidieren, die vor allem von Ptolemäus ausging und sich vorwiegend auf die Region des antiken Mittelmeerraumes stützte.

Neue Aufteilungen der Welt

Nach und nach setzten sich weltweite Aspekte durch. Die verschiedenen Strömungen der heuti-gen Astrologie bemühen sich – eine jede auf ihre Weise –, mit den Problemen einer globalen Astro-kartographie fertig zu werden. Während einige nur das alte System zu ergänzen und zu erweitern trachten, beschreiten andere radikalere Wege: Ihre Vertreter halten es für notwendig, nach ganz neuen, nichttraditionellen Methoden und Lösungen zu suchen.

Die einen teilen den Erdball nach den Meridianen statisch in zwölf gleiche Zonen ein und zerschneiden so die Erdoberfläche mit einem verschieden plazierten Nullpunkt von Pol zu Pol wie eine Apfelsinenschale. Die anderen legen die Idee der Antipodalität zugrunde, und sie versuchen, sie auf die Erde mit Hilfe eines ihr aufgesetzten, regelmäßigen fünfeckigen Zwölfflächners (Pentagondodekaeders) anzuwenden, dessen zwölf Flächen die Signaturen der Tierkreiszeichen tragen, die auf den betreffenden Gebieten der Erde abgebildet werden.

Ganz anders betrachtet dieses Problem der Amerikaner Jim Lewis aus San Francisco, der Autor des Computersystems »Astro-Carto-Graphy«. Sein Prinzip ist eine dynamische Auffassung der globalen Astrokartographie, die darin besteht, daß auf eine in Zylinderprojektion dargestellte Weltkarte der Ablauf der Planetenpositionen auf den Haupthoroskopachsen projiziert wird. Obwohl diese Methode von der alten statischen Ptolemäus-Vorstellung vom Einfluß der Tierkreiszeichen auf die einzelnen Länder der damaligen Welt technisch schon recht weit entfernt ist, ist sie offenbar doch noch nicht das letzte Wort in diesem Teil der angewandten Astrologie. Das Problem bleibt also weiterhin offen.

Astrokartographische Landkarten werden heute vor allem in der Relokationsastrologie verwendet, zur schnellen Einschätzung der möglichen Folgen einer erheblichen Veränderung des Wohnortes, bei der sich einige Planeten auf den Hauptachsen des Horoskops befinden können.

Die Grenzen des analogen Denkens

Der prachtvolle Bogen, den die alte Idee der Verknüpfung des Menschen mit dem Weltall von der Antike bis zum Beginn der Neuzeit beschrieben hatte, bildete vor allem im 16. Jahrhundert in Philosophie und Kunst in enger Bindung an die Astrologie und Alchimie eine feste Stütze für die Entwicklung des europäischen Humanismus. Das Prinzip der Analogie und die ganze verzweigte Lehre von den Korrespondenzen, die das Menschliche mit dem Elementaren und die irdischen Dinge mit Phänomenen am Firmament verknüpfen, haben jedoch ethische Grenzen erreicht, hinter denen die ersehnte Harmonie vehement in ihr Gegenteil umschlagen kann. Das falsch verstandene Analogieprinzip und Aktionen des Menschen, die ihn nur seinen eigenen egoistischen Zielen nachjagen ließen, haben zu einem Überschreiten dieser Grenzen und in einigen Fällen zu Übeltaten an der Natur geführt

Das Beispiel der afrikanischen Nashörner

Die mächtige Waffe der Nashörner ähnelt in der Form einem menschlichen Glied, und der auf einer so oberflächlichen Analogie beruhende Aberglaube hatte die rasante Dezimierung – fast Ausrottung! – der afrikanischen Nashörner zur Folge; denn das aus ihrem Horn hergestellte Pulver wurde von den orientalischen Herrschern mit Gold aufgewogen, da es als starkes Aphrodisiakum galt, und zwar noch lange nach dem Beginn der Neuzeit. Weiße Nashörner tötete man in Afrika überdies um ihrer begehrten Trophäe willen, und so gehören sie heute in der ganzen Welt zu den am meisten bedrohten Spezies.

Umdenken tut not

Erst jetzt, an der Schwelle zum dritten Jahrtausend, beginnt die Menschheit sich bewußt zu werden, daß eine hemmungslose Plünderung und Zerstörung der Natur eigentlich selbstmörderisch und verantwortungslos gegenüber den Nachfolgenden ist. Es kommt ein neuer Humanismus zu Wort, zu dessen Grundanliegen die Ökologie gehört. Nicht zufällig hat sich eine der neuesten Richtungen der modernen Astrologie die Bezeichnung »humanistische Astrologie« zugelegt.

Großer Saal des Klementinum in Prag aus dem Jahre 1722, mit einer Reihe von sternkundlichen Globen.

Ein Blick zurück

Die Überlappungen der Tierkreiszeichen mit den Kalendermonaten des Sonnenjahres, auf einem französischen Holzschnitt aus dem Jahre 1504 durch charakteristische landwirtschaftliche Tätigkeiten zum Ausdruck gebracht.

Das Maß des großen Schrittes und der Mythos des Zeitalters des Wassermanns

Das große Jahr in der Antike

Der Schritt der im allgemeinen verwendeten astronomischen Zyklen genügte im Altertum offenbar nicht zum Erfassen von Zusammenhängen in längeren Zeitabschnitten der Geschichte. Daher suchte man nach Einheiten einer höheren Ordnung, nach astronomischen Zyklen, mit denen sich epochale Ereignisse des geschichtlichen Ablaufs messen ließen.

So gelangte man zu dem Begriff »großes Jahr«. Um es von zwei anderen Einheiten zu unterscheiden, nämlich dem Sonnenjahr (das so hieß im Unterschied zum kleinen Jahr – dem synodischen Monat) und dem metonischen Zyklus (einem 19jährigen Zyklus von 235 Lunationen), nannte man es auch volles Jahr – denn es sollte der Zeitraum sein, nach dessen Ablauf sich alle damals bekannten Planeten wieder in ihren Ausgangspositionen befinden. Dann sollte sich alles von Anfang an wiederholen. Das war auch die Ansicht der zwei größten Autoritäten der damaligen griechischen Philosophie – Platon und Aristoteles.

Strittig: Wie lang ist das große Jahr?

Das Problem bestand nur darin, wie lang dieses große Jahr eigentlich war. Die Pythagoreer erwogen einen runden Zeitraum von 10.000 Sonnenjahren. Nach Heraklit von Ephesus (550 bis 480 v. Chr.) sollte das große Jahr 10.800 Sonnenjahre betragen. Zu dieser Zahl kann man spekulativ auch durch Multiplikation von 360 mit 30 gelangen. Demgegenüber notierten einmal der römische Redner und Staatsmann Cicero sowie nach ihm der Geschichtsschreiber Tacitus übereinstimmend einen Wert von 12.954 Sonnenjahren – eine Zahl, die schon auf den ersten Blick authentischer aussieht als die beiden vorhergehenden, sichtlich spekulativen. An diesen astronomisch errechneten Erkenntnissen hat sich bis heute nichts geändert, wenngleich z. B. ein frühchristlicher Autor,der heilige Hippolyt, als Länge des großen Jahres die wohl erneut recht symbolische Zahl von 7777 Jahren angibt.

Der Tierkreis und die Präzession des Frühlingspunktes

Universelles Symbol einer zusammengerollten Schlange (mit der Inschrift »Das eine ist alles« in der Mitte: Ausschnitt aus der griechischen Handschrift »Chrysopolia« der Kleopatra).

Uns interessieren jetzt aber nicht die Zyklen der Planetengruppierungen im Tierkreis, die ein eigenes Problem darstellen, sondern jener Zyklus, den man ebenfalls als großes Jahr bezeichnete, und da er grundsätzlich vom »planetarischen« großen Jahr unterschieden werden mußte, nannte man ihn später kosmisches Jahr und nennt ihn heute meist platonisches Jahr. Es handelt sich dabei um den sogenannten Präzessionszyklus.

Die Erdachse verbleibt nicht in Ruhestellung, sondern führt infolge der Gravitationswirkung von Sonne und Mond eine kegelförmige Bewegung aus. Gleichzeitig erfolgt eine Bewegung des Frühlings- und Herbstpunktes, d. h. der Schnittpunkte der Ekliptik mit dem Himmelsäquator, gegenüber den Sternbildern. Durch die Präzession des Frühlingspunktes wachsen also die ekliptikalen Längen der Gestirne, und so kommt es nach und nach zu einer Divergenz der Tierkreiszeichen mit den gleichnamigen Sternbildern der Ekliptik. Als astrologischer Bezugspunkt wird aber meistens 0° Widder gewählt.

Die heutige Divergenz von Tierkreiszeichen und Sternbildern der Ekliptik durch die Präzession des Frühlingspunktes bezeichnet den Anfang des siderischen Tierkreises der zwölf Sternbilder und R den Stern Regulus, der das Maß der Präzessionsverschiebung ist. Die Pfeile zeigen die Richtung der relativen Bewegung des siderischen Tierkreises gegenüber dem tropischen, der auf dem Innenring dargestellt ist.

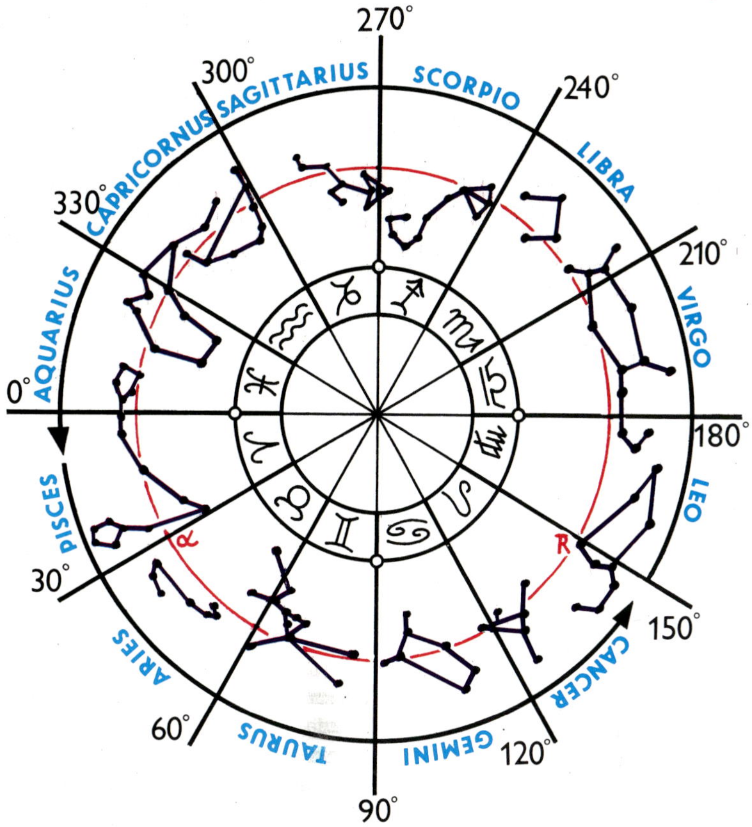

Die Länge und Gliederung des platonischen Jahres

Für die Länge des Präzessionszyklus – des platonischen Jahres – wird meist der gerundete Wert von 26.000 Jahren angegeben, seine tatsächliche Länge ist jedoch geringer. Die Verschiebung des Frühlingspunktes auf der Ekliptik wird durch die Lunisolarpräzession bewirkt, hervorgerufen durch eine Kombination der Gravitationswirkungen von Mond und Sonne auf die Erde, genauer gesagt auf die Erdrotationsachse.

Obwohl die Ursachen dieser Präzession physikalisch klar sind, läßt sie sich theoretisch nicht genau begründen. Sie ist also nur aus der Beobachtung und Messung der Bewegung des Frühlingspunktes gegenüber den Gestirnen bekannt, die aber durch die Eigenbewegungen der Gestirne ungünstig beeinflußt wird.

So empirisch wurde daher auch die Präzessionskonstante der Lunisolarpräzession in der ekliptikalen Länge abgeleitet, aus der sich die mittlere Länge des platonischen Jahres errechnen läßt. Die Verschiebung des Frühlingspunktes gegenüber den Gestirnen zur Jahresbewegung der Sonne in der Ekliptik beträgt 50,371″ pro Jahr. Mit anderen Worten: Um diesen Wert vergrößern sich jährlich die vom Frühlingspunkt aus gemessenen ekliptikalen Längen der Gestirne. Die mittlere Länge des platonischen Jahres beträgt also 25.729 Sonnenjahre, die tatsächliche Länge kann über 25.900 Sonnen- oder Weltenjahre betragen.

Der platonische Monat

Ein Zwölftel dieser Zeit, das wir als Monat des platonischen Jahres bezeichnen könnten, dauert 2.144 Jahre. In diesem Zeitraum beträgt die Präzessionsverschiebung 30°. Möglich ist aber eine noch kleinere Teilung: Zu einer Verschiebung um 2,5° kommt es in 178,7 Jahren, zu einer Verschiebung um 1° in 71,5 Jahren und z. B. zu einer Verschiebung um 12′ 30″ in 14,9 Jahren.

Einige dieser Zahlen verwenden wir in den folgenden Kapiteln, die sich mit den Prinzipien der zodiakalen Chronologie und der Periodizität in der Geschichte der Astrologie beschäftigen.

Die Prinzipien der zodiakalen Chronologie beruhen darauf, daß der tropische (bewegliche) Tierkreis die Basis dazu liefert, die verschiedenen Zeitzyklen umzurechnen. Als Grundlage der Bewegung dient der Anfang des siderischen (festen) Tierkreises, durch den dann die Zeichen des tropischen (beweglichen) Tierkreises wandern.

Des weiteren dienen die vorliegenden Daten dazu, daß bestimmte Perioden in der Geschichte der Astrologie wiederum ganz bestimmten Zollabschnitten zugeordnet werden können.

Die siderische (siderale) Astrologie

Die gleiche Notwendigkeit einer Rückkehr zu den Prinzipien des protoastrologischen Stadiums aus der Zeit vor der Entdeckung und Einführung des Begriffs des tropischen Tierkreises, die in moderner Zeit noch der überwiegende Teil der indischen Astrologen zum Ausdruck bringt, empfand nach dem Zweiten Weltkrieg auch im Westen eine Handvoll Astrologen, zu deren Hauptvertretern der amerikanische Astrologe irischer Abstammung Cyril Fagan und seine Freunde James Hynes und Donald Bradley (der auch des öfteren unter dem Namen Garth Allen schreibt) gehörten.

Dieses Grüppchen, für das sich später die Bezeichnung »sideralistische Schule« oder »Sideralisten« einbürgerte, äußerte vor allem die Ansicht, daß die antike Astrologie vor der Anwendung des Prinzips des tropischen Tierkreises mit den zwölf Zeichen, beginnend mit dem Frühlingspunkt als identisch mit dem nullten Grad im Widderzeichen, einen siderischen Tierkreis gekannt und verwendet habe, der ebenfalls pro 30° in zwölf gleiche Abschnitte – eine Art Sternzeichen – eingeteilt war.

Der synetische Frühlingspunkt

Der Anfang dieses siderischen Zodiakus stimmte mit dem Anfang des tropischen Tierkreises – dem Frühlingspunkt – jedoch nur in einem einzigen Augenblick überein, der nach den Sideralisten in das Jahr 221 n. Chr. fiel. Sonst divergieren beide Anfänge unaufhörlich, und daher verwendet die siderische Astrologie zur Umrechnung der tropischen ekliptikalen Längen in die im siderischen Tierkreis gültigen Werte den sogenannten synetischen Frühlingspunkt (SVP = Synetical Vernal Point), dessen Zahlenwert in den modernsten Ephemeriden mindestens einmal im Monat angegeben wird. Der SVP-Wert ist eigentlich eine Ergänzung des indischen *ajanámscha*-Werts auf 30°.

Auch wenn hier auf den ersten Blick eine Ähnlichkeit mit der analogen Praxis der indischen Astrologie sichtbar ist, in der zur erwähnten Umrechnung der ekliptikalen Längen im tropischen Zodiakus (*sájana*) auf die Längen des siderischen Tierkreises (*nirajana*) dieser *ajanámscha*-Wert verwendet wird, unterscheiden sich beide Methoden prinzipiell und numerisch erheblich.

Der Beginn des Zyklus – ein Richtungsstreit

Die westlichen Sideralisten stießen durch das Studium alter babylonischer und griechischer Quellen schließlich ganz eindeutig auf das Jahr 221 n. Chr. als Beginn des Zyklus des platonischen Jahres (zero year), als der SVP-Wert null betrug.

Eine Stütze war ihnen die ekliptikale Länge des Sterns Aldebaran (α Tauri), damals 15° 00′ 00″ im »siderischen Zeichen« Stier. Der Wert des synetischen Frühlingspunktes für den 1. Januar 1996 beträgt: SVP = 5° 18′ 49″ des siderischen Fischenzeichens.

Demgegenüber konnten sich die indischen Astrologen bisher nicht nur auf keinen exakten Anfang des Zyklus der *ajanámscha*-Veränderungen einigen, sondern nicht einmal über das Prinzip ihrer Richtungsgleichheit herrscht Einvernehmen. Ein Teil von ihnen, vor allem M. L. Mahata und S. R. N. Murthy, vertritt die Ansicht, daß es sich nicht um zyklische (revolutionäre), sondern oszillatorische Veränderungen handle und es zu einer Divergenz der Anfänge des »beweglichen« tropischen und des »festen« siderischen Tierkreises in maximalen Amplituden von ± 27° komme.

Dadurch ändert sich freilich auch völlig die Länge des ganzen Zyklus, so daß sich bei ihnen statt der ca. 26.000 Jahre nur 7200 ergeben. Das Anfangsjahr, in dem *ajanámscha* den Wert Null haben sollte, variiert nach den verschiedenen indischen Quellen in einem Bereich von 274 Jahren, was eine Bewegung des Frühlingspunktes um fast 4° ekliptikaler Länge ausmacht. Eine solche Divergenz ist natürlich inakzeptabel.

Die häufigsten *ajanámscha*-Werte

Als Anfang des siderischen Tierkreises (*nirajana*) wurde deshalb in neuerer Zeit vom Komitee für Kalenderreform ein Ort festgelegt, der genau in Opposition zur Position des Sterns Citrá (α Virginis = Spica) liegt. *Ajanámscha* ist also der sich ständig ändernde Winkelabstand zwischen ihm und dem Frühlingspunkt. Nach diesem Prinzip hat N. C. Lahiri seine Ephemeriden geschaffen. Neben seinem *ajanámscha*-Wert ist der in der Praxis am häufigsten verwendete Wert die Angabe von B. V. Raman. Im Vergleich zur SVP-Umrechnung nach Cyril Fagan und Donald Bradley sehen die relativen Unterschiede folgendermaßen aus:

Autor	*ajanámscha* für 1.1.1950	*ajanámscha* 0° im Jahre
B. V. Raman	– 21° 42′	397 n. Chr.
N. C. Lahiri (Komitee für Kalenderreform)	– 23° 09′	293 n. Chr.
C. Fagan/D. Bradley (SVP = 5° 57′ 32″ sider. Fischers)	– 24° 02′	221 n. Chr.

Was die horoskopische Verwendung der Umrechnung der Elementepositionen in den Zeichen des tropischen Tierkreises in ekliptikalen Längen auf die Positionen in den »siderischen Zeichen« mit Hilfe des SVP-Wertes betrifft, nehmen sogar die westlichen Sideralisten an, daß diese sich in der Nativitätshoroskopie für die Vorhersage von Ereignissen eignen und weniger gut z. B. für die Auswertung psychologischer Charakteristiken des einzelnen auf der Grundlage eines Geburtshoroskops seien.

In gewisser Beziehung gleicht diese Praxis damit den manchmal verwendeten Bezugspunkten (Glückspunkt etc.), die ebenfalls »künstlich« aus verschiedenen Faktoren errechnet werden und sich vor allem zur Prognose eignen.

Westliche und indische Horoskopie – zwei unvereinbare Systeme

Die westliche sideralistische Schule wurde zweifellos auch durch die Praxis der indischen Astrologie inspiriert, denn Cyril Fagan war ein Freund von Bangalore Venkata Raman. Diese Inspiration konnte jedoch nur das Prinzip der Heranziehung des siderischen Tierkreises neben dem tropischen betreffen, ansonsten geht die westliche Schule methodisch eigene Wege. Sie verwendet z. B. grundsätzlich das Campanus-System der Horoskophäuser, während in Indien ausschließlich zwei Systeme äqualer Häuser verwendet werden. Und sie berücksichtigt Uranus, Neptun und Pluto – Planeten, die nicht zur klassischen indischen Horoskopie gehören. Auch in den Vorhersagemethoden lassen sich prinzipielle Unterschiede feststellen.

Ähnlich wie bei der inkonsequenten Verwendung einiger Elemente der indischen Horoskopie, die in der ersten Hälfte des 20. Jahrhunderts in Deutschland von Th. Wulff aus dem Zusammenhang gerissen wurden, läßt sich auch in der zweiten Welle einer Orientierung nach dem Osten, wie sie von der sideralistischen Schule der zweiten Hälfte des 20. Jahrhunderts repräsentiert wird, nicht von einer grundsätzlichen Orientalisierung der westlichen Horoskopie sprechen.

Eher erscheint die ganze Sache wie eine gewisse »Koketterie« mit einem absolut unterschiedlichen astrologischen System, das (ähnlich wie die Totalität der chinesischen Astrologie) als Ganzes mit dem System der westlichen Horoskopie im Grunde unvereinbar ist.

Wenn aber die Zusammenänge durchschaut werden, so findet auch keine Verquickung statt.

Der Mythos des Zeitalters des Wassermanns

Es herrscht heute – und zwar nicht nur unter Astrologen – die weitverbreitete und allgemein anerkannte Vorstellung, daß wir in allernächster Zukunft global in die Ära des Zeitalters des Wassermanns eintreten. Wann das erfolgen soll, darüber gibt es jedoch unterschiedliche Auffassungen. Nach Ansicht der einen ist dieses Zeitalter schon angebrochen, aber wann genau, ist bisher auch nicht ganz eindeutig klar. Anderen zufolge nähert es sich erst.

Eine Ära allgemeiner Freundschaft und Vernunft

Die Verkünder des Zeitalters des Wassermanns als einer neuen Etappe in der Geschichte der Zivilisation verknüpfen diese bevorstehende Periode von etwa 2000 Jahren mit dem Begriff »New Age« und beschreiben sie mit Eigenschaften, die aus dem astrologischen Charakter des Tierkreiszeichens des Wassermanns abgeleitet sind.

Sie behaupten, wir träten in eine Ära allgemeiner Freundschaft und Vernunft ein, in eine neue, höhere geistige Entwicklungsstufe der Menschheit. Nach den vorangegangenen Epochen des Stiers, des Widders und der Fische öffnen sich demnach mit dem anbrechenden Wassermannzeitalter für die Menschheit neue geistige Perspektiven, bisher ungeahnte Möglichkeiten usw.

Fürwahr eine berückende Vorstellung! Fragen wir uns aber, woher dieser ganze schöne Mythos überhaupt stammt und worauf er beruht.

Divergenz von Sternbildern und Tierkreiszeichen

Die Theorie eines Wechsels der Weltepochen geht von einer Erscheinung aus, die in der Astronomie und Astrophysik als Präzession bezeichnet wird. Durch die Gravitationseinwirkung von Sonne, Mond und Planeten führt die Erdachse eine unaufhörliche kegelförmige Präzessionsbewegung im Raum aus. Ihre Folge ist gegenüber der Planetenbewegung eine Rückwärtsverlagerung beider Schnittpunkte der Ekliptik samt Äquator – des Frühlings- und Herbstpunktes – in bezug auf den Sternenhintergrund. Praktisch äußert sich das in einer ständigen Divergenz der zwölf ekliptikalen Sternbilder (lateinisch: *constellatio*) mit den zwölf gleichnamigen Tierkreiszeichen (lateinisch: *signum*), in die die Ekliptik vom Frühlingspunkt aus alle 30° gleichmäßig aufgeteilt ist.

Zur Zeit der Entdeckung der Präzession (durch den griechischen Astronomen Hipparchos um 150 v. Chr. oder vielleicht schon 150 Jahre davor durch den babylonischen Astronomen Kidinnu) waren die gleichnamigen Sternbilder und Tierkreiszeichen in der Grundposition, d. h., sie deckten sich ungefähr. Den gleich großen zodiakalen Zeichen entsprachen aber erheblich ungleich große Sternbilder entlang der Ekliptik. Und irgendwann zu dieser Zeit entstand die Astrologie so, wie wir sie heute kennen, nämlich die Horoskopie.

Infolge der Kongruenz der zodiakalen Zeichen mit den Sternbildern vermischten sich in ihr zunächst noch die älteren Elemente der astralen Mythologie des siderischen Tierkreises (zwölf Sternbilder) des präastrologischen Stadiums mit der neuen horoskopischen Erfahrung, die sich aber schon eindeutig auf den tropischen Tierkreis (zwölf Zeichen) stützte, der durch Tagundnachtgleichen und Sonnenwenden definiert ist.

Seit dieser Zeit bis heute haben sich die zodiakalen Zeichen und die Sternbilder gegenseitig um etwa eins verschoben. Der ganze Zyklus dieser Präzessionsverlagerung um 360° dauert nicht ganz 26.000 Jahre und heißt platonisches Jahr.

Die Dauer der Weltepochen und ihre korrekte Bezeichnung

Die Präzession selbst ist eine Tatsache, und gegen die reziproke Divergenz des siderischen und tropischen Tierkreises läßt sich ebenfalls nichts einwenden – auch sie ist offensichtlich. Die Astrologie weiß seit Anfang an von ihr. Die Basis der Theorie eines Wechsels der Weltepochen, von denen jede ein Zwölftel der Länge des platonischen Jahres (nicht ganz 2150 Jahre) dauert, ist also korrekt. Fragwürdig war bisher aber die Art ihrer Bezeichnung, die von einer falschen astrologischen Interpretation ausging. Weshalb?

Die meisten Verkünder des Gedankens der nahenden Ankunft des Wassermannzeitalters behaupten insgesamt richtig, daß der Frühlingspunkt infolge der Präzession durch den Sternenhintergrund der einzelnen Tierkreiszeichen rückwärts wandert, d. h. durch die Sternbilder entlang der Ekliptik. Einen Fehler begehen sie erst, wenn sie diesen Sternbildern die gebräuchlichen astronomischen Bedeutungen der zwölf gleichnamigen Tierkreiszeichen beimessen und mit ihrer Hilfe dann die betreffenden Zeitalter zu charakterisieren suchen. Einige von ihnen (z. B. Joachim Schultz in dem Buch »Rhythmen der Sterne«) respektieren logisch sogar die ungleichen Größen der einzelnen ekliptikalen Sternbilder (mit konventionell festgelegten Grenzen) und gelangen dann selbstverständlich zu nicht gleich langen Zeitaltern (nach Schultz beispielsweise von 1300 bis 3300 Jahre).

Eine so ungleichmäßige Auffassung der Epochen unterscheidet sich freilich grundsätzlich von der Konzeption der bereits erwähnten neuzeitlichen, hinsichtlich der Anzahl ihrer Vertreter aber nicht allzu markanten modernen westlichen Schule der sogenannten siderischen (oder sideralen) Astrologie mit dem amerikanischen Astrologen irischer Abstammung Cyril Fagan an der Spitze.

Unterschiedliche Orientierungspunkte

Die Praxis der sideralistischen Astrologie wird jedoch schon durch die Tatsache erheblich in Zweifel gezogen, daß die großen Begründer der Horoskopie, von denen eigentlich die ganze weitere Entwicklung ausgeht, nämlich Claudius Ptolemäus im Westen und später auch Varáhamihira und Arjabhata in Indien, sich grundsätzlich auf den tropischen Tierkreis stützten, also auf die Tierkreiszeichen und nicht auf die Sternbilder der Ekliptik.

Die westlichen Sideralisten gehen aber bewußt von einer älteren Schicht der antiken Astrologie aus, d. h. von der Zeit vor Einführung des tropischen Tierkreises. Sie behaupten, primär habe ein siderischer Tierkreis mit zwölf gleich langen Abschnitten (siderischen Zeichen) existiert, zu dem heute eigentlich zurückgegangen werden müsse; genau das tun sie, wenn sie den objektiv gegebenen Frühlingspunkt (als Schnittstelle der Ekliptik mit dem Äquator) durch die Konvention eines wählbaren Fiduziarsterns (konkret Aldebaran) als Ausgangspunkt ersetzen.

Begrenzungen und Dauer der Weltzeitalter nach verschiedenen Quellen

Quelle	Stier	Widder	Fische	Wassermann
C. Fagan (1965)	4139 v. Chr. –1953 v. Chr. (2186 Jahre)	1953 v. Chr. –221 n. Chr. (2174 Jahre)	221 n. Chr. –2376 n. Chr. (2155 Jahre)	2376 n. Chr.
A. Rosenberg (1958)	4300 v. Chr. –2200 v. Chr. (2100 Jahre)	2200 v. Chr. –150 v. Chr. (2050 Jahre)	150 v. Chr. –1950 n. Chr. (2100 Jahre)	1950 n. Chr. – 4000 n. Chr. (2050 Jahre)
J. Schultz (1977)	4500 v. Chr. –1900 v. Chr. (2600 Jahre)	1900 v. Chr. –100 v. Chr. (1800 Jahre)	100 v. Chr. –2500 n. Chr. (2600 Jahre)	2500 n. Chr. – 4400 n. Chr. (1900 Jahre)

Die Präzession des Frühlingspunktes in der Astrologie

Die Theorie vom sukzessiven Wechsel der etwa 2000jährigen Epochen des Stiers, des Widders und der Fische und des nun nahenden Zeitalters des Wassermanns wurde als moderner Mythos in den Köpfen der Theosophen des 19. Jahrhunderts ausgebrütet. Die Astrologen übernahmen sie schließlich gedankenlos und halten in ihrer Mehrzahl bis heute daran fest.

Diese Theorie stützt sich auf die in der Astronomie als Präzession des Frühlingspunktes bekannte Erscheinung. Die Existenz der Präzession stellte als erster wahrscheinlich Hipparchos im 2. Jahrhundert v. Chr. fest, ihre physikalische Erklärung lieferte aber erst Newton.

Die Verschiebung der Tierkreiszeichen und der Sternbilder

Die Präzession der Erdachse hat eine gegenseitige Verschiebung der zwölf Zeichen des Tierkreises oder Zodiakus (tropischen Tierkreises) und der gleichnamigen Sternbilder entlang der Ekliptik (siderischern Tierkreises) zur Folge.

Diese Verschiebung ist relativ. Sie ist entweder so aufzufassen, daß der Frühlingspunkt und mit ihm der ganze tropische Tierkreis langsam durch den Sternenhintergrund der ekliptikalen Sternbilder zurückweicht, oder aber so, daß der Sternenhintergrund sich im tropischen Tierkreis langsam vorwärts dreht, d. h. im gleichen Sinne, wie darin die Planeten samt Sonne und Mond umlaufen, nur sehr langsam. In etwa 72 Jahren verschieben sich die Gestirne um 1°, in 178,7 Jahren um 2,5° und in 2144 Jahren um 30°. Den ganzen Tierkreis (360°) durchläuft ein Stern also im Zeitraum eines platonischen Jahres (25.729 Jahre).

Die Verfechter der Theorie eines Wechsels der zodiakalen Epochen gehen von dem richtigen Prinzip aus, daß die gleichnamigen Tierkreiszeichen und Sternbilder im Laufe der Zeit allmählich gegenseitig divergieren, so daß sie nach 2000 Jahren schon um eins gegeneinander verschoben sind – das Widderzeichen deckt sich dann ungefähr mit dem Sternbild der Fische usw.

Ein verhängnisvoller methodischer Fehler

Wenn jedoch daraus ein Turnus von Epochen abgeleitet worden ist, die aus der Tiefe der Vergangenheit in der Reihenfolge Zwillinge – Stier – Widder – Fische auftauchen, und nun anschließend die Ankunft des Wassermannzeitalters erwartet wird, zeugt das von einem bemerkenswerten, grundsätzlich methodischen Fehler, der diesen ganzen richtigen Gedanken zwingend disqualifiziert.

Die einzelnen Epochen, die die Charakteristiken der Tierkreiszeichen tragen, waren nämlich durch den Frühlingspunkt definiert, der aber bekanntlich durch die gleichnamigen Sternbilder entlang der Ekliptik zurückweicht, die aus astrologischer Sicht solche Bedeutungen weder hatten noch haben. Die Horoskopie begründete von Anfang an irgendwann in hellenistischer Zeit ihr Interpretationssystem prinzipiell auf den zwölf Zeichen des tropischen Tierkreises. Die momentanen Positionen der Gestirne werden darin – genau wie die Positionen der übrigen Horoskopelemente – von der ekliptikalen Länge bestimmt, und der Frühlingspunkt ist die unveränderliche Null dieses Systems.

Sinnvolle Definition der Präzessionsepochen

Die einzige sinnvolle Möglichkeit besteht folglich darin, die Präzessionsepochen umgekehrt zu definieren: auf der Grundlage der Bewegung des Anfangs des siderischen Tierkreises durch die Zeichen des tropischen Zodiakus. Nur so lassen sich nämlich aus astrologischer Sicht den definierten Epochen rechtmäßig die Charakteristiken der Zeichen zuordnen, die der Anfang des siderischen Tierkreises gerade passiert. Unter diesem Aspekt war allerdings die christliche Ära nicht die Epoche der Fische, sondern des Widders, und jetzt stehen wir nicht an der Schwelle des Zeitalters des Wassermanns, sondern des Stiers! Das New Age bricht zweifellos an, wird aber eine andere zodiakale Charakteristik haben.

Die Bestimmung des Anfangs des siderischen Tierkreises

Der Anfang des siderischen Tierkreises (d. h. die Trennungslinie zwischen den Sternbildern Fische und Widder) ist in bezug auf seine Festlegung freilich ein durchaus diskutabler Begriff, im Unterschied zum Anfang des tropischen Tierkreises, dem absolut eindeutigen Frühlingspunkt als Schnittstelle der Ekliptik mit dem Äquator und Anfang der ekliptikalen und äquatorialen Koordinaten.

Zur indirekten Bestimmung des Anfangs des siderischen Tierkreises (α) muß deshalb die Präzessionsbewegung eines Repräsentanzsterns verwendet werden. Für den geeignetsten halten wir Regulus (α Leonis), der sich praktisch in der Ekliptik (mit einer Breite von nur 0° 28') bewegt.

Versuchsweise wurden auch einige andere, sogenannte Fixsterne geprüft, z. B. Aldebaran, Spica, Betelgeuse oder Alcyone in den Plejaden, doch aus ihren bisherigen empirischen Applikationen ergab sich durch die Ausscheidungsmethode schließlich Regulus (die antike *Stella regina* = Leitstern) als ernsthaftester Kandidat für die Funktion eines repräsentativen natürlichen Zeitmessers der Bewegung des siderischen Tierkreisanfangs durch die Zeichen des tropischen Zodiakus.

Der Stern Regulus als Präzessionskronokrator

Die Richtigkeit der Wahl von Regulus als »König der Präzession« (der Name Regulus bedeutet tatsächlich kleiner König) wurde durch eine detaillierte zodiakale Chronologie bestätigt, die sich auf eine immer feinere Aufgliederung (Subdivision) des Präzessionszyklus mit dem Divisor »zwölf« stützte.

Das platonische Jahr wurde so in Zwölftel aufgeteilt, diese wiederum in Zwölftel und die erneut in Zwölftel. Auf allen drei Ebenen kam nach dem Analogieprinzip bei Anwendung der zwölf zodiakalen Charakteristiken der gleiche Qualitätsaspekt zur Geltung. Ihre Übereinstimmung mit dem tatsächlichen Geschehen in den betreffenden Zeitabschnitten ist erstaunlich.

Die Hierarchie der Präzessionszyklen in den präzisierten Betrachtungen lautet:

- Platonisches Jahr (Präzessionszyklus) ... 360° ... 25.729 Jahre
- Platonischer Monat ($^{1}/_{12}$ des Präzessionszyklus) ... 30° ... 2144 Jahre
- Platonischer Zoll ($^{1}/_{12}$ des platonischen Monats) ... 2° 30′ ... 178,7 Jahre
- Mikrowelle des platonischen Zolls ($^{1}/_{12}$) ... 12′ 30″ ... 14,9 Jahre.

Die Zeitabschnitte von ca. 179 und 15 Jahren erwiesen sich als ausreichend feine Maßeinheit für die Korrelation mit wichtigen historischen Wenden in Politik und Kulturgeschichte.

Die Verfechter des unhaltbaren Gedankens einer Ankunft des Wassermannzeitalters dürfte wenigstens die Mitteilung erfreuen, daß wir in den 15 Jahren zwischen 1981 und 1996 eigentlich ein Mikrozeitalter des Wassermanns erleben, d.h. eine Präzessionsmikrowelle von 12′ 30″, die zum Zeichen des Wassermanns gehört.

Der wichtigste Grund für die Priorität, die der Stern Regulus in der Rolle des Präzessionskronokrators erhielt, war die Entdeckung der absoluten Zeitparallelität (Synchronizität) seiner Bewegung in den definierten Zeitabschnitten mit der zeitlichen Verteilung der Konjunktionen der zwei größten Planeten des Sonnensystems – Jupiter und Saturn – im Zyklus von 19,86 Jahren.

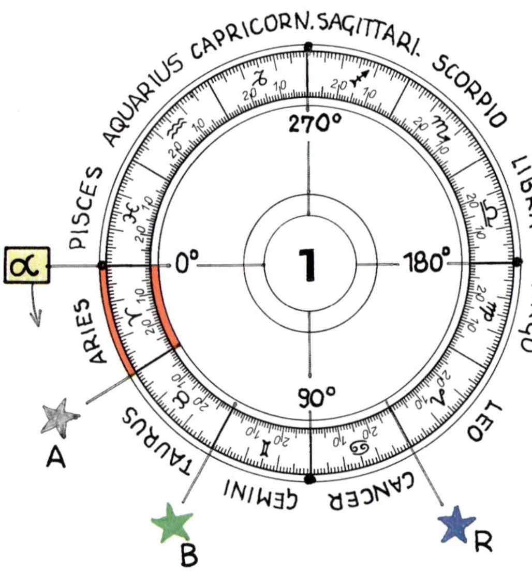

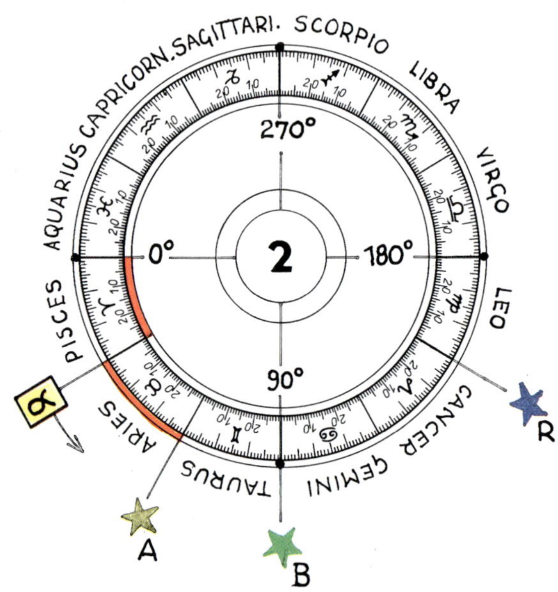

Die reziproken Positionen der Zeichen des tropischen Tierkreises und der Sternbilder entlang der Ekliptik (d. h. des siderischen Tierkreises) zu ***Beginn des gegenwärtigen Präzessionszyklus (des platonischen Jahres)****, d. h. irgendwann in den Jahren 148 bis 150 v. Chr. (1), und heute bzw. vor dem Ende des ersten zodiakalen Monats des platonischen Jahres oder des Widderzeitalters (2). Die Zeichen des tropischen Tierkreises sind mit den konventionellen Symbolen im Tierkreisgürtel und die gleichnamigen Sternbilder mit den lateinischen Termini am Außenrand gekennzeichnet. Der Anfang des siderischen Tierkreises ist mit a markiert. Die fiduziaren Zeitmaßgestirne sind: A = Alcyone in den Plejaden im Sternbild Stier, B = Betelgeuse im Sternbild Orion, R = Regulus im Sternbild Löwe. Das neue Zeitalter (New Age), das zweifellos bald anbricht, wird nicht das erwartete Zeitalter des Wassermanns sein, wie man allgemein, aber irrtümlich meint, sondern das des Stiers, denn eben in dieses Zeichen wird binnen kurzem der Anfang des siderischen Tierkreises (α) eintreten. Dieser Anfang ist indirekt durch die ekliptikale Länge des Regulus abzüglich 120° bestimmt. Das Jahr -135 ist in diesem System der Beginn des platonischen Jahres. Alcyone und Betelgeuse haben hier eher eine methodische Hilfsbedeutung.*

Die Prinzipien der zodiakalen Chronologie

Es ist schwer zu begreifen, weshalb um das Phänomen der Präzession in der Astrologie so viel Verwirrung entstehen konnte, obwohl die ganze Angelegenheit doch relativ einfach ist. Ich weiß, es gibt nur einen Weg, um in dieser Frage einen klaren Kopf zu behalten: Man muß am Modell des äquinoktialen (tropischen) Tierkreises festhalten, denn das ist die einzig sichere Basis zur Umrechnung von Zeitzyklen unterschiedlicher Länge, von den Umlaufzeiten des Mondes, der Sonne und der Planeten bis hin zu den Fixsternen: Alle diese verschieden langen Zyklen sind auf der Grundlage des tropischen Tierkreises kommensurabel. Und auf ebendiesem Prinzip beruht der Gedanke der zodiakalen Chronologie.

Der Divisor »zwölf«

Das platonische Jahr mit einer Länge von 25.729 Jahren besteht aus zwölf praktisch gleich langen Monaten (von durchschnittlich 2144 Jahren). Jeder Monat des platonischen Jahres läßt sich wieder in zwölf Teile untergliedern, die eine Präzessionsverschiebung um je 2,5° (ein Zoll) darstellen, was jeweils einen Zeitabschnitt von 179 Jahren ergibt.

Wie die Monate des platonischen Jahres, so kann auch diese Zollteilung in der Untergliederung zwölf Tierkreiszeichen erhalten. Die Miniaturen der Zollteilung entsprechen den Bedeutungen der zodiakalen Monate des platonischen Jahres. Der Anfang des platonischen Jahres und damit auch der seiner weiteren Gliederung liegt im Punkt a mit der ekliptikalen Länge l a 5 l Regulus minus 120°.

Regulus und Alcyone als bestimmende Faktoren

Regulus, der im alten Rom *Stella regina* (Leitstern, α Leonis – Herz des Löwen) genannt wurde, ist der markanteste ekliptikale Stern mit einer minimalen Breite und sehr geeignet zur Bestimmung der Präzessionsverschiebung.

Zum praktisch identischen Anfang des siderischen Tierkreises kann man – außer mit Regulus – auch mit Hilfe der Plejaden gelangen, konkret durch den Stern Alcyone, und zwar nach der Formel: Länge des Anfangs des siderischen Tierkreises = Länge der Alcyone minus 30°. Beide Gestirne wurden offenbar auch früher schon zur Bestimmung des Ablaufs des Präzessionszyklus (des platonischen Jahres) verwendet.

Nach der aus der Regulusbewegung abgeleiteten Maßeinheit begann das platonische Jahr irgendwann um das Jahr -135, d. h. um 136 v. Chr. Auf der Ekliptik liegt der so abgeleitete Anfang des siderischen Tierkreises in der Nähe des Sterns γ Arietis (Mesarthim – nicht sicher übersetzt als »zwei Zeichen«). In den Sternkatalogen von Ptolemäus bis Bayer wurde dieser Stern immer als erster aufgeführt (*Prima Arietis*).

Die Rekonstruktion der Handhabung dieses Zyklus ermöglichte die Entdeckung sehr interessanter Rhythmen in der Kulturgeschichte. Und es zeigte sich, daß mit ihnen auch die historische Entwicklung der Astrologie absolut synchron verlief.

Wie im nachfolgenden Kapitel ausführlich dargelegt, erlebt die Astrologie ungefähr alle 360 Jahre eine Blütezeit, die etwa die Hälfte der Zeit andauert. Die in diesem Zusammenhang interessanteste Erkenntnis lautet, daß eine zyklische Entwicklung regelmäßig stattfindet, die zwar Analogien aufweist, trotzdem aber ihre Unverwechselbarkeit hat, die mit bestimmten Polaritäten zusammenhängt.

Jugendstiluhr in Frauengestalt mit Globus, auf dem zwei durchsägte Stahlzeiger die Stunden angeben, die mit römischen Reliefziffern von I bis XII bezeichnet sind. Hergestellt um 1900 in Süddeutschland (Prag, Kunstgewerbemuseum). Einfallsreich ist hier das Prinzip der Zeitmessung mit Hilfe der Erdrotation realisiert.

Flut- und Ebbezeiten in der Geschichte der Astrologie

Das Erkennen der Periodizität in der Geschichte der Astrologie

Bei einem oberflächlichen Blick auf die recht verworrene Geschichte der Astrologie entsteht notwendigerweise der Eindruck von Ungeordnetheit. Dieses chaotische Äußere beginnt aber der Ordnung zu weichen, sobald wir die einzelnen Steinchen zu einem Mosaik zusammenfügen. Das Ergebnis – eine kurzgefaßte deskriptive Geschichte der Astrologie – überrascht dadurch, daß es gleich zu drei wichtigen Feststellungen führt.

1. Renaissance und Dekadenz im Wechsel von 179 Jahren

In der ganzen bisherigen Geschichte der Astrologie ist auf deskriptiver Ebene das Bemerkenswerteste ihre Zyklizität. So fand sie ein ausgesprochen starkes Interesse immer nach ungefähr 360 Jahren, wenn auch die Zahl der bedeutenden Astrologen sprunghaft anstieg. Dies wurde in der sonst recht unübersichtlichen Geschichte dieser Disziplin zu einem zuverlässigen Indikator ihrer erneuten Renaissance .

Zwischen zwei aufeinanderfolgenden Aufstiegen erreichte dann der Niedergang der Astrologie seinen Tiefpunkt, der von einer ausgeprägten Abnahme an Persönlichkeiten und auch des Interesses an ihr begleitet war. Ganz verschwand sie aber eigentlich nie – sie trat nur in regelmäßigen Abständen von der historischen Bühne ab in den Hintergrund, um dann stets in neuer modischer Verkleidung wiederzukommen. In relativ regelmäßigen Intervallen von etwa 179 Jahren wechselten so in den letzten zweieinhalb Jahrtausenden die Perioden ihrer Renaissance nachweislich mit Perioden der Dekadenz ab.

In den dekadenten Zwischenzeiten entwickelte sich die Astrologie praktisch nicht weiter. Die Errungenschaften der unmittelbar vorangegangenen Zeitabschnitte wurden vorwiegend in der Sphäre der Kunst bewahrt, wo es sich um dekorative, manchmal sogar triumphale Motive handelte. Namhafte, über den Bereich ihres unmittelbaren Wirkens hinaus bekannte Astrologen gab es in diesen Intervallen immer nur wenige, und auch ihre Werke, sofern sie nicht verlorengegangen oder ganz vergessen sind, stellen aus der Sicht der Gesamtentwicklung meist keinen besonderen Beitrag dar. Diese Einzelpersonen waren jedoch jedesmal ein Bindeglied zur neuen Etappe, und in ihnen überlebte die Astrologie immer wieder ihren Sturz.

2. Synchrone Blütezeit von Astrologie und Manierismus

Die Rückkehr der Astrologie verläuft parallel zu Veränderungen des gesellschaftlichen Klimas, dessen sensibles Barometer die Kunst bekanntlich ist. Und hier stoßen wir auf eine interessante Tatsache: Hoch-Zeiten der Astrologie sind zeitlich synchron mit jenen Tendenzen in der Kunst, die wir im weiteren Sinne des Wortes als manieristisch bezeichnen könnten. Ich meine damit die moderne Kunst, den bewußten Manierismus des 16. und 17. Jahrhunderts, die spätromanischen Werke der bildenden Kunst usw. Eine ganze Reihe tieferer Zusammenhänge zeugt davon, daß diese Parallelität kein Zufall ist.

3. Kosmischer Hintergrund des historischen Rhythmus

Noch überraschender als die Regelmäßigkeit im Rhythmus des Wechsels von Flut- und Ebbewellen in der Geschichte der Astrologie ist die Feststellung, daß dieser Rhythmus einen deutlichen kosmischen Hintergrund hat: Er ist absolut synchron mit der harmonischen Gliederung des Präzessionszyklus (des platonischen Jahres). Diese Feststellung hat es ermöglicht, der Geschichte der Astrologie ein festes Rückgrat zu geben.

Der kosmische Hintergrund der Zyklizität der Geschichte der Astrologie

Das erwähnte geschichtliche Rückgrat der Astrologie ist die Unterteilung des platonischen Jahres in 2144jährige Abschnitte entsprechend der Präzessionsverschiebung des Frühlingspunktes um 30°. Durch eine weitere analoge Untergliederung des Monats des platonischen Jahres kommt es zu einem grundlegenden Geschichtsmodul, einer 179jährigen Periode, die dem Zollabschnitt (2,5°) der Präzessionsverschiebung entspricht.

***Die Geschichte der Astrologie** zeigt statistisch schon auf den ersten Blick eine auffallende Periodizität, die am deutlichsten im Schwanken der Anzahl bedeutender Astrologen (A) in der Zeit (t) zutage tritt. Die etwa 179jährigen Flutwellen neuer Blütezeiten der Astrologie, die wir hier mit P-7 bis P-0 bezeichnet haben und in denen das Anwachsen des absoluten Wertes von A seit der Erfindung des Buchdrucks auch vom Wachstum der Informiertheit abhängig ist, wechseln mit gleich langen Zeitabschnitten der Ebbe ab. Die niedrigsten Werte von A sind in diesen Ebbewellen etwa gleich groß, was außerordentlich bedeutsam ist. Das Interessanteste aber besteht darin, daß die Geschichte der Astrologie selbst astrologischen Gesetzmäßigkeiten unterliegt. Ihr etwa 360jähriger Rhythmus von Flut und Ebbe ist nämlich vollkommen synchron mit dem Präzessionszyklus und seiner Zollunterteilung. Das Präzessionsmaß ist hier die sich ändernde ekliptikale Länge des Sterns Regulus (R), von dem aus durch Abzug von 120° jederzeit die Länge des sich bewegenden fiktiven Anfangs des siderischen Tierkreises bestimmbar ist; denn der gestirnte Hintergrund dreht sich durch den tropischen Tierkreis infolge der Präzession in gleicher Richtung wie die Planeten, nur viel langsamer. Als Anfang des gegenwärtigen Präzessionszyklus kann das Jahr -135 (= 136 v. Chr.) angesehen werden. Damals ging der Anfang des Sternbildes Widder, also der Punkt α, gerade durch den Frühlingspunkt und hatte daher die ekliptikale Länge 0, Regulus dagegen die Länge von 120°, da er gerade in das Zeichen Löwe eintrat. Als Ende des ersten Monats dieses platonischen Jahres kann das Jahr 2011 n. Chr. gelten. Ungefähr dann wird auch die Etappe der modernen Astrologie (P-0) enden, und es tritt langsam eine Abschwächung ein. Andererseits fallen die Anfänge der Astrologie im heutigen Sinne des Wortes, also der Horoskopie, in die letzten Phasen des letzten zodiakalen Monats des vorangegangenen platonischen Jahres, in das Zeitalter der Fische und seiner Zollabschnitte des Steinbocks (P-7) und der Fische (P-6). In der ganzen bisherigen Geschichte der Astrologie gilt ausnahmslos die Regel, daß ihre Flutwellen grundsätzlich mit den negativen (geraden) Abschnitten der zodiakalen Zollteilung übereinstimmen. Die einzelnen Flutperioden der Entwicklung der Astrologie lassen sich schematisch folgendermaßen bezeichnen: P-7 = chaldäische Periode, P-6 = hellenistische Periode, P-5 = römische Periode, P-4 = spätantike Periode, P-3 = arabische Periode, P-2 = Periode des Hochmittelalters, P-1 = Periode der frühen Neuzeit und P-0 = moderne Periode.*

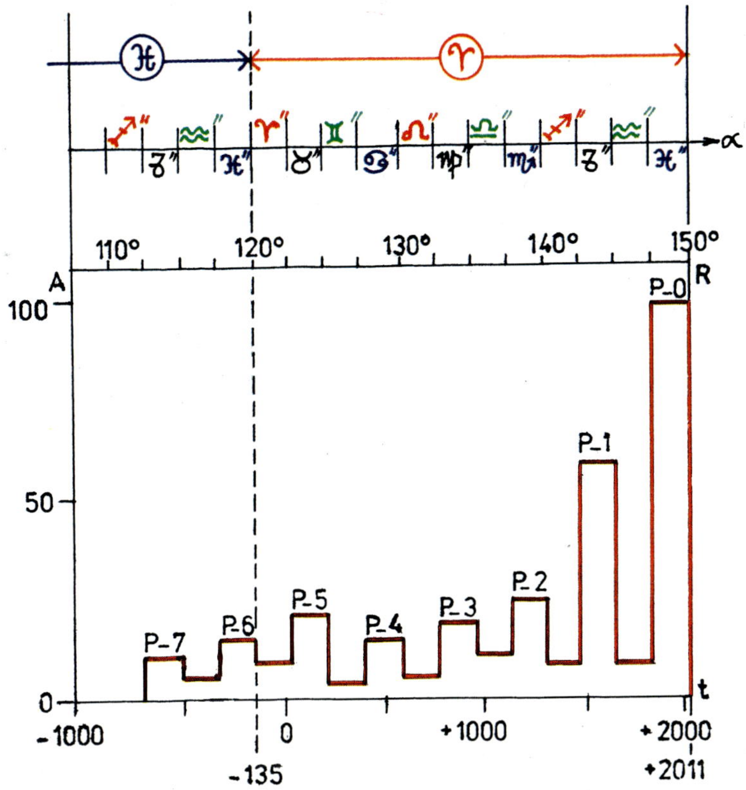

Um die Präzessionsverschiebung gegenüber einem festen Punkt auszudrücken, wurde als Anfang des siderischen Tierkreises ein Punkt gewählt, dessen ekliptikale Länge gleich der Länge des Sterns Regulus (α Leonis) minus genau 120° ist. Die Präzessionsverschiebung des Regulus im tropischen Tierkreis wird so indirekt zum Maß für den Verlauf des gleichzeitigen platonischen Jahres, dessen Beginn um das Jahr -135, d. h. um 136 v. Chr. ist.

Seitdem durchläuft der Anfang des siderischen Tierkreises das Zeichen Widder. Um das Jahr 2011 wird er in das Zeichen Stier eintreten und damit den zweiten Monat des gerade verlaufenden platonischen Jahres beginnen.

Die Anfänge der Astrologie fallen jedoch noch in das Ende des vorigen platonischen Jahres, das um 25.865 v. Chr. begann.

Überblick über die hauptsächlichen Flutwellen in der Entwicklung der Astrologie

Ein regelmäßiger Rhythmus von etwa 360jährigen Flutwellen schuf, seit sich die Astrologie nach unseren Begriffen als System herauszubilden begann, bis heute insgesamt acht Hauptentwicklungsetappen. Zur praktischen Handhabung können ihnen neben einfachen alphanumerischen Kodes (P-0, P-1, P-2 usw.) die historischen Namen gegeben werden und als Charakteristika noch die Bezeichnungen der betreffenden zodiakalen Monate der und Zoll des Präzessionszyklus. Diese Art der Identifikation ermöglicht es, die Unwiederholbarkeiten der Entwicklungsetappen im Umfeld des Zyklus eines platonischen Jahres besser hervortreten zu lassen, in dem jede Kombination zodiakaler Signaturen der Division und Subdivision immer nur einmal vorkommt.

Die regelmäßigen Rhythmen in der grafisch dargestellten Übersicht der Geschichte der Astrologie*. Ihre einzelnen empirisch festgestellten Wellen des Aufschwungs, von der Gegenwart in die Vergangenheit als Etappen P-0 bis P-7 bezeichnet, verlaufen genau parallel zur Detail-(Zoll-)Gliederung des Zyklus des platonischen Jahres in 179jährige Abschnitte, die die Präzessionsverschiebung des Anfangs des siderischen Tierkreises um 2,5° (= 1 Zoll oder 1/12 der Länge des Monats des platonischen Jahres) darstellen. Die einzelnen Zollabschnitte sind mit den konventionellen Symbolen des Tierkreises bezeichnet, und zwar zuerst mit dem des zodiakalen Monats des platonischen Jahres (Fische, Widder) und hinter dem Bruchstrich dann mit dem Symbol des betreffenden zodiakalen Zolls (″). Nach je 179 Jahren wechseln so die Perioden des Aufschwungs und des Niedergangs der Astrologie, deren Hauptindikator die Anzahl der Astrologen im betreffenden Zeitabschnitt ist, einander ziemlich regelmäßig ab. Im Bereich der Kulturgeschichte, zu der die Astrologie ja zweifellos gehört, zeigt sich diese Periodizität u. a. in einem Wechsel von Perioden manieristischen und klassizistischen Charakters.*

In das Diagramm wurde die Lebenszeit (bei antiken Herrschern ausnahmsweise die Regierungszeit) der Persönlichkeiten, die in die Geschichte der westlichen Astrologie nachhaltig eingegriffen haben, im genauen Zeitmaßstab eingetragen. Unbekannte oder ungenaue Angaben über das Geburts- oder Todesjahr sind mit einer Wellenlinie vor oder hinter dem Namen gekennzeichnet. Außer den Personennamen gibt das Diagramm auch die Benennungen einiger Artefakte mit astrologischer Thematik und die Bezeichnungen anonymer Handschriften an – sowie die Jahre der Entdeckung der Planeten Uranus, Neptun und Pluto. In der letzten, mit P-0 bezeichneten Periode sind die bedeutenden modernen Astrologen nur in einer ziemlich reduzierten Auswahl vertreten, unter Berücksichtigung der quantitativen Proportionen in den vorangegangenen Perioden P-1 bis P-7.

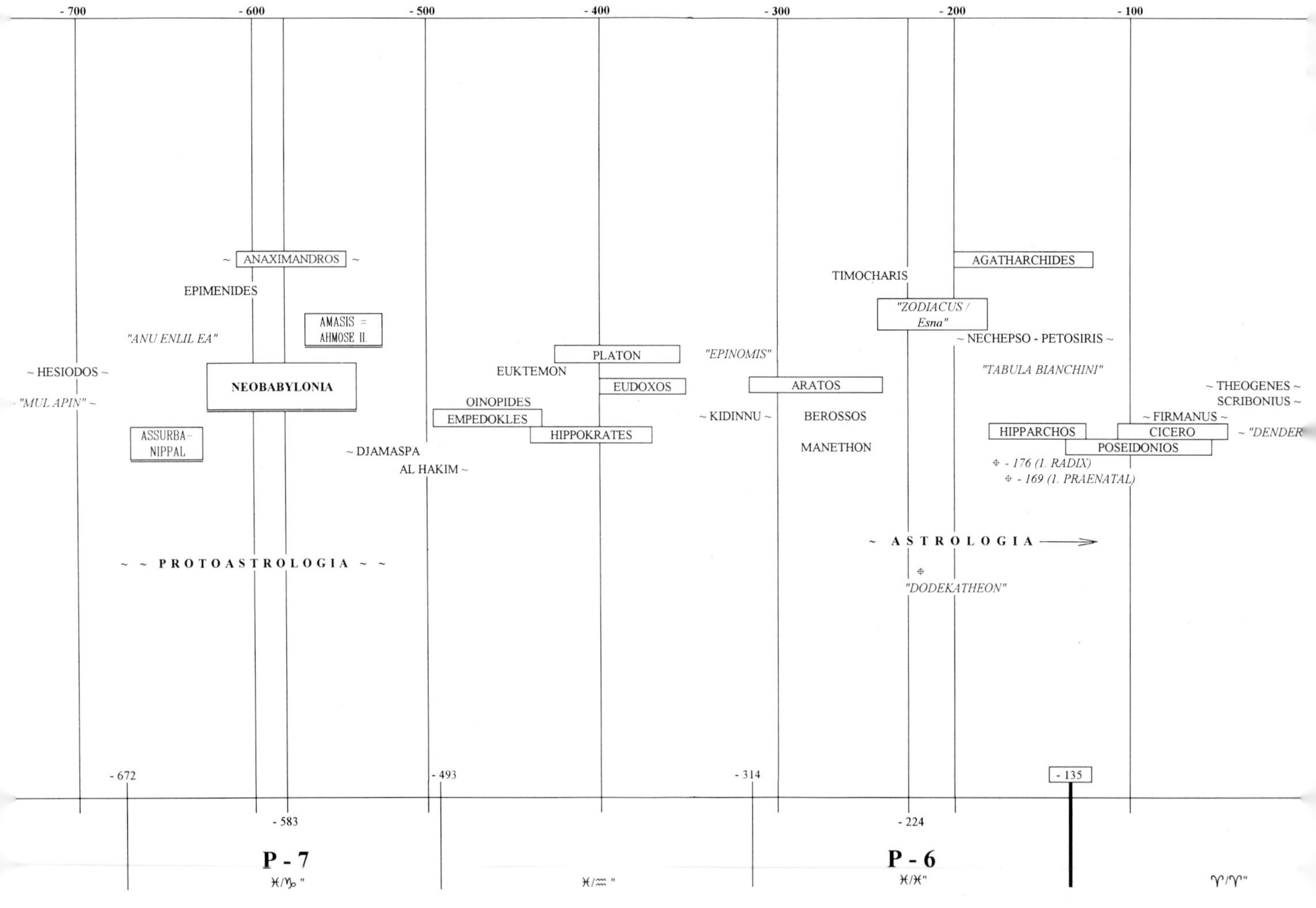

Die Turmuhr auf dem Palazzo del Capitano in Padua*. Interessant an der ursprünglichen Aufgliederung des Zifferblatts italienischen Typs ist, daß das Waagezeichen, in dem sich die Sonne gerade befindet, im Geiste der alten antiken Tradition der ekliptikalen Sternbilder als Skorpionscheren aufgefaßt ist. In der Mitte der Scheibe sind die astrologischen Hauptaspekte eingezeichnet, wie es auf Uhren recht oft üblich war, nämlich Konjunktion, Sextil, Quadratur, Trigonal und Opposition.*

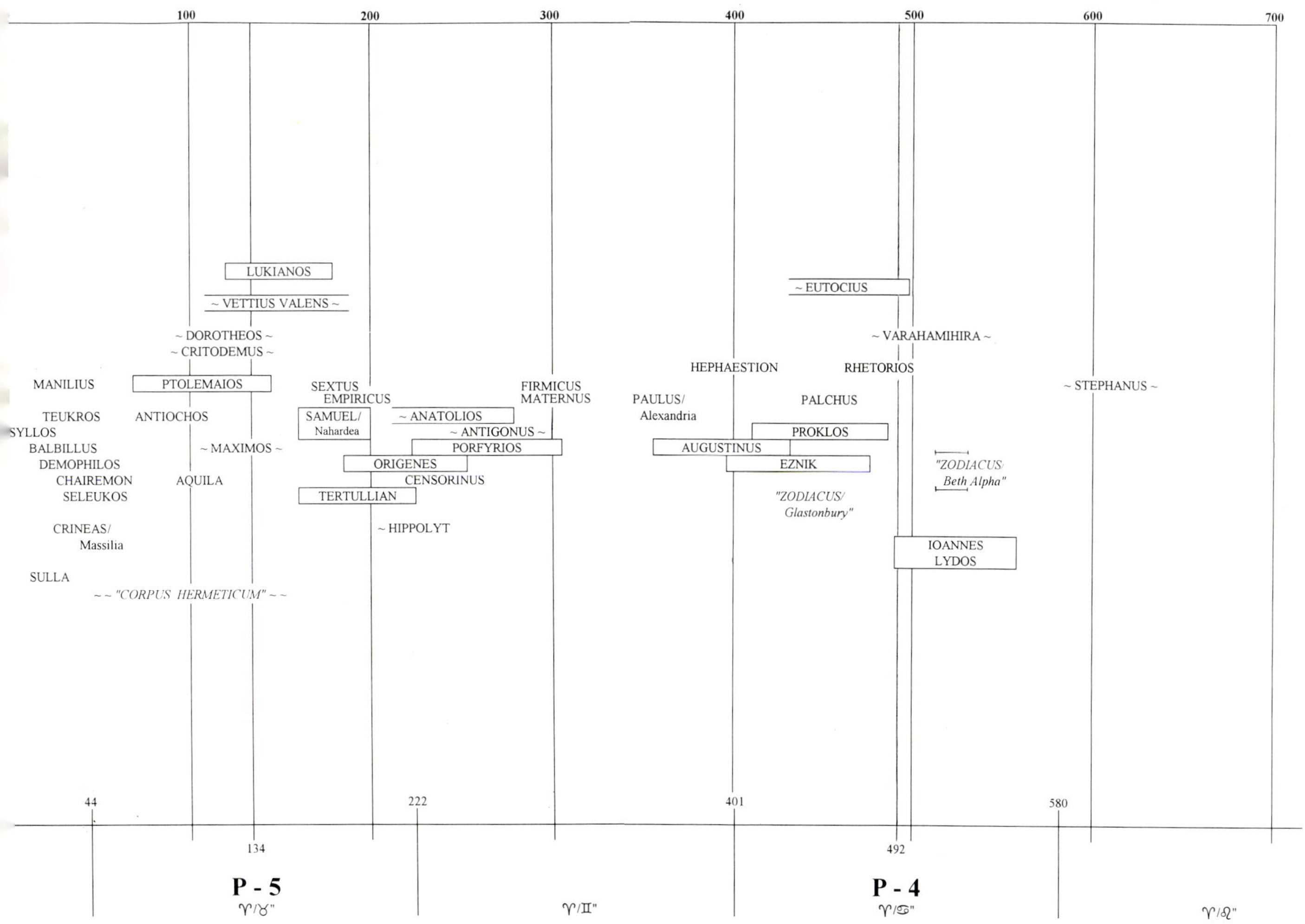

Kurz zusammengefaßt: Nach dem chaldäischen Vorspiel an der Schwelle des 7. zum 6. Jahrhundert v. Chr. – dem Ende der protoastrologischen Ära (der Präastrologie) und Beginn der Ära der Astrologie – folgte die hellenistische Periode, nach ihr die römische, dann die spätantike Periode, die arabische, die Periode des Hochmittelalters, die Periode der frühen Neuzeit und schließlich die moderne.

- Chaldäische Periode P-7 mit dem Gipfelpunkt um das Jahr -583 (zodiakaler Monat des platonischen Jahres: Fische; zodiakaler Zoll: Steinbock).
- Hellenistische Periode P-6 mit dem Gipfelpunkt um das Jahr -224 (zodiakaler Monat des platonischen Jahres: Fische; zodiakaler Zoll: Fische).
- Römische Periode P-5 mit dem Gipfelpunkt um das Jahr 134 (zodiakaler Monat des platonischen Jahres: Widder; zodiakaler Zoll: Stier).
- Spätantike Periode P-4 mit dem Gipfelpunkt um das Jahr 491 (zodiakaler Monat des platonischen Jahres: Widder; zodiakaler Zoll: Krebs).
- Arabische Periode P-3 mit dem Gipfelpunkt um das Jahr 848 (zodiakaler Monat des platonischen Jahres: Widder; zodiakaler Zoll: Jungfrau).
- Periode des Hochmittelalters P-2 mit dem Gipfel punkt um das Jahr 1206 (zodiakaler Monat des platonischen Jahres: Widder; zodiakaler Zoll: Skorpion).
- Periode der frühen Neuzeit P-1 mit dem Gipfelpunkt um das Jahr 1563 (zodiakaler Monat des platonischen Jahres: Widder; zodiakaler Zoll: Steinbock).
- Moderne Periode P-0 mit dem Gipfelpunkt um das Jahr 1921 (zodiakaler Monat des platonischen Jahres: Widder; zodiakaler Zoll: Fische).

Die Gipfelpunkte dieser acht Perioden sind abgesehen von ihrer 360-Jahres-Übereinstimmung auch zeitlich synchron mit den sich periodisch wiederholenden Konjunktionen von Jupiter und Saturn. Das ist eine erstaunliche Übereinstimmung. Dieses periodischen Treffen zwischen Jupiter und Saturn findet ungefähr alle 84 Jahre statt.

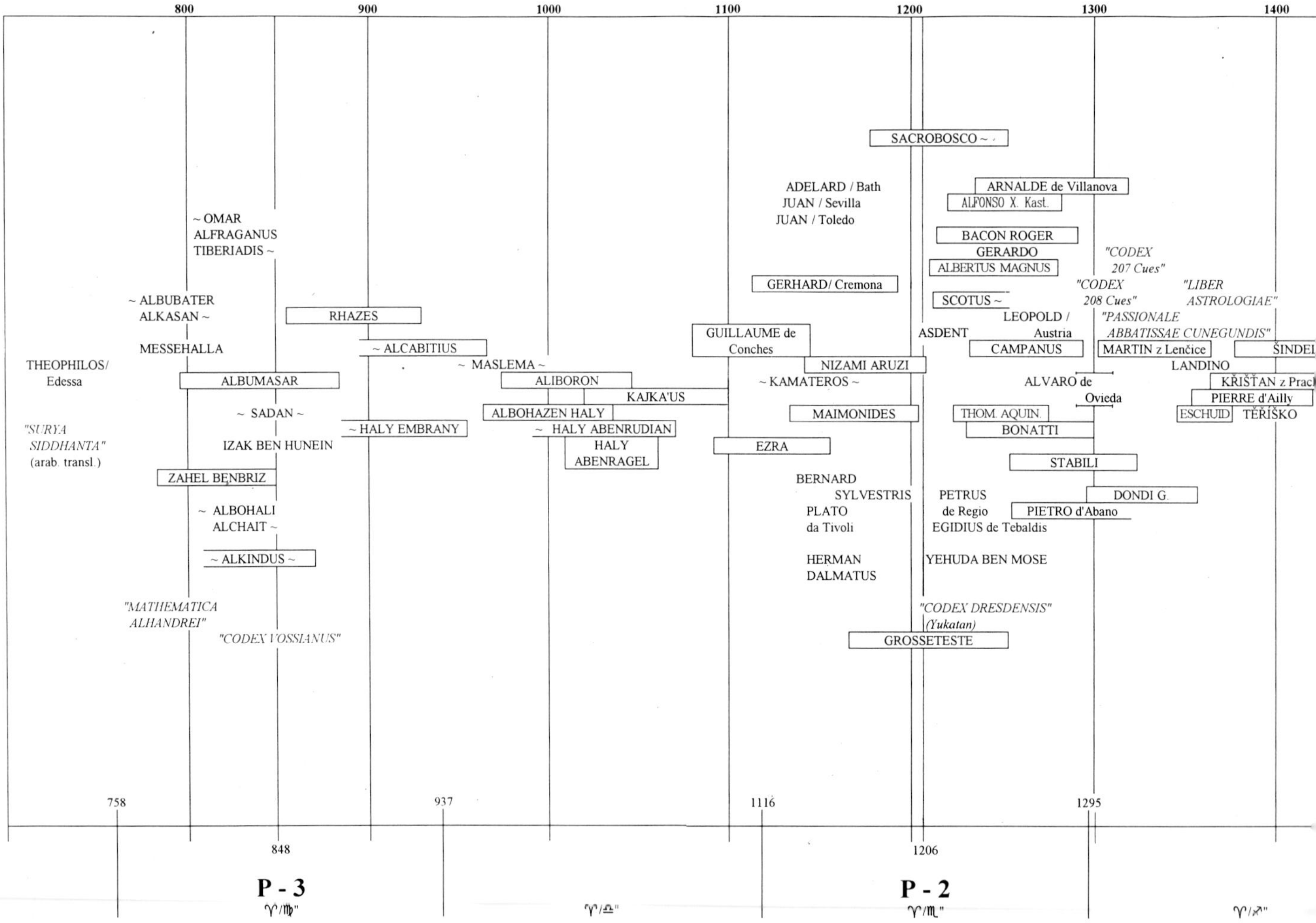

Analogie und Unwiederholbarkeit der Etappen

Eine detaillierte grafische Darstellung der einzelnen Etappen enthält das folgende Diagramm, in dem auch das Leben bedeutender Persönlichkeiten der Geschichte der Astrologie maßstabsgerecht verzeichnet ist.

Aus dem gegebenen Überblick ergibt sich die allgemeine Schlußfolgerung, daß die Phasen einer erneuten historischen Renaissance der Astrologie stets in einen geraden zodiakalen Zollabschnitt fallen, der astrologisch gesehen eine negative Polarität aufweist und nur die Elemente Erde und Wasser betrifft. Sich wiederholende gleich bezeichnete Zollabschnitte (Steinbock, Fische) sind aber jedesmal durch ein anderes zodiakales Zeichen des Monats des platonischen Jahres (Fische, Widder) charakterisiert. Das bringt die Unwiederholbarkeit in der Entwicklung der Astrologie im absoluten Sinne zum Ausdruck, obwohl es teilweise zu Äußerungen einer Wiederholung kommt und die mit einem zodiakalen Zoll gleich bezeichneten Etappen tatsächlich ein gewisses Maß an gegenseitiger Ähnlichkeit (Analogie) aufweisen.

Gleicher Rhythmus in der Präastrologie?

Es erscheint wahrscheinlich, daß dem gleichen Rhythmus von etwa 360 Jahren auch die Entwicklung der Präastrologie vor dem 7. Jahrhundert v. Chr. ausgesetzt war, und zwar relativ weit in die Vergangenheit hinein, bis wohin sie sich anhand belegter Berichte und Artefakte verfolgen läßt. Und da sich die historischen und archäologischen Angaben im Altertum immer schwieriger und weniger exakt bestimmen lassen, je weiter sie in die Vergangenheit zurückreichen, die astronomische Zeitskala der Präzession aber nicht an Exaktheit verliert, könnte künftig mit der Möglichkeit ihrer Anwendung zur Präzisierung von Daten historischer Begebenheiten gerechnet werden.

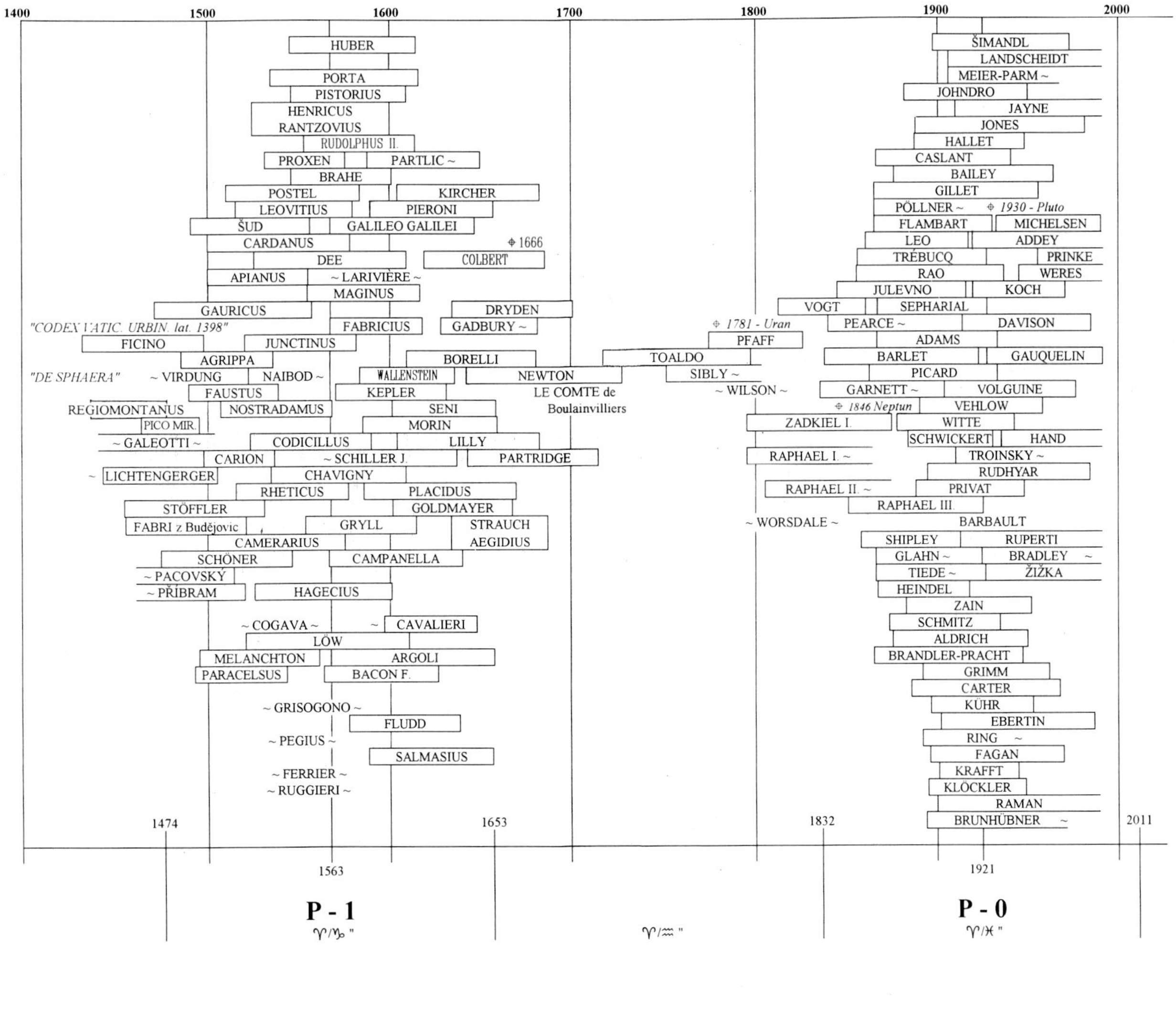

Die zyklische Entwicklung der Astrologie vom Altertum bis heute

Es ist ganz natürlich, daß die Geschichte einer Disziplin, die sich seit mehr als 2000 Jahren mit den Beziehungen des irdischen Geschehens zum kosmischen beschäftigt, selber periodisch abläuft, wobei sich diese Periodizität auf dem Hintergrund des objektiv bekannten kosmischen Zyklus gut verfolgen läßt.

Die Anwendung des Rhythmus eines detailliert gegliederten Präzessionszyklus (des platonischen Jahres) auf die historische Entwicklung der Astrologie hat sich als erfolgreich erwiesen: Auf der einen Seite zeigte sich, daß dieses Verfahren methodisch durchwegs gerechtfertigt ist, und auf der anderen wurden ganz neue Erkenntnisse über die natürliche Gliederung der astrologischen Geschichte und damit auch über ihr gegenwärtiges Stadium und die wahrscheinlichste künftige Weiterentwicklung gewonnen. Zweieinhalb Jahrtausende sind schon eine ausreichend lange Zeit dafür, daß es zu einer teilweisen Wiederholung der einzelnen Phasen der astrologischen Entwicklung kommen konnte.

Die Protoastrologie (Präastrologie)

Bestimmung des zeitlichen Rahmens

In der bisherigen Geschichte der Astrologie war es häufig üblich, ihre Anfänge bis in die Zeit des akkadischen Reiches in Mesopotamien zu verlegen, nämlich in die zweite Hälfte des 24. Jahrhunderts v. Chr., als Sargon I. (Scharrum-Kin) regierte. Wenn wir nach André Breton die Astrologie als eine vornehme Dame betrachten sollten, ziemt es sich vielleicht gar nicht, ihr Alter künstlich zu vergrößern. Dennoch geschieht dies. Es geht nun vor allem darum zu klären, was als »Astrologie« anzusehen ist.

Eine Astrologie, wie sie zu Beginn dieses Buches definiert wurde, ist zuverlässig erst im 3. Jahrhundert v. Chr. belegt. Alles, was älteren Datums ist, sollte korrekterweise nicht Astrologie genannt werden, sondern eher Präastrologie oder Protoastrologie. Die erhaltenen Texte zeigen deutlich, wodurch sich die präastrologische Phase prinzipiell von der späteren Astrologie (Horoskopie) unterscheidet.

Observationsastrologie und primitive Astrometeorologie

Die protoastrologischen Aussagen hatten einen deutlich prophetischen Charakter. Sie betrafen nicht einzelne Personen, sondern ein Ganzes: das Land oder höchstens noch die Person des Herrschers als dessen Repräsentant. Sie wurden aus der Beobachtung von Erscheinungen am Himmel abgeleitet und beruhten nicht selten auch auf einer Kombination von astronomischen und meteorologischen Erscheinungen.

Die damaligen Sterndeuter beunruhigten insbesondere alle außergewöhnlichen Erscheinungen und auffälligen Veränderungen: u. a. ob der Mond bei einer Konjunktion mit Jupiter von einem Hof umgeben war oder der Mars mehr oder weniger rot erschien. Observationsastronomie und primitive Astrometeorologie bildeten die Grundlage für die protoastrologischen Schlußfolgerungen. Dabei war alles, was vom Normalen abwich, auf seine Art interessant.

Mesopotamische Keilschrifttexte

Wenn die protoastrologischen Vorhersagen an bestimmte Kalendertage geknüpft waren, sprechen wir bisweilen von Hemerologie. Sofern sie einen eher mantischen Charakter aufwiesen, war es üblich, die Ausdrücke »Astromantie«, »Omenastrologie« oder »präzodiakale Astrologie« zu verwenden.

Die erhaltenen Sammlungen mesopotamischer Keilschrifttexte sind ziemlich stereotyp:

»Wenn der Mond am 15. Tag sichtbar ist: gute Weissagung für Akkad, schlechte für Subartu.«

»Wenn der Mond am 16. Tag sichtbar ist: schlechte Weissagung für Akkad und Amurru, gute für Subartu.«

»Wenn der Mond am 17. Tag sichtbar ist: gute Weissagung für Akkad und Amurru, schlechte für Subartu.«

»Wenn der Mond gemeinsam mit der Sonne außerhalb der regulären Zeit sichtbar ist: wird ein mächtiger Feind das Land beherrschen; wird der König von Akkad durch seinen Feind eine Niederlage erleiden.«

Die erwähnten Beispiele betrafen den synodischen Mondzyklus. Zwei weitere sind dafür charakteristisch, wie unauffällig und fließend eine rein astrometeorologische Vorhersage in eine mantische übergeht:

»Wenn sich ein Hof um den Mond bildet: wird der Monat regnerisch oder bewölkt sein.«

»Wenn ein Hof den Mond umgibt und der Mars ihn berührt: Vernichtung des Viehs, Verfall von Amurru.«

»Wenn ein Hof den Mond umgibt und Jupiter sich darin befindet: wird der akkadische König belagert und werden die Tiere auf dem Lande zugrunde gehen.«

Weissagungen aus Assurbanipals Bibliothek

Die Sammlung von Weissagungen aus Assurbanipals Bibliothek in Ninive wurde Anu Enlil Ea genannt, nach den ersten Worten des Textes: »Als Anu Enlil und Ea, die größten Götter, nach ihrem Beschluß (alle) Prophezeiungen des Himmels und der Erde zusammentrugen ...« Sie enthält u. a. Vorhersagen auf der Grundlage von kalendarischen Verzeichnissen des Erscheinens des Planeten Venus, die als »Herrscherin der Morgenröte« bezeichnet wird:

»Im Monat Ululu, am 26. Tage, verschwand die Venus im Westen; elf Tage fehlt sie am Himmel, und am siebten Tage des Monats Ululu II wird sie im Osten erscheinen. Dem Herzen des Landes zum Wohl.«

»Im Monat Duzu, am 25. Tage, verschwand die Venus im Westen. Sieben Tage fehlt sie am Himmel; am 2. Tage des Monats Abu wird die Venus im Osten erscheinen. Eine Überschwemmung auf Erden, der Hunger wird kommen.«

Die Weisheit Kohelets und Hesiods Kalenderreihen

Einen analogen Charakter einer Art Observationsdiagnostik" haben auch die erhaltenen Kalenderreihen Hesiods, des zweitältesten griechischen Dichters, in seinem Lehrgedicht »Werke und Tage«, ebenfalls an der Schwelle vom 8. zum 7. Jahrhundert v. Chr. verfaßt. Dieses Epos enthält eine ganze Serie praktischer Ratschläge für den einfachen griechischen Bauern. Die Ratschläge gehen von der Voraussetzung aus: »Ein jegliches hat seine Zeit, und alles Vorhaben unter dem Himmel hat seine Stunde« (Luther-Übersetzung), wie der biblische Kohelet sagt. Die Weisheit dieses altkanonischen Textes faßt das menschliche Leben auf Erden als ein Geschehen auf, das rhythmisch und in einer bestimmten Ordnung vor sich geht.

»Geboren werden hat seine Zeit, sterben hat seine Zeit; pflanzen hat seine Zeit, ausreißen, was gepflanzt ist, hat seine Zeit; töten hat seine Zeit, heilen hat seine Zeit; abbrechen hat seine Zeit, bauen hat seine Zeit; weinen hat seine Zeit, lachen hat seine Zeit; klagen hat seine Zeit, tanzen hat seine Zeit; Steine wegwerfen hat seine Zeit, Steine sammeln hat seine Zeit; herzen hat seine Zeit, aufhören zu herzen hat seine Zeit; suchen hat seine Zeit, verlieren hat seine Zeit; behalten hat seine Zeit, wegwerfen hat seine Zeit; zerreißen hat seine Zeit, zunähen hat seine Zeit; schweigen hat seine Zeit, reden hat seine Zeit; lieben hat seine Zeit, hassen hat seine Zeit; Streit hat seine Zeit, Friede hat seine Zeit« (Luther-Übersetzung).

Und der Dichter Hesiod gibt konkrete Ratschläge, wann genau der geeignetste Zeitpunkt für dieses und jenes ist:

»Erscheinen am Himmel / die Plejaden, des Atlas Töchter, / schicke dich an zum Ernten, / und wenn sie vergehen, zum Pflügen. (...) Beginnt dann auf die Stengel / die Schnecke aus der Erde zu klettern, / fliehe vor den Plejaden: / dann ist nicht mehr Zeit, / den Weinberg umzugraben; (...) Gelangen dann Oarion und Seirios zur Himmelsmitte / und erblickt die rosenfingrige Zora den Arcturusschein, / dann, Perses, pflücke alle Trauben und trage sie nach Haus.

Diese – heute würden wir sagen – agrotechnischen Daten und Termine stützt der Dichter auf einen Horizontkalender, dessen Koordinaten die Tagundnachtgleichen und Sonnenwenden waren, aber auch

Dieser »Kudurru« – ein mit astralen Symbolen geschmückter Stein – wurde in Susa im Iran gefunden; er stammt aus spätkassitischer Zeit (1188 bis 1174 v. Chr.) und wird in Paris aufbewahrt. Außer Mond, Sonne und Venus zeigt er einige Tierkreisfiguren, jedoch noch nicht in der Bedeutung der Zeichen des tropischen Tierkreises.

die Zeiten des Auf- und Untergehens bestimmter Gestirne und Sternbilder am Himmel (Orion, Sirius, Plejaden u.a.).

Im Schlußteil seines Lehrgedichts geht Hesiod von der Sonne und den Gestirnen zum Mond über, in dessen synodischem Zyklus von 29,5 Tagen alle vier Phasen – Neumond, erstes Viertel, Vollmond und letztes Viertel – wechseln, und seine Ratschläge lauten dann so:

»Ab Übergang des Neumonds / – hüte dich vor dem 13. Tag! – / ist die Aussaat zu beginnen; gut aber / nährt dieser Tag die Setzlinge. / Dafür bringt der 6. nach Vollmond, / dem Grünzeug zu bösem Schaden, / gute Männer hervor; / dem Mädchen ist er nicht glückbringend, / sei sie an ihm geboren / oder heirate sie an diesem Tage.«

Erste Konturen der Schicksalhaftigkeit

Und hier sind wir schon – fast ohne Übergang – mit beiden Beinen in der Astrologie. Das sind nicht mehr nur kalendermäßige Veränderungen des Firmaments und parallel dazu auch der Natur, sondern hier lassen sich bereits die Konturen einer gewissen Schicksalhaftigkeit erkennen. Denn was ist Glück? Die Fragen

Oben links: Der spätbabylonische Tierkreis zeigt einige kleine Abweichungen gegenüber der späteren feststehenden Version des antiken Zodiakus.

Links: Die Tierkreisfiguren Schütze, Steinbock und Wassermann der mesopotamischen Grenzsteine »Kudurru« gegenüber den gleichen Figuren aus Dendera im hellenistischen Ägypten (nach Hinke: »A new boundary stone«).

Die Sphäre des Demokrit (aus einer antiken Handschrift).

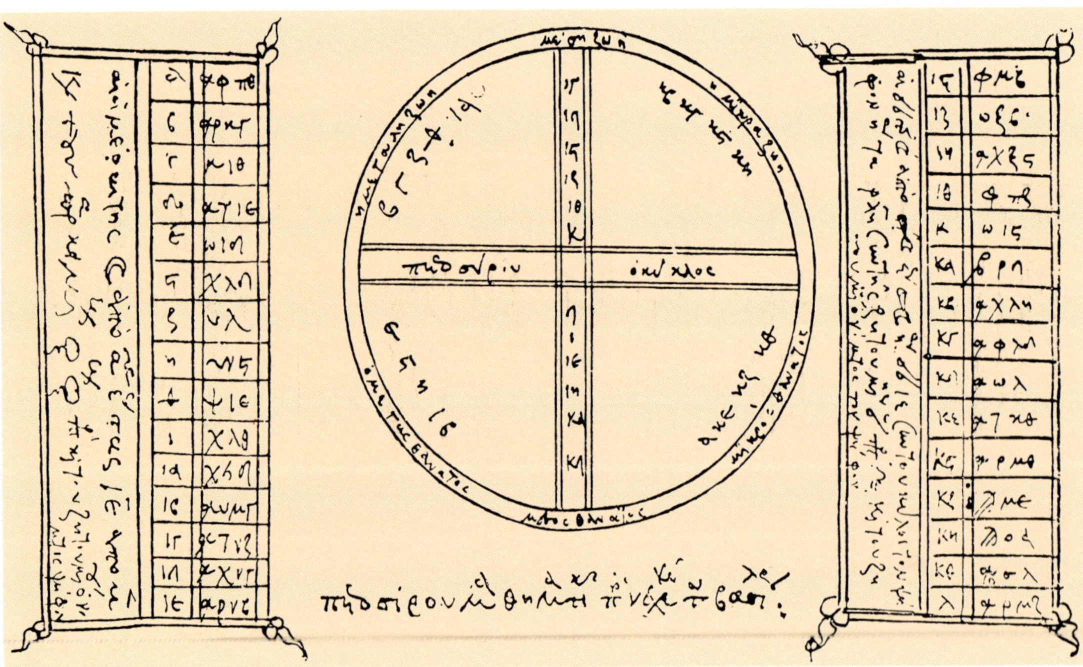

von Glück und Unglück sind nicht mehr reine Naturerfahrung, sondern eine menschliche Bewertung der Situation des Menschen.

Die erwähnte Observationspraxis gab die spätere Astrologie nach und nach auf und ersetzte sie durch ein eigenständiges System der Interpretation des Horoskopschemas, das durchaus nicht mehr davon abhängig war, ob der Mars am Himmel mehr oder weniger rot erschien oder der Mond in Konjunktion mit Jupiter einen Hof um sich herum hatte.

Die Voraussetzungen für die Entstehung der Astrologie

(Periode P-7)

Der schrittweise Übergang der uralten Weissagung aus den Gestirnen (der Präastrologie) zu einer Astrologie, die auf der Interpretation eines Horoskops beruhte, wurde durch Fortschritte in der antiken Astronomie und ihrer Technik ermöglicht. Zu umwälzenden Veränderungen kam es vor allem, als die Astronomen begannen, die ursprüngliche Horizontbeobachtung und -messung durch eine sphärische Observation zu ersetzen.

Die sphärische Observation

Die Verschiebung, zu der es in der Sternkunde zwischen dem 7. und 4. Jahrhundert v. Chr. kam, bringt sehr eindeutig der Verfasser des griechischen Dialogs »Epinomis« zum Ausdruck – nach Meinung der einen war es Platon selbst, nach Meinung anderer sein Schüler Philippos von Opus Ende des 4. Jahrhunderts v. Chr. Gegenüber Hesiods Methode der Horizontbeobachtung wird hier die sphärische Observation betont, da nur sie nach Ansicht des Verfassers die echte Astronomie darstelle.

Ja, erst mit dem Übergang von der Beobachtung der heliakischen Aufgänge der Planeten und Gestirne sowie der Azimuts der auf- oder untergehenden Sonne und des Mondes zur Bestimmung ihres Umlaufs durch den Tierkreis läßt sich gleichzeitig auch von den Anfängen einer wirklichen Astrologie sprechen. Diese stützte sich künftig immer mehr auf Tabellen der astronomischen Positionen der Planeten.

Im 7. bis 6. Jahrhundert v. Chr. kulminierte die protoastrologische Ära, die mit ihren Wurzeln sehr weit in die Vergangenheit zurückreichte. Doch schon damals bildeten sich die ersten unerläßlichen Voraussetzungen für die Entstehung der Astrologie heraus.

Der Begriff des Tierkreises

Die erste Voraussetzung war der Begriff des Tierkreises. Der Dichter Hesiod kannte ihn noch nicht – er wird erst mit den Namen Anaximandros, Oinopides und Euktemon in Griechenland verknüpft, während er in Babylonien nach F. H. Cramer frühestens im 5. Jahrhundert v. Chr. auftauchte. Indirekt zeigen Möglichkeiten einer Entstehung des Tierkreisbegriffs auch die charakteristischen Zwölferkonstellationen an.

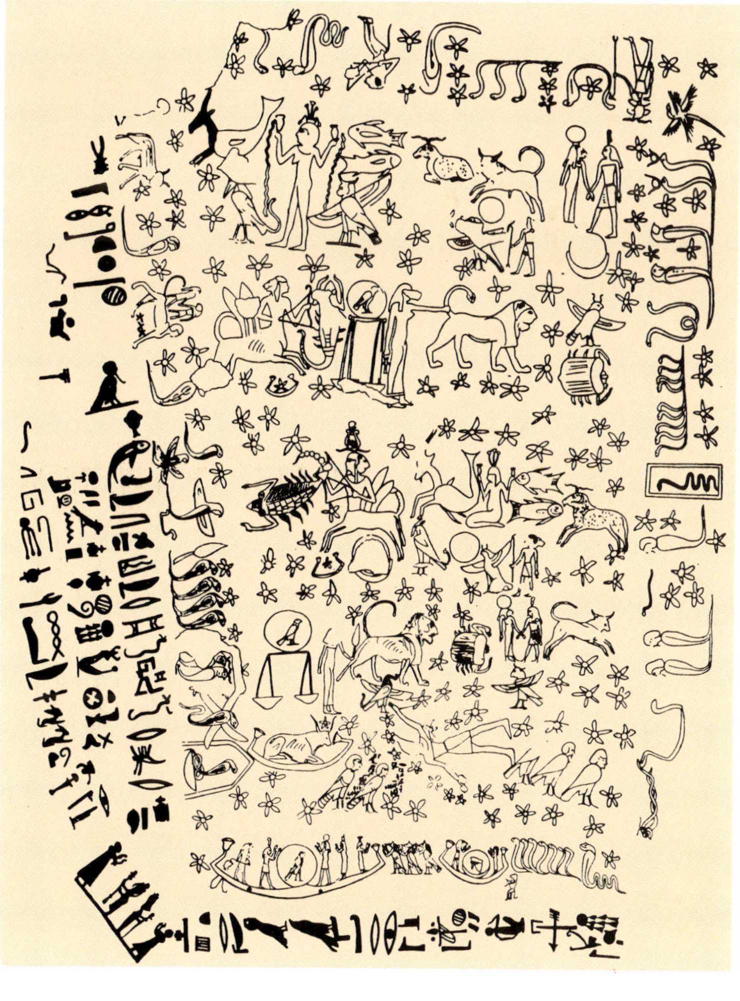

Zwei »Horoskope« aus einem altägyptischen Grab in Athribis, Oberägypten. In der Mitte sind zwei Tierkreise mit den eingezeichneten Positionen von Sonne, Mond und Planeten und rundherum unbedeutende, nur teilweise angedeutete Symbole, vielleicht die Mondstellung oder die Dekanregenten (W. M. Flinders – Petrie: »Athribis«).

Sternbilder, gezeichnet nach Aratos' Angaben auf einer Berliner Tafel (nach Thiele, in: E. Zinner, »The Stars Above Us«, London 1957).

Die vier Elemente

Eine zweite wesentliche Bedingung für die Entstehung der Astrologie war die Lehre von den vier Elementen der griechischen Naturphilosophie, die wir in ganzheitlicher Form von Empedokles kennen, also ebenfalls aus dem 5. Jahrhundert v. Chr.

Die sphärische Kosmosvorstellung

Die dritte unerläßliche Voraussetzung für die spätere Schaffung der Horoskoptechniken waren die sphärische Vorstellung vom Kosmos, zu der im 6. Jahrhundert v. Chr. Parmenides gelangte, und die Konzeption des Sonnensystems durch Philolaos Ende des 5. Jahrhunderts v. Chr.

Frühere Spuren

Die drei Grundbedingungen, die für die Schaffung der späteren Astrologie notwendig waren, entstanden bereits in der chaldäischen Periode (P-7), der Darstellung halber so benannt nach der chaldäischen Dynastie im neubabylonischen Königreich. Damals weissagte man freilich noch immer auf der Grundlage der Observationsdiagnostik, wie zahlreiche Keilschriftaufzeichnungen aus Babylonien und Assyrien bezeugen, vor allem aus der berühmten Bibliothek Assurbanipals, die in Ninive ausgegraben wurde und aus dem 7. Jahrhundert v. Chr. stammt; wahrscheinlich handelt es sich dabei um eine Sammlung von Kopien von Keilschrifttafeln aus der Zeit Sargons I. von Akkad aus dem 24. Jahrhundert v. Chr.

Auch Hesiods Lehrgedicht »Werke und Tage« (ebenfalls aus dem 7. Jahrhundert v.Chr.) enthält

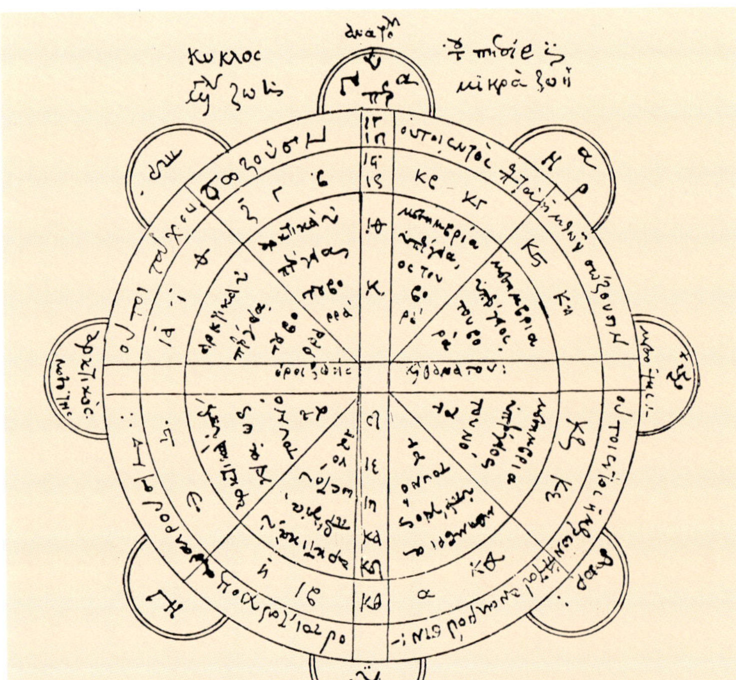

Die Sphäre aus einem Werk von Nechepsó-Petosiris aus dem 2. Jahrhundert v. Chr.

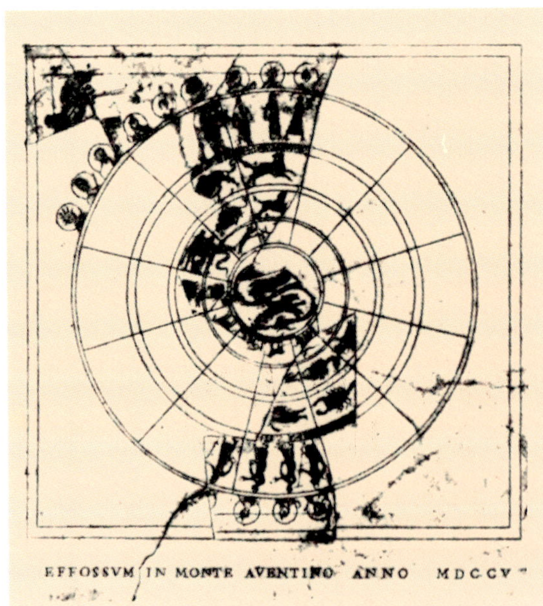

Die »Tabula Bianchini«, mit dem Torso eines antiken Tierkreises, mit Dekanen und Dodekaoren, stammt aus dem 2. Jahrhundert v. Chr.

sehr ähnliche protoastrologische Schlußfolgerungen anhand von Beobachtungen der Beziehungen zwischen Himmels- und irdischen Erscheinungen. Das eigentliche astrologische System der Horoskopinterpretation entstand jedoch erst in der anschließenden hellenistischen Periode (P-6).

Die Entdeckung der Präzession des Frühlingspunktes

Die letzte notwendige Voraussetzung für die Entstehung einer wirklichen Astrologie, die von den Zeichen des Tierkreises ausgeht, war die Entdeckung der Präzession des Frühlingspunktes und des mit ihr verbundenen, offenkundig funktionellen Unterschieds zwischen den älteren Sternbildern der Ekliptik und den jüngeren zodiakalen Zeichen. Es ist nicht ausgeschlossen, daß von der Präzession vor Hipparchos schon der babylonische Astronom Kidinnu am Ende des 4. Jahrhunderts v. Chr. wußte, denn damals gab es bereits alle notwendigen Voraussetzungen für die Entstehung der Astrologie.

Die ägyptische Himmelsgöttin Nut mit den zwölf Zeichen des ägyptischen Tierkreises (nach einem Sarkophagdeckel aus ptolemäischer Zeit auf einem Stich aus dem 19. Jahrhundert).

Links: Das älteste bekannte literarische Horoskop auf einer Keilschrifttafel bezieht sich auf den 29. April 410 v. Chr. (nach A. Sachs, 1952).

Das zweitälteste erhaltene literarische Horoskop auf einer Keilschrifttafel bezieht sich auf den 4. April 263 v. Chr. (nach A. Sachs, 1952).

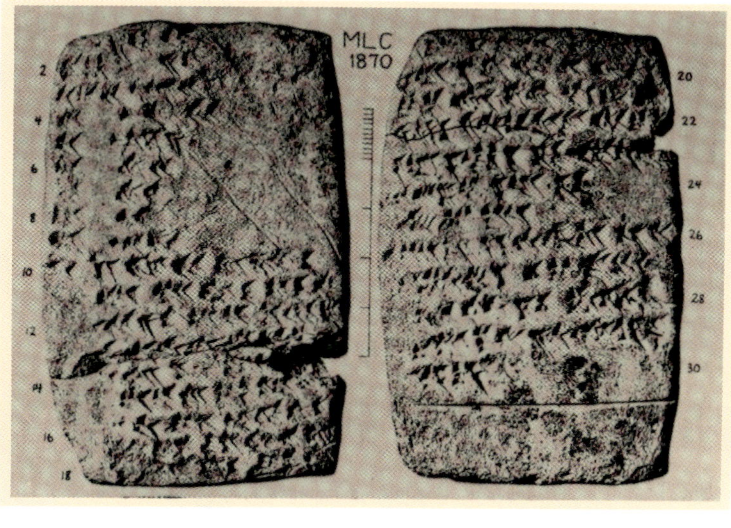

Die ersten Horoskope

(Periode P-6)

Ungefähr im 3. Jahrhundert tauchte endlich die Astrologie ansatzweise in jener Gestalt auf, die wir aus späteren Zeiten kennen. Als in sich geschlossenes System von Regeln für die Horoskopinterpretation entstand sie durch Vermischung verschiedener Traditionen: der babylonischen, griechischen und teilweise der ägyptischen. An der Wiege der Astrologie standen vor allem die sorgfältig geführten babylonischen astronomischen Aufzeichnungen und der griechische geometrische Geist und Rationalismus, der die ursprünglich heterogenen astrologischen Systeme zu einem einheitlichen verschmolz.

Wegbereiter: Berossos, Manetho, Eudoxos, Aratos von Soloi, Nechepsó-Petosiris

Mit den Prinzipien der babylonischen astralen Wissenschaft wurden die Griechen im 3. Jahrhundert v. Chr. durch den babylonischen Priester Berossos bekannt gemacht, der um 280 v. Chr. auf der Insel Kos eine Astrologenschule gründete. Die ägyptischen Methoden lernten die Griechen etwa zur gleichen Zeit durch den alexandrinischen Priester und Geschichtsschreiber Manetho kennen.

Ein Zeitgenosse beider war der hellenistische Dichter Aratos von Soloi. Sein berühmtes, griechisch geschriebenes und später mehrmals ins Lateinische übersetzte Lehrgedicht »Phainomena« (= Himmelserscheinungen) ist samt Kommentaren späterer Interpreten und Übersetzer (Cicero, Germanicus, Avienus) erhalten geblieben; sein Vorbild war das griechische Werk »Von den Himmelserscheinungen, den Bewegungen der Sterne und den Wetterzeichen« des Astronomen Eudoxos von Knidos aus der ersten Hälfte des 4. Jahrhunderts v.Chr., das sich aber nicht erhalten hat. Eudoxos selbst, der in Athen und in Ägypten wirkte, beschäftigte sich mehr mit der Astrometeorologie, während er die Personenhoroskopie ablehnte – er war der Ansicht, astrologische Prognosen könnten das Selbstbewußtsein des Menschen untergraben.

Ein umfangreiches Lehrbuch der Astrologie mit weitreichender Bedeutung nicht nur für die spätere griechische und römische, sondern auch noch die arabische Astrologie entstand im 2. Jahrhundert v. Chr. in Ägypten und nannte als Verfasser die Pseudonyme Nechepsó-Petosiris – angeblich ein König und sein Priester. Der eine Teil dieses Kompendiums enthält viele traditionelle Regeln der Deutung eines individuellen Radixhoroskops, der andere Teil hat die Form von Briefen eines Priesters an seinen König. Die Schrift ist jedoch nur in einigen Fragmenten erhalten.

Vom Umfang der Astrologie in hellenistischer Zeit kann man sich heute nur noch annähernd eine Vorstellung machen, da das ganze literarische Erbe dieser Periode bis auf geringe Ausnahmen verlorengegangen ist: Es wurde bei Bränden der Bibliotheken in Alexandria, Athen und Pergamon ein Opfer der Flammen.

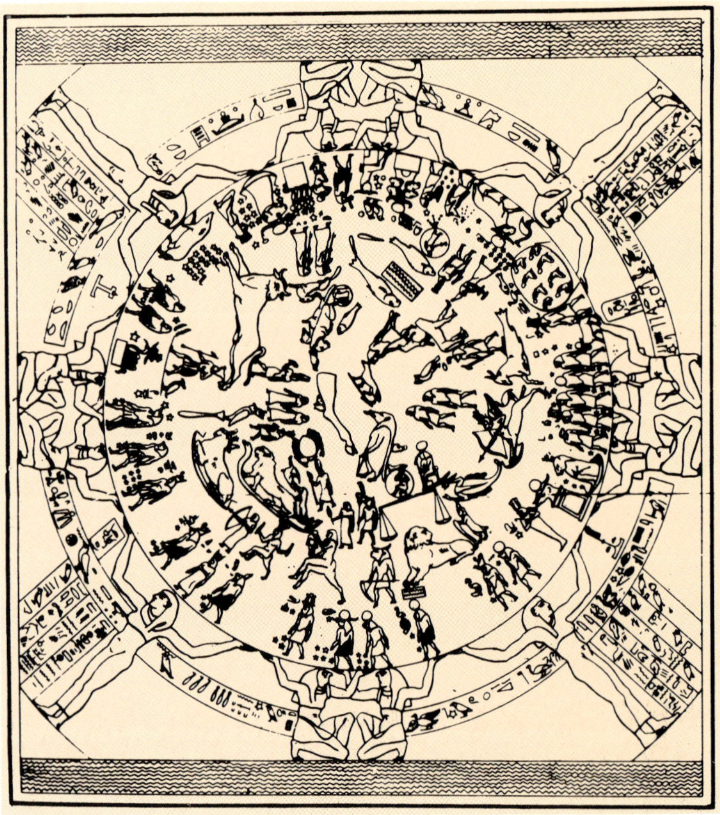

Der runde Tierkreis aus Dendera (aus der Zeit um Christi Geburt) stellt das Himmelsgewölbe dar, das von zwölf Figuren gestützt wird, die 36 ägyptischen Dekane, repräsentiert durch ihre Herrscher auf dem Kreisrand, und innen dann neben weiterem symbolischen Zierat auch den Tierkreis. Diese Ablichtung erfolgte in situ noch vor dem Abtransport des Objekts von Ägypten nach Frankreich, und wurde 1912 in einem Buch von J. Leonhard Hug veröffentlicht.

Die ältesten antiken Horoskope

In der Literatur wird oftmals angegeben, das älteste bekannte antike Horoskop beziehe sich auf den 29. April des Jahres 410 v.Chr. Diese Behauptung muß jedoch präzisiert werden: Es handelt sich dabei um einen Keilschrifttext auf einer Tafel in der Bibliotheca Bodleiana in Oxford, der kein Horoskop im echten Sinne des Wortes ist, auch wenn F. H. Cramer ihn ein »zodiakales Horoskop« nennt, denn der Text enthält nur die Positionen der Planeten im Tierkreis, und das ist für ein Horoskop doch etwas zu wenig.

Nach dem Sinologen Joseph Needham beziehen sich die ältesten bekannten Beispiele wirklicher Horoskope, die im hellenistischen Babylonien geschaffen wurden, erst auf die Jahre -176 (das erste Geburtshoroskop) und -169 (das erste Empfängnishoroskop). Auch wenn der erwähnte Berossos, der im 3. Jahrhundert v. Chr. wirkte, als Begründer der individuellen Horoskopie gilt, sind die tatsächlichen Artefakte, die die Existenz dieser Horoskopie beweisen, etwas jünger.

An der Nahtstelle zwischen der Perioden P-6 und P-5, zur Zeit Christi Geburt, ließ König Antiochos ein Monument aus Stein errichten. Das Relief stellt nach Ansicht der Forscher eine Konjunktion von Mars, Jupiter Merkur und Mond im Löwen dar. Wann genau dieses Ereignis war, ist nicht zu rekonstruieren. Entweder kann es sich um die Geburt des Königs oder aber um seine Krönung handeln.

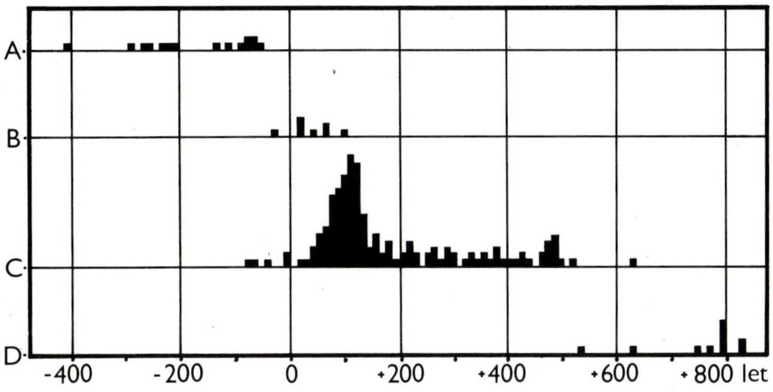

Chronologische Analyse der Gruppe der 215 erhaltenen Horoskope aus der Zeit um Christi Geburt. Die Gruppe enthält 16 babylonische Keilschrifthoroskope (A), acht ägyptische in demotischer Schrift (B), 180 griechische (C) und elf arabische (D) (bearbeitet nach O. Neugebauer / H. B. van Hoesen, 1959).

Die Astrologie im römischen Imperium

(Periode P-5)

Dank der antiken Chronisten kennen wir heute viele Namen und Einzelheiten aus dem Leben und Wirken einer Reihe von – vorwiegend griechischen – Astrologen aus römischer Zeit. Einige ihrer Werke haben sich vollständig oder teilweise erhalten, viele sind schon in der Antike verlorengegangen.

Erhalten geblieben sind auch eine Reihe authentischer Horoskope. Mit ihrer astronomischen und sprachlichen Analyse sowie mit dem politischen Hintergrund ihrer Entstehungszeit haben sich bedeutende moderne Wissenschaftler wie A. Bouché-Leclerc, O. Neugebauer, H. B. van Hoesen, F. H. Cramer u. a.

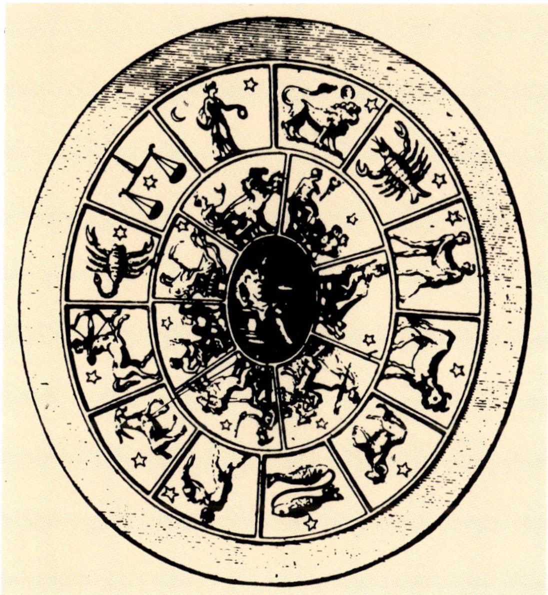

Die sieben Planeten und zwölf Tierkreiszeichen: Gravur auf Onyxplatte, römische Gemme (Ch. Dupuis: »L'Origine de tous les cultes«, 1794).

Der Tierkreis und die sieben Planeten auf einem Relief aus Argos.

Der Löwe von Kommagene: Das Relief auf der Monumentalstele aus Stein, die der Kommagenekönig Antiochos I. (69 bis 34 v. Chr.) auf dem Berg Neumrud Dag im Taurus errichten ließ, stellt nach Ansicht einiger Forscher eine reale Konstellation von Mars, Jupiter, Merkur und Mond im Zeichen Löwe dar.

beschäftigt. Wir kennen auch einige antike polemische Schriften, z. B. den zweiteiligen Dialog Ciceros »De divinatione« (Über die Weissagekunst).

Die Astrologen des 1. Jahrhunderts v. Chr. bis zum 1. Jahrhundert n. Chr.

Für den besten Astrologen während der Römischen Republik hielten die zeitgenössischen Autoren im 1. Jahrhundert v. Chr. einen gewissen Firmanus. Unter Augustus wirkten Scribonius und Theogenes, unter Tiberius Thrasyllos sowie der Dichter Manilius, der Verfasser des bedeutsamen (erhaltenen) astrologischen Lehrgedichts »Astronomica« in fünf Büchern, und vor allem der für das spätere Mittelalter wichtige Autor Dorotheos von Sidon.

Zu den weiteren bedeutenden Astrologen vor Ptolemäus gehört insbesondere Teukros, auch der Babylonier genannt, dessen nur in Auszügen erhaltenes Werk eine wesentliche Bedeutung in der Zeit der synkretistischen Durchdringung von westlicher und östlicher Astrologie im 1. Jahrhundert hatte, ferner der Grieche Demophilos, Thrasyllos' Sohn Balbillus, der Astrologe in den Diensten der Kaiser Nero, Claudius und Vespasian war, sowie Seleukos aus der Zeit Kaiser Othos.

Der bedeutende Schöpfer von Ephemeriden, der Astrologe Crineas von Massilia, war so erfolgreich, daß er laut Plinius nach seinem Tode zehn Millionen Sesterzen hinterließ. Sein Geld wurde für den Bau von Stadtwällen verwendet.

***Gastmahl des Trimalchio**: Illustration zum »Satiricon« von Petronius Arbiter (holländischer Stich des 18. Jahrhunderts). Petronius beschreibt in seinem Schelmenroman voller Witz, wie auf einem runden Tablett die zwölf Tierkreiszeichen angeordnet waren, auf die dann Speisen nach der jeweiligen Analogie gelegt wurden: auf den Widder Kichererbsen, auf den Stier ein Stück Rindfleisch, auf die Zwillinge Schweinehoden und Nieren, auf den Krebs ein Kranz, auf den Löwen eine afrikanische Feige, auf die Jungfrau die Gebärmutter eines unfruchtbaren Ferkels, auf die Waage eine Handwaage mit einer Torte auf der einen und einem Kuchen auf der anderen Schale, auf den Skorpion ein Skorpionsfisch aus dem Meer, auf den Schützen ein Tintenfisch, auf den Steinbock eine Languste, auf den Wassermann eine Gans und auf die Fische zwei Flußbarben.*

Die Astrologen des 2. Jahrhunderts n. Chr.

Der bekannteste antike Astronom, Astrologe, Chronologe und Geograph, Claudius Ptolemäus, verfaßte im 2. Jahrhundert in Alexandria zwei grundlegende Kompendien der Sternkunde: »Megale syntaxis« (Große Syntaxis), später bekannt als »Almagest« und der Astronomie gewidmet, und «Tetrabiblos« (Viererbuch) über die Fundamente der Astrologie. Beide Werke wurden das ganze Mittelalter über bis in die Zeit von Kopernikus und Kepler als Grundlage der Sternkunde angesehen.

Zeitgenossen von Ptolemäus waren weitere griechische Astrologen: Critodemus, der Verfasser der Schrift »Die Vision«, Antiochos von Athen, der das Lehrgedicht »Die Schätze« schrieb, und der aus der Zeit Hadrians bekannte christliche Astrologe Aquila. Die jüngere Generation bildeten der Dichter Maximos, dessen erhaltenes Lehrgedicht »Von den Anfängen« die verschiedenen Konstellationen behandelt, die für die Aufnahme bestimmter Tätigkeit geeignet sind, und der griechische Astrologe Antigonos von Nizäa, der in Verbindung mit einem Horoskop Kaiser Hadrians erwähnt wird.

Wichtig für die Rekonstruktion der antiken Horoskopmethoden ist die fast vollständig erhaltene Schrift »Anthologien« von Vettius Valens, ein kompiliertes populäres Traktat über die Interpretation der Grundbegriffe der Horoskopie mit Beispielen aus 130 konkreten Nativitäten der Jahre 37 bis 188 n. Chr.

Aufmerksamkeit verdient auch die kurze, aber gedanklich ungewöhnlich klare Abhandlung »Über die Astrologie« von Lukian, ebenfalls aus dem 2. Jahrhundert.

Die ersten christlichen Astrologen des 3. Jahrhunderts n. Chr.

Im 3. Jahrhundert näherten sich außer den spätgriechischen Philosophen auch schon christliche Schriftsteller in ihren Werken der Astrologie. Der Neuplatoniker Porphyrios, ein Schüler Plotins und Kommentator von Ptolemäus' »Tetrabiblos«, zu dem er ein Vorwort schrieb, verfaßte u. a. »Eisagoge«, ein astrologisches Traktat, aus dem später die Araber schöpften, namentlich Zahel Benbriz. Porphyrios schuf auch ein neues System astrologischer Häuser, das sich in der Konstruktion von dem älteren Ptolemäus-System der äqualen Häuser unterschied.

Ein weiterer griechischer Philosoph, der Rhetor und Mathematiker, Astronom und spätere Kirchenvater Anatolios von Alexandria, versuchte beispielsweise, den Charakter eines Neugeborenen und die wahrscheinliche Länge seines Lebens nach dem Wochentag der Geburtszeit zu bestimmen.

Ein anderer christlicher Schriftsteller, Censorinus, schrieb im Jahre 238 das Buch »De die natali« (Über den Geburtstag), in dem er alles behandelt, was irgendwie mit der Geburt zusammenhängt.

Das Kompendium von Maternus (4. Jahrhundert n. Chr.)

Das umfangreichste astrologische Werk, das aus der Antike vollständig erhalten ist, heißt »Matheseos libri VIII« (Unterweisung in acht Büchern). Autor dieses achtbändigen Werkes war der lateinische Schriftsteller Julius Firmicus Maternus, der im 4. Jahrhundert in Sizilien lebte.

Die Hauptbedeutung seines Kompendiums ist allerdings die Tatsache, daß es von alten Quellen ausgeht, die sich oft nicht erhalten haben. Ansonsten erreicht es nicht das Niveau des »Tetrabiblos« von Ptolemäus.

Armillarsphäre mit allegorischen Gestalten der Astrologie und der Figur des Ptolemäus mit einem Astrolabium in der Hand (»Theoricarum nouarum Georgij Purbachij«, 1515).

An der Schwelle vom Altertum zum Mittelalter

(Periode P-4)

Ein relativ unbekanntes und deshalb oft übergangenes Kapitel in der Geschichte der Astrologie ist die Zeit des ausgehenden Altertums, die sich zeitlich etwa mit der Völkerwanderung in Europa im 5. und 6. Jahrhundert deckt. Mit ihr endet die Spätantike, und die Astrologie tritt in die mittelalterliche Epoche ein.

Die Astrologie im christlichen Abendland

Die wichtigsten Repräsentanten der Sternkunde dieser Zeit waren vor allem die vom Neuplatonismus beeinflußten Schriftsteller Paulus von Alexandria – der Verfasser der »Eisagogika« (Einführung in die Astrologie; ein solides, uns erhalten gebliebenes Werk, das nicht nur Kenntnis der Astrologie verrät, sondern auch einen kritischen Verstand des Autors) –, der führende Kopf der Athener platonischen Akademie und größter Systematiker des Neuplatonismus, Proklos Diadochos von Konstantinopel, u. a. bekannt als Kommentator der »Chaldäischen Weissagungen« (einer anonymen Schrift aus dem 2. Jahrhundert), von Platons »Timaios«, vor allem aber von Ptolemäus' »Tetrabiblos«, das er unter der Bezeichnung »Paraphrase« überarbeitete; auf diese Version stützte sich Melanchthons 1554 in Basel gedruckte »Tetrabiblos«-Ausgabe.

Der Tierkreis auf dem Mosaik eines Fußbodens in Beth Alpha aus der Zeit des oströmischen Kaisers Justin I. (518 bis 527).

Zu den weniger bekannten Schöpfern spätantiker Horoskope gehören Hephästion von Theben mit der Schrift »Apotelesmatika« in drei Büchern, die Auszüge aus Werken älterer Autoren enthält und in der hauptsächlich Wert auf die Auswahl eines geeigneten Zeitpunkts für verschiedene Tätigkeiten gelegt wird (»Elektion«), Palchos, Eutokios, Rhetorios und ein Jahrhundert später noch Stephanos von Alexandria, der Philosoph genannt, von dem offenbar das letzte bekannte griechische Horoskop, datiert vom Jahre 621, stammt.

Die Astrologie in Indien

Das Studium der Astrologie erfreute sich in dieser Zeit auch im Fernen Osten großer Achtung, und zwar vor allem im Indien der Guptadynastie. Einer der angesehensten Astrologen war dort Varáhamihira, eine Art »Ptolemäus des Orients« und Verfasser des Grundlagenwerks »Brhaj Djátaka«, einer ausführlichen Abhandlung über das indische astrologische System, das sich vom europäischen noch heute in vielerlei Hinsicht wesentlich unterscheidet. Wichtig für die Geschichte der europäischen Astrologie ist die Rolle, die die indischen Horoskoppraktiken dann vor allem in Deutschland vom Anfang der zwanziger Jahre bis zum Ende des Zweiten Weltkriegs spielten.

Zur gleichen Zeit, in der Varáhamihira wirkte, tauchten in Indien auch Übersetzungen des astrologischen Werkes von Teukros auf.

Schon aus der Zeit um das Jahr 400 stammt wahrscheinlich die indische astrologische Schrift »Súrja Siddhánta«, ein bedeutsames Werk, das man vor allem später, in der Epoche des arabischen Mittelalters, hochschätzte. Es wurde zweimal überarbeitet und auf Weisung des Kalifen Al Mansur unter dem Titel »Sindhind« ins Arabische übersetzt.

Das Werk Ioannes Laurentios Lydos'

Im 6. Jahrhundert wirkte auch der byzantinische Geschichtsschreiber aus der Zeit Kaiser Justinians, Ioannes Laurentios Lydos. Er beschrieb in dem Werk »Peri diosemeion« (Über die Himmelszeichen) die Weissagungsmethoden bei den alten Römern und Etruskern, gab einen Abriß der alten Aufzeichnungen über Mondphasen, Kometen, atmosphärische Erscheinungen und Erdbeben und verfaßte ein Exzerpt der »astrologischen Geographie« von Ptolemäus, die im zweiten Buch von »Tetrabiblos« enthalten ist.

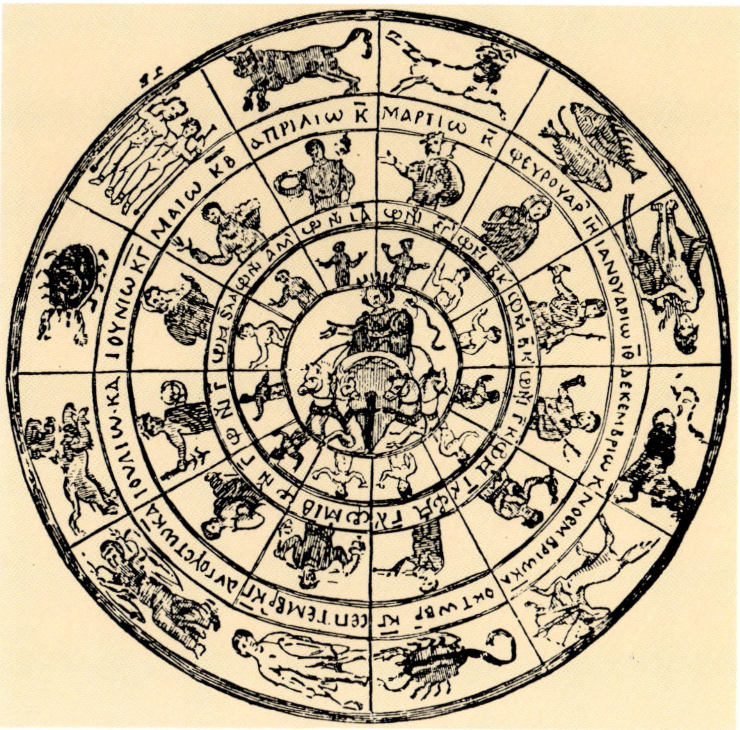

Der Tierkreis und seine Merkmale nach einer Miniatur aus der Handschrift eines Ptolemäus-Werkes byzantinischer Provenienz des Jahres 820 (nachgezeichnet): die Sonne als Helios in der Mitte des Tierkreises und der Regenten seiner zwölf Zeichen. Die Aufschriften am äußeren Ring bezeichnen die zodiakalen Monate.

Das arabische Intermezzo

(Periode P-3)

Die arabische Wissenschaft, die eine der Hauptbrükken zwischen der Antike und dem mittelalterlichen Europa bildet, entwickelte sich vor allem in der Zeit nach der Ausbreitung des Islams gewaltig, insbesondere im 9. und 10. Jahrhundert unter der Herrschaft der Abbasiden.

Die Bedeutung der arabischen Astrologie für das mittelalterliche Europa

Europa lernte die Autoritäten der arabischen Sternkunde meist unter dem akzeptableren lateinischen Namen kennen. So schrieb sich z. B. eine der größten Kapazitäten der arabischen Astrologie, Abú Ma'sar, Albumasar; Abú ar-Rajhán al-Bírúní war Aliboron usw.

Die 300jährige arabische Epoche bereicherte die Astrologie nicht nur in der Technik, sondern auch in terminologischer und methodischer Hinsicht. Einige arabische Ausdrücke sind bis heute in Gebrauch. Der Anteil der Araber an der Bekanntschaft des mittelalterlichen Westeuropa mit dem astrologischen Erbe der Antike ist unverzichtbar. Die Astrologie fand bei ihnen einen fruchtbaren Boden, den teilweise auch der muslimische Fatalismus vorbereitet hatte.

Die Hauptzentren der islamischen Bildung waren Bagdad und Kairo, aber viele Gelehrte und Übersetzer wirkten auch in anderen Städten. Bedeutsam für Europa war die Anwesenheit der Araber vor allem auf der Pyrenäenhalbinsel (Mauren).

Die Araber waren nicht nur gute Beobachter und Vermesser, sondern auch Rechner und Konstrukteure von Astrolabien. Das hatte für die spätere europäische Astronomie und Astrologie große Bedeutung.

Umfangreiche Übersetzungstätigkeit

Außer den Übersetzungen sternkundlicher Werke aus dem Griechischen, die erst im 9. Jahrhundert angefertigt wurden, war für die Entwicklung der arabischen Sternkunde auch die Übertragung der indischen Schrift »Súrja Siddhánta« wichtig, die bereits in der zweiten Hälfte des 8. Jahrhunderts erfolgte.

Ptolemäus' »Tetrabiblos« übersetzte im 9. Jahrhundert Isaak Ibn Hunein ins Arabische. Eine sorgfältige arabische Übertragung des ganzen »Tetrabiblos« mit Kommentar besorgte im 11. Jahrhundert Haly Abenrudian. Dieses Werk übersetzte dann der Lombarde Egidius de Tebaldis im 13. Jahrhundert auf Initiative Alfons' von Kastilien ins Lateinische; diese Version besaß auch der böhmische König Wenzel IV. unter den Handschriften seiner Hofbibliothek.

Die wichtigsten arabischen Astrologen

- Der fruchtbarste Astrologe und gleichzeitig einer der ersten der Abbasidenzeit war Messehalla, der in Bagdad über die einzelnen Probleme der Horoskopie mindestens 18 Abhandlungen verfaßte.

Seine Zeitgenossen zu Beginn des 9. Jahrhunderts waren Albubater Alkasan, der Autor von zwei Werken über die Grundlagen der Astrologie, die später ins Lateinische übersetzt wurden, Albohali Alchait, der ein Lehrbuch der Routinehoroskopie verfaßte, das auch aus späteren lateinischen Übersichten bekannt ist, und Zahel Benbriz, ein jüdischer Astrologe, der in Chorasan wirkte und arabisch schrieb, Wesir des Kalifen Al Mamun. Wichtig neben seinen 15 später ins Lateinische übersetzten Büchern ist vor allem ein überarbeitetes Werk des griechischen Astrologen aus römischer Zeit, Dorotheos von Sidon.

• Einer der Väter der arabischen Astrologie war der bekannte Alkindus, der Verfasser zahlreicher astrologischer Traktate, von denen 19 in späteren lateinischen Übersetzungen bekannt sind. Er war der Lehrer des berühmtesten arabischen Astrologen – Albumasar –, der im 9. Jahrhundert in Bagdad wirkte. Aus dessen umfangreichem Werk wurden später 27 Schriften ins Lateinische übertragen. Zu den bekanntesten und auch im europäischen Mittelalter wohl am meisten verbreiteten gehört sein »Introductorium«.

Das System der sieben astrologischen Planeten und zwölf Tierkreiszeichen in einer Darstellung arabischer Provenienz.

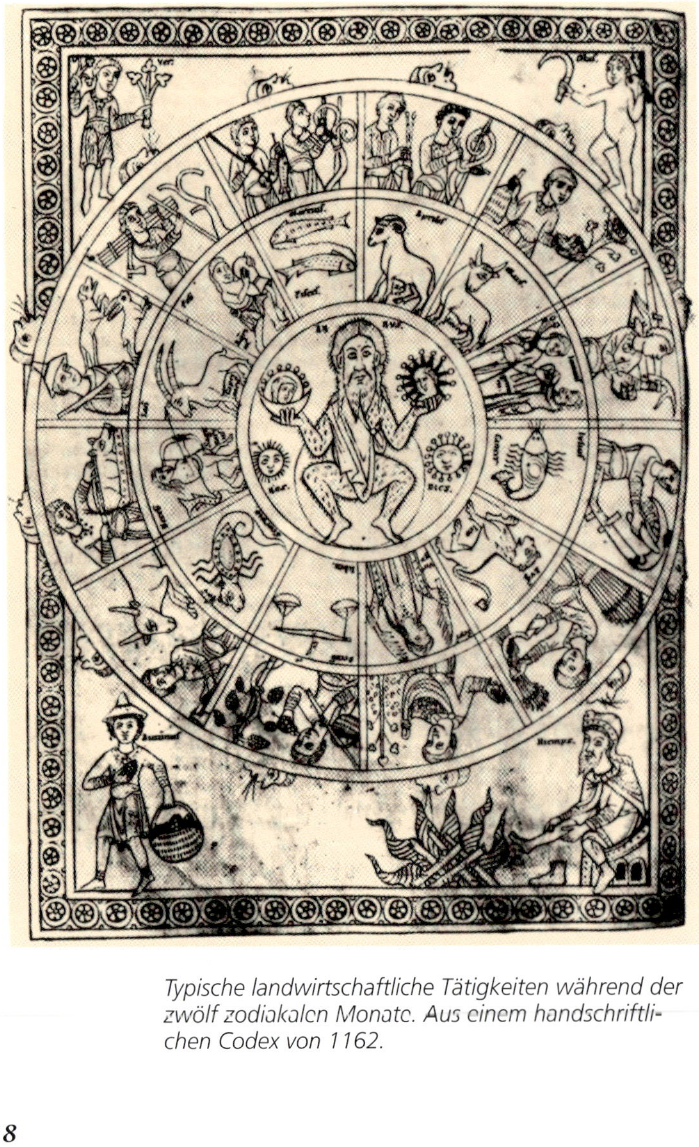

Typische landwirtschaftliche Tätigkeiten während der zwölf zodiakalen Monate. Aus einem handschriftlichen Codex von 1162.

Albumasar beschränkte sich beim Schöpfen aus der antiken Literatur nicht auf die Autorität des Ptolemäus, sondern studierte auch andere Autoren, z. B. Dorotheos, Hermas, Teukros, Antiphon. Durch sie drangen auch die Prinzipien der babylonischen, persischen und ägyptischen Astrologie in die spätgriechische Astrologie der römischen Zeit ein. Ein Schüler Albumasars war Sadan, der mit ihm gemeinsam ein Werk über die Planeten schrieb.

• Ein reichhaltiges kompilatorisches Werk über astrologische Elektionen ist eine Schrift, deren Verfasser Haly Embrani als Astrologe in Mosul tätig war. Von dem antiken »Centiloquium« – einer Sammlung astrologischer Aphorismen, die wohl irrtümlich Ptolemäus zugeschrieben wird – ging in seiner Schrift Rhazes aus, der in Bagdad arbeitete; nach verschiedenen Historikern werden ihm insgesamt 37 bis 61 Traktate zugeschrieben.

• Ein für die Entwicklung der Horoskoppraxis wichtiger, in Mosul tätiger Astrologe ist unter seinem latinisierten Namen Alcabitius bekannt. Die größte Bedeutung unter seinen astrologischen Schriften hatte in späterer Zeit die lateinische Übersetzung seines Hauptwerkes »Liber introductorius«. Er war der erste, der nachhaltig in die Entwicklung der Technik der Horoskophäuserkonstruktion und in die Direktionshoroskopie eingriff. Seine Schriften kamen in lateinischen Übersetzungen durch den Buchdruck in Europa bereits im 16. Jahrhundert heraus.

• Zu den späten Autoren der arabischen Periode gehört Aliboron, ein Universalgelehrter persischer Herkunft, der 40 Jahre lang zu einem Studienaufenthalt in Indien weilte, wo kurz zuvor der bedeutende Kommentator der älteren indischen astrologischen Literatur, Bhatta Utpala, gewirkt hatte.

Zu ihnen gehörte aber auch der schon erwähnte »Tetrabiblos«-Übersetzer Haly Abenrudian, dessen Werke in der Folgezeit ebenfalls häufig ins Lateinische übertragen wurden.

Europa übernimmt den Stafettenstab

(Periode P-2)

Die Führungsrolle Toledos und Chartres'

An der Ausbreitung der Astrologie in Europa zur Zeit des Hochmittelalters waren vor allem zwei Städte beteiligt: das spanische Toledo und das französische Chartres.

Toledo wurde bald nach seiner Eroberung durch die Kastilier unter der Herrschaft Alfons VI. zu einem humanistischen Zentrum und zeichnete sich durch religiöse Toleranz gegenüber Christentum, Judentum und Islam aus. Diese ermöglichte die Übersetzung zahlreicher Fachschriften und eine rasche Entwicklung der Wissenschaften, so daß Toledo in dieser Hinsicht im damaligen Europa und Mittelmeerraum binnen kurzem zu einem Stern erster Größe avancierte. Die Astrologie, die bis zum ausgehenden Mittelalter eng mit der Astronomie verknüpft war und erst danach, zur Zeit der Aufklärung, von der Naturwissenschaft abgelehnt wurde, nahm dabei in der zeitgenössischen Wissenschaft einen vorderen Platz ein.

Chartres stieg zu einem bedeutsamen Zentrum der Frühgotik nicht nur im Umfeld seiner Kathedrale auf, sondern auch durch die neuplatonische Schule, die in der damaligen Astrologie bereits neue Gesichtspunkte durchzusetzen begann. Einer ihrer führenden Repräsentanten wurde Guillaume de Conches.

Vermittlerin der Weitergabe des arabisch-jüdischen astronomischen und astrologischen Wissens an Europa war in der zweiten Hälfte des 12. Jahrhunderts dann eine ganze Generation bedeutender Übersetzer, unter denen vor allem Gerhard von Cremona, Johannes von Sevilla, Adelard von Bath, Plato da Tivoli und Hermann von Dalmatien herausragten.

Michael Scotus

Im 13. Jahrhundert hatte Europa schon eigene Astrologen, die die übernommenen Grundlagen dieser alten Wissenschaft systematisch erforschten und weiterentwickelten. Es waren dies hauptsächlich Michael Scotus und Quido Bonatti – beide Hofastrologen Kaiser Friedrichs II. Gemeinsam mit Asdent, einem Volkssterndeuter dieser Zeit, erwähnt Dante sie in seiner »Göttlichen Komödie«.

Scotus verfaßte am sizilianischen Hofe in den vierziger Jahren des 13. Jahrhunderts eine dreiteilige astronomisch-astrologische Enzyklopädie, deren Bedeutung nach dem Kunsthistoriker Josef Krása darin liegt, daß sie »direkt an die Tradition der Sternatlanten von Aratos, Hyginus oder Germanicus anknüpfte, d. h. an eine Reihe, die nicht durch die arabische Transformation gegangen war, sondern mit karolingischen Kopien direkt in das europäische Mittelalter eintrat«.

Avenarius

Eine markante Gestalt der mittelalterlichen Astrologie des 12. Jahrhunderts war Aben Ezrá (Esra) Abrahám ben Meir von Toledo, bekannt auch unter den latinisierten Namen Avenarius, Aben Esra oder Abenare. Als Universalgelehrter beschäftigte er sich u. a. auch mit Astronomie und Astrologie, der er die Schriften »Buch der Nativitäten«, »Buch über die kritischen Tage« und »Buch der Lichter« widmete.

Die hebräischen Originale wurden später ins Lateinische übersetzt. Aus ihnen schöpften auch spätere Astrologen wie der Königsberger Mathematiker und Astronom Regiomontanus, der in Nürnberg die erste deutsche Sternwarte gründete.

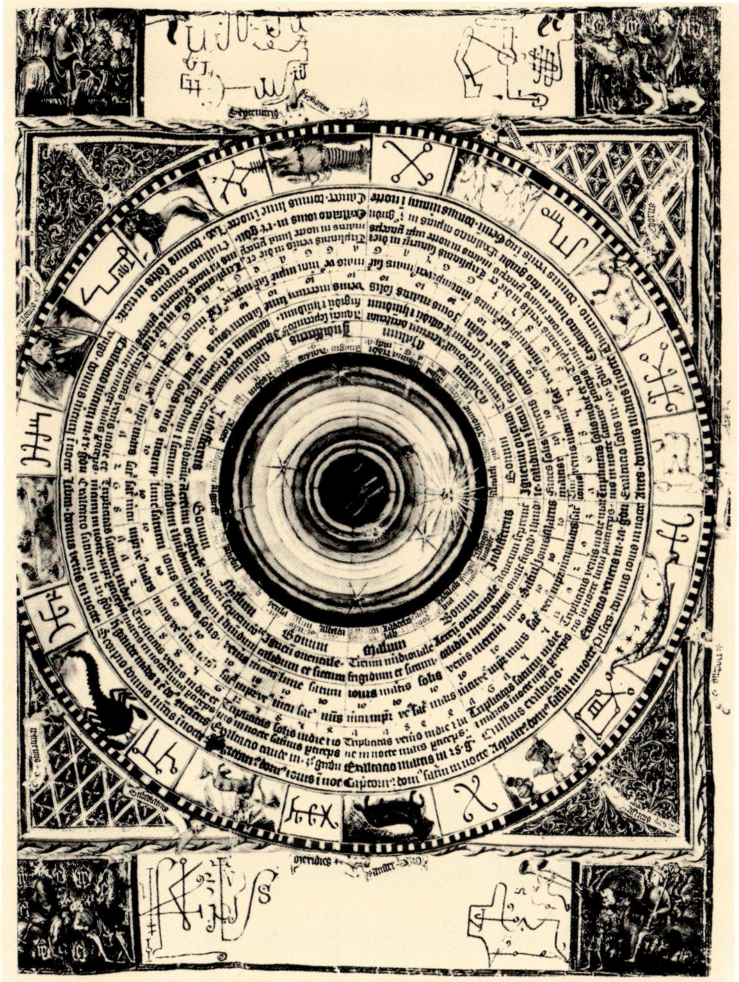

Die Himmelssphäre auf dem Titelblatt der Handschrift des »Münchner Almanachs«, einer astronomisch-astrologischen Schrift aus der Hofbibliothek des böhmischen Königs Wenzel IV.

Cecco d'Ascoli

Cecco d'Ascoli, führender Mathematiker an der Universität von Bologna, Hofastrologe des Herzogs von Kalabrien und Leibarzt von Papst Johannes XXII., bekannt auch unter seinem eigentlichen Namen Francesco della Stabili, wurde von seinen Feinden schließlich bei der Inquisition denunziert und am 16. September 1327 auf dem Stadtplatz von Florenz als Ketzer verbrannt. In Bologna verfaßte er u. a. »Die Lebensgeschichte Christi nach der Astrologie«.

Albertus Magnus

Das Christushoroskop zu berechnen versuchte auch der deutsche Dominikanermönch, Polyhistor und Kirchengelehrte des 13. Jahrhunderts, Albertus Magnus (mit eigentlichem Namen Albert Graf von Bollstädt), genannt Doctor universalis, der sich auffällig um die Stärkung der Position der Astrologie im christlichen Europa des Mittelalters verdient machte. Aufgrund seiner Lehre, die von aristotelischen Ansichten ausging, wich die ursprüngliche Aversion der Kirche gegenüber der Astrologie – der christliche Erlösungsgedanke war schließlich mit Schicksalhaftigheit schwer vereinbar – zunehmender Toleranz.

Weitere Astrologen

In die Geschichte der Astrologie schrieben sich auch andere Sternforscher der Gotik ein, z. B. Campanus und Pietro d'Albano.

Am Hofe des böhmischen Königs Wenzel II. hielt sich etwa in den Jahren 1290 bis 1311 der spanische Astrologe Alvaro de Ovieda auf. Kein Wunder, denn der Vetter von Přemysl Otakar II. – der spanische König Alfons X. von Kastilien – war der größte Anhänger der Sternkunde dieser Zeit.

Er beschäftigte an seinem Hofe z. B. Petrus de Regio und Jehuda ben Mosche, und auf sein Betreiben hin wurden u. a. die bekannten »Alfonsischen astronomischen Tafeln« zusammengestellt, welche eine Verbesserung der Planetentafeln des Ptolemäus darstellten und den europäischen Sternforschern bis in die Zeit Keplers dienten, bis sie durch die vollkommeneren »Rudolfinischen« ersetzt wurden.

Nach der Erfindung des Buchdrucks

(Periode P-1)

Popularisierung der Astrologie

Die reichsten und interessantesten Zeugnisse für die Durchdringung der Astrologie mit zeitgenössischer Wissenschaft und Kultur bietet die Epoche des europäischen Humanismus. Aus der zweiten Hälfte des 15. Jahrhunderts, aus dem 16. und dem Anfang des 17. Jahrhunderts kennen wir eine Vielzahl von astrologischen Namen, Schicksalen und Büchern. Dank der Erfindung des Buchdrucks sind wir in dieser Periode beim Studium der Geschichte der Astrologie nicht wie bei den früheren Epochen nur auf seltene Handschriften angewiesen.

Die Erfindung der mechanischen Uhr und des Buchdrucks sowie die Gregorianische Kalenderreform beschleunigten den Vereinheitlichungsprozeß der europäischen Astrologie. Sie wurde sowohl vom philosophischen Denken der Renaissance als auch von der damaligen christlichen Kirche akzeptiert. Die Astrologie trat aus dem Schatten der höfischen Bibliotheken hervor und drang in die breiten Schichten des Volkes ein. In gewissem Maße zahlte sie dafür mit dem Verlust der hermetischen Geschlossenheit, die sie im Mittelalter angenommen hatte.

Bedeutende Astrologen des 16. und 17. Jahrhunderts

Trotz der vielleicht unangemessenen Popularisierung beschäftigten sich mit Astrologie auch jetzt eine ganze Reihe hervorragender Gelehrter und Erfinder: Johannes Müller, genannt Regiomontanus, Marsilio Ficino, Cardanus und auch Rheticus (eigentlich Georg Joachim von Lauchen), ein Freund von Kopernikus und Herausgeber von dessen berühmtem Werk »De revolutionibus orbium coelestium«.

Eine Schlüsselrolle spielte damals das rudolfinische Prag, wo neben Tycho Brahe und Johannes Kepler auf diesem Gebiet vor allem Petr Kodicil (Codicillus) und Tadeáš Hájek z Hájku wirkten. Die Astrologie verband mit der Astronomie in einer Person auch Cyprián Lvovický ze Lvovic (Leovitius). Seine Arbeiten zur Berechnung solider Ephemeriden verdienen ebenso Bewunderung wie seine astrologischen Studien.

In die Geschichte der Astrologie schrieben sich in dieser Zeit auch die italienischen Astrologen ein, deren Schriften auch jenseits der Alpen Verbreitung fanden.

Eine der vielschichtigsten Gestalten der Geschichte der Astrologie überhaupt war der Franzose Michel Nostradamus, der Astrologe Katharinas von Medici und Leibarzt Karls IX.

Der wirkliche Vater der französischen Astrologie wurde jedoch erst Jean-Baptiste Morin de Villefranche du Beaujolais, Mathematikprofessor an der Pariser Universität sowie Leibarzt des Herzogs von Luxemburg und später auch König Ludwigs XIII. Als er im Dienste des Kardinals de Richelieu in Ungnade fiel, setzte ihm der Kardinal Mazarin eine ordentliche Jahresrente aus. Die Veröffentlichung seines Lebenswer-

Der Astrologe Teřiško bei der Arbeit: Münchner astrologischer Almanach aus der Hofbibliothek der Handschriften Wenzels IV. (Bayerische Staatsbibliothek, München).

kes »Astrologia gallica«, an das später eine ganze Schule der modernen europäischen Astrologie anknüpfte, erlebte er aber nicht mehr – sie erschien erst 1661 in Den Haag, vier Jahre nach seinem Tod und zwölf Jahre nach ihrer Fertigstellung.

Gegner der Astrologie im 17. Jahrhundert

Schon im 17. Jahrhundert verhielten sich jedoch in Frankreich z. B. René Descartes und Blaise Pascal der Astrologie gegenüber außerordentlich skeptisch. Der Schriftsteller La Fontaine verbannte in seinen »Fabeln« gezielt die Astrologen gemeinsam mit den Alchimisten aus der Welt der damaligen Wissenschaft.

Der Staatsmann Jean-Baptiste Colbert bewerkstelligte das praktisch: Er verjagte die Astrologen von der Universität. Auch der römische Papst Sixtus V. wandte sich gegen Wahrsager jeder Art, und zwar noch nachdrücklicher als die weltliche Macht davor unter Karl VIII. und Karl IX. Der »Sonnenkönig« Ludwig XIV. endlich verbot mit einem Sonderdekret vom 31. Juli 1682 im ganzen Königreich den Druck und die Verbreitung astrologischer Almanache. Schließlich: Wenn er sich selbst mit der Sonne gleichsetzte – wozu dann noch Horoskope?

Die Disqualifizierung der Astrologie in der Aufklärung

Mit Beginn der Aufklärung trat die Astrologie ganz von der historischen Bühne ab, und wie es schien, endgültig. Der führende Kopf dieser Bewegung – Voltaire – verlachte sie geradezu, was nicht verwundert, denn sie war in Frankreich damals wirklich schon im Verfall. Die Zahl der europäischen Astrologen sank auf ein absolutes Minimum. Eben in der Epoche der Aufklärung wurden die Bande zerrissen, die jahrhun-

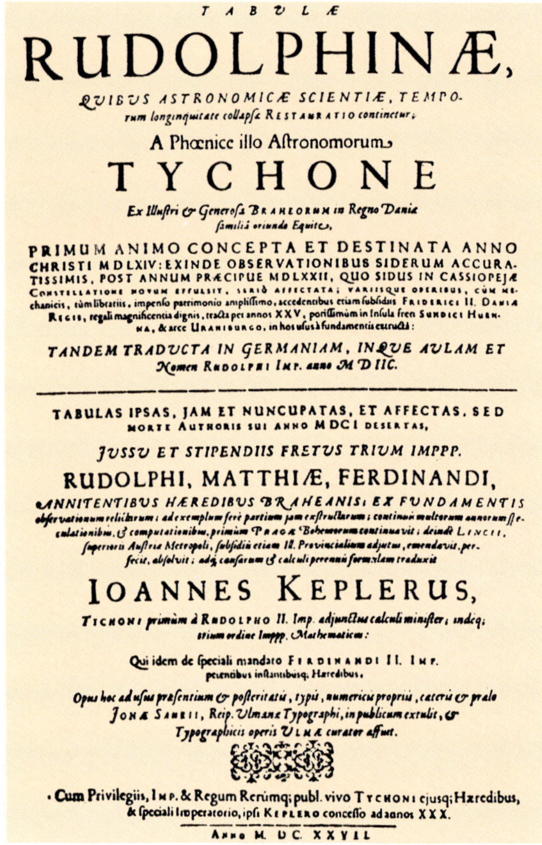

TABULÆ

RUDOLPHINÆ,

QUIBUS ASTRONOMICÆ SCIENTIÆ, TEMPO-
rum longinquitate collapsæ RESTAURATIO continetur;

A Phœnice illo Aſtronomorum

TYCHONE

Ex Illuſtri & Generoſa BRAHEORUM in Regno Daniæ
familiâ oriundo Equite,

PRIMUM ANIMO CONCEPTA ET DESTINATA ANNO
CHRISTI MDLXIV: EXINDE OBSERVATIONIBUS SIDERUM ACCURA-
TISSIMIS, POST ANNUM PRÆCIPUE MDLXXII, QUO SIDUS IN CASSIOPEJÆ
CONSTELLATIONE NOVUM EFFULSIT, SERIÒ AFFECTATA; VARIISQUE OPERIBUS, CÙM ME-
chanicis, tùm librariis, impenſo patrimonio amplisſimo, accedentibus etiam ſubſidiis FRIDERICI II. DANIÆ
REGIS, regali magnificentia dignis, tracta per annos XXV, potiſſimùm in Inſula freti SUNDICI HUEN-
NA, & arce URANIBURGO, in hos uſus à fundamentis extructâ:

TANDEM TRADUCTA IN GERMANIAM, INQUE AULAM ET
Nomen RUDOLPHI IMP. anno MDIIC.

TABULAS IPSAS, JAM ET NUNCUPATAS, ET AFFECTAS, SED
MORTE AUTHORIS SUI ANNO MDCI DESERTAS,

JUSSU ET STIPENDIIS FRETUS TRIUM IMPPP.

RUDOLPHI, MATTHIÆ, FERDINANDI,

ANNITENTIBUS HÆREDIBUS BRAHEANIS; EX FUNDAMENTIS
observationum relictarum; ad exemplum ferè partium jam exſtructarum; continuis multorum annorum ſpe-
culationibus, & computationibus, primùm PRAGÆ Bohemorum continuavit; deinde LINCII,
ſuperioris Auſtriæ Metropoli, ſubſidiis etiam Ill. Provincialium adjutus, emendavit, per-
fecit, abſolvit; adq; cauſarum & calculi perennis formulam traduxit

IOANNES KEPLERUS,

TYCHONI primùm à RUDOLPHO II. Imp. adjunctus calculi miniſter; indeq;
trium ordine Imppp. Mathematicus:

Qui idem de ſpeciali mandato FERDINANDI II. IMP.
petentibus inſtantibusq; Hæredibus,

Opus hoc ad uſus præſentium & poſteritatis, typis, numericis propriis, cæteris & prælo
JONÆ SAURII, Reip. Ulmanæ Typographi, in publicum extulit, &
Typographicis operis ULMÆ curator affuit.

Cum Privilegiis, IMP. & Regum Rerùmq; publ. vivo TYCHONI ejusq; Hæredibus,
& ſpeciali Imperatorio, ipſi KEPLERO concesſo ad annos XXX.

ANNO M. DC. XXVII.

dertelang mit der Wissenschaft geknüpft worden waren, und man verbannte die Astrologie bis heute aus deren Kreis. Wenn es in Europa irgendwann wirklich um Sein oder Nichtsein der Astrologie ging, war es zu jener Zeit.

In Zweifel zogen sie sowohl Denis Diderot in seiner »Enzyklopädie« als auch der Mathematiker, Astronom und Philosoph Pierre-Simon Laplace. Ein anderer Astronom, Sylvain Bailly, bezeichnete sie 1780 als »längste Krankheit der Menschheit, die den Verstand angegriffen hat«.

Links oben: Das Frontispiz der »Rudolfinischen astronomischen Tafeln« (1627) ist ein Beispiel für die hochwertige wissenschaftliche Buchillustration aus der Zeit des Manierismus.

Rechts oben: Titelblatt der »Rudolfinischen astronomischen Tafeln« (1627).

Unten: Paulus van Vianen – Medaillon mit Porträt Rudolfs II. (Silber; Prag, Nationalmuseum).
Auf der Rückseite u. a. die Ekliptik mit dem Zeichen Steinbock, dem Aszendenten im Geburtshoroskop des Herrschers.

Hans von Aachen: Rudolf II. (Öl auf Leinwand; Wien, Kunsthistorisches Museum).

Joris Hoefnagel – das Horoskop Rudolfs II. (Aquarell; Wien, Kunsthistorisches Museum).

Rechts: ***das Geburtshoroskop von Johannes Kepler in zeitgenössischer quadratischer Form****; nachgezeichnet aus seinem handschriftlichen Nachlaß, der sich heute in St. Petersburg befindet (früher in Pulkowo), und abgedruckt in seinen gesammelten Werken (»Joannis Kepleri astronomi Opera omnia V., 476 – notae editoris«, Ch. Frisch, Frankfurt 1864). Beim Nachzeichnen aus dem Manuskript kam es offenbar zu einigen Fehlern: Der Aszendent ist hier unrichtig mit einem Wert von 25° Zwillinge angegeben, und auch einige gegenüberliegende Häuser haben nicht identische ekliptikale Längen, obwohl sie sie haben sollten. Nach diesem Horoskop, dessen Erstangabe in den »Opera omnia VIII., 672« bestätigt wird, ist Kepler am 27. Dezember 1571 um 1 Uhr 30 Minuten nachmittags in Magstadt (heute Weil der Stadt) in Württemberg geboren. Neben dieser Nativität von Kepler selbst hat sich aber noch die Angabe 2 Uhr 30 Minuten nachmittags erhalten, und zwar aus der Feder von H. Rösslin (1593), und die unterscheidet sich um eine ganze Stunde (Kepler: »Opera omnia IV.«, 295).*

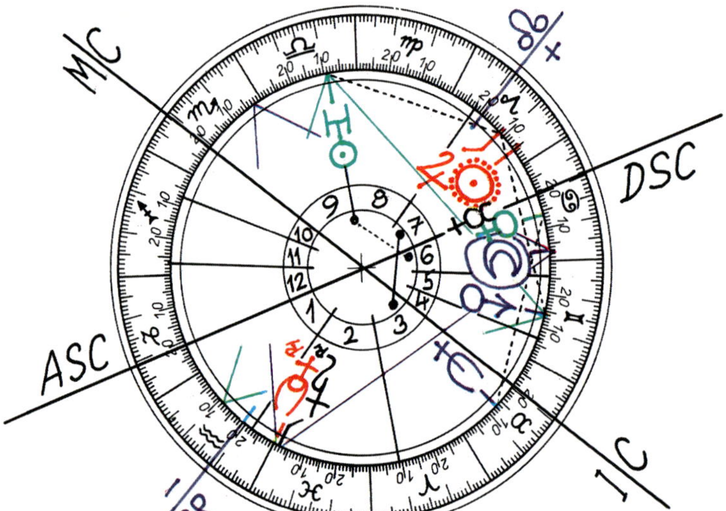

Das Geburtshoroskop Kaiser Rudolfs II., gestellt aufgrund einer zeitgenössischen rektifizierten Angabe: 18. Juli 1552 um 18 Uhr 45 Minuten 48 Sekunden Ortszeit in Wien. Die Häuser sind nach dem Koch-System konstruiert.

Josef Heintz d. Ä. – Portrait Rudolfs II. (Öl auf Kupfer; Wien, Kunsthistorisches Museum).

Die Entdeckung neuer Planeten

Und um das Maß vollzumachen, entdeckte William Herschel am Dienstag, dem 13. März 1781, ungefähr zwischen 22 und 23 Uhr einen neuen Planeten – Uranus. Das wirkte wie ein Schock! Das alte hermetische System der sieben Planeten (einschließlich Sonne und Mond als Könige der sieben Wochentage) war seit dem Altertum das erste Mal ernsthaft bedroht.

Und die astronomischen Entdeckungen im Sonnensystem machten bei Uranus nicht halt: Zu dem

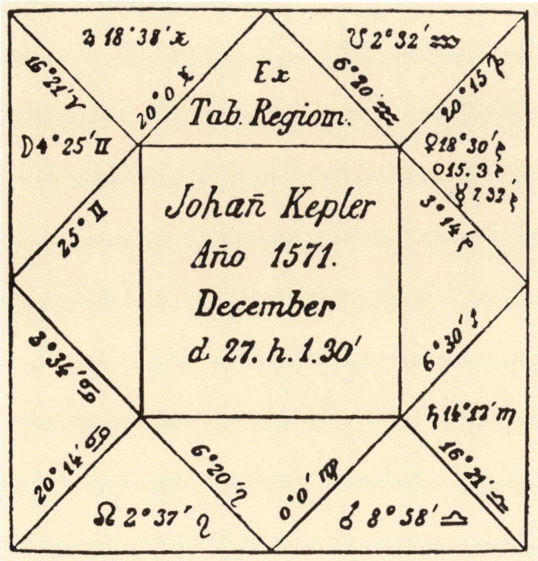

Rechts: Hans von Aachen – Johannes Kepler (Öl auf Leinwand; Schloß Rychnov nad Kněžnou in Böhmen).

Unten rechts: ***das Geburtshoroskop von Johannes Kepler****: nach seinen eigenen Angaben geboren am 27. Dezember 1571 um 13 Uhr 30 Minuten in Magstadt (heute Weil der Stadt) in Württemberg, ergänzt um die erst in der Neuzeit entdeckten drei Planeten und ausgearbeitet nach dem Koch-System der Häuser. Aus der Radix lassen sich z. B. die zweimalige Ehe (Schütze im 7. Haus, Jupiter in den Fischen und Neptun in den Zwillingen) und die zahlreichen Todesfälle seiner Kinder (Quadratur von Mars aus dem 5. Haus zum Dispositor dieses Hauses – Merkur – im 8. Haus) recht deutlich herauslesen; ebenso seine prophetischen Qualitäten und die ausgedehnte literarische Tätigkeit (der Mond als Dispositor des 3. Hauses am ASC in den Zwillingen) und schließlich auch sein Entdeckergeist und die beträchtliche Autorität in der wissenschaftlichen Welt (stark besetzter Steinbock, Saturn im Skorpion im 8. Haus und Mars im Lufttrigonal mit dem Mond am ASC und MC). Zum Zeitpunkt der Entdeckung des »dritten Gesetzes« (15.5.1618) war das Zeichen Steinbock im 8. Haus des Radix stark besetzt, was auf wissenschaftliche Forschertendenzen hinweist, mehrfach akzentuiert durch Trigonale der im Stierzeichen gruppierten Planeten im 12. Haus, das u. a. Geheimnisse bedeutet. Jupiter beim Transit durch das 10. Haus garantierte den Erfolg. Überraschungen besorgte die Position des Uranus im Transit durch das 3. Haus (der Wissenschaft und Erkenntnis). Uranus war gleichzeitig im exakten Trigonal mit Saturn im Hause der Beschäftigung, in exakter Opposition zur Sonne im 8. Haus und im Trigonal mit Jupiter der Radix. Gleichzeitig kam es zu einer Umpolung der Mondbahnknoten. Der Mond als Dispositor des 3. Hauses im Transit über das MC und gleichzeitig im Trigonal zur eigenen Position sowie zur Position des Mars in der Radix gewährleistete eine Zeitlang geistigen Erfolg. Alle Beziehungen, die die transitierenden Planeten ins Spiel bringen, deuten darauf hin, daß es Kepler aus astrologischer Sicht gelingen konnte, die Barriere des Geheimnisses nach bisherigen erfolglosen Versuchen schließlich zu überwinden, worüber er übrigens in dem Buch »Harmonices mundi« selber referierte.*

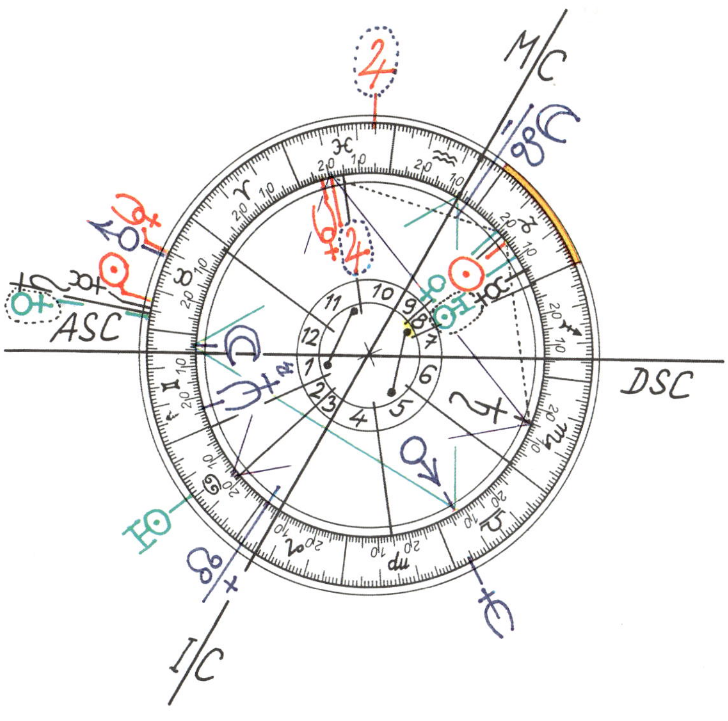

Die Beziehungen der Astronomie zur Musik (Fragment aus Keplers Schrift »Harmonices mundi libri V«, Linz 1619).

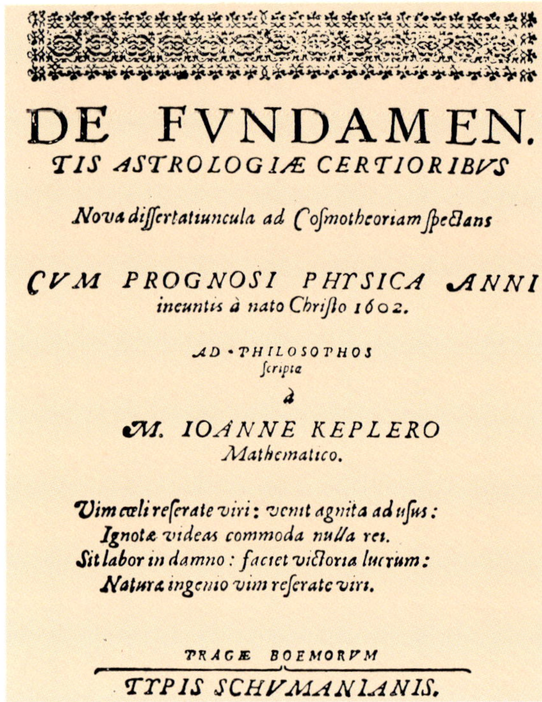
DE FVNDAMEN.
TIS ASTROLOGIÆ CERTIORIBVS

Nova dissertatiuncula ad Cosmotheoriam spectans

CVM PROGNOSI PHYSICA ANNI
incuntis à nato Christo 1602.

AD PHILOSOPHOS
scripta
à
M. IOANNE KEPLERO
Mathematico.

Vim cœli reserate viri: venit agnita ad usus:
Ignotæ videas commoda nulla rei.
Sit labor in damno: faciet victoria lucrum:
Naturæ ingenio vim reserate viri.

PRAGÆ BOEMORVM
TYPIS SCHVMANIANIS.

Titelblatt einer kleineren, dem bedeutenden böhmischen Adligen Petr Vok z Rožmberka zugeschriebenen Schrift Keplers über die »sichereren Grundlagen der Astrologie« mit einer Prognose für das Jahr 1602 (»De fundamentis astrologiae certioribus«, Prag 1601).

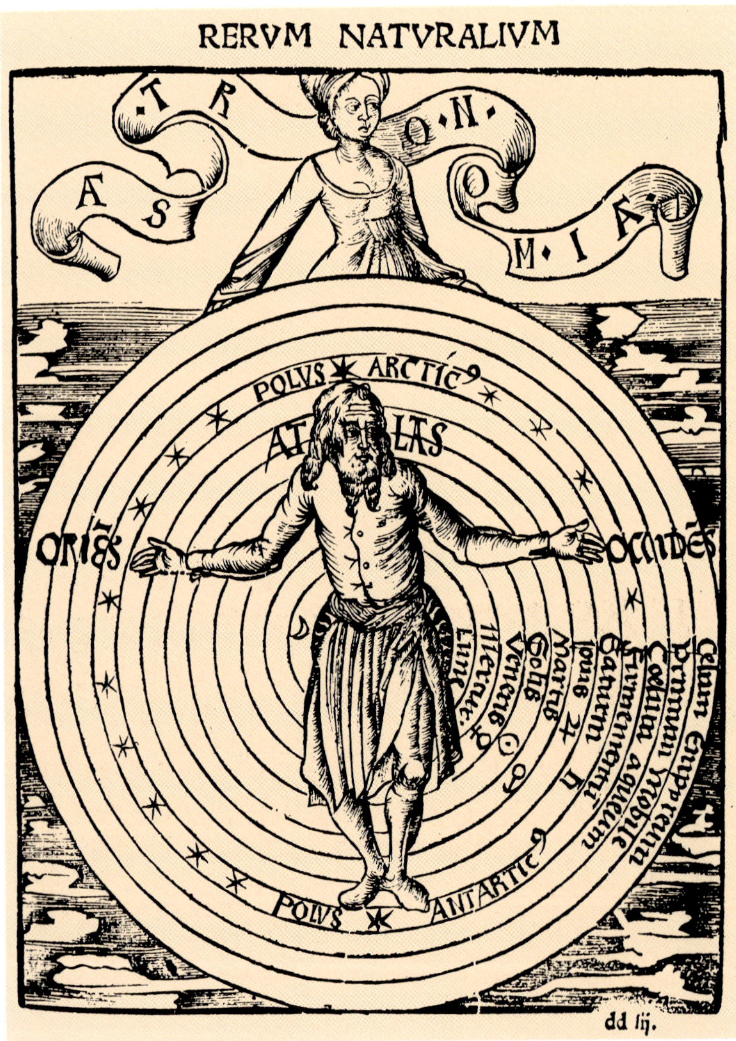

Die symbolisch ausgedrückte Beziehung des Menschen (Mikrokosmos) zum Weltall (Makrokosmos) auf einem Holzschnitt im enzyklopädischen Werk »Margarita Philosophica« von Gregor Reisch aus dem Jahre 1503.

Zeitpunkt, als er erstmals gesichtet wurde, befand sich über dem Londoner Nachthimmel noch ein zweiter unbekannter und damals noch nicht bemerkter Planet – Neptun, der erst am 30. September 1846 entdeckt werden sollte, in einer Phase des erneuten Aufschwungs der Astrologie.

Die Renaissance der Astrologie im 19. Jahrhundert

Die neue Welle des Okkultismus und stärkerer Spiritualität, die um die Mitte des 19. Jahrhunderts einsetzte und auch die stagnierende Astrologie mitriß, wurde von dem damals vorherrschenden mechanistischen Denken offenbar absolut unterschätzt. Davon zeugt beispielsweise das Zitat aus einem Buch über die Eroberung Mexikos, das nur drei Jahre vor der Entdeckung Neptuns erschien. Sein nichtsahnender Autor William Hickling Prescott ließ nämlich am Rande des eigentlichen Themas des Buches die folgende Bemerkung fallen:

»Das ist der Ursprung der Astrologie, deren trügerischer Schein die ganze Menschheit seit den ältesten Zeiten unablässig blendete und in Verwirrung versetzte, bis er sich im durchdringenderen Licht der jüngeren Vergangenheit endlich verflüchtigt hat.«

Der amerikanische Historiker Prescott starb Anfang 1859. Welche Überraschung hätte er wohl bloß 50 Jahre später erlebt! Die Astrologie hatte sich nämlich keineswegs verflüchtigt – sie lag nur im Dornröschenschlaf, wie immer bekanntlich nach 360 Jahren.

Der Versuch, die Entwicklung des Tierkreises, seiner zwölf Zeichen, der zwölf Dodekatemorien und der 36 Dekane unter ägyptischen, römischen und griechischen Einflüssen zu erfassen, unternommen in dem Werk »Oedipus Aegyptiacus« von Athanasius Kirchner aus dem Jahre 1653.

Der französische Astrologe und Arzt Jean-Baptiste Morin auf einem 1648 gedruckten Stich.

Astrologische Gemeinsamkeiten und Unterschiede von Neuzeit und Altertum

Die Periode der Neuzeit (P-1) entspricht in gewissem Maße der des Altertums (P-7), die wir die chaldäische genannt haben. Beide sind durch den zodiakalen Zollabschnitt des Steinbocks gekennzeichnet, und in beiden kulminiert im Geiste dieses Zeichens die vorangegangene Entwicklung: in der Neuzeit die bisherige Entwicklung der Astrologie und im Altertum die der Präastrologie.

Was beide Perioden jedoch grundsätzlich voneinander unterscheidet, ist der andere Charakter des jeweiligen Monats des platonischen Jahres.

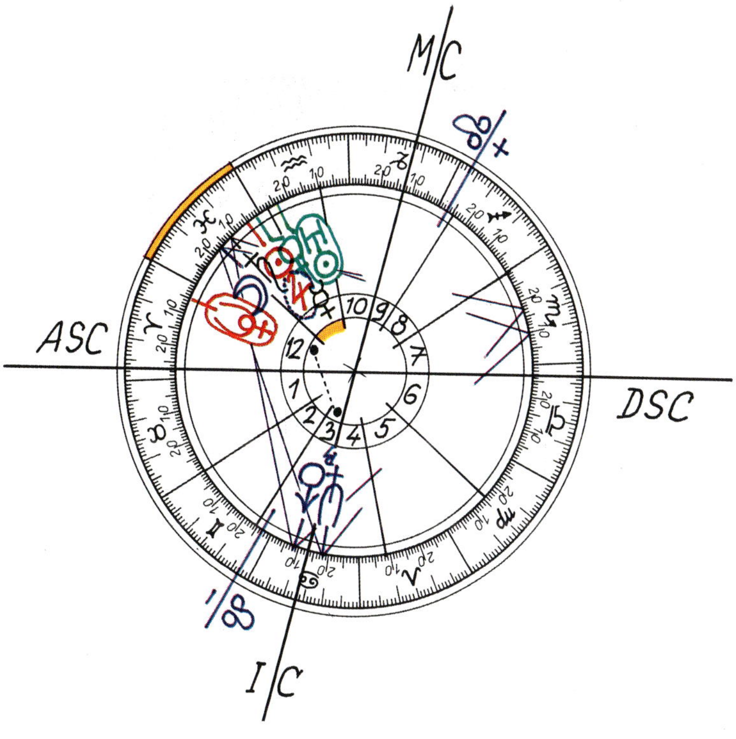

***Das Geburtshoroskop des Urvaters der modernen französischen Astrologie, Jean-Baptiste Morin**: nach seinen eigenen Angaben geboren am 23. Februar 1583 um 8 Uhr 33 Minuten wahrer Sonnenzeit in Villefranche bei Beaujolais; die Häuser nach dem Koch-System. Die auffallendsten Merkmale dieses ziemlich extremen Horoskops sind ein unglaublich dichtes Stellium im Wassermann und in den Fischen mit 70 Prozent aller Planeten, weiterhin Uranus in seinem Domizil in einem für den Astrologenberuf wichtigen Punkt des Tierkreises (25° Wassermann), Pluto in seinem Domizil im 12. Haus und Mars mit Neptun im Trigonal zu den Stelliumplaneten sowie außerdem Neptun in Rezeption mit dem Mond. Volle 70 Prozent der Planeten in den Wasserzeichen Fische und Krebs deuten auf eine extreme Sensibilität hin, und ein ausgesprochen akzentuiertes 11. Horoskophaus verweist auf die Möglichkeit großer Publizität. Morin gilt als methodischer Urvater der ganzen modernen Horoskopie, auch wenn sein Gesamtlebenswerk, die erst postum erschienene »Astrologia gallica«, in diesem Sinne bei weitem noch nicht voll gewürdigt worden ist.*

Der Entdeckung des Planeten Uranus zum Trotz

(Periode P-0)

Nach dem Intermezzo der Aufklärung, die die Astrologie nicht nur aus dem wissenschaftlichen, sondern sogar aus dem kulturellen Leben Europas ausschloß, gab es im 19. Jahrhundert erneut eine mächtige Flutwelle der Astrologie – eine vielleicht noch stärkere als alle vorangegangenen. Paradoxerweise begann sie just nach der Entdeckung des Uranus, die die hermetische Sieben der klassischen astrologischen Planeten zerschlug. Der nächste entdeckte Planet, Neptun, ordnete sich dann schon völlig reibungslos in das neu entstehende astrologische System ein.

Die problemlose Eingliederung des neuen Planeten

Die Astrologie der modernen Zeit kam relativ schnell mit den Neuentdeckungen im Sonnensystem zurecht und ergänzte erstaunlicherweise ohne langes Zögern, irgendwie intuitiv, ihr System um die neuen Elemente, ohne daß dies ihre Fundamente wesentlich erschüttert hätte – ein sehr interessanter Befund. Notwendig war allerdings, das mittelalterliche hermetisch geschlossene System durch ein offenes zu ersetzen. Als dann 1930 Pluto offiziel bekannt gemacht wurde, der bisher letzte bekannte Planet unseres Sonnensystems, gliederte die Astrologie – damals schon wieder auf einem der periodischen Gipfel ihrer zyklischen Entwicklung – ihn mit absoluter Selbstverständlichkeit in ihr System ein.

»Lichtblitze« in England

Die ersten »Lichtblitze« des neuen Erstrahlens der Astrologie auf der Weltbühne beobachten wir in England, wo sie der Schock der Aufklärung nicht so stark getroffen hatte wie etwa in Frankreich. Durch die Persönlichkeit eines Ebenezer Sibly beispielsweise überbrückte sie dort das Intervall zwischen den letzten großen Astrologen der älteren Zeit wie William Lilly oder John Gadbury und der Gründergeneration der folgenden Epoche relativ unbeschadet.

Zu dieser gehörten anfangs vor allem Richard James Morrison, der unter dem Pseudonym »Zadkiel« auftrat, A. J. Pearce (Pseudonym: Zadkiel II.) und »die Raphaels«, ein Pseudonym für mehrere Herausgeber einer soliden astrologischen Literatur und lange Zeit auch der weltweit besten astrologischen Ephemeriden.

Bestandsaufnahme und Systematisierungsversuche im 20. Jahrhundert

An der Schwelle vom 19. zum 20. Jahrhundert traten in Europa eine Reihe von Astrologen mit dem erneuten Bestreben hervor, die alten horoskopischen Methoden zusammenzufassen. Es ging ihnen darum, einen wesentlichen Teil der nach und nach verlorengegangenen Leitsätze und Regeln der Horoskopinterpretation in Form von Lehrbüchern herauszugeben. In ihren oft vielbändigen Werken kompilatorischen Charakters oder bisweilen auch in ganzen Editionsreihen bemühten sie sich, die traditionellen Methoden der Horoskoppraxis zusammenzufassen, zu klassifizieren und zu ergänzen. Heute können wir sie schon zu den Klassikern der modernen Astrologie rechnen.

• In Deutschland gehörten zu den ersten Astrologen der modernen Zeit Julius Wilhelm Andreas Pfaff und Johann Karl Vogt. Klassiker der neuen deutschen Astrologie wurden später Frank A. Glahn, Karl Brandler-Pracht, Albert Max Grimm, Thomas Ring und Herbert von Klöckler.

Als ein Synthetiker der modernen Astrologie gilt Friedrich Schwickert, der konsequent den Prinzipien der alten Morinschen Astrologie folgte. Er gab in den zwanziger Jahren unter dem Pseudonym »Sindbad« (astrologische Pseudonyme sind, wie man sieht, bei modernen Autoren ziemlich häufig) gemeinsam mit A. Weiss das fünfbändige Werk »Bausteine der Astrologie« heraus, ein Kompendium, das zur Grundlage der modernen Horoskoppraxis wurde.

Ganz neue und oftmals vereinzelte Methoden verschafften etwa zur gleichen Zeit der Hamburger Schule, die Alfred Witte begründete, und später auch der kosmobiologischen Aalener Schule mit Reinhold Ebertin in Deutschland Geltung. Sie sind durch die bisher ausgeprägteste Abweichung von der alten astrologischen Tradition gekennzeichnet, und in diesem Sinne kann man von einer wirklich modernen Astrologie sprechen.

• In England zeigte Charles E. O. Carter ein nüchternes und seriöses Herangehen an die Sache. Er gab eine astrologische Vierteljahresschrift heraus und verfaßte mehrere Werke, von denen vor allem sein »Astropsychologisches Lexikon« einen wesentlichen Beitrag darstellte. Es enthält typische Konstellationen, die nach Meinung des Autors eine Kausalbeziehung zu bestimmten Typen, Eigenschaften, Fähigkeiten oder Krankheiten der Betreffenden haben, in deren Horoskop sie erscheinen.

Eine solche Analyse konnte sich nur auf relativ umfangreiche empirische Kenntnisse aus dem detaillierten Studium einer größeren Anzahl durchgearbeiteter Horoskope stützen. Zu diesem Zweck wurden auch Sammlungen mit den genauen Geburtsdaten (Nativitäten) bedeutender Persönlichkeiten herausgegeben, die als Material für derartige Analysen dienten. Eine dieser kleineren Kollektionen ist das Büchlein »1001 bemerkenswerte Nativitäten«, das Allan Leo verfaßte und 1917 in London herausbrachte.

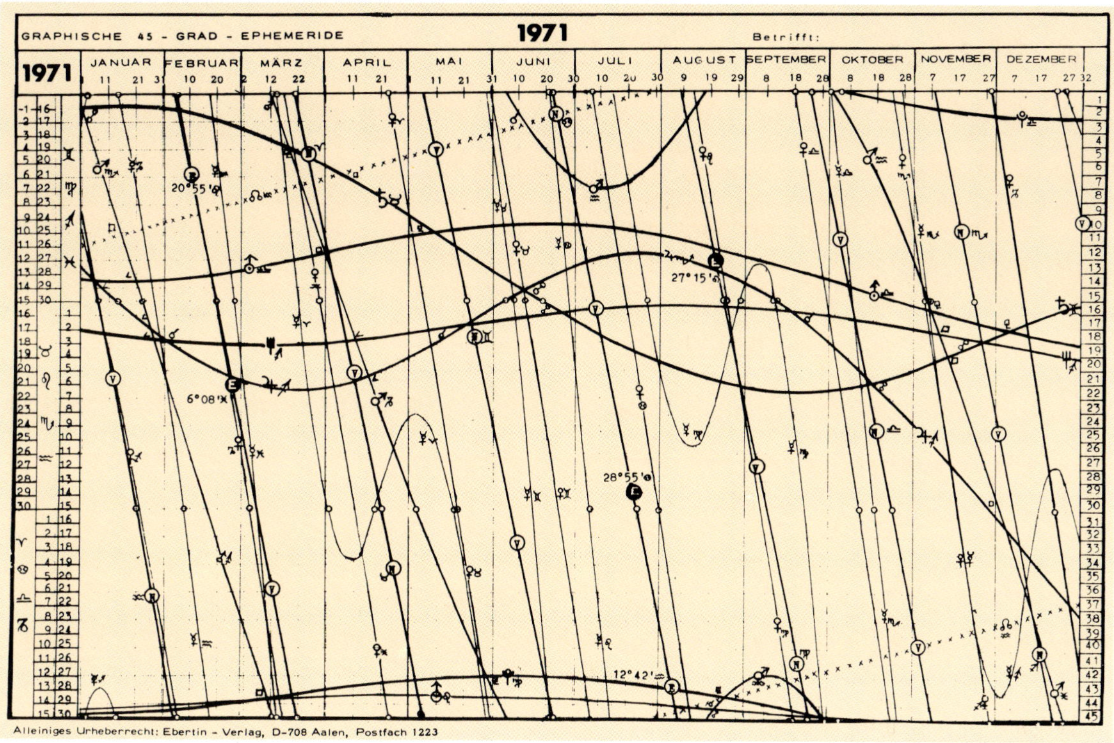

Grafische Ephemeride für das Jahr 1971 nach den Aspekten der oktogonalen Reihe – ein wichtiger Beitrag der Aalener Schule Reinhold Ebertins zur modernen Astrologie.

• Einen Namen machten sich von den russischen Emigranten im Westen durch ihre astrologischen Arbeiten Alexandre Volguine (Wolgin), der 1937 in Frankreich die berühmte Zeitschrift »Cahiers astrologiques« begründete, und E. M. Troinski, der sich in Deutschland vor allem mit der politischen mundanen Astrologie beschäftigte.

• Von den französischen Astrologen der Neuzeit verdienen Paul Flambart, der zuerst unter dem Pseudonym »Choisnard« schrieb, und André Barbault Erwähnung.

• In der modernen amerikanischen Astrologie, deren Anfänge mit der Gründerpersönlichkeit von Evangeline Adams verknüpft sind, tritt immer deutlicher eine psychologisierende Strömung zutage, die in ihrem progressivsten Zweig durch die humanistische Astrologie Dane Rudhyars vertreten wird.

Das ist nur eine grobe Aufzählung aus der riesigen Menge an Namen und Schulen, die die gegenwärtige Periode der modernen Astrologie repräsentieren. Es wäre verfrüht, ihre Ergebnisse definitiv zu resümieren, da sie noch nicht zu Ende ist und wir deshalb nicht genügend Abstand haben zur Einschätzung ihres Beitrags insgesamt.

Astrologische Gemeinsamkeiten und Unterschiede von moderner und hellenistischer Periode

Die moderne Periode (P-0) verbindet zyklisch mit der hellenistischen Periode (P-6) der zodiakale Zollabschnitt der Fische, mit dem die Etappe jedes Monats des platonischen Jahres endet und gleichzeitig etwas Neues entsteht als Basis für die künftige Entwicklung der Astrologie.

In hellenistischer Zeit handelte es sich darüber hinaus um das Ende des ganzen präastrologischen Entwicklungsstadiums und um die Entstehung der Astrologie bzw. Horoskopie. Heute, da die Astrologie mit der vollständigen Anzahl der Planeten des Sonnensystems arbeitet, moderne Rechentechnik einsetzt und die traditionellen astrologischen Regeln radikal umwertet, sind wir offenbar erneut Zeugen ihrer Transformation in eine neue Gestalt.

Ausblick ins 3. Jahrtausend

Wir wissen nicht genau, was das 3. Jahrtausend bringen wird. Wenn ich jedoch aus der Analyse der bisherigen, im wesentlichen zyklischen Entwicklung der Astrologie den richtigen Schluß ziehe, kann angenommen werden, daß eine Zeit kommt, in der das Interesse an ihr, das wir heute feststellen, erneut langsam nachzulassen beginnt. Wahrscheinlich noch im Laufe des 21. Jahrhunderts werden die Menschen, übersättigt von Horoskopen verschiedenen Niveaus, offenbar selber anfangen, sich etwas anderem zuzuwenden. Bis dahin wird die moderne Astrologie ihre Frucht noch austragen müssen – vorläufig sind wir nur Zeugen ihres Ausreifens.

Jede Epoche des Aufschwungs der Astrologie hatte ihren Ptolemäus, Albumasar oder Morin, in dem die Entwicklung einer bestimmten Etappe kulminierte. Die moderne Welt wartet noch auf ihn.

Wo endet die Astrologie?

In ihrer bisher letzten historischen Phase kehrt die Astrologie wie in allen vorangegangenen Etappen ihre Existenzberechtigung u. a. gegenüber der zeitgenössischen Wissenschaft heraus. Es ist daher kein Wunder, daß sich die heutigen Astrologen oft auf jene Ergebnisse der interdisziplinären wissenschaftlichen Forschungen des 20. Jahrhunderts berufen, denen es gelungen ist, einige Synchronizitäten zwischen kosmischen und irdischen (terrestrischen) Erscheinungen wenigstens statistisch zu erfassen.

Interdisziplinärer Diskurs

Geologen, Biologen, Ärzte, Soziologen u. a. Fachleute konnten schon eine recht große Zahl von Wechselbeziehungen zwischen kosmischen Zyklen und Rhythmen des Geschehens auf der Erde entdecken. Dennoch vermute ich, daß der Astrologie diese wissenschaftlichen Ergebnisse höchstens in der allgemein philosophischen Sphäre recht geben, nicht aber in der Frage der verwendeten Methodik. Indessen könnte nur ein absoluter Ignorant heute noch behaupten, das Geschehen auf der Erde sei eine rein terrestrische Angelegenheit und habe mit der Auffassung unseres Planeten als einen kosmischen Körper überhaupt nichts gemein.

Das Problem der Methodik

Die Merkmale der konkreten astrologischen Arbeit sind jedoch so spezifisch, daß sich die Ergebnisse der Astrologen nur schwer mit den Ergebnissen der Wissenschaftler messen lassen. Vergessen wir nicht, daß die Astrologie in gewisser Weise nie aufgehört hat, eine weissagende Disziplin zu sein, und sich der Astrologe, der ein Horoskop interpretiert, folglich beim Vermitteln seines Inhalts noch auf andere Erkenntnismethoden stützt als ein Wissenschaftler, der beispielsweise das Verhalten eines bestimmten Lebewesens im Laufe eines Tages, eines synodischen Monats oder Jahres oder in der Dunkelheit erforscht, und zwar unter natürlichen wie auch unter Laborbedingungen.

Ich bestreite gar nicht, daß ein kleiner Teil der heutigen Astrologen sich nach einer Annäherung an die Wissenschaft sehnt und in dem Bemühen, dem Vorwurf der Unwissenschaftlichkeit die Spitze zu nehmen, auch einige traditionelle Horoskoppraktiken aufgibt.

Der Kunst näher als der Wissenschaft und Technik

Obwohl es nicht leichtfällt, einen scharfen Trennungsstrich zwischen einigen neuesten astrologischen Methoden und der wissenschaftlichen Erforschung durchgehender kosmisch-terrestrischer Einflüsse zu ziehen, ist es dennoch wahrscheinlicher, daß die Astrologie Astrologie bleiben wird. Auch weiterhin dürfte also wohl gelten, daß sie der Kunst näher ist als der Wissenschaft und Technik und sie durchaus die Fähigkeit besitzt, ihren Platz an der Sonne in einer für sie akzeptableren Art und Weise zu verteidigen. Sie sollte nicht versuchen, sich dem Strom der modernen Wissenschaft als eine deren nicht allzu geglückten Richtungen anzuschließen.

Die Unersetzlichkeit der Astrologie sehe ich vor allem in ihrem Dienst am einzelnen, am menschlichen Individuum, d. h. auf einem Gebiet, wohin die reine Wissenschaft in diesem Maße aus verschiedenen Gründen nicht vordringen kann und vielleicht auch gar nicht will.

Das Symbol der Sonne auf einem alten Prager Hauszeichen (Valdštejnská Straße 20).

Mit den Augen von heute

Die Sonne, die Erde, der Mond und die Gestirne (Michael Maier: »Atalanta fugiens«, Oppenheim 1618).

Eingetroffene und nichteingetroffene individuelle astrologische Prophezeiungen

Die Sterndeuter der Mächtigen • Vorhersagen des eigenen Todes

Im Lichte der Statistik

Die Möglichkeiten der Statistik in der Astrologie • Schläge unter die Gürtellinie und was man dagegen tun kann • Umfangreiche statistische Gruppen – Gauquelins Studien

Die Astrologie im eigenen Spiegelbild

Wer ist ein Astrologe? • Der »Pfeil des Geheimnisses« • Andere notwendige Voraussetzungen • Der statistische Versuch in den eigenen Reihen

Die Perspektiven der Astrologie

Die Astrologie lebt • Die Rechentechnik in der modernen Astrologie • Die Astrologie ist immer da, wenn man sie braucht

Eingetroffene und nichteingetroffene individuelle astrologische Prophezeiungen

Die Sterndeuter der Mächtigen

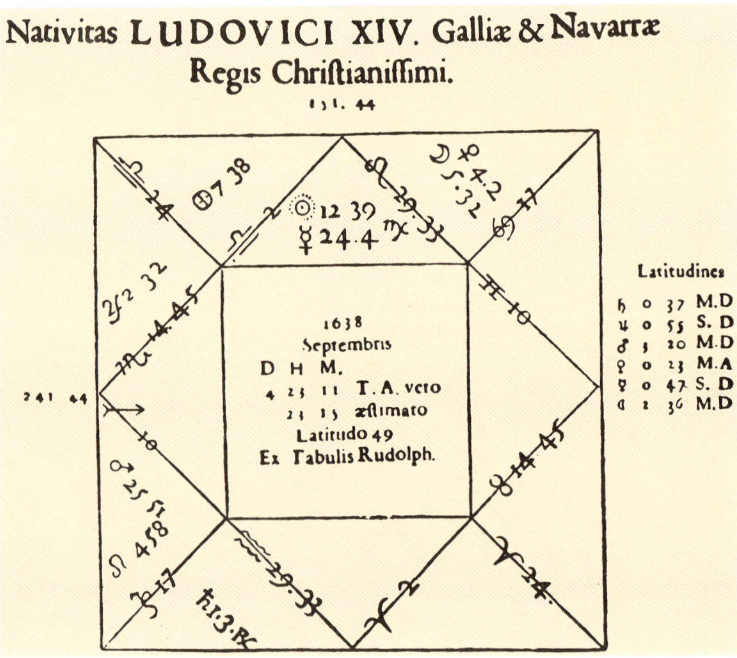

Das Radixhoroskop Ludwigs XIV. von Morin (»Astrologia gallica«, Den Haag 1661).

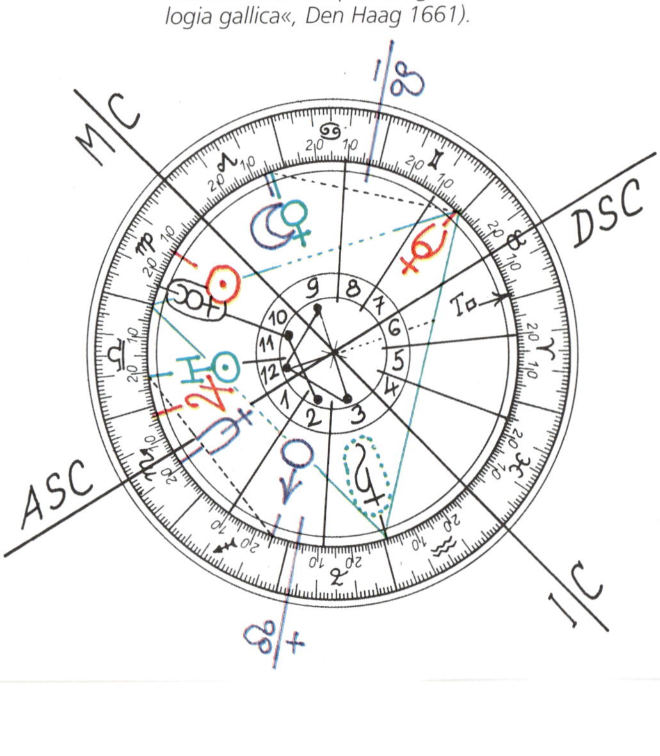

»Ziel der Sternkunde ist es, die Zukunft vorauszusagen, jedes Horoskop wird zum Zweck einer Prophezeiung gestellt. Und da du also der Vorhersage der Zukunft nicht ausweichen kannst, mußt du die Grundsätze der Erstellung eines Horoskops gut beherrschen.« So lehrt gleich zu Beginn des Kapitels »Von Sterndeuterei und Erdvermessung« seines »Buches der Ratschläge« der mittelalterliche persische Schriftsteller Kajká'ús. Die Zeugnisse zu den Vorhersagen haben sich jedoch nicht so erhalten, daß wir heute ihre Richtigkeit zuverlässig überprüfen könnten. In der überwiegenden Mehrzahl der Fälle kann nur resümierend festgestellt werden, welche astrologischen Prophezeiungen angeblich eingetroffen sind und welche nicht; über die Ursachen und Umstände dafür läßt sich nicht viel sagen.

Eingetroffene Prophezeiungen – schwer nachprüfbar

Im Grunde fehlt vor allem der »Tatbestand« der einzelnen Prophezeiungen. Wir wissen nicht, aufgrund welcher Konstellationen sie ausgesprochen wurden. Unbekannt ist in der Regel auch die Methode, die man angewandt hat. Irgendwelche protokollarischen Aufzeichnungen der getroffenen Vorhersagen samt ihren zeitgenössischen Verifikationen suchen zu wollen, das ist natürlich illusorisch. Gerade auf diesem Gebiet ist die Astrologie in ihrer Geschichte vielleicht am allerstärksten kryptisch.

Meist ist nur eine allgemeine Mitteilung erhalten geblieben, ob die Vorhersage eingetroffen ist oder nicht (und das schon weniger häufig). Oder wir erfahren von Prophezeiungen aus Histörchen, welche oft in Form einer wiedergegebenen Erzählung

***Modernes Horoskop des französischen Königs Ludwig XIV.**, gestellt nach den ursprünglichen Eingangsdaten von Morin, der offenbar eine Rektifikation der Radix vorgenommen hat: 4. September 1638 um 23 Uhr 11 Minuten (genau), 23 Uhr 15 Minuten (geschätzt) der astrologischen Zeit; d. h. ausgedrückt nach heutiger Methode: 5. September 1638 um 11 Uhr 11 Minuten (genau) Ortszeit in Saint-Germain-en-Laye; die Häuser sind nach dem Koch-System konstruiert, und das Horoskop ist gegenüber dem ursprünglichen von Morin um die drei erst in der Neuzeit entdeckten Planeten Uranus, Neptun und Pluto ergänzt.*

Die astrologische Voraussage des großen Brandes von London durch William Lilly traf ein. Er hatte die Prognose 1648 gemacht und 1651 veröffentlicht. Als es vom 2. bis 7. September 1666 tatsächlich zu dem Großfeuer kam, entstand der Verdacht, der Astrologe sei irgendwie darin verwickelt, da er vorher davon gewußt hatte; er mußte sich sogar vor einem Unterhausausschuß verantworten, wurde aber schließlich von der Anschuldigung freigesprochen.

von einem Buch ins andere tradiert wurden, und nicht immer fällt es leicht, ihre ursprüngliche Quelle zu finden.

Die verlorene Nase des Tycho Brahe

So kam der berühmte Astronom Tycho Brahe angeblich genau an dem Tage, von dem er wußte, er werde schicksalhaft für ihn sein, um seine Nase. Obwohl er alle möglichen Vorkehrungen traf, wurde er am Abend von seinem Widersacher Marderuf Parsberg überfallen, der ihm in dem entbrennenden Zweikampf die Nase abschlug. Seitdem trug Brahe bekanntlich eine Nase aus Silber.

Nach dem Kometen von 1577 prophezeite Brahe, im Norden werde ein Prinz geboren, der Preußen verwüsten und 1632 verschwinden werde – und im Jahre 1594 kam Gustav II. Adolf zur Welt, wurde 1611 König von Schweden, kämpfte u. a. in Preußen und fiel am 16. November 1632 in der Schlacht bei Lützen.

John Drydens düstere Prognosen

Auch der englische Dichter des 17. Jahrhunderts, John Dryden, der sich intensiv mit astrologischen Berechnungen beschäftigte, stellte Prognosen auf, die seinem Biographen Cibber zufolge eintrafen. Eine bezog sich auf seinen Tod, und nicht nur der Zeitpunkt, sondern auch die Umstände stimmten angeblich sehr genau: Dryden starb an einer Gangräne am Fuß.

Seinem Sohn Charles weissagte Dryden bei dessen Geburt nacheinander drei lebensgefährliche Augenblicke: mit acht Jahren, mit 23 und zwischen 33 und 34. Diese Feststellung teilte er auch seiner Frau mit, die darüber natürlich sehr erschrak. Und das Resultat? Den ersten beiden Gefahren, in die Charles trotz verschiedener Sicherheitsvorkehrungen geriet, entrann er zwar übel zugerichtet, aber lebendig. Die dritte überstand er nicht: Er ertrank, und zwar mit 33 Jahren, wie ihm prophezeit worden war.

Die Mitteilung Francis Bacons

Einige zeitgenössische Mitteilungen über astrologische Vorhersagen stammen aus seriösen Schriften.So schreibt Francis Bacon, ein Mann mit klarem Verstand und Wegbereiter der modernen Wissenschaft, der sich zu Beginn des 17. Jahrhunderts ebenfalls ernsthaft mit Astrologie befaßte, in dem Essay »Über Prophezeiungen«:

»Als ich mich in Frankreich aufhielt, erfuhr ich von einem gewissen Dr. Penna, daß die Königinmutter, die sich den okkulten Wissenschaften widmete, nach den Geburtsdaten für ihren Gatten ein Horoskop stellen ließ, jedoch unter falschem Namen; und der Astrologe brachte ihr den Spruch, er werde im Zweikampf getötet werden. Die Königin lachte damals darüber, da sie annahm, ihr Mann stünde hoch über jeglichen Herausforderungen zum Zweikampf; er wurde jedoch bei einem Ritterturnier getötet, als ihm Splitter der Lanze Montgomerys den unteren Teil des Helms durchschlugen.«

Der schwedische König Gustav Adolf (zeitgenössischer Stich).

Links: ***An der Ostfassade des Altstädter Brückenturms in Prag*** *schuf die Parler Hütte in den achtziger Jahren des 14. Jahrhunderts einen bemerkenswert gegliederten triumphalen Zierat mit bedeutsamer astraler Implikation. Sein zentrales Motiv ist die sogenannte Sonnensphäre mit Wimperge und den Gestalten des Brückenschutzheiligen Veit sowie der Herrscher Karl IV. und Wenzel IV. Darüber liegt die Sternensphäre mit den Gestalten der böhmischen Schutzheiligen Adalbert und Sigismund. Der ganze Turm ist von unten her vertikal in vier Sphären gegliedert: die irdische, die von der Fußgängerzone repräsentiert wird, die lunare mit dem gebrochenen Torbogen und den 28 Krabben sowie die Sonnen- und die Sternensphäre, die unser Foto zeigt. Astrologische Allegorien sind vor allem in der Anzahl der einzelnen Elemente dieser Ausschmückung und in ihrer Verteilung auf die Sphären verborgen. Auf diese Weise zeigt der Turm symbolisch praktisch alle Grundbegriffe der mittelalterlichen Astrologie, z. B. die zwölf Tierkreiszeichen, die zwölf Horoskophäuser, die 36 Dekane, die 28 Lunarhäuser, die sieben Planeten, die 48 Sternbilder, die 84 Planetenstunden der Woche, die Triplizität und Quadruplizität des Tierkreises, die Hauptaspekte, die Stern- und die Sonnenzeit usw. Durch die Kryptologie der Parlerschen Gotik wurden hier auch die Schlüsseldominanten der Horoskope der Herrscher Karl IV. und Wenzel IV. zum Ausdruck gebracht.*

Nichteingetroffene Prophezeiungen – Berücksichtigung zeitlicher Umstände

Bekannt sind aber auch umgekehrte Fälle – nichteingetroffene astrologische Prophezeiungen. Dazu muß man zusätzlich die Umstände in Betracht ziehen, unter denen die Weissagungen gemacht wurden. So befand sich z. B. im 18. Jahrhundert, im Zeitalter der Aufklärung, die europäische Astrologie im Niedergang, und zwar nicht nur wegen des äußeren Drucks seitens der entstehenden neuen Wissenschaft, sondern auch infolge ihres inneren Zerfalls nach der Blüte der vorangegangenen Epoche.

Voltaires langes Leben

Der führende Kopf der Aufklärungsbewegung in Frankreich – Voltaire – hatte zudem für seine Skepsis gegenüber der Astrologie einen persönlichen Grund: Die zwei Männer, die seinen Tod mit 33 Jahren vorausgesagt hatten, waren Le Comte Henri de Boulainvilliers, den die französische Enzyklopädie »Grand Larousse« von 1960 als »letzten bekannten Astrologen« bezeichnet (und damit offensichtlich »der alten Zeit« meint), und ein gewisser Colonne. Zu ihrer Prophezeiung bemerkte der Philosoph 1757, d. h. im Alter von 63 Jahren, sarkastisch: »Ich hatte die Boshaftigkeit, sie nun schon um 30 Jahre zu betrügen, wofür ich mich unterwürfig entschuldige.« Er lebte dann noch 20 Jahre, und als er starb, war er 83,5 Jahre alt. Ein solcher Irrtum ist allerdings peinlich.

Galileis Fehltreffer

Aus dem 16. Jahrhundert, das einen Höhepunkt der Astrologie darstellte, kennen wir freilich auch einige

Die marmorne Grabplatte des dänischen Astronomen und Astrologen Tycho Brahe im Prager Dom der Jungfrau Maria vor Tein aus dem Jahre 1601, als er dort begraben wurde.

nichteingetroffene Prophezeiungen. Und selbst ein Meister kann sich irren: Neben den zahlreichen Erfolgen in der astrologischen Praxis Galileo Galileis ist mindestens auch ein eklatanter Mißgriff bekannt, als er nämlich seinem Schutzherrn, dem Herzog von Toskana, ein langes und glückliches Leben prophezeite und dieser zwei Tage darauf starb.

Der Mangel authentischen Quellenmaterials

Geschichtchen um das Verkünden der Zukunft gibt es natürlich viel mehr. Damit aber solche angeblich eingetroffenen oder nichteingetroffenen Weissagungen als glaubwürdig belegt gelten können, müßte ein au-

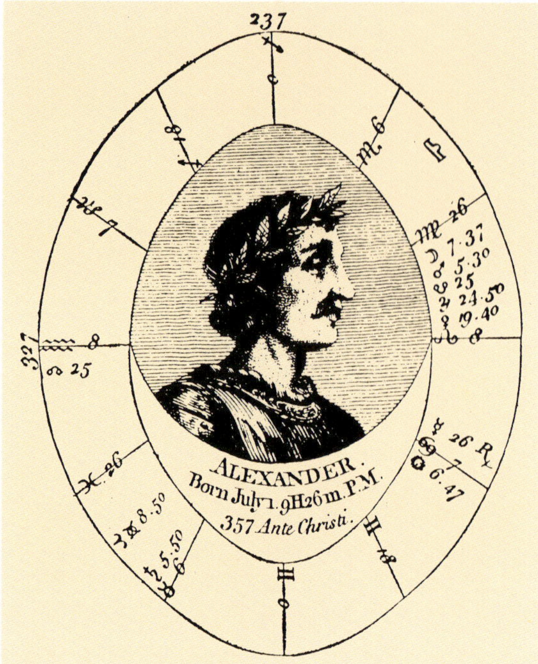

Horoskopbild Alexanders des Großen nach Siblys »Astrologie« (London 1790).

thentisches Quellenmaterial zur Verfügung stehen, und das fehlt oftmals. Bisweilen weiß man heute weder, wie lange vor einem Ereignis die Prognose ausgesprochen wurde, noch, wer ihr Zeuge war, sofern sie nicht schriftlich aufgezeichnet worden ist.

Eine mathematische Rekonstruktion der Horoskope vorzunehmen wäre nicht das Problem, nur – was wissen wir heute von der Exaktheit der damaligen Nativitäten? Die elementaren Zeitmeßinstrumente (Sonnen-, Wasser-, Sand-, Docht- und Luntenuhren) wurden in Europa schon vom 14. Jahrhundert an langsam durch mechanische Uhren mit Räderwerk und Schwingungssystem ersetzt, und mit ihrer Erfindung beginnt die Ära der modernen Chronometrie.

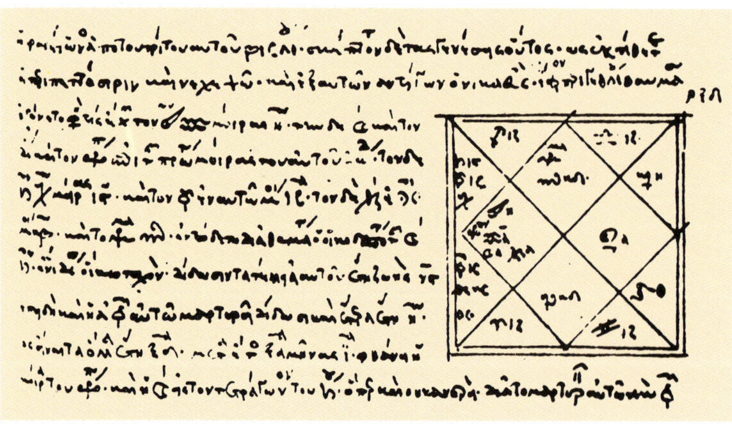

Das Horoskop Kaiser Hadrians mit einem Bruchstück des griechischen Textes seiner Deutung, gestellt im 2. Jahrhundert und kommentiert vom Astrologen Antigonus von Nizäa.

Die genaue Kenntnis der momentanen Zeit begann jedoch erst viel später zu einer allgemeinen Selbstverständlichkeit zu werden, als die mechanischen Uhren deutlich kleiner, vollkommener und vor allem tragbar wurden.

Bekannt ist auch, daß ursprüngliche Horoskope oftmals von anderen Astrologen nachträglich rektifiziert wurden. Viel können wir also von der Untersuchung dieses bruchstückhaften historischen Materials wohl nicht erwarten.

Ungünstige Vorhersagen – ein gefährliches Spiel

Sie fragen sich, weshalb die Situation so ist? Wieso die Astrologen ihre Weissagungen – bis auf geringe Ausnahmen – nicht vorher veröffentlicht haben?

Es beginnt bereits damit, daß Überlieferungen nur existieren, wo man des Schreibens mächtig war – in einflußreichen Kreisen –, und es wäre dort auch ein ziemlich riskantes Spiel gewesen: Die Prophezeiungen betrafen ja noch lebende Personen, oftmals in hoher Stellung, oder den Staat. Vorsicht dürfte also ein kategorischer Imperativ gewesen sein. Einem Herrscher beispielsweise einen gewaltsamen Tod vorherzusagen, noch dazu öffentlich, war durchaus kein Vergnügen. So eine Prophezeiung konnte auch leicht als Aufforderung zur Tat aufgefaßt werden, und ihr Urheber durfte entschieden keinen Applaus erwarten, schon eher Gefängnis.

Andreas Goldmayers Flucht

Dennoch kam dies mitunter vor. So wird z. B. vom deutschen Astrologen Andreas Goldmayer behauptet, er habe, als er 1632 nach Straßburg kam, prophezeit, Gustav II. Adolf werde binnen kurzem eines gewaltsamen Todes sterben. Dann mußte er sich allerdings recht schnell nach Tübingen verflüchtigen. Erst als der schwedische König kurz danach in der Schlacht bei Lützen in der Nähe von Leipzig fiel, konnte Goldmayer ohne Furcht nach Straßburg zurückkehren – die öffentliche Meinung hatte sich inzwischen zu seinen Gunsten gewandelt, es wurde ihm sogar die Stellung eines Mathematikprofessors angeboten, die er jedoch ablehnte, da er unabhängig bleiben wollte.

Der Trick des Hofastrologen Galeotti

Wie leicht ein königlicher Sterndeuter sein Ansehen verlieren oder wiedergewinnen konnte, erzählt eine Geschichte aus dem »Goldenen Anekdotenbuch« Wilhelm Bürings: Der Hofastrologe des französischen Königs Ludwig XI. – Galeotti – büßte plötzlich des Königs Vertrauen und Gunst ein, als er den Tod von dessen Gemahlin vorhersagte und seine Prophezeiung sich innerhalb von acht Tagen erfüllte. Ludwig schien die ganze Sache begreiflicherweise verdächtig, und er nahm sich vor, den Sternkundigen auf raffinierte Weise umbringen zu lassen.

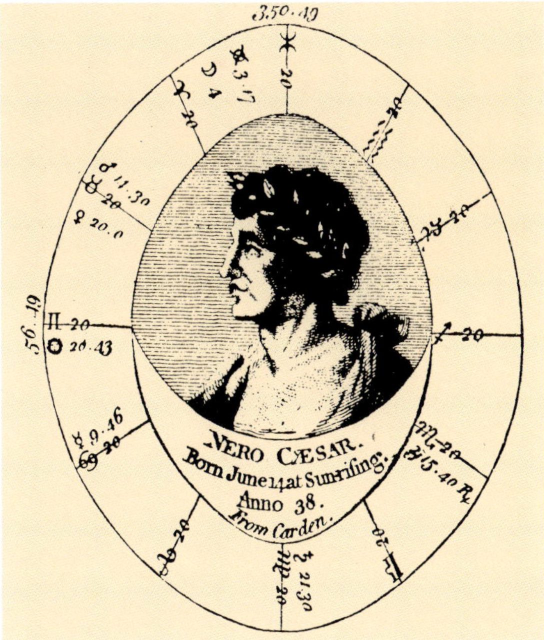

Horoskopbild des römischen Kaisers Nero nach Siblys »Astrologie« (London 1790).

Er wies also die Wachen an, Galeotti auf ein verabredetes Zeichen hin aus dem Fenster zu stürzen, und rief ihn dann zu sich. Als Galeotti erschien, sagte der König zu ihm, wenn er ein so guter Astrologe sei, wisse er doch sicher, auf welche Weise er selber sterben werde. Darauf erwiderte Galeotti, der seinen König sehr genau kannte: »Die Sterne sagen nichts über meinen Tod, ich weiß nur, daß er genau 22 Stunden vor dem Tod Ihrer Majestät erfolgen wird.« Nach diesen Worten gab Ludwig sein Vorhaben auf und ließ den Astrologen laufen.

Günstige Vorhersagen – mitunter lebensrettend

Eine günstige Weissagung in einem kritischen Moment konnte einem Astrologen manchmal durchaus das Leben retten. Gajus Suetonius Tranquillus führt in der Biographie des römischen Kaisers Tiberius eine solche Episode an.

Ein Schiff im rechten Augenblick: Tiberius' Astrologe

Während seines Aufenthalts in der Verbannung auf der Insel Rhodos hatte der zukünftige Kaiser als Lehrer der Weisheit den Astrologen Thrasyllos bei sich. »Gerade in dem Augenblick, als Tiberius sich auf einem gemeinsamen Spaziergang mit ihm anschickte, ihn als unbequemen Zeugen geheimer Pläne und als falschen Propheten ins Meer zu stoßen, weil bis dahin die Ereignisse härter und anders, als von ihm vorhergesagt, ausgefallen waren«, erblickte der Astrologe von weitem ein Schiff und verkündete, es bringe Tranquillus eine frohe Botschaft.

Tatsächlich brachte das Schiff Tiberius die Nachricht von der Bewilligung seiner Rückkehr nach Rom, und er behielt Thrasyllos dann bis ans Ende seiner Tage bei sich.

Frühe Zukunftsprognosen

In der antiken Literatur werden auch Fälle von astrologischen Prophezeiungen genannt, die weitaus früher erfolgten als die betreffenden Ereignisse. So weissagte z. B. der Astrologe Scribonius dem Tiberius schon als Säugling »eine ruhmvolle Zukunft, daß er sogar einst König wird, jedoch ohne königliches Diadem. Und das prophezeite er zu einem Zeitpunkt, als man noch überhaupt nichts wissen konnte von der künftigen Macht der Kaiser« (Gajus Suetonius Tranquillus).

Bei der Geburt von Augustus verkündete der im römischen Senat bekannte Astrologe Publius Nigidius Figulus, »sobald er die Stunde der Geburt erfuhr ..., daß der Herr der Welt geboren ward« (Tranquillus). Als Jahre danach Augustus mit Agrippa den Beobachtungsturm des Astrologen Theogenes in Apollonia bestieg, wurde ihm gleiches vorhergesagt. Zunächst jedoch: »als Agrippa, der sich als erster weissagen ließ, eine prächtige und schier unglaubliche Zukunft prophezeit wurde, verschwieg Augustus die Stunde seiner Geburt und wollte sie beharrlich nicht nennen aus Furcht und Scham, weniger bedeutsam befunden zu werden. Sobald er sie aber nach vielem Zureden mit knapper Not und zögernd nur angab, sprang Theogenes auf und fiel ihm zu Füßen. Später hatte Augustus so starkes Vertrauen in jenen schicksalhaften Augenblick, daß er den Zeitpunkt seiner Geburt öffentlich bekanntgab und das Zeichen des Steinbocks, unter dem er geboren wurde, auf Silbergeld prägen ließ« (Tranquillus).

Auch der strenge Kaiser Vespasian fühlte sich laut Suetonius Tranquillus aufgrund seines eigenen Horoskops und der Horoskope seiner Nachkommen völlig sicher. »Daher konnte er nach wiederholten Verschwörungen gegen seine Person im Senat den Ausspruch wagen: 'Meine Nachfolger werden entweder meine Söhne sein – oder niemand ...'«

Die Schönwetterprognose des John Dee

Bisweilen genügte, um die Gunst des Herrschers zu erlangen, aber auch viel weniger als die Prognose einer Königs- oder Kaiserkrone. John Dee, ein englischer Alchimist, Astrologe, Optiker, Geograph und Mathematiker, einer der besten Kopernikaner seiner Zeit und auch aus dem rudolfinischen Prag bekannt, sagte der englischen Königin Elizabeth I. herrliches Wetter bei ihrer Krönung voraus, was auch eintraf. Dadurch erreichte er, daß er auf Befehl der Herrscherin aus dem Gefängnis freikam, wohin ihn sein Studium der Kabbala und Magie sowie – wie das eben zu sein pflegt – in der Hauptsache das Betreiben seiner Mitbürger, die ihn (was damals ziemlich häufig geschah) beschuldigten, mit dem Teufel im Bunde zu

stehen, gebracht hatten. (Wir wissen, daß aus einer ähnlichen Situation auch Kepler seine Mutter retten mußte.)

Königin Elizabeth schätzte John Dee wegen seiner astrologischen Kunst ungemein. Sie bewahrte ihm bis zu ihrem Tode im Jahre 1603 ihre Gunst.

Links: Horoskopbild der englischen Königin Elizabeth I. nach Siblys »Astrologie« (London 1790).

Unten: Das von Jean Bulant für Katharina von Medici erbaute Hôtel de Soissons. Im Hintergrund rechts der 1572 errichtete astrologische Turm (Druck von Israel Silvestre aus dem 17. Jahrhundert).

Vorhersagen des eigenen Todes

Die Astrologen prophezeien verschiedene Ereignisse, private und öffentliche; zu den bedeutsamsten sind aber wohl die Prognosen des Todes zu zählen. Jemandem den Tod vorherzusagen ist immer eine Crux und – wie wir bereits gesehen haben – mitunter höchst gefährlich. Zumindest widerstrebt es der Ethik. Und der eigene Tod? Hat irgendein Astrologe auch seinen eigenen Tod vorausgesagt? Glaubwürdig und nachprüfbar? Erneut stoßen wir auf jenen geheimnisumwitterten Aspekt, der für die ganze Geschichte der Astrologie charakteristisch ist. Erhalten haben sich Histörchen, aber nicht die astrologischen Methoden, die zu solchen Vorhersagen führten.

Sterben muß jeder. Während diese Tatsache vielen Menschen Angst macht, lockt es aber manch einen, den Zeitpunkt und die Umstände zu erfahren, noch dazu, wenn er meint, daß ihm die Berechnungsinstrumente dazu zur Verfügung stehen. Hier sind einige solcher Berichte und Geschichtchen. Die Glaubwürdigkeit müssen Sie selbst beurteilen.

David Fabricius' Sicherheitsvorkehrungen

David Fabricius, ein protestantischer Pastor, Mathematiker, Astronom und Astrologe, der in Ostfriesland wirkte, war durch seine Kontakte zu Tycho Brahe und Kepler bekannt. Er verwendete als einer der ersten in der Astronomie ein Fernrohr und konstruierte Quadranten und Sextanten. 1601 hielt er sich eine Zeitlang in Prag auf, lieferte Kepler zahlreiche Marsbeobachtungen, half bei der Aufstellung der Rudolfinischen astronomischen Tafeln mit, entdeckte den veränderlichen »Wunderstern« Mira Ceti und führte eine Reihe weiterer bedeutsamer astronomischer Beobachtungen durch. Kepler bezeichnete ihn nach Brahes Tod als den größten lebenden Astronomen.

Dieser Fabricius errechnete, daß der 7. Mai 1617 für ihn verhängnisvoll sein werde, und traf daher alle möglichen Vorkehrungen, um an diesem Datum ein Mißgeschick zu vermeiden. Als er dann um zehn Uhr abends nach einem langen Tag anstrengender Arbeit hinausging, um auf dem Hof seiner Pfarrei frische Luft zu schöpfen, wurde er überfallen. Der Dörfler Jan Hoyer, der meinte, Fabricius habe ihn bei der Predigt allzu deutlich einen Dieb genannt, sprang aus einem Versteck hervor und spaltete ihm mit einer Axt den Kopf.

Julius Cäsars Übermut

»Man soll den Tag nicht vor dem Abend loben«, lautet ein altes Sprichwort. Nun, Julius Cäsar lachte am Tage seiner vorausgesagten Ermordung Haruspex Spurinna aus und nannte ihn einen falschen Propheten, denn »ohne jeden Schaden ist der 15. März angebrochen«. Der aber erwiderte ihm: »Stimmt, angebrochen, doch noch nicht vorbei.« So berichtet das zumindest Gajus Suetonius Tranquillus. Und noch am selben Tage wurde Cäsar im Senat ermordet.

Pavel Příbrams gefürchtete Opposition von Mars und Saturn

Vom Prager Universitätsprofessor der Mathematik und Sternkunde Pavel Příbram berichtet der Historiker František Palacký, er habe sich immer vor einer Opposition von Mars und Saturn gefürchtet, und bei einer solchen sei er angeblich auch gestorben. Tatsache ist: Als Příbram am 5. Oktober 1520 in Prag an der Pest starb, befanden sich beide Planeten wirklich in genauer Opposition: Der Saturn hatte eine ekliptikale Länge von 297° 8′ und der Mars von 117° 8′.

Cardanus und Naibod: Den prophezeiten Tod selbst herbeigeführt?

Cardanus, ein anderer berühmter Astronom, Mathematiker, Physiker, Erfinder, Arzt und Philosoph, war gleichzeitig der beste Astrologe seiner Zeit. Neben anderen Weissagungen errechnete Cardanus das Datum seines eigenen Todes, und die Prognose traf ein. Böse Zungen behaupteten freilich, er habe absichtlich nichts mehr gegessen, um durch Hungertod seine Berechnungen zu erhärten. Wenn das stimmt, ist er allerdings als ganzer Kerl gestorben. Und auch wenn es nicht stimmt: Was wissen wir heute von den damaligen Umständen? Wie lange vor seinem Tode hat er diese Prophezeiung gemacht, mittels welcher horoskopischen Methode, und wer hat davon gewußt? Cardanus war ein seriöser Wissenschaftler; diese Tatsache reicht jedoch zur nachträglichen Verifikation der eingetroffenen Prophezeiung nicht aus, wenn uns das Wesen des Weissagens in der Astrologie selber und die Möglichkeiten einer Revision der gestellten Prognosen interessieren. Das betrifft auch andere Fälle.

Von Valentino Naibod, einem Astrologen aus Padua, hat sich ebenfalls die Nachricht erhalten, er habe sich seinen plötzlichen Tod selbst vorausgesagt. Als man ihn längere Zeit vermißte, brach man schließlich am 3. März 1593 seine Wohnungstür mit Gewalt auf und fand seine Leiche mit Verletzungen halbverwest zwischen den Büchern liegend.

Stöffler, Junctinus, Scotus: Tod durch Erschlagen

Lange davor starb inmitten seiner Bücher auch der deutsche Astronom und Astrologe Johannes Stöffler, der sich angeblich ebenfalls einen gewaltsamen Tod prophezeit hatte, und zwar für den 16. Februar 1531. In dem Bestreben, der drohenden Gefahr zu entgehen, beschloß er, an diesem Tage zu Hause zu bleiben und so das Schicksal zu überlisten. Er lud sogar ein paar Freunde zu sich ein. Es entstand ein fachlicher Disput, in den Stöffler mit dem Zitieren eines Abschnitts aus einem dicken „gelahrten" Wälzer einzugreifen suchte. Als er ihn aus dem Regal holen wollte, gab das Brett nach, das volle Bücherbord stürzte ihm auf den Kopf und erschlug ihn auf der Stelle.

Interessant ist, daß unter dem zusammengekrachten Regal auch der Astrologe Franciscus Junctinus den Tod fand.

Michael Scotus wiederum, einem Astrologen am Hofe des römisch-deutschen Kaisers Friedrich II., fiel nach seiner Rückkehr nach England beim Eintritt in die Kathedrale ein zufällig locker gewordener Stein auf den Kopf und erschlug ihn. Auch er hatte sich angeblich einen gewaltsamen Tod vorausgesagt.

Erstaunlich, wie sehr diese alten Histörchen einander ähneln, und wie wenige Möglichkeiten haben wir heute, etwas mehr darüber zu erfahren. Die Toten schweigen, und die Lebenden ... denken sich Geschichten aus. Es ist alles schon zu lange her.

Intuition statt Sternenkonstellation: Das Urteil Flammarions

Der französische Astronom Camille Flammarion, der die Fälle der Astrologen Stöffler, Fabricius und Tycho Brahe in einem Buch nacherzählt hat, meint abschließend, er halte sie nicht für bloße Zufälle. Die Gültigkeit der Astrologie zweifelt er dennoch an, und zwar aus Gründen ihres Geozentrismus. (Wir wissen heute, daß dieser Einwand gegen die Astrologie, der oft auch von anderen ihrer Gegner vorgebracht wird, nicht stichhaltig ist.)

Flammarion bleibt also nur eine einzige Erklärung: »Die Sterne selbst spielen in jenen Prophezeiungen wahrscheinlich keine Rolle, genau wie die Karten in der Hand von Wahrsagerinnen. Fabricius, Tycho Brahe und Stöffler wurden bei ihren Vorhersagen von einer geheimnisvollen, ungewöhnlichen geistigen Fähigkeit geleitet.«

D. h. also, der französische Astronom hält das Lesen des Horoskops eher für eine intuitive Angelegenheit als für eine Tätigkeit, die sich auf ein festes System bestimmter Regeln der Horoskopinterpretation stützt. Und dann fügt er noch hinzu: »Man kann in die Zukunft sehen. Beim heutigen Stand des menschlichen Wissens wäre es freilich aussichtslos, nach einer Erklärung zu suchen, wie dieses Sehen in unserem Geiste vor sich geht und wie sich sein Eindruck dorthin überträgt.« Diese Worte schrieb er 1920, in einer neuen Blütezeit der Astrologie, die damals leider nicht ohne das typische Beiwerk von Okkultismus auskam.

Die neue Welle der Astrologie brachte neue Namen und weitere Prophezeiungen. Hier sind wir dem Heute aber schon weitaus näher. Wird es gelingen, Fälle zu finden, in denen sich die damaligen Weissagungen nachträglich wenigstens teilweise verifizieren lassen?

Unten: Erasmus Habermehl: Äquator-Zoll-Sonnen-Stechuhr, um 1600 (Prag, Kunstgewerbemuseum).

Rechts: Erasmus Habermel: Astronomischer Sextant, 1600 (Prag, Technisches Nationalmuseum).

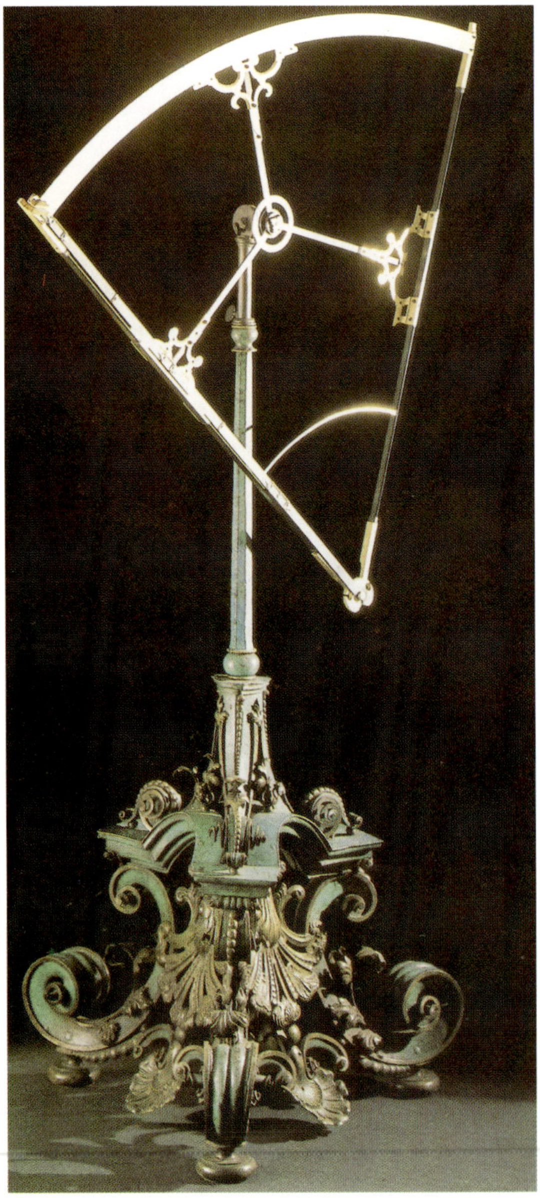

Turmuhr aus dem Frühbarock, Gold- und teilweise Silbermessing; geschaffen von Elias Creitmayer um 1700 in Friedberg/Bayern (Prag, Kunstgewerbemuseum). An der Oberseite des prismenförmigen Mantels befinden sich zwei Messingzeiger in Zeptergestalt über einer Kalenderplatte mit arabischen Ziffern von 1 bis 30 und den eingravierten allegorischen Figuren der sieben traditionellen astrologischen Planeten – der Regenten der Wochentage.

Reisewecker aus der Spätrenaissance zum Aufhängen, gegossene durchsägte und gravierte Goldbronze: gefertigt von Nicolaus Siebenhaar um 1600 in Lübeck (Prag, Kusntgewerbemuseum). Auf dem Deckel ermöglichen 24 Fensterchen einen Blick auf den Kreisring aus Zinn mit deutschen Stundenziffern (zweimal I bis XII oder sogenanntes halbiertes Zifferblatt) sowie tschechischen oder italienischen (1 bis 24 oder sogenanntes ganzes Zifferblatt). Die innere Zifferblattscheibe zeigt die Mondbewegung. Hier sind auch geometrisch und mit den konventionellen Symbolen die astrologischen Hauptaspekte Konjunktion, Sextil, Quadratur, Trigonal und Opposition angegeben.

Empire-Uhr mit Allegorie der Astronomie, Goldbronze und Marmor: hergestellt in Frankreich zu Beginn des 19. Jahrhunderts (Prag, Kunstgewerbemuseum).

Im Lichte der Statistik

Als die Astrologie auf ihren Wegen durch die Geschichte an die Schwelle des 20. Jahrhunderts gelangte, geriet sie unter die Röntgenaugen der Statistik. In unserem Fall betrifft das sowohl die Astrologie selbst, die in dieser Zeit in das Stadium der sogenannten wissenschaftlichen Astrologie eintritt, als auch die Anfänge der Untersuchung der Astrologie durch die moderne Wissenschaft. Daraus ergeben sich sogleich zweierlei Tendenzen: auf der einen Seite das Bestreben, eine objektive Unterstützung für die Gültigkeit der astrologischen Vorhersagen zu erhalten, und auf der anderen die Versuche, anhand der Statistik die Ungültigkeit astrologischer Aussagen nachzuweisen.

Die Möglichkeiten der Statistik in der Astrologie

Die Statistik ist eine Hilfswissenschaft. Mit ihrer Hilfe ein Phänomen wie die Astrologie beweisen oder widerlegen zu wollen ist daher recht problematisch. Auch die Astrologie hat ihren Erfahrungsschatz empirisch gesammelt. Die persönlichen Erfahrungen jedes Astrologen waren notwendigerweise immer statistisch, wenngleich in unterschiedlichem Maße und oft unbewußt statistisch. Zwei absolut gleiche Horoskope gibt es zwar nicht, doch eine Anzahl von Elementen können sich in verschiedenen Modifikationen wiederholen.

Astrologische Aphorismen als Erfahrungsschatz

Es war gerade diese empirische Praxis durch die Wiederholung einiger Teilkonfigurationen in den Horoskopen, die eine ganze Reihe astrologischer Aphorismen entstehen ließ. Sie dienten in früheren Zeiten als eine Art Hilfswörterbuch zur Interpretation der einzelnen horoskopischen Konstellationen. Heute wissen wir leider nicht, durch wie viele Fälle dieser oder jener Aphorismus in seiner Entstehungszeit belegt war, d. h., wie seine statistische Wahrscheinlichkeit aussah, und so gibt es unter ihnen sicherlich Sprüche von erheblich unterschiedlicher Qualität.

Eine moderne Variante: das synthetische Lesen

Die moderne Astrologie ist von der aphoristischen Methode der Horoskopdeutung abgegangen und hat sie nach und nach durch ein synthetisches Lesen des Horoskopschemas ersetzt. Diese universelle Methode der Horoskopinterpretation beruht auf einer Kombination der konstanten astrologischen Bedeutungen der einzelnen Horoskopelemente (Planeten, Tierkreiszeichen, Häuser usw.) und ist mit einem Kaleidoskop vergleichbar: Aus einer endlichen und nicht allzu großen Zahl von Elementen – Farbglaspartikeln – entsteht durch Drehen hier ebenfalls eine riesige Menge von Konfigurationen, die immer wieder neue Muster bilden. Der Vergleich mit der Horoskopfolge, die im Laufe der Zeit entsteht, ist sehr treffend, denn auch die Horoskopelemente ergeben stets neue Konfigurationen, und jedes Horoskopmuster ist nur ein kurzer Fixpunkt im unaufhörlichen Wandel der Zeit.

Jedes Horoskop stellt freilich eine Totalität dar, und allein so kann es interpretiert werden. Alle modernen Lehrbücher der Astrologie betonen die Notwendigkeit, das Horoskop global als Ganzes zu betrachten – die einzelnen Konstellationen dürfen nicht aus dem Zusammenhang gerissen werden, denn fast immer sind sie durch weitere Bindungen bedingt.

Überprüfung von Teilregeln im interdisziplinären Team

Daraus folgt, daß jeder Versuch, die Gültigkeit oder Ungültigkeit astrologischer Aussagen aufgrund einer statistischen Auswertung einer einzelnen Konstellation oder Regel – eines Aphorismus – allgemein zu beweisen, von vornherein zum Scheitern verurteilt ist. Weder das hektische Bedürfnis der sogenannten wissenschaftlichen Astrologen, sich an die Statistik als Rettungsring zu halten, noch die voreingenommenen Bemühungen der Gegner der Astrologie, mit Hilfe der Statistik ihre Unsinnigkeit zu beweisen, haben eine Bedeutung: Global läßt sich statistisch nicht beweisen, ob die Astrologie recht hat oder nicht. Überprüft werden kann nur die Glaubwürdigkeit der einzelnen Teilregeln der Horoskopdeutung. Mehr nicht.

Das allerdings könnte eher den Astrologen helfen als ihren Widersachern – ich denke hauptsächlich an eine Präzisierung und Sortierung der bisher gesammelten Erfahrungen. Zum Teil ist das schon geschehen. Am besten, der Astrologe verbündet sich zu einem solchen statistischen Experiment mit Fachleuten anderer Disziplinen, und die Untersuchung erfolgt im Team.

Dies geschah beispielsweise, als der britische Astrologe Jeff Mayo in Zusammenarbeit mit dem Psychologen H. J. Eysenck von der Londoner Universität und mit O. White empirisch-statistische Erhebungen an

Saturn – mit Domizil in den Zeichen Steinbock und Wassermann – und seine Attribute als Regent des irdischen Trigonals im Tierkreis (Holzschnitt aus einem deutschen Kalender für das Jahr 1514).

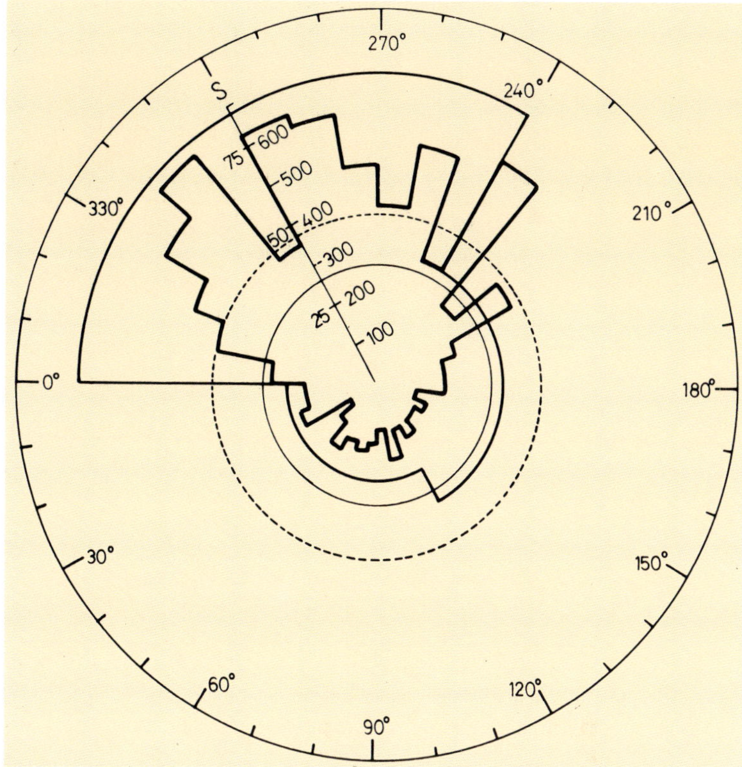

Die ausgesprochen anomale Verteilung der Häufigkeit des statistischen Musters der 1177 bedeutendsten Fälle von Erdrutschen und Felseinstürzen (S) zwischen 1800 und 1969 in Abhängigkeit von der geozentrischen Umlaufzeit des Planeten Saturn (etwa 29,5 Jahre), ausgedrückt durch seine ekliptikale Länge in den Schritten eines Dekans (eines 10°-Abschnitts). Am häufigsten wiederholten sich diese Naturkatastrophen immer dann, wenn der Planet Saturn sich durch den Abschnitt 270°–300° bewegte. In dieser Zeit weilte er aus astrologischer Sicht in den Zeichen seines Domizils, die er auch regiert und wo er folglich am einflußreichsten ist, und zwar vor allem, wenn es sich um Dinge irdischen Wesens wie Erdrutsche handelt. Die moderne wissenschaftliche Forschung hat die alte empirische Erfahrung der Astrologie so eigentlich teilweise bestätigt – eine langfristige Prognose auf der Grundlage der festgestellten zodiakalen Distribution traf schließlich vollständig ein (M. Špůrek: »Retrospection and prognosis of landslide calamities«, Prag 1974).

zwei markanten Psychotypen – introvertierten und extrovertierten Charakteren – im Lichte der Astrologie vornahm.

Die Ergebnisse wurden 1978 in der Fachpresse veröffentlicht.

Anwendung statistischer Methoden in der modernen Astrologie

Zu den Pionieren statistischer Methoden in der modernen Astrologie gehörten in Frankreich vor allem Paul Flambart und Alexandre Volguine, in Deutschland F. Schwab, Herbert von Klöckler und Theodor Landscheidt, in der Schweiz Karl Ernst Krafft und in England Charles Carter.

• Während Volguine 1955 zur Interpretation der astrologischen Funktion der die Sonne umgebenden Planeten über 6000 Nativitäten verwendete, nahm Landscheidt sich sechs Jahre später etwa 600 Nativitäten zur statistischen Untersuchung verschiedener Horoskopstrukturen und »Spannungsfiguren« vor. Die statistische Bedeutsamkeit ihrer Teilergebnisse läßt sich nur schwer nachprüfen, da sie entweder ohne die benutzten statistischen Komplexe veröffentlicht oder zu einem impliziten Bestandteil ihrer allgemeineren astrologischen Schriften wurden.

• Auch Charles Carter verwendet in seinem 1930 erschienenen »Astropsychologischen Lexikon« die Ergebnisse des Studiums nicht näher definierter Horoskopgruppen zur Diagnose psychischer Neigungen, gesundheitlicher Beschwerden und Präferenzen menschlicher Individuen für eine bestimmte Tätigkeit.

• 1927 analysierte Herbert von Klöckler in einer Nativitätensammlung von 158 Ärzten verschiedener Fachrichtungen die Horoskopbeziehungen zwischen Mars und Mond. Bei den Chirurgen überwog ihre Konjunktion, bei den Gynäkologen dagegen die Opposition, bei den Internisten der Sextil und bei den Psychiatern der Trigonal.

• Ähnlich stellte schon zu Beginn dieses Jahrhunderts Paul Flambart bei einer ausgewählten Gruppe von 123 Intellektuellen ein Vorherrschen von Aszendenten ihrer Horoskope in den Luftzeichen des Tierkreises (den Zeichen des Geistes, der Abstraktion) fest. Diese statistischen Ergebnisse veröffentlichte er bereits 1908 in seinem ersten Buch. In einem weiteren Werk beschäftigte er sich statistisch auch mit der »astralen Heredität« (1919). Und er verfaßte ein Buch über die Anwendung der Wahrscheinlichkeitsrechnung in der Astrologie (1914). Paul Flambart, der unter dem Pseudonym »Choisnard« schrieb, wurde in den ersten Jahrzehnten des 20. Jahrhunderts zu einem Pionier der sogenannten »wissenschaftlichen Astrologie« (l'astrologie scientifique), genau wie der Schweizer Statistiker-Astrologe Karl Ernst Krafft, dessen Karriere 1945 während eines KZ-Transports von Oranienburg nach Buchenwald tragisch endete.

• Von den Ergebnissen beider ging in seinen umfangreichen Statistiken in den fünfziger und sechziger Jahren Michel Gauquelin aus, auf den wir später noch zurückkommen. Hier sei nur ein interessanter Vergleich der Resultate angeführt: Choisnard überprüfte z. B. 1908 auf der Basis von 200 Fällen statistisch die Funktion der beiden traditionellen »Übeltäter« Mars und Saturn zur Todeszeit dieser Personen im Horoskop in Transiten zur Sonne, und zwar in den drei Hauptaspekten Konjunktion, Opposition und Quadratur. Die positiven Anomalien wurden jedoch ganz verwischt, als Gauquelin 1955 für die gleiche Untersuchung eine Gruppe von 7482 Personen verwandte: Die in Prozenten ausgedrückten Ergebnisse entsprachen mit nur geringfügigen Abweichungen den theoretischen Prozentzahlen der normalen Verteilung. Anomalien traten diesmal nicht auf. Strittig ist allerdings, ob sich die Frage des individuellen Todes so, wie Choisnard dies tat – nur nach den angegebenen Beziehungen dreier Planeten –, überhaupt pauschalieren läßt. Ich glaube es nicht.

Das Hauptproblem: die methodischen Fragen

Ein grundsätzliches Problem der Anwendung statistischer Methoden zur Überprüfung der Richtigkeit astrologischer Aussagen bleiben, wie man sieht, die methodischen Fragen. Hier verbirgt sich oft auch der Kern zahlreicher Mißverständnisse. Vorsicht vor einer allzu großen Vereinfachung der ganzen Problematik ist genauso unerläßlich wie die geeignete Auswahl der statistischen Gruppe und die Auswertungsmethoden. Hier wurden am häufigsten Fehler begangen, und zwar sowohl auf Seiten der Verfechter der Astrologie als auch bei ihren Kritikern. Einige Kostproben dürften zur Veranschaulichung dieser Feststellung wohl genügen.

Schläge unter die Gürtellinie und was man dagegen tun kann

Der französische Astronom Paul Couderc veröffentlichte 1951 ein Buch, in dem er meinte, die Astrologie anhand statistischer Beispiele, die er zitiert, eindeutig widerlegen zu können. Törichterweise glaubte er, sie am Nerv zu treffen, in Wirklichkeit versetzte er ihr aber nur ein paar Schläge unterhalb der Gürtellinie; denn der Astrologie etwas vorzuwerfen, was sie eigentlich nicht behauptet, und das dann zu widerlegen, ist unfair: Es ist ein altes und wohlbekanntes Foul des klassischen philosophischen Dialogs, das man schon abgepfiffen hatte.

Coudercs peinlicher Irrtum

Als Beispiel für die Unwahrhaftigkeit der Astrologie benutzte Couderc nämlich eine statistische Erhebung, die Professor Farnsworth knapp vor dem Zweiten Weltkrieg in den USA vorgenommen hatte und in der er sich bemühte, die Astrologie zu diskreditieren. »Die Astrologen schreiben dem Tierkreiszeichen Waage ästhetische Qualitäten zu. Die mit diesem Zeichen im Aszendenten geborenen Kinder haben also überdurchschnittliche künstlerische Anlagen«, schreibt Couderc und fährt fort: »Farnsworth beschloß, die Geburtsdaten von mehr als 2000 Musikern und Malern zu überprüfen, doch das Waagezeichen war in dieser Gruppe nicht öfter vertreten als die anderen Tierkreiszeichen. Die angenommene Korrelation existiert also nicht. Diese Künstler wiesen keine größere Häufigkeit ihrer Geburten in dem Monat auf, wenn die Sonne sich im Zeichen Waage befindet (d. h. zwischen 21. September und 21. Oktober).«

Nur – der Aszendent ist nicht die Sonne! Und Farnsworth untersuchte statt des Aszendenten den Stand der Sonne. Kein Wunder also, daß nichts dabei herauskam. Dagegen verblüfft es, wie Couderc diese Ergebnisse als Beweis für die Unwahrhaftigkeit der Astrologie verwenden konnte, beweisen sie doch eher den methodischen Kardinalfehler der erwähnten Statistik.

Damit es nicht bei einem einzigen Versuch blieb, fügte Couderc gleich noch ein zweites, unabhängig davon gewonnenes statistisches Resultat hinzu. Es stammt von einem Schweizer Astrobiologen, den Couderc für einen höchst wissenschaftlichen Astrologen hält – M. Robur. Dieser beschränkte sich auf Musiker und wies an einer 2817köpfigen statistischen Gruppe von ihnen nach, daß es bei diesem Beruf nicht auf den Stand der Sonne im Tierkreis ankommt. Das Ergebnis ist interessant, beweist aber nichts, denn die Astrologie behauptet ja nicht, die Musiker hätten die Sonne meist in der Waage.

Prädisposition für Musiker? Ein statistischer Versuch

Versuchen wir nun, die Frage der Prädisposition für den Musikerberuf unvoreingenommen zu betrachten. Wir wissen also überhaupt nichts, doch interessiert uns, ob es so etwas gibt. Bauen wir uns zunächst eine solide statistische Gruppe auf. Sie muß nicht groß, sollte aber repräsentativ sein – etwa 100 der bekanntesten: 50 Komponisten der sogenannten ernsten Musik und 50 z. B. Jazzmusiker und Sänger, und zwar alles anerkannte Spitzenleute!

Untersuchen wir jetzt die Häufigkeit von Sonne, Merkur, Venus, Mond, Mars und Jupiter in den einzelnen Tierkreiszeichen zum Zeitpunkt der Geburt dieser Künstler. Während es auf den Stand von Sonne, Mond, Venus und Mars offenbar nicht so sehr ankommt, da ihre Häufigkeit keine bedeutsamen Abweichungen vom Mittelwert aufweist, zeigen die Positionen von Merkur und Jupiter – zweier astrologischer Gegenpole und Regenten der zwei gegenüberliegenden Zeichen Zwillinge und Schütze, der Sektoren der Kommunikation – sehr interessante Resultate: Merkur im Zeichen Schütze – eine ins Auge springende Konfiguration in beiden Musikergruppen, die um 200 Prozent das statistische Mittel übersteigt!

Was bedeutet das? Merkur repräsentiert in der Horoskopie seit eh und je den Hermes der Mythologie, den Gott von Wort und Schrift, und Schütze bedeutet Fremde, Ausland bzw. Ideal – etwas allgemein Menschliches. Der Versuch einer begrifflichen Vereinigung könnte z. B. so lauten: eine ideale internationale Sprache, die allen verständlich ist. Was ist eigentlich Musik? Haben wir nicht soeben ihre Definition gefunden?

Und was das erwähnte Waagezeichen betrifft, um das so viel Aufhebens gemacht wurde: Eben darin kulminiert die Häufigkeit Jupiters. Die Anomalie ist nicht so ausgeprägt wie bei Merkur im Schützen, aber auffällig ist sie dennoch: Sie übersteigt den Mittelwert um 100 Prozent. Astrologisch ließe sich diese Konstellation etwa folgendermaßen lesen: Jupiter bedeutet im Horoskop Ehrungen, Anerkennung, Ruhm und die Waage u. a. Ausgeglichenheit, Harmonie. Gemeinsam gelesen: Erlangen von Ruhm (Anerkennung) durch Harmonie. Hatten wir für unsere Untersuchung nicht die berühmtesten der berühmten Musiker ausgewählt?

Was für überraschende Ergebnisse sich doch durch eine sensible Verwendung der Statistik erzielen lassen, ohne daß wir der guten alten Astrologie die Patina abkratzen müssen! Es war zwar ein wenig Spiel dabei, doch ein recht zauberhaftes.

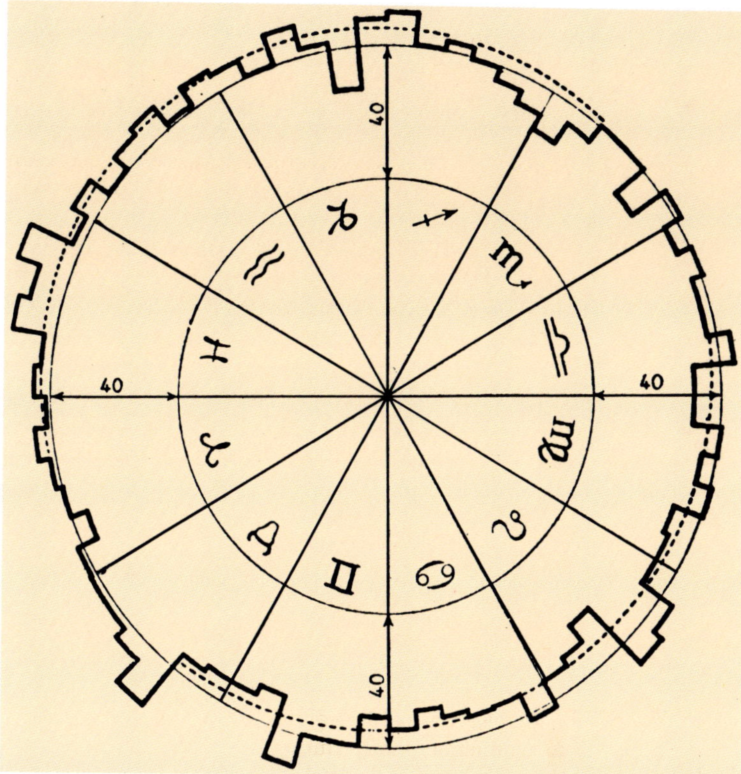

Die Verteilung der Positionen der Sonne in 5°-Abschnitten der Ekliptik in der statistischen Gruppe von 2817 Musikern (nach P. Couderc, 1951).

U. a. hat sich auch erwiesen, daß die Wahl des statistischen Musters nicht unerheblich ist. Das folgende Beispiel zeigt die Unzweckmäßigkeit einer zu breiten Auswahl; erst durch eine entsprechende Verengung lassen sich korrektere Interpretationen erzielen.

Spezielle Auswahl – Voraussetzung für qualifizierte Resultate

Der Präsident der Amerikanischen Vereinigung der Wissenschaftlichen Gesellschaften, der Harvard-Professor Bart J. Bok, meinte ebenfalls, die astrologischen Voraussetzungen einer Prädisposition für verschiedene Berufe nach der zodiakalen Konstellation der Planeten zur Geburtszeit durch seine statistischen Erhebungen widerlegen zu können.

Als Grundlage nahm er alle Kalenderdaten der Geburten aus dem Buch »American Men of Science« und untersuchte, ob nicht während des Jahres Anomalien auftreten. Dabei gelangte er zu zwei Schlußfolgerungen:

• Die Verteilung der Geburtsdaten der amerikanischen Wissenschaftler hat während des Jahres einen zufälligen Verlauf.

• Die Saisonschwankungen in der Häufigkeit dieser Daten entsprechen den Schwankungen der allgemeinen Geburtenfrequenz (der Gesamtbevölkerung)

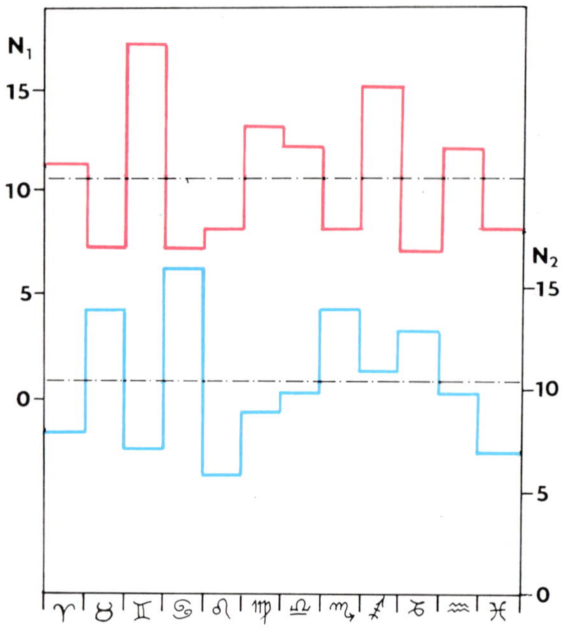

Die unterschiedliche Häufigkeit der Positionen von Jupiter (N_1 – oben) und Mars (N_2 – unten) in den Tierkreiszeichen der Geburtshoroskope der 125 Nobelpreisträger der Physik der Jahre 1901 bis einschließlich 1985. Interessant ist der komplementäre Charakter beider Histogramme, die Tatendrang (Mars) und nachfolgende Ehrungen und Ruhm (Jupiter) zum Ausdruck bringen.

während des Jahres gemäß Huntingtons Feststellung von 1938; allgemein gilt, daß die Gesamtgeburten im Januar, Februar, und September die im Mai, Juni und November um etwa 15 Prozent übersteigen. Bok zeigte, daß die Frequenz bei den Wissenschaftlern den gleichen Verlauf aufweist.

Bok unterschied aber keine Kategorien der Wissenschaftler. Dabei gibt es sicherlich einen Unterschied etwa zwischen einem Linguisten und Geologen, einem theoretischen Physiker und Zoologen, einem Botaniker und Historiker usw. Durch die Vereinigung aller zu einer Gruppe entsteht notwendigerweise eine Inhomogenität.

Nobelpreisträger als homogene Gruppe

Versuchen wir, die Angelegenheit aus der Sicht der Spezialisierung zu betrachten, und wählen wir eine engere, aber ausgesuchte statistische Gruppe von Wissenschaftlern, z. B. alle Nobelpreisträger der Physik von 1901 bis einschließlich 1985. Eine solche ganzheitliche Gruppe der Physikernativitäten von Röntgen bis Klitzing gibt es: insgesamt 125 Namen von Wissenschaftlern, die zwischen 1837 und 1943 geboren sind. Gegenüber Boks Gruppe der amerikanischen Wissenschaftler ist diese viel spezialisierter, ich möchte sagen, geradezu raffiniert spezialisiert, dabei objektiv im voraus und nicht zu diesem Zweck ausgewählt. Wenden wir nun die gleiche Methode wie bei den Musikern an, und untersuchen wir zunächst die Häufigkeit der Positionen nicht nur der Sonne, sondern auch der übrigen Planeten bis zu Jupiter in den Tierkreiszeichen; die entfernteren Planeten lassen wir wegen ihrer langen Umlaufzeiten weg.

Mars, der in der Astrologie Tatendrang und den energischen Einsatz der Persönlichkeit symbolisiert, weist in den Horoskopen dieser Physiker ausgeprägte positive Anomalien in den gegenüberliegenden Paaren Stier – Skorpion und Krebs – Steinbock auf, astrologisch also auf den Achsen Kategorien, Quantität und Zeit. Dadurch ist eigentlich das Fachgebiet repräsentiert. Jupiter, der in der Horoskopie Ehrungen und Ruhm vertritt, kulminiert ausdrucksvoll in den einander gegenüberliegenden Zeichen Zwillinge und Schütze, astrologisch gesehen also auf der Achse der Erweiterung der Erkenntnisse. Die Anomalie Jupiters, der im Domizil des Zeichens Schütze domizil ist, deutet zudem darauf hin, daß es sich um eine Anerkennung wirklich internationalen, weltweiten Ausmaßes handelt, was der Nobelpreis in der Tat ja auch ist. Wie sich aus dem beigefügten Diagramm ergibt, ergänzen sich beide Planeten in ihren anomalen Positionen so auf interessante Weise.

Die statistische Gruppe der Musiker wurde durch eine überlegte Auswahl der bedeutendsten zusammengestellt; sie hätte auch doppelt so groß oder noch größer sein können. Demgegenüber ist die Gruppe der Nobelpreisträger der Physik im voraus gegeben und für den betreffenden Zeitabschnitt vollständig, ausgewählt von einem Komitee der Preisverleihung der Königlichen Akademie der Wissenschaften in Stockholm und nicht von uns. Sie kann nicht vervielfacht werden und vergrößert sich nur langsam von Jahr zu Jahr. Es handelt sich dabei also um eine

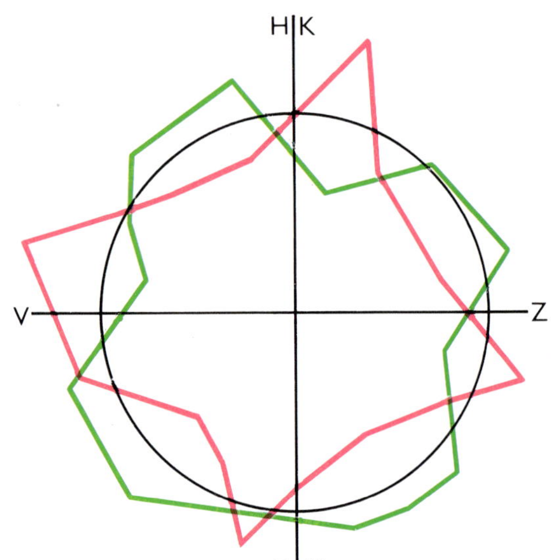

Die Tagesverteilung der Positionen Saturns zur Geburtszeit von 5100 Künstlern (grün) und 3647 Wissenschaftlern (rot) zeigt einen komplementären Charakter; V = Osten und Z = Westen des Planeten, HK = obere und DK = untere Kulmination des Planeten (nach M. Gauquelin, 1960).

ausgesprochen exklusive statistische Gruppe, die ein ganz anderes Gewicht hat als Gruppen, die aus einer unübersehbaren Menge zusammengestellt wurden. Ich nehme an, solche exklusiven Komplexe können qualifiziertere Resultate erbringen als subjektiv ausgewählte.

Die böhmischen Könige als exklusive Gruppe

Nehmen wir z. B. eine andere exklusive Gruppe, vielleicht noch ausschließlicher als die vorangehende, die unaufhörlich langsam anwächst: die bekannten Geburtsdaten der böhmischen Könige, 30 an der Zahl, und diese wird nie größer werden. Die Gruppe ist vollständig, denn von den 36 böhmischen Königen kennen wir bei 30 den Tag, den Monat und das Jahr ihrer Geburt.

Wenn wir die gleiche Methode wie bei den Musikern und Nobelpreisträgern anwenden, erhalten wir erneut ein bemerkenswertes Ergebnis: Von allen untersuchten Himmelskörpern weist nur die Sonne im Tierkreis markante Anomalien auf. Wo? Vor allem im Löwen, weniger in den Fischen. Das Löwezeichen regiert nach der mittelalterlichen Astrologie Böhmen, das auch im Wappen einen Löwen hat. Die Sonne ist im Löwezeichen „zu Hause" – sie beherrscht dieses Zeichen, es ist ihre spezifische Stellung im Tierkreis. In der mittelalterlichen Astrologie bezeichnete die Sonne den König und der Mond den Fürsten.

Die Häufigkeit der Sonne im Löwen übersteigt in den Nativitäten der böhmischen Könige erneut um mehr als 200 Prozent den Mittelwert. In der ersten Hälfte des Tierkreises (vom Widder bis zur Jungfrau) kommt bei ihnen die Sonne insgesamt 20mal vor, in der zweiten (von der Waage bis zu den Fischen) nur zehnmal. Bei den späteren Präsidenten der Republik ist das genau umgekehrt: Von den zehn wurden acht mit der Sonne in der zweiten Hälfte des Tierkreises und nur zwei in der ersten geboren. Vier von ihnen kamen in den Zeichen Schütze und Steinbock zur Welt, die bei den böhmischen Königen von der Sonne unbesetzt blieben.

Umfangreiche statistische Gruppen – Gauquelins Studien

Der Frage, ob der gewählte Beruf eines Menschen irgendwie mit dem Zeitpunkt seiner Geburt zusammenhängt, ging der französische Statistiker-Soziologe Michel Gauquelin in ausführlichen Studien nach. Unzufrieden mit den bisherigen Ergebnissen der Astrologen, vor allem Choisnards und Kraffts, stellte er mit Hilfe seiner Frau Françoise zunächst eine fundamentale Gruppe von ca. 25.000 überprüften Nativitäten bedeutender Persönlichkeiten zusammen. Genaue Angaben über die Geburt erhielten sie direkt durch das Studium von Archivquellen in einigen Ländern Westeuropas: Frankreich, Deutschland, Italien, Holland und Belgien. Die eigentlichen statistischen Erhebungen zogen sich über mehrere Jahre hin. Die ersten Ergebnisse wurden 1955 in dem Buch »Der Einfluß der Gestirne. Eine kritische und experimentelle Studie« vorgelegt, und seitdem faßte Gauquelin seine Resultate nach und nach in einigen weiteren Büchern und fachlichen Studien zusammen.

Bedeutung für die Astrologie

Auch wenn Gauquelin sich selbst nicht für einen Astrologen hält und seine Untersuchungsmethoden mit Astrologie ebenfalls nur wenig gemein haben, sind seine Ergebnisse für die Astrologie doch sehr wichtig, und zwar gleich aus mehreren Gründen. Sie geben, wie es scheint, der Astrologie recht, aber irgendwie indirekt und eher allgemein. Obwohl Gauquelin sich von den astrologischen Praktiken der Horoskopinterpretation eindeutig distanziert und sie als »vorwissenschaftlich« ansieht, unterstützt er mit seinen Resultaten das allgemeine astrologische Credo, daß die Zukunft des Neugeborenen im wesentlichen durch den Zeitpunkt der Geburt und die damit verbundenen Himmelskonfigurationen bestimmt wird. Und da der Beruf des Menschen eigentlich auch eine der kardinalen Horoskopkategorien ist, dürfte es für die Astrologen zweifellos von Bedeutung sein, sich eingehend mit der von Gauquelin angewandten Methodik vertraut zu machen und in bezug auf sie eine eigene Interpretation seiner Ergebnisse zu erwägen.

Gauquelins Vorgehensweise

Wie ging Gauquelin also vor, und was hat er festgestellt? Er suchte nach eventuellen Beziehungen zwischen den Planeten und dem Beruf des Menschen, und ihn interessierten nicht die ekliptikalen Positionen der Planeten (in den Tierkreiszeichen), sondern ausschließlich ihre Positionen in den Sektoren zwischen ihrem Auf- und Untergang zum Zeitpunkt der Geburt an einem bestimmten Ort. Den scheinbaren Tagesumlauf eines Planeten unterteilte er folglich in einen Tagesbogen aus sechs gleichen Zeitabschnitten (-sektoren) und einen Nachtbogen mit ebenfalls sechs gleichen Teilen. In der Mitte des Tagesbogens liegt der obere und in der Mitte des Nachtbogens der untere Kulminationspunkt des Planeten.

Außerdem verwendete Gauquelin versuchsweise noch eine feinere Aufteilung der Tagesbewegung der

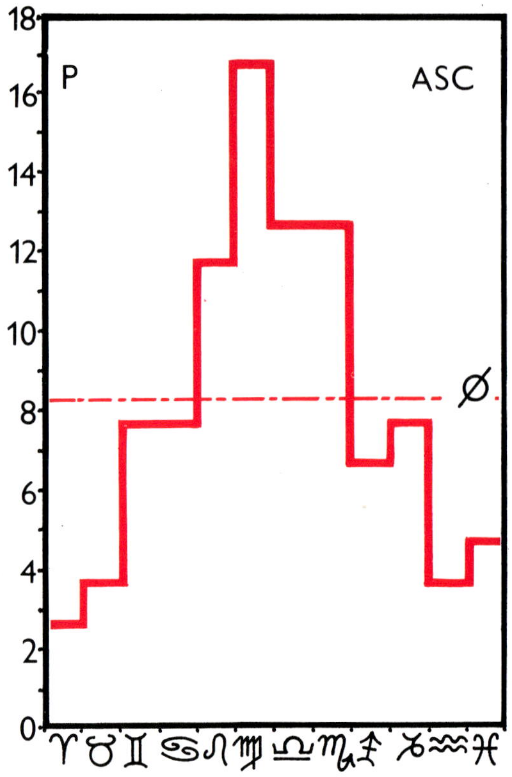

Die unterschiedliche Häufigkeit der Positionen des Aszendenten in den Tierkreiszeichen der statistischen Gruppe von 102 bekannten Astrologen der Jahre 1433 bis 1964 mit genauen Nativitäten; P = Anzahl der Fälle.

Planeten in 18 und 36 Zeitsektoren. Seine Methode erinnert ein wenig an die Konstruktion der astrologischen Häuser, weitaus näher steht sie aber der Methode zur Bestimmung der Länge der sogenannten planetarischen (oder Planeten-) Tag- und Nachtstunden.

Gauquelins Ergebnisse

Und die Ergebnisse? Die Beziehung bestimmter Planeten zu einer bestimmten Berufsart zeigt sich durch statistische Anomalien in der Häufigkeit ihrer Positionen in den einzelnen Sektoren. Frappierend ist die Übereinstimmung der dabei ermittelten Sektoren eins und vier, d. h. nach dem Aufgang und dem oberen Kulminationspunkt der Planeten. In der traditionellen Astrologie würde dies den Häusern 12 und 9 entsprechen. Zusammenfassend gesagt: Nach Gauquelin ist jeder Planet für bestimmte Berufsarten bedeutsam, was sich statistisch in ihrem erhöhten Vorkommen in zwei Sektoren des Zeitkreises äußert: nach dem Aufgang und dem oberen Kulminationspunkt. Die gleichen Sektoren wurden ermittelt, als der Autor z. B. die sogenannte planetarische Heredität untersuchte. Das Belgische Komitee zum Studium paranormaler Erscheinungen prüfte seine überraschenden Ergebnisse unabhängig und bestätigte sie im wesentlichen.

Schlußfolgerungen

Was ergibt sich aus Gauquelins Feststellungen konkret für die Astrologie? Sie bekräftigen in groben Zügen die privilegierte Stellung des Aszendenten und des Medium coeli im Horoskop. Genaugenommen offenbaren sie aber eine gewisse Nichtübereinstimmung mit der traditionellen Astrologie darin, daß nach ihr nicht die Häuser 12 und 9 (Gauquelins Sektoren eins und vier) mit dem Beruf zusammenhängen, sondern eher 6 (Beschäftigung, Lebensunterhalt) und 10 (Beruf, Mission). Damit es konsequent zur Bestätigung der astrologischen Doktrin kommt, hätten Gauquelins Sektoren drei und sieben ermittelt werden müssen, das nicht geschehen ist.

Was die statistische Beziehung der einzelnen Planeten zu konkreten Berufsarten betrifft, scheint das Resultat jedoch mit der klassischen Astrologie übereinzustimmen: Der Mond »kümmert sich« um Politiker und Schriftsteller, Venus um Schriftsteller, Mars um Sportler und Soldaten, Jupiter um Künstler, Soldaten, Politiker, Journalisten und Mannschaftssporttreibende, Saturn um Wissenschaftler und Ärzte. Für die Sonne, für Merkur, Uranus, Neptun und Pluto fand Gauquelin keine ausgeprägten Wechselbeziehungen mit Berufen.

Wiederholbarkeit und Unwiederholbarkeit

Versuche, mit Hilfe der Statistik zumindest teilweise Gültigkeiten nachzuweisen, hat es in der Astrologie bereits gegeben, und in moderner Zeit sind sie recht zahlreich. Auf einige der wichtigsten wurde in diesem Kapitel hingewiesen. Das Problem sehe ich darin, daß in der Astrologie immer nur etwas als gültig bewiesen wird. Durch Statistik das astrologische System als Ganzes zu erfassen und danach zu trachten, seine Gültigkeit oder Ungültigkeit nachzuweisen, ist allerdings ein sehr verzwicktes, wenn nicht gar unmögliches Unterfangen. Daher wichen bisher alle auf die Lösung von Teilfragen aus. Jedes Horoskop ist bekanntlich anders, und an die Interpretation muß immer individuell herangegangen werden. Was sich in Horoskopen wiederholt und als Basis für eine Statistik dienen könnte, ist also stets mit einem gewissen Prozentsatz Unwiederholbarkeit verbunden, was sich durch diese Statistik nicht erfassen läßt.

Der Gedanke, die Gültigkeit oder Ungültigkeit des astrologischen Systems insgesamt irgendwann statistisch vollständig beweisen zu können, erscheint deshalb vom Prinzip her schon illusorisch. Für die Schaffung und Verifikation der einzelnen Regeln der Horoskopinterpretation hat die Statistik jedoch zweifellos ihre Bedeutung. Wohl jeder Astrologe produziert eine solche ja unbewußt in der Praxis, ohne sich das besonders zu vergegenwärtigen: Sie ist Bestandteil seiner Erfahrung, und durch sie gelangt er zum Lesen jedes weiteren Horoskops. Dabei jedoch immer wieder jenes Unwiederholbare herauszulesen – das ist die astrologische Kunst.

Die Astrologie im eigenen Spiegelbild

Wer ist eigentlich ein Astrologe, oder besser gesagt, wer kann einer werden? Könnte Astrologie eventuell jeder betreiben? Kann man Astrologie wie Fotografieren lernen? Oder erfordert es etwas, was nicht jeder hat? Eine spezielle Begabung, besondere Anlagen, Fähigkeiten? Und welcher Art? Sind Prädispositionen für diese Tätigkeit bekannt? Kurzum: Weder Kunst noch Wissenschaft, noch eine ganze Reihe anderer Tätigkeiten kann jeder x-beliebige betreiben, denn wir wissen längst: Alles will gekonnt sein.

Wer ist ein Astrologe?

Bis zu einem gewissen Grade nähert sich die Astrologie der Medizin. Hier wie dort kommen notwendigerweise ethische Prinzipien ins Spiel. Wenn sich jemand einem Arzt, einem Psychoanalytiker oder Astrologen anvertraut, sollte er an ihn glauben oder wenigstens Zutrauen zu ihm haben.

Auch ein Astrologe kann in gewissem Maße das Leben seiner Klienten beeinflussen. Ich meine damit nicht, er müßte es gleich manipulieren, aber indirekt greift er doch ein. Hat er ein Recht dazu? Das Recht des Führenden? Des Sehenden? Aber auch er ist nur ein Mensch und hat sein eigenes Horoskop ... Ja, und dann noch dieses Herumstöbern. Mir fällt in diesem Zusammenhang ein Satz von Arthur Maeken ein, der den heiligen Ambrosius sagen läßt, eine Sünde sei schon zu wollen, den Himmel im Sturm zu nehmen, oder der Wunsch, verbotenerweise in eine andere, höhere Sphäre einzudringen. Doch »das Astrale wehrt sich«, wie die alten Hermetiker zu sagen pflegten. Wahr ist allerdings, daß gute Sterndeuter sich selbst nie aufdrängten, vielmehr suchte man sie auf.

Aber kehren wir zu unseren Fragen zurück:

- Was wurde vor allem von Sterndeutern verlangt?
- Was sind ihre charakteristischen Merkmale?
- Vermochten sie mit ihrer Disziplin auch sich selbst zu betrachten?

Das Zeugnis von Maternus

Im 4. Jahrhundert n. Chr., nannte Julius Firmicus Maternus, ein lateinischer Schriftsteller und Autor der Schrift »Matheseos« in acht Büchern, die Erfordernisse und Voraussetzungen zur Ausübung der Tätigkeit eines Astrologen. Das Werk ist im Geiste des Neuplatonismus geschrieben, und seinem Verfasser zufolge kann nur ein von göttlicher Inspiration erfüllter Mensch den Römern verkünden, was die Götter in alten Zeiten in den allergeheimsten Räumen der ägyptischen und babylonischen Tempel verrieten. Der Astrologe – Hoherpriester des Sonnengottes und der Mondgöttin – solle dem Irrenden vernünftig den rechten Weg weisen, ohne Verlangen nach einem Entgelt. Nicht habgierig dürfe er sein, nicht nach

Titelblatt der Amsterdamer Ausgabe der Prophezeiungen von Nostradamus aus dem Jahre 1668.

Porträt von Michel Nostradamus (zeitgenössischer Stich).

Ruhm streben oder politische Intrigen und Verschwörungen anzetteln.

Die Merkmale nach Varáhamihira

Der indische Astrologe Varáhamihira, der wahrscheinlich im 6. Jahrhundert n. Chr. wirkte, drückt sich in seinem Werk über die Ethik und sogar in bezug auf den idealen Typ des Astrologen schon etwas ausführlicher aus:

»Der Astrologe muß von guter Herkunft sein, von angenehmem und nettem Äußeren, mit einem ebenmäßigen Körper, edlem Wuchse und hübsch geformten Gliedmaßen. Er soll keinen körperlichen Defekt haben, und seine Hände, Füße, Nägel, Augen, Zähne, Ohren, Augenbrauen, Stirn und Kinn müssen angemessene Proportionen aufweisen. Insbesondere muß er eine gute körperliche Konstitution besitzen und eine klare, reine und angenehm klingende Stimme. Kurzum, er muß ein vollkommener Mann sein. Und zwar deshalb, weil man nach dem Äußeren in der Regel auf gute oder schlechte moralische Eigenschaften schließt.

Weiterhin werden von ihm verlangt strenge Sittlichkeit, Wahrhaftigkeit, Edelmut, schlagfertiges Denken, Wissen, Feinfühligkeit und Güte. Er soll weder leicht erregbar noch jähzornig sein. An Kenntnissen muß er die anderen überragen, um mit seinen Erfolgen in der Wissenschaft deren Ruhm zu mehren. Er muß nicht nur befähigt sein, sondern auch ohne Laster, soll Sühneopfer darbringen können, die Heilkunde und Weiße Magie beherrschen, in der Furcht Gottes leben, fasten und Buße tun. Er muß einen hervorragenden Geist besitzen, um jegliche Frage beantworten zu können, mit Ausnahme solcher, die die Grenzen seiner Kenntnis übernatürlicher Einflüsse übersteigen. Und schließlich muß er gut vertraut sein mit der Astronomie, mit Horoskopen und der natürlichen Astrologie.«

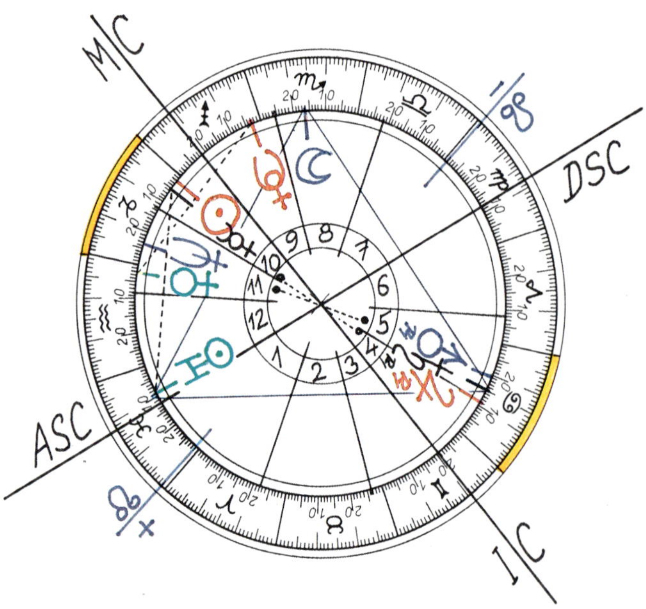

***Das Radixhoroskop des französischen Astrologen Michel Nostradamus**, geboren am 14. Dezember 1503 gegen Mittag in Saint-Rémy-de-Provence; Koch-Häuser. Zu den charakteristischsten Konstellationen des Horoskops gehören Uranus nahe dem Aszendenten im Zeichen Fische, was auf eine deutlich aus dem Durchschnitt herausragende Persönlichkeit mit einer Begabung zum Erraten hinweist; weiterhin ein wäßriges Trigon, an dem die Hälfte aller Planeten beteiligt ist und das eine hohe Sensibilität andeutet, sowie die akzentuierte Zweiergruppe der gegenüberliegenden Zeichen Krebs und Steinbock, aus der sich die Fähigkeit zur Orientierung in der Zeit und das Prophezeien künftiger Dinge ableiten lassen.*

Die »Belehrungen« Arúzís

Der Perser Nizámí Arúzí faßte seine Ansichten in der ersten Hälfte des 12. Jahrhunderts in seinem Werk »Belehrung eines Kronprinzen oder Vier Gespräche« kurz zusammen; im dritten Gepräch über Sternkunde und den Umfang der für einen Sternkundigen unerläßlichen Kenntnisse heißt es:

»Der Sternkundige muß ein Mensch reinen Charakters und frommen Geistes sein, begnadet und auch ausgestattet sozusagen mit einer gewissen närrischen Unternehmungslust im Vorhersehen; das gehört zu den Bedingungen dieser Arbeit und zu den Voraussetzungen der Profession.«

Am Äußeren, scheint es, liegt dem Perser nicht soviel, dafür fügt er noch eine bemerkenswerte Besonderheit hinzu, die schon auf die Möglichkeit einer Prädisposition zur Ausübung dieses Berufes hinweist, wenn er weiter schreibt:

»Und wer Prognosen aufstellen will, sollte in seinem Horoskop oder wenigstens in einer guten Konjunktion mit dem Horoskop das Zeichen Pfeil des Geheimnisses haben. Wer im Horoskop, das aus den Geburtsdaten gestellt wurde, dieses Zeichen hat, ist in einer trefflichen und günstigen Lage, und was immer er an Vorhersagen ausspricht, kann der Wahrheit nahekommen.«

Also endlich die Astrologie im eigenen Spiegel! Nicht nur ein Idealtyp, sondern die Voraussetzungen bereits im Geburtshoroskop des Astrologen selbst verborgen. Wirklich?

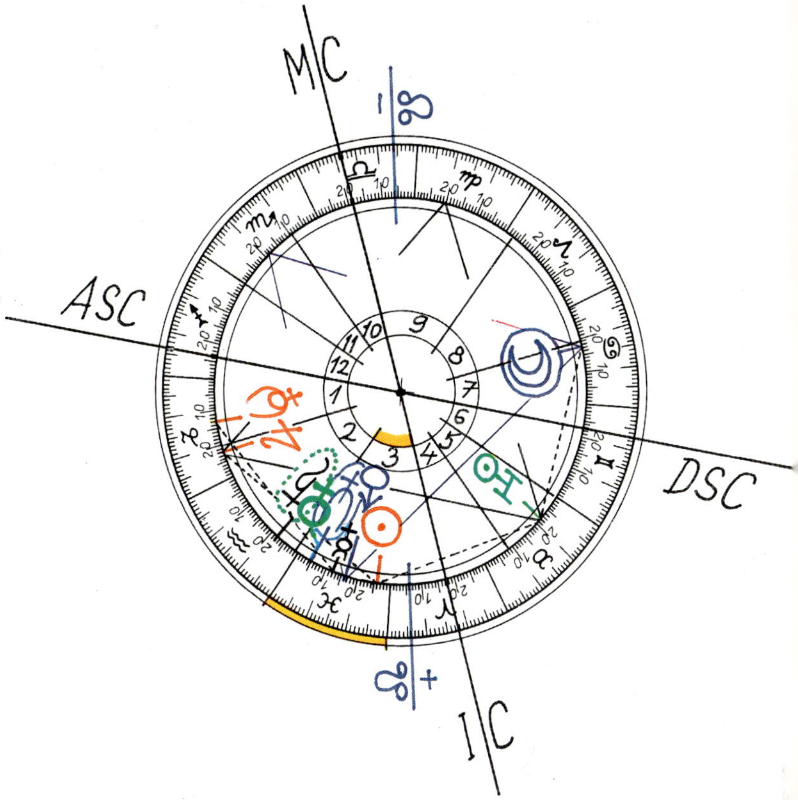

Das Geburtshoroskop des Astrologen Franciscus Junctinus, gestellt nach den erhaltenen Eingangsdaten: 7. März 1522 um 1 Uhr 18 Minuten örtliche wahre Sonnenzeit in Florenz; Koch-System.

Der »Pfeil des Geheimnisses«

Nizámí Arúzí berichtet dann von einem Wahrsager, sonst ein absoluter Analphabet, der jedoch sehr treffende Prophezeiungen machte. Als der Sterndeuter Abú Rajhán das Horoskop seiner Geburt studierte, stellte er fest, »das Zeichen Pfeil des Geheimnisses fällt direkt auf den mittleren Grad seines Horoskops (d. h. das 1. Haus – den Aszendenten), und das bedeutet: Wenn er etwas weissagt – und sei es auch nur so aufs Geratewohl –, ist es fast immer richtig.«

Geheimnis um den »Pfeil des Geheimnisses«

Was ist das eigentlich, dieser »Pfeil des Geheimnisses«? Offenbar ein Horoskopelement. Aber welches? Die Terminologie der Sterndeuter im mittelalterlichen Orient war nicht gerade die verständlichste. Die in den Anmerkungen angeführte Vermutung der Übersetzerin des Werkes ins Tschechische (Věra Kubíčková), es handle sich wohl um ein altes Tierkreiszeichen, ist nicht richtig: Persien benutzte den gleichen Zodiakus wie die Griechen. Und außerdem ergibt sich schon aus dem Kontext deutlich etwas ganz anderes und, wie ich sagen würde, sehr Interessantes.

Was der persische Autor mit den mittelalterlichen Ausdrücken »Pfeil des Geheimnisses« (sahmu'l-ghajb) und »Pfeil des Glücks« (sahmu's-sa'ádat) bezeichnete, läßt sich aus dem folgenden Fragment erkennen, in dem er indirekt etwas von der damaligen Horoskopmethodik enthüllt:

»Mir wurde eine Tochter geboren, und das Datum ihrer Geburt war der 28. Safar des Jahres 510 (= 12.6.1116), an welchem Tage Sonne und Mond in Konjunktion waren, und es gab zwischen ihnen keinen Abstand, so daß der Pfeil des Geheimnisses und der Pfeil des Glücks auf ein und denselben Grad ihres Horoskops fielen.«

Offensichtlich stellen diese »Pfeile« also Horoskopelemente dar, die von den ekliptikalen Längen der Sonne und des Mondes abhängen. Diese Elemente können im Horoskop aber nur die sogenannten sensitiven Punkte (*kleroi*) sein, die mit einem Kreuz im Kreis (⊕) bezeichnet wurden. Unter ihren griechischen Bezeichnungen *daimon*, *agathe* und *basis* kannten sie bereits die antiken Autoren Nechepsó-Petosiris, Manilius, Ptolemäus, Vettius Valens, Rhetorios, Paulus von Alexandria u. a. Obwohl die Methodik der Arbeit mit diesen von den Längen der Sonne, des Mondes und des Aszendenten *(horoskopos)* abgeleiteten Horoskopelementen schon im Altertum, aber auch danach anerkannt war, bleiben für uns die folgenden Feststellungen die wichtigsten:

- Bei einem Novil, wenn Sonne und Mond in Konjunktion sind, verschmelzen die Punkte *daimon* und *agathe* (sowie *basis*) notwendigerweise mit dem Aszendenten.
- Bei einer Konjunktion von Sonne und Aszendent verschmelzen diese Punkte mit der Position des Mondes.
- Bei einer Konjunktion von Mond und Aszendent verschmelzen die sensitiven Punkte mit der Position der Sonne.

Der erste dieser drei Fälle ist es, den der Autor im gegebenen Zitat beschrieb.

Und was ergibt sich daraus für unsere Betrachtungen in bezug auf eine Prädisposition für die astrologische Tätigkeit? Daß vor allem im Novil Geborene ausgezeichnete Weissager sein sollen. Nur sie haben nämlich im Aszendenten oder in seiner nächsten Nähe jenen »Pfeil des Geheimnisses« oder den Punkt ⊕.

Andere notwendige Voraussetzungen

Ein Indiz hätten wir also. Das konnte aber doch nicht das einzige Kriterium dafür sein, ob jemand für die Astrologie Talent hat oder nicht. Der schon erwähnte Inder Varáhamihira führt z. B. in seiner Schrift die Erkenntnis an, daß Menschen, die mit der Sonne im Zeichen Zwillinge geboren sind, angeblich zur Astrologie tendieren. Und wir fragen mit Recht: Alle? Das wohl nicht. Das wäre zu einfach.

Und so ist nicht verwunderlich, daß einige Astrologen in moderner Zeit diese Frage erneut und tiefschürfender untersuchten. Sie beabsichtigten, die etwaigen Prädispositionen für astrologische Divination mit Hilfe der Statistik ein wenig zu enthüllen. Ihre publizierten Schlußfolgerungen stützen sich offenbar schon auf bestimmte Datensammlungen. Auf wie große, wissen wir jedoch nicht. Sie haben es uns nicht verraten, und das ist ein Fehler. So lassen sich ihre Ergebnisse nur qualitativ bewerten; eine quantitative Überprüfung müßte erneut erfolgen, und das wollen wir später teilweise versuchen.

Die Merkmale im Horoskop des Astrologen nach Charles Carter

Der Engländer Charles Carter beispielsweise behauptet in seinem »Astropsychologischen Lexikon« (1930), die Astrologen regiere vor allem der Planet Uranus. Die antiken Autoren Galenus, Hippokrates und Ptolemäus schrieben diese Funktion dem letzten der damals bekannten Planeten – Saturn – zu. Beide Gestirne beherrschen nach der gegenwärtigen astrologischen Doktrin die gleichen Tierkreiszeichen: Steinbock und Wassermann. Wohl deshalb hat Uranus in der Neuzeit einen Teil der horoskopischen Kompetenzen Saturns übernommen. Nach Carters Feststellungen gibt es in den Horoskopen von Astrologen häufig Fälle des Aszendenten in den Zeichen Löwe, Jungfrau, Waage und Skorpion. Weiterhin konstatiert Carter u. a. auch, daß viele Astrologen angeblich mit der Sonne in den Zeichen Zwillinge und Schütze geboren sind. Erinnern wir uns, daß die Zwillinge in diesem Zusammenhang schon Varáhamihira erwähnt hat.

Was die Akzentuierung einzelner Grade der Ekliptik in den Horoskopen der Astrologen betrifft, so hebt Carter vor allem 27° Wassermann und Löwe sowie 11° Jungfrau und Fische hervor.

Die Merkmale im Horoskop des Astrologen nach Jan Kefer

Der tschechische Autor Jan Kefer (übrigens Verfasser des bisher vielleicht besten tschechischen Lehrbuchs der Astrologie) hat sich zu dieser Problematik in seiner »Astrologischen Diagnostik« von 1940 auch ganz konkret geäußert. Er hält in den Horoskopen der Astrologen folgende Merkmale für die häufigsten:

»Die Sonne in Konjunktion mit Merkur im neunten Haus, den Mond in den Zwillingen oder im Wassermann und gleichzeitig im 1. Haus, ferner Merkur in Konjunktion mit Uranus im 1., 3., 9. oder 10. Haus, besonders wenn die Sonne, Merkur oder Uranus in den aufsteigenden Zeichen ist, Saturn im 9. Haus bei Taggeburt, Uranus im Löwen und im 1. Haus oder Uranus im 9. Haus in einem ungünstigen Aspekt zu Saturn, das Medium coeli im zweiten Drittel des Zeichens Jungfrau oder im ersten Drittel des Zeichens Fische.«

Allgemein tritt nach Kefer die Vorliebe zur Astrologie bereits im Geburtshoroskop klar zutage, besonders dann, wenn Merkur darin eine bedeutsame Beziehung zu Uranus hat (z. B. einen Aspekt) und dabei noch einige andere Bedingungen erfüllt sind, wie z. B. eine Beziehung zwischen Sonne oder Mond zu Merkur und ein Aspekt zu Jupiter (oder 9. Haus).

Der zeitgenössische indische Astrologe B. V. Raman führt in seinem Buch über die prognostischen Methoden der indischen Astrologie folgende Merkmale in der Radix eines großen Astrologen an: Merkur in einem Eckhaus (1, 4, 7, 10), Venus im 2., der Mond oder Jupiter im 3. Haus. Wenn also jemand von meinen Lesern feststellt, daß er in seinem Horoskop solche Konfigurationen hat, kann er versuchen, sich in diesem Fach hervorzutun.

Die Merkmale im Horoskop des Astrologen nach A. M. Grimm

Wir werden aber gleich zeigen, daß die ganze Sache durchaus nicht so geradlinig einfach ist, im Gegenteil: andere Länder, andere Erfahrungen. Wie hätte der deutsche Astrologe A. M. Grimm in den zwanziger Jahren unseres Jahrhunderts sonst zu abweichenden Untersuchungsergebnissen gelangen können? In seiner »Astrologie« (1929) vertritt er nämlich die Ansicht, wichtig seien vor allem die »komplexen spezifischen Konstellationen«. Ihnen spricht er ein viel größeres Gewicht zu als den einzelnen entdeckten Konfigurationen, die von anderen Astrologen meist in Form starrer Aphorismen präsentiert werden, denn ihm geht es um die Verknüpftheit des ganzen Horoskops, nicht um auffällige Details.

Grimm vermutet, daß die Vertreter jeder Profession eine Art Gruppe bilden – eine gewisse Anzahl analoger Fälle mit besonderen, bei anderen Typen unwiederholbaren komplexen Konstellationen in den Geburtshoroskopen. Und was sich dann als statistisch nicht auffällig erweist, gehört seiner Meinung nach nicht zur Gruppe, sondern zu den Individuen. Eine insgesamt logische Überlegung.

So eine komplexe Konstellation bestimmte er auch für die Astrologen und also auch für die eventuellen Anhänger dieser Kunst. Im Geburtshoroskop eines befähigten Astrologen sollten nach den Schlußfolgerungen A. M. Grimms folgende vier Bedingungen erfüllt sein, und zwar gleichzeitig:

- Es gibt eine Wechselbeziehung zwischen dem 6., 9. und 10. Haus (mittels der Planeten und ihrer Aspekte).
- Merkur befindet sich in der östlichen Hälfte des Horoskops oder fungiert als Dispositor des 1. Hauses.
- Dispositor des 1. Hauses sollten die Sonne, Merkur oder Jupiter sein; ein anderer Dispositor des 1. Hauses sollte wenigstens im Aspekt mit einem der erwähnten drei Planeten sein.

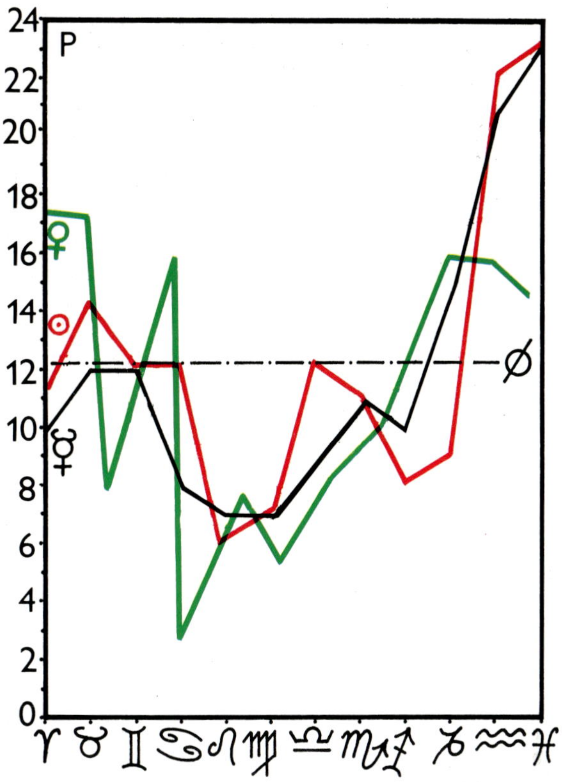

Die Häufigkeit der zodiakalen Positionen von Sonne (rot), Merkur (schwarz) und Venus (grün) in der statistischen Gruppe von 145 Nativitäten bedeutender Astrologen, die in den Jahren 1433 bis 1964 geboren sind; P = Anzahl der Fälle. Im Vergleich zur Häufigkeit der Positionen des Aszendenten bei derselben Nativitätsgruppe ist die Positionsverteilung der drei Planeten hier genau umgekehrt.

- Der Dispositor des 1. Hauses sollte sich in der östlichen Hälfte des Horoskops oder im6., 9. oder 10. Haus befinden.

Der statistische Versuch in den eigenen Reihen

Ich präsentiere hier eine ausgewählte Gruppe bearbeiteter Nativitäten von 145 Astrologen, die zwischen 1433 und 1964 vorwiegend in Europa geboren sind.

Bei etwa 100 von ihnen ist sogar die Geburtsstunde bekannt. Wir können deshalb nach der Häufigkeit der Planetenpositionen in den einzelnen Tierkreiszeichen bei diesen 100 auch die Häufigkeit des Aszendenten in den Zeichen untersuchen. Sonne und Aszendent gehören zu den Grundlagen jedes Horoskops. Während die Sonne nach der Lehre der Horoskopinterpretation zeigt, wovon der Betreffende lebt, betrifft der Aszendent das Wesen seiner Persönlichkeit, das Ego.

Es ist zu sehen, daß hier gewisse Indizien für eine Prädisposition des einzelnen für eine astrologische Tätigkeit und für ein Interesse an ihr vorhanden sind. Was die Wassermänner gemeinsam haben, ist im wesentlichen ein systematisches Denken. Und die besten von ihnen zeigen sogar, daß eines ihrer typischen Erkennungsmerkmale »mentale Weitsichtigkeit« (Daniela Fischerová) ist. In perspektivisches Sehen vertieft, bemerkt der Wassermann oft nicht, wo er hintritt. Kein Wunder, daß er dann des öfteren verlacht wird.

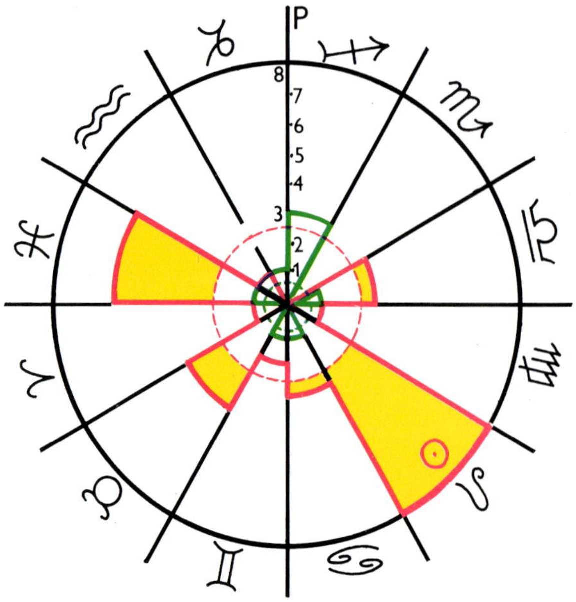

Vergleich der Verteilung der Positionen der Sonne in den Tierkreiszeichen in der vollständigen Gruppe der erhaltenen Nativitäten der 30 böhmischen Könige (rot) und der kompletten Zahl der neun tschechoslowakischen Präsidenten vor November 1989 (grün). Bei den böhmischen Königen ist vor allem die Anomalie im Löwezeichen bemerkenswert, wenn wir in Betracht ziehen, daß der Löwe auch die Wappenfigur des tschechischen Staates ist.

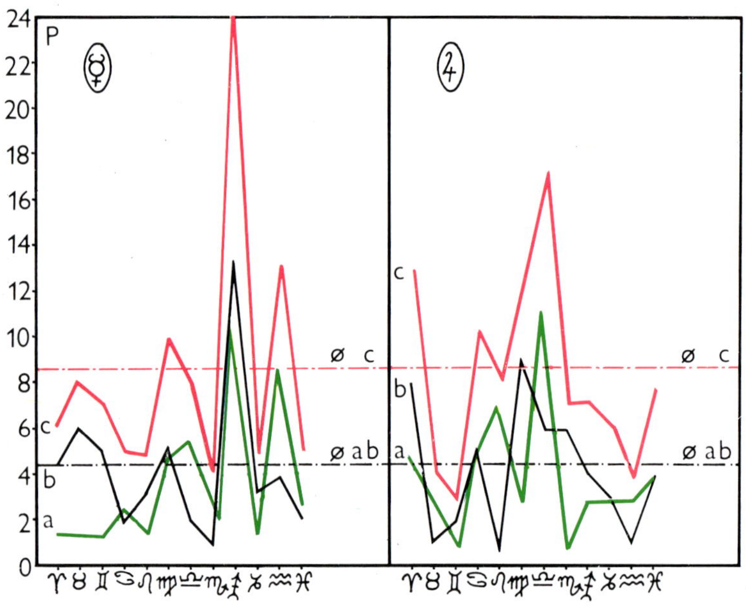

Statistik der Häufigkeit (P) der Positionen von Merkur (links) und Jupiter (rechts) in der Gruppe der 50 bedeutendsten Komponisten (a = grün) und der 50 berühmtesten Jazzmusiker (b = schwarz); die Anzahl der Fälle (P) insgesamt ist rot (c) bezeichnet. Erste Gruppe der Nativitäten (a): Händel, Bach, Gluck, Stamitz, Haydn, Mysliveček, Mozart, Ryba, Beethoven, Weber, Rossini, Schubert, Škroup, Lortzing, Berlioz, Strauß (Vater), Mendelssohn-Bartholdy, Chopin, Schumann, Liszt, Wagner, Verdi, Franck, Smetana, Bruckner, Strauß (Sohn), Rubinstein, Brahms, Saint-Saëns, Bizet, Dvořák, Grieg, Fibich, Janáček, Foerster, Mahler, Glasunow, Debussy, Novák, Satie, Suk, Schönberg, Bartók, Berg, Webern, Martinů, Honegger, Milhaud, Hindemith, Britten. Zweite Gruppe der Nativitäten (b): Joplin, Laine, Handy, Picou, B. Johnson, Nelson, Oliver, Morton, Rainey, Ory, Smith, J. Johnson, J. Dodds, Robinson, Broonzy, Noone, Bechet, Smith, Gershwin, Henderson, »Baby« Dodds, Ellington, Mezzrow, Nicholas, Ladnier, Armstrong, Beiderbecke, Waller, Burian, Basie, Condon, Hawkins, Dorsey, Freeman, Ježek, Spanier, Webb, Carter, Goodman, Shaw, Wilson, Hampton, Herman, Holiday, Murphy, Parker, Lytton, Mingus, Lutter.

Die Perspektiven der Astrologie

Die Astrologie lebt

Nebenströmungen

Neben der Hauptströmung entstanden – und entstehen noch immer – in der westlichen Astrologie ganz natürlich verschiedenste Richtungen, die diesen oder jenen Aspekt hervorheben und in das hier beschriebene Grundsystem einige neue Prinzipien hineinbringen (Hamburger Schule, Aalener Schule, siderische oder siderale Astrologie, humanistische Astrologie, Karmaastrologie, Astropsychologie, zodiakale Chronologie, Astrokartographie u. a.).

Dieses ganze Gebiet einer speziellen, oftmals experimentierenden Astrologie nichttraditionellen Typs bezieht dieses Buch absichtlich nicht mit ein. Nicht immer haben diese Abweichungen nämlich eine wirkliche Bereicherung der klassischen Astrologie bedeutet, auch wenn ihr Beitrag in einigen Fällen unbestritten ist. Das wäre aber schon ein Thema für ein neues Buch. Aus ähnlichen Gründen habe ich mich hier auch nicht mit verschiedenen historischen Veränderungen der astrologischen Methodik beschäftigt, durch die sich die Astrologie in ihrer eigenen Entwicklung bereits im Altertum und Mittelalter den Fortschritten anpaßte und die für uns heute ein abgeschlossenes historisches Kapitel darstellen.

Parallelen zur Entwicklung der Kunst

Die Astrologie entwickelte und entwickelt sich wie andere kulturelle Phänomene ständig weiter. Ihr Werdegang zeigt jedoch weitaus engere Bindungen an die Entwicklung der Kunst als an die der Wissenschaft. Die Flut- und Ebbewellen des allgemeinen Interesses an der Astrologie verlaufen z. B. synchron mit der Entstehung stilbildender Epochen in der Geschichte der Kunst, wobei die etwa 360jährige Zyklizität sich wiederholender Renaissancen der Astrologie absolut zeitgleich mit jenen Zwischenstil- oder Umbruchepochen der Kulturgeschichte auftritt, in denen vor allem Erscheinungen manieristischen Charakters dominieren, wie sie etwa aus der modernen Kunst, aus dem europäischen Manierismus oder der Wende des romanischen zum gotischen Stil bekannt sind.

Blick in die Zukunft

Der Rhythmus im Wechsel von Flut- und Ebbewellen, der in der Geschichte der Astrologie zu finden ist, ermöglicht auch einen perspektivischen Blick in die Zukunft. Aus der Sicht der 2000jährigen Geschichte der Horoskopie läßt sich der Beginn des 21. Jahrhunderts als wahrscheinliche epochale Wende ansehen, in der ihre bisherige Entwicklung parallel zur Ära des Christentums kulminiert und sich für die Astrologie des 3. Jahrtausends neue Perspektiven eröffnen. Eine ähnliche und vielleicht noch bedeutsamere Wende durchlief die Astrologie in hellenistischer Zeit, als sie sich aus der präastrologischen Phase definitiv zur Horoskopie veränderte.

Die Rechentechnik in der modernen Astrologie

Ein qualitativer Sprung

Einen grundlegenden qualitativen Sprung in der Entwicklung der modernen Astrologie stellt die massenweise Verwendung der Rechentechnik dar. Für den Kalkulationsteil der Horoskopie ist der Computer zweifellos ein Gewinn; auf der einen Seite ermöglicht er, schnell, exakt und zuverlässig zu arbeiten, und auf der anderen, aus den gelösten Fällen Datenbasen, statistische Gruppen zum tieferen Studium astrologischer Zusammenhänge u. a. zu schaffen.

Ephemeridenrechenprogramme gestatten es, daß man sich in der historischen Zeit im Grunde unbeschränkt bewegt, während z. B. die Programme zur Berechnung der Horoskophäuser nach unterschiedlichen Systemen zu ihrer praktischen Überprüfung und zur Revidierung der Gültigkeit des einen oder anderen dienen können, was bis heute ein ungelöstes Problem der Horoskopie ist. Speziell eingerichtete Programme geben die Möglichkeit, dem Computer auch relativ arbeitsreiche und langwierige Berechnungen der prognostischen Astrologie anzuvertrauen. Ein idealer Arbeitspartner des Astrologen wird der Computer vor allem bei der Wahl des geeigneten Zeitpunkts zur Durchführung einer Unternehmung auf der Grundlage des Horoskops (Elektion) oder bei der Suche nach analogen Situationen in der Vergangenheit.

Die Schattenseite: maschinelle »Interpretation« von Horoskopen

Aber wie jede Medaille zwei Seiten hat, hat auch die Verwendung der Rechentechnik in der modernen Astrologie ihre Schattenseite: Als Kehrseite ihres positiven Beitrags bietet die Computerverarbeitung der Horoskope auch rein kommerzielle Produkte in Form einer maschinellen »Interpretation« an. Das ist verführerisch.

TYPUS SELENO
LUNÆ PHASES
VARIOS AD
PHASES LUNÆ ACCRESCENTIS
LVNA COR
NICVLARIS
LVNA
CO
IN ASPEC
SEXTI
TV
LI
LVNA DIMI
DIATA
IN ASPEC
QVADRA
TV
TO
LVNA IN ORBEM
INSINVATA
IN ASP
TV TRINO
TRIGO
EC
VEL
NO
LVNA
OPPO
NOMINA
PHASIVM
ET ASPECTVVM
LVNÆ

GRAPHICUS ET ASPECTUS UMBRANS.
PHASES LVNÆ DECRESCENTIS
LVNA COR NICVLARIS.
ASPECTV
LVNA DIMI
ASPECTV DRATO
LVNA IN ORBEM IN SINVATA
ASPECTV NO VEL GONO.
PHASES LVNÆ RESPECTV SOLIS ET OCVLI

An der astrologischen Divination muß jedoch der menschliche Faktor direkt beteiligt sein, diese Phase der Astrologie darf nicht dem Rechner anvertraut werden, dessen mechanisches Herangehen eine große Beschränkung wäre. Die menschliche Imagination läßt sich nämlich nicht programmieren. Daher gehen die Versuche einer Computerdeutung des Horoskops immer nur von einer vorgefertigten Grundlage aus und können mit dem unwiederholbaren divinatorischen Lesen der Horoskope, von denen jedes anders ist, niemals wirklich konkurrieren. Ein organisches Vorgehen kann nie mit Erfolg durch ein mechanisches Verfahren ersetzt werden.

Die Astrologie ist immer da, wenn man sie braucht

Begegnungen als Knotenpunkte

Auf ihren Lebenswegen kommen und gehen die Menschen wie die Planeten vor dem Hintergrund des Tierkreises. Determinierend sind aber nur einige dieser Begegnungen. Aus ihnen entwickeln sich wie von Knotenpunkten aus weitere Ereignisse, die den Menschen in der Regel dann schon ein wenig anderswohin dirigieren, als der ursprüngliche Weg andeutete.

Surrealistische, determinierende zufällige Begegnungen sind in der Astrologie das Schlüsselprinzip. Durch das zarte Gewebe der Horoskopbeziehungen läßt sich ersehen, daß es sich in diesen Fällen nicht um einen rein objektiven, sondern subjektiven Zufall handelt, den wir nur aus Mangel an Beweisen, daß er gar kein Zufall ist, so nennen. Wie ein Jagdhund auf die Spur zufälliger Ereignisse gesetzt, enthüllt die Astrologie in der Regel tiefere Beziehungen, die zum Wissen um Zusammenhänge führen, die auf den ersten Blick hin unergründlich sind.

Einschätzung schicksalhafter Augenblicke

Sie kennt nämlich Methoden, mit denen sich die Bedeutung jener schicksalhaften Augenblicke einschätzen läßt. Ein und dieselbe Sache, zehnmal gemacht, kann beim elften Mal ganz anders ausgehen. So nehmen Sie z. B. lange Zeit denselben Weg zur Arbeit, bis Sie eines Tages scheinbar ohne Grund ein wenig die Richtung ändern und unerwartet auf jemanden oder etwas stoßen, wodurch Ihr Leben sich prinzipiell zu ändern beginnt. Das ist nicht Fatalismus, sondern dynamische Determiniertheit. In dem Moment können Sie noch nicht absehen, wohin dieser entscheidende Augenblick Sie schließlich führen wird.

Der Astrologe aber vermag anhand eines genauen Horoskops festzustellen, daß Sie gerade einem Lichtstrahl Ihres künftigen Glücks begegnet sind. In seiner Macht liegt es, Ihnen zu empfehlen, ihn nicht mehr aus den Augen zu lassen, und erst die Zeit wird ihm recht oder unrecht geben. Genauso kann er Sie aber auch rechtzeitig darauf aufmerksam machen, daß der Weg, den Sie zu gehen gedenken, für Sie eigentlich eine Sackgasse ist und Sie ihn verlassen sollten, solange noch Zeit dafür bleibt.

Lebenssituationen – experimentell nicht wiederholbar

Zu überprüfen, wie sich Prophezeiungen erfüllen, ist immer eine trügerische Angelegenheit. Hat die unangenehme Geschichte nur deshalb nicht stattgefunden, weil Sie rechtzeitig gewarnt wurden? Oder war deren Prognose schon von Anfang an falsch? Das werden wir in der Praxis nie erfahren, weil Lebenssituationen sich experimentell nicht wiederholen lassen. Es kommt aber eine neue und mit ihr, wenn Sie wollen, wieder eine astrologische Weissagung darüber, und nur an Ihnen liegt es, wie Sie sich dazu verhalten. Die Astrologie vereitelt nicht den freien Willen des Menschen.

◀ *Seiten 256/7: Die Mondphase (Andreas Cellarius: »Harmonia macrocosmica«, Amsterdam 1661).*

Sternsymbol auf einem alten Prager Hauszeichen (am Haus »Zum Schwarzen Stern«, Seminářská Straße 6).

Bedeutende Persönlichkeiten in der Geschichte der Astrologie

Agrippa von Nettesheim.

Albertus Magnus, eine Kirchenautorität des 13. Jahrhunderts.

Adams, Evangeline, eigentlich: George E. Jordan,1865 bis 1932; Wegbereiterin der amerikanischen Astrologie; wirkte ab 1890 in Boston und ab 1899 in New York, wo sie durch ihre Praxis die Existenzberechtigung der Astrologie verteidigte.

Addey, John, geboren 15.6.1920; britischer Philosoph, der sich aus wissenschaftlicher Sicht mit Astrologie beschäftigt und um ihre ernstgemeinte Rehabilitation bemüht; verfaßte mehrere bedeutsame synthetisierende Schriften, vor allem über die Wellentheorie in der Astrologie, die Harmonie der kosmischen Perioden (»harmonics«-Theorie) und die statistische Analyse, die er mit anderen (D. Bradley, R. C. Firebrace, M. Gauquelin) zusammen durchführte.

Adelard von Bath, zweite Hälfte des 12. Jahrhunderts; englischer Mönch und Philosoph aus der Generation der Übersetzer, die Europa mit der arabischen und jüdischen Astrologie bekannt machten; stand in Diensten des englischen Königs Heinrich I.

Agatharchides aus Knidos, um 200 bis 120 v. Chr.; griechischer Historiker und Geograph am Hofe der Ptolemäer, Kompilator; schrieb die saisonalen Veränderungen der Bewegung der Sonne und der Planeten durch den Tierkreis von einem Zeichen zum anderen zu.

Agrippa von Nettesheim, Heinrich Cornelius, 14.9.1486 bis 18.2.1535; deutscher Arzt, Philosoph, Theologe, Historiker, Astrologe und bedeutender okkultistischer Schriftsteller der Renaissance.

d'Ailly, Pierre (Peter von Ailly/Petrus Alliacus), 1350 bis 9.8.1420; französischer Theologe, Politiker, Doktor der Sorbonne, Kardinal; beschäftigte sich auch mit prognostischer Astrologie, mit dem Horoskop der Geburt Christi und versuchte eine Überarbeitung des Julianischen Kalenders durchzusetzen; sagte für das Jahr 1789 die Französische Revolution voraus.

Albertus Magnus, eigentlich: Albert Graf von Bollstädt, um 1200 bis 15.11.1280; deutscher Dominikaner, Universalgelehrter, Kirchenautorität und hervorragender Kenner der okkulten Wissenschaften; machte sich um die Festigung der Positionen der Astrologie im Rahmen der christlichen Weltanschauung verdient.

Albohali Alchait (Jahjá ibn Ghálib Abú'Alí al-Khaiját); arabischer Astrologe, der um 850 wirkte; erhalten hat sich eine lateinische Übersetzung seiner Geburtsastrologie.

Albohazen Haly (Muhammad ibn al-Hasan ibn al-Hajtham al Basrí al Misri, Abú Alí), um 965 bis 1038; arabischer Physiker, Astrologe und Kommentator, der in Ägypten und Tunis tätig war; sein astrologisches Werk wurde im 13. Jahrhundert in Europa sehr geschätzt.

Albubater Alkasan (Abú Bakr al-Hasan); arabischer Astrologe, der zu Beginn des 9. Jahrhunderts wirkte; aus lateinischen Übersetzungen sind zwei seiner Schriften über Geburtsastrologie bekannt.

Albumasar (Abu Maschar/Abú Ma'sar al-Balchí), um 805 bis 886; islamischer Astrologe aus Chorasan, in Bagdad tätig; gehörte im Mittelalter in Europa zu den angesehensten arabisch schreibenden Astrologen; insgesamt 27 seiner astrologischen Schriften wurden ins Lateinische übersetzt.

Alcabitius (Abd al-'Asis ibn Uthman ibn 'Ali, Ubu as-Sakr al-Quabísí), gestorben um 967; bedeutender arabischer Astrologe, der in Mosul wirkte; acht seiner astrologischen Schriften wurden ins Lateinische übersetzt.

Alfons X. von Kastilien, genannt Astrologus, 23.11.1221 bis 4.4.1284; spanischer König (1252 bis 1282), großer Gönner und Mäzen der Astronomie und Astrologie; beschäftigte drei Astrologen; ließ astrologische (die sogenannten Alfonsinischen) Tafeln ausarbeiten und zahlreiche arabische astrologische Schriften übersetzen.

Alfraganus (Al Farghani / Omar Alfraganus Tiberiadis / Omar, Adhomar, Tiberias / Umar Muhammad ibn al-Farruhkán at-Tabarí), gestorben um 815/16; arabischer Astrologe; wirkte im Dienste des Kalifen Al Mamun in Bagdad; zwei seiner Werke kennen wir aus lateinischen Übersetzungen; stützte sich in seiner Astrologie vor allem auf Dorotheos u. a.

Aliboron (Muhammad ibn Ahmad Abú ar-Rajhán al-Bírúní), 4.9.973 bis 13.12.1048; arabisch schreibender persischer Astronom, Astrologe, Geograph und Chronologe; brachte einen Großteil seines Lebens (40 Jahre) in Indien zu; beschäftigte sich auch mit griechischer Kultur; verfaßte mehrere astrologische Schriften, von denen eine auch in moderner englischer Übersetzung erschienen ist.

Alkindus (Ja'kúb ibn Ishák al-Kindí), um 800 bis 870; einer der Väter der arabischen Astrologie, Lehrer Albumasars; wirkte in Bagdad; aus lateinischen Übersetzungen sind 19 Schriften über Astrologie und Astromedizin bekannt.

Alvaro de Ovieda; spanischer Astrologe, der in Prag am Hofe Wenzels II. und später, um 1290 bis 1311, wirkte.

Hl. Ambrosius, 334 oder 339 bis 4.4.397; Kirchenlehrer, Bischof; polemisierte in der Schrift »Examerion« von der Position des Christentums aus gegen die Astrologie.

Anatolios von Alexandria, gestorben um 280; griechischer Philosoph, Mathematiker, Astronom und Kirchenvater; schloß nach dem astrologischen Regenten der Woche, in der er geboren wurde, auf das Temperament und die Lebenszeit eines Neugeborenen.

Anaximandros von Milet, um 610 bis nach 546 v. Chr.; griechischer Naturphilosoph und Schüler von Thales, Verfasser des ältesten griechischen philosophischen Werkes »Peri physios« (Über die Natur); ihm werden die Konstruktion eines Gnomons, einer Sphäre und die Entdeckung der Ekliptikneigung zugeschrieben; sein Werk ist nur in Fragmenten erhalten.

Antigonus von Nizäa; griechischer Astrologe, der wahrscheinlich im späten 3. Jahrhundert wirkte; kommentierte das Horoskop Kaiser Hadrians.

Antiochos von Athen, um 100; griechischer Astrologe; schrieb das didaktische astrologische Lehrgedicht »Thesauroi« (Die Schätze) mit einer Einleitung, erhalten nur in Fragmenten bei Porphyrios und Hephästion.

Apian, Petrus, eigentlich: Peter Bienewitz oder Bennewitz; 16.4.1495 bis 21.4.1552; deutscher Astronom, Mathematiker und Geograph; veröffentlichte neben astronomischen Schriften 1533 ein Werk über Astrologie.

Aquila, erste Hälfte des 2. Jahrhunderts; der Astrologie zugetaner Christ zur Zeit des Kaisers Hadrian.

Aratos von Soloi, um 315 bis etwa 240 v. Chr.; Verfasser griechischer Lehrgedichte; er wurde durch das Gedicht »Phainomena« (Himmelserscheinungen) berühmt.

Argoli, Andreas, 1570 bis 1657; italienischer Mathematiker und Astrologe in Padua; beschäftigte sich mit der Herausgabe astronomischer Tafeln; weihte Wallenstein in die Astrologie ein.

Arnalde de Villanova, um 1235 bis 1311 oder 1312; spanischer Arzt, Alchimist, Magier und Astrologe, Schüler Avicennas, Rektor der Universität von Montpellier.

Asdent, erste Hälfte des 13. Jahrhunderts; Volksastrologe zur Zeit des römisch-deutschen Kaisers Friedrich II.; wird in Dantes »Göttlicher Komödie« erwähnt.

Assurbanipal (griechisch: Sardanapal), der »Erleuchtete«; König des neuassyrischen Reiches (668 bis 631 v. Chr.); errichtete die berühmte Keilschriftenbibliothek in Ninive, aus der auch eine Vielzahl astrologischer Weissagungstexte erhalten sind, teilweise Abschriften von Tafeln aus älterer Zeit.

Hl. Augustin, Aurelius Augustinus, 13.11.354 bis 28.8.430; christlicher Kirchenlehrer und erster westlicher Dogmatiker; verwarf nach persönlichen Erfahrungen mit der Astrologie der Manichäersekte diese Disziplin »Confessiones«.

Bacon, Francis, Baron Verulam, 22.1.1561 bis 9.4.1626; englischer Philosoph, Naturwissenschaftler und Staatsmann; interessierte sich ernsthaft für die Astrologie.

Bacon, Roger, um 1220 bis etwa 1292; englischer Franziskanermönch und allseitiger Gelehrter; beschäftigte sich auch mit Astrologie.

Bailey, E. H., 29.11.1876 bis 1963; englischer Astrologe und Arzt; befaßte sich vor allem mit pränataler Astrologie und der Regel der sogenannten Hermeswaage.

Balbillus; römischer Astrologe der Kaiser Claudius (41 bis 54), Nero (54 bis 68) und Vespasian (69 bis 79), Sohn des Astrologen Trassylus; verfaßte die Schrift »Astralogumena«, aus der ein Auszug erhalten ist.

Barbault, André; zeitgenössischer französischer Astrologe, Experimentator in prognostischer Astrologie und Spezialist für Mundanastrologie, Autor mehrerer astrologischer Schriften.

Barlet, F. C., eigentlich: Albert Fancheux, 1838 bis 31.10.1921; französischer Bahnbrecher der Astrologie der Neuzeit.

Roger Bacon, ein großer Kenner der hermetischen Lehren im 13. Jahrhundert.

Bartoš, Jan, 23.2.1893 bis 6.5.1946; tschechischer Dramatiker, Theaterkritiker und Historiker, Astrologe und Chiromantikpraktiker; Kontakte mit Nezval und Seifert; einige seiner Prognosen sind eingetroffen.

Hl. Basilius der Große von Caesarea Mazaca, um 330 bis 1. 1. 379; christlicher Kirchenlehrer, Schriftsteller und Gelehrter; lehnte die Astrologie ab, gegen die er vor allem in bezug auf die Genauigkeit der Nativität polemisierte.

Baumgarten, Hans; moderner deutscher Astrologe; konzentriert sich vor allem auf die Interpretation der Halbdistanz punkte des Horoskops.

Becker, Udo; zeitgenössischer deutscher Astrologe, Autor eines Lexikons der Astrologie.

Beneš, Josef, geboren 15.12.1883; Mathematiklehrer am Gymnasium in Košice; beschäftigte sich mit der Genauigkeit der Horoskopberechnungen; übersetzte eine Schrift von Wolzogen und Kühr über mathematische Astrologie ins Deutsche.

Bernard Sylvestris (Bernard von Tours), zweite Hälfte des 12. Jahrhunderts; eine der führenden Persönlichkeiten der neuplatonischen Schule in Chartres; beschäftigte sich auch mit Astrologie, aber schon aus neuer Sicht.

Berossos, 3. Jahrhundert v. Chr.; babylonischer Priester und Geschichtsschreiber, der auf der griechischen Insel Kos um 280 v. Chr. eine Astrologenschule gründete; gilt als Vater der Individualastrologie (Horoskopie).

Bok, Bart J.; amerikanischer Astronom von Harvard, Präsident der Amerikanischen Vereinigung der Wissenschaftlichen Gesellschaften, einer der Inspiratoren der Erklärung von 186 Wissenschaftlern von 1975 gegen die Astrologie, bekannter Astrologiegegner von den Positionen der modernen Wissenschaft aus.

Bonatti, Guido (Bonatus), Doctor siderabilissimus (etwa: »der Sternenkundigste«) genannt, 1223 bis 1300; einer der berühmtesten Astrologen des 13. Jahrhunderts, dessen Werk auch in späteren Epochen nicht nur in Italien anerkannt wurde, sondern in ganz Europa.

Borelli, Giovanni, 28.1.1608 bis 31.12.1679; italienischer Astrologe und Arzt.

Bouché-Leclercq, Auguste, 1842 bis 1923; französischer Historiker; schrieb bedeutende Werke über die griechische Astrologie und die Geschichte der Zukunftsdeutung in der Antike.

Brahe, Tycho, 14.12.1546 bis 24.10.1601; dänischer Astronom und Astrologe; wirkte ab 1599 in Prag am Hofe Rudolfs II., wo er mit Kepler zusammenarbeitete.

Lackiertes und mit Gold überzogenes Porträt des dänischen Astronomen und Astrologen Tycho Brahe. Angefertigt um 1601 in Prag (Prag, Kunstgewerbemuseum).

Brandler-Pracht, Karl, 11.2.1864 bis 1945; einer der Pioniere der deutschen Astrologie der Neuzeit, Autor einer Reihe von Lehrbüchern der praktischen Horoskopie.

Brunhübner, Fritz, 1894 bis ?; deutscher Astrologe, der als einer der ersten das astrologische Wirken des neuentdeckten Planeten Pluto untersuchte; beschäftigte sich vor allem mit Mundanastrologie.

Das Porträt Tommaso Campanellas auf einem zeitgenössischen Stich zeigt das Antlitz dieses Astrologen und Philosophen mit bewegtem Lebensschicksal.

Camerarius, Joachim, eigentlich: Liebhard, genannt Kammermeister, 12.4.1500 bis 17.4.1574; führender deutscher, klassischer Philologe, Humanist, Universalgelehrter, ein Freund Melanchthons; gab Ptolemäus' »Tetrabiblos« und »Almagest« und das astrologische Werk Hephästions von Theben heraus.

Campanella, Tommaso, 5.9.1568 bis 21.5.1639; italienischer Dominikaner, Philosoph und Astrologe; neben seinem astrologischen Werk in sieben Büchern gibt es astrologische Hinweise auch in seinem »Sonnenstaat«.

Campanus, eigentlich: Giovanni Campani, 1233 bis 1296; italienischer Astronom, Astrologe, Mathematiker und Arzt, Verfasser mehrerer astrologischer Schriften und einer bis heute häufig verwendeten Methode der Konstruktion von Horoskophäusern.

Cardanus, Hieronymus, eigentlich: Geronimo (Girolamo) Cardano, 1501 bis 1576; hervorragender italienischer Mathematiker, Physiker, Arzt, Philosoph und Astrologe; Autor von Büchern über Metoposkopie und Astrologie, Hofastrologe Joachims I. von Brandenburg.

Carion, Johannes, 22.3.1499 bis 1537 oder 1538; deutscher Astrologe am Hofe Joachims I. von Brandenburg, Geschichtsschreiber; beschäftigte sich mit prognostischer Astrologie.

Carter, Charles E. O., 31.3.1887 bis 4.10.1968; englischer Astrologe, Herausgeber einer astrologischen Vierteljahresschrift, Verfasser von mindestens sieben speziellen astrologischen Schriften, von denen vor allem das Astropsychologische Lexikon herausragt; Präsident der Astrologischen Loge der Theosophischen Gesellschaft in London (1920 bis 9.10.1952) und Begründer der Faculty of Astrological Studies in England.

Caslant, Eugène, 1.12.1865 bis 1.12.1940; französischer Offizier und Astrologe, der sich vor allem mit der Konstruktion astrologischer Tafeln und graphischer Ephemeriden sowie mit den physikalischen Grundlagen der Astrologie und mit der Technik der Horoskopie beschäftigte.

Cavalieri, Bonaventura, um 1591 oder 1598 bis 1647; italienischer Mathematiker und Astrologe, Schüler von Galileo Galilei, ab 1629 Professor in Bologna.

Censorinus; lateinischer Grammatiker und Kirchenschriftsteller des 3. Jahrhunderts; im Jahre 238 verfaßte er die Kompilation »De die natali« (Über den Geburtstag), worin er u. a. auch die Astrologie abhandelte; das Werk ist nur unvollständig erhalten.

Chairemon; bedeutender ägyptischer Priester und Astrologe, der unter Kaiser Nero (54 bis 68) in Rom wirkte.

Charubel, eigentlich: John Thomas, geboren 9.11.1826; englischer Hellseher und Astrologe, der sich mit der Bedeutung der einzelnen Tierkreisgrade (Monomörien) beschäftigte.

Chavigny, Jean Aimé (Chavigneus Janus Gallicus), 1534 bis 1604; französischer Dichter, Rechtskundiger, Theologe und Astrologe, Vertrauter Nostradamus' während dessen letzten 28 Lebensjahren, Kommentator und Biograph von Nostradamus.

Cicero, Marcus Tullius, 3.1.106 bis 7.12.43 v. Chr.; römischer Staatsmann, Rhetor und Schriftsteller; in dem Dialog »De divinatione« (Von der Weissagung) beschäftigte er sich u. a. mit der Berechtigung der Astrologie; er übersetzte Aratos' Gedicht »Phainomena« ins Lateinische.

Colbert, Jean-Baptiste, 1619 bis 1683; französischer Staatsmann, Volkswirtschaftsreformator, Begründer der Akademie; 1660 schloß er die Astrologie als Lehrfach an der Universität aus.

Costesèque, André, 7.10.1903 bis 1946; moderner französischer Astrologe.

Couderc, Paul, geboren 15.7.1899; französischer Astronom, der in Paris wirkte und sich in zwei Büchern über die Astrologie als ihr eingeschworener Gegner erwies.

Cramer, Frederic H.; amerikanischer Historiker, Autor eines erschöpfenden Werkes über die Astrologie im Leben und politischen Geschehen des antiken Rom.

Das Porträt von Hieronymus Cardanus (48jährig) auf einem anonymen Holzschnitt aus dem Jahre 1553.

Crineas von Massilia, 1. Jahrhundert n. Chr.; römischer Arzt und Astrologe, Verfasser astrologischer Ephemeriden.

Critodemus; griechischer Astrologe der Wende des 1. zum 2. Jahrhundert n. Chr.

Cumont, Franz, 3.1.1868 bis 25.8.1947; belgischer Archäologe und Orientalist, Religionshistoriker, Autor einer Reihe bedeutender Fachbücher über antike Astrologie und Religion.

Cyrill von Jerusalem, um 315 bis 386; christlicher Kirchenlehrer und Bischof von Jerusalem; polemisierte gegen die Astrologie seiner Zeit.

Danieli, eigentlich: Theofil Kahle; tschechischer Astrologe, Autor eines grundlegenden Lehrbuchs der Astrologie und Horoskopie (1936).

Davison, Ronald C., 1914 bis 22.1.1985; bedeutender moderner englischer Astrologe, ab 1952 Präsident der Astrologischen Loge, Herausgeber der Zeitschrift »Astrology« und Autor mehrerer wichtiger astrologischer Bücher.

Dee, John, 1526 oder 1527 bis 1608; englischer Mathematiker, Optiker, Geograph, Astronom, Alchimist und Astrologe am Hofe Königin Elizabeths I., wo er großen Einfluß besaß.

Döbereiner, Wolfgang; führender zeitgenössischer Münchner Astrologe und Astrometeorologe.

Dondi, Giacomo, 1298 bis 1359; italienischer Arzt, Astronom und Astrologe; baute in den Jahren 1344 bis 1359 die Turmuhr am Palazzo Capitano in Padua.

Dorotheos von Sidon, Anfang des 1. Jahrhunderts n.Chr.; bedeutender griechischer Astrologe, eine auch im Mittelalter anerkannte Autorität; ein Teil seines Werkes gelangte zu den Arabern und nach Indien; in lateinischer Übersetzung sind fünf seiner astrologischen Abhandlungen bekannt (»Pentateuch«).

Dryden, John, 9.8.1631 bis 1.5.1700; englischer Dichter und Literaturkritiker; befaßte sich selbst sehr aktiv mit Astrologie.

Dschamaspja (al-Hakim – »der Weise«); persischer Astrologe am Hofe Darius' I. des Großen (522 bis 486 v. Chr.).

Ebertin, Elsbeth; Mutter des deutschen Astrologen R. Ebertin, bekannt durch ihre Prophezeiungen; Verfasserin mehrer astrologischer Schriften, insbesondere »Königliche Nativitäten« (1916).

Ebertin, Reinhold, 16.2.1901 bis 14.3.1988; einer der bedeutendsten modernen, deutschen Astrologen, Begründer der kosmobiologischen Richtung der Astrologie in Aalen, Herausgeber und Autor bedeutender astrologischer Schriften, die eine Revolution in der bisherigen Auffassung der Astrologie bewirkten.

Egidius de Tebaldis, 13. Jahrhundert; italienischer Astrologe am Hofe des spanischen Königs Alfons X. von Kastilien, des großen Gönners und Mäzens der Sternkunde; auf dessen Veranlassung hin übersetzte er Ptolemäus' »Tetrabiblos« nach der arabischen Vorlage von Haly Abenrudian (Rodan) ins Lateinische.

Engelhardt, R., geboren 11.8.1894; moderner deutscher Astrologe.

Hl. Ephräm der Syrer, um 306 bis 378 oder 379; christlicher Kirchenlehrer; polemisierte in seinen »Hymnen gegen die Irrlehren« aus christlicher Sicht gegen die Astrologie.

Esnik von Koghb (Eznik Koghbazi), etwa 397 bis 478; armenischer Bischof, der in seiner Schrift in vier Büchern »Widerlegung der Irrlehren« von den Positionen des Christentums aus eine Polemik gegen die Astrologie führte.

Esra, eigentlich: Aben Ezrá Abráhám ben Meir (Avenarius), um 1092 bis 23.1.1167; hervorragender jüdischer Gelehrter aus Toledo, der in der Lombardei und Provence, in Ägypten und Palästina, auf Rhodos, in England und Italien wirkte; sein astrologisches Werk erbrachte einige Elemente, die auch in späterer Zeit, z. B. von Regiomontanus, verwendet wurden.

Eudoxos von Knidos, um 400 bis etwa 347 v. Chr.; Schüler Platons, ein hervorragender griechischer Mathematiker, Geograph und Astronom, Schöpfer einer Theorie der Himmelssphären; erkannte die Astrometeorologie an, aber nicht die Individualastrologie; auf der Grundlage seiner Schrift »Von den Himmelserscheinungen, den Bewegungen der Sterne und den Wetterzeichen« verfaßte später Aratos sein Lehrgedicht »Phainomena«.

Euktemon, um 430 v. Chr.; griechischer Astronom, in dessen astronomischem Kalender vielleicht zum erstenmal das Tierkreisschema verwendet wurde.

Eutokios, gestorben 497; spätgriechischer Mathematiker und Astrologe.

Eysenck, Hans Jürgen, geboren 1916; deutscher Psychologe, der ab 1934 an der Universität in London wirkte; erlangte Weltruhm vor allem durch experimentelle Studien der menschlichen Persönlichkeit; führte gemeinsam mit dem englischer Astrologen Jeff Mayo ein statistisches Experiment durch, das einige astrologische Regeln bestätigte; schrieb zwei Bücher über Grenzprobleme der Astrologie und der modernen interdisziplinären Forschungen.

Fabri z Budějovic, Václav (Faber), gestorben 1520; Astronom und Astrologe, Autor zahlreicher Bücher und volkstümlicher Voraussagen (ab 1482).

Fabricius, David, 1564 bis 1617; protestantischer Pastor in Ostfriesland, Astronom und Astrologe, der Kontakte zu Tycho Brahe und Kepler unterhielt; seine Vorhersage des eigenen Todes traf ein: Er wurde erschlagen.

Fagan, Cyril, 22.5.1896 bis 5.1.1970; irischer Astrologe, der in Dublin und später in den USA wirkte und sich an der siderischen Astrologie orientierte, über deren Grundlagen er ein Buch schrieb; ein Freund des indischen Astrologen B. V. Raman.

Fankhauser, Alfred, geboren 4.11.1890; schweizerischer Astrologe, der sich an Biorhythmen orientierte.

Faustus, eigentlich: Georg/Jörg (Georgius Sabellicus) von Helmstedt, um 1490 bis etwa 1539; deutscher Magier, der verschiedene Arten von Mantik und auch Astrologie betrieb.

Ogier Ferrier, Astrologe Katharinas von Medici.

Favorinus von Arelate, 1. bis 2. Jahrhundert; antiker Philosoph und Rhetor, ein Schüler von Dion Chrysostomos (»Goldmund«) und Freund Plutarchs, bekannter Gegner der Astrologie.

Feerhov, Friedrich, eigentlich: Fritz Wehofer; österreichischer Arzt und moderner Astrologe; schrieb mehrere Abhandlungen über medizinische Astrologie, mit der er sich später gemeinsam mit seiner Tochter Lia beschäftigte.

Porträt Robert Fludds aus seiner Schrift »Utriusque cosmi historia« (1619).

Ferrier, Ogier (Oger); bekannter Astrologe der französischen Königin Katharina von Medici (1519 bis 1589).

Ficino, Marsilio, 19.10.1433 bis 1.10.1499; italienischer Humanist, Philosoph der neuplatonischen Schule und Astrologe, der die Astrologie mit dem Renaissancedenken verknüpfte, dessen zentraler Punkt der Mensch und seine richtige Lebensführung waren.

Firmanus, Lucius Tarntius; geachteter römischer Astrologe aus der Zeit der Republik; auf Betreiben seines Freundes, des Gelehrten Varro, versuchte er, das Horoskop der Gründung der Stadt Rom zu berechnen.

Firmicus Maternus, Iulius, aus Syrakus, 4. Jahrhundert n. Chr.; lateinischer Schriftsteller und römischer Astrologe, der im Alter das Christentum annahm; sein astrologisches Werk »Matheseis« in acht Büchern ist die umfangreichste erhaltene astrologische Schrift der Antike.

Flambart, Paul (Pseudonym: Choisnard), 13.2.1865 bis 9.2.1930; Major der französischen Artillerie, Bahnbrecher der modernen französischen Astrologie. Zeichnete sich durch ein wissenschaftliches Herangehen an sie aus (Statistik u. a.); verfaßte eine Reihe spezieller astrologischer Studien, in denen er den Ausdruck »wissenschaftliche Astrologie« prägte.

Galileo Galilei als 77jähriger auf einem Stich aus dem 17. Jahrhundert.

Flammarion, Camille Nicolas, 28.2.1842 bis 3.6.1925; französischer Astronom und Verbreiter der Astronomie, der in Paris wirkte; trug teilweise auch zur Geschichte der Astrologie und zur Erkenntnis einiger okkulter Erscheinungen bei.

Fludd, Robert, 1574 bis 8.9.1637; englischer Universalgelehrter, Philosoph und Arzt; der Astrologie brachte ihn vor allem die Auffassung der Beziehungen zwischen Makro- und Mikrokosmos nahe.

Fomalhaut, eigentlich: Abbé Ch. Nicoulaud, 3.5.1854 bis 1923; französischer Astrologe; gab Ende des 19. Jahrhunderts ein bedeutendes Lehrbuch der Astrologie heraus.

Gadbury, John, 31.12.1627 bis 1692 oder 1704; bedeutender englischer Astrologe, Schüler von Lilly; beschäftigte sich u. a. mit dem Problem der Monomörien; schrieb ein Werk über Horoskopie und gab eine Sammlung von 200 Horoskopen heraus.

Galeotti, 15. Jahrhundert; Astrologe am Hofe des französischen Königs Ludwig XI.

Galilei, Galileo, 15.2.1564 bis 8.1.1642; italienischer Physiker, Astronom und Philosoph; beschäftige sich auch praktisch mit Astrologie.

Gauquelin, Michel, 13.11.1928 bis 20.5.1991; französischer Psychologe, Statistiker und Soziologe; seine statistischen Untersuchungen der Wechselbeziehungen zwischen den verschiedenen Berufen der Menschen und kosmischen Faktoren näherten ihn der Astrologie an; die Ergebnisse publizierte er in einer Reihe von Büchern und Zeitschriftenstudien.

Gauricus, Lucas, 12.3.1476 bis 6.3.1558; italienischer Astronom und Mathematiker in Bologna, Ferrara, Venedig und Rom, später Bischof von Neapel, Astrologe Katharinas von Medici und von Papst Paul III.

Gerardo, zweite Hälfte des 13. Jahrhunderts.; Physiker und Hofastrologe des ungarischen Königs Ladislaus IV., des Kumanen (1262 bis 1290).

Titelblatt eines Buches von Matyáš Gryll z Gryllova (1551 bis 1611) mit einer astrologischen Deutung des Einflusses von Kometen auf das irdische Geschehen von der Erschaffung der Welt bis zum Ende des 16. Jahrhunderts. Die Schrift über die Kometen ist das einzige erhaltene Werk Grylls.

Porträt des Tadeáš Hájek z Hájku (Hagecius) auf einem zeitgenössischen Stich.

Gerhard von Cremona, um 1114 bis 1187; italienischer Arzt, Mathematiker und Philosoph, Astrologe Kaiser Friedrichs I. Barbarossa; übersetzte mindestens 74 Schriften aus dem Arabischen, u. a. auch astrologische Werke.

Gillet, P. A., 11.12.1869 bis 8./9.2.1955; französischer Astrologe, der sich mit indischer Astrologie beschäftigte.

Glahn, A. Frank, geboren 18.1.1865; deutscher Astrologe; beschäftigte sich mit einigen speziellen Problemen der Horoskopie (Empfängnisgeburt, Präzisierung der Nativität, Perioden des menschlichen Lebens u .a.); Autor mehrerer astrologischer Schriften.

Gleadow, Rupert, geboren 22.1.1909; britischer Astrologiehistoriker und geachteter Astrologe; schrieb u. a. ein Werk über den Ursprung des Tierkreises (1968).

Gogava, Antonius Merm., 16. Jahrhundert; italienischer Arzt, der in Venedig wirkte, übersetzte Ptolemäus' »Tetrabiblos« u. a. antike Werke, vor allem über Harmonie.

Goldmayer, Andreas, 1603 bis 1669; deutscher Astrologe, bekannt durch seine eingetroffenen Voraussagen (Tod von König Gustav Adolf, eigener Tod), Autor astrologischer Tafeln und einiger anderer Schriften; machte sich um die Verbesserung des rechnerischen Teils der Horoskopie verdient; befaßte sich auch mit Stadthoroskopen.

Goodman, Linda, 1995 gestorben; zeigenössische amerikanische Astrologin; machte sich hauptsächlich durch ihr populäres Buch »Sun Signs« (Sonnenzeichen) einen Namen, das seit 1968 immer neue Auflagen erlebt.

Griese, Otakar, 19.10.1881 bis 2.10.1932; tschechischer Hermetiker, Übersetzer und Herausgeber; verfaßte auch einige Horoskopienachschlagewerke.

Grimm, Albert Max, 4.2.1892 bis 1962; einer der bedeutendsten modernen deutschen Astrologen; verfaßte mehrere fundierte astrologische Lehrbücher und eine Reihe anderer astrologischer Werke.

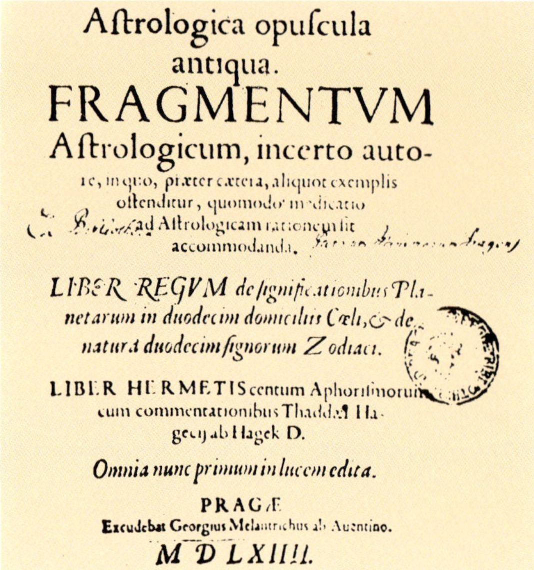
Aſtrologica opuſcula antiqua.
FRAGMENTVM
Aſtrologicum, incerto autore, in quo, praeter caetera, aliquot exemplis oſtenditur, quomodo medicatio ad Aſtrologicam rationem ſit accommodanda.
LIBER REGVM de ſignificationibus Planetarum in duodecim domicilijs Caeli, & de natura duodecim ſignorum Zodiaci.
LIBER HERMETIS centum Aphoriſmorum cum commentationibus Thaddaei Hagecij ab Hagek D.
Omnia nunc primum in lucem edita.
PRAGAE
Excudebat Georgius Melantrichus ab Auentino.
M D LXIIII.

Titelblatt einer astrologischen Schrift, die 1564 in Prag herauskam und die Beziehungen der Astrologie zur Medizin behandelt. Es sind drei Traktate eines unbekannten Autors, im Prager Karolinum gefunden von Tadeáš Hájek z Hájku, der ihnen seine Interpretation beifügte.

Grisogono, Federik, 16. Jahrhundert; kroatischer Astrologe und Arzt, der an der Universität in Padua und später als Arzt in Zadar wirkte; beschäftigte sich vor allem mit Astromedizin, über die er einige zu seiner Zeit geschätzte Nachschlagewerke verfaßte.

Grosseteste, Robert, um 1168 bis 9.10.1253; englischer Philosoph, Übersetzer antiker Schriften, erster Kanzler der Universität Oxford, ab 1235 Bischof von Lincoln; beschäftigte sich auch mit Astrologie.

Gryll z Gryllova, Matyáš, 1551 bis 1611; glühender tschechischer Humanist, 1581 Dekan der Philosophischen Fakultät der Karls-Universität Prag; verfaßte eine astrologische Schrift über Kometen.

Guillaume de Conches (Wilhelm von Conches), um 1080 bis 1145; einer der führenden Köpfe der neuplatonischen Schule in Chartres, die sich mit Astrologie schon aus neuer Sicht befaßte.

Hájek z Hájku, Tadeáš (Hagecius oder Nemicus), 1525 bis 1. 9. 1600; bedeutender tschechischer Gelehrter, Arzt und Astronom der rudolfinischen Zeit; beschäftigte sich auch mit Metoposkopie und Astrologie, über die er eine Abhandlung schrieb.

Hallet, R. G., 20.5.1886 bis 3.5.1948; belgischer Astrologe, der unter dem Pseudonym »Magi Aurelius« wirkte; verfaßte gemeinsam mit einem Astrologen, der unter dem Pseudonym »Magi Zariel« schrieb, das Buch »Mathématiques des Astres« (Mathematik der Sterne).

Haly Abenragel (Alí ibn abi ar-Ridzál), 1016 bis 1062; arabischer Astrologe, der in Córdoba und Tunis wirkte; aus lateinischen Übersetzungen sind zwölf Schriften von ihm bekannt.

Haly Abenrudian (Rodan / Alí ibn Ridván), gestorben 1068; arabischer Astrologe und Arzt; kommentierte Ptolemäus' Werk »Tetrabiblos«, das er übersetzte und bearbeitete; aus lateinischen Übersetzungen sind zwölf seiner astrologischen Abhandlungen bekannt.

Haly Embrani (Alí ibn Ahmad al-Imrání), gestorben 955/56; arabischer Astrologe, der in Mosul tätig war; in lateinischer Übersetzung hat sich seine Schrift über Stundenastrologie und Elektionen erhalten.

Hammurapi (Chammurapi), 1792 bis 1750 v. Chr.; mesopotamischer Herrscher der ersten Dynastie von Babylon; aus seiner Zeit stammt das astrologische Handbuch »Pflugstern«, dessen Abschrift sich in Assurbanipals Bibliothek in Ninive aus dem 7. Jahrhundert v. Chr. erhalten hat.

Havel von Strahov (Gallus), um 1350; Magister der Karls-Universität Prag und Arzt Kaiser Karls IV. Astronom und Astrologe.

Heindel, Max, eigentlich: Max Grashof, 1865 bis 1919; Pionier der amerikanischen Astrologie dänischer Abstammung, Autor von mindestens 15 astrologischen Schriften.

Heinrich von Rantzau (Henricus Rantzovius), 11.3.1526 bis 1598; Graf von Bredenburg und dänischer König, Statthalter unter Christian III. glühender Astronom und Astrologe; verfaßte mehrere kleine astrologische Schriften.

Hejna, Erik, eigentlich: Jan Stampfel, 6.11.1906 bis 18.12.1950; tschechischer Astrologe aus der Zeit zwischen den beiden Weltkriegen, Lektor der »Universálie«; arbeitete auch am Institut für Theoretische und Praktische Astrologie in Prag; Autor zahlreicher astrologischer und astromedizinischer Studien.

Helmer, Michel; moderner französischer Astrologe; beschäftigte sich mit den Zyklen in der Geschichte; Herausgeber teurer astrologischer Handbücher für Börsenspekulanten.

Hephästion von Theben, Ende des 4. Jahrhunderts; einer der letzten griechisch schreibenden antiken Astrologen; erhalten hat sich seine Schrift »Apotelesmatika« in drei Büchern, in der Zitate älterer Autoren dominieren, vor allem von Ptolemäus.

Hermann von Dalmatien, zweite Hälfte des 12. Jahrhunderts; kroatischer Astrologe, der in Frankreich und Spanien lebte, bedeutender Übersetzer arabischer astrologischer Schriften ins Lateinische.

Hesiod, um 700 v. Chr.; nach Homer zweitältester griechischer Dichter, Autor des Lehrgedichts »Werke und Tage«, in dem bereits die Grundlagen astrologischen Denkens zutage treten.

Hipparchos von Nizäa, 2. Jahrhundert v. Chr.; größter Astronom des Altertums, Entdecker der Präzession des Frühlingspunktes, eines Schlüsselphänomens für die Astrologie.

Hippokrates, um 460 bis 370 v. Chr.; griechischer Arzt, der als Vater der Medizin gilt; leitete vier Haupttemperamente des Menschen von den vier Elementen ab und legte damit das Fundament für die astrologische Typologie.

Hl. Hippolyt von Rom, erste Hälfte des 3. Jahrhunderts; christlicher Märtyrer und Bischof, Kirchenschriftsteller: analysiert in der Schrift »Widerlegung aller Häresien« u. a. recht ausführlich die Problematik der Astrologie, gegen die er polemisiert.

Horský, Zdeněk, 11.3.1929 bis 8.5.1988; tschechischer Wissenschaftshistoriker; schrieb mehrere Studien über die Geschichte der Astronomie und Astrologie; beschäftigte sich vor allem mit dem Werk von Kepler und Kopernikus und mit der rudolfinischen Zeit; betrachtete die Astrologie mit Respekt und übernahm nicht ihre oberflächliche Verurteilung.

Huber, Adam, aus Riesenbach (oder Meziříčský), 1546 bis 1613; tschechischer Arzt und Astronom, Leibarzt und Hofastrologe Kaiser Rudolfs II., Herausgeber volkstümlicher Voraussagen.

Huber, Kosmas, 27.10.1899 bis 25.9.1934; deutscher Astrologe, Schüler und Mitarbeiter von Glahn; wirkte an der Zeitschrift »Astrale Warte« mit.

Ioannes Lydos, 490 bis etwa 560; byzantinischer Geschichtsschreiber, Autor der Schriften »Über die Himmelserscheinungen« und »Über die Monate«.

Isaak Ibn Hunein, 9. Jahrhundert; arabischer Astrologe, der die älteste Übersetzung von Ptolemäus' »Tetrabiblos« ins Arabische besorgte.

Jasný, Vojtěch, geboren 30.11.1925; tschechischer Filmregisseur; beschäftigt sich seit vielen Jahren systematisch mit praktischer Astrologie.

Jehuda Ben Mosche, 13. Jahrhundert; Astrologe am Hofe des spanischen Königs Alfons X. von Kastilien (1252 bis 1282), der arabische Astrologie betrieb.

Hl. Johannes I. Chrysostomos (»Goldmund«), um 347 bis 14. 9.407; Kirchenvater und großer Prediger, Bischof von Konstantinopel (308 bis 404); trat polemisch gegen die Astrologie auf.

Hl. Johannes von Damaskus, genannt Chrysorrhoas, gestorben vor 754; letzter griechischer Kirchenlehrer, Begründer der späteren Dogmatik; polemisierte gegen die Astrologie.

Johannes von Eshenden (Eschiud, Eschuid, Eschvid usw.); englischer Astrologe, wirkte in den Jahren 1340 bis 1370; Autor eines bedeutenden lateinischen astrologischen Werkes.

Johannes von Salisbury (Johannes Saresberiensis), um 1115 bis 1180; englischer Philosoph und Geschichtsschreiber, einer der führenden Vertreter der neuplatonischen Schule in Chartres, die sich schon aus neuer Sicht mit Astrologie beschäftigte.

Johannes von Sevilla, zweite Hälfte des 12. Jahrhunderts; spanischer Astrologe und bedeutender Übersetzer vom Arabischen ins Lateinische; übersetzte z. B. Ptolemäus' »Tetrabiblos« und verfaßte selbst mehrere astrologische Schriften.

Johannes (Johannes David) von Toledo, 12. Jahrhundert; Vertreter einer bedeutenden Astrologenschule in Toledo.

Jayne, Charles, geb. 9.10.1911; moderner amerikanischer Astrologe, der in der Horoskopie wissenschaftliche Methoden und bahnbrechende Verfahren zur Geltung brachte; führte in die Astrologie einige neue Begriffe ein, z. B. Vertex, Antivertex, Lilith (Schwarzer Mond) u. a.; verfaßte eine Reihe bedeutender Schriften und gab in den Jahren 1958 bis 1962 die erste internationale astrologische Zeitschrift »In Search« und später (ab 1975) »Cosmology Bulletin« heraus; war Präsident der Association for Research in Cosmecology und arbeitete mit verschiedenen Wissenschaftlern anderer Disziplinen zusammen.

Johndro, L. Edward, 30.1.1882 bis November 1951; moderner amerikanischer Astrologe, Mathematiker und Funkingenieur; löste in der Astrologie einige wichtige technische Probleme; führte mit Ch. Jayne – unabhängig von ihm – die Termini »Vertex« und »Antivertex« in die Horoskopie ein; beschäftigte sich auch mit Lokationsastrologie und verfaßte mehrere bahnbrechende Schriften.

Jonáš, Eugen, geboren 6.11.1928; slowakischer Arzt und Kosmobiologe; beschäftigt sich vor allem mit der astrologischen Bestimmung des Geschlechts des Kindes, mit Fragen der Unfruchtbarkeit von Frauen und mit mundanen Prognosen.

Jones, Marc Edmund, 1.10.1888 bis 5.3.1980; amerikanischer Astrologe, seit 1930 Mitglied der Sabian Society in Los Angeles; verfaßte mindestens 13 astrologische Studien (über Sabiansymbole u. a.).

Julevno, eigentlich: Jules Eveno, 16.3.1845 bis 30.11.1915; französischer Astrologe und städtischer Bibliothekar; verfaßte ein bedeutendes zweibändiges Lehrbuch der Astrologie und eine Reihe von Fachartikeln.

Junctinus, Franciscus, 7.3.1522 bis 1580; italienischer Mathematiker, Philosoph, Rhetor und Astrologe, Provinzial des Karmeliterordens; wirkte in Florenz; besorgte die dritte Edition von Ptolemäus' »Tetrabiblos« in Europa.

Jung, Carl Gustav, 26.7.1875 bis 6.6.1961; schweizerischer Psychologe und Psychiater, der sich in Verbindung mit seinem Fachgebiet auch mit theoretischer Astrologie beschäftigte; schuf gemeinsam mit dem Physiker W. Pauli die Theorie der akausalen Synchronizität, die in der modernen theoretischen Astrologie großen Widerhall fand.

Kaisar, Leopold; tschechischer Astrologe; wirkte in den dreißiger Jahren des 20. Jahrhunderts in Ostrava; verfaßte Artikel für die »Spiritistische Revue« und den Almanach »Blicke in die Zukunft«.

Johannes Kepler: Stich von M. Dietz.

Kajká 'ús, 1021 bis 1099; persischer Emir und Schriftsteller, Enkel von Kabús; befaßt sich in seinem »Buch der Ratschläge« auch mit »Sterndeuterei«.

Kamateros, Ioannes; byzantinischer Dichter und Astrologe des 12. Jahrhunderts; schöpft in seinem astrologischen Hauptwerk aus arabischen und griechischen Quellen.

Kefer, Jan, 31.1.1906 bis 3.12.1941; tschechischer Archäologe und Bibliothekar am Nationalmuseum in Prag, einer der führenden Vertreter der »Universálie« und Redakteur der Zeitschrift »Logos«; beschäftigte sich mit Magie und Theurgie; Verfasser eines der besten tschechischen Lehrbücher der Astrologie sowie weiterer Bücher und Artikel über Hermetismus.

Kepler, Johannes, 27.12.1571 bis 15.11.1630; hervorragender deutscher Astronom und Astrologe, der in Prag im Dienste Rudolfs II. und später Wallensteins arbeitete; von seinem lebenslangen Interesse an der Astrologie und ihrer praktischen Pflege zeugen sein umfangreiches veröffentlichtes Werk und der handschriftliche Nachlaß, der etwa 800 Horoskope enthält.

Kidinnu (griechisch: Kidenas), 4. Jahrhundert v. Chr.; babylonischer Astronom, nach einigen Forschern der Entdecker der Präzession des Frühlingspunktes vor Hipparchos.

Kircher, Athanasius, 2.5.1602 bis 27.11.1680; deutscher Jesuit, Universalgelehrter und Anhänger der Astrologie; in seiner Schrift »Oedipus Aegyptiacus« ist an vielen Stellen von der Astrologie die Rede.

Klöckler, Herbert von (auch: Kloeckler), 26.4.1896 bis 1950; deutscher Arzt und bedeutender Astrologe; schrieb neben einem dreibändigen Lehrbuch der Astrologie noch mehrere andere Bücher; befaßte sich vor allem mit der Verwendung der Statistik in der Astrologie.

Knappich, Wilhelm; deutscher Astrologiehistoriker, Autor eines bedeutenden Buches über die Geschichte der Astrologie (1967).

Kniepf, Albert, 23.2.1853 bis 1924; bedeutender deutscher Astrologe, der an der Entstehung einer modernen Astrologie mitwirkte.

Kodicill von Tulechov, Petr, eigentlich: Knížka (lateinisch: Codicillus), 24.2.1533 bis 26.10.1589; tschechischer Mathematiker, Astronom, klassischer Philologe, Rektor der Karls-Universität Prag, Herausgeber von Minutien.

Koch, Walter A., 1895 bis 1970; moderner deutscher Astrologe, der sich vor allem mit astrologischen Berechnungen beschäftigte (neue Tafeln der Horoskophäuser); schrieb eine Reihe von astrologischen Abhandlungen.

Koppenstätter, Ed.; deutscher Astrologe der Neuzeit; gab eine Ephemeride des Planeten Pluto und eine Reihe astrologischer Nachschlagewerke heraus.

Krafft, Karl Ernst, 10.5.1900 bis 8.5.1945; schweizerischer Statistikerastrologe, vor dem Zweiten Weltkrieg einer der besten Astrologen in Europa; starb beim Transport vom KZ Oranienburg nach Buchenwald.

Krása, Josef, 9.8.1933 bis 20.2.1985; tschechischer Kunsthistoriker; beschäftigte sich u. a. mit den astrologischen Handschriften der Hofbibliothek Wenzels IV.; veröffentlichte die Ergebnisse seiner Forschungen in Zeitschriften und Büchern.

Kroll, Wilhelm, 7.10.1869 bis 21.4.1939; deutscher klassischer Philologe; schrieb mehrere Studien über die Geschichte der Astrologie.

Křišťan z Prachatic, nach 1360 bis 5.9.1439; tschechischer hussistischer Theologe, Astronom, Botaniker, Arzt und Astrologe, Magister der Karls-Universität Prag; verfaßte neben Büchern über die Planeten und die zwölf Tierkreiszeichen die astrologische Schrift »Prognosticatio«.

Kugler, Franz Xaver, 1862 bis 1929; deutscher Jesuit, Astronom und Orientalist; verfaßte mehrere bedeutende Schriften über die babylonische Sternkunde.

Kühr, Erich Karl, 13.5.1899 bis 18.2.1952; deutscher Astrologe, der sich mit exakten Horoskopberechnungen beschäftigte; schrieb mehrere Bücher, die sich auf eine präzise mathematische Astrologie stützen.

Landino Francesco, um 1325 bis 1397; italienischer Musiker, Philosoph, Dichter und Astrologe, allseitige Persönlichkeit der Renaissance.

Landscheidt, Theodor; bedeutsamer moderner, deutscher Astrologe, der neue perspektivische Methoden in der Astrologie entwickelt; Autor einer ganzen Reihe von fachlichen Artikeln und Büchern, die thematisch über den Rahmen der bisherigen Astrologie hinausreichen.

Larivière, lebte an der Wende des 16. zum 17. Jahrhundert; Astrologe und Arzt des französischen Königs Heinrich IV. (1589 bis 1610).

Leek, Sybil, geboren 22.2.1922; bedeutende moderne, amerikanische Astrologin britischer Abstammung; gründete in St. Louis eine Astrologenschule; schrieb Dutzende Bücher über Okkultismus und auch Astrologie; erarbeitete für das Kosmische Forschungszentrum Horoskope für Astronauten.

Lefeldt, Hermann, geboren 29.6.1899; deutscher Astrologe, der zur sogenannten Hamburger Schule gehört, Neubearbeiter des Werkes von A. Witte.

Leo, Allan, eigentlich: William Frederic Allan, 7.8.1860 bis 30.8.1917; englischer Astrologe, Schüler der Theosophin Blavatsky, einer der führenden Vertreter der esoterischen Astrologie; verfaßte ein grundlegendes Lehrbuch der Astrologie in acht Bänden und mehrere andere Schriften, u. a. ein vollständiges astrologisches Wörterbuch.

Leopold von Österreich; nicht näher bekannter Astrologe, der um 1271 wirkte; ihm werden zwei astrologische Schriften in lateinischer Sprache zugeschrieben.

Lewisch, Rudolf, 4.8.1904 bis 24.7.1931; deutscher Astrologe, der in Prag wirkte, Schüler Schwickerts, Mitarbeiter der Zeitschrift »Astrale Warte«; war Gegner unbegründeter Hypothesen in der Astrologie.

Lichtenberger, Johannes (Lichtenbergius), um 1445 bis etwa 1503; bedeutender deutscher Prognostikastrologe des späten Mittelalters, Astrometeorologe, Autor eines Werkes über prognostische Astrologie (1487); Paracelsus kam auf seine zahlreichen Prognosen zurück.

Zeitgenössisches Porträt des englischen Astrologen William Lilly.

Lilly, William, 30.4.1602 bis 9.6.1681; einer der berühmtesten englischen Astrologen, Vater der englischen Astrologie; verfaßte zahlreiche astrologische Schriften und veröffentlichte bedeutende Prognosen; betrieb eine umfangreiche und schriftlich dokumentierte astrologische Praxis (etwa 1000 Klienten jährlich).

Löhlein, Herbert A., 1900 bis ?; bedeutender, an Astropsychologie orientierter deutscher Astrologe in München; schrieb insgesamt 23 astrologische Bücher.

Löw, Jehuda, eigentlich: Löwe Juda Ben Bezalel, um 1520 bis 1609; jüdischer Rabbiner in Prag, Kabbalist und Talmudist mit Interesse an Mathematik, Physik, Astronomie und Astrologie, ein Freund Tycho Brahes; verfaßte eine Schrift über astrologische Andeutungen in der Bibel.

Lukian von Samosata, um 120 bis etwa 180; griechischer Philosoph syrischer Abstammung, Sophist; schrieb die Abhandlung »Über die Astrologie«.

Lvovický ze Lvovic, Cyprián (Leovitius), 1514 bis 25.5.1574; bedeutender tschechischer Mathematiker, Astronom und Astrologe, Professor an der Universität von Löwingen an der Donau; verfaßte eine ganze Reihe astrologischer Schriften; beschäftigte sich vor allem mit der Berechnung von Ephemeriden und anderen Tafeln, deren Herausgabe eine respektable Leistung darstellte.

Maginis, Giovanni Antonio (Maginus), 14.6.1555 bis 11.2.1617; italienischer Mathematiker, Arzt, Astronom und Forschungsreisender, der in Bologna wirkte; gab Ephemeriden und mehrere astronomische und astrologische Schriften heraus.

Maimonides, Moses, eigentlich: Mose Ben Maimon, 1135 bis 1204; jüdischer Universalgelehrter aus Córdoba; verfaßte eine Schrift über hebräische Astrologie.

Manetho, erste Hälfte des 3. Jahrhunderts v. Chr.; ägyptischer Priester, Geschichtsschreiber und Astrologe in Alexandria; studierte babylonische Astrologie; sein astrologisches Werk wurde in der Neuzeit herausgegeben.

Manilius, Marcus, erste Hälfte des 1. Jahrhunderts n. Chr.; römischer Dichter zur Zeit von Kaiser Tiberius; schrieb ein Lehrgedicht über Astronomie und Astrologie in fünf Büchern (»Astronomica«), das sich erhalten hat.

Martin z Lenčice, gestorben um 1462/64; Prager Astronom und Astrologe polnischer Abstammung an der Karls-Universität (ab 1427), wo er 1455/56 Rektor war;

schrieb u. a. einen umfangreichen Kommentar zu Sacroboscos Werk und eine »Voraussage« für Oldřich z Rožmberka; vielleicht war er es, der in Prag die Herausgabe von Universitätsprophezeiungen nach Krakauer Muster einführte.

Maslema; maurischer Astrologe vom Ende des 10. Jahrhunderts.

Maximos, 2. Jahrhundert n. Chr.; griechischer Dichter; schrieb in Hexametern das astrologische Lehrgedicht »Von den Anfängen«, in dem er darlegt, welche Konstellation für welche Tätigkeit günstig ist.

Mayo, Jeff; zeitgenössischer englischer Astrologe in London; verfaßte neben seinen astrologischen Schriften noch weitere gemeinsam mit H. J. Eysenck, mit dem er bei empirischen astrologisch-psychologischen Forschungen zusammenarbeitete.

Meier-Parm, Chr., geboren 5.4.1905; deutscher Dramatiker und Astrologe, der mit seinen neuen Horoskopmethoden der Hamburger Schule nahestand; gab als einer der ersten eine Schrift über die astrologische Bedeutung des neuentdeckten Planeten Pluto heraus (1935).

Melanchthon, Philipp, 16.2.1497 bis 19.4.1560; deutscher Reformator, Humanist und Astrologe; hielt in Wittenberg Vorlesungen über Astrologie und befaßte sich in hervorragender Weise auch mit Astrometeorologie; gab Ptolemäus' »Tetrabiblos« heraus.

Messehalla (Másá'lláh ibn Atharí al-Basrí), gestorben um 815; arabischer Astrologe in Bagdad; aus lateinischen Übersetzungen sind insgesamt 18 astrologische Schriften von ihm bekannt.

Meyer, Michael, zeitgenössischer amerikanischer Astrologe; propagierte die neue Richtung der sogenannten humanistischen Astrologie; gab auch ein Buch über komparative Astrologie heraus.

Morin, Jean-Baptiste de Villefranche du Beaujolais (Morinus), 13.2.1583 (Julian. Kalender) bis 16.11.1656; Arzt, Mathematiker und größter französischer Astrologe; sein Lebenswerk ist die postum herausgegebene Schrift »Astrologia gallica« in 26 Büchern.

Naibod, Valentino, 1510 bis 3.3.1593; italienischer Mathematiker und Astrologe in Padua und Köln; griff in die horoskopische Methodik ein (Direktion u. a.).

Jean-Baptiste Morin (Morinus), u. a. Astrologe der französischen Königin Anna von Österreich, einer der bedeutendsten französischen Astrologen.

INVENTVM
P. APIANI
Das ist:
Beschreibung eines Geometrischen Instruments / durch welches one alle rechnung gar behend vnd leichtlich / allerley höche / weitte / tieffe vnd braite / auch allerley flächen oder ebnen Innhalt / abgemessen / vnd andere mehr nutzliche sachen erkundiget werden.
Durch:
M. Georgium Galgemair.
Dabey auch Inventum Astrologicū Cypriani Leovitij de latitudinibus Planetarum in directionibus retinendis vel abijciendis zu finden.

Ein Auszug aus dem Werk von Cyprián Lvovický ze Lvovic in einer Schrift von Petrus Apian beweist, welchen Ruf er in Europa genoß.

Nechepsó-Petosíris, um 150 v. Chr.; Pseudonyme von Autoren – eines Priesters und seines Königs –, unter denen sich ein im hellenistischen Ägypten entstandenes, häufig benutztes Lehrbuch der Astrologie erhalten hat.

Neugebauer, Otto; Sohn des deutschen Astronomen P. V. Neugebauer, des Schöpfers astronomischer Tabellen; Professor an der Brown University in Providence, R.I./USA, Historiker der exakten Wissenschaften; sein Werk hat gewaltige Bedeutung für die Kenntnis der antiken Astronomie und Astrologie in Griechenland, Ägypten, Mesopotamien und Indien.

Newton, Isaac, 4.1.1643 bis 31.3.1727; englischer Physiker und Philosoph; studierte viele Jahre lang die Astrologie und machte in seiner »Chronologia« (1728 postum herausgegeben) auf einige interessante Zusammenhänge mit der Mythologie und auf Einzelheiten aus der Geschichte der antiken »Sterndeuterei« aufmerksam.

Nezval, Vítězslav, 26.5.1900 bis 6.4.1958; tschechischer Dichter, der sich praktisch den größten Teil seines Lebens aktiv mit Astrologie beschäftigte; davon zeugen zahlreiche Andeutungen in seinem Werk und der schriftliche Nachlaß.

Nigidus Figulus, Publius, um 99 bis 45 v. Chr.; römischer Universalgelehrter, bedeutender, an Astrologie, Theologie und Wahrsagekunst orientierter Vertreter des Neupythagoreismus; als Astrologe war er auch im römischen Senat populär.

Nizámí Arúzí; Dichter und Höfling der persischen Herrscher im 12. Jahrhundert, aus Samarkand; in den »Vier Gesprächen« beschäftigt er sich auch mit Astrologie.

Michel Nostradamus, eigentlich: Michel de No(s)tredame: zeitgenössischer Stich.

Nostradamus, Michel, eigentlich: Michel de No(s)tredame, 14.12. 1503 bis 2.7.1566; französischer Arzt, Schriftsteller und bedeutender Astrologe, Autor der berühmten, gereimten »Wirklichen Weissagungen und Prophezeiungen (Centuries)«, eines der rätselhaftesten Werke der ganzen astrologischen Literatur.

Oinopides von Chios, zweite Hälfte des 5. Jahrhunderts v. Chr.; griechischer Mathematiker und Astronom; soll die Schiefe der Ekliptik entdeckt haben.

Porträt von Paracelsus aus seinem Buch »Archidoxa magica« (München 1570).

Porträt des 59jährigen Caesar Nostradamus, Sohn des berühmten Michel Nostradamus, auf einem Stich aus dem 16. Jahrhundert. Der Vater widmete ihm das erste Vorwort zu seinen weltbekannten Prophezeiungen. Beide waren Astrologen.

Rechts: Šimon Partlic ze Špicberka (1588 bis 1650), Astronom und Astrologe: zeitgenössischer Stich.

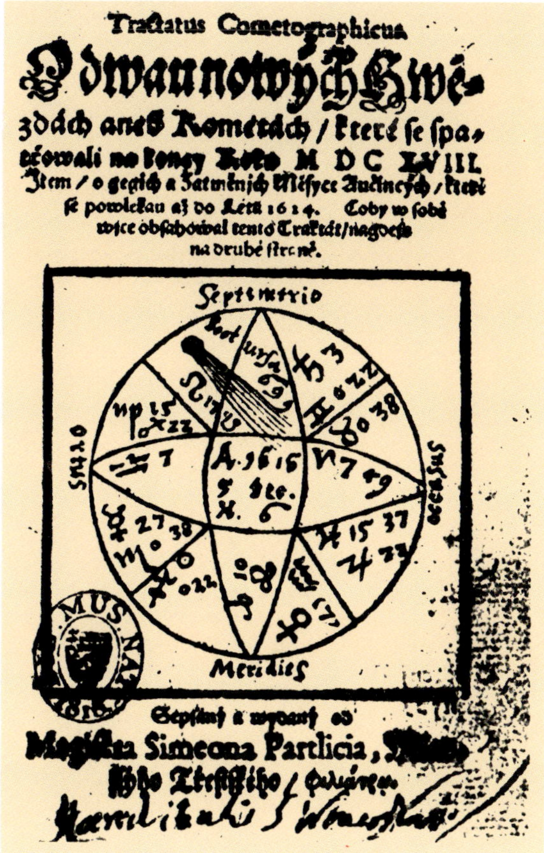

Das Titelblatt des Traktates über Kometen von Šimon Partlic ze Špicberka, 1619 erschienen, zeigt den in das Horoskopschema eingezeichneten Kometen von 1615.

Origines, 185 bis 254; größter christlicher Gelehrter der Frühzeit, von der Kirche für einen Ketzer gehalten; trat mit konkreten Argumenten (Präzession u. a.) gegen die Astrologie auf.

Osten, Garry, junger amerikanischer Astrologe, der ein progressives Horoskop der USA für die Jahre 1977 bis 2137 veröffentlicht hat.

Pacovský, eigentlich: Václav z Pacova, gestorben 23.1.1513; tschechischer Astronom, Magister der Karls-Universität Prag, Herausgeber von Minutien.

Palchos; griechischer Astrologe, der um 470 bis 490 wirkte; gehörte zur letzten Welle der antiken Astrologie.

Paracelsus, Philippus Aureolus Theophrastus, eigentlich: Theophrastus Bombastus von Hohenheim, 10.11.1493 bis 24.9.1541; berühmter deutscher Arzt und Alchimist; befaßte sich mit Astrologie in Verbindung mit der Medizin (Astromedizin).

Partlic ze Špicberka, Šimon, um 1588 bis 1650; tschechischer Mathematiker, Astronom und Astrologe, nach 1620 Exulant; gab zahlreiche tschechische und lateinische Schriften heraus, insbesondere Kalender, und stellte Horoskope.

Paulus von Alexandria (Alexandrinus), 4. Jahrhundert; vom Neuplatonismus beeinflußter griechischer Astrologe, dessen »Eisagogika« (Einführung in die Astrologie) erhalten ist und einen soliden Beitrag zur spätantiken Astrologie darstellt.

Pecker, Jean-Claude, geboren 1923; französischer Physiker und Astrophysiker, ab 1962 Generalsekretär der Internationalen Astronomischen Union, Mitglied der Académie française; versuchte in dem polemischen Artikel »Astrologie und Wissenschaft« (1983), die Astrologie mit konkreten Argumenten zu widerlegen.

Pegius, Martin, 16. Jahrhundert; slowenischer Astrologe; wirkte ab 1553 in Salzburg; sein »Buch der Nativitäten« von 1570 erschien in der Neuzeit mehrmals in der Edition »Klassiker der Astrologie«.

Petrus de Regio, 13. Jahrhundert; Astrologe am Hofe des spanischen Königs Alfons X. von Kastilien; übersetzte astrologische Werke aus dem Arabischen.

Pfaff, Julius Wilhelm Andreas, 1774 bis 1835; deutscher Astronom und Astrologe, der an der Universität von Erlangen wirkte, einer der ersten deutschen Astrologen der Neuzeit; verfaßte die fundierte Schrift »Astrologie« (1816).

Picard, Eudes, 13.2.1865 bis 12.11.1932; Enkel eines berühmten Mitglieds der Académie française und genialer Astrologe, dessen künftiges großes Interesse an Astrologie schon gleich nach dessen Geburt Eugène Ledos, ein für die Rothschilds arbeitender Astrologe, weissagte; schrieb ein Buch über Divinationsastrologie.

Pico della Mirandola, ' Giovanni, 24.2.1463 bis 17.11.1494; italienischer Dichter, Philosoph und Humanist, der in einer polemischen Schrift in zwölf Büchern scharf gegen die Astrologie auftrat.

Pieroni de Galliano, Giovanni Bapt., 5.3.1586 bis 1654; italienischer Architekt, Mathematiker und Astrologe, ab 1620 in der Habsburger Monarchie tätig; war in erheblicher Weise an der Konzipierung des Prager Wallenstein-Palais mit seinem astronomisch-astrologischen Korridor beteiligt.

Pietro d'Abano (Petravinus, Padranus, Petrus Aponensis oder Aponus), um 1250 bis etwa 1315; italienischer Arzt, Philosoph, Anhänger der Astrologie und einer der am meisten geachteten Forscher seiner Zeit; die Astrologie interessierte ihn vor allem als angewandte Disziplin in der Medizin und Geschichte; beschäftigte sich mit den astrologischen Konsequenzen der Präzession des Frühlingspunktes.

Pistorius, Johannes d. J. (Niddanus), 1546 bis 1608; deutscher katholischer Theologe, Arzt und Astrologe.

Placidus de Titis, Didacus, 1603 bis 1668; italienischer Astrologe, dessen Beiträge zur Horoskopmethodik (System der Häuser, Sekundärdirektion u. a.) bis heute gelten.

Giovanni Battista (Giambattista) della Porta aus Neapel, Dramatiker und Astrologe.

Claudius Ptolemäus als »König der Astronomen« auf einem allegorischen Holzschnitt des enzyklopädischen Werkes »Margarita Philosophica« von Gregor Reisch aus dem Jahre 1503.

Plato da Tivoli, zweite Hälfte des 12. Jahrhunderts; gehörte der Übersetzergeneration an, die Europa die Kenntnis der Werke der arabischen und antiken Astrologen vermittelte.

Platon, 428 oder 427 bis 348 oder 347 v. Chr.; einer der größten griechischer Philosophen; wesentliche Bedeutung für die Entwicklung der Astrologie hatte sein Dialog »Timaios«, in dem er einige Grundprinzipien der Beziehungen zwischen kosmischen und irdischen Dingen formulierte; die Planeten erhalten hier erstmals ihre künftigen Namen, die aus der griechischen Mythologie abgeleitet sind.

Pöllner, Otto, geboren 5.10.1864; deutscher Astrologe; schrieb mehrere Bücher, darunter neben allgemeinen Lehrbüchern auch Schriften über mundane, politische und meteorologische Astrologie u. a.

Porphyrios von Tyros, ursprünglicher syrischer Name Malkos oder Malchos, um 223 bis etwa 304; griechischer Philosoph, Neuplatoniker und Schüler Plotins; kommentierte Ptolemäus' »Tetrabiblos«; seine Schrift »Eisagoge« verwandten später die Araber; führte eine neue Methode zur Berechnung der Horoskophäuser ein.

Porta, Giovanni Battista (Giambattista) della, 1535 bis 1615; italienischer Physiker, Dramatiker und Astrologe; schrieb das Theaterstück »Der Astrologe« und suchte in der Wissenschaft die Idee der Analogie in den Beziehungen zwischen Makro- und Mikrokosmos durchzusetzen.

Poseidonios, um 135 bis 51 v. Chr.; griechischer Philosoph und Stoiker; hatte enzyklopädische Interessen und sicherte der Astrologie das Interesse der damaligen Gebildeten; seine Schriften haben sich nicht erhalten.

Prinke, Rafael T., geboren 18.1.1955; zeitgenössischer polnischer Astrologe, einer der beiden Autoren des Buches »Mandala des Lebens« (1983), das einen qualifizierten Einblick in die Astrologie von heute gibt.

Privat, Maurice, 13.5.1889 bis 28.4.1949; französischer Journalist, Mitarbeiter des Rundfunks und Astrologe; suchte die sogenannte wissenschaftliche Astrologie durchzusetzen, über die er ein Buch schrieb; gab die astrologische Revue »Le Grand Nostradamus« heraus.

Proklos Diadochos von Konstantinopel, um 410 bis etwa 484; griechischer Philosoph, führender Vertreter des Athener Neuplatonismus; erhalten sind seine Kommentare zu den »Chaldäischen Weissagungen«, zu Platons »Timaios« und Ptolemäus' Werk »Tetrabiblos«, das er unter der Bezeichnung »Paraphrase« überarbeitete.

Proxen aus den Sudeten, Šimon (Proxenus), 1531 bis 7.12.1575; gab 1559 bis 1563 in Prag Universitätsprophezeiungen heraus.

Příbram, Pavel (Pavel z Příbrami), gestorben 5.10.1520; Prager Universitätsastronom, -astrologe und Herausgeber von Prophezeiungen; von seinem Werk hat sich nichts erhalten.

Ptolemäus, Claudius, um 100 bis nach etwa 160; alexandrinischer Universalgelehrter (Astronom, Geograph, Chronologe und Astrologe), Autor eines fundamentalen astronomischen Werkes (»Almagest«) und der »Bibel« der späteren Astrologie in vier Büchern (»Tetrabiblos«); eine Sammlung astrologischer Aphorismen (»Centiloquium«) wird ihm wohl zu Unrecht zugeschrieben.

Raman, Bangalore Venkat, geboren 1912; Haupt der zeitgenössischen indischen Astrologie, Herausgeber der Zeitschrift »The Astrological Magazine« und Autor zahlreicher, solider, englisch geschriebener Lehrbücher der indischen Astrologie und ihrer speziellen Techniken; Fortsetzer von B. S. Rao.

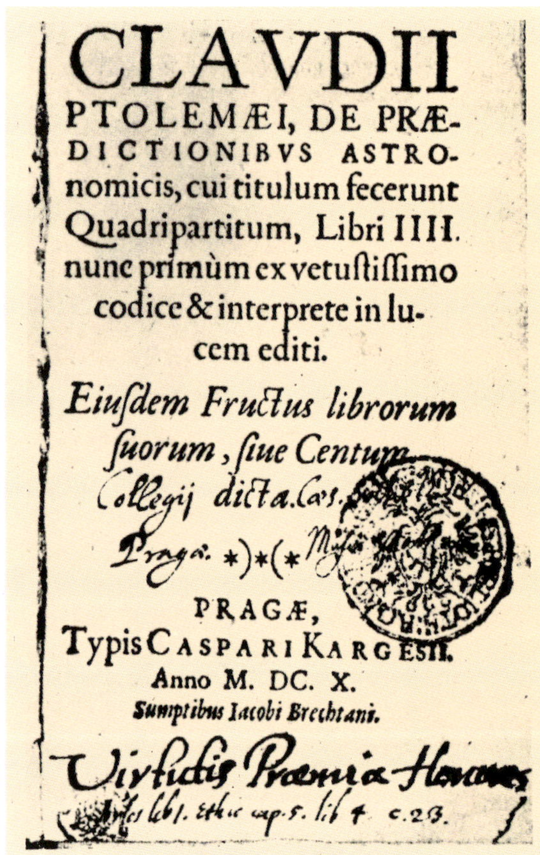
CLAVDII
PTOLEMÆI, DE PRÆDICTIONIBVS ASTRONOMICIS, cui titulum fecerunt Quadripartitum, Libri IIII. nunc primùm ex vetustissimo codice & interprete in lucem editi.
Eiusdem Fructus librorum suorum, siue Centum
Collegij dicta.
PRAGÆ,
Typis CASPARI KARGESII.
Anno M. DC. X.
Sumptibus Iacobi Brechtani.
Virtutis Praemia Honores

Titelblatt der Prager Ausgabe des lateinischen Textes von Ptolemäus' »Tetrabiblos« aus dem Jahre 1610.

Das Porträt von Regiomontanus auf einem zeitgenössischen Stich.

Rao, B. Surjanarjana, 12.2.1856 bis 1937; Historiker, Schriftsteller, Yogi und größter moderner indischer Astrologe; erweckte in Indien die Astrologie, gründete 1895 die Zeitschrift »The Astrological Magazine«, übersetzte die alten astrologischen Aphorismen Jayminis ins Englische und verfaßte selbst mehrere wichtige astrologische Schriften.

Raphael I., eigentlich: Robert Cross Smith, 19.3.1795 bis 1832; bedeutender Wegbereiter der modernen Astrologie in England; gab ab 1827 die Zeitschrift »The Prophetic Messenger« heraus, die später in »Raphael's Almanac« umgenannt wurde, und 1828 in London das »Manual of Astrology«; das Pseudonym Raphael (II., III. usw.) benutzten später auch seine Schüler und Nachfolger John Palmer (geboren 28.5.1807), Wakely, R. W. Cross (geboren 15.5.1850) u. a.; der Verlag »Raphael« gehört zu den renommiertesten Herausgebern astrologischer Ephemeriden und Literatur.

Regiomontanus, eigentlich: Johannes Müller, 6.6.1436 bis 6.7.1476; einer der bedeutendsten Astronomen und Astrologen des 15. Jahrhunderts; führte neue mathematische Methoden in die Astrologie ein (Horoskophäuser, Direktionen).

Rhazes (Muhammad ibn Zakarijá ar-Rází), 865 bis 932; arabischer, in Bagdad tätiger Astrologe; von ihm sind drei Werke in lateinischen Übersetzungen erhalten; außerdem beschäftigte er sich mit Naturphilosophie und war der erste muslimische Leibarzt des Kalifen al-Muktadir.

Rheticus, eigentlich: Georg Joachim von Lauchen, 15./16.2.1514 bis 4.12.1576; bedeutender deutscher Astronom, ein Freund von Kopernikus und Herausgeber von dessen Werk »Über die Kreisbewegungen der Weltkörper«; befaßte sich als erster Kopernikaner auch begeistert mit Astrologie und versuchte, durch astrologische Berechnungen die zweite Ankunft Christi vorauszusagen.

Rhetorios, griechischer Astrologe der Wende vom 5. zum 6. Jahrhundert, Kompilator und Kommentator älterer astrologischer Autoren; von ihm haben sich sieben Horoskope erhalten; die Neugeborenen charakterisierte er nach den sie regierenden Planeten (Planetentypologie).

Ring, Thomas, 1892 bis ?; deutscher Maler und bedeutender moderner Astrologe, der in seinem vierbändigen grundlegenden Werk die Regeln der klassischen Astrologie einer Revision unterzog.

Rudhyar, Dane, eigentlich: Daniel Chennevière, 23.3.1895 bis 13.9.1985; bedeutender amerikanischer Dichter, Musiker, Astrologe, Denker und Philosoph französischer Abstammung. Hauptvertreter der humanistischen Astrologie; verfaßte ca. 20 astrologische Bücher und Nachschlagewerke; allseitige Persönlichkeit eines Renaissancetyps; beschäftigte sich seit 1930 mit Astrologie.

Rudolf II., 18.7.1552 bis 20.1.1612; deutscher Kaiser und böhmischer König, großer Gönner und Mäzen von Kunst und Wissenschaft, Alchimie, Astrologie und Okkultismus; beschäftigte Tycho Brahe und Johannes Kepler, die u. a. neue astrologische (die Rudolfinischen) Tafeln erarbeiteten.

Rudolph, Udo; bedeutender Vertreter der sogenannten Hamburger Schule der deutschen modernen Astrologie.

Ruggieri, Cosimo; italienischer Astrologe am Hofe der französischen Königin Katharina von Medici (1519 bis 1589).

Sacrobosco, Giovanni di, Ende des 12. Jahrhunderts bis 1246 oder 1256, italienischer Name des englisch-französischen Astronomen, Mathematikers und Astrologen: John von Hollywood (Halifax); wirkte in Paris; stützte sich in der Astrologie auf den arabischen Astrologen Alcatbitius.

Sadan (Abú Ša'íd Šádán), 9. Jahrhundert; arabischer Astrologe, Schüler Albumasars, mit dem er ein Werk über die Planeten verfaßte, das aus einer lateinischen Übersetzung bekannt ist.

Sadovský, Vítězslav, tschechischer Astrologe, der vor dem Zweiten Weltkrieg in Karviná wirkte.

Salmasius, Claudius (Salmatius), eigentlich: Claude de Saumaise, 1588 bis 1653; französischer klassischer Philologe und Astrologe; verfaßte eine Schrift über die Wechseljahre der Frau nach der antiken Astrologie.

Porträt Rudolfs II.: Öl auf Kupferplatte, tschechischer anonymer Maler, um 1600 (Prag, Kunstgewerbemuseum).

Giovanni Battista Senni, Wallensteins Astrologe: zeitgenössischer Stich.

Samuel von Nahardej in Babylonien, 160 bis 200; jüdischer Astrologe, Autor von Schriften über Planeten und Saturn.

Sargon I. von Akkad (Šarrukín), auch der Große genannt, Begründer eines Großreiches in Mesopotamien, regierte etwa 2350 bis 2295 v. Chr.; aus seiner Zeit stammen die ältesten präastrologischen Aufzeichnungen in Keilschrift, deren Kopien in der Bibliothek Assurbanipals in Ninive aus dem 7. Jahrhundert v. Chr. entdeckt wurden.

Saxl, Fritz, 8.1.1890 bis 22.3.1948; österreichischer Kunsthistoriker, der in London wirkte; trug durch detaillierte Verzeichnisse der mittelalterlichen astrologischen und mythologischen Handschriften in einigen europäischen Bibliotheken (Rom, Wien, London, Cambridge, Oxford u. a.) erheblich zur Kenntnis der Geschichte der Astrologie bei.

Schiller, Julius, gestorben 1627; Mitglied des Augustinerordens in Augsburg; gab 1627 einen Sternkatalog heraus, in dem er die Sternbilder des Tierkreises durch Sternbilder der zwölf Apostel ersetzte.

Schmitz, Oskar A. H., 16.4.1873 bis 18.12.1931; deutscher Schriftsteller und Dichter, einer der ersten an Astropsychologie orientierten deutschen Astrologen.

Schöner, Johannes (Schonerus), 16.1.1477 bis 16.1.1547; deutscher Mathematiker, Geograph und Astrologe; gab 1545 ein Lehrbuch der Astrologie heraus.

Schwickert, Friedrich, Pseudonym: Sindbad, 17.6.1885 bis 15.10.1930; österreichischer Korvettenkapitän und bedeutender moderner Astrologiesynthetiker; gab gemeinsam mit dem Wiener Arzt und Astrologen Adolf Weiss in den zwanziger Jahren das fünfbändige zusammenfassende Werk »Bausteine der Astrologie« heraus, das die Grundlage der modernen Astrologie ist.

Das Sternbild des Hl. Petrus, vorgeschlagen von Julius Schiller im Geiste der christlichen astralen Symbolik (»Coelum stellarum christianum«, 1627).

Scotus, Michael, eigentlich: Michele Scotto, 1214 bis um 1290; einflußreicher Hofastrologe Kaiser Friedrichs II. am Hofe in Palermo, schottischer Abstammung, Universalgelehrter und großer Kenner der Magie; knüpfte in seinem astrologischen Werk direkt an die antike, nicht durch die Araber vermittelte Tradition an; wird in Dantes »Göttlicher Komödie« erwähnt.

Scribonius; römischer Astrologe; lebte um Christi Geburt; bekannt durch seine erfolgreichen Weissagungen aus der Zeit des Kaisers Augustus.

Sebottendorf, Rudolf; deutscher Astrologe, der in den zwanziger Jahren dieses Jahrhunderts wirkte; beschäftigte sich mit Horoskoptechniken und mit der Geschichte der Astrologie.

Seleukos; römischer Astrologe Kaiser Othos (regierte im Jahre 69); weissagte ihm Hoffnung auf den Thron und das Überleben von Nero.

Senni, Giovanni Battista, eigentlich: Giambattista Zenno, 1600 bis 1656; ital. Astrologe, Schüler Argolis und 1629 bis 1634 im Dienste Wallensteins.

Sepharial, eigentlich: Walter R. Gornold bzw. Gorn-Old, 20.3.1864 bis 23.12.1929; englischer Orientalist, Numerologe, Astrologe und Okkultist, Vertreter der esoterischen Astrologie; arbeitete mit kombinierten Divinationsmethoden (kabbalistische Astrologie u.a.); verfaßte eine Reihe wertvoller Werke, u. a. ein astrologisches Handbuch und Wörterbuch.

Sextus Empiricus (griechisch: Sextos Empeirikos), um 200; griechischer Philosoph (Skeptiker); schrieb ein Werk gegen die Mathematiker, d. h. u. a. auch gegen die Betreiber von Astrologie.

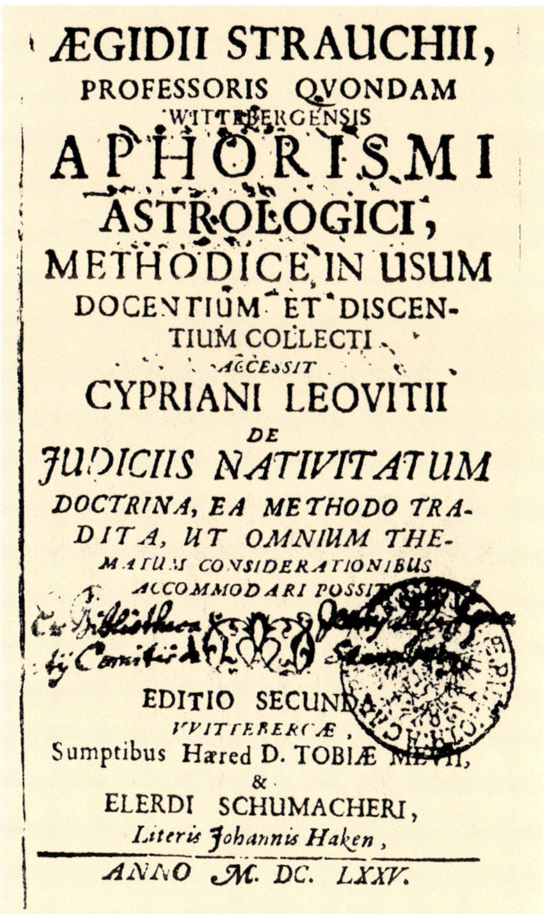
ÆGIDII STRAUCHII,
PROFESSORIS QVONDAM
WITTEBERGENSIS
APHORISMI
ASTROLOGICI,
METHODICE IN USUM
DOCENTIUM ET DISCENTIUM COLLECTI.
ACCESSIT
CYPRIANI LEOVITII
DE
JUDICIIS NATIVITATUM
DOCTRINA, EA METHODO TRADITA, UT OMNIUM THEMATUM CONSIDERATIONIBUS
ACCOMMODARI POSSIT.
EDITIO SECUNDA.
WITTEBERGÆ,
Sumptibus Hæred D. TOBIÆ MEVII,
&
ELERDI SCHUMACHERI,
Literis Johannis Haken,
ANNO M. DC. LXXV.

Die astrologischen Aphorismen von Cyprián Lvovický ze Lvovic in einer Schrift von Aegidius Strauch aus dem Jahre 1675 zeugen davon, daß Lvovický (Leovitius) zu seiner Zeit nicht nur in Böhmen ein anerkannter Autor war.

Shipley, John B., Pseudonym: Sarastro, 22.4.1858 bis 14.10. 1911; englischer Schriftsteller und Astrologe.

Sibly, Ebenezer, geboren 30.1.1751; bedeutender englischer Astrologe zu Beginn der modernen Zeit; Autor von mindestens drei gehaltvollen und wichtigen Werken mit zeitgenössischen Horoskopen.

Sieggrün, Friedrich, 20.12.1877 bis 4.5.1951; deutscher Astrologe, Angehöriger der sogenannten Hamburger Schule; arbeitete im Horoskop auch mit hypothetischen Planeten hinter Neptun und verwendete auch andere nichttraditionelle Methoden (Halbdistanz der Planeten u. a.).

Šimandl, Emanuel, 24.12.1899 bis 24.12.1971; führender moderner, tschechischer Astrologe, Orientalist und Übersetzer aus verschiedenen, auch alten Sprachen, der eine ganze Generation von Astrologen erzog.

Titelblatt einer Minutie von Mikuláš Šud ze Semanína für das Jahr 1552.

Šindel, Jan, eigentlich: Jan Ondřejův, genannt Šindel, um 1375 bis etwa 1456; auch im Ausland anerkannter tschechischer Astronom; beschäftigte sich auch mit prognostischer Astrologie.

Stabili, Francesco della (auch: Lastabili), eigentlich: Cecco d'Ascoli, um 1250 bis 16.9.1327; italienischer Arzt, Dichter und Astrologe, führender Mathematiker an der Universität Bologna, Freund Dantes und Leibarzt von Papst Johannes XXII., Hofastrologe des Herzogs von Kalabrien, Autor bedeutsamer astrologischer Werke; wurde von Widersachern bei der Inquisition denunziert und in Florenz verbrannt; sein Traktat »Sphaera« war ein Kommentar zu einer Schrift Sacroboscos.

Stephanos von Alexandria; spätgriechischer Neuplatoniker und Astrologe des 7. Jahrhunderts; hatte Einfluß auf die spätere arabische Astrologie.

Stöffler, Johannes, 1452 bis 16.2.1531; deutscher Astrologe und Professor für Mathematik und Astronomie in Tübingen; beschäftigte sich in den Jahren 1489 bis 1531 vor allem mit der Berechnung von Ephemeriden; veröffentlichte in einem astrologischen Almanach seine bekannte Prophezeiung einer Naturkatastrophe, zu der es im Februar 1524 infolge einer Planetenkonstellation im Zeichen Fische kommen sollte – doch die Panik war umsonst; seinen eigenen Tod sagte er aber exakt voraus.

Strauch, Aegidius, 2.3.1632 bis 13.12.1682; deutscher Astrologe und Mathematikprofessor in Wittenberg; gab ein Buch mit astrologischen Aphorismen heraus.

Strunz, Franz, 1875 bis?; deutscher Historiker der Naturwissenschaften, der in Brünn und Wien tätig war; verfaßte mehrere Schriften, in denen er sich u. a. auch mit mittelalterlicher Astrologie beschäftigte.

Struve, Otto Wilhelm von, 7.5.1819 bis 16.4.1905; deutscher Astronom, 1862 bis 1889 Direktor der Sternwarte in Pulkowo; gab 1860 ein Buch über die Beziehungen zwischen Kepler und Wallenstein heraus.

Šud ze Semanína, Mikuláš, 1490 bis 23.4.1557; tschechischer Astronom, Astrologe und berühmter Verfasser volkstümlicher Voraussagen (Minutien).

Sulla; römischer Astrologe Kaiser Caligulas (37 bis 41), dadurch bekannt, daß er ihm den nahen Tod prophezeite.

Szuman, Leszek; Senior der modernen polnischen Astrologie.

Teříško (Terzyssko); Astrologe am Hofe Wenzels IV., Verfasser eines Sternatkatalogs; von ihm ist nichts Näheres bekannt.

Tertullian, Quintus Septimus Florens Tertullianus, um 160 bis um 225; lateinischer Schriftsteller und Kirchenvater; beschäftigte sich mit der Frage des Sterns von Bethlehem und äußerte sich auch zur Astrologie.

Teukros, auch »Ber Babylonier« genannt; griechischer Astronom und Astrologe, der wahrscheinlich im 1. Jahrhundert n. Chr. tätig war; sein Werk hat sich nur in Auszügen erhalten; aus ihm schöpften Albumasar und einige orientalische Astrologen.

Theogenes; römischer Astrologe zur Zeit von Kaiser Augustus (1. Jahrhundert v. Chr.), dem er künftigen Ruhm prophezeite.

Theophilos von Edessa, gestorben 785; syrischer Schriftsteller, Übersetzer Homers und Hauptastrologe am Hofe des Kalifen Al Mahdí, unter dem die Astrologie eine königliche Kunst war; Fragmente seines Werkes zitierte oft Haly Abenragel.

Hl. Thomas von Aquino (Thomas Aquinus), genannt Doctor angelicus, um 1225 bis 7.3.1274; führender christlicher Theologe und Religionsphilosoph; verhielt sich der Astrologie gegenüber nicht mehr so ablehnend wie die Kirchenväter des frühen Christentums; läßt in der »Summa theologiae« in gewissem Maße kosmische Einflüsse auf den Menschen zu.

Thrasyllos von Alexandria, Anfang des 1. Jahrhunderts n. Chr.; griechischer Astrologe des römischen Kaisers Tiberius (14 bis 37), bei dem er den größten Teil seines Lebens zubrachte; von seiner »Einführung in die Astrologie« hat sich nur ein Auszug erhalten.

Tiede, Ernst Heinrich, 2.4.1863 bis ?; deutscher Astrologe, Autor eines »Astrologischen Lexikons« und mehrerer anderer Schriften; lieferte auch Beiträge für die Zeitschrift »Astrologische Rundschau«.

Timocharis, 3. Jahrhundert v. Chr.; griechischer Astronom, der als einer der ersten die ekliptikalen Längen und Breiten der Gestirne bestimmte; von seinen Angaben ging Hipparchos aus.

Toaldo, G., 1719 bis 1797; italienischer Astrologe, der in Padua die Astrometeorologie entwickelte, was ihm zu seiner Zeit Anerkennung einbrachte; seine Erkenntnisse faßte er in einem 1770 erschienenen Werk zusammen.

Trébucq, Sylvain, 2.2.1857 bis 14.11.1928; moderner französischer Astrologe.

Troinski, E. H., 19.12.1910 bis ?; deutscher Astrologe russischer Abstammung, der in Berlin wirkte; beschäftigte sich vor allem mit Mundanastrologie (Horoskope von Staaten) und einigen speziellen methodischen Fragen der Horoskopie.

Tucker, William T.; zeitgenössischer englischer Astrologe; gab etwa 30 astrologische Handbücher über spezielle Fragen der Beziehungen der Astrologie zu anderen Disziplinen heraus; begründete die »British Association of Scientific Astrologers«.

Porträt Wallensteins aus dem Jahre 1614: Ölgemälde eines unbekannten Künstlers

Varáhamihira; die vielleicht größte Autorität der alten indischen Astrologie; über die Zeit seines Wirkens besteht keine einheitliche Auffassung, meist wird die erste Hälfte des 6. Jahrhunderts angegeben, einige indische Quellen nennen aber eine ältere Zeit; seine astrologische Schrift »Brhaj Djátaka« gelangte in moderner Zeit in einer englischen und deutschen Übersetzung nach Europa; außerdem verfaßte er noch mehrere andere astrologische und astronomische Schriften.

Vehlow, Johannes, 1890 bis 6.3.1958; deutscher Astrologe, der die sogenannte wissenschaftliche Astrologie durchzusetzen suchte; gab 1934 ein mehrbändiges Lehrbuch der modernen Astrologie heraus; befaßte sich mit einigen technischen Problemen der Horoskopie.

Vettius Valens aus Antiochia, 2. Jahrhundert; griechischer Astrologe, der wahrscheinlich in den Jahren 154 bis 174 tätig war; hinterließ die Schrift »Anthologiai«, die eine Vielzahl berechneter Horoskope enthält.

Virdung, Johannes Krakowiensis de Hassfurt; deutscher Mathematiker und Astrologe, der an der Wende des 15. zum 16. Jahrhundert in Heidelberg tätig war; bekannt ist seine »Practica« mit der Prophezeiung einer Klimakatastrophe für 1524 in Verbindung mit einer großen Planetenkonstellation.

Virolleaud, Charles Jean Gabriel, 2.7.1879 bis ?; französischer Orientalist; verfaßte ein 1905 bis 1912 erschienenes Werk über die chaldäische Astrologie (14 Bände) und eine Reihe von Fachartikeln über antike Divination.

Vogt, Johann Karl, 13.2.1813 bis 4.5.1860; deutscher Volksastrologe und Hellseher, von Beruf Tischler; sein Biograph Ludwig Hauff führt 1858 eine Reihe eingetroffener Voraussagen von ihm an.

Volguine, Alexandre, eigentlich: Volgin, 3.3.1903 bis Juni 1977; französischer Astrologe russischer Abstammung, begründete 1937 die bedeutende Zeitschrift »Cahiers astro-

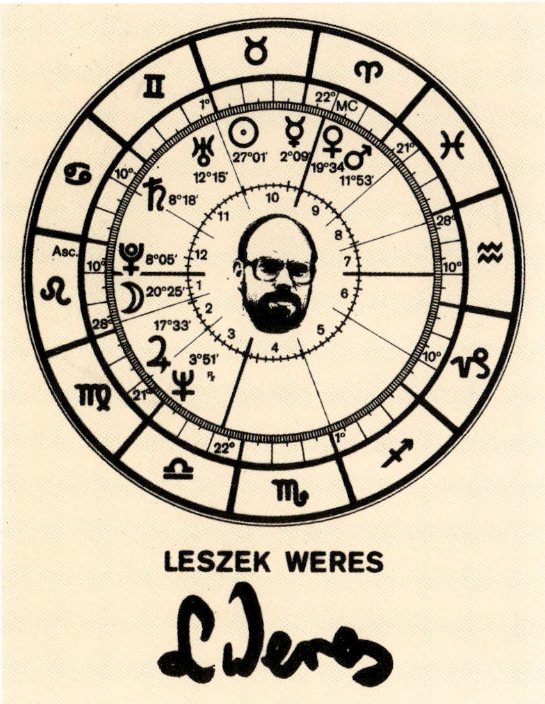

Der zeitgenössische polnische Astrologe Leszek Weres, Mitautor des Buches »Mandala życia« (1983), auf einem Horoskopbild.

logiques«; schrieb mehrere astrologische Bücher und eine Reihe von Artikeln; gab die klassische astrologische Literatur (Reihe »Meister des Okkultismus«) heraus.

de Vore, Nicholas; moderner amerikanischer Astrologe, Präsident der Astrologischen Gesellschaft; gab 1947 eine »Encyclopaedia of Astrology« heraus.

Wallenstein, Albrecht Wenzel Eusebius von, 24.9.1583 bis 25.2.1634; böhmischer Adliger und Feldherr, der sich lebhaft für Astrologie interessierte; allgemein bekannt sind seine Beziehungen zu Kepler, der ihm 1608 ein Horoskop stellte und in den letzten Jahren direkt in seinen Diensten stand.

Walter, Robert M., gestorben 1981; Senior der modernen polnischen Astrologie; beschäftigte sich vor allem mit astrologischer Typologie.

Weingarten, Henry; zeitgenössischer amerikanischer Astrologe, führender Vertreter der »National Astrological Society« und Herausgeber von astrologischen Zeitschriften und Literatur; veröffentlichte selbst zwei Bücher über moderne Astrologie.

Weres, Leszek, geboren 18.5.1945; zeitgenössischer polnischer Astrologe, Vizepräsident der Internationalen Gesellschaft für Astrologische Forschung; Mitautor des bedeutenden Werkes »Mandala des Lebens« (1983).

Wiesel, Eric, 19.4.1896 bis 12.12.1947; deutscher Mathematiker und Astrologe, Herausgeber einer Zeitschrift; beschäftigte sich vor allem mit der technischen Seite der Astrologie (Problem der Horoskophäuser u. a.).

Wilhelm von Bergumo, 13. Jahrhundert; Astrologe und Ratgeber, der den englischen König Heinrich III. (1207 bis 1272) auf Feldzügen begleitete.

Wilson, James; englischer Astrologe, der zu Beginn der Welle der modernen Astrologie ein gut durchgearbeitetes Kompendium der ptolemäischen Astrologie herausgab (1819).

Witte, Alfred, 2.3.1878 bis 2.8.1941; bedeutender moderner, deutscher Astrologe, Begründer der Hamburger Schule, Herausgeber von astrologischer Literatur und Autor eines bedeutenden Werkes, von Beruf beamteter Geodät in Hamburg.

Wulff, Wilhelm Theodor H.; deutscher Astrologe, der sich mit indischer Astrologie beschäftigte; arbeitete während des Zweiten Weltkriegs für Himmler; gab 1968 seine Memoiren unter dem Titel »Tierkreis und Hakenkreuz« heraus.

Zadkiel, eigentlich: Richard James Morrison, um 1796 bis etwa 1874; englischer Astrologe, zu seiner Zeit sehr populär; gab ab 1830 »The Herald of Astrology« heraus, der später in »Zadkiel's Almanac« umbenannt wurde.

Zadkiel II., eigentlich: A. J. Pearce, 10.11.1840 bis ?; englischer Astrologe; gab den Almanach »Textbook of Astrology heraus«; prophezeite mehrere Erdbeben.

Zahel Benbriz (Sahl ibn Bisr ibn Habíb ibn Háni); jüdischer Astrologe, der arabisch schrieb und im 8. bis 9. Jahrhundert in Chorasan tätig war; Wesir des Kalifen Al Mamun; in Übersetzungen haben sich 16 astrologische Schriften von ihm erhalten.

Zain, C. C., eigentlich: Elbert Benjamin, 1882 bis 1951; Pionier der amerikanischen Astrologie; schrieb eine Serie von 21 speziellen astrologischen Handbüchern.

Zariel (auch: Magi Zariel), eigentlich David Cope; moderner englischer Astrologe, der zu Beginn des 20. Jahrhunderts eine neue Methode der Konstruktion der Horoskophäuser schuf.

Žižka, Vratislav Jan, geboren 19.7.1926; bedeutender Vertreter der modernen tschechischen Astrologie, Schüler E. Simandls, Autor mehrerer bedeutender Artikel in Buch- und Zeitschriftenform über die Astrologie und ihre Geschichte.

Der berühmte Arzt Paracelsus auf einer Abbildung aus seinem Werk »Astronomica et astrologica opuscula«, Köln 1567.

Grundbegriffe der astrologischen Terminologie

Achsen: siehe Horoskopachsen.
Achtelschein: siehe Semiquadratur.
Akausale Synchronizität: nichtursächliche Parallelität nach der Theorie des Psychoanalytikers C. G. Jung und des Physikers W. Pauli.
Antiszien: die Horoskoppunkte symmetrisch zur Solstitialachse des Horoskops (0° Krebs – 0° Steinbock).
Antivertex: siehe Vertex.
Applikation: die Situation, wenn ein schnellerer Planet in einen exakten Aspekt zu einem langsameren Planeten eintritt.
Äquatoriale Koordinaten: bestimmen die Lage eines Objekts an der Himmelssphäre in bezug auf die Ebene des Himmelsäquators; siehe Rektaszension und Deklination.
Äquinoktiale Tierkreiszeichen: Widder, Waage.
Äquinoktialkreis: siehe Himmelsäquator.
Äquinoktium: siehe Tagundnachtgleiche.
Aspekt: wichtige, in der ekliptikalen Ebene gemessene Winkelbeziehung von zwei oder mehr Planeten zueinander.
Asteroiden: siehe Planetoiden.
Astrologie: die Wissenschaft und Kunst, die Beziehungen, auch 352 Kausalbeziehungen zwischen der momentanen Stellung der Himmelssphäre, den Positionen von Sonne, Mond, Planeten und Gestirnen und den gerade vor sich gehenden oder auch den künftigen oder vergangenen Ereignissen an einem bestimmten Ort der Erdoberfläche zu entdecken.
Astromedizin: die in der alten Medizin angewandte Astrologie.
Astronomische (progressive) Direktionen: klassische Methoden der prognostischen Horoskopie, die von der Erdrotation (Primärdirektion) und von der Analogie zwischen Erdrotation und Erdumlauf um die Sonne (Sekundärdirektion) ausgehen.
Aszendent (ASC oder **ASZ)** (griechisch: *horoskopos*): – der Ekliptikpunkt, der an einem bestimmten Zeitpunkt am Horizont aufgeht, der östliche Schnittpunkt der Ekliptik mit dem Horizont, im Horoskop der Anfang des 1. Hauses.
Azimut (A): eine der horizontalen Koordinaten, der Winkel zwischen dem Süd- bzw. Nordpunkt und dem Schnittpunkt des Vertikalkreises des betreffenden Gestirns mit dem Horizont; der astronomische Azimut wird vom Südpunkt Richtung Westen von 0° bis 360° gemessen, der geographische Azimut vom Nordpunkt ostwärts.
Benefizplaneten (lateinisch: *stellae beneficae*): die nach der klassischen Horoskopie glückbringenden Planeten, in der Regel Jupiter und Venus.
Berufspunkt: bedeutsamer sensitiver Punkt des Horoskops, berechnet nach dem Muster: Länge des Mondes minus Länge der Sonne plus Medium coeli (bei der Taggeburt); oder: Länge der Sonne minus Länge des Mondes plus Medium coeli (bei der Nachtgeburt).
Bewegliche (doppelte) Tierkreiszeichen: Zwillinge, Jungfrau, Schütze, Fische (sogenanntes bewegliches Kreuz).
Biquintil (Zweifünftelschein): Aspekt mit einem Winkel von 144°.
Biseptil (Zweisiebtelschein): Aspekt mit einem Winkel von 102 $^{6}/_{7}$ °.
Chronokrator: der Planetenherrscher der Zeiteinheit, z. B. des Wochentages, Monats oder Jahres.
Debilitas: Schwäche eines Planeten, siehe Erniedrigung.
Decumbiturhoroskop (lateinisch: *decumbitorium*): für den Beginn der Bettlägerigkeit eines Patienten gestelltes Horoskop, aus dem auf den weiteren Krankheitsverlauf geschlossen wird.
Dekane: Abschnitte der Ekliptik von je 10° Ausdehnung; drei Dekane bilden also ein Tierkreiszeichen.
Deklination (δ, Delta): eine der äquatorialen Koordinaten; wird in der Ebene senkrecht zum Himmelsäquator auf dem Deklinationskreis von 0° bis ± 90° gemessen; die nördliche Deklination ist positiv, die südliche negativ.
Deszendent (DSC oder **DSZ)** (griechisch: *dysis*): der Ekliptikpunkt, der zu einem bestimmten Zeitpunkt am Horizont untergeht, der westliche Schnittpunkt der Ekliptik mit dem Horizont, im Horoskop der Anfang des 7. Hauses.
Dezil: siehe Semiquintil.
Dignität: siehe Würde eines Planeten.
Direkte (rechtläufige) Bewegung (Rechtläufigkeit): eine Bewegung im Sinne der Bewegung der zodiakalen Zeichen, bei der die ekliptikale Länge wächst.
Direktion: die Gesamtheit der speziellen Methoden der prognostischen Astrologie.
Direktionsschlüssel: Zeitmaße, die in der Direktionsastrologie verwendet werden, z. B. das Eingradmaß, bei dem 1° einem Jahr entspricht, der Naibod-Schlüssel, bei dem 0° 59′ 08″ einem Jahr entspricht, u. a.
Dispositor: der Planet, der ein Tierkreiszeichen beherrscht, in dem sich ein anderer Planet oder die Spitze des betreffenden Hauses befindet, über das er »disponiert«.
Divination: Lesen oder Interpretation eines Horoskops, seine Deutung.
Dodekatemorien: antikes System von Horoskoppunkten, die auf der Grundlage eines Zwölferzyklus (daher der Name) von beliebigen Ekliptikgraden abgeleitet sind; der abgeleitete Punkt – das Dodekatemorion des ursprünglichen Grades – ist von ihm das Zwölffache des Winkelabstandes des ursprünglichen Grades vom Anfang des Tierkreiszeichens, in dem er sich befindet, entfernt.
Dodekatopos: antikes System der griechischen Horoskopie mit zwölf Häusern.
Domizil: siehe Haus.
Drachenkopf, Drachenschwanz: siehe Mondknoten.
Dreiachtelschein: siehe Sesquiquadratur.
Dreieck: siehe Trigon.
Dreisiebtelschein: siehe Triseptil.
Dreiung: siehe Triplizität.
Dreizehntelschein: siehe Sesquiquintil.
Drittelschein: siehe Trigonal.
Eckhäuser (Eckfelder): die Häuser 1, 4, 7 und 10.
Ekliptik: der Schnittkreis der Ebene der Erdbahn um die Sonne mit der Himmelssphäre, die scheinbare Sonnenbahn zwischen den Gestirnen im Laufe des Jahres.
Ekliptikale Breite (β, Beta): eine der ekliptikalen Koordinaten; wird in der Ebene senkrecht zur Ekliptik von 0° bis ± 90° gemessen; die nördliche Breite ist positiv, die südliche negativ.
Ekliptikale Koordinaten: bestimmen die Lage eines Objekts an der Himmelssphäre in bezug auf die Ekliptikebene; siehe ekliptikale Länge und Breite.
Ekliptikale Länge (λ, Lambda): eine der ekliptikalen Koordinaten; wird in der Ebene der Ekliptik vom Frühlingspunkt aus gegenüber der Tagesbewegung der Himmelssphäre von 0° bis 360° gemessen.
Elektion: die Wahl des geeigneten Zeitpunktes für die Verwirklichung eines bestimmten Vorhabens aufgrund des Studiums eines Horoskops durch eine prognostische Methode.
Elemente: die vier Grundbestandteile der Welt (Feuer, Erde, Luft und Wasser), die nach den Vorstellungen der antiken Naturphilosophie durch eine Kombination von

Urqualitäten entstanden sind: aus Trockenheit und Wärme entstand das Feuer, aus Trockenheit und Kälte die Erde, aus Feuchtigkeit und Wärme die Luft und aus Feuchtigkeit und Kälte das Wasser; jedem Tierkreiszeichen wurde in der Astrologie der Reihe nach ein Element zugeordnet.

Elementtrigone des Tierkreises: vier Dreiergruppen der Tierkreiszeichen, die in gleichseitigen Dreiecken angeordnet und den vier Elementen zugeordnet sind.

Elevation: die dem Medium coeli am nächsten gelegene Position eines Gestirns.

Elongation: der Winkelabstand eines Planeten von der Sonne, gemessen in der Ekliptik; bei den unteren Planeten ist die größte Elongation bei Venus 46° 44′ und bei Merkur 27° 56′.

Empfängnishoroskop (Konzeptionshoroskop, Epoche): wichtigstes der pränatalen Horoskope; entsteht in der Regel als Nebenprodukt bei der Korrektur des Geburtshoroskops durch die Trutina-Hermetis-Methode.

Ephemeriden: astronomische Tabellen (Jahrbücher) mit den Positionen der Planeten in einem bestimmten regelmäßigen Zeitintervall, z. B. Tag, Monat, Jahr; die astrologischen Ephemeriden enthalten gegenüber den astronomischen noch einige Besonderheiten.

Epoche: siehe Empfängnishoroskop.

Erhöhung (Exaltation) eines Planeten (griechisch: *hypsoma*; lateinisch: *exaltatio*): die Verstärkung der astrologischen Wirkung eines Planeten in einem bestimmten Tierkreiszeichen bzw. in einem Grad davon; nach der traditionellen Astrologie ist die Sonne im Widder erhöht (19°), der Mond im Stier (3°), Merkur in der Jungfrau (15°), Venus in den Fischen (27°), Mars im Steinbock (28°), Jupiter im Krebs (15°) und Saturn in der Waage (21°); die Örter der Erhöhung liegen konsequent den Örtern entgegengesetzt, wo der Planet in Erniedrigung ist.

Erniedrigung (Fall) eines Planeten (lateinisch: *casus, debilitas, deiectio*; griechisch: *tapeinoma*): die Schwächung der astrologischen Wirkung eines Planeten in einem bestimmten Tierkreiszeichen bzw. in einem Grad davon; nach der traditionellen Astrologie ist die Sonne in der Waage erniedrigt (19°), der Mond im Skorpion (3°), Merkur in den Fischen (15°), Venus in der Jungfrau (27°), Mars im Stier (28°), Jupiter im Steinbock (15°) und Saturn im Widder (21°).

Erster Vertikalkreis (Vertikal, Höhenkreis): Kreislinie auf der Himmelssphäre, die durch Zenit, Nadir, Ost- und Westpunkt verläuft.

Exakter Aspekt: genauer Aspekt.

Exaltation: siehe Erhöhung eines Planeten.

Exil: siehe Verbannung eines Planeten.

Fall: siehe Erniedrigung eines Planeten.

Fallende Häuser (lateinisch: *cadentes*; griechisch: *apoklima*): die Häuser 3, 6, 9 und 12.

Feste Häuser (griechisch: *epanophora*): die Häuser 2, 5, 8 und 11.

Feste (fixe) Tierkreiszeichen: Stier, Löwe, Skorpion, Wassermann (sogenanntes festes Kreuz).

Feurige Tierkreiszeichen: Widder, Löwe, Schütze (sogenanntes feuriges Trigon); sie entsprechen dem cholerischen Temperament.

Fixsterne (lateinisch: *stellae fixae*): in der Astrologie dasselbe wie Sterne in der Astronomie; dieser Ausdruck wird in der modernen Astrologie nicht mehr verwendet.

Fortuna: siehe Glückspunkt.

Fragehoroskop (lateinisch: *interrogationes*): in der prognostischen Astrologie ein Horoskop, das für den Ort gestellt wird, an dem sich der Astrologe gerade befindet, sowie für den Zeitpunkt der Fragestellung zu einem erwarteten künftigen Ereignis oder für den Zeitpunkt, an dem der Astrologe die betreffende Frage erfahren hat.

Frühlingspunkt (Widderpunkt): einer der beiden Schnittpunkte der Ekliptik mit dem Himmelsäquator, der Grenzpunkt zwischen den Zeichen Fische und Widder mit einer ekliptikalen Länge von 0°.

Fünftelschein: siehe Quintil.

Fünfzehntelschein: siehe Quindezil.

Fünfzwölftelschein: siehe Quinkunx.

Fußpunkt: siehe Nadir.

Gebieter: siehe Herrscher.

Geburtshoroskop (Radixhoroskop): das Horoskop der Geburt oder der Entstehung von etwas; stützt sich bei Menschen auf den Zeitpunkt des ersten Atemzuges.

Gegenantiszien: die Horoskoppunkte symmetrisch zur Äquinoktialachse des Horoskops (0° Widder – 0° Waage).

Gegenschein: siehe Opposition.

Geographische Breite (φ, Phi): der auf dem Meridian gemessene Winkelabstand eines Punktes auf der Erde vom Äquator; die nördliche Breite wird positiv ausgewiesen, die südliche negativ.

Geographische Koordinaten: die geographische Länge (L) und Breite (φ, Phi).

Geographische Länge (L): der Winkelabstand eines Punktes auf der Erde vom Nullmeridian, der durch eine internationale Vereinbarung festgelegt wurde und durch das Observatorium in Greenwich verläuft; die östliche und die westliche Länge nehmen Werte von 0° bis 180° an.

Geozentrische Koordinaten: ein System astronomischer Koordinaten, die sich auf ein Modell stützen, in dem die Erde den Mittelpunkt des Sonnensystems einnimmt.

Gerade Aufsteigung: siehe Rektaszension.

Gesichtskreis: siehe Horizont.

Gestirne: in der Astrologie zusammenfassend für Planeten (einschließlich Sonne und Mond) und Fixsterne.

Glückspunkt (lateinisch: *fortuna* bzw. *pars fortunae*): wichtigster sensitiver Punkt des Horoskops, bezeichnet mit einem Kreuz im Kreis und berechnet nach dem Muster: Länge des Mondes minus Länge der Sonne plus Aszendent (bei der Taggeburt); oder: Länge der Sonne minus Länge des Mondes plus Aszendent (bei der Nachtgeburt).

Grenze(n) (lateinisch: *terminus*): ältere Bezeichnung für die Trennungslinie(n) zwischen den Tierkreiszeichen.

Grundkreis: Kreislinie durch den Nord- und Südpol und gleichzeitig durch den Frühlings- und Herbstpunkt.

Hauptlichter: siehe Lichter.

Haus (Domizil): die Position eines Planeten in dem Tierkreiszeichen, in dem er herrscht.

Häuserspitze: der Anfang des Horoskophauses, der Grad der Ekliptik, in dem das Haus beginnt.

Heliozentrische Koordinaten: ein System astronomischer Koordinaten, die sich auf ein Modell stützen, in dem die Sonne der Mittelpunkt des Sonnensystems ist.

Herbstpunkt (Waagepunkt): einer der beiden Schnittpunkte der Ekliptik mit dem Himmelsäquator, die Trennungslinie zwischen den Zeichen Jungfrau und Waage mit einer ekliptikalen Länge von 180°.

Herrscher (Gebieter, Regent): der Planet, der nach einem festen Schlüssel ein bestimmtes Tierkreiszeichen, einen Teil oder eine Zeiteinheit davon (Wochentag, Monat, Jahr) beherrscht (regiert); jeder Planet ist Herrscher des Tierkreiszeichens, das sein Haus ist.

Hexagramm: die Anordnung der Planeten in den Spitzen eines Sechsecks bzw. eines sechszackigen Sterns; dabei handelt es sich um die Verknüpfung zweier Elementtrigone gleicher Polarität (Feuer und Luft oder Wasser und Erde); zwischen den Planeten entstehen Trigonale und Sextile.

Himmelsäquator (Äquinoktialkreis): Projektion des Erdäquators vom Mittelpunkt der Erde auf die Himmelssphäre.

Himmelspole: die Schnittpunkte der Erdachse (der Rotationsachse der Erde) mit der Himmelssphäre – Nord- und Südpol des Himmels.

Himmelssphäre: gedachte Kugel mit einem unendlich großen Radius als mathematischem Hilfsmittel (Modell) für die Beziehungen der Koordinatensysteme in der Astronomie.

Höhe (h): eine der horizontalen Koordinaten, gemessen in der Ebene senkrecht zur Horizontebene von 0° bis ± 90°; das Komplement ihres Winkelwertes auf 90° ist die Zenitdistanz (z).

Höhenkreis: siehe Erster Vertikalkreis.

Horarhoroskop: siehe Stundenhoroskop.

Horizont (Gesichtskreis): in der Astronomie die Schnittlinie der Himmelssphäre mit einer waagrechten Ebene, die durch den Standort des Beobachters verläuft.

Horizontale Horoskophäuser (griechisch: *topoi*; lateinisch: *loci* = Orte): die Sektoren, die durch direkte Teilung der Ekliptik oder durch Transformation von zwölf sphärischen Zweiecken in die Fläche einer Horoskopzeichnung bzw. als Sequenz der Umlaufzeit entstehen.

Horizontale Koordinaten: bestimmen die Lage eines Objekts an der Himmelssphäre in bezug auf die Horizontebene; siehe Azimut und Höhe.

Horoskop (Kosmogramm) (griechisch: *thema*; lateinisch: *figura coeli*): grafisches Schema, in das die Positionen von Sonne, Mond, Planeten und einigen weiteren Horoskopelementen in den Tierkreiszeichen und Häusern eingezeichnet sind; das Horoskop wird für einen konkreten Zeitpunkt und Ort der Erdoberfläche konstruiert.

Horoskopachsen: die Verbindungslinien von zwei gegenüberliegenden bedeutsamen Punkten im Horoskop; die Hauptachsen sind Aszendent – Deszendent und Medium coeli – Imum coeli; weitere charakteristische Achsen sind die Symmetrieachse der Herrscher der Tierkreiszeichen, die Antiszien- und Gegenantiszienachsen und die Achsen der »mid-points«.

Horoskopelemente: zu den Grundelementen des Horoskops gehören der Tierkreis, die Planeten, Häuser und Aspekte; weitere Horoskopelemente sind die Knoten der Mondbahn, die Fixsterne, Achsen und Punkte.

Horoskopie: der praktische Teil der Astrologie, der sich mit der Berechnung, der Erstellung und den Interpretationsregeln des Horoskops beschäftigt.

Horoskoppunkte: astrologisch akzentuierte Ekliptikgrade im Horoskop; zu den wichtigsten gehören die sensitiven Punkte, die Antiszien, Gegenantiszien und »mid-points«; die Hauptpunkte jedes Horoskops sind Aszendent, Deszendent, Medium coeli und Imum coeli.

Imum coeli (IC = Himmelstiefe) (griechisch: *antimesuranema, hypogeion*): der Schnittpunkt der Ekliptik mit dem Ortsmeridian unter dem Horizont, im Horoskop der Anfang des 4. Hauses.

Individualastrologie: stützt sich auf das Horoskop eines einzelnen.

Ingressionshoroskope: mundane prognostische Vierteljahreshoroskope, gestellt für die Zeitpunkte des Eintritts (= Ingression, Ingressus) der Sonne in kardinale Tierkreiszeichen (der Tagundnachtgleiche und der Sonnenwende), ausgedrückt in der Ortszeit der Hauptstadt des betreffenden Staates.

Interzeption: die Position eines Planeten in einem Tierkreiszeichen, das mit über 30° Abstand ganz im Horoskophaus liegt, d. h. in einem von keiner Häuserspitze gekreuzten Zeichen.

Irdische Tierkreiszeichen: Stier, Jungfrau, Steinbock (sogenanntes irdisches Trigon); sie entsprechen dem melancholischen Temperament.

Kardinale Tierkreiszeichen: Widder, Krebs, Waage, Steinbock (sogenanntes kardinales Kreuz).

KdG: die Lehre von der systematischen Kombination der Gestirneinflüsse in der Astrologie, entwickelt in moderner Zeit in Deutschland von der Aalener Schule Reinhold Ebertins; arbeitet mit Horoskopachsen in Halbdistanzen zwischen den Positionen der Planeten, der Mondbahnknoten, des Aszendenten und des Medium coeli.

Kometen: in der älteren Astrologie ein Horoskopelement.

Komparative Astrologie: vergleicht zwei oder mehr Horoskope miteinander.

Konjunktion (Zusammenschein): Aspekt mit einem Winkel von 0°.

Kontakthoroskop: siehe Vektorhoroskop.

Konzeptionshoroskop: siehe Empfängnishoroskop.

Koordinatensysteme der Horoskopie: Systeme äquatorialer, ekliptikaler, geographischer und horizontaler Koordinaten.

Korrekturen (Rektifikationen): Berichtigungen eines Horoskops, das aufgrund ungenauer Eingangsdaten (Zeitangaben) gestellt wurde; es gibt etwa 15 Methoden hierfür.

Kosmogramm: neuere Bezeichnung für Horoskop.

Kreuz: die Anordnung der Planeten in den Spitzen eines rechtwinkligen Kreuzes im Horoskop, der verbundene Aspekt von zwei Oppositionen und vier Quadraturen; jede Kreuzspitze fällt in das Zeichen eines anderen Elements.

Kritische Grade des Tierkreises: die Grade der Ekliptik, in denen die lunaren Häuser (Stationen) der arabischen Astrologie anfangen; es sind dies 0°, 13° und 26° der kardinalen, 9° und 21° der festen sowie 4° und 17° der beweglichen Zeichen.

Kulmination: der Zeitpunkt, zu dem ein Gestirn die Grenzhöhe über dem Horizont erreicht; bei der größten Höhe sprechen wir von oberer und bei der kleinsten von unterer Kulmination.

Lichter (lateinisch: *lumina*): in der älteren Astrologie zusammenfassende Bezeichnung für Sonne und Mond (Großes und Kleines Licht bzw. Hauptlichter gegenüber den anderen Gestirnen), die zu den astrologischen Planeten gehören.

Liebespunkt: bedeutsamer sensitiver Punkt des Horoskops, berechnet nach dem Muster: Länge der Venus minus Länge der Sonne plus Aszendent (bei der Taggeburt); oder: Länge der Sonne minus Länge der Venus plus Aszendent (bei der Nachtgeburt).

Luftige Tierkreiszeichen: Zwillinge, Waage, Wassermann (sogenanntes luftiges Trigon); sie entsprechen dem sanguinischen Temperament.

Lunare Häuser (Stationen): die arabischen lunaren Häuser (*manázil al-kamar* = Wohnungen des Mondes) gelangten im Mittelalter in die europäische Astrologie; ähnlich wie sich der Tierkreis durch die Teilung der Ekliptik in zwölf Zeichen ergibt, entstehen diese lunaren Häuser durch die Aufgliederung der Ekliptik in 28 gleiche Teile; auf ein Zeichen des Tierkreises entfallen also sieben Drittel eines lunaren Hauses; die Anfänge der lunaren Häuser heißen kritische Grade.

Lunarhoroskop: wird für den Zeitpunkt gestellt, zu dem der Mond die gleiche ekliptikale Länge wie bei der Geburt hat, und ist für 28 Tage gültig.

Makrokosmos: die Welt des Kosmos (Universums), die über das irdische Geschehen hinausgeht, von den Naturphilosophen aufgefaßt als »die Welt oben«.

Malefizplaneten (lateinisch: *abscissores, stellae maleficae*): die nach der alten Horoskopie unheilvollen, ungünstigen, unglückbringenden Planeten, in der Regel Mars und Saturn.

Männliche Planeten: in der traditionellen Astrologie Sonne, Saturn, Jupiter und Mars.

Medium coeli (MC = Himmelsmitte) (lateinisch auch: *summum coelum*; griechisch: *mesuranema*): der Schnittpunkt der Ekliptik mit dem Ortsmeridian über dem Horizont, im Horoskop der Anfang des 10. Hauses.

Meridian (Mittagskreis): jede Kreislinie, die durch Nord- und Südpol verläuft.

»mid-points«: die Mittelpunkte in den Halbdistanzen der Winkel zwischen den Positionen von zwei Horoskopelementen, in der Regel Planeten; sie sind eine Art symbolischer Schwerpunkt der Wirkung beider Elemente.

Mikrokosmos: die Welt des Menschen und seines irdischen Seins, von den Naturphilosophen aufgefaßt als »die Welt unten«.

Mittagskreis: siehe Meridian.

Mittagspunkt: siehe Südpunkt.

Mitternachtspunkt: siehe Nordpunkt.

Mondknoten, aufsteigender (**Drachenkopf**; lateinisch: *caput draconis*) und **absteigender** (**Drachenschwanz**; lateinisch: *cauda draconis*), die zwei Schnittpunkte der Mondbahn mit der Ekliptik, die sich in einem

Zyklus von etwa 18,6 Jahren rückläufig (retrograd) durch den Tierkreis bewegen.

Monomörien (griechisch: *monomoira*): Eingradabschnitte des Tierkreises, von denen jeder im Horoskop und in seiner Deutung eine spezielle Bedeutung hat.

Mundanastrologie: verfolgt die Ereignisse einer breiteren gesellschaftlichen Sphäre.

Mutterpunkt: bedeutsamer sensitiver Punkt des Horoskops, berechnet nach dem Muster: Länge des Mondes minus Länge der Venus plus Aszendent (bei der Taggeburt); oder: Länge der Venus minus Länge des Mondes plus Aszendent (bei der Nachtgeburt).

Nachtgeburt: mit der Sonne unter dem Horizont (im 1. bis 6. Horoskophaus).

Nachthälfte des Horoskops: die sechs Häuser (1 bis 6), die unter dem Horizont bzw. der Achse Aszendent – Deszendent liegen.

Nadir (Fußpunkt): der Punkt unter dem Horizont, an dem eine Senkrechte zur Horizontebene (eine vertikale Gerade) die Himmelssphäre schneidet.

Natale Astrologie (Nativitätsastrologie): beschäftigt sich mit der Interpretation des Radixhoroskops.

Nativität: die Zeit- und Ortsangaben der Geburt als Grundlage für das Geburtshoroskop.

Neuntelschein: siehe Nonagon.

Neutraler Planet: in der alten Astrologie ein Planet, der weder Benefiz- noch Malefizplanet ist – Merkur.

Nonagon (Novil, Neuntelschein): Aspekt mit einem Winkel von 40°.

Nordpunkt (Mitternachtspunkt): der örtliche Schnittpunkt des Ortsmeridians mit dem Horizont.

Novil: siehe Nonagon.

Obere Planeten: die äußeren Planeten von Mars bis Pluto.

Oktotopos: antikes System der griechischen Horoskope mit acht Häusern.

Oktil: siehe Semiquadratur.

Opposition (Gegenschein): Aspekt mit einem Winkel von 180°.

Orbis (Reichweite): maximaler Wirkungsbereich (Wirkkreis) des Aspekts; seine Größe wird im Horoskop in Graden angegeben und differiert nach der Art der Planeten, die in verschiedenen Aspekten miteinander verbunden sind; er sinkt von den schnelleren Planeten zu den langsameren und von den bedeutsamen Aspekten zu den weniger bedeutsamen; am kleinsten ist er bei den Aspekten, die die langsamen oberen Planeten in bezug auf die Horoskoppunkte bilden.

Ortsmeridian: die Kreislinie, die am betreffenden Ort der Erdoberfläche durch den Nord- und Südpol und gleichzeitig durch den Nord- und Südpunkt verläuft.

Ortszeit: die auf den Durchgang der Sonne durch den örtlichen Meridian bezogene Zeit.

Östliche Hälfte des Horoskops: die sechs Häuser (1 bis 3 und 10 bis 12) um den Aszendenten.

Ostpunkt: der östliche Schnittpunkt des Himmelsäquators mit dem Horizont; durch ihn verläuft auch der erste Vertikalkreis.

Pentagramm: die Anordnung der Planeten in den Spitzen eines regelmäßigen fünfzackigen Sterns; zwischen ihnen entstehen Quintile und Biquintile (verbundener Aspekt).

Peregrine Position eines Planeten: ein Planet ohne astrologisch bedeutsame Position im Tierkreis; er ist nach der alten Astrologie »auf Reisen«.

Plaktischer Aspekt: ungenauer, aber gültiger Aspekt.

Planeten: die Astrologie zählt auch die Hauptlichter Sonne und Mond zu den Planeten; siehe Lichter.

Planetenreihen: in der alten Astrologie die verschiedenen Serien von Planeten nach bestimmten unveränderlichen Aufeinanderfolgen.

Planetoiden (kleine Planeten, Asteroiden): eine Gruppe kleiner Himmelskörper, die im Sonnensystem im Gürtel zwischen Mars und Jupiter umlaufen; ihr Einfluß wird von einigen modernen Astrologen im Horoskop berücksichtigt.

Platonisches Jahr (Präzessionszyklus): die Zeit, in der der Frühlingspunkt infolge der Präzession retrograd alle Sternbilder der Ekliptik durchläuft; dieser Zyklus dauert 25.729 Sonnenjahre.

Polarität der Tierkreiszeichen: Das Feuer- und das Luftzeichen haben eine positive Polarität, das Erd- und das Wasserzeichen eine negative; die positiven Zeichen wechseln im Tierkreis regelmäßig mit den negativen ab.

Pol der Ekliptik: einer der beiden Schnittpunkte der Ekliptikachse mit der Himmelssphäre.

Prädiktionsastrologie: siehe prognostische Astrologie.

Pränatales Horoskop: wird für die Zeit vor der Geburt gestellt; meist ein Empfängnishoroskop, weiterhin pränatale Lunarhoroskope u. a.

Präzession: sehr langsame, langfristige kegelförmige Bewegung der Erdachse, durch die sich die Lage des Himmelsäquators gegenüber der Ekliptik unaufhörlich verändert; ihr Schnittpunkt, der Frühlingspunkt, verschiebt sich dadurch in umgekehrter Richtung zur scheinbaren Sonnenbewegung (Präzession des Frühlingspunktes).

Präzessionszyklus: siehe Platonisches Jahr.

Primärdirektionen: antike, mathematisch komplizierteste, dafür aber angeblich zuverlässigste Methoden der prognostischen Horoskopie, deren Verwendung jedoch nur bei rektifizierten Horoskopen einen Sinn hat; ihr Wesen ist die Erdrotation oder die scheinbare Drehung der Himmelssphäre (*motus primus*); jeder Grad der Rektaszension bedeutet ein Lebensjahr (Eingradmaß); es werden aber noch andere Direktionsschlüssel verwendet.

Profektion: spekulative Direktionsmethode der älteren prognostischen Astrologie, die von der Voraussetzung ausgeht, daß alle Elemente des Geburtshoroskops im Tierkreis jedes Jahr fiktiv um 30° vorrücken; dadurch entsteht ein Zwölfjahreszyklus.

Prognostische Astrologie (Prädiktionsastrologie): beschäftigt sich mit der Vorhersage der Zukunft.

Promissor (lateinisch: »der Verheißende«): in der Direktionsastrologie der Planet, der durch seine Position im Horoskop ein bestimmtes Ereignis vorhersagt.

Quadranten der Ekliptik: die Viertel des Tierkreises nach je drei Zeichen, definiert durch die Äquinoktial- und Solstitialpunkte.

Quadranten des Horoskops: die vier Horoskopteile, die durch die Hauptachsen Aszendent – Deszendent und Medium coeli – Imum coeli definiert werden; den ersten Quadranten bilden die Häuser 1 bis 3, den zweiten die Häuser 4 bis 6, den dritten die Häuser 7 bis 9 und den vierten die Häuser 10 bis 12.

Quadratur (Viertelschein): Aspekt mit einem Winkel von 90°.

Quindezil (Fünfzehntelschein): Aspekt mit einem Winkel von 24°.

Quinkunx (Fünfzwölftelschein): Aspekt mit einem Winkel von 150°.

Quintil (Fünftelschein): Aspekt mit einem Winkel von 72°.

Radixhoroskop: siehe Geburtshoroskop.

Rechtläufige Bewegung (Rechtläufigkeit): siehe direkte Bewegung.

Regent: siehe Herrscher.

Reichweite: siehe Orbis.

Rektaszension (gerade Aufsteigung, α, Alpha): eine der äquatorialen Koordinaten; wird in der Ebene des Himmelsäquators ab Frühlingspunkt von 0° bis 360° entgegen der Erdrotation gemessen.

Rektifikation des Horoskops: Berichtigung des Geburtshoroskops bei Übersiedlung seines Eigners in bezug auf die geographischen Koordinaten der neuen Wirkungsstätte; siehe »Korrekturen«.

Retrograde (rückläufige) Bewegung (Rückläufigkeit): eine Bewegung im Gegensinne der Tierkreiszeichen, bei der der Planet seine ekliptikale Länge verringert.

Rezeption: bedeutsame Stellung zweier Planeten, bei der sie ihre Häuser getauscht haben, z. B., wenn Saturn im Löwen und gleichzeitig die Sonne im Steinbock ist.

Rezeption der Erhöhung: bedeutsame Stellung zweier Planeten, bei der sie den Ort ihrer Erhöhung getauscht haben; wenn z. B. Saturn im Widder und die Sonne

gleichzeitig in der Waage ist, wird dadurch ihre Erniedrigung aufgehoben.
Rückläufige Bewegung (Rückläufigkeit): siehe Retrograde Bewegung.
Scheitelpunkt: siehe Zenit.
Schwäche eines Planeten: die mangelnde Kraft eines Planeten infolge seiner astrologisch ungünstigen Stellung im Horoskop.
Sechstelschein: siehe Sextil.
Sekundärdirektionen (arabische Direktionen): mittelalterliche Methode der prognostischen Astrologie, die auf der Analogie zwischen Erdrotation (*motus primus*) und Erdumlauf um die Sonne (*motus secundus*) beruht; die Bewegung der Planeten durch den Tierkreis am ersten Tag nach der Geburt entspricht dem ersten Lebensjahr des Geborenen, ihre Bewegung am zweiten Tag dem zweiten Jahr usw.
Semiquadratur (Oktil, Achtelschein): Aspekt mit einem Winkel von 45°.
Semioktil: Aspekt mit einem Winkel von 22° 30′.
Semiquintil (Dezil, Zehntelschein): Aspekt mit einem Winkel von 36°.
Semisextil (Zwölftelschein): Aspekt mit einem Winkel von 30°.
Sensitive Punkte (manchmal unrichtig auch arabische Punkte genannt; griechisch: *kleroi*): im Horoskop hervorgehobene Ekliptikgrade, die aus den ekliptikalen Längen zweier Planeten und des Aszendenten oder ausnahmsweise des Medium coeli berechnet werden.
Separation: die Situation, bei der ein schnellerer Planet einen genauen Aspekt mit einem langsameren Planeten verläßt.
Septil (Siebtelschein): Aspekt mit einem Winkel von $51^3/_7$°.
Sesquiquadratur (Dreiachtelschein): Aspekt mit einem Winkel von 135°.
Sesquiquintil (Tredezil, Dreizehntelschein): Aspekt mit einem Winkel von 108°.
Sextil (Sechstelschein): Aspekt mit einem Winkel von 60°.
Siebtelschein: Septil.
Siderischer Tierkreis: zwölf unterschiedlich große Sternbilder entlang der Ekliptik, die die gleichen Bezeichnungen tragen wie die Tierkreiszeichen.
Signifikator (lateinisch: *significatio* = Bezeichnung, Andeutung): der Planet, der durch seine Position im betreffenden Horoskophaus die Erfüllung der angedeuteten Begebenheit oder Sache verspricht; in der Direktionsastrologie der Planet, der durch seine Direktionsbewegung den Zeitpunkt der Erfüllung des vom Promissor verkündeten Ereignisses andeutet.
Solarhoroskop: wird für den Zeitpunkt gestellt, zu dem die Sonne genau die gleiche ekliptikale Länge wie bei der Geburt hat, und ist für ein Jahr gültig – von einem Geburtstag zum nächsten.
Solstitiale (tropische) Tierkreiszeichen: Krebs, Steinbock.
Solstitium: Sonnenwende; siehe Sommer- und Wintersonnenwende.
Sommersonnenwende (Sommersolstitium): der Zeitpunkt, zu dem die Sonnenmitte sich am Wendekreis des Krebses befindet.
Sommerzeit: die in verschiedenen Jahren und Ländern künstlich eingeführte Vorverlegung der Zonenzeit um eine Stunde; in unseren Breitengraden galt die Sommerzeit in den Jahren 1916 bis 1918, 1940 bis 1949 sowie seit 1979.
Sonnenzeit: die durch die Kulminationen der Sonne im Meridian gemessene Zeit; zwei aufeinanderfolgende Durchgänge der Sonne durch den Meridian definieren einen Sonnentag.
Spitze: siehe Häuserspitze.
Stärke: siehe Würde eines Planeten.
Stationäre Phase (Stationarität): der Übergang eines Planeten von direkter zu retrograder geozentrischer Bewegung (von Recht- in Rückläufigkeit) oder umgekehrt; in dieser Zeit ist der Planet stationär.
Stationärer Planet: ein Planet, der geozentrisch stillsteht, wobei sich seine ekliptikale Länge eine Zeitlang praktisch nicht verändert.
Stellium (lateinisch: *clusterum, collectio luminis*): die Anhäufung mehrerer Planeten auf einem kleinen Ekliptikabschnitt von wenigen Graden.
Sternbilder der Ekliptik (lateinisch: *constellatio*): die zwölf Gruppierungen von Fixsternen, die den Sternenhintergrund des tropischen Tierkreises bilden und identische Namen wie die Tierkreiszeichen haben, gegenüber denen sie sich aber infolge der Präzession langsam verschieben.
Sternzeit: die durch die Kulminationen eines Gestirns im Meridian gemessene Zeit; zwei aufeinanderfolgende Durchgänge eines Gestirns durch den Meridian definieren einen Sterntag; die Sternzeit ist der Stundenwinkel des Frühlingspunktes.
Strukturmuster: charakteristische Gruppierungen von Planeten im Horoskop, die spezielle Bezeichnungen haben und bei der Horoskopinterpretation von Bedeutung sind.
Stundenhoroskop (Horarhoroskop): in der prognostischen Astrologie ein Horoskop, das über die Folgen eines Ereignisses aussagt, das an einem bestimmten Ort stattgefunden hat.
Stundenwinkel (τ): im äquatorialen Koordinatensystem der Winkel zwischen dem Deklinationskreis eines Gestirns und dem Meridian eines Ortes, gemessen längs des Äquators in Richtung der täglichen Bewegung der Himmelssphäre.
Südpunkt (Mittagspunkt): der südliche Schnittpunkt des Ortsmeridians mit dem Horizont.
Symbolische Direktionen: Methode der prognostischen Astrologie aus moderner Zeit, die keine astronomische Grundlage hat wie die astronomischen Direktionen, sondern rein spekulativ ist.
Synastrie: das Vergleichen von zwei oder mehr Horoskopen und das Suchen nach Zusammengehörigkeiten.
Systeme der Horoskophäuser: Die verschiedenen Methoden der Konstruktion der zwölf Horoskophäuser unterscheiden sich dadurch voneinander, welche astronomische Ebene sie als Grundlage wählen, auf welche Art und Weise die Teilung der Himmelssphäre erfolgt und was der Anfang dieser Teilung ist; historisch gesehen haben sich mehr als 20 solcher Methoden entwickelt, die oft mit den Namen ihrer Urheber bezeichnet werden.
Tabellen der Horoskophäuser: vorbereitete Hilfsmittel für die Horoskopiearbeit; heute werden im allgemeinen die Tabellen der Placidus- und Koch-Häuser verwendet.
Tageshälfte des Horoskops: die sechs Häuser (7 bis 12), die über dem Horizont bzw. der Achse Aszendent – Deszendent liegen.
Taggeburt: mit der Sonne über dem Horizont (im 7. bis 12. Horoskophaus).
Tagundnachtgleiche (Äquinoktium): der Zeitpunkt, zu dem die Sonnenmitte den Himmelsäquator schneidet und die Sonne so von der nördlichen Erdhalbkugel in die südliche wandert (Herbstäquinoktium) oder umgekehrt (Frühlingsäquinoktium).
Temperamente: die vier menschlichen Temperamente entsprechen in der Astrologie den vier Elementen: das cholerische dem Feuer, das melancholische der Erde, das sanguinische der Luft und das phlegmatische dem Wasser; reine Typen sind aber selten.
Terminus, Termini: siehe Grenze(n).
Tertiärdirektionen: Methode der prognostischen Astrologie aus moderner Zeit auf der Grundlage des Mondumlaufs.
Tierkreis (Zodiakus): ein etwa 16° breiter Gürtel entlang der Ekliptik, der aus zwölf Abschnitten von je 30° Länge, sogenannten Zeichen, besteht, wobei das erste – Widder – im Frühlingspunkt beginnt.
Tierkreismann (zodiakaler oder **kosmischer Mensch)** (lateinisch: *homosignorum*): Schema einer Menschengestalt mit eingezeichneten Wechselbeziehungen zwi-

schen den Tierkreiszeichen (Makrokosmos) und den Organen und Teilen des menschlichen Körpers (Mikrokosmos).

Tierkreiszeichen (lateinisch: *signum*): ein Ekliptikabschnitt von je 30° Länge; der tropische Tierkreis besteht aus zwölf Zeichen.

Todespunkt: bedeutsamer sensitiver Punkt des Horoskops, berechnet nach dem Muster: Länge des Mars minus Länge des Saturns plus Aszendent (bei der Taggeburt); oder: Länge des Saturns minus Länge des Mars plus Aszendent (bei der Nachtgeburt).

T-Quadratur : Gruppierung der Planeten in den Spitzen des ägyptischen Kreuzes in T-Form, der verbundene Aspekt von zwei Quadraturen und einer Opposition.

Transite: eine Methode der prognostischen Horoskopie, die die Bildung von Aspekten bei der aktuellen Bewegung der Planeten gegenüber ihren festen Positionen im Radixhoroskop verfolgt.

Transneptunische Planeten: in der Astrologie der modernen Zeit vor der Entdeckung Plutos einige fiktive, hypothetische Planeten jenseits von Neptun; mit ihnen beschäftigte sich vor allem in den zwanziger Jahren die Hamburger Schule in Deutschland.

Tredezil: siehe Sesquiquintil.

Triangel: siehe Trigon.

Trigon (Triangel, Dreieck): die Anordnung der Planeten in den Spitzen eines gleichseitigen Dreiecks im Horoskop; der verbundene Aspekt von drei Trigonalen, wobei die Planeten gleiche Elementezeichen besetzen (Elementtrigon).

Trigonal (Trinus, Drittelschein): Aspekt mit einem Winkel von 120°.

Trinus: siehe Trigonal.

Triplizität (Dreiung): die dreifache Projektion jedes der vier Elemente in den Tierkreis – in das Wesen der kardinalen, festen und beweglichen Zeichen.

Triseptil (Dreisiebtelschein): Aspekt mit einem Winkel von 154 2/7°.

Tropischer Tierkreis: Gürtel entlang der Ekliptik aus zwölf Zeichen von je 30° Länge.

Trutina Hermetis (Hermes-Waage): antike Methode zur Berichtigung eines nach ungenauen Zeitangaben erstellten Horoskops; beruht auf der Beziehung zwischen dem Geburts- und dem Empfängnishoroskop.

Umlaufzeit: die Zeit des Umlaufs eines Planeten auf einer geschlossenen Bahn.

Universalzeit: siehe Weltzeit.

Untere Planeten: die inneren Planeten Merkur und Venus.

Urqualitäten: die vier Grundbestandteile Trockenheit, Feuchtigkeit, Wärme und Kälte, aus denen in der Vorstellung der antiken Naturphilosophie die vier Elemente bzw. die ganze Welt entstanden ist.

Vaterpunkt: bedeutsamer sensitiver Punkt des Horoskops, berechnet nach dem Muster: Länge des Saturns minus Länge der Sonne plus Aszendent (bei der Taggeburt); oder: Länge der Sonne minus Länge des Saturns plus Aszendent (bei der Nachtgeburt).

Vektorhoroskop (Kontakthoroskop): künstliches, synthetisches Horoskop, das durch die Verknüpfung von zwei oder mehr Horoskopen entsteht.

Verbannung eines Planeten (Exil, Vernichtung) (lateinisch: *detrimentum*): die Position eines Planeten in einem Zeichen, das seinem Haus entgegengesetzt ist.

Verbundener Aspekt: zwei oder mehr Aspekte, die zu einem Ganzen vereinigt sind.

Vernichtung: siehe Verbannung eines Planeten.

Vertex: der Ort im Horoskop, wo der erste Vertikalkreis die Ekliptik im Westen schneidet; der gegenüberliegende Ort heißt Antivertex.

Vertikalkreis: beliebige Hauptkreislinie durch Zenit und Nadir; der erste Vertikalkreis verläuft außerdem noch durch den Ost- und Westpunkt.

Viertelschein: siehe Quadratur.

Vigintil: Aspekt mit einem Winkel von 18°.**Waaqepunkt:** siehe Herbstpunkt.

Wäßrige Tierkreiszeichen: Krebs, Skorpion, Fische (sogenanntes wäßriges Trigon); sie entsprechen dem phlegmatischen Temperament.

Weibliche Planeten: in der traditionellen Astrologie Mond und Venus.

Weltzeit (Universalzeit): die auf den Nullmeridian von Greenwich bezogene Zeit (englisch: *GMT = Greenwich Mean Time, UT = Universal Time*).

Westliche Hälfte des Horoskops: die sechs Häuser (4 bis 9) um den Deszendenten.

Westpunkt: der westliche Schnittpunkt des Himmelsäquators mit dem Horizont; durch ihn verläuft auch der erste Vertikalkreis.

Widderpunkt: siehe Frühlingspunkt.

Wintersonnenwende (Wintersolstitium): der Zeitpunkt, zu dem die Sonnenmitte sich am Wendekreis des Steinbocks befindet.**Würde (Dignität, Stärke) eines Planeten:** die Größe des Einflusses eines Planeten im Horoskop, die sich vor allem aus seiner Position im Tierkreis und im Haus ergibt und noch nach anderen astrologischen Gesichtspunkten beurteilt wird.

Zehntelschein: siehe Semiquintil.

Zenit (Scheitelpunkt): der Punkt über dem Horizont, an dem eine Senkrechte zur Horizontebene (eine vertikale Gerade) die Himmelssphäre schneidet.

Zenitdistanz (z): das Komplement der Höhe (h) auf 90° im horizontalen Koordinatensystem.

Zodiakale Häuser: zodiakale Zeichen (Tierkreiszeichen).

Zodiakus (griechisch: *dzodiakos*): siehe Tierkreis. **Zollteilung der Ekliptik:** die Einteilung in Abschnitte von je 2,5°; jedes Tierkreiszeichen enthält zwölf dieser Abschnitte, d. h. in der Unterteilung (»subdivision«) wieder den ganzen Tierkreis.

Zonenzeit: seit Ende des 19. Jahrhunderts nach und nach in der ganzen Welt eingeführte einheitliche Zeit mit 24Zonen zu je 15° geographischer Länge; den Anfang des Systems der Zonenzeiten bildet der Meridian von Greenwich, und die erste Zone richtet sich nach der Weltzeit, die in diesem System westeuropäische Zeit (WEZ) genannt wird; die zweite Zone ist die mitteleuropäische Zeit (MEZ), die dritte die osteuropäische Zeit (OEZ).

Zusammenschein: siehe Konjunktion.

Zweideutiger Planet: in der traditionellen Astrologie ein Planet, der weder männlich noch weiblich ist – Merkur.

Zweifünftelschein: siehe Biquintil.

Zweisiebtelschein: siehe Biseptil.

Zwölftelschein: siehe Semisextil.

Bibliographie

Astrologische Literatur

Addey, J. M.: Astrology reborn. Green Bay, Cambridge Circle 1975.

Addey, J. M.: Harmonics in Astrology. Green Bay, Cambridge Circle 1976.

Aliboron: Elements of Astrology. London, Luzac 1934.

Arroyo, S. J.: Astrology, psychology and four elements. Reno, Nev., CRCS Publications 1976.

Arroyo, S. J.: Astrology, Karma and Transformation. Reno, Nev., CRCS Publications 1978.

Barbault, A.: Défense et illustration de l'astrologie. Paris, Grasset 1955.

Barbault, A.: Traité pratique d'astrologie. Paris, Le Seuil 1961.

Barbault, A.: Connaissance de l'astrologie. Paris, Le Seuil 1975.

Barbault, A.: Astrologische Zukunftsdeutung. Transite. Zürich / St. Gallen / Chur, M & T Verlag, Ed. Astroterra 1992.

Becker, U.: Lexikon der Astrologie (Astrologie – Astronomie – Kosmologie). Freiburg, Herder Verlag 1981.

Bloch, D. / George, D.: Astrology for Yourself. A Workbook for Personal Transformation. Berkeley, Calif., Wingbow Press 1987.

Brandler-Pracht, K.: Astrologische Aphorismen. Leipzig, Hugo Vollrath Verlag o. J.

Brandler-Pracht, K.: Das Solarhoroskop. Jahreshoroskop. Leipzig, Hugo Vollrath Verlag o. J.

Brandler-Pracht, K.: Die Lehre von den astrologischen Direktionen. Leipzig, Hugo Vollrath Verlag o. J.

Brandler-Pracht, K.: Die Stundenastrologie. Berlin, Linser-Verlag 1920.

Brandler-Pracht, K.: Die astrologische Prognose. Berlin, Linser-Verlag 1920.

Brau, J. L.: Dictionnaire de l'astrologie. Paris, Librairie Larousse 1977.

Brunhübner, F.: Pluto. Tempe, Amer. Feder. of Astrologers 1990.

Burmyn, L.: Planets in Combination. San Diego, ACS Publications 1989.

Carter, C. E. O.: Astro-psychologisches Lexikon. München, Barth Verlag 1930.

Carter, C. E. O.: Symbolic Directions of Modern Astrology. London, W. Foulsham o. J.

Davison, R. C.: Astrology. London, Arc Book, Inc. 1963.

Davison, R. C.: Synastry. Understanding Human Relationships Through Astrology. New York, Aurora Press 1987.

de Vore, N.: Encyclopaedia of Astrology. New York, Philosophical Library 1947.

Dean, G. / Mather, A.: Recent Advances in Natal Astrology. A Critical Review 1900–1976. London, The Astrological Association, Urania Trust 1977.

Döbereiner, W.: Textbook of Astrology I, II. Tempe, Amer. Feder. of Astrologers 1990.

Dobyns, Z.: Progressions, Directions and Rectification: Or the Great Guessing Game – What Time were You Born? San Diego, ACS Publications 1989.

Donath, E. B.: Minor Aspects between Natal Planets. Tempe, Amer. Feder. of Astrologers 1981.

Ebertin, R.: Kombination der Gestirneinflüsse. Aalen, Ebertin Verlag 1950.

Ebertin, R.: Die Jahres-Kurve. Aalen, Ebertin Verlag 1957.

Ebertin, R.: Pluto – Entsprechungen zum Weltgeschehen und zum Menschenleben. Aalen, Ebertin Verlag 1965.

Ebertin, R.: Direktionen – Mitgestalter des Schicksals. Aalen, Ebertin Verlag 1967.

Ebertin, R.: Applied Cosmobiology. London, Fowler 1973.

Ebertin, R.: Kosmopsychologie. Aalen, Ebertin Verlag 1973.

Ebertin, R. / Ebertin, B. R.: Die kosmischen Grundlagen unseres Lebens, Bd. 1, 2. Aalen, Ebertin Verlag 1956.

Ebertin, R. / Hoffmann, G.: Die Bedeutung der Fixsterne. Aalen, Ebertin Verlag 1969.

Erlewine, M.: Astrological Computer Manual. Tempe, Amer. Feder. of Astrologers 1980.

Ewans, C. / Gardner, B. F.: The New Waite's Compendium of Natal Astrology. Tempe, Amer. Feder. of Astrologers 1990.

Fagan, C.: Zodiacs old and new. London, Anscombe 1951.

Fagan, C.: Principles of Sidereal Astrology. London, Verlag unbekannt, 1965.

Fagan, C.: The Solunars Handbook. Tuscon, Ariz., Clancy Publ. 1970.

Fankhauser, A.: Das wahre Gesicht der Astrologie. Zürich, Orell Füssli Verlag 1932.

Feerhov, F.: Die medizinische Astrologie. Leipzig, Theosophisches Verlagshaus 1914.

Flambart, P.: L'influence astrale. Paris, Revue d'astrologie scientifique 1901.

Flambart, P.: Preuves et bases de l'astrologie scientifique. Paris, Chacornac o. J.

Flambart, P.: Le calcul des probabilités appliqué à l'astrologie. Paris, Chacornac o. J.

Flambart, P.: La loi d'hérédité astrale. Paris, Chacornac 1919.

Fomalhaut (Pseud.): Manuel d'astrologie sphérique et judiciaire. Paris, Vigot frêres, Éditeurs 1897.

Glahn, A. F.: Erklärung und systematische Deutung des Geburtshoroskops. Bad Oldesloe, Uranus Verlag 1924.

Goodman, L.: Sun Signs. New York, Taplinger Publishing Co. 1968.

Gouchon, H.-J.: Dictionnaire astrologique et initiation au calcul et la lecture de l'horoscope. Paris, Dervy-Livres 1975.

Greene, L.: The Outer Planets & Their Cycles. The Astrology of the Collective. Reno, Nev., CRCS Publications 1983.

Greene, L.: The Astrology of Fate. London, George Allen Unwin Paperbacks 1984.

Grimm, A. M.: Europas Zukunft. Bad Oldesloe, Uranus Verlag 1925.

Grimm, A. M.: Stunden- oder Horar-, auch Fragehoroskop und Elektion. Dresden, Verlag unbekannt, 1926.

Grimm, A. M.: Lehrbuch der Astrologie und Horoskopie. Bad Tölz, Selbstverlag o. J.

Hall, M. P.: The Story of Astrology. Philadelphia, David McKay 1943.

Hand, R.: Planeten im Composit. München, Hugendubel Verlag, 1982.

Hand, R.: Das Buch der Transite. München, Hugendubel Verlag 1984.

Hand, R.: Das Buch der Horoskopsymbole. München, Hugendubel Verlag 1989.

Hand, R.: Essays on Astrology. San Diego, ACS Publications 1989.

Hausmann, H.: Winkelbeziehungen in den graphischen 45°-Ephemeriden. In: Kosmobiologie, Aalen, Oktober 1962.

Hausmann, H.: Das 90°-Arbeitsgerät als Rechenmaschine. In: Kosmobiologie, Aalen, November 1962.

Heindel, M.: Die Botschaft der Sterne. Darmstadt, Verlag unbekannt, 1983.

Heindel, M. / Foss-Heindel, A.: Astro-Diagnose. Darmstadt, Verlag unbekannt, 1983.
Hentges, E.: Lehrgang der kabbalistischen Astrologie (Onomantik). Leipzig, Max Altmann Verlag 1932.
Holden, R. W.: The Elements of House Division. London, Fowler 1977.
Hone, M. E.: Modern Textbook of Astrology. London, Fowler 1971.
Hürlimann, G. I.: Astrologie. Zürich / St. Gallen / Chur, M & T Verlag, Ed. Astroterra 1987.
Jones, M. E.: The Sabian Symbols in Astrology. Berkeley, Shambhala 1953.
Klöckler, H.: Astrologie als Erfahrungswissenschaft. Leipzig, Emmanuel Reinicke Verlag 1927; Neuauflage: München, Diederichs Verlag 1989.
Klöckler, H.: Kursus der Astrologie, Bd. 1–3. Freiburg, Bauer Verlag 1980.
Knappich, W.: Die Astrologie im Weltbild der Gegenwart. Villach, Stadler Verlag 1948.
Knappich, W.: Der Mensch im Horoskop. Villach, Stadler Verlag 1951.
Knappich, W.: Geschichte der Astrologie. Frankfurt/M. Vittorio Klostermann 1967.
Koch, W. A.: Prophetie und astrologische Prognose. Hamburg 1955.
Koch, W. A.: Die kosmobiologische Beziehungstheorie. Zürich, Neue Wissenschaft 6, 4, April 1956.
Krafft, K. E.: Traité d'astrobiologie. Paris, Amadée Legrand 1939.
Landscheidt, T.: Fixsterne, Aspekte und galaktische Strukturen. Aalen, Ebertin Verlag 1965.
Landscheidt, T.: Cosmic Cybernetics. Aalen, Ebertin Verlag 1973.
Landscheidt, T.: Sun – Earth – Man. A Man of Cosmic Oscillations. Tempe, Amer. Feder. of Astrologers 1990.
Lasson, L.: Astrologie mondiale. Brüssel, Les Éditions de la revue »Demain« – Société anonyme 1938.
Leek, S.: Moon Signs. Berkeley, Medaillion Books 1977.
Lehman, J. L.: The Ultimate Asteroid Book. San Diego, ACS Publications 1989.
Leo, A.: 1001 Notable Nativities. London, Fowler 1917.
Leo, A.: Astrological Textbooks, 7 Bde. London, Fowler 1909–1913.
Lewis, J.: Astrocartography. Your Astrological Roadmap to Health, Wealth & Happiness. New York, The Best American Astrology, Bd. 35, Nr. 1, S. 79–84, Juni 1989.
Libra, C. A.: Astrologie, ihre Technik und Ethik. Amersfoort, Verlag P. D. Veen 1919.
Lilly, W.: The Astrologer's Guide. London, Fowler 1973.
Lilly, W.: Christian Astrology. (A Facsimile Edition of this Classic Text, First Published in 1647.) York Beach, Samuel Weiser, Inc. 1987.
Lineman, R. / Popelka, J.: Compendium of Astrology. San Diego, ACS Publications 1989.
Löhlein, H. A.: Handbuch der Astrologie. München, Kindler Verlag 1968.
Löhlein, H. A.: Der neue Löhlein. Astrologischer Ratgeber für das Leben zu zweit. München, Kindler Verlag 1981.
Mac Neice, L.: Astrology. London, Aldus Books 1964.
Manéthó: Manethonis Apotelesmaticorum qui feruntur libri VI. Leipzig, Teubner Verlag 1858.

Abdruck der Erstausgabe von Keplers Schrift »Astronomia nova« aus dem Jahre 1609, in der er seine ersten zwei Gesetze der Planetenbewegung veröffentlichte (Strahov-Bibliothek, Prag).

Manilius: The Five Books of Manilius. London, Fowler 1973.
Mann, A. T.: Lebenszeit Astrologie. Basel, Sphinx Meiden Verlag 1988.
March, M. D. / McEvers, J.: The Only Way to ... Learn Astrology. Bd. 1–3. San Diego, ACS Publications 1989.
Mayo, J.: Astrology. London, Teach Yourself Books 1977.
Mayo, J. / White, O. / Eysenck, H. J.: An Empirical Study of the Relation between Astrological Factors and Personality. London, The Journal of Social Psychology 1978.
Meier-Parm, Ch.: Pluto im Planetenbild. Hannover, Verlag unbekannt, 1935.
Mertz, B. A.: Goldmann Handbuch der Astrologie. München, Goldmann Verlag 1989.
Meyer, M. R.: A Handbook for the Humanistic Astrologer. New York, Doubleday, Anchor Books 1974.
Meyer, M. R.: The Astrology of Relationship. New York, Doubleday, Anchor Books 1976.
Morin, J. B.: Morinus System of Horoscope Interpretation. Tempe, Amer. Feder. of Astrologers 1990.
Nostradamus, M.: Vrayes centuries et prophéties. Amsterdam, J. Janson / E. Weyerstraet 1668. Facsimile: Paris, Édition Adyar 1936.
Oken, A.: Astrology: Evolution and Revolution. New York, Bentam Books 1976.
Oken, A.: Complete Astrology. Tempe, Amer. Feder. of Astrologers 1990.
Ostrander, S. / Schroeder, L.: Astrological Birth Control. Englewood, Prentice-Hall 1972.
Parker, D. und J.: The Complete Astrologer. New York, Bantam Books 1971.
Parker, D. und J.: The Practical Encyclopaedia of Astrological Science. New York / St. Louis / San Francisco / Toronto, Mc Graw-Hill Book Company 1971.
Paul, H. / O'Toole, B. M.: The Yod and other points in your horoscope. Seattle, Wash., Vulcan Books 1977.
Penfield, M. H.: Horoscopes of the Western Hemisphere. San Diego, ACS Publications 1989.
Pfaff, J. W.: Astrologie. Bamberg, Verlag unbekannt, 1816.
Pöllner, O.: Mundanastrologie. Leipzig, Theosophisches Verlagshaus 1921.
Pottenger, M.: Complete Horoscope Interpretation: Putting Together Your Planetary Profile. San Diego, ACS Publications 1989.
Prinke, R. T. / Weres, L.: Mandala życia – mity i rzeczywistosc, I, II. Poznau, Krajowa agencja wydawnicza 1983.
Privat, M.: L'astrologie scientifique à la portée de tous. Paris, Éditions Bernard Grasset 1935.
Ptolemaios, C.: Ptolemy Tetrabiblos. Translated by F. E. Robbins. Cambridge, Harvard University Press 1956.
Ptolemaios, C.: Centiloquium. Paris, Chacornac o. J.
Ptolemaios, C.: Tetrabiblos. Die hundert Aphorismen. Berlin-Pankow, Linser Verlag 1923.
Raphael, I.: Manual of Astrology. London, Verlag unbekannt, 1828.
Ring, T.: Tierkreis und menschlicher Organismus. Aalen, Ebertin Verlag 1958.
Ring, T.: Astrologie ohne Aberglauben. Düsseldorf, Econ Verlag 1972.
Ring, T.: Astrologie – neu gesehen. Freiburg, Barth Verlag 1977.
Ring, T.: Astrologische Menschenkunde, 4 Bde. Freiburg, Barth Verlag 1979–1981.
Robson, V. E.: Fixed Stars and Constellations in Astrology. London, Verlag unbekannt, 1923.
Rosenberg, A.: Durchbruch zur Zukunft. Der Mensch im Wassermann-Zeitalter. Weilheim, Barth Verlag 1958.
Rudhyar, D.: The Astrology of Personality. A Reinterpretation of Astrological Concepts and Ideas in Terms of Contemporary Psychology and Philosophy. New York, Doubleday 1970.
Rudhyar, D.: An Astrological Mandala. New York, Vintage Books 1974.
Sakoian, F.: Das große Lehrbuch der Astrologie. München, Knaur Verlag 1973.
Schubert, H. H.: Die Vorhersagen in der Astrologie, wie sie gemacht werden. (Direktionslehre) Görlitz, Regulus-Verlag 1931.
Schulman, M.: Karmic Astrology, Bd. I–IV. York Beach, Samuel Weiser 1977.
Schultz, J.: Rhythmen der Sterne. Dornach, Philosophisch-antroposophischer Verlag Goetheanum 1977.
Schwickert, F. (Sindbad) / Weiss, A.: Bausteine der Astrologie, 5 Bde. Wien/München/Leipzig, Barth Verlag 1925–1927.
Sebottendorf, R.: Geschichte der Astrologie. Leipzig, Theosophisches Verlagshaus 1923.
Sepharial: Your Fortune in your Name or Kabalistic Astrology. London, Rider & Co. o. J.
Sepharial: Manual of Astrology. London, Fowler 1972.
Sepharial: New Dictionary of Astrology. London, Fowler 1973.
Sepharial: Hebrew Astrology. Tempe, Amer. Feder. of Astrologers 1990.
Shulman, S.: The Encyclopaedia of Astrology. London, Hamlyn 1976.
Simmonite, W. J.: Horary Astrology. The Key to Scientific Prediction. London, Fowler 1973.
Sorge, J. M.: Transzendente Astrologie. (Eine umwälzende Deutungslehre in Theorie und Praxis) Genf, Ariston Verlag 1981.
Taeger, H. H.: Astroenergetik. Die zwölf kosmischen Energien. München, Knaur Verlag 1989.
Tiede, E. H.: Astrologisches Lexikon. Leipzig, Theosophisches Verlagshaus 1922.
Tucker, W. J.: The Principles of Scientific Astrology. London, Fowler 1973.
Valens, V.: Vettii Valentis Anthologiarum libri. Ed. Wilhelm Kroll. Berlin, Weidmann Verlag 1908.
Volguine, A.: L'interpretation astrologique des rèves. Paris, Dervy 1954.
Weiss, J. C.: Astrologie – eine Wissenschaft von Raum und Zeit. Zürich / St. Gallen / Chur, M & T Verlag, Ed. Astroterra 1987.
Weiss, J. C.: Horoskopanalyse I, II. Zürich / St. Gallen / Chur, M & T Verlag, Ed. Astroterra 1992.
Witte, A.: Regelwerk für Planetenbilder. Ort und Verlag unbekannt, 1923.
Wulff, W. T. H.: Tierkreis und Hakenkreuz. Gütersloh, Bertelsmann Verlag 1968.
Žižka, V. J.: Der Tierkreis. Prag, Artia 1979.

Literatur über Astrologie

Baity, E. C.: Archaeoastronomy and Ethnoastronomy so far. Chicago, Current Anthropology 14, 4, 1973, 389–449.

Bessy, M.: A Pictorial History of Magic and the Supernatural. London, Spring Books 1964.

Bezold, C. / Boll, F. / Gundel, H. G.: Sternglaube und Sterndeutung. Darmstadt, Wissenschaftliche Buchgesellschaft 1966.

Boczkowska, A.: Hieronim Bosch. Astrologiczna Symbolika jego dziel. Warschau, Ossolineum 1977.

Boll, F. M. T.: Sphaera. Leipzig, Teubner Verlag 1903.

Boll, F. M. T.: Sternglaube und das Wesen der Astrologie. Berlin, Verlag unbekannt, 1919.

Boll, F. M. T.: Kleine Schriften zur Sternkunde des Altertums. Leipzig, Koehler & Amelang Verlag 1950.

Bouché-Leclercq, A.: Histoire de la divination dans l'antiquité, 4 Bde. Paris, Leroux 1879–1882.

Bouché-Leclercq, A.: L'astrologie grecque. Paris, Leroux 1899.

Bram, J. R.: Ancient Astrology Theory and Practice, Matheseos Libri VIII by Firmicus Matternus. Park Ridge, Verlag unbekannt, 1975.

Brugsch, H. K.: Thesaurus inscriptionum aegyptiacarum. (Astronomische und astrologische Inschriften der Altägytischen Denkmäler I.), 4 Bde. Leipzig, Hinrichs 1883–1884.

Burckhardt, T.: Clé spirituelle de l'astrologie musulmane d'aprês Mohyiddin ibn Arabi. Paris, Les Éditions Traditionnelles 1950.

Carmody, F. J.: Arabic Astronomical and Astrological Sciences in Latin Translation. A Critical Bibliography. Berkeley/ Los Angeles, University of California Press 1956.

Contenaau, G.: La divination chez les Assyriens et les Babyloniens. Paris, Payot 1940.

Cooper, M. / Weaver, A.: An Astrological Index to the World's Famous People. New York, Doubleday 1975.

Couderc, P.: L'astrologie. Paris, Presses Universitaires de France 1951.

Craig, J. A.: Astrological-astronomical Texts. Leipzig, Hinrichs 1899.

Cramer, F. H.: Astrology in Roman Law and Politics. Philadelphia, The American Philosophical Society 1954.

Cumont, F.: Astrology and Religion Among the Greeks and Romans. Dover/New York, Verlag unbekannt, 1912.

Cumont, F.: L'Égypte des Astrologues. Brüssel, Fondation Égyptologique Reine Elizabeth 1937.

Dethlefsen, T.: Schicksal als Chance. München, Goldmann Verlag 1990.

Drews, A.: Der Sternhimmel in der Dichtung und Religion der alten Völker und des Christentums. Jena, Diederichs Verlag 1923.

Engelbrecht, A.: Hephaestion von Theben und sein astrologisches Compendium. Wien, Verlag unbekannt, 1887.

Eysenck, H. J. / Nias, D.: Astrology – Science or Superstition? London, Maurice Temple Smith 1982.

Gauquelin, F. / Gauquelin, M.: Méthodes pour étudier la répartition des astres dans le mouvement diurne. Paris, Verlag unbekannt, 1957.

Gauquelin, M.: L'influence des astres, étude critique et expérimentale. Paris, Dauphin 1955.

Gauquelin, M.: Les hommes et les astres. Paris, Denoël 1960.

Gauquelin, M.: L'astrologie devant la science. Paris, Éd. Planète 1965.

Gauquelin, M.: L'hérédité planétaire. Paris, Denoël 1966.

Gauquelin, M.: The Cosmic Clocks. From Astrology to a Modern Science. New York, Henry Regnery Comp. 1967.

Gleadow, R.: The Origin of the Zodiac. London, Jonathan Cape 1968.

Grillot de Givry: Witchcraft, Magic & Alchemy. London/Bombay/Sydney, George G. Harrap 1931.

Gundel, W.: Sternglaube, Sternreligion und Sternorakel. Leipzig, Verlag Quelle & Meyer 1933.

Gundel, W.: Neue astrologische Texte des Hermes Trismegistos. München, Abhandlungen der Bayer. Akad. d. Wiss., Phil.-Hist. Abt., N. F. Heft 12, 1936.

Gundel, W. / Schott, S.: Dekane und Dekansternbilder. Glückstadt n. Hamburg, Studien der Bibliothek Warburg 19, 1936.

Hesse, Ch.: La pierre zodiacale du temple de Denderah. Kopenhagen, Verlag unbekannt, 1824.

Holzer, H.: Astrologie verständlich. Frankfurt/M., Fischer Verlag 1975.

Horský, Z.: Založení Karlova mostu a kosmologická symbolika Staroměstské mostecké věže. Prag, Staletá Praha IX, 1979, 197-212.

Horský, Z.: Kepler v Praze. Prag, Mladá fronta 1980.

Horský, Z.: Pražský orloj. Prag, Panorama 1988.

Hutin, S.: Histoire de l'astrologie. Erscheinungsort: Marabout Université 1970.

Innes, B.: Astrologie et horoscope. Paris, Édition Atlas 1976.

Jung, C. G.: Synchronicity. An Acausal Connecting Principle. London, Routledge & Kegan Paul 1972.

Kenton, W.: Astrology. The Celestial Mirror. London, Thames and Hudson 1974.

Krása, J.: Astrologické rukopisy Václava IV. Prag, Umění 12, 1964, 466–486.

Krása, J.: Rukopisy Václava IV. Prag, Odeon 1974.

Kroll, J.: Die Lehre des Hermes Trismegistos. Münster, Aschendorff Verlag 1914.

Kugler, F. X.: Sternkunde und Sterndienst in Babel. Assyriologische astronomische und astralmythologische Untersuchungen, 3 Bde. Münster, Aschendorff Verlag 1907–1935.

Leoni, E.: Nostradamus: Life and Literature. New York, Nosbooks 1961.

Lippmann, F.: Les planètes et leurs enfants. Paris, La Société Internationale de Chalcographie 1895.

Maass, E.: Commentariorum in Aratum reliquiae. Berlin, Weidmann Verlag 1898.

Mailly Nesle, S. de: L'astrologie. Paris, Fernand Nathan 1981.

Maury, A.: La magie et l'astrologie dans l'antiquité et au moyen age ou étude sur les superstitions paiennes qui se sont perpétuees jusqu' à nos jours. Paris, Librairie académique 1860.

Neugebauer, O.: The Alleged Babylonian Discovery of the Precession of the Equinoxes. New Haven, JAOS, LXX, 1950, 1–8.

Neugebauer, O.: The Egyptian »Decans«. London/New York, Pergamon Press 1955.

Neugebauer, O.: The Exact Sciences in Antiquity. Providence, Brown University Press 1957.

Neugebauer, O. / Van Hoesen, H. B.: Greek Horoscopes. Philadelphia, The American Philosophical Society 1959.

Neugebauer, O. / Parker, R. A.: Egyptian Astronomical Texts I. The Ramesside Star Clocks. Providence, Brown University Press 1964.

Neugebauer, O. / Parker, R. A.: Egyptian Astronomical Texts III. Decans, Planets, Constellations and Zodiacs. Providence, Brown University Press 1969.

Nillson, M. P.: The Rise of Astrology in the Hellenistic Age. Lund, Meddelande från Lunds Astronomiska Observatorium, Ser. II, Nr. 111, 1943.

Nock, A. D. / Festugière, A. J.: Corpus Hermeticum, 4 Bde. Paris, Verlag unbekannt, 1945-1954.

Panofsky, E. / Saxl, F.: Dürers Melencolia I. Leipzig/Berlin,Studien der Bibliothek Warburg, 2, 1923.

Pecker, J. C.: L'astrologie et la science. Paris, La recherche Nr. 140, Bd. 1, 1983, 118–128.

Pinches, T. G. / Strassmaier, J. N ./ Sachs, A. J. (Hrsg.): Late Babylonian Astronomical and Related Texts. Providence, Brown University Press 1955.

Reitzenstein, R.: Poimandres. Leipzig, Teubner Verlag 1904.
Riedinger, V.: Die heilige Schrift im Kampf der griechischen Kirche gegen die Astrologie von Origines bis Johannes von Damaskos. (Studien zur Dogmengeschichte und zur Geschichte der Astrologie.) Innsbruck, Universitätsverlag Wagner 1956.
Riess, E.: Nechepsonies et Petosiridis fragmenta magica. Göttingen, Philologus, Supplementband 6, 1891–1893.
Rutten, M.: La science des Chaldéens. Paris, Presses Universitaires de France 1961.
Sachs, A.: Babylonian Horoscopes. Cambridge, Journal of Cuniform Studies 6, 2, 1952, 49–75.
Saxl, Fr.: Verzeichnis astrologischer und mythologischer illustrierter Handschriften des lateinischen Mittelalters in römischen Bibliotheken. Heidelberg, Sitzungsberichte der Heidelberger Akad. d. Wiss., Phil.-Hist. Klasse 1915.
Saxl, Fr.: Verzeichnis astrologischer und mythologischer illustrierter Handschriften des lateinischen Mittelalters II: Die Handschriften der Nationalbibliothek in Wien. Heidelberg, Verlag unbekannt, 1921.
Saxl, Fr.: Catalogue of Mythological and Astrological Manuscripts Preserved in the Libraries of London, Oxford and Cambridge. London, Verlag unbekannt, 1953.
Saxl, Fr.: Macrocosm and Microcosm in Medieval Pictures. London, Lectures 1957.
Saxl, Fr. / Meier, H.: Verzeichnis astrologischer und mythologischer illustrierter Handschriften des lateinischen Mittelalters III: Handschriften in englischen Bibliotheken. London, Verlag unbekannt, 1953.
Sayce, A. H.: The Astronomy and Astrology of the Babylonians, with Translations of the Tablets relating to the Subject. London, Transactions of the Society of Biblical Archeology 3, 1874, 139–339.
Schnabel, P.: Berossos und die babylonisch-hellenistische Literatur. Leipzig, Teubner Verlag 1923.
Schwabe, J.: Archetyp und Tierkreis. Basel, Verlag unbekannt, 1951.
Sesti, G. M.: The Glorious Constellations. History and Mythology. New York, Harry N. Abrams, Inc., Publishers 1991.
Soldati, B.: La poesia astrologica nel Quattrocento. Florenz, Verlag unbekannt, 1906.
Stegemann, V.: Fragmente des Dorotheos von Sidon. Heidelberg, Testimonia IV 1939.
Stegemann, V.: Dorotheos von Sidon und das sogenannte Introductorium des Sahl Ibn Bišr. Prag, Orientální ústav, Bd. XI, 1942.
Stegemann, V.: Aus einem mittelalterlichen deutschen astronomisch-astrologischen Lehrbüchlein. Reichenberg, Prager deutsche Studien, Heft 52, 1944.
Stejskal, K. / Krása, J.: Astralvorstellungen in der mittelalterlichen Kunst Böhmens. Brno, Sborník prací filosofické fakulty brněnské university 13, F 8, 1964, 61–85.
Stierlin, H.: Astrologie und Herrschaft. Frankfurt/M., Athenäum Verlag 1988.
Strauss, H. A.: Zur Sinndeutung der Planeten-kinderbilder. München, Münchner Jahrbuch der bildenden Kunst, N. F., Bd. 11, Heft 1–2, 1925.
Strauss, H. A.: Der astrologische Gedanke in der deutschen Vergangenheit. München/Berlin, Oldenbourg Verlag 1926.
Strauss, H. A.: Die Astrologie des Johannes Kepler. Berlin/München, Oldenbourg Verlag 1926.
Strunz, F.: Astrologie – Alchimie – Mystik. München, Barth Verlag 1928.
Thiele, G.: Antike Himmelsbilder. Berlin, Verlag unbekannt, 1898.
Thierens, A. E.: Elements of Esoteric Astrology. London, Verlag unbekannt, 1931.
Thierens, A. E.: Astrology in Mesopotamian Culture. Leiden, F. J. Brill 1935.
Thompson, R. C.: The Reports of the Magicians and Astrologers of Niniveh and Babylone in the British Museum, 2 Bde. London, Luzac 1900.
Thorndike, L.: A History of Magic and Experimental Science, 8 Bde. New York, Verlag unbekannt, 1929 – 1958.
Thorndike, L.: The Sphere of Sacrobosco and Its Commentators. Chicago, University Press 1949.
Turcan, R.: Littérature astrologique et astrologie littéraire dans l'antiquité classique. Brüssel, Latomus 27, April/Juni 1968, 392–405.
Urbánková, E. / Stejskal, K.: Pasionál Přemyslovny Kunhuty (Passionale abbatissae Cunegundis). Prag, Odeon 1975.
Virolleaud, C. J. G.: L'astrologie chaldéenne, Fasc. 1–14. Paris, Verlag unbekannt 1905–1912.
Virolleaud, C. J. G.: De quelques textes divinatoires. Paris, Babyloniaca 1908, 2, 134–136; 1910, 3, 133–140, 197–220, 287–307; 1911, 4, 101–128.
Voss, G.: Astrologie – christlich. Regensburg, Pustet Verlag 1990.
Waerden, B. L.: History of the Zodiac. Berlin, Archiv für Orientalforschung 16, 1953, 216.
Warburg, A. M.: Italienische Kunst und internationale Astrologie im Palazzo Schifanoja zu Ferrara. Rom, in: Atti del X. Congresso Internazionale per la Storia dell'Arte in Roma, 1922. (Vortrag in Rom, Oktober 1912)
Wedel, T. O.: The Medieval Attitude Towards Astrology. New Haven/London/Oxford, University Press 1920.
Weidner, E. F.: Die Entdeckung der Präzession, eine Geistestat babylonischer Astronomen. Paris, Babyloniaca 7, 1914,1–19.
Weidner, E. F.: Kommentare zu den Geburtsominatexten. Chicago, American Journal of Semitic Languages and Literature 38, 1922, 187–206.
Zinner, E.: Verzeichnis der astronomischen und astrologischen Handschriften des deutschen Kulturgebietes. München, Verlag unbekannt, 1925.
Zinner, E.: Die Geschichte der Sternkunde. Berlin, Springer Verlag 1931.
Zinner, E.: Sternglaube und Sternforschung. Freiburg/München, Verlag unbekannt, 1953.

Das Astro World-Paket

Systemvoraussetzungen

PC mit 486-Prozessor sowie mindestens 4 MB RAM Hauptspeicher und Windows 3.1 oder Windows 95

Die Programme auf der CD

Astro World 2.1: Vollversion des Astrologieprogramms (Version 2.1)
Astro World 2.3: Sharewareversion (neue Version 2.3)
Astro World Tao: Sharewareversion des chinesischen Horoskopprogramms Tao
Astro World 42: Sharewareversion des Numerologieprogramms

Installation der Programme

In Windows 3.1 öffnen Sie das Datei-Menü im Programm-Manager und wählen *Ausführen* an.
In Windows 95 wählen Sie *Start/Ausführen.* Geben Sie dann die Kennung Ihres CD-ROM-Laufwerks, gefolgt von folgenden Angaben, ein:
Um Astro World 2.1 Vollversion zu installieren: \ASTRO21\AW219D.EXE
Für Astro World 2.3 Shareware: \ASTRO23\AW230D.EXE
Für Astro World Tao Shareware: \TAO\TAO11D.EXE
Für Astro World 42 Shareware: \ASTRO42\SETUP.EXE
Ein Beispiel: Wenn Sie Astro World 2.1 Vollversion installieren möchten und Ihr CD-ROM-Laufwerk die Kennung E: hat, dann geben Sie ein: E:\ASTRO21\AW219D.EXE

Nach der Installation existiert eine neue Programmgruppe bzw. ein Eintrag in *Start/Programme,* betitelt mit Astro World. Dort finden Sie die entsprechenden Anleitungen zum Start des Programms.
Bei den Sharewareversionen müssen Sie die Registrationsabfrage mit *OK* bestätigen. Das Programm wird dann als unregistrierte Sharewareversion gestartet. Dadurch sind einige Funktionen, wie z.B. Ausgabe der Horoskope als Datei statt als Ausdruck, gesperrt. (Diese Funktionen werden nur in der registrierten Version freigegeben!)

Vorbereitung eines Horoskops

Bevor für eine bestimmte Person ein Horoskop erstellt werden kann, muß sie in der Personendatenbank angelegt worden sein. Den Dialog ruft man entweder über *Erfassung/Personen erfassen* oder per Doppelklick auf das zugehörige Symbol auf. Nach Eingabe aller Daten wird die neue Person per Klick auf *Sichern* in die Datenbank aufgenommen. Anschließend beenden Sie den Dialog mit *OK.* Vorsicht: Klickt man sofort auf *OK,* werden die Daten nicht gespeichert! Ist ein Geburtsort nicht im Programm enthalten, so muß man ihn über *Erfassen/Ortschaften erfassen* nachtragen. Alternativ können Sie auch hier auf das zugehörige Symbol klicken. Voraussetzung beim Nachtragen eines unbekannten Ortes ist, daß man seinen Längen- und Breitengrad kennt.

Mit Astro World 2.1 bzw. 2.3 können Sie folgende Horoskope berechnen:

1. Radix = Geburtshoroskop

Diese Funktion errechnet die Planetenstände zum Zeitpunkt der Geburt und ihre Bedeutung. Dazu rufen Sie *Horoskope/Radixhoroskop* aus der Menüleiste auf. Nun müssen Sie Angaben zur Person machen. Dazu geben Sie entweder direkt den Namen ein oder wählen eine Person aus der Personendatenbank aus. Im Anschluß wird das Horoskop berechnet und eine Horoskopgrafik erstellt. Das Ergebnis kann entweder am Bildschirm durch Anklicken der einzelnen Elemente der Grafik betrachtet oder komplett bzw. teilweise ausgedruckt werden.